Nova Economia
Política dos Serviços

Coleção Estudos
Dirigida por J. Guinsburg

Equipe de realização – Edição de texto: Marcio Honório de Godoy; Revisão: Márcia Abreu; Produção: Ricardo W. Neves, Sergio Kon, Lia N. Marques, Luiz Henrique Soares e Elen Durando.

Anita Kon

NOVA ECONOMIA
POLÍTICA DOS SERVIÇOS

CIP-Brasil. Catalogação na Publicação
Sindicato Nacional dos Editores de Livros, RJ

K85n

Kon, Anita
Nova economia política dos serviços / Anita Kon. - 1. ed.
- São Paulo : Perspectiva : CNPq, 2015.
704 p. ; 23 cm . (Estudos ; 337)

Inclui bibliografia
ISBN 9788527310451

1. Economia. 2. Desenvolvimento econômico. I. Título. II.
Série.

15-28950

CDD: 330.981
CDU: 338.1(81)

09/12/2015   09/12/2015

Direitos reservados à
EDITORA PERSPECTIVA S.A.

Av. Brigadeiro Luís Antônio, 3025
01401-000 São Paulo SP Brasil
Telefax: (011) 3885-8388
www.editoraperspectiva.com.br

2016

*Neste fim de século ficam cada vez mais claras
as mudanças de paradigmas, a constante alteração
de regras, a quantidade avassaladora de informações,
a imprevisibilidade dos acontecimentos.
Tudo nos leva a crer que a normalidade
para os próximos anos será a de turbulência,
fim das certezas e imprevisibilidade.*

JOÃO KON,
Recriando-se Para a Turbulência,
Revista RAE Light, Fundação Getúlio Vargas,
v. 5, n. 3, jul.-set. 1998.

Sumário

Apresentação xv

Introdução xix

1. CONCEITOS TRADICIONAIS DA ECONOMIA
   POLÍTICA DOS SERVIÇOS 1

   As Atividades de Serviços Como Geradoras de
   Valor: A Visão Tradicional 3
   Os Debates Teóricos Sobre a Crescente
   Proeminência dos Serviços 18
   Considerações Finais 23

2. PREMISSAS BÁSICAS DAS MUDANÇAS NA
   TEORIA ECONÔMICA TRADICIONAL:
   O PAPEL DOS SERVIÇOS 25

   Antecedentes Teóricos: O Advento da Teoria
   Microeconômica Contemporânea 29
   Desenvolvimentos Teóricos Subsequentes 33

As Contribuições de Schumpeter e Coase Para
as Mudanças Teóricas: O Papel dos Serviços........ 41
Considerações Finais............................60

3. TEORIAS EVOLUCIONÁRIAS
OU NEOSCHUMPETERIANAS: MUDANÇA
DE PARADIGMA E O PAPEL DOS SERVIÇOS.... 63

Mudanças Metodológicas da Teoria da Evolução:
Desvendando a "Caixa Preta".....................66
Capacidades Diferenciadas e Competências
das Firmas......................................72
Concorrência Dinâmica e Progresso Técnico 82
Considerações Finais............................89

4. AS ATIVIDADES DE SERVIÇO NA NOVA
ECONOMIA POLÍTICA:
NOVA ECONOMIA INSTITUCIONAL E
ECONOMIA DA INFORMAÇÃO 91

As Premissas Teóricas da Nova Teoria Institucional:
Os Serviços Como Foco 92
A Teoria da Economia da Informação 104
O Papel das Atividades de Serviços nas Abordagens
da NEI e da EI 120
Da Informação ao Novo Paradigma de Conhecimento . 123
A Agenda Pública...............................152

5. A ECONOMIA CRIATIVA E OS SERVIÇOS 157

Uma Nova Abordagem em Formação............. 158
A Mensuração da Economia Criativa............. 168
O Comércio Exterior da Economia Criativa 182
As Políticas Públicas Necessárias................. 188

6. CONCEITUAÇÕES E TIPOLOGIAS DAS
ATIVIDADES E SETORES DE SERVIÇOS 195

Características, Funções e Propriedades Econômicas
dos Serviços 199

Repercussão da Inovação Tecnológica nas
Características dos Serviços 208
Diferenças Entre as Características dos Serviços
Públicos e Privados 216
Abordagens Diferenciadas de Tipologias
Sobre Serviços. 221
Definições e Tipologias Setoriais Propostas. 238
Considerações Finais. 252

7. INOVAÇÃO NOS SERVIÇOS 255

Estrutura Conceitual da Inovação em Serviços. 261
As Redes de Informação, o Novo Ambiente e a
Inovação em Serviços 275
Inovação nos Serviços e Indução ao
Desenvolvimento Econômico 281
Os Sistemas Nacional, Setorial e Regional
de Inovações. 298
Indicadores de Inovação 314
Considerações Finais. 326

8. INOVAÇÃO NOS SERVIÇOS PÚBLICOS 329

O Ambiente da Inovação nos Serviços Públicos:
Distinção Público-Privado 331
Os Novos Conceitos de Inovação na Área Pública
e a Ampliação de Serviços: As Mudanças
de Paradigma 337
O Governo Eletrônico 348
A Condução do Processo de Mudança
nos Serviços Públicos 365
Indutores e Facilitadores da Inovação
em Serviços Públicos. 380
A Mensuração de Inovação
nos Serviços Públicos 386
Considerações Finais. 391

9. REESTRUTURAÇÃO PRODUTIVA
E OCUPACIONAL: A DINÂMICA
DOS SERVIÇOS 393

As Atribuições dos Serviços Ante a Mudança de
Paradigma Produtivo............................ 395
Terceirização e Impactos na Reestruturação Produtiva 407
Evolução da Estrutura Produtiva: A
Representatividade dos Serviços no Processo 425
Mudanças na Contribuição Setorial Para o
Desenvolvimento do Produto Global 432
Impactos da Reestruturação Produtiva Sobre a
Distribuição Ocupacional........................ 434
Considerações Finais............................ 445

10. O COMÉRCIO INTERNACIONAL DE SERVIÇOS:
A DINÂMICA DA EVOLUÇÃO NOS PERÍODOS
DE CRISE INTERNACIONAL.................. 447

O Desenvolvimento da Internacionalização de
Serviços: Impactos do Processo de Globalização ... 453
Classificação e Mensuração de Transações
Internacionais do Setor de Serviços 466
A Participação dos Serviços no Comércio Mundial . 472
A Distribuição e Evolução Geoeconômica dos
Serviços no Comércio Mundial.................. 486
Crescimento e Distribuição do Comércio Exterior,
Segundo as Categorias de Serviços Comerciais..... 503
Comércio Internacional de Serviços e
Desenvolvimento Econômico 520
Considerações Finais............................ 524

11. DESENVOLVIMENTO ECONÔMICO E O PAPEL
DOS SERVIÇOS 531

Abordagens Teóricas Tradicionais................ 532
A Contribuição dos Serviços nas Teorias do Pós-
Industrialismo 539

Atividades Terciárias Como Induzidas ou Indutoras
do Desenvolvimento Econômico.................. 549
O Papel dos Serviços no Processo de
Desenvolvimento Regional...................... 552
Desenvolvimento Econômico, Capital Social e
Serviços...................................... 565
Considerações Finais........................... 570

12. PANORAMA DAS ATIVIDADES DE SERVIÇOS
NO BRASIL 573

O Cenário Econômico do Brasil no Período
Analisado 573
Estruturação Produtiva e Ocupacional: A Dinâmica
dos Serviços no Brasil 576
A Inovação nos Setores de Serviços no Brasil 591
A Economia Criativa no Brasil: Potencialidade
e Desafios 601
Indústria Criativa e Trabalho................... 610
O Comércio Internacional de Serviços: A Dinâmica
da Evolução nos Períodos de Crise Internacional... 630
Considerações Finais........................... 643

CONCLUSÕES 645

Bibliografia....................................649

Apresentação

Embora a literatura na área econômica tenha incluído referências às atividades de serviços, só depois dos estudos de John Maynard Keynes a relevância dessas atividades como produtivas, geradoras de valor adicionado, emprego e renda começou a ser observada no contexto da análise econômica. Nesse período, foram ainda consideradas apenas como complementares às demais atividades, sem dinamismo próprio e muitas vezes recebendo conotação negativa em termos de produtividade da economia. Os primeiros estudos específicos sobre as atividades econômicas de serviços, esporádicos e teoricamente não consistentes, surgiram nos anos de 1950, dirigidos para a análise da localização regional das atividades econômicas, entre as quais os serviços desempenhavam papel relevante como fator locacional.

A partir da década de 1980 o interesse pela pesquisa sobre essas atividades começou a se intensificar internacionalmente entre os economistas, com a percepção do considerável aumento da representatividade dos serviços no emprego total, na geração de renda e de valor agregado dos países mais desenvolvidos, em que, já naquele período, essas atividades chegavam a representar algo em torno de 70% do total. Por outro lado, ocorreu uma conscientização, por parte de alguns analistas, de que os serviços começavam a desempenhar um papel muito mais importante no desenvolvimento econômico global e regional dos países do que era considerado anteriormente como impulsor do dinamismo de outras atividades.

A elaboração deste livro resultou de um período prolongado de estudos voltado para o conhecimento das características específicas dos serviços, que inicialmente se orientou no intuito de desenvolver uma metodologia de mensuração dessas atividades para fins de Contabilidade Regional. O direcionamento para o conhecimento mais detalhado da natureza da representatividade dos serviços no contexto global da economia surgiu no início dos anos de 1980, por ocasião do trabalho como coordenadora do grupo de Contas Regionais do Estado de São Paulo, desenvolvido pela Fundação Seade em convênio com o Instituto de Planejamento Econômico e Social (Ipea/Seplan), com assessoria do Inseé-Institut National de la Statistique et des Études Économiques (Insee) do Ministério da Economia da França.

O desenvolvimento da mensuração do valor agregado e renda do setor terciário no conjunto de indicadores das Contas Regionais deixou clara a ambiguidade dos conceitos teóricos e métodos de avaliação empírica então prevalecentes, insuficientes para a acuidade das estimativas, e chamou a atenção para a necessidade da revisão dessas definições e metodologias, no sentido de explicar as transformações que ocorriam nas características essenciais dos serviços e nas funções econômicas desempenhadas por essas ocupações diante da intensificação da reestruturação produtiva e da mudança tecnológica que ampliou as trocas internacionais.

O debate das controvérsias sobre as características, definições e funções dos serviços esteve presente na publicação de 1992 do livro *A Produção Terciária: O Caso Paulista*, resultante da dissertação de mestrado defendida na FEA/USP, em 1985. Em uma segunda etapa voltada para a vida acadêmica junto à PUC/SP e à Eaesp/FGV, prosseguiram meus estudos sobre as transformações nos conceitos econômicos a respeito dos serviços, auxiliados pelos debates com alunos, mestrandos e doutorandos, e pelos enriquecedores seminários mensais e Ciclos de

Debates em Economia Industrial, Trabalho e Tecnologia anuais, que reúnem especialistas de várias instituições, realizados pelo Grupo de Pesquisas em Economia Industrial, Trabalho e Tecnologia (EITT) do Programa de Estudos Pós-Graduados em Economia Política da PUC/SP, que vem se desenrolando desde 1994.

Essas discussões chamaram a atenção para a carência de publicações nacionais que enfocassem o tema, resultando na percepção da necessidade de contribuir com um livro que fornecesse subsídios aos cursos de Economia e aos demais interessados no conhecimento do "estado da arte" das teorias e pesquisas empíricas sobre o setor de serviços das economias. Dessa forma, uma publicação de 2004, sob o título *Economia de Serviços: Teoria e Evolução no Brasil*, apresenta aspectos teóricos e empíricos atualizados para aquele momento.

Durante as duas décadas iniciais do século XXI, a economia mundial passou por turbulências e crises consideráveis, que abalaram os paradigmas econômicos vigentes e as condições geoeconômicas do desenvolvimento mundial. Paralelamente, o avanço tecnológico se intensificou, por um lado, como resultado do progresso permanente do conhecimento científico-tecnológico mundial e, por outro, pela necessidade de buscar novas soluções e modelos para a recuperação econômica dos países afetados pelas crises. Nesse contexto, a mudança de paradigma levou à reformulação das antigas ideias teóricas tradicionais e da realidade empírica, o que resultou na proeminência das atividades de serviços no contexto econômico global. Novas abordagens, concepções, conceitos, tipologias e pesquisas empíricas sobre as atividades de serviços foram objeto de estudos e tema de publicações internacionais. Este livro tem como objetivo contribuir para diminuir a carência de bibliografia nacional sobre o tema, reunindo as visões da Nova Economia Política dos Serviços, visando integrar as novas interpretações sobre as mudanças ocorridas no recente contexto mundial econômico, bem como sobre o papel das políticas públicas nesse ambiente em reformulação.

No decorrer dos estudos desenvolvidos, devo agradecimentos às instituições que alternadamente e de várias maneiras financiaram as pesquisas, como: Insee-Ministério da Economia da França, University of Illinois at Urbana-Champaign (UIUC), Center of Latin American and Caribbean Studies (CLACS), Fapesp, Capes, CNPq, Abep, Conselho de Ensino e Pesquisa--PUC/SP, Núcleo de Pesquisas e Publicações-Eaesp/FGV.

Gostaria, em particular, de agradecer a professores e especialistas que apoiaram esses estudos. A André Vanoli e Michel Seruzier, do Insee, ao professor Werner Baer, que me recebeu como *visiting scholar* no Department of Economics da UIUC, e ao professor Joseph Love, que me acolheu no Center of Latin American and Caribbean Studies da mesma universidade. Aos colegas que nos congressos e encontros acadêmicos debateram e deram sugestões significativas aos trabalhos apresentados resultantes das pesquisas e que foram incorporadas ao livro. Aos meus orientandos, por quem mais tenho sido orientada do que sido orientadora.

Anita Kon

Introdução

Esta publicação objetiva examinar a multiplicidade de interpretações e controvérsias que envolvem as conceituações e avaliações empíricas sobre as atividades de serviços, que compreendem o fulcro do conhecimento da área hodiernamente. É constatado o papel relevante dessas atividades na atualidade, na busca pela competitividade interna e internacional das economias, tanto pelos órgãos públicos quanto pela iniciativa privada, no caminho da modernização e do desenvolvimento econômico. As reformulações nos conceitos tradicionais formam o corpo teórico da Nova Economia Política dos Serviços, que abrange as constatações a respeito das transformações na natureza e funções dessas atividades, bem como as novas concepções resultantes da observação direta sobre a realidade da dinâmica das empresas, mercados e economias. Essa investigação inclui o papel dos governos na dinâmica de desenvolvimento, particularmente nos momentos mais recentes de crise econômica mundial.

A Economia Política, em seu contexto geral, conforme seus conceitos tradicionais desenvolvidos no século XVIII, estuda as economias dos Estados, analisando as inter-relações entre empresas, consumidores e o governo mediadas pelas leis, tendo como base as premissas clássicas e neoclássicas de equilíbrio.

Na atualidade, esse corpo teórico adquiriu uma abordagem diferente, que expandiu os modelos tradicionais para incorporar visões da teoria econômica mais amplas sobre a forma pela qual as políticas públicas afetam as escolhas econômicas dos agentes através de instituições e, particularmente, como repercutem em conflitos de distribuição de recursos e na concorrência dinâmica. A Economia Política contemporânea – aqui denominada Nova Economia Política – engloba uma interdisciplinaridade que aproxima o estudo da economia das tomadas de decisão e de comportamentos que têm a ver com ela e outros campos de estudo das relações na sociedade, que buscam explicar as mudanças fundamentais nesse ambiente e afetam os pressupostos e os resultados econômicos. Nesse contexto, esta publicação tem como foco as atividades de serviços, que apresentaram transformações consideráveis em sua natureza e funções desde meados do século XX, o que resultou na revisão dos conceitos tradicionais sobre seu papel no contexto global do desenvolvimento econômico mais recente.

As transformações da economia mundial durante os últimos 23 anos têm sido caracterizadas por uma elevação da economia de serviços. Grande parte do desenvolvimento dos países se deu através da passagem de economias agropecuárias no século XIX para economias industriais e manufatureiras na maior parte do século seguinte, para finalmente se tornarem economias em que os serviços assumem um papel preponderante como impulsor do desenvolvimento econômico, ao lado da indústria manufatureira.

A literatura econômica discutiu por muito tempo o papel das atividades secundárias, ou seja, aquelas voltadas para a Indústria de Transformação, Construção Civil e outras indústrias enquanto indutoras do desenvolvimento, para as quais se dirigiram inicialmente o capital e a mão de obra oriundos do meio rural. A dinâmica de transformações na estrutura produtiva assim iniciada se difundiria depois para o denominado setor terciário das economias, que engloba os serviços. Esse fenômeno foi bastante comprovado nos países mais avançados durante um longo período do século XX.

A aceleração no desenvolvimento e na diversificação das atividades de serviços na segunda metade do século XX motivou a nova visão sobre o papel dessas atividades como indutoras do desenvolvimento econômico. Uma nova abordagem tem sido colocada contra a visão anterior de que o impacto direto dos serviços no processo impulsionador do crescimento econômico era obscurecido pelo impacto visível das manufaturas sobre o desenvolvimento das cidades, regiões e países. Nessa antiga maneira de perceber os serviços, estes eram considerados como desempenhando um papel subordinado, que se tornava visível apenas enquanto o setor manufatureiro o era, de modo que se esse último decrescia e/ou a base de exportação de bens manufaturados recuava, as atividades de serviços sofreriam efeitos multiplicadores reversos (Baumol, 1986; Ecalle, 1989; McKee, 1988).

Por outro lado, alguns teóricos defendem a ideia de que em economias em desenvolvimento o imigrante rural dirige-se primeiro ao setor de serviços, para atividades que não exigem alta capacitação, no sentido de adquirir o preparo adequado para assumir atividades que requisitam maior habilitação, deslocando-se depois para o setor secundário. Porém, é bastante reconhecido que existe um limite para a velocidade de ampliação dos investimentos nas atividades secundárias e para a consequente absorção de mão de obra nesse setor, particularmente nos países menos avançados, em virtude do próprio tamanho do mercado interno e externo para o consumo de produtos manufaturados, bem como da rigidez dos coeficientes técnicos das funções de produção, além da capacidade de poupança interna necessária para essa evolução.

Assim, a visão ainda mais aceita na atualidade é a de que as atividades terciárias se desenvolvem atendendo a funções intermediárias complementares dos demais setores e, em situações diversas, se ampliam em decorrência de ali se alocarem o capital e a mão de obra excedentes, que não encontram oportunidades nos outros setores. Nesse caso, tais atividades partem à procura de seu próprio mercado. Para isso, concorre a diversidade da natureza dos serviços oferecidos, que se situam em uma gama que se estende do processo de produção mais moderno e capital intensivo, ao processo mais tradicional, cujo único fator de produção empregado é o trabalho de baixa qualificação.

As constatações sobre o conhecimento atual a respeito dos serviços mostram a forma gradativa pela qual foram transformados alguns mitos conceituais que prevaleceram por longo tempo no que se refere às características e às funções específicas dessas atividades nos processos produtivos e na dinâmica global das economias como participantes nos processos de reestruturação econômica e social.

Nesse contexto, o desenvolvimento desigual entre algumas regiões e países é considerado uma consequência da reorganização de certas firmas industriais em face da demanda declinante para sua produção e da pressão competitiva, que encorajam a obtenção de melhorias na produtividade do trabalho (Illeris, 1996; Marshall, 1988). Durante algumas décadas, a análise do setor de serviços como complementar à indústria teve alguma validade histórica em cidades de países avançados, mas é uma simplificação do papel efetivo no contexto do desenvolvimento econômico verificado em recentes pesquisas que revelam que as atividades de serviços estão causando, na atualidade, repercussão indutora, tanto nos países avançados como também e, principalmente, nos menos desenvolvidos. Hoje são encontradas, em alguns países desenvolvidos, economias orientadas para o desenvolvimento dos serviços, e não é possível supor que nesses países o setor de serviços seja sinônimo de subordinação e fraqueza associados à menor produtividade.

Nesse sentido, alguns autores salientam que é uma interpretação errônea considerar-se que os serviços crescem apenas às expensas das atividades manufatureiras; ao contrário disso, defendem que o desenvolvimento das atividades de serviços deve ser visualizado como um novo estágio do crescimento econômico. No primeiro caso, o desenvolvimento da circulação, distribuição e regulação das atividades reflete a necessidade das firmas de dedicar montantes crescentes de recursos aos serviços a fim de aumentar sua produtividade e sua capacidade de inovação. No segundo caso, o desenvolvimento das atividades de serviços reflete apenas uma evolução constante dos sistemas produtivos e a terciarização não é um fenômeno separado, ainda que seja relacionada à desindustrialização (Kon, 2006: p. 226).

Na atualidade, são questionadas as visões tradicionais que atribuem uma dependência intrínseca dos serviços em relação às demais atividades, bem como menor peso dessa atividade no impulso ao desenvolvimento econômico dos países. A ênfase dada ao estudo do desenvolvimento das economias se dirige mais para a Economia de Serviços ou para a Indústria de Serviços examinadas paralelamente às transformações ocorridas na denominada Economia Industrial, ou seja, no contexto Pós--Industrial ou Superindustrial, tendo em vista que em grande parte das economias em fase de desenvolvimento, e nas economias avançadas, uma representatividade considerável dos custos de produção refere-se a insumos de serviços, como também é relevante sua participação no produto gerado e nos empregos envolvidos.

Assim, o termo "Economia de Serviços" abre o caminho para a percepção sobre o relevante papel dessas atividades na geração de renda e riqueza das economias na modernidade. Como salientado antes, esse novo papel dos serviços trouxe consigo a necessidade de reformulação de antigos conceitos, a exigência de um melhor entendimento sobre a complexidade do setor e da natureza dos seus relacionamentos com os demais setores econômicos e um apuro de compreensão acerca dos agentes que contribuem para a produção e consumo dos serviços. As relações estabelecidas com os demais setores econômicos, por exemplo, assumem uma diferente conotação quando comparadas aos conceitos da economia observada como muito calcada no desenvolvimento industrial.

A realocação setorial dos fatores de produção em direção às atividades terciárias, nas fases iniciais e posteriores ao processo de desenvolvimento, faz-se por meio da concentração em um espaço econômico delimitado, no sentido de propiciar economias externas tanto a outras empresas quanto à coletividade. Essa concentração favorece a modernização econômica ao diluir os gastos e os riscos quando as atividades reúnem um fundo comum, bem como disseminar o crescimento para o restante da economia através de canais específicos.

Além desses fatores, transformações marcantes pelas quais passaram as economias no processo industrial, particularmente após a Segunda Guerra Mundial, tiveram consequências consideráveis no processo de terciarização associado ao desenvolvimento econômico global. O processo de concentração e centralização de capital exigiu, em primeiro lugar, uma reestruturação na administração e no controle das empresas, implicando a necessidade da criação de uma rede de empresas de serviços auxiliares que fundamentassem novas formas de organização. Em segundo lugar, a internacionalização do capital por meio da multinacionalização das empresas aumentou a demanda por serviços externos a estas (atividades financeiras, de contabilidade, de informações de assessoria jurídica etc.) e por apoio a seu financiamento, tanto nos países de origem quanto nos países hospedeiros. Além do mais, com o desenvolvimento de alta tecnologia, seguido da criação de empresas multidivisionais e da crescente complexidade dos sistemas organizacionais nas grandes empresas, estas têm recorrido à terceirização dos serviços, o que leva ao crescimento da terciarização da economia.

Embora o crescimento do setor de serviços revele uma situação de mudança estrutural análoga à que ocorreu na fase de reorganização da economia rural para a industrial, alguns autores chamam a atenção para o fato de que em algumas sociedades as mudanças consideráveis em direção à terciarização ocorrem com mais ênfase no emprego e não no produto. Nos últimos anos, os países industrializados tornaram-se economias de serviços, e parece evidente que outras economias menos desenvolvidas seguem o mesmo caminho. Apenas recentemente tais mudanças têm recebido maior atenção dos economistas, porém algumas questões levantadas acerca da contínua ascendência das atividades de serviços em economias avançadas e menos desenvolvidas ainda não foram respondidas.

A reestruturação da composição das atividades produtivas das economias de diferentes níveis de desenvolvimento foi associada à velocidade e ao grau de inovação tecnológica nos processos produtivos e organizacionais, principalmente naqueles ligados ao setor de serviços, ou seja, no campo da telemática, das telecomunicações e dos serviços de informática, que são relacionados à transferência de informação e conhecimento (Bernardes e Andreassi, 2007). Além disso, a relevância dos serviços no comércio internacional foi observada através da experiência tanto das economias modernas como das menos avançadas, da mesma forma que o impacto sobre o desenvolvimento local e regional dessas economias. As transformações regionais levaram recentemente os estudiosos a um modelo teórico diferente, que observa as influências econômicas baseadas em lugares-centrais distintos ou em diversos polos de crescimento em uma mesma região, ao invés da teoria precedente que voltava sua atenção a um único lugar-central (Domingues; Ruiz; Moro e Lemos, 2006: p. 193).

Constatou-se que o papel dos serviços no desenvolvimento das economias tem características diferenciadas em países mais avançados ou em desenvolvimento, porém é fundamental em qualquer nível de desenvolvimento, ao tornar-se a maior fonte de geração de empregos na atualidade. Por outro lado, o papel dos serviços é mais do que esse, é um pré-requisito para o desenvolvimento e não apenas um resultado ou um produto final. Assim sua provisão adequada torna-se então um elemento crucial da dinâmica do processo de desenvolvimento das economias. Nesse sentido, os serviços governamentais desempenham um papel fundamental em países menos avançados, seja através do fornecimento de bens públicos ou da complementação da provisão privada de serviços de mercado, a fim de fornecer uma infraestrutura de apoio à produção, serviços educacionais e de saúde, que preparam o caminho da modernização econômica (Silva; De Negri e Kubota, 2006: p. 15).

Assim, a reestruturação organizacional associada a novas tecnologias, à terceirização e às fusões apresenta como resultado, por um lado, a destruição de um número considerável de empregos, porém, por outro lado, cria uma série de novas necessidades de consumo e de serviços complementares. Observam-se, paralelamente, transformações consideráveis na estruturação ocupacional: algumas ocupações tornam-se obsoletas e substituíveis, principalmente as ligadas a processos de controle administrativo, enquanto novas ocupações são criadas, como as voltadas à qualificação da mão de obra, à preservação ambiental ou à qualidade de vida. Com relação a esses aspectos, novos produtos e serviços vêm sendo criados e incorporados a instituições de serviços voltadas a objetivos sociais, como as Organizações Não Governamentais (ONGS), que resultam em formas de cooperação voluntária e em serviços sem fins lucrativos que geram, contudo, um volume não desprezível de empregos e de remunerações.

Observou-se que, a partir dos anos de 1990, a divisão internacional do trabalho sofreu alterações consideráveis como resultado das reestruturações produtivas e organizacionais que acompanharam as mudanças de paradigmas econômicos e a mundialização da produção e distribuição das atividades. Do ponto de vista interno às regiões de uma nação, também tem havido evidências que sugerem transformações espaciais consideráveis, traduzindo particularmente novas formas de hierarquia.

Descrevendo em linhas gerais, foram investigadas, nesta publicação, as abordagens teóricas que têm raízes na importante visão de Schumpeter sobre a relação existente entre inovação tecnológica e organizacional, competitividade e geração de renda ou de poder de compra. Tudo isso consiste em uma linha teórica ampliada com a colaboração dos autores denominados neoschumpeterianos, que salientam a relevância da inovação como geradora de instrumentos para a ampliação da competitividade das firmas, permitindo a apropriação de vantagens absolutas de custo e qualidade, que conduzem à ampliação de seus mercados.

As teorias neoschumpeterianas mais recentes explicam o crescimento dos serviços a partir da desindustrialização ou da transição para uma economia da informação de visão evolucionista (Nelson e Winter, 1982; Daniels, 1993: p. 34). As tecnologias da informação e das comunicações vinculam as economias de serviços com a da informação, determinando a relevância da contribuição dos serviços ao desenvolvimento econômico e à economia mundial, que se intensificou e ampliou seu âmbito desde a conjugação dos computadores com as telecomunicações a partir de meados da década de 1970, transformando as economias de muitas maneiras (Ochek e Wegner, 1987; Kon, 1994).

O texto analisa também as atividades de serviços a partir do enfoque introduzido mais recentemente pela Nova Economia Institucional, que oferece uma abordagem crítica à tradicional teoria neoclássica, apresentando uma reflexão acerca do papel das instituições no desenvolvimento das economias (Nelson e Winter, 1982; Williamson, 1985; North, 2001). E particularmente, a contribuição dos serviços, internos às empresas e a outras instituições econômicas e sociais, para a consecução das tomadas de decisão dos agentes, tendo como base a ampliação e a difusão do conhecimento facilitado pela informação, é explicada por Giovanni Dosi (1988: p. 124): "Em um mundo caracterizado pela mudança tecnológica e transformação, a conduta dos agentes é representada mais adequadamente pelas rotinas, estratégias, regras dirigidas a metas e processo de pesquisa." Dosi chama a atenção para a relevância das externalidades sobre as estratégias inovadoras das empresas. A infraestrutura de ciência e tecnologia (representada pelo conhecimento e especialização) gera externalidades que permitem a interdependência entre setores e tecnologias, definindo a capacidade de incorporação do progresso tecnológico pelas empresas e promovendo a competitividade sistêmica (Dosi; Pavitt e Soette, 1990).

O enfoque do papel das instituições formais e informais e dos organismos como redutor das incertezas das sociedades estabelece uma estrutura estável da interação humana diante das mudanças permanentes no decorrer do tempo e traz uma visão diferenciada também acerca da função dos serviços nesse processo de constante mudança institucional (North, 2001). Nessa linha de pensamento, seguiu-se uma série de análises a respeito do papel de outras atividades terciárias, ampliadas particularmente pelo desenvolvimento da informática, pela crescente internacionalização dos serviços e pela criação de outras funções de atividades terciárias destinadas a facilitar a criação de externalidades, conduzindo ao aumento da terciarização das economias.

O primeiro capítulo deste livro apresenta alguns antecedentes históricos sobre as primeiras teorias encontradas no âmbito da Economia Política dos Serviços, que embasaram os posteriores esforços de generalizar os conceitos e classificações nessa área. Apresenta as discussões da visão tradicional sobre o caráter produtivo ou não dos serviços e as seguidas transformações inovadoras nessas abordagens.

Após a apresentação desse pano de fundo, o segundo capítulo mostra diferentes abordagens utilizadas para a formulação de conceituações e classificações econômicas sobre serviços, a partir de reformulações propostas através do tempo, particularmente as mais recentes, que moldaram a microeconomia contemporânea. Destacam-se, nesse contexto, os pensamentos de

Coase e de Schumpeter, que apresentam a base teórica para a interpretação do papel dos serviços como impulsor da dinâmica econômica. Complementando essas propostas, o terceiro capítulo introduz as definições sobre as mudanças metodológicas trazidas pela teoria evolucionista, que mudaram os paradigmas anteriores de tomada de decisão e concorrência entre firmas.

O capítulo quatro analisa o funcionamento da nova economia política de serviços através da abordagem neoschumpeteriana que deu origem às premissas da Nova Economia Institucional e da Economia da Informação. Como componente das novas visões é apresentada, no capítulo seguinte, uma nova abordagem em formação denominada Economia Criativa, bastante apoiada em atividades de serviços, que vem se desenvolvendo particularmente a partir do início deste século, cujos debates têm se intensificado desde as crises financeiras internacionais recentes, na busca de soluções diferenciadas e factíveis para a retomada de crescimento das economias.

O capítulo seis apresenta o desenvolvimento de conceituações e tipologias que também sofrem constantes reformulações ao acompanhar as repercussões da inovação tecnológica que impactam os serviços. As premissas da inovação em serviços que enfocam as características da inovação tangível e intangível mais recentes, que operam em um novo ambiente e mudaram paradigmas anteriormente estabelecidos de produção, são analisados no capítulo subsequente, incluindo a apresentação do papel governamental no estabelecimento de orientação e regulamentação através dos Sistemas Nacionais de Inovação, que se desdobram em âmbito setorial e regional. Merece detalhamento mais amplo a apresentação da inovação no âmbito específico dos serviços públicos, analisada no capítulo oito, como parte da abrangência da Nova Economia Política de Serviços, que considera relevante a intervenção governamental na regulação e criação de instituições específicas, que encaminhe ao processo de desenvolvimento das economias.

O capítulo nove explica os processos de reestruturação produtiva pelos quais vêm passando as economias como decorrência da inovação tecnológica, avaliando os impactos sobre a elevação da representatividade dos serviços na geração de produto e emprego. Descreve as mudanças dos paradigmas produtivos que ocorreram desde a segunda metade do século XX, como resultado da mundialização da produção e da globalização econômica, avaliando e mensurando as repercussões das atribuições dos serviços no contexto econômico de desenvolvimento. O capítulo dez apresenta o processo de elevação da internacionalização dos serviços, diferenciado em períodos de crescimento econômico mundial e de crise, avaliando de modo empírico a evolução e distribuição geoeconômica dessas atividades no contexto global e setorial. Finalmente, o último capítulo trata da análise da contribuição dos serviços no processo de desenvolvimento econômico global e regional das economias em vários níveis de crescimento.

1. Conceitos Tradicionais da Economia Política dos Serviços

Antecedendo às primeiras formulações de conceitos acerca das atividades econômicas de serviços encontradas na literatura, surgiram discussões sobre o caráter produtivo ou não dessas ocupações, consideradas inicialmente como não produtivas e complementares às demais atividades, ou ainda sobre o produto assim gerado e sua valoração. Os primeiros debates teóricos tinham como princípio que a característica básica inerente à natureza das atividades de serviços é representada pela simultaneidade entre fornecimento do serviço e consumo, isto é, essas etapas estão contidas em espaços de tempo coincidentes, e o produto desses serviços não se reveste de caráter aparentemente durável.

Ainda quando a ocupação é executada com vistas à produção de outros setores, como é o caso de transportes ou reparação e conservação de bens duráveis, o consumo dos serviços se exaure no momento de sua execução e nada tem a ver com o consumo dos objetos sobre os quais eles se aplicaram. Assim sendo, para situar com exatidão o enfoque dos conceitos tradicionais, torna-se necessário o conhecimento inicial das transformações que se observaram na teoria econômica através do tempo, no que se refere à concepção de produção e valor das atividades ditas terciárias.

A proposição fundamental deste capítulo inicial reside no exame das formas pelas quais foi definido o caráter da produção de serviços nas primeiras versões publicadas da Economia Política dos Serviços, desde autores que relegavam essas atividades à categoria de improdutivas, negando sua contribuição à geração de renda ou de produto das economias, passando por autores que foram reformulando essas ideias até a primeira metade do século xx.

A concepção das atividades de serviços como diretamente geradoras de produto e indiretamente de riqueza, evoluiu historicamente de forma paralela à própria relevância dessas atividades no contexto da estrutura econômica de uma nação. A partir desse enfoque, observou-se, nas primeiras concepções teóricas que enfocaram esse assunto, encontradas nos textos de Economia Política, a preocupação de embasar as ideias conceituais a respeito da produção das atividades hoje ditas terciárias, em diferentes conotações dadas à noção de valor. Como expresso por Cláudio Napoleoni (1977), as definições de valor na ciência econômica tradicional podem ser resumidas em três abordagens fundamentais: i. a anterior a Marx, pela qual o valor é a categoria fundamental da economia mercantil ou de troca; esta possui um caráter permanente ou "eterno" de produção de mercadorias, do qual o valor participa; ii. a de Marx, que também considera o valor como a categoria fundamental da economia mercantil; esta, porém, sendo historicamente determinada (economia capitalista), morrerá, participando o valor igualmente dessa limitação histórica; e iii. a posterior a Marx e não marxista, pela qual o valor é uma categoria da "atividade econômica em geral" e rege a vida econômica, qualquer que seja a forma que esta assumir; o valor, nesse sentido, independe de a economia mercantil ter uma forma transitória ou permanente.

O conceito de valor econômico foi, para alguns economistas, a essência das coisas em economia, dado que revela os preços pagos ou a contrapartida necessária dos bens ou serviços produzidos. Como define Gustav Cassel: "os homens necessitam urgentemente saber algo mais sobre os preços que são realmente pagos [...] os homens querem saber quais os preços devem ser pagos, ou seja, qual a exata recompensa pelos diferentes serviços; noutras palavras, querem saber o valor das diferentes mercadorias e serviços produtivos" (1977: p. 22).

Como descreve Gunnar Myrdal (1984), em épocas remotas o valor era concebido como alguma qualidade intrínseca dos bens, uma espécie de força ou substância imaterial. Essa teoria continuou a influenciar algumas noções posteriores como hipótese latente, explicando a atribuição de valor aos serviços imateriais. Outros estudiosos derivaram a noção de valor de uma utilidade abstrata dos objetos (valor de uso), ou ainda dos custos incorridos na produção da mercadoria (geralmente derivados da mão de obra). Tanto a utilidade quanto os custos representando o trabalho implicam uma conotação psicológica de valor. A ideia preponderante nas teorias revisadas é a de que o valor é o trabalho, de forma que os bens contêm o trabalho que os produziu. Essa noção justificará as posteriores ideias de que os serviços imateriais também devem ser valorados de acordo com o trabalho contido (Kon, 1995).

AS ATIVIDADES DE SERVIÇOS COMO GERADORAS DE VALOR: A VISÃO TRADICIONAL

Os primeiros cientistas econômicos a escreverem sobre o tema no século XVII, autodenominados de fisiocratas, já observavam de forma acurada o desenvolvimento, preocupando-se em determinar as forças motivadoras do progresso econômico, examinando as sociedades em que viviam e as condições em que as relações econômicas, políticas e sociais vigentes contribuíam ou retardavam quanto ao desenvolvimento dos recursos produtivos e sua transformação em riqueza. Esses estudiosos imaginavam a teoria econômica como um sistema coerente de relações causais. Seu principal representante, François Quesnay, em 1758 introduzia, nas observações sobre o funcionamento do sistema econômico, as ideias adquiridas em sua experiência como médico e cirurgião dos fluxos orgânicos do corpo humano, evidenciadas na obra *Tableau économique des physiocrates*.

A formulação das regras normativas, que representavam para os fisiocratas a função central da análise teórica, baseava-se fundamentalmente em valores naturais vigentes, que descreviam o fluxo circular da vida econômica como uma série de trocas entre indivíduos e classes. Essa escola de pensamento defendia a supremacia da natureza, sugerindo um protesto contra o mercantilismo de Colbert – que considerava de máxima importância o comércio e a indústria incipiente, às expensas da agricultura. Os fisiocratas divulgavam a ideia segundo a qual o trabalho agrícola era o único produtivo, sendo a terra a exclusiva fonte de riquezas, ou seja, o único fator de produção obedecendo a uma ordem natural e essencial das sociedades humanas. Unicamente o solo (agricultura e mineração) era produtivo. As atividades de manufatura e as demais eram consideradas "estéreis", não por serem dispensáveis, mas pelo fato de que apenas os trabalhos diretos com a natureza eram vistos como criadores de novas formas adicionais de riqueza; a atividade estéril do trabalhador lhes acrescentaria seu próprio valor, ou seja, apenas o valor das coisas consumidas no próprio processo, sem gerar um excedente real que levaria a qualquer produção nova.

Assim, Quesnay reduzia os cidadãos de uma nação a três classes: a classe produtiva, a dos proprietários e a classe estéril. A classe produtiva, através do cultivo da terra, fazia renascer as riquezas anuais da nação, efetuando os adiantamentos das despesas com os trabalhos da agricultura e pagando anualmente as rendas dos proprietários das terras. Atuando de forma complementar, a classe dos proprietários compreendia o soberano, os possuidores de terra e os dizimeiros, subsistindo pela renda, ou "produto líquido" do cultivo da terra, paga pela classe produtiva. Por fim, a classe estéril seria formada pelos cidadãos ocupados em outros serviços e trabalhos que não a agricultura, sendo suas despesas pagas pelas classes produtiva e proprietária. Essa classe era responsável pelos *ouvrages* (obras) que vendiam às duas outras classes, adquirindo a matéria-prima das classes produtivas (Quesnay, 1983).

Os fisiocratas foram os primeiros a conceituar o produto líquido, girando suas análises em torno desse conceito. Assim, o produto líquido, ou sobreproduto, ou, ainda, o excedente, seria a parte da produção social total que excede a reconstrução dos meios de produção ou dos meios de subsistência necessários àqueles que, com o seu trabalho, criaram a própria produção social. Pertenciam à classe estéril, portanto, tanto os trabalhadores, que

CONCEITOS TRADICIONAIS DA ECONOMIA POLÍTICA DOS SERVIÇOS

transformavam a matéria-prima agrícola em manufaturas consumidas pelas três classes, quanto os que ofereciam os serviços incorporados ou não aos bens. As despesas efetuadas pelos proprietários com a classe estéril seriam menos úteis à agricultura que as despesas com a classe produtiva e, portanto, resultariam em menor produto líquido anual para as três classes em sua globalidade. Dessa forma, as despesas com a classe estéril que fossem efetuadas pelo desvio da renda que seria aplicada em maior cultivo da terra ou em canais para o transporte dessa produção eram consideradas supérfluas ou de luxo, prejudiciais à opulência e à prosperidade da nação, já que desvantajoso para a agricultura e prejudicial à nação e ao Estado (Quesnay, 1983).

Por sua vez, a Economia Política clássica tinha como objetivo primordial desenvolver a compreensão acerca do desenvolvimento da sociedade industrializada da época, ou seja, entender e descrever as premissas do sistema capitalista. Uma parte importante nesse caminho foi voltada para a distinção entre atividades produtivas e improdutivas em um sentido consideravelmente técnico. O resultado central do sistema econômico capitalista correspondia, para os autores fisiocratas, à riqueza produtiva no sentido de contínua geradora de posterior acumulação de riqueza. Portanto, a distinção entre atividades que contribuíam ou não à permanente acumulação era primordial para a identificação das leis da dinâmica econômica. Uma atividade produtiva seria responsável pela criação de "utilidades permanentes, seja incorporada a seres humanos ou a quaisquer outros objetos animados ou inanimados" (John Stuart Mill, 1983: p. 64).

A ideia dos clássicos sobre a produção de serviços teve como base uma concepção de valor diferente da dos fisiocratas. Em suas linhas básicas, prevalece, na teoria clássica, a ideia do valor de troca e do valor de uso. Adam Smith enfoca a discussão no valor de troca, desenvolvida com propriedade por Ricardo, que teve maior influência sobre autores posteriores. Com relação específica ao objeto deste estudo, verificamos como as proposições dos clássicos reconhecem a contribuição das atividades terciárias ao produto gerado pela economia, embora neguem explicitamente seu caráter "produtivo". Podemos verificar essas ideias quando Smith define o valor de troca ou preço de cada mercadoria como composto de três itens que são salários, lucros e renda da terra:

> o valor que os trabalhadores acrescentam aos materiais desdobra-se, pois, em duas partes ou componentes, sendo que a primeira para os salários dos trabalhadores, e a outra, para os lucros do empresário... No momento em que toda a terra de um país se tornou propriedade privada, a renda da terra passa a ser um terceiro componente do preço da maior parte das mercadorias (Adam Smith, 1983: p. 38).

David Ricardo (1983) afasta essa ideia de Smith, acatando a noção de que o valor de troca tem como elemento determinante o trabalho despendido na produção, seja trabalho direto prestado no processo produtivo, seja trabalho indireto contido nos meios de produção. Adicionalmente a esses conceitos, os clássicos introduzem a noção de valor real para lidar com a variação dos preços dos bens no tempo, medindo-o por meio de uma medida invariável, que seria o trabalho incorporado, empregado ou transferido para o bem (Kon, 1992).

Na teoria clássica do valor, está explícita ainda a ideia de que o homem é vivo e a natureza é morta; só o trabalho do homem cria valores, a natureza é passiva. O trabalho humano é a única causa ativa capaz de criar valor. Essa, segundo Myrdal, é a origem do conceito "fator produtivo", sendo o trabalho o único fator produtivo para os clássicos. Assim considerado o valor, formularam-se concepções sobre o caráter produtivo ou improdutivo de algumas atividades.

Com Adam Smith e o advento da maturidade no desenvolvimento da teoria econômica como ciência, ampliou-se a conceituação da distribuição produtiva das atividades humanas:

> Existe uma espécie de trabalho que acrescenta valor à matéria em que é empregado: existe outra que não tem este efeito. A primeira, à medida que produz valor, pode ser chamada de produtiva; a última, de trabalho improdutivo. Assim o trabalho de um fabricante acrescenta, geralmente, ao valor dos materiais com que ele trabalha, o valor de sua própria manutenção e do lucro de seu patrão. O trabalho de um empregado doméstico, ao contrário, não acrescenta valor algum. (Smith, 1952: p. 142)

Dessa forma, as atividades manufatureiras já passam a ser consideradas produtivas, como as agrícolas, ficando reservado

CONCEITOS TRADICIONAIS DA ECONOMIA POLÍTICA DOS SERVIÇOS

aos serviços o caráter de improdutivos. Prosseguia Smith salientando que outras categorias sociais executavam serviços que, ao morrer no próprio instante de sua execução, não produziam um valor pelo qual igual quantidade de serviço poderia ser posteriormente obtida, pois não se fixavam em nenhum objeto permanente ou mercadoria vendável. Como exemplo, cita profissões de proteção, segurança e defesa da comunidade, eclesiásticos, advogados, médicos, homens de letras, atores, palhaços, músicos, cantores de ópera etc. Essas profissões improdutivas eram pagas pela parte da produção anual destinada a constituir renda (da terra ou lucro), enquanto as produtivas eram financiadas pela parte que se destinasse a repor o capital. Dessa forma, o total da produção do ano seguinte seria função da porcentagem de produção empregada na manutenção de mãos improdutivas:

> Portanto, de acordo com a menor ou maior proporção dela que em um ano é empregada para manter mãos improdutivas, tanto mais, em um caso, ou menos, em outro caso, restará para o trabalho produtivo, e a produção do ano seguinte será consequentemente maior ou menor. (Smith, 1952: p. 143)

Smith negava, assim, qualquer forma de excedente gerado pela maior parte dos serviços, embora salientasse a importância indireta do comércio sobre a riqueza, ao encorajar maior produção agrícola e de manufaturas, bem como ao proporcionar um mercado gerador de excedentes para elas. É nesse sentido que Smith nega a geração de valor de algumas ocupações:

> Outras das mais respeitáveis ordens da sociedade [...] de empregados como religiosos, advogados, atores, bufões, músicos, cantores de ópera [...] desde que sua produção geralmente perece no mesmo instante de seu desempenho, e raramente deixa algum traço ou valor atrás de si. (Smith, 1952: p. 144)

Thomas Malthus, reinterpretando a doutrina de Smith, apresenta sua contribuição ao conceito da importância dos serviços para o crescimento da riqueza da nação. Mencionando a descrição de riqueza de Smith como "produto anual da terra e do trabalho", Malthus salienta que a aplicação do termo "produtivo" ao trabalho que produz riqueza é obviamente útil, seja qual for a definição de riqueza:

Se não restringirmos a riqueza a objetos tangíveis e materiais, podemos considerar todo o trabalho produtivo, mas produtivo em diferentes graus; e a única alteração que seria preciso fazer no trabalho de Adam Smith – no interesse desse modo de ver a questão – seria a substituição dos termos produtivo e improdutivo por mais produtivo e menos produtivo. (Malthus, 1983: p. 14)

Observamos, no entanto, que essa única alteração com relação à distinção entre os diferentes tipos de trabalho reformula profundamente a noção biunívoca de trabalho produtivo e improdutivo defendida por Smith e mostra, ao mesmo tempo, que um aumento tanto no trabalho manufatureiro quanto no mercantil seria "mais produtivo", seja para o Estado, seja para os indivíduos. Segundo essa concepção e partindo dos diferentes graus de produtividade, os trabalhos agrícolas ainda eram considerados os mais produtivos, pois seu valor de troca seria suficiente para pagar os trabalhadores neles empregados e também os investimentos dos agricultores, bem como a renda da terra cedida pelos proprietários. Os trabalhos que produziriam menos riqueza seriam aqueles cujo valor de troca apenas pagaria o trabalho empregado; os trabalhos improdutivos, como designados por Adam Smith, estariam incluídos nessa última categoria.

Malthus chama a atenção para o fato de que esse critério toma o pagamento do trabalho, em vez da quantidade do produto, como produtividade. Podemos observar que ele distingue o sentido metafórico da palavra "riqueza" – como todo benefício ou satisfação que o homem pode usufruir e que incluiria os objetos imateriais fornecidos por serviços terciários – do sentido material de riqueza, a saber, a riqueza como objeto material suscetível de acumulação e avaliação definida. Desse ponto de vista, o trabalho produtivo definido por Smith como concorrendo para a acumulação de riqueza ou, modernamente, formação bruta de capital, é redefinido por Malthus, que discrimina a riqueza como composta de objetos materiais e os serviços imateriais como contribuindo indiretamente para essa riqueza, embora diretamente para o produto do Estado. Assim, apenas a capacidade produtiva de objetos materiais não seria suficiente para assegurar uma quantidade correspondente de riqueza, mas apenas a distribuição dessa produção e sua adequação às necessidades dos consumidores aumentariam o valor de troca das mercadorias; essa capacidade de distribuição se realizaria através do comércio e dos transportes. Malthus cita o aumento do valor de troca de alguns produtos em decorrência do surgimento de boas estradas e canais na Inglaterra.

Segundo sua concepção, uma das causas que contribuem para aumentar o valor do produto, favorecendo sua distribuição, é o emprego do trabalho que não acrescenta diretamente riqueza, ou seja, não redunda de imediato em acumulação de objetos materiais, representado pelas atividades ditas terciárias. Por fim, verifica-se também em Malthus a noção que foi revista posteriormente por teóricos estruturalistas, de que o maior ou menor número de pessoas ou classes sociais aplicadas nessas atividades produtoras de objetos imateriais depende não apenas da fertilidade do solo como do progresso na invenção de máquinas.

Corroborando a observação de Smith de que, apesar dos limites físicos do desejo do homem por alimentos, o desejo por comodidade, luxo, roupas e outros objetos não tem limites, Ricardo ressalta também o papel do comércio e dos transportes na obtenção desses objetivos. Por isso existiria a escolha pela aplicação de capital junto a essas atividades no sentido de obter tais satisfações no maior grau possível. Assim, salientando que os produtos são comprados com outros produtos ou com serviços (ou com o dinheiro gerado por eles), revela implicitamente a forma pela qual as atividades terciárias do comércio e dos transportes contribuem para o aumento do produto total, seja direta ou indiretamente.

Podemos então constatar que a ideia da contribuição das atividades terciárias para o aumento do valor das mercadorias aparece em Ricardo quando exemplifica o valor de trocas de um par de meias. Ressalta que este depende da quantidade total de trabalho necessária para fabricá-las e lançá-las no mercado, abrangendo desde o trabalho para cultivar a terra em que nasce o algodão até o trabalho do varejista que as vende e de outros serviços que contribuíram para a possibilidade de aquisição da mercadoria. No entanto, contesta a afirmação de Malthus de que a distribuição de mercadorias realizada pelo comércio interno seja o primeiro passo em direção ao aumento da riqueza e do capital. Observando por outro prisma, afirma que o comércio consiste apenas em transferências para o consumo das rendas geradas e em perda de poupança para o consumidor e, portanto, em termos globais, não acrescenta valor à riqueza. Novamente se verifica a distinção entre produto gerado e riqueza, ou seja, entre o valor acrescentado ao produto global no processo de produção e a acumulação de excedente em forma física, material.

Jean Baptiste Say contribuiu muito para o desenvolvimento dessas ideias, propondo uma definição nova do conceito de produção, baseada na concepção de utilidade. Ampliando o conceito de produção, ressalta que esta é a criação de utilidades e produto são as coisas que foram criadas, sendo que os criadores tornam-se possuidores de uma nova parcela de riqueza que podem trocar por qualquer outro objeto de valor equivalente. Portanto, é o valor da utilidade criada pelo produto (ou serviço) que proporciona o dinheiro que pode ser trocado por objetos ou serviços necessários. Com Say, o conceito de produção intangível e não facilmente mensurável (características das atividades terciárias) começa a se delinear de modo mais claro (Say, 1983: p. 68).

Na realidade, a época de Ricardo, Malthus e Say testemunhou a Revolução Industrial na Grã-Bretanha. As transformações profundas registradas no âmbito econômico trouxeram consigo uma inusitada divisão do trabalho social entre o campo e as atividades industriais e terciárias, bem como uma dinamização dos relacionamentos setoriais; as consequências logo se fizeram sentir nas concepções teóricas dos analistas econômicos que se sucederam e nas revisões dos conceitos e do funcionamento do sistema econômico válidos até então.

Say demonstra claramente a nova concepção ao atribuir às atividades produtivas o conceito de indústria. Salientando "os diferentes tipos de indústria e como eles concorrem para a produção" (Say, 1983: p. 71) define três tipos de indústria: a. indústria agrícola, quando se limita a colher os produtos da natureza; b. indústria manufatureira, quando separa, mistura e modela os produtos da natureza para adaptá-los a nossas necessidades; e c. indústria comercial ou comércio, quando coloca à nossa disposição os objetos de que necessitamos e, não fosse ela, estariam fora de alcance. Sendo produto as coisas (materiais ou imateriais) que a indústria foi capaz de criar, a indústria

CONCEITOS TRADICIONAIS DA ECONOMIA POLÍTICA DOS SERVIÇOS   11

comercial contribui para a produção da mesma forma que a manufatureira, ao aumentar o valor de um produto mediante o transporte de um lugar para outro.

Prosseguindo nessa linha de pensamento, Say declara que o valor acrescentado às mercadorias pelo comércio não é realizado de modo algum pela troca, mas pelas operações comerciais que as colocaram em determinado lugar. Poderíamos interpretar sua afirmação como atribuindo o acréscimo de valor ao processo de transportar, contatar o mercado e efetuar os demais serviços necessários para levar ao conhecimento e ao acesso do consumidor a mercadoria transacionada. Outro aspecto interessante na análise desse autor refere-se à sua concepção da teoria da divisão do trabalho de Smith. Afirma que é a partir dessa subdivisão que se verificam as maiores descobertas de novas funções e ampliação dos serviços, pois, através da especialização, ocorre a possibilidade de subdivisão dos serviços oferecidos em diferentes modalidades. Cita o exemplo de uma pequena cidade ou vilarejo onde muitas vezes a mesma pessoa faria o ofício de barbeiro, cirurgião, médico, farmacêutico. Em contraste, uma "cidade grande em que não só essas ocupações são exercidas por mãos diferentes, como também uma delas, a de cirurgião, por exemplo, subdivide-se em muitas outras, e é só aí que encontramos dentistas, oculistas, parteiras..." (Say, 1983: p. 60).

Mais adiante, analisando "os diferentes modos de exercer a indústria comercial e como eles concorrem para a produção", salienta a importância dos serviços de transporte, seguro, instituições financeiras, armazenagem etc., para o funcionamento do comércio.

Aparecem já, no discurso de Say, as primeiras preocupações com os relacionamentos entre os setores produtivos da economia, com seus efeitos "para frente" e "para trás", analisados posteriormente por economistas estruturalistas, bem como a característica de complementaridade e dinamismo que algumas atividades terciárias exercem sobre os demais setores econômicos. Verificam-se também claramente, em suas ideias, reflexos das transformações ocasionadas pela consciência do papel dessas atividades dentro do novo contexto econômico, visualizados no tratamento dado ao conceito de serviços como produto. Esse autor define ainda o produto imaterial como o trabalho que, apesar de ter um preço, não subsiste mais a não ser na lembrança e, passado o momento de sua produção, não tem mais nenhum valor que possa ser trocado: "Os produtos imateriais são fruto da indústria humana, pois chamamos de indústria qualquer espécie de trabalho produtivo" (Say, 1983: p. 127).

A contribuição de Say vai mais além, ao afirmar que esses produtos resultam de um talento que supõe um estudo prévio e que não podem ocorrer sem um adiantamento de capital. Como nas outras indústrias, é necessário o conhecimento técnico para sua produção, que consiste em capital acumulado. Daí se pode inferir a ampliação do conceito de riqueza, no sentido de acumulação de capital humano para investimento futuro.

Continuando nessa linha de pensamento, Georg Friedrich List (1983: p. 101) critica as teorias dos contemporâneos clássicos e, desenvolvendo as ideias de Adam Smith a respeito das "forças produtivas" da mão de obra, nega o trabalho físico como causa única da riqueza. Afirma que a maior parte do consumo de uma nação é utilizada para a educação da geração futura, para promover e sustentar as forças produtivas nacionais do futuro; o "capital mental da humanidade" resulta do progresso das ciências, artes, legislação doméstica e pública e do cultivo da mente, e é responsável pelo crescimento das potencialidades naturais, voltadas para a produção da nação. Dessa forma, podemos observar que a ideia de "bens imateriais" como produtivos, desenvolvida por Say, é levada mais adiante por List, que considera que os produtores de bens materiais são produtivos porque produzem valores de troca, mas que os produtores de bens imateriais são produtivos em um grau mais elevado, pois se compõem de forças produtivas. Verificamos, ainda, a ideia implícita, em sua teoria das forças produtivas, relacionada ao efeito de algumas atividades terciárias sobre o acúmulo futuro da produção e da riqueza. "A nação deve sacrificar e deixar de lado um pouco da prosperidade material para adquirir cultura, habilidade profissional e forças de produção." (List, 1983: p. 105)

Evoca, também, a noção de complementaridade entre os vários setores econômicos, no sentido de aumentar o potencial produtivo conjunto da nação, enfatizando a relevância de algumas atividades terciárias:

> Toda a situação social de uma nação será sobretudo determinada pelo princípio da variedade e divisão de ocupações e da cooperação de suas forças produtivas [...] A mais importante divisão de ocupações na nação é a que existe entre as ocupações intelectuais e os materiais. (List, 1983: p. 113)

John Stuart Mill (1983) desenvolve posteriormente parte de suas teorias na análise do trabalho como agente de produção. Salienta que os requisitos para a produção são o trabalho e os objetos naturais apropriados e afirma que o trabalho que culmina na produção de um artigo apto para algum uso é aplicado diretamente ao processo de produção ou indiretamente em operações prévias essenciais para possibilitar a produção. Citando as formas indiretas de trabalho como instrumento de produção, menciona não apenas as relacionadas a produtos materiais, como a produção de matérias-primas e ferramentas ou implementos, mas dá ênfase a outras modalidades que se relacionam às atividades terciárias (através das quais verificamos o padrão da estrutura produtiva da economia da época). Assim, chama a atenção para aquelas relacionadas à proteção das atividades de agricultura ou manufatura, entre as quais destacamos a armazenagem, a proteção policial e judicial; a seguir, distingue os trabalhos empregados não para gerar o produto, mas para torná-lo acessível quando já pronto: inclui nessa categoria os transportadores, os trabalhadores das estradas, ferrovias, portos, bem como os negociantes e comerciantes. Enumera também "o trabalho que tem por alvo seres humanos", isto é, a educação técnica, o trabalho empregado para ensinar as artes da produção ou ainda aquele destinado a manter as forças produtivas ou impedir que sejam destruídas, que é o do médico ou de profissões correlatas. A última modalidade citada é a do tipo de trabalho classificado como mental, exemplificado pela pesquisa e invenção.

Prosseguindo as teorias de Say sobre o trabalho como criador de utilidades e não objetos, o autor classifica as utilidades em três categorias: i. as fixas e incorporadas em objetos externos ou materiais; ii. as fixas e incorporadas em seres humanos, conferindo-lhes qualidades que os tornem úteis, como é o caso dos educadores, médicos, eclesiásticos e instrutores físicos e técnicos; e iii. as não fixas ou não incorporadas em um objeto, mas que consistem em um simples serviço prestado, como o trabalho do músico, do ator, do Exército e da Marinha, do legislador, do juiz e de outros funcionários do governo (Mill, 1983: p. 62). A partir desse enfoque, ao caracterizar o trabalho produtivo como aquele que incorpora riqueza à nação, exclui as utilidades da terceira categoria, pois só existem enquanto estão sendo desfrutadas. Além disso, ao conferir a denominação de trabalho improdutivo àquele que não termina na criação de riqueza material, não nega sua utilidade, mas apenas nega a conotação depreciativa dada à denominação "improdutivo".

Como verificamos, o trabalho dos transportadores e de comerciantes é considerado por Mill como produtivo, sob um ponto de vista diverso de outros teóricos da época, pois a utilidade que oferece se incorpora nas próprias coisas, aumentando-lhes proporcionalmente o preço. Continuando na análise dos fatores que influenciam o grau de produtividade dos agentes de produção, cita a maior energia no trabalho, a habilidade, o conhecimento e o grau superior de segurança como altamente relevantes para o seu desenvolvimento, com os consequentes reflexos sobre o aumento da riqueza. Infere-se, de acordo com suas ideias, que algumas atividades terciárias produtoras dessas utilidades são diretamente improdutivas, pois não geram diretamente produção material, mas são indiretamente produtivas em alto grau ao repercutirem no aumento da produtividade.

Em meados do século XIX, após a morte de Mill, a dicotomia trabalho produtivo/improdutivo perdeu sua força devido às mudanças na compreensão da economia introduzidas por Marx e pela economia "marginalista", para a qual a necessidade dessa distinção desapareceu. Um dos primeiros estudiosos a definir as ideias marginalistas ou ditas neoclássicas, Léon Walras (1983: p. 107), buscando os princípios gerais que comandariam uma economia de trocas, desenvolveu teorias sobre o "equilíbrio geral", considerando as interdependências entre os mercados. Examinando os capitais e os rendimentos, denomina riqueza social o conjunto de coisas materiais e imateriais que são raras, e considera que os capitais e rendimentos nos

CONCEITOS TRADICIONAIS DA ECONOMIA POLÍTICA DOS SERVIÇOS 15

quais se divide essa riqueza social são, eles próprios, materiais ou imateriais. Os rendimentos, que consistem na própria utilização de capitais, denominados serviços, subdividem-se em dois tipos: i. os que são absorvidos no consumo tal como estão (por exemplo, o abrigo das casas, as consultas do advogado, do médico etc.) e são chamados serviços consumíveis; e ii. os que são transformados pela agricultura, indústria e comércio em rendimentos ou capitais (como é o caso da fecundidade da terra, do trabalho na utilização de máquinas etc.), e são denominados produtivos.

Por outro lado, Walras classifica a riqueza social em três categorias de capitais que geram rendimentos: a. as terras, que produzem alimentos, suportam casas, ruas, praças, jardins etc., e são capitais fundiários, produzindo rendimentos ou serviços fundiários; b. as pessoas, que se constituem de capitais pessoais, produzindo rendimentos ou serviços pessoais; e c. os capitais mobiliários, produzindo rendimentos ou serviços mobiliários, como, por exemplo, casas, edifícios, veículos, máquinas, instrumentos.

Assim, conforme se observa, a obra de Walras, escrita em 1874, baseava-se numa conjuntura bem diferenciada dos autores anteriormente citados, refletindo a mudança tecnológica e organizacional verificada no sistema de produção. Melhor explicando, já se faziam notar a diversificação da técnica de produção através da introdução de novas máquinas e instrumentos, a ampliação das atividades industriais após a Revolução Industrial na Grã-Bretanha, a introdução de sistemas organizacionais visando a ampliação da produção, bem como a diversificação de serviços de funcionários públicos e profissionais liberais e outros serviços complementares à indústria. Tais inovações nos processos produtivos e em outros campos, como o advento da energia elétrica e do automóvel a vapor nos finais do século XIX, alteraram a concepção dos capitais como geradores de rendimentos, bem como o conceito de trabalho produtivo e improdutivo, o que já se verificava claramente em Marx.

Depois, Alfred Marshall utilizou a via matemática para desenvolver seus raciocínios econômicos. Em sua concepção de riqueza como consistindo em "coisas desejáveis", constituídas de bens materiais e imateriais, ele leva mais adiante as considerações sobre as características básicas dos últimos. Classifica-os em duas categorias, como bens imateriais internos, ou seja, qualidades e faculdades pessoais, e externos, porque "consistem nos benefícios que o homem tira das outras pessoas" (Marshall, 1982: p. 65), como, por exemplo, os tributos do trabalho e serviços pessoais. Marshall afirmava que o termo "produtivo", no significado clássico, não é necessário, pois: "Todas as distinções (clássicas) em que a palavra Produtivo é usada são muito frágeis e têm certo ar de irrealidade [...] seria melhor se seu uso fosse gradualmente diminuído" (Marshall, 1982: p. 72).

Além disso, evidencia que todo trabalho, exceto aquele que não conseguisse atingir as metas para as quais foi dirigido, deveria ser declarado como produtivo. Dessa forma, Marshall concedeu ao termo "produtivo" seu significado moderno de *produtividade*, como eficiência na produção e não como uma classificação de atividades econômicas, através de uma óptica normativa. Por outro lado, em suas ideias a respeito das necessidades humanas, salienta que o desejo de sua satisfação leva à procura rapidamente crescente de serviços de toda sorte, que as satisfaçam em um primeiro estágio; em estágios mais elevados da civilização, o progresso é devido a atividades novas que suscitam novas necessidades. Ressurge nesse ponto a ideia de utilidade, com o mesmo significado de necessidade e a noção de que, se por um lado determinados serviços surgem em atendimento a novas necessidades determinadas pela evolução dos processos produtivos, por outro o desenvolvimento de novos serviços conduz a novas necessidades. Isso se verifica tendo em vista que o crescimento industrial determina melhorias na própria organização industrial, sob a forma de divisão do trabalho, desenvolvimento da especialização da mão de obra, do conhecimento, e da maquinaria; a par disso, determina a integração ou aumento das relações entre as diferentes partes do organismo industrial, "se manifesta no aumento da estabilidade do crédito comercial, no meio e hábitos de comunicação por terra e mar, por estrada de ferro e por telégrafo, correio e imprensa" (Marshall, 1982: p. 212).

Novamente se observa a ideia de complementaridade das atividades de serviços, já adquirindo uma conotação moderna no que se refere à percepção da importância crescente das atividades financeiras e das comunicações e transportes, não só como auxiliares à produção dos objetos materiais, mas como geradoras de um produto em si. Dessa forma, ao introduzir uma conotação psicológica de "necessidades" a satisfazer como determinantes da utilidade de um produto econômico, os utilitaristas se preocupavam com o problema de como essas diferentes "necessidades" deveriam ser tratadas em suas análises (necessidades de consumo de bens físicos e de serviços imateriais) e de como valorar sua satisfação ou seu consumo. Posteriormente, a teoria da utilidade marginal vinculava o valor de troca à utilidade, distinguindo entre utilidade total e marginal. A definição de utilidade marginal, como aquela que é derivada de um pequeno acréscimo de uma última unidade de um bem, foi fundamental para a compreensão da variação dos valores de troca de um mesmo bem. A utilidade marginal em equilíbrio deveria ser igual ao preço do bem ou serviço produtivo, ou à quantidade de dinheiro ou qualquer outra coisa que se troca pelo bem; a utilidade marginal derivada de um bem ou serviço diminui com o aumento na quantidade consumida, atingindo um grau de saturação.

O raciocínio está por trás da teoria subjetiva do valor, que relaciona ainda a utilidade de uma mercadoria ou serviço não apenas às quantidades de mercadorias ou serviços em questão, mas também às de outras mercadorias e serviços. Além dos mecanismos da oferta, da procura e do preço na determinação do valor, introduz-se, portanto, uma conotação psicológica de "necessidade" e de "saciedade", subentendendo comparações interpessoais de utilidades e sacrifícios. A objeção inicial a essa teoria se refere à incomparabilidade de utilidades entre indivíduos diferentes, pois não podem ser mensuradas. No entanto, seus conceitos teóricos sobre qualidades (utilidades) que determinam o valor de um bem ou serviço introduzem uma ideia mais aproximada da contribuição produtiva desse bem ou serviço com relação ao produto gerado pelo trabalho coletivo.

Sumarizando, de acordo com a visão tradicional a circulação econômica que produz riqueza material deve também incluir o consumo, porém apenas a parte do consumo que regenera as capacidades produtivas da força do trabalho e da produção. Esses são os únicos que correspondem ao consumo "produtivo"; as demais formas são de consumo improdutivo, ou seja, não participam da circulação que gera riquezas.

Como salienta Johan Hauknes (1996: p. 35), é possível inferir-se duas conclusões sobre o significado do que seja produtivo do ponto de vista tradicional. Primeiramente, é necessário distinguir-se entre duas categorias de consumo final, que consistem em consumo de utilidades materiais e imateriais. A última espécie corresponde ao consumo que não pode contribuir à regeração de capacidades produtivas materiais e permanece na esfera de atividades não produtivas, implicando que sua produção também não é produtiva. Em segundo lugar, a produção de bens imateriais poderia ser produtiva, de acordo com os clássicos, que consideravam, por exemplo, transportes e comércio como atividades distributivas incluídas entre as produtivas. Aceitavam que qualquer atividade material ou imaterial que contribuísse para a produção de bens materiais, enquanto mercadoria vendável, é potencialmente produtiva, pois cria um valor excedente nos bens, ao alterar suas características físicas ou econômicas. Embora essas suposições trouxessem embutida a ideia de que todas as classes de atividades poderiam ser produtivas ou improdutivas e não apenas os serviços, ficava patente que a produção e o consumo de serviços finais eram improdutivos.

OS DEBATES TEÓRICOS SOBRE A CRESCENTE PROEMINÊNCIA DOS SERVIÇOS

Introduzindo uma nova abordagem com respeito às forças produtivas e às relações de produção, Karl Marx desenvolve suas teorias sobre produção, distribuição, circulação e consumo como fases de um processo único, tendo como objeto de estudo a produção material, ou a produção de mercadorias. Ao analisar a formação do valor das mercadorias, estabelece como lei geral: "Os valores das mercadorias estão na razão direta do tempo de trabalho invertido em sua produção e na razão inversa das forças produtivas do trabalho empregado" (Marx, 1983: p. 157).

Verificamos que, na determinação dos fatores influentes nessas forças produtivas, encontra-se implicitamente a referência a determinados serviços não materiais relevantes para o aperfeiçoamento da produção. Marx salienta que, além das condições naturais do trabalho (fertilidade do solo, jazidas minerais etc.), as forças sociais do trabalho são progressivamente aperfeiçoadas, entre outros, por aspectos como redução do tempo e do espaço, graças aos meios de comunicação e de transporte, e por todos os demais inventos pelos quais a ciência obriga as forças naturais a servir ao trabalho.

Mais adiante, observa que a característica do trabalho como produtivo, do ponto de vista do processo individual de trabalho, não basta para o processo capitalista. A teoria do valor social, desenvolvida a partir de suas ideias, considera que o preço é uma medida direta do valor social de um bem, ou seja, esse valor é medido em termos da unidade de trabalho marginal social, simbolizando as necessidades conjuntas dos indivíduos, pois a oferta e procura de um só indivíduo não afetam o preço. Assim, o conceito de trabalho produtivo é ampliado pelo caráter cooperativo e social de produção:

A produção capitalista não é apenas produção de mercadorias; é, antes de tudo, produção de mais-valia [...] E só aquele que produza mais-valia para o capitalista ou que sirva ao próprio incremento do Capital se considera como trabalhador produtivo. Se nos fosse permitido aduzir um exemplo alheio à esfera da produção material, diríamos que o mestre-escola é um trabalhador produtivo, não enquanto trabalha para formar os cérebros dos jovens, senão enquanto se consome a si mesmo para enriquecer ao patrão. (Marx, 1945, v. 2: p. 8)

Observamos nessa afirmação de Marx a conotação da atividade, não como geradora indireta de produção e riqueza, mas como resultando diretamente em produção de mais-valia; seu trabalho se consome no processo e, para Marx, consumo é imediatamente produção e produção é imediatamente consumo dos materiais e trabalhos empregados. O exemplo sobre o trabalho do mestre-escola pode ser estendido às demais atividades produtoras de serviços não materiais, desde que se consomem para produzir a mais-valia, ou mesmo gerando apenas o valor de seu trabalho na produção final. Marx complementa o conceito de trabalho produtivo salientando que, no processo de produção, se associam o trabalho intelectual e o manual, não sendo necessário "colocar a mão" no trabalho para ser considerado produtivo, bastando ser parte do trabalho coletivo, executando qualquer de suas funções.

Paul Baran (1984), já no século xx, seguindo a ideia marxista acerca dos trabalhadores produtivos ou improdutivos, consegue resumir o raciocínio negando a ideia da economia "burguesa", que procura eliminar a distinção entre as duas classes. Essa linha ideológica burguesa da economia julga a produtividade, a essencialidade e a utilidade de qualquer atividade por sua capacidade de obter um preço no mercado. Dessa forma, desaparecem as diferenças entre os vários tipos de trabalho: qualquer atividade que faz jus a uma recompensa monetária é considerada então útil e produtiva por definição. O trabalho dito improdutivo por Marx é plenamente produtivo e útil dentro da estrutura da ordem capitalista, podendo ser indispensável para sua preservação, segundo Baran, porque a parcela improdutiva consiste: "em todo o trabalho empregado na produção de bens e serviços cuja procura pode ser atribuída às condições e relações peculiares do sistema capitalista, procura essa que se não verificaria numa sociedade racionalmente organizada" (Baran, 1984: p. 57).

Assim, pela óptica marxista, parte desses trabalhadores improdutivos, no âmbito da economia capitalista, ocupa-se com a produção de armamentos, artigos de luxo e objetos ou serviços indicativos de posição social. Outros são funcionários públicos, advogados especialistas em fraudes fiscais, técnicos em relações públicas, agentes de publicidade, comerciantes, especuladores etc. Portanto, a noção de improdutivo estende-se também a certas manufaturas, além dos serviços mais comumente considerados. Esse trabalho improdutivo é mantido por parte do excedente econômico da sociedade e não se relaciona diretamente ao processo de produção indispensável. No entanto, outros trabalhadores que se mantêm por meio de parte do excedente econômico são os cientistas, médicos, artistas, professores, que exercem um trabalho necessário à sociedade racionalmente organizada, mas não são produtivos. Em suma, o trabalho improdutivo assim definido não poderia ser considerado como pertencente ao fundo potencialmente disponível para propósitos de desenvolvimento econômico.

Foi a partir ainda do avanço tecnológico impulsionado pela Revolução Industrial do final do século xix, com a multiplicação

CONCEITOS TRADICIONAIS DA ECONOMIA POLÍTICA DOS SERVIÇOS   21

das atividades intermediárias no processo produtivo, que ocorreu nova mudança ideológica no pensamento econômico; essa transformação ideológica, acelerada pela crise econômica dos anos de 1930 do século XX, que culminou na Grande Depressão, tornou aceita a visão keynesiana da realidade econômica que, no entanto, conserva até hoje um caráter polêmico. A teoria keynesiana permitiu não apenas a redefinição do conceito do que se considerariam como componentes da geração de produto ou renda (e, portanto, bens ou serviços produtivos), como também o desenvolvimento de formas de mensuração desses componentes.

Explicitando os determinantes da demanda e oferta agregadas e sugerindo a intervenção estatal como geradora de demanda para garantir níveis maiores de emprego, Keynes abriu o caminho para a percepção da relevância de todos os setores das atividades econômicas, tanto na composição da oferta quanto na geração de renda resultante em demanda (consumo e formação de capital) ou poupança (Kon, 1992). A partir do desenvolvimento de suas ideias, a conotação das atividades enquanto geradas de um valor mensurável torna-se aceita e adotada nos processos de Contabilidade Nacional dos países capitalistas.

John Maynard Keynes (1983), ao argumentar em sua *Teoria Geral do Emprego, do Juro e da Moeda* que os postulados da teoria clássica se aplicavam apenas a um caso especial, cujas características não eram as da sociedade econômica em que se vivia, concorreu com uma visão ampliada e "nova" do funcionamento do sistema capitalista. Centrando suas discussões nos determinantes da demanda e oferta agregadas, dá ênfase aos grandes agregados econômicos e, ao estudar as flutuações nos níveis de produto e emprego, empreende a formulação de um método contábil de "partidas dobradas", baseado em conceitos determinados pela interpretação de suas ideias teóricas.

Com a origem do desenvolvimento das técnicas de Contabilidade Social, após a crise econômica dos anos de 1930 e as guerras mundiais, as relações macroeconômicas globais baseadas em conceitos formulados em várias publicações de John Maynard Keynes passaram a ser o fulcro das atenções dos economistas. Assim, é através da mensuração dos grandes agregados econômicos que a ciência econômica encontrou subsídios para a reformulação das teorias conhecidas para o acompanhamento da conjuntura econômica e para a formulação de políticas de desenvolvimento, bem como passou a possibilitar, em uma perspectiva teórica, a predição dos fenômenos econômicos. A aceitabilidade internacional desse método de análise chamou a atenção dos estudiosos para a necessidade do estabelecimento de conceitos comuns, no que se refere às variáveis a mensurar, no sentido de comparabilidade internacional. Assim sendo, passam a se discutir não só a ideia de definição de produto (um dos agregados em questão que nos interessa particularmente), como também os aspectos referentes à sua mensuração. As atividades terciárias são então consideradas nesses estudos não apenas como gerando diretamente um produto, mas também sendo passível de mensuração, como nas demais atividades, embora correspondam a um fenômeno que se consome no próprio ato de produção.

Josef Alois Schumpeter (1983) revela uma abordagem nova das características dos produtos ao discorrer sobre o processo de produção e a classificação dos bens em "ordens", de acordo com sua distância do ato final do consumo. Ele afirma que a produção nada cria no sentido físico, considerada tanto tecnológica quanto economicamente, apenas influenciando os processos ou forças. O processo de produção é caracterizado, portanto, por diferentes combinações de forças produtivas; essas forças são constituídas de coisas em parte materiais, em parte imateriais. O trabalho, assim, não é um produto, mas um meio de chegar ao produto; dessa forma, Schumpeter implicitamente afirma que qualquer serviço resultante do trabalho é produto. Esse raciocínio se torna mais claro quando, classificando os bens em ordens, de acordo com o ato final do consumo, determina como de primeira ordem os mais próximos do consumo; cita o exemplo do pão, que só se coloca na primeira ordem quando combinado ao trabalho (serviço) do entregador.

Os bens que estariam mais alto na hierarquia das ordens seriam os serviços do trabalho e da terra. Verifica-se, dessa forma, em Schumpeter, a ideia da complementaridade das atividades de serviços em todo o processo produtivo e sua relevância como elemento primordial para a consecução do objetivo final da produção econômica, que é o consumo, desde que em todo o processo produtivo agrícola ou manufatureiro concorrem de alguma forma aquelas atividades que se destinam a tornar esses produtos consumíveis. Confirma, dessa maneira, as afirmações neoclássicas de que só existe produção quando existe consumo.

Resumindo, no decorrer da evolução da teoria econômica, os sistemas de valores em cada conjuntura (que nortearam os caminhos do pensamento econômico) resultaram em transformações nas conotações dadas a essas atividades, que culminaram em três linhas conceituais principais:

a. a marxista, segundo a qual algumas atividades, incluindo grande parte dos serviços, são improdutivas, não pertencendo ao fundo potencialmente disponível para propósitos de desenvolvimento econômico;
b. a keynesiana, segundo a qual qualquer atividade que faz jus a uma recompensa monetária é considerada útil e produtiva por definição;
c. a schumpeteriana, que considera os serviços como complementares e relevantes ao consumo, que é o objetivo primordial da produção e, portanto, são imprescindíveis para a atividade produtiva.

CONSIDERAÇÕES FINAIS

É necessário salientar a não adequação do entendimento tradicional na análise das atividades de serviços na economia ao observarmos que as transformações nas economias em direção aos serviços é um fenômeno do século xx. As análises econômicas anteriores e concomitantes à Revolução Industrial não deram muita atenção ao papel que essas atividades desempenhavam no contexto econômico. No entanto, o capítulo mostra que implicitamente a teoria econômica tradicional trazia a raiz do entendimento sobre a relevância que essas atividades iriam adquirir particularmente após a segunda metade do século xx. Nos autores clássicos e marginalistas estão registrados os elementos-chave para o conhecimento da dinâmica econômica que com o desenvolvimento tecnológico tornou os setores de serviços um coadjuvante relevante no desenvolvimento capitalista das economias. A partir das ideias dos autores evidenciadas neste capítulo, observou-se a crescente e constante transformação na percepção do papel dos serviços na organização da produção, distribuição e consumo no sistema capitalista, e da necessidade de acompanhar a posterior evolução dos efeitos do progresso tecnológico sobre a estruturação e a dinâmica econômica.

2. Premissas Básicas das Mudanças na Teoria Econômica Tradicional

o papel dos serviços

Como pontua Thomas Khun em seu livro *A Estrutura das Revoluções Científicas* (1997), a ciência é marcada por uma história de longos períodos de estabilidade que são interrompidos por mudanças bruscas, de uma macroteoria a outra diferenciada. Afirma que o avanço da ciência nunca foi linear, mas se desenvolveu através de rupturas e saltos do conhecimento, que tem sido autênticas revoluções que romperam com formas de conhecimento anterior. Explica a noção de paradigma como a existência de teorias aceitas de forma geral por toda a comunidade científica, que tem por objetivo esclarecer possíveis questões científicas e que durante um certo tempo são universalmente reconhecidas por proporcionarem a uma comunidade científica determinada a formulação de modelos de problemas e soluções. Os paradigmas, portanto, são o marco sob o qual se analisam os problemas que enfrentam os cientistas e em que se elaboram modelos de possíveis soluções.

Segundo Carlota Perez (2002 e 2005), um paradigma econômico constitui um modelo de prática ótima que incorpora um conjunto de princípios tecnológicos e organizacionais, genéricos e ubíquos, representante da forma mais efetiva a ser aplicada em uma revolução tecnológica que modernizará o resto da economia. Quando sua adoção se generaliza, os princípios se convertem na base de novo conhecimento científico e do sentido comum para a organização e reestruturação das atividades econômicas.

Durante longo tempo, os paradigmas econômicos tiveram como base o desenvolvimento da indústria manufatureira, o que foi retratado nos corpos teóricos das teorias clássicas e neoclássicas. Constatações de Kon (2004) sobre o conhecimento atual a respeito dos serviços mostram a forma gradativa pela qual foram transformados alguns mitos conceituais que prevaleceram por longo tempo no que se refere às características e às funções específicas dessas atividades nos processos produtivos, enquanto setores de produção, bem como na dinâmica global das economias como participantes nos processos de reestruturação econômica e social.

No que se refere ao tratamento teórico sobre o comportamento da empresa produtora a partir da visão neoclássica, observou-se que a Microeconomia tradicional está particularmente preocupada com a determinação de uma posição de equilíbrio na empresa e nos mercados econômicos. As empresas operam como agentes de mercado, e a análise do equilíbrio do mercado é explicada de forma satisfatória em condições de concorrência perfeita. Dessa forma, não há lugar a um comportamento arbitrário por parte dos proprietários individuais e a análise centra-se através de modelos abstratos, rigorosos e simplificados sobre o comportamento da empresa.

Sob essa óptica, o papel dos serviços no desenvolvimento econômico é considerado subordinado às demais atividades e se torna visível apenas enquanto o setor manufatureiro o for, de modo que se este último setor decresce e/ou a base de exportação de bens manufaturados recua, as atividades de serviços sofrem efeitos multiplicadores reversos (Baumol, 1986; Ecalle, 1989; McKee, 1988). A aceleração no desenvolvimento e na diversificação das atividades de serviços na segunda metade do século XX motivou uma nova visão sobre as características, o comportamento e o papel dessas atividades como indutoras do desenvolvimento econômico. Essa nova abordagem se coloca contra a visão anterior de que o impacto direto dos serviços no processo impulsionador do crescimento econômico era obscurecido pelo impacto visível das manufaturas sobre o desenvolvimento econômico das cidades, regiões e países.

Por sua vez, as escolas de pensamento posteriores, que resultaram das críticas ao equilíbrio neoclássico, enfatizam especialmente o comportamento individual das empresas e dos mercados durante os processos de crescimento e em meio às transformações tecnológicas, concentração e diversificação de produtos. Em períodos com essas características, não se aplicam as condições de concorrência perfeita e as circunstâncias institucionais específicas interferem no sistema econômico. Nesse contexto, o progresso tecnológico não é exógeno ao modelo de produção da empresa e torna-se endogenamente incorporado às decisões dos agentes de crescimento.

Este capítulo visa analisar a reconstrução teórica do comportamento das empresas introduzida pela visão neoschumpeteriana ou evolucionista. Essa nova linha de pensamento a respeito das decisões da empresa surgiu da necessidade de uma abordagem metodológica diferente para explicar algumas situações novas com as quais a teoria tradicional não poderia lidar. Discute-se que o novo método inclui uma mudança de perspectiva teórica sobre uma vasta gama de questões, abordando as ideias evolucionistas. É observada a forma como os teóricos explicam as mudanças evolutivas nas premissas teóricas ortodoxas – que apresentam um sentido descritivo sobre a condição "ideal" da estrutura de equilíbrio da empresa e da economia – em direção às premissas evolucionárias, que mostram uma perspectiva evolutiva a partir da observação da realidade econômica, que apresenta um dinamismo e desequilíbrio constante, resultante das capacitações diferenciadas das firmas e dos comportamentos diferentes dos tomadores de decisão.

De uma maneira diferente da teoria econômica neoclássica, a preocupação da teoria evolucionista se volta especialmente ao comportamento das instituições e organizações em um ambiente de mercado e com os diversificados processos produtivos e regras de decisão, em curto e longo prazos, que conduzem ao desenvolvimento econômico. Enquanto a teoria neoclássica tradicional desenvolve uma análise do equilíbrio geral, em que as empresas buscam a maximização do lucro a partir de um bem definido e exogenamente dado conjunto de escolhas, o pensamento evolutivo visa lidar principalmente com algumas questões como a competição dinâmica e os efeitos do progresso técnico incorporado ao processo produtivo.

Como salientado por Richard Nelson e Sidney Winter (1982), a empresa teórica não é apenas uma "caixa preta", onde o equilíbrio é procurado, mas suas entradas e saídas de canais podem ser modificadas por diferentes conjuntos de ações. A proposta dos analistas evolucionistas era de reconstruir os fundamentos teóricos do comportamento das empresas, ao criticar o chamado pensamento "ortodoxo", e incluir novas variáveis relevantes observadas na competição econômica dinâmica atual.

Essas diferenças metodológicas entre os dois pressupostos teóricos quanto ao comportamento da empresa têm explicações históricas. A Microeconomia neoclássica tradicional origina-se da chamada Escola Inglesa de análise econômica, fundada no século XIX, que era a única aceita até o início do século XX e enfatizava a característica dedutiva da ciência econômica. Em contraste, a nova visão acerca das características, aptidões e decisões diversificadas das empresas foi derivada, no início do século XX, das escolas institucionais e históricas com origem na Alemanha e nos Estados Unidos, herdando uma tradição que enfatiza o comportamento dinâmico econômico da firma.

Esse comportamento reflete diferentes capacidades da empresa e estrutura institucional da sociedade, sob a influência das forças econômicas que causam as mudanças na organização institucional existente (Williamson, 1985; Arrow, 1974). Assim, caracteriza-se como uma disciplina indutiva, que observa o comportamento empírico da empresa, para construir uma teoria geral mais conectada com a realidade. Dessa forma, este capítulo analisa o processo de transformação metodológica na construção da Teoria Evolucionista, analisando a forma como seus autores explicam a insuficiência da teoria ortodoxa para compreender a nova realidade econômica a partir do início da segunda metade do século XX, como um resumo dos debates iniciados pelos críticos da abordagem de equilíbrio.

As duas primeiras seções analisam os antecedentes teóricos das reformulações metodológicas e as ideias de Ronald Coase e Schumpeter sobre as decisões da empresa no processo de produção, desde que o pensamento evolucionista gerou conceitos reformulados no comportamento e na estrutura da empresa no contexto de uma nova forma de concorrência e desenvolvimento econômico.

O impacto das novas tecnologias também são observados, no que se refere à reformulação de conceitos sobre a tomada de decisão na empresa. É analisado também o contexto de um novo tipo de concorrência em que predomina a constante inovação tecnológica, bem como o ambiente reestruturado do desenvolvimento econômico, que resultou na reformulação de conceitos teóricos e classificações para as atividades de serviços. Nesse sentido, a "caixa preta" que envolve as inter-relações internas da firma, conforme considerada por Richard Nelson e Sidney Winter (1982), é então descerrada, para permitir a análise das transformações evolutivas metodológicas a respeito da dinâmica econômica dentro da empresa.

ANTECEDENTES TEÓRICOS:
O ADVENTO DA TEORIA MICROECONÔMICA
CONTEMPORÂNEA

Embora o exame do comportamento dos serviços enquanto produção econômica e como atividades complementares da indústria tenha sido desenvolvido nas entrelinhas da teoria econômica desde o século XVII, a teoria contemporânea da empresa, como uma nova metodologia específica de análise, foi reconhecida na literatura apenas no início da década de 1950, embora suas premissas tenham sido esboçadas desde as críticas à economia do equilíbrio que surgiram nas primeiras décadas do século XX. As críticas ao pensamento neoclássico já se incorporavam às abordagens da indústria enfocadas como tema da microeconomia tradicional neoclássica, com nomes diferentes, como Economia da Indústria, Indústria de Negócios e Comércio, Economia Industrial, Organização e Economia Industrial, entre outros, que mostram uma falta de consenso a respeito dos objetivos e das mudanças necessárias na metodologia específica sobre o assunto, bem como a desconsideração do papel relevante da Indústria de Serviços (Kon, 1994).

O estudo moderno da concorrência monopolística já havia se iniciado por volta de 1880, quando alguns de seus conceitos estabelecidos tinham sido questionados através das obras de John Bates Clark, John Adams, Richard Ely e Charles Theodore J. Bullock, entre outros. Concomitantemente, em seus *Princípios de Economia*, na década de 1920, Alfred Marshall argumentou as ideias centrais no campo da Economia Industrial, enfocando o grau de monopólio, as economias e deseconomias de escala, o oligopólio, a discriminação de preços, a importância dinâmica dos processos de inovação, os custos fixos de risco e incerteza.

Como um dos ramos da economia descritiva, a economia industrial contemporânea continua a ser uma parte da estrutura geral da microeconomia, no entanto, apresentando uma relação tênue com a teoria neoclássica microeconômica, que era caracterizada pela aceitação de certos pressupostos de consumidores e de empresas em generalizações vistas como de aplicabilidade ampla na análise econômica e consideradas como implicações lógicas dos padrões de comportamento da firma, quando confrontada com a escassez de recursos. Essa forma de análise tradicional foi direcionada para a teorização de cadeias de raciocínio e comportamentos generalizados e o uso de instrumentos matemáticos complexos. Um alto grau de abstração sobre os acontecimentos do mundo real está necessariamente envolvido nessas análises, a fim de torná-las adequadas para atingir o grau de generalização (Lee, 1974: p. 14).

Como salienta P. Sargant Florence (1964), as primeiras críticas a essas ideias surgiram com as considerações sobre a necessidade de uma abordagem mais realista em cima do comportamento das empresas, o que implicaria análises com base na observação e registro de fatos reais que, no entanto, vão além da mera descrição e empirismo, no sentido de incluírem uma interpretação causal buscando alguma lógica subjacente possível.

A partir desse novo enfoque metodológico, as modernas teorias da empresa tiveram início com a análise teórica das formas diferenciadas de comportamento da firma, confrontando-as à observação da realidade. Definem como relevantes as críticas sobre o caráter "irreal" das teorias anteriores, especialmente no que se refere às premissas da Concorrência Perfeita e às condições de equilíbrio com base na análise marginal como objetivos preponderantes da empresa. A hipótese de maximização do lucro, como o único objetivo do comportamento da empresa, não era mais suficiente para explicar a formação de conglomerados ou o comportamento das empresas multinacionais ou, ainda, o comportamento gerencial voltado para outros objetivos além do lucro.

Sob a nova abordagem baseada na observação empírica adicionada às deduções teóricas, as obras de Piero Sraffa, Joan Robinson e Edward Chamberlin, a partir de meados da década de 1920, trouxeram uma nova visão sobre a determinação dos preços das empresas, ao criticarem as premissas básicas da Concorrência Perfeita e ao questionarem a existência de apenas duas únicas formas de organização do mercado consideradas desde os clássicos: Concorrência Perfeita e Monopólio. Esses estudos marcaram o advento da teoria da Economia Industrial como uma evolução em relação à microeconomia tradicional (Kon, 1994).

Sraffa, em estudo publicado em 1926, salienta suas dúvidas sobre a representação da realidade apenas a partir das duas estruturas de mercado descritas pelos clássicos. Destaca que a força do hábito, o conhecimento pessoal entre agentes, a qualidade do produto, a proximidade do vendedor, a existência de necessidades particulares, a possibilidade de obter crédito, o prestígio de uma marca de fábrica, bem como a particularidade do modelo ou desenho do produto, são alguns dos fatores que conduzem o consumidor à sua aquisição, levando-o a preferir um vendedor em relação a outro. Portanto, se na Competição Perfeita só existia um preço único e um único mercado para se levar em conta, na competição definida por Sraffa cada empresa pode vender sugerindo seu próprio preço, mesmo que os preços de cada vendedor não sejam independentes uns dos outros. Nesse caso existem muitos mercados particulares e não apenas um mercado global para o produto.

Posteriormente, Joan Robinson (1933) procurou definir melhor o mercado, ao também criticar a Concorrência Perfeita, salientando que o consumidor tem razões para preferir um vendedor a outro, e o mercado então se estrutura em uma Concorrência Imperfeita. A autora define a Concorrência

Imperfeita como uma situação em que o mercado já não é homogêneo e em que há imperfeições, onde cada empresa está ligada a um grupo de compradores por algo mais do que apenas o preço. Algumas condições para o estímulo desses vínculos com o consumidor são, para a autora, a localização do vendedor, os custos de transportes, a garantia de qualidade de um nome bem conhecido (marca), a qualidade dos serviços de venda e a publicidade.

R. Chamberlin (1933), por outro lado, definiu a Concorrência Monopolística, apontando uma situação estrutural intermediária entre a Concorrência Perfeita e o Monopólio, caracterizada principalmente pela diferenciação do produto. Seu tratamento do assunto era mais global, ainda que menos intensivo do que o de Robinson, e apontou ainda o fato de que os consumidores não eram indiferentes aos produtores, e reagiam de formas diversas em relação aos nomes (marcas) das empresas, às particularidades de qualidade, formas de confecção de produtos, localização do vendedor, eficiência, reputação ou delicadeza do vendedor, entre outros aspectos. Assim, cada empresa tem seu mercado particular devido não só à diferenciação no preço, mas também ao produto diferenciado que oferece. Nesses modelos de concorrência imperfeita ou monopolista, as empresas produzem uma quantidade inferior ao custo médio mínimo e, portanto, há capacidade de produção ineficiente. Chamberlin salienta que não se pode falar na Indústria a partir do mesmo conceito de Marshall, ou seja, como um conjunto de empresas, porque o produto não é homogêneo, porém existem grupos de empresas com capacidade sensível de substituição recíproca de produtos.

Segundo as ideias de Robinson e Chamberlin, a possibilidade de determinação do equilíbrio da empresa é dificultada tendo em vista que a qualidade mutável do produto – que pesa na determinação da demanda – não é um fator mensurável e, portanto, não é possível a determinação matemática das reações do comprador em relação à qualidade do produto. Além disso, o equilíbrio do grupo não pode ser definido porque as empresas não têm curvas idênticas de custo, o que permite a entrada de novas empresas no grupo em diferentes condições e, além disso, vê-se que algumas atingem o equilíbrio antes que outras. Dessa maneira, ocorre uma situação de permanente instabilidade no mercado de concorrência imperfeita ou monopolística, com entradas e saídas frequentes das empresas. Paralelamente à análise crítica à teoria marginalista, nas primeiras décadas do século xx – com maior intensidade a partir de 1930 –, observou-se a renovação da análise sobre a organização de mercados constituída pelo Oligopólio, rediscutindo os modelos desenvolvidos no século anterior, que explicavam o funcionamento desses mercados.

Esse interesse renovado pelas estruturas de mercado foi originado a partir da intensificação dos processos de centralização e concentração de capitais observados no início do século xx, que resultaram no crescimento das empresas e na criação de mercados com um pequeno número de vendedores rivais, como será analisado na sequência.

DESENVOLVIMENTOS TEÓRICOS SUBSEQUENTES

Nas décadas de 1940 e de 1950, foi observado o aprofundamento da investigação teórica acerca das empresas e do comportamento dos mercados, discutindo particularmente a questão da dimensão das empresas, as forças competitivas e anticoncorrenciais, os danos das forças monopolistas à concorrência, e assim por diante. Entre vários estudos pioneiros daquelas décadas destacam-se os de George W. Stocking em parceria com Miron W. Watkins e os de George Joseph Stigler, Joe Staten Bain e Herbert Alexander Simon como contribuintes às mudanças no pensamento econômico tradicional.

Stocking e Watkins (1951) analisaram mais intensamente os cartéis e as condições de monopólio nos mercados interno e externo. Stocking foi pioneiro na análise da organização industrial, com suas publicações *Cartels in Action*, de 1946, e *Cartels or Competition?*, de 1948, em que empreendeu estudos empíricos sobre a fixação de preços nos cartéis, quando sintetizou dados quantitativos e qualitativos de cartéis internacionais em oito mercados, explicando seus mecanismos internos e sua inclusão na economia, e os efeitos sobre o desempenho industrial. Em um terceiro trabalho em parceria com Watkins, *Monopoly and*

Free Enterprise (1951), aprofundou-se nos problemas de poder de mercado e políticas públicas na economia norte-americana.

George Joseph Stigler teve um papel fundamental na análise da evolução da teoria econômica a partir da segunda metade dos anos de 1950 com a publicação do artigo de 1956, "The Statistics of Monopoly and Merger", quando escreve uma crítica estatística a respeito da discussão da perda de bem-estar causada pelo monopólio. Em um artigo de 1957, "Perfect Competition, Historically Contemplated", reúne a história do pensamento econômico, examinando as mudanças teóricas em curso e mostrando como o conceito de competição evoluiu na história da economia naquela década. Sugere, ainda, a importância da revisão constante do conceito no futuro, com o avanço da teoria econômica, e enfatiza em particular que o conceito de "afinidade natural da competição com a economia estática" requer modificações para a introdução da competição em uma economia dinâmica, discussão que foi posteriormente retomada por Schumpeter (Stigler, 1957: p. 282).

Os estudiosos consideram seu artigo "The Economies of Scale" (Stigler, 1958) como seu trabalho mais relevante daquela década, em que é estabelecida uma forma completamente nova para mensurar o conceito-chave em economia industrial, que se refere às economias de escala. O autor sugere que é possível a observação da escala mais eficiente em uma indústria através da observação da escala em que o maior percentual de firmas sobrevivem no tempo, ou seja, estabelece essa "técnica" de análise para falar a respeito do tamanho ótimo da firma. Mostrou empiricamente que uma ampla gama de tamanhos de firmas sobrevivia por períodos substanciais de tempo, o que o levou a redesenhar a curva de custo médio em longo prazo da firma; pelo conceito anterior, a curva seria estabelecida com uma escala (quantidade produzida) em que os custos médios fossem mínimos, já por meio do novo conceito, Stigler sugeriu uma série de escalas em que os custos médios poderiam estar em valores mínimos e, nesses valores, os retornos de escala seriam constantes.

Joe Staten Bain publicou o seu pioneiro trabalho em 1956 sobre as barreiras à entrada de novas empresas em um oligopólio, quando definiu uma barreira como qualquer elemento que permita ao produtor o ganho de lucros acima do normal sem induzir a entrada de novas firmas. Acreditava que as economias de escala e os requisitos de capital atendiam a essa definição, pois estavam positivamente correlacionadas a altos lucros. Depois Stigler (1968) definia uma barreira à entrada como uma vantagem de custos dos produtores sobre as novas firmas entrantes. De acordo com essa visão, havendo igual acesso à tecnologia as economias de escala não são uma barreira à entrada e também os requisitos de capital não são barreiras. Por sua vez, as ideias de Bain sobre condições e barreiras à entrada citaram outros trabalhos complementares, entre os quais o de Sylos-Labiny (1969), cujo esquema analítico se tornou consideravelmente aceito, indicando barreiras à entrada que podem ser internas ou externas à firma.

No que se refere às economias de escala e custos do capital, as definições de Bain e de Stigler diferem a respeito da definição de uma barreira à entrada, bem como a respeito da questão de economias de escala e custos de capital constituírem barreiras, o que resultou em controvérsias entre economistas e advogados especializados em antitruste. De qualquer maneira, os dois autores trouxeram à discussão uma abordagem diferenciada em relação à tradicional economia da firma.

Herbert Alexander Simon dedicou-se, de 1950 a 1955, ao estudo da Economia Matemática e, com David Hawkins, formulou e provou o teorema de Hawkins-Simon sobre as condições para a existência de vetores positivos de solução para matrizes de entrada-saída e aplicou-o no estudo de organizações econômicas. Determinou que a resolução desses problemas deveria ser feita através de simulações, usando programas de computador, que levou ao seu interesse por simulação computacional da cognição humana, como apresentado em suas publicações que apareceram nos primórdios da Econometria, como "On the Definition of the Causal Relation", de 1952, "Causal Ordering and Identifiability", de 1953, e "Spurious Correlation: A Causal Interpretation", de 1954, trabalhos em que abandona a hipótese da invariância de aspectos organizacionais nos modelos econômicos, o que ampliou os rumos da pesquisa científica econométrica.

A contribuição desse autor à teoria econômica é significativa, partindo de sua posição crítica às premissas do comportamento humano adotado nos modelos econômicos tradicionais como em *Models of Man* (1957) e outras publicações, aplicado à "teoria de organizações", em que reconsiderava os conceitos dos processos de tomada de decisão nos modelos microeconômicos dessa teoria. Posteriormente, seus estudos sobre a racionalidade nos processos decisórios ganhou relevância entre os formuladores da visão evolucionista, como será visto adiante.

Na década de 1960, foi difundida uma série de estudos econométricos sobre as indústrias, estruturas e desempenhos, com as análises de Frederic Michael Scherer, William S. Comanor, Thomas A. Wilson e Alfred Pastor, além dos estudos muito importantes de Stigler a respeito da Economia da Informação e de Oliver Williamson acerca da complexidade interna do comportamento das empresas. Nesse período, um grande conjunto de instrumentos de avaliação de conhecimento e de técnica foi acumulado, combinando teoria econométrica, estudos de casos e questões políticas das empresas industriais. Emergiram debates intensos entre as escolas de pensamento e metodologias de investigação, prevalecendo as ideias não tradicionais.

Scherer (1965) pesquisou as patentes e seu papel de incentivo ao estímulo da inovação tecnológica e, juntamente com Jacob Schmookler, trabalhou no tema utilizando estatísticas sobre patentes e emprego em P&D como instrumento de mensuração através de estudos com modelos econométricos, que se estenderam nas décadas seguintes. Entre os temas testados, alguns exemplos mostram que seu interesse variava em torno do desempenho da firma: i. como a atividade inventora, medida pela *proxy* "patentes", afetava as organizações e a lucratividade; ii. como testes de várias hipóteses de Schumpeter, notadamente investigando se as grandes corporações forneciam maior campo para pesquisa, desenvolvimento e inovação tecnológica do que as firmas menores, e se a atividade inovadora é mais intensa em organizações de mercado dominadas por oligopólios com poucas empresas do que em estruturas de mercado atomizadas com pequenas empresas; iii. testou se as mudanças tecnológicas eram mais impulsionadas pelo estímulo da demanda (*demand-pull*) ou pelos avanços na base tecnológica (*technology-push*). Nesse sentido, o autor concebeu uma série de testes com a matriz insumo-produto, embora não tenha chegado a implementar inteiramente esses conceitos empíricos (Scherer, 2003).

William S. Comanor (1964 e 1965) selecionou, como tema de interesse em suas pesquisas, a indústria farmacêutica, analisando particularmente a competição na indústria, a diferenciação competitiva de produto, as mudanças tecnológicas, publicidade e poder de mercado. Junto a Joseph S. Bain e Thomas A. Wilson, elaborou um modelo sobre este último tema, que se tornou paradigma para estudos econométricos de outros autores, cujos resultados mostravam que a publicidade afeta a distribuição de vendas entre produtos e marcas competitivas de diferentes firmas em uma mesma indústria, bem como a distribuição de vendas entre indústrias.

Na década de 1960, Stigler apresentou colaborações relevantes para as mudanças de conceitos da teoria microeconômica nas áreas de informação, regulação e oligopólio. Uma das suas contribuições mais importantes à teoria econômica do período surgiu com Stigler, em seus artigos "The Economics of Information" (1961) e "Information in the Labor Market" (1962), que criaram essencialmente uma nova área de estudo entre os economistas. Nesses artigos, o autor ressaltava a importância da informação: "Dificilmente é necessário dizer aos acadêmicos que a informação é um recurso valioso: conhecimento é poder. E mesmo assim, ainda ocupa um espaço menor na economia." (Stigler, 1962: p. 95)

No artigo de 1961, Stigler introduzia na teoria a ideia de que os incentivos e os custos nas firmas determinariam o nível ótimo de informação em que os consumidores seriam estimulados a investir. No texto de 1962 estão mais definidas as premissas da Economia da Informação, tema que lhe determinaria a atribuição, em 1983, do Prêmio Nobel. Contrariamente ao conceito tradicional anterior de que a informação era livre e perfeita, ele salientava que a informação era escassa, imperfeita e custosa, e seria necessário investimento específico em pesquisa a um nível ótimo para as firmas apresentarem um resultado próximo ao da competição perfeita. O texto de 1962 é uma extensão empírica, com argumentos estatísticos para a comprovação da teoria apresentada no artigo anterior, avaliando como os menores custos de informação no mercado de trabalho resultam em integração mais eficiente dos trabalhadores a seus postos de trabalho e, dessa forma, a uma economia mais produtiva.

O texto *A Theory of Oligopoly* (Stigler, 1964) foi elaborado como extensão e complementação do artigo de 1961, trazendo a ideia que explica por que algumas indústrias oligopólicas têm maior sucesso do que outras no que se refere à colusão de preços; isso é atribuído a menores custos de informação, quando os oligopolistas organizam seus processos produtivos para controlar os preços, através desses menores custos, conseguindo assim maiores benefícios. Mitra e Lynch (1995: p. 644) atribuem aos economistas George J. Stigler, Lester G. Telser e Phillip H. Nelson o desenvolvimento do modelo "publicidade como informação".

No entanto, Stigler é mais conhecido pelo desenvolvimento da Teoria Econômica da Regulação, cujas primeiras ideias foram expostas no artigo de 1962 em parceria com Friedland, em que os autores usam dados sobre preços da eletricidade para um período de tempo em que alguns dos estados norte-americanos regulavam essa indústria e outros não. A expectativa sobre os resultados dos testes econométricos era de que a regulação abaixaria os preços, mas a regressão mostrou não haver relação entre regulação e preços. Esse comportamento foi interpretado originalmente como evidência de que a empresa agia de modo competitivo e os reguladores não poderiam fazer nada para mudar essa situação. Depois o autor reinterpretou os resultados como evidências que levaram à teoria da captura.

Essas novas ideias foram posteriormente complementadas por Stigler na publicação *The Theory of Economic* (1971), também conhecida como *Teoria da Captura Regulatória*, que descreve o processo pelo qual as agências reguladoras são dominadas (capturadas) pelas indústrias privadas a quem foi dirigida a regulação. Em outras palavras, a agência criada para agir em nome do interesse público, age de forma a beneficiar grupos específicos e outros participantes políticos irão usar os poderes regulatórios e coercitivos do governo para formar leis e regulação a seu favor, de modo que os beneficiários sejam esses próprios grupos. Essa teoria é um componente da Teoria da Escolha Pública em economia. Portanto, o autor sugere que se a probabilidade de captura regulatória é um risco, a agência governamental deve se proteger de influências externas tanto quanto possível. Por outro lado, uma agência capturada é frequentemente pior do que nenhuma regulamentação porque representa a autoridade governamental e, portanto, a criação de uma regulação pode não ser melhor do que falta de regulação (Stigler, 1971).

Depois de 1970, as análises continuaram a se desenvolverem na direção da reformulação de conceitos anteriores e três relevantes linhas de pensamento ganharam influência na moderna teoria da Economia Industrial: i. a análise de Chicago-Ucla; ii. os estudos puramente teóricos de modelagem estratégica; e iii. a teoria da "contestabilidade", desenvolvida de 1975 a 1982 pela denominada Escola da Contestabilidade de Baumol-Willig-Bailey.

A Escola de Chicago da Ucla se caracterizou por ser uma corrente econômica que engloba economistas liberalistas, com ideias associadas à teoria neoclássica da formação de preços, que apoiam teses monetaristas (rejeitando o keynesianismo) e mercados concorrenciais livres do intervencionismo estatal. Fazem parte dessa linha de pensamento teórico economistas relevantes como seu fundador Milton Friedman, Friedrich Hayek, Frank Knight, Stigler e Gary Becker, considerados os novos defensores da não interferência do Estado, ou do *laissez-faire* em áreas como a assistência social ou a prevenção rodoviária. A metodologia defendida se apoia na "economia positiva", ou seja, em estudos empíricos baseados no uso de estatísticas, dando menor ênfase à teoria econômica e maior importância à análise estatística de dados.

A Escola que na década de 1920 e de 1930 estava fortemente interessada no exame de qualquer tipo de monopólio, na década de 1950 reverteu sua linha de pensamento em direção a uma visão que favorecia a concorrência, ao considerar o monopólio como uma estrutura limitada e fraca. No entanto, na década seguinte, assumiu novamente a superioridade do monopólio no que se refere à eficiência, e nos anos de 1970 confirmou uma visão antiestruturalista, defendendo a ideia de minimização de custos de monopólio. Eles consideravam que a eficiência relativa de cada empresa seria o fator determinante de sua posição na estrutura do mercado. Alguns analistas dessa escola consideraram o desempenho superior e as economias de escala como causas dos graus de monopolização mais elevados. A estrutura do mercado, portanto, era uma função do comportamento das empresas, do desempenho delas e das suas condições externas, e, além disso, o tamanho de mercado de cada empresa seria uma função das taxas de lucro.

No início dos anos de 1980, a Concorrência Perfeita foi criticada em discussões de natureza diferente das anteriores, entre um grupo de economistas, que culminaram em uma publicação de Baumol & Panzar & Willig (1982), introdutores dos conceitos de mercados contestáveis como alternativa à limitação da aplicação do conceito de concorrência tradicional à análise da determinação da eficiência e estrutura industrial. O livro de 1982 estabelece o objetivo da teoria dos mercados contestáveis como o de elaborar uma metodologia unificada de organização industrial que fosse aplicável a todas as estruturas de mercado, que seria um guia para a ação do governo em relação às regras das políticas públicas em situações em que a presença do Estado seria imprescindível.

Stigler (1987) reconheceu essa teoria como uma nova escola de organização industrial que desde o início dos anos de 1970 vinha transformando os caminhos dos debates nessa área e, portanto, a teoria dos mercados contestáveis coloca-se como um substituto para a base analítica da concorrência perfeita, que não se aplicava às situações em que haviam economias de escala e também a empresas de multiprodutos.

A definição de um mercado perfeitamente contestável engloba aquele em que tanto os concorrentes efetivos como os potenciais têm acesso às mesmas tecnologias e mesmos consumidores, além de não existir barreiras à entrada nem custos de saída. Dessa forma, uma firma entrante potencial à indústria terá acesso à demanda de mercado através da tecnologia que está sendo utilizada em igualdade de condições com as firmas já estabelecidas, pois a entrada além de livre pode ser reversível e sem ônus. Além disso, se existir um vetor de produção lucrativo, os entrantes potenciais podem ingressar e sair do mercado, ainda que transitoriamente, antes que as empresas estabelecidas possam reagir à entrada.

A Escola da Contestabilidade, dessa forma, discute a ideia de que a estrutura interna é secundária em importância no que se refere à livre entrada de firmas no oligopólio, ressaltando que a entrada potencial de novos concorrentes limitada por barreiras é a principal força para o delineamento da estrutura do mercado. Se as barreiras são fracas, não é importante que as empresas existentes tenham grandes parcelas do mercado, ou tentem se comportar em forma de colusão, porque a entrada efetiva ou a sua ameaça as obrigará a operar em níveis competitivos e excelentes. Essa abordagem ainda permanece em questão na atualidade.

AS CONTRIBUIÇÕES DE SCHUMPETER E COASE PARA AS MUDANÇAS TEÓRICAS: O PAPEL DOS SERVIÇOS

Schumpeter, Inovação e Desenvolvimento Econômico

As discussões teóricas apontadas antes mostram as primeiras manifestações das transformações metodológicas posteriormente inspiradoras das ideias dos estudiosos que definiram um novo conjunto de conceitos que fazem parte do corpo teórico da economia evolucionista. No início das discussões, desde a década de 1920, dois autores relevantes, Joseph Alois Schumpeter e Ronald Coase, se destacaram nesse debate devido à contribuição particular que tiveram para a elaboração das premissas básicas sobre a nova visão evolucionista a respeito do comportamento da empresa, mercado e tecnologia.

Na primeira década do século XX, Schumpeter já havia desenvolvido suas ideias iniciais acerca do sistema econômico publicando seu primeiro livro, *A Natureza e a Essência da Economia Política*, em 1908, quando tinha 25 anos, e, em 1912, publicou a obra *Teoria do Desenvolvimento Econômico*, cujo objetivo foi determinar as características básicas dos fluxos de atividades econômicas no tempo. Mais tarde, escreveu uma síntese da evolução da ciência econômica e seus métodos, reunindo as ideias dos economistas Fisiocratas, clássicos e neoclássicos. Vivendo no mesmo período e no mesmo ambiente europeu de John Maynard Keynes e de Eugen von Böhm-Bawerk, com quem trocou textos e debateu, Schumpeter salientou a necessidade de mudanças nos conceitos teóricos da economia, juntando-se aos debates pós-marginalistas no período, na defesa de algumas visões de Karl Marx e de Léon Walras. Dessa forma, ele usou os métodos de análise histórica e matemáticos econométricos.

Sua principal contribuição para a formulação das premissas evolucionárias se refere à visão dinâmica do processo capitalista, que introduziu na ideia do modelo de equilíbrio estacionário geral concebida por Walras. Este descrevia o fluxo circular da vida econômica, que sempre se repete, analogamente ao fluxo circular do sangue em um organismo animal, porém conservando as mesmas condições estruturais e lucros normais. Nessa visão walrasiana, o crescimento é equilibrado devido ao ritmo de expansão demográfica; os consumidores e produtores ajustam-se às quantidades de demanda e oferta e aos preços de mercado, e não há investimentos além daqueles necessários para manter o crescimento econômico no mesmo nível do demográfico. A concepção mais simples do sistema econômico como um fluxo circular, em que todos os produtos produzidos encontram um mercado, implicava que a demanda está sempre pronta à espera da oferta, não há defasagem entre receitas e despesas e o dinheiro tem apenas o papel de facilitar a circulação de bens e serviços. A tendência ao equilíbrio do sistema fornece os meios para a determinação dos preços e quantidades dos bens e serviços, de modo que se adaptem às condições prevalecentes em cada momento, de modo contínuo.

Schumpeter (1934: p. 61) iniciou sua concepção própria da vida econômica através da percepção de que o fluxo circular e seus canais de circulação se alteram no tempo e que deve ser abandonada a analogia com o sistema de circulação do sangue, pois, neste último, as alterações são pequenas, de modo que não alteram consideravelmente a estrutura do sistema. Schumpeter admite mudanças estruturais significativas nas experiências da vida econômica, que não são explicadas através do fluxo circular estático. Fatores exógenos podem ocasionar choques que causam distúrbios no fluxo circular estacionário, podendo conduzir a flutuações cíclicas. Para o autor, a análise tradicional não é capaz de predizer as consequências dinâmicas das mudanças descontínuas que ocorrem na observação da realidade. Ela não consegue também explicar a ocorrência de revoluções produtivas determinadas pela tecnologia nem os fenômenos que as acompanham não conduzindo ao equilíbrio. Assim, na visão do autor, o desenvolvimento econômico deve ser observado como uma sucessão de mudanças estruturais descontínuas nos canais do fluxo circular devidas a mutações endógenas de fatores internos às empresas. A mudança tecnológica, portanto, deve ser entendida como um distúrbio espontâneo e interno que produz uma resposta complexa e não adaptativa às condições vigentes, que deslocará a configuração de equilíbrio prevalecente, de modo descontínuo e permanente (Schumpeter, 1934: p. 62-63).

A visão dinâmica de Schumpeter, a partir disso, destaca o papel do empresário, que possui a capacidade de visualizar novas oportunidades, métodos, organizações e mercados, agindo por meio de inovações. Os projetos inovadores ocorrem por meio da realização de ações como: novas combinações de recursos existentes, novos métodos, novas fontes de matéria-prima, nova organização das empresas e dos mercados, novos produtos com melhor qualidade e menor custo. Essas ações têm, como resultado final, transformações estruturais relevantes no sistema econômico que levam não ao crescimento estático, mas ao desenvolvimento, ou seja, a produção *per capita* e os níveis de bem-estar não repetem apenas as condições do período, mas a função de produção agregada passa por mudanças estruturais irreversíveis que conduzem ao desenvolvimento.

O dinamismo econômico é mantido por novas empresas que são criadas e crescem através de novas oportunidades, enquanto as empresas antigas, que não podem segui-las, se retraem. O consumo segue o crescimento e o sistema econômico é conduzido a um desequilíbrio até que a economia passe por um processo de ajustamento para se adaptar à nova situação, que a conduz à modernização das empresas, à expansão de novos mercados e, finalmente, à racionalização e reconstrução de novas estruturas (Schumpeter, 1934).

A relação entre desenvolvimento capitalista e flutuações cíclicas faz parte dessa nova visão, que define os ciclos de desenvolvimento motivados por ondas de inovação que se sucedem.

Esses ciclos são causados, entre outros motivos, pelo uso do crédito por parte do empresário para a efetivação de novas empresas, que é seguido por um aumento dos juros (que era zero no sistema estacionário), o que estimula a atividade especulativa e a expansão monetária, paralelamente ao crescimento explosivo (*boom*) das atividades produtivas. Em alguns casos, com o pagamento de empréstimos, novas ondas de inovação chegam a perder sua própria força, o que dá lugar à liquidação de empresas que não podem se manter, à autodeflação, contração, depressão, até a recuperação, quando um novo ciclo é iniciado com o surgimento de outra onda de inovação.

Assim, a essência do desenvolvimento econômico é moldada como apresentando uma estrutura dinâmica, transformadora, desequilibrada e constantemente em evolução, conceito que foi adotado como base para as novas premissas evolucionárias e neoschumpeterianas, em que persiste a ideia darwiniana de sobrevivência das empresas mais capazes de se ajustarem a esse dinamismo.

O Papel dos Serviços na Interpretação de Schumpeter

Nos textos de Schumpeter encontram-se implícita ou explicitamente suas ideias sobre o papel dos serviços no processo de desenvolvimento econômico das empresas e das economias. Como visto, para o autor as empresas, no ambiente competitivo em que atuam, não devem basear suas estratégias empresariais de crescimento e maximização dos lucros apenas na variável preço, mas devem se tornar competitivas:

através de novas mercadorias, novas tecnologias, novas fontes de oferta, novos tipos de organização (a grande unidade de controle em larga escala) – concorrência que comanda uma vantagem decisiva de custo ou qualidade e que atinge não a fímbria dos lucros e das produções das firmas existentes, mas suas fundações e suas próprias vidas. A eficiência desse tipo de concorrência, perto do outro, é assim como um bombardeio comparado a se forçar uma porta – e é tão mais importante que passa a ser relativamente indiferente saber se a concorrência no sentido comum funciona mais ou menos prontamente; em qualquer dos casos, a poderosa alavanca que, no longo prazo, expande a produção e reduz os preços é feita de outro material (Schumpeter, 1978: p. 114).

Dessa forma, o entendimento de como a tecnologia afeta a economia é para ele vital para se compreender a dinâmica das sociedades contemporâneas, desde que a implementação de novos processos de produção exige a realização de investimentos na esfera da produção, através da renovação tecnológica e inovações. Schumpeter considera o processo de mudança tecnológica como o impulsionador prioritário do desenvolvimento capitalista (Schumpeter, 1939: p. 106).

Ao longo do tempo, a cada onda de investimentos em tecnologia uma nova onda de inovações é gerada, embora o comportamento dos investimentos tecnológicos não seja linear, mas há uma tendência de crescimento a longo prazo. A visão tradicional sobre o papel exógeno da tecnologia no processo produtivo, anterior às análises de Schumpeter, considerava a indústria manufatureira como a força impulsionadora da economia pelo fato de ela ser o *locus* das inovações tecnológicas, e os serviços, enquanto isso, eram tidos como passivos, pois os avanços tecnológicos nas atividades de serviços foram percebidos, pela visão tradicional, como dominados e induzidos pelas manufaturas e, por essa razão, aquelas apenas adotavam as inovações, nunca induzindo-as (Kon, 2003 e 2004).

De modo contrário, Schumpeter tinha uma visão ampla do que seriam mudanças tecnológicas e inovações ao identificar cinco espécies diferenciadas: inovação no produto, inovação no processo, inovação no mercado, inovação em um novo insumo e inovação organizacional (Schumpeter, 1934: p. 66).

A ideia tradicional, portanto, é refutada pelo autor quando ele define a noção de ondas de destruição criativa, em que a redefinição estrutural das empresas e das economias pode tomar várias formas não usuais. Nesse sentido, a ideia de tecnologia tangível ou de mudanças físicas no produto e nos processos é apenas parte da inovação já que são identificadas inovações intensas em atividades de serviços indutoras do crescimento das manufaturas.

O processo empreendedor, na concepção de Schumpeter, é observado como uma continuidade que, ao criar novos processos, novos produtos manufaturados e, principalmente, serviços, destrói a firma que não se submete à nova dinâmica, que passa a perder importância no mercado, pois as empresas inovadoras impulsionam as novas solicitações do mercado. Esse processo, na concepção de Schumpeter, é tratado como "destruição criativa" e orienta os agentes econômicos para as novas preferências dos clientes.

A forma pela qual Schumpeter trata do tema da destruição criadora, como decorrente da introdução de novos produtos no mercado, de novos processos, de novas formas de administração da produção, mostra que a motivação do processo está na visão do empresário sobre a possibilidade de auferir lucros monopolistas associados à inovação. Mesmo que temporários, esses lucros estimulam os investimentos em bens de capital bem como a introdução de novos produtos ou serviços, contribuindo não apenas para o crescimento, mas ainda para o desenvolvimento econômico. A dinâmica produtiva explicada pelo autor através da inovação, além de se referir a processos e formas de produção tecnologicamente novas introduzidos por meio de máquinas e equipamentos, inclui em particular investimentos em produtos intangíveis que, como visto, estão relacionados à inovação no processo organizacional e no mercado.

Nesse contexto, o empreendedor é o responsável pela realização das novas combinações, ou seja, pela inovação e, segundo Schumpeter, esses novos processos criados podem trazer o estímulo para a geração de outras inovações. O autor salienta que a inovação apresenta uma característica essencial inusitada posta em prática, que, posteriormente, será levada, pelo empresário, a outros empreendedores do mesmo ramo, ou seja, a inovação se difunde através da imitação (Schumpeter, 1934: p. 88-89).

Como salienta Schumpeter (1934), a difusão da inovação e a imitação requerem competência e aprendizado ou conhecimento pelos agentes para absorver os novos códigos introduzidos. Só assim será possível a percepção de que os princípios básicos da inovação podem ter mais de uma aplicação específica em novas soluções para situações diversas. Ina Drejer (2002: p. 11) discute que o aprendizado ocorre no processo de inovação e difusão, e aumenta o potencial para futuras inovações. No entanto, o aprendizado não é um conceito que foi discutido por Schumpeter, embora ele fale sobre a criação de novo conhecimento em relação à invenção e inovação, considerando que o novo conhecimento não é economicamente relevante se a invenção não é levada à utilização na prática.

Assim, a contribuição dos empreendedores é fundamental, não como tomadores de decisão em busca do equilíbrio da empresa através da maximização do lucro, mas, sim, de acordo com a análise do desenvolvimento econômico feita pelo autor, como indivíduos de ampla visão, dispostos a arriscar na incerteza e como investidores em novos produtos de serviços. Essa disposição do empresário para desafiar o sistema anterior de tomada de decisão, objetiva conseguir a implementação de melhorias nos processos operacionais, criando, simultaneamente, um novo conjunto de valores para todos os agentes envolvidos, inclusive consumidores.

O autor considera que a análise tradicional pode lidar com as consequências das mudanças nas condições naturais ou sociais não econômicas, porém não consegue lidar com as condições em que o sistema econômico passa por mudanças em suas próprias condições econômicas, ou seja, a análise tradicional não é capaz de predizer as consequências dinâmicas das mudanças descontínuas através da forma tradicional de tomada de decisões; não consegue explicar também a ocorrência de revoluções produtivas nem os reflexos que as acompanham (Schumpeter, 1934: p. 62-63).

Um dos pontos principais de referência na avaliação do papel da inovação específica em serviços no contexto da transformação econômica, portanto, parte da noção original schumpeteriana sobre as cinco espécies de inovação. Para ele, a inovação é fortemente relacionada ao desenvolvimento econômico impulsionado pela emergência descontínua de novas combinações economicamente mais viáveis do que a maneira anterior de conduzir a produção (Drejer, 2002: p. 8).

A análise do desenvolvimento econômico de Schumpeter mostra em que ponto o sistema walrasiano de equilíbrio neoclássico não consegue explicar a tendência ao desenvolvimento econômico, limitação essa originada pelo fato de que a tecnologia é considerada exógena ao processo produtivo. A nova visão dinâmica do processo produtivo é explicada através da atividade empresarial que resulta em inovação endógena.

Entre os serviços que desenvolvem a dinâmica das mudanças estruturais que levam ao desenvolvimento econômico, Schumpeter concede especial importância às atividades financeiras, particularmente às creditícias que exercem um papel fundamental para a criação de novas combinações ou inovações, tendo em vista que o crédito torna efetiva a rápida distribuição de recursos necessários aos inovadores, possibilitando mover esses recursos de aplicações menos rentáveis para financiar inovações mais dinâmicas. Sendo a inovação descontínua, envolvendo mudança considerável, e sendo, no capitalismo competitivo, incorporada a novas firmas, ela requer grandes gastos prévios à emergência de qualquer renda, e o crédito torna-se um elemento essencial no início do processo. Apenas em uma segunda fase a grande quantidade de meios de pagamento demandada para o processo de desenvolvimento capitalista vai ser coberta pelos retornos da nova produção congregada nas instituições financeiras. (Schumpeter, 1934: p. 69).

O conceito original de que existe inovação organizacional está estreitamente relacionado à necessidade da criação de relacionamentos particulares com sócios, fornecedores, consumidores, autoridades públicas e mesmo competidores. Essas ligações requerem o desenvolvimento de novos serviços que permitam o relacionamento entre agentes internos e externos à firma. Embora a ideia original de Schumpeter se refira à organização industrial (manufatureira), esse conceito foi posteriormente ampliado para explicar os processos de concentração, gerenciamento e uso da informação, que resultaram na criação de setores e indústrias de serviços. No entanto, sua ideia menciona a existência de formas de gerenciamento desatualizadas no contexto dos métodos antigos de produção, que são fatores que impedem os agentes econômicos de partirem para o processo de desenvolvimento.

Segundo Ina Drejer, ao menos indiretamente Schumpeter amplia o conceito de inovação organizacional para abranger outras atividades além da organização industrial manufatureira (Drejer, 2002: p. 11). Drejer expõe as ideias de uma série de autores que consideram muito estreita a perspectiva schumpeteriana sobre inovação, porque ela não abarca diretamente as especificidades da inovação em serviços em sua teoria sobre desenvolvimento. As críticas mostram outros estudos autônomos sobre inovação ao incluir atividades que requerem ou resultam em aprendizado, mas que não resultam em novos produtos, processos, mercados, nem em estruturas organizacionais. Esses estudos tendem a negligenciar os conceitos schumpeterianos de inovação em serviços.

No entanto, se por um lado as inovações em serviços são demandadas como insumos da produção manufatureira (sistemas de telecomunicação ou de informação, assessoria técnica, entre outros), por outro, para seu funcionamento demandam produtos manufaturados (redes físicas de telecomunicações, de informática, entre outros produtos) e, dessa forma, é constatada a relevância da indução do desenvolvimento econômico impulsionada pelos serviços (Kon, 2003).

Na atualidade, o conceito schumpeteriano de inovação pode ser observado entre as inovações não tangíveis em serviços introduzidas pelo empresário inovador. Elas representam mudanças na organização da produção, podem ser configuradas em novos tipos de contratos de transações, em contratos de transferência de tecnologia, em instrumentos financeiros ou outros (licenças e patentes), em instrumentos de pesquisa e desenvolvimento, na criação de áreas de conhecimento com especialização legal ou metodológica, em *layout* otimizado, em sistemas integrados de informação, em métodos novos ou substancialmente aprimorados de manuseio e entrega de produtos.

Por sua vez, as mudanças schumpeterianas na esfera de serviços, que ocorrem de modo específico na estrutura gerencial, dizem respeito à forma de articulação entre suas diferentes áreas ou departamentos, nas normas trabalhistas e conduta de RH, em técnicas reformuladas de organização dos processos de negociação e na divulgação interna do conhecimento sobre a firma, por exemplo. A inovação em mercados diz respeito a serviços destinados ao relacionamento com fornecedores e clientes, como serviços de informação, de manutenção, desenvolvimento de novas aplicações de produtos, entre outros.

No que se refere às propaladas inovações em insumos, a anterior visão de insumos físicos, na forma de matérias-primas, máquinas e equipamentos e outras, é complementada pela percepção das atividades inovadoras de serviços que integram o processo produtivo, imprescindíveis para a reformulação estrutural condutora de maior produtividade, maior retorno aos investimentos e melhor capacidade de sobreviver à competição do mercado. Nesse sentido, os insumos de serviços são exemplificados como a criação e ampliação do conhecimento incorporado em universidades e centros de pesquisa para o fornecimento de assessoria, desenvolvimento de produtos e outras consultorias, bem como do conhecimento agregado em livros, manuais, internet, *softwares*, cursos, informações de clientes e fornecedores. Deve ser destacado que essas formas de inovação em serviços acabam por modelar novos agrupamentos produtivos através da agregação de atividades produtivas afins que resultam na criação de setores de serviços com novos conceitos funcionais em áreas de comércio, turismo, lazer e outras.

Ronald Coase: A Firma e os Custos de Transação

Ronald Coase, em seu clássico artigo "The Nature of Firm", escrito em 1937, quando ainda era universitário, procurou responder ao questionamento a respeito da origem do crescimento das firmas. Ele estabelece conceitos sobre a firma que se diferenciam da visão neoclássica, chamando a atenção para diferentes aspectos encontrados na teoria tradicional. Destaca primeiramente a necessidade de diferenciar entre a situação da firma e a da indústria, na teoria e no mundo real. Citando Joan Robinson, enfatiza as questões que deveriam ser formuladas a esse respeito: seriam os pressupostos teóricos neoclássicos tratáveis? Correspondem ao mundo real? O autor concorda com a resposta de Robinson de que "muitas vezes um grupo de hipóteses será apenas tratável e outro será mais realista" (Coase, 1996: p. 89), e acrescenta que haverá grupos em que as premissas podem adquirir ambas as conotações.

Dessa maneira, Coase pretende definir o conceito de firma de uma forma em que a teoria seria viável e realista. A fim de definir firma, o autor critica o conceito usual da teoria tradicional, tal como expresso por Arthur Salter, em que o sistema econômico normal trabalha por si mesmo e as operações correntes não estão sob nenhum controle ou inspeção central. Nesse sentido, a oferta se ajusta à demanda e a produção ao consumo, em um processo automático e elástico, que reage como resposta em toda a gama de atividades humanas e necessidades. De acordo com essa ideia tradicional, os economistas consideram que o sistema econômico é coordenado pelo sistema do mecanismo de preços, e a sociedade é vista como um organismo (Coase, 1996: p. 90).

Como crítico da ideia de Salter, Coase destaca que essa visão tradicional não está adaptada à realidade, devido ao caráter do sistema econômico, que é uma organização e não um organismo, e existe um planejamento de ações por parte dos indivíduos, bem como alguma escolha entre diferentes alternativas de ação. Portanto, o sistema não funciona apenas por si próprio e, na realidade, a alocação de recursos, no sistema e na firma, nem sempre segue o sistema de preços, e o planejamento transforma a organização em um quarto fator de produção.

Nesse sentido, ele concorda com teóricos como Alfred Marshall, John Bates Clark, Dennis Holme Robertson e Frank Knight, que consideram muito importante o papel do administrador, do empresário e do tomador de decisão, pois, se fora das empresas o movimento dos preços dirigem a produção direta, em seu interior as operações de mercado são substituídas pelo coordenador que dirige a produção.

A partir disso, Coase explica a ideia de que distintos fatores da produção são diferentemente regulados pelos preços e a organização no interior da empresa assume o papel de integrar verticalmente diversos elementos, suprimindo a atuação do mecanismo nesse contexto. Assim, a organização varia muito de firma para firma e de indústria para indústria por causa da forma de tratamento dado ao mecanismo de preços e aos custos relativos e alternativos.

Uma contribuição excelente e central desse autor para a compreensão da introdução da mudança metodológica na teoria tradicional, que mais tarde foi adotada pela teoria evolucionista, se refere à ideia de que existem muitos outros elementos envolvidos internamente à firma, que afetam a decisão do produtor, o que está diretamente ligado ao motivo pelo qual existem as firmas. Ele salienta que elas são como economias centralmente planejadas, mas, diferente destas, elas são formadas devido às escolhas voluntárias das pessoas. As pessoas fazem essas escolhas porque existem os "custos de transação" ("marketing costs", segundo sua expressão na época). Estes referem-se a gastos incorridos pelos agentes econômicos sempre que recorrem ao mercado, isto é, os custos de negociar, redigir contratos e garantir seu cumprimento. Os custos de transação assumem papel primordial na tomada de decisão dos agentes econômicos sobre como irão distribuir seus recursos na economia.

Os custos de usar o mercado impedem os indivíduos de fazerem apenas transações diretas e, com estes custos, o processo de produção mais eficiente às vezes ocorre dentro de uma firma. Essa sua explicação sobre a razão da existência das firmas é atualmente muito aceita e deu origem a todo um corpo de estudos sobre o assunto.

Coase continua sua ideia com a explicação de que para a alocação de recursos, a produção e distribuição do produto devem ser feitas de modo que a firma seja lucrativa; além do mecanismo de preços, existem outros custos relevantes que podem ser reduzidos, embora não eliminados: são os custos de transação. Nas mudanças nos mercados de insumos e produtos, é necessário minimizar esses custos dos negócios e estabelecer contratos separados para cada transação, diferentemente do que ocorre no mercado tradicional.

O contrato, então, é visto como a maneira pela qual o acordo entre o produtor e o comprador do fator de produção é estabelecido dentro de certos limites. Esses contratos facilitam as transações quando a oferta de um bem ou serviço enfrenta algumas dificuldades a longo prazo e quando não é possível a previsão exata de preços e de disponibilidade de insumos; nesses casos, o contrato pode ser feito deixando algumas alternativas para decisão posterior. Os autores evolucionistas aprofundaram posteriormente as ideias sobre o impacto dos custos de transação e da formulação específica das relações econômicas expressas no contrato, bem como das relações intra e extrafirma.

Outro artigo de Coase, "The Problem of Social Cost", de 1960, teve fundamental importância para a nova visão sobre a firma e deu origem à disciplina denominada Direito e Economia. O artigo se dedica a examinar as ações de empresas que exercem efeitos nocivos sobre outras, as chamadas externalidades negativas. O artigo contesta Arthur Cecil Pigou (Coase,

1960: p. 1), que apoiava a visão tradicional de que a análise econômica dessa situação deveria ser efetuada em termos das divergências entre o produto privado e social da firma. As conclusões de Pigou salientavam que seria desejável fazer com que o proprietário da empresa recompensasse os demais pelos prejuízos causados ou deveria ser-lhe atribuído um imposto na medida do prejuízo causado, ou ainda a firma deveria ser excluída dos distritos residenciais.

Coase considerou não apropriadas essas ações, pois os resultados alcançados poderiam não ser os desejáveis. A abordagem tradicional tendia a obscurecer a natureza da escolha a ser feita, pois para beneficiar os que são prejudicados as ações prejudicam o produtor causador. Qual seria a escolha da melhor ação de modo a ser obtido reciprocamente o menor custo econômico e social? Coase ressalta que se não existissem obrigações legais para o causador do prejuízo, e se os custos de transação fossem zero, os dois empresários poderiam chegar num acordo mutuamente benéfico.

Essa visão deu origem ao "Teorema de Coase", que constata que as externalidades ou ineficiências econômicas, em determinadas circunstâncias – quando a possibilidade de negociação sem custos de transação e a existência de direitos de propriedade são garantidos e bem definidos – podem ser corrigidas e internalizadas pela negociação entre as partes afetadas, sem necessidade de intervenção de uma entidade reguladora. A linha de raciocínio do autor foi primeiramente contestada, mas logo depois foi aceita e seguida por economistas influentes da época, como Milton Friedman, entre outros, e acabou por influenciar outras áreas de estudo que tratavam de conflitos entre partes envolvidas em um contexto social.

Acredito que as falhas dos economistas que procuram chegar a conclusões acerca do tratamento dos efeitos danosos não podem ser meramente atribuídas a alguns deslizes da análise. Decorrem de defeitos básicos na abordagem atual sobre os problemas da economia do bem-estar. O que é necessário é uma mudança de abordagem (Coase, 1960: p. 21).

Dessa forma, Coase propõe a busca de outra abordagem para a resolução dos problemas observados na caracterização da tomada de decisão nas firmas.

O Papel dos Serviços no Desenvolvimento Econômico: A Interpretação a Partir das Premissas de Coase

Como visto, Coase ressalta que as firmas são organizadas para atuarem nos mercados com o objetivo de diminuir os custos de transação que, durante as negociações econômicas, são os incorporados por terceiros: "talvez a adaptação mais importante para a existência dos custos de transação" (Coase, 1960: p. 40). Em seu artigo "The Nature of Firm" (1937), propõe que as firmas crescerão enquanto for mais barato racionalizar os custos de transação de um determinado produto internamente do que adquiri-lo diretamente no mercado. Para superar as dificuldades e reduzir riscos e custos inerentes à produção de bens e serviços destinados a mercados, os agentes optam por criar outra estrutura, destinada a facilitar o fluxo de negócios. A empresa organiza então uma estrutura hierárquica em que se procura harmonizar diversos interesses, ao mesmo tempo que se diminuem custos de transação. Entre as diferentes técnicas instituídas pelos negociadores com esse intuito, alguns serviços ganham relevância considerável, como, em particular, as atividades de informação e conhecimento, e instrumentos contratuais (Sztajn, 2004: p. 72).

Sob esse ponto de vista, a firma moderna é visualizada como um conjunto de contratos entre agentes especializados, que trocarão informações e serviços entre si, de modo a produzir um bem final. A atuação dos agentes que ocorre interna e externamente à firma é coordenada e motivada por menores custos de transação, pois a relação contratual exige coordenação. Tanto a coordenação do empresário como agente responsável internamente à firma quanto as relações entre firmas exigem mecanismos para resolver as questões da divisão dos resultados e dos direitos de propriedade sobre os resíduos, que são, em parte, definidos contratualmente entre os empregados e os acionistas.

Essa estrutura criada para facilitar a negociação e diminuir custos é representada, em sua maior parte, por atividades intangíveis de serviços. Estas, por sua vez, são criadas pela firma produtora de equipes organizadas (prestadores de serviços e fornecedores de recursos) sob o controle de gestão do empresário, porque as organizações econômicas relacionadas estarão centradas em contratos de longo prazo, o que gera uma maior estabilidade da produção e sua distribuição. A visão da firma coasiana levou posteriormente Williamson (1998) a teorizar sobre a formatação eficiente dos contratos, de tal modo que a arquitetura da firma reflita um arranjo que induza os agentes a cooperarem visando à maximização do valor da empresa. São criadas e difundidas atividades de serviços voltadas para a compreensão dos elementos associados à formatação e desenho dos contratos e de outros quesitos ligados à definição de direitos de propriedade sobre os resíduos, formas de monitoramento e cláusulas de ruptura contratual, determinação dos custos de avaliar os preços relevantes, bem como outros custos de desenho, estruturação, monitoramento e garantia da implementação dos contratos. A Teoria dos Contratos, que estabelece quais são os elementos relevantes que permitem a busca de um desenho da arquitetura das organizações, será explicitada em maior detalhe posteriormente.

Os custos de transação, por outro lado, podem acarretar prejuízos não só para as partes envolvidas, gerando reflexos para outras áreas e setores da economia que, embora alheios à relação, de forma indireta podem arcar com tais prejuízos. Rodrigues exemplifica essa questão mostrando uma situação em que um alto custo de transação pode gerar a não execução de um contrato e acarretar efeitos não calculados: "se uma grande empresa não firma um contrato com outra para a prestação de serviços de informática, por exemplo, os prejuízos são evidentes para as partes" (Rodrigues, 2007: p. 1). Indo além nessa situação, se uma grande empresa não conseguiu obter o serviço de que precisava, ou se uma pequena empresa não conseguiu obter a remuneração pela prestação do serviço, como efeito indireto funcionários que eventualmente seriam contratados não mais o serão.

Segundo a ideia de Coase, esses efeitos dos custos de transação, sejam positivos ou negativos, são disseminados pelas cadeias produtivas a partir dos mútuos inter-relacionamentos entre firmas, repercutindo na economia com maior ou menor intensidade. As relações que envolvem uma cadeia produtiva poderiam ser identificadas como fonte de custos de transação relacionados com a preparação, desenvolvimento e execução dos vários contratos que necessitariam ser firmados para o desenvolvimento da atividade. As cadeias produtivas organizam suas atividades em forma de redes que oferecem seus produtos buscando sinergias interorganizacionais e também visando à transferência de tecnologia e de melhoria da qualificação dos diversos elos da cadeia.

Dessa forma, a difusão dos custos de transação na cadeia multiplica a necessidade da criação de atividades de serviços que permitam efeitos positivos em cadeia; esses serviços abrangem todos os aspectos de funcionamento de cada firma da cadeia, desde a estrutura para a contratação dos funcionários (seleção, treinamento, contratação, entre outros), passando pelos contratos com fornecedores de insumos e investimentos em capital fixo, de aluguel ou aquisição de imóveis, até eventuais contratos de *marketing* e de parceria com outras firmas da cadeia. Nesses casos, o comportamento cooperativo para o desenvolvimento dessa infraestrutura de serviços, que determina economias de escala na produção desses setores intangíveis, também acarreta diminuição dos custos de transação, como conceituado pelo autor. Pesquisas empíricas (Sarmento, 2006) confirmam que as experiências dessas relações interorganizacionais intensas diminuíram custos de relacionamento na cadeia e trouxeram confiança aos agentes.

Como enfatizado por Coase (1937), as mudanças tecnológicas modernas alteram consideravelmente os custos de transação, o que resulta no surgimento de uma nova tipologia de empresas, mais focadas em seu negócio típico. Nesse contexto, a adoção da prática de terceirização, que teve maior intensificação após os anos de 1980, baseou-se na necessidade da diminuição de custos de transação. Entre os objetivos prioritários da decisão de terceirizar serviços antes produzidos internamente na firma, há uma premissa que propõe direcionar a organização da empresa para a execução de atividades que representam especificamente seu *core business*[1].

Tal procedimento visa garantir à organização a preservação de seu domínio sobre o *know-how* que a torna única perante o mercado e seus concorrentes, bem como definir seu

---

1   Área central dos negócios de uma empresa, que é trabalhada com prioridade de forma estratégica pela empresa.

posicionamento de mercado, com foco na geração de valor e de vantagens competitivas no mercado. Para tanto, faz-se necessária a constituição de uma estrutura de gerenciamento de forma a administrar os custos de transação da empresa que terceiriza e da atividade terceirizada incorridos no processo, estrutura essa de serviços definida a partir de critérios preestabelecidos e compartilhados pela direção das partes envolvidas. Esses processos de terceirização muitas vezes levam a rede empresarial composta pela cadeia produtiva a concentrar determinados serviços em uma única empresa, como fornecedora a todas as demais. A rede formada por fornecedores, produtores e terceiros, demanda um gerenciamento coordenado em função das transações que advêm da constituição dessa cadeia, para lidar com os custos resultantes (Sarmento, 2006).

A contribuição de Coase, através de suas definições sobre as características desses custos, tem inspirado o comportamento efetivo das empresas na tomada de decisão, na atualidade, e ainda vem estimulando pesquisas que permitem a determinação e a mensuração dos custos de transação. Uma pesquisa realizada por Christiana Lauar Sarmento (2006) junto a uma série de empresas em um estudo de caso sobre o setor de Tecnologia de Informação – que consiste no segmento de serviços que mais tem terceirizado – exemplifica a necessidade da ampliação de determinadas funções de serviços já existentes ou da criação de serviços adicionais para a diminuição desses custos. Pesquisas recentes indicam que os serviços da natureza dos fornecidos por esse setor tendem à externalização, seja por processos de *insourcing* (empresa terceirizada sob controle acionário da empresa-mãe) ou *outsourcing* (designa a ação que existe por parte de uma organização em obter mão de obra de fora da empresa, ou seja, mão de obra terceirizada, e está fortemente ligado à ideia de subcontratação de serviços).

Os resultados dessa pesquisa salientam alguns aspectos relacionados aos custos de transação, seja para o fornecedor dos produtos do setor, seja para o tomador ou demandante, incorridos pela inovação tecnológica, pela obsolescência rápida de equipamentos, pela renovação do conhecimento e da capacitação, pela gestão do contrato, bem como pela transparência e acuidade das informações. O estudo investiga ainda os componentes mais relevantes dos custos de transação, definindo suas características, impactos e custos relacionados. Sarmento (2006: p. 102 e 104) define as principais origens dos custos de transação relacionados a esses aspectos como:

i. Com relação à inovação tecnológica, a pesquisa mostra que para o prestador ou produtor os custos de transação advêm da busca por novas ferramentas e novos processos para maior otimização da produção, e da necessidade de reciclagem e treinamento da mão de obra. Por sua vez, para o tomador, algumas dificuldades para se obter melhores custos resultam da falta de percepção da necessidade de atualização de novos processos;

ii. A obsolescência rápida dos equipamentos nas condições de competitividade schumpeteriana exige, por parte do prestador, a necessidade contínua de adequação e gastos com infraestrutura e padronização, enquanto o tomador tem custos maiores devido à pouca percepção da necessidade de conhecer o parque atualizado e a padronização;

iii. A requisição permanente de renovação do conhecimento e da capacitação internamente à firma produtora incorre em custos devidos à necessidade contínua de um quadro de profissionais com *expertise* na área e adequados às exigências do mercado, que requer altos níveis salariais e investimentos em treinamento. Esses custos são exemplificados pela maior incidência de taxas tributárias sobre salário-base, por determinadas restrições ao aumento do quadro de efetivo de pessoal, bem como pela sazonalidade de projetos para o fornecimento dos produtos. Por sua vez, os tomadores não sentem a premência de renovação de seus quadros e os custos resultam da necessidade de haver um interlocutor externo para concretizar a transação;

iv. Com relação à gestão do contrato, para o provedor os custos advêm do estudo sobre a clara definição de escopo dos serviços contratados, quer pela falta de formalização do escopo do serviço, quer pela mudança do escopo do serviço contratado, bem como sobre as garantias e salvaguardas a serem instituídas no contrato. Esses custos são originados quando é constatada a falta de um padrão de gerenciamento dos resultados dos contratos e ainda a falta de uma relação de confiança que gera uma má gestão do contrato. Para o tomador, o que importa não são os custos gerados pela preocupação com o escopo, mas sim pela necessidade de soluções contratuais imediatas e de potenciais mudanças ao longo do projeto contratado.

v. Os custos gerados pela transparência e acuidade das informações, tanto para o provedor quanto para o tomador, são provenientes da adoção de estratégias de governança corporativa da empresa ou grupo empresarial.

Na atualidade, a contribuição de Coase relacionada à identificação dos custos de transação para a tomada de decisão nas firmas passou do campo da teoria para a consideração empírica. Adquire relevância não apenas através da aplicação efetiva da caracterização desses custos, relacionada às especificidades de cada firma, mas também com relação aos estudos voltados para a mensuração contábil, que permite a avaliação financeira dessa variável no contexto do processo produtivo e concorrencial. Instituições específicas para a compatibilização dos conceitos contábeis foram instituídas em vários países com o intuito da regulação e estímulo à concorrência econômica.

Um exemplo significativo acerca da adequação específica dessa caracterização para cada espécie de transação econômica é aqui apresentado através das Normas Brasileiras de Contabilidade, que incorpora a resolução NBC T 19.14 – *Custos de Transação e Prêmios na Emissão de Títulos e Valores Mobiliários*. Essa resolução objetiva estabelecer o "tratamento contábil aplicável ao reconhecimento, mensuração e divulgação dos custos de transação incorridos e dos prêmios recebidos no processo de captação de recursos por intermédio da emissão de títulos patrimoniais e/ou de dívida" (CFC, 2008: p. 1). Esses custos são definidos como, por natureza, gastos incrementais, já que não existiriam ou teriam sido evitados se essas transações não ocorressem, como: i. gastos com elaboração de prospectos e relatórios; ii. remuneração de serviços profissionais de terceiros (advogados, contadores, auditores, consultores, profissionais de bancos de investimento, corretores etc.); iii. gastos com publicidade (inclusive os incorridos nos processos de *road-shows²*); iv. taxas e comissões; v. custos de transferência; vi. custos de registro etc. O texto da resolução segue com a determinação da metodologia pela qual esses custos devem ser mensurados, bem como pela forma de representação, em valores monetários, nos Balanços contábeis dessas transações.

CONSIDERAÇÕES FINAIS

Observaram-se as mudanças gradativas dos esquemas conceituais tradicionais que prevaleceram por longo tempo no que se refere às características e às funções específicas das atividades de serviços nos processos produtivos, enquanto setores de produção, bem como na dinâmica global das economias, como participantes nos processos de reestruturação econômica e social. Da microeconomia neoclássica centrada na determinação da posição de equilíbrio da firma e nos mercados econômicos, a teoria da firma passou para a visão da economia evolucionária, que enfatiza particularmente o comportamento individual das firmas e dos mercados segmentados.

As premissas tradicionais consideram que as firmas operam como agentes de mercado e o equilíbrio do mercado é explicado satisfatoriamente pelas condições de concorrência perfeita, em que não há lugar para o comportamento arbitrário individual das firmas, e a análise é focada através de modelos abstratos, rigorosos e simplificados sobre o comportamento da firma. Essas condições, no entanto, não se aplicam na visão evolucionária, como será visto no capítulo seguinte, que mostra que durante os processos de crescimento, as transformações tecnológicas, não mais exógenas, mas sim endógenas à firma, levam à concentração e diversificação da produção e a concorrência perfeita é substituída por outros modelos concorrenciais.

Em suma, as ideias de Coase e de Schumpeter reformulando a visão tradicional sobre a tomada de decisão no interior das firmas, salientam a relevância da inovação tecnológica, endógena ao processo produtivo, e da busca pela minimização

---

2   Termo utilizado em economia para definir a ação em que diretores ou representantes de uma firma apresentam ou fazem publicidade de seu produto através de viagens para atrair investidores, consumidores e outros.

dos custos de transação como premissas relevantes que explicam os caminhos para o crescimento da firma e o desenvolvimento da economia. Por outro lado, revelam como uma parte considerável dos requisitos para a consecução desse processo reside na disponibilidade de uma infraestrutura apropriada interna e externamente à firma, composta por serviços específicos que possibilitem o andamento da operacionalização do processo de produção e de distribuição das empresas. Os teóricos denominados neoschumpeterianos tomaram como base essas premissas para desenvolverem o corpo teórico evolucionista, como será apresentado no capítulo seguinte.

3. Teorias Evolucionárias ou Neoschumpeterianas

mudança de paradigma e o papel dos serviços

As teorias mais recentes explicam o crescimento dos serviços a partir da desindustrialização ou da transição para uma economia da informação e de uma visão evolucionista (Nelson e Winter, 1982; Daniels, 1993: p. 34). A tecnologia da informação e das comunicações vincula as economias de serviços e da informação, e a contribuição dos serviços ao desenvolvimento econômico e à economia mundial se transformou e se elevou desde a convergência dos computadores e das telecomunicações a partir de meados da década de 1970, transformando as economias de muitas maneiras (Ochek e Wegner, 1987; Kon, 1994).

As mudanças teóricas gradativas desde as primeiras décadas do século XX, que criticavam a visão teórica neoclássica sobre a firma, repercutiram consideravelmente na formação de uma nova metodologia de elaboração teórica sobre a Microeconomia, baseada não mais na visão de um modelo ideal de equilíbrio da firma, mas sim na observação da realidade efetiva para a elaboração de novas premissas teóricas. Essa transformação metodológica na análise econômica estimulou a formação de grupos de discussão, que debatiam as novas ideias a respeito da tomada de decisão da firma e sua relação com o desenvolvimento econômico.

As primeiras tentativas articuladas de criar um novo corpo teórico para o estudo da firma surgiram primeiro com Christopher Freeman (1974) e com Richard Nelson e Sidney G. Winter (1982). Freeman salientou a relevante contribuição de Competir ao incorporar o progresso técnico como variável-chave do processo evolucionário da firma e do mercado. Recuperando e aperfeiçoando a teoria dos ciclos longos de Competir, mostra como no centro dos movimentos cíclicos da economia mundial se encontra a difusão de inovações. Depois, Richard Nelson e Sidney Winter, apoiados em Competir, mas também em Herbert Simon (1962), desenvolvem ideias então bastante discutidas da biologia evolucionista, adaptando-as para as teorias econômicas da firma. Como mostra Tigre (2005: p. 15), a transposição de conceitos derivados das "ciências duras", como a física e a biologia, para a economia foi inicialmente proposta por Marshall que, no entanto, considerava de muita dificuldade a adaptação dessas ciências para a economia, desde que seus conceitos são muito mais complexos do que a mecânica newtoniana, que era a opção de Marshall.

No caminho da crítica ao pensamento teórico neoclássico, descrito nas seções anteriores, um ambiente de debates foi desenvolvido inicialmente nos anos de 1950 e de 1960, aprofundando a nova visão da firma, do sistema econômico e da competição das empresas, que moldaram o marco teórico das premissas neoschumpeterianas ou evolucionistas. Esse marco inspirou posteriormente também as novas ideias da Nova Economia Institucional e da Teoria da Informação. A mudança metodológica mais relevante para a elaboração desse novo pensamento teórico refere-se à observação da realidade como ponto de partida da observação do comportamento econômico, a fim de determinar os traços comuns e os fatores determinantes que compõem as premissas teóricas.

As ideias de Competir ofereceram elementos conceituais inovadores que melhor explicavam a realidade observada e possibilitaram novas condições de investigação sobre o comportamento da firma, que foram moldando um novo corpo teórico que coloca a inovação tecnológica no centro da dinâmica do capitalismo, como preconizava o autor.

Essa inovadora teorização neoschumpeteriana envolveu um imenso esforço de diálogo e de síntese, ao utilizar Competir como ponto de partida para uma visão mais dinâmica de desenvolvimento econômico, em contraposição ao crescimento econômico equilibrado. Em um primeiro momento, a partir dos anos de 1970, os argumentos fundamentais dessa abordagem recuperaram elementos do funcionamento da economia construído com base em analogias biológicas para a compreensão do caráter evolutivo do desenvolvimento capitalista e do processo de mudança tecnológica, com a concepção evolutiva das Ciências Biológicas, como já observado. Em um momento posterior, o esforço para incorporar as contribuições recentes dos teóricos econômicos que criticavam a teoria neoclássica, sob inspiração dos trabalhos de Competir, resultou no pensamento neoschumpeteriano que se desenvolve para além dessas primeiras analogias biológicas, incorporando o conceito de auto-organização como elemento explicativo do caráter dinâmico e evolutivo dos sistemas econômicos. Essa abordagem foi teoricamente constituída em contraposição às representações neoclássicas da tecnologia e do progresso técnico como endógenas ao modelo de equilíbrio, e ofereceu uma análise da tecnologia que coloca a dinâmica tecnológica como motor do desenvolvimento das economias capitalistas (Paula, Cerqueira e Albuquerque, 2002; Corazza e Fracalanza, 2004).

Alguns elementos da biologia como, por exemplo, os genes que determinam a *permanência ou hereditariedade* têm papel semelhante em economia, segundo a perspectiva neoschumpeteriana, assumindo a forma de *rotinas* seguidas pelos agentes econômicos e da *coleção de ativos* de que uma firma dispõe. A nova linguagem evolucionista ou desenvolvimentista passou a ser muito usada nas análises econômicas para descrever as mudanças da estrutura de uma economia ao longo do tempo, caracterizando algumas indústrias como "jovens" e outras como "maduras", termos que mais caracterizam uma linguagem evolutiva do que biológica.

Nas novas premissas, permanecem conotações fortemente schumpeterianas com relação às inovações: "a inovação e difusão tecnológica ocupam o lugar central na periodização da história capitalista e na determinação, em última instância, do processo histórico de hierarquização ou dualização do sistema econômico mundial, ou seja, a inovação (ou progresso técnico) está no centro da determinação do desenvolvimento econômico das nações e, portanto, da diferenciação de nações ricas e pobres" (Corazza e Fracalanza, 2004: p. 1).

Dessa forma, este capítulo traz reflexões acerca da construção teórica da abordagem neoschumpeteriana sobre as mudanças técnica e econômica, e sua relação com as considerações sobre o papel dos serviços no desenvolvimento econômico.

MUDANÇAS METODOLÓGICAS DA TEORIA DA EVOLUÇÃO: DESVENDANDO A "CAIXA PRETA"

As transformações metodológicas na análise econômica que estimularam a formação de grupos de discussão que debatiam as novas ideias a respeito da tomada de decisão da firma e sua relação com o desenvolvimento econômico baseadas no pensamento de Competir foram, pela primeira vez, sintetizadas no livro de Richard R. Nelson e Sidney G. Winter, *An Evolutionary Theory of Economic Change*, elaborado desde o início da década de 1970 e publicado em 1982.

Essa publicação trouxe, para a literatura econômica, os conceitos básicos da teoria evolucionista, através dos quais é possível analisar o conteúdo das alterações metodológicas na teoria microeconômica tradicional. Ao reunir os debates de autores e de estudiosos da década anterior[1], agregou as críticas às ideias do pensamento neoclássico (que os autores chamaram de "ortodoxo") ao modelo evolucionista da mudança econômica e das diferentes capacidades e comportamentos das firmas. O texto aprofunda as críticas, enfatizando que a teoria ortodoxa prioriza o conhecimento dos comportamentos de grandes sistemas, como indústrias e setores econômicos, em uma visão global e nacional, em que a organização individual (firma) é tratada em termos altamente estilizados e generalizados.

---

1   Além de Nelson e Winter, foram importantes as contribuições de Robert Solow (1957), Andrew Schmookler (1952), Moses Abramovitz (1956), Herbert Simon (1959), Edwin Mansfield (1968), Christofer Freeman (1974), Kenneth Arrow (1974), Nathan Rosemberg (1976), E.W. Constant (1980), entre outros.

O próprio termo "teoria evolucionária" utilizado pelos autores, que deu nome a essa nova linha de pensamento alternativo à ortodoxia, traz a ideia de "seleção natural", emprestada de Thomas Malthus, que se baseava em Charles Darwin (Nelson e Winter, 1982: p. 9). Contém também a ideia de constante evolução e transformação nos agregados econômicos como um reflexo de padrões diferenciados de comportamento das firmas na busca de crescimento e sobrevivência, de uma forma diferente da tomada de decisões generalizada padrão, que é encontrada no pensamento neoclássico tradicional.

Como os próprios autores salientam em seu Prefácio, suas orientações iniciais na direção de suas pesquisas eram diferentes, porém as discussões levaram à síntese que compõem o texto. Para Nelson, o ponto de partida da análise era a preocupação com os processos de desenvolvimento econômico a longo prazo, que se focalizavam na mudança tecnológica como a força propulsora e no papel da política pública com influência na direção e na intensidade dessa força. Para Winter, o foco inicial estava no poder e nas limitações dos argumentos evolucionários, que haviam sido colocados pelos outros autores como visões padronizadas sobre o comportamento da firma. Esses dois enfoques encontraram inter-relações significantes que acabaram por definir o propósito do texto (Nelson e Winter, 1982: p. vii).

Os autores afirmam que embora tenham rompido com a ortodoxia tradicional em uma série de aspectos, é necessário ressaltar que essa nova teoria evolucionista é compatível, ou mesmo uma extensão natural, da linha de pensamento econômico que antecede Marshall até os clássicos, ou seja, desde a época de Adam Smith até o período da Segunda Guerra Mundial. Consideram que, na atualidade, o pensamento da ortodoxia representa, acima de tudo, refinamento e elaboração das ideias centrais das teorias tradicionais relacionadas ao funcionamento do mercado e ao comportamento das firmas; esse refinamento teve o preço de ser considerado uma focalização estreita e que tende à eliminação do corpo teórico tradicional, de algumas questões relevantes para as quais a teoria refinada não consegue fornecer análises consistentes (Nelson e Winter, 1982: p. 43).

Com relação às contribuições de Marx, ressaltam ainda que grande parte de sua teoria econômica é evolucionária, porém muitas análises marxistas atuais permaneceram fortemente ligadas aos instrumentos analíticos da ortodoxia contemporânea e, como resultado, não tiveram sucesso em fazer justiça às suas ideias acerca das leis da mudança econômica. As ideias de Nelson e Winter são, em parte, compatíveis com as de Marx, tanto no que se refere ao fato de que a organização capitalista de produção define um sistema dinâmico evolucionário quanto à verificação de que a distribuição dos tamanhos e lucros das firmas também deve ser entendida em termos de um sistema evolucionário. Por outro lado, enquanto em algumas análises desses autores a repartição entre trabalho e capital é endógena, a visão marxista focaliza a divisão entre lucros e salários a partir do poder político exercido pelas classes sociais diferenciadas e suas contradições, que modelam o sistema evolucionário (Nelson e Winter, 1982: p. 44).

No que se refere à escola neoclássica, os autores consideram que a teoria evolucionária está mais próxima à doutrina original marshalliana que da ortodoxia contemporânea, em particular quando Marshall afronta a lógica da análise puramente estática dos retornos crescentes de escala e a distingue do que hoje é denominada mudança técnica induzida no aumento da escala. A ortodoxia contemporânea critica suas ideias quando enfatizam o papel dos retornos crescentes da informação como um mecanismo econômico de mudanças irreversíveis. Da mesma forma, Pigou, seguidor de Marshall, considerado iniciador das análises da economia contemporânea do bem-estar, considera a mudança econômica e a lentidão das instituições econômicas para responder efetivamente às transformações como as principais razões para a resolução dos problemas advindos de distribuição de retornos econômicos (Nelson e Winter, 1982: p. 45).

No entanto, o livro pode ser entendido como uma crítica frontal às premissas centrais de maximização do método neoclássico, e como sugestão de alternativa neoschumpeteriana ou evolucionista, em que o sistema econômico apresenta um caráter dinâmico formado por processos dinâmicos (e não estáticos), que são inerentemente incertos com relação aos seus resultados.

Assim, o entendimento das novas premissas sobre o comportamento evolucionista inicia-se com a verificação das diferenças entre essa visão e a neoclássica, na conotação da firma enquanto foco do processo produtivo microeconômico. Para Nelson e Winter (1982: p. 51), a firma, na teoria tradicional neoclássica, é uma "caixa preta" na qual são introduzidos fatores produtivos e de onde é extraída a produção prevista. Para explicar os aspectos do comportamento humano no que se refere à ação econômica, a teoria microeconômica neoclássica parte da abstração do mundo real para chegar a uma simplicidade lógica que vai comandar os fatos econômicos das ações do ser humano. Procurando manter as características essenciais dos problemas do mundo real, a análise teórica é processada através de modelos lógicos que representam a realidade simplificada para explicar um fenômeno econômico utilizando o argumento lógico, ou seja, a dedução, para interpretar as conclusões abstratas sobre o mundo econômico real (Ferguson, 1980).

Nesse sentido, Nelson e Winter (2002) mostram que as inovações como variáveis endógenas ao processo produtivo, no que diz respeito ao novo conhecimento das capacidades e condutas das firmas, bem como à percepção do papel dos avanços tecnológicos sobre o crescimento econômico resultante, moldaram os novos pensamentos e linguagens evolucionários[2].

Se para Nelson e Winter, como já salientado, a firma na teoria tradicional é uma "caixa preta", na qual são introduzidos fatores produtivos e de onde é extraída a produção prevista, para os evolucionistas, os elementos e as dinâmicas no interior da caixa preta devem ser amplamente conhecidos e analisados em detalhe, porque incluem as condições de funcionamento eficazes da empresa, que são observadas na realidade econômica. As entradas (*inputs*) e canais produtivos da "caixa-preta" podem ser alterados de acordo com suas características e capacidades específicas, que resultam em produtos (*outputs*) diferenciados.

A teoria neoclássica salienta que o funcionamento interno da firma (caixa-preta) é realizado em conformidade a um conjunto raciocínio linear, expresso em regras de decisões comuns

---

2 Desenvolvidos nas seguintes publicações: Giovanni Dosi (1988); George Basalla (1988); Joel Mokyr (1990); D.C. North (1990); W.G. Vicenti (1990); Goce Petreski (1992); Bengt-Ake Ludvall (1992); Oliver Williamson (1995); Carlsson (1995); Keith Pavitt (1999); David C. Mowery (1999); Geffrey M. Hodgson (1999), entre outros.

a determinada indústria, que determinam as ações a serem realizadas levando ao equilíbrio, de acordo com as condições do mercado externo e a disponibilidade de capital interno. As regras são utilizadas com o objetivo de maximização do lucro ou do valor atual e existem especificações sobre um conjunto de atividades e técnicas a serem seguidas, expressas na função de produção (Nelson e Winter, 1982: p. 12).

No que se refere aos objetivos das firmas descritas pela teoria tradicional, a crítica evolucionária chama a atenção para a insuficiência da sua representação através de uma função de valor escalar e da busca de maximização do lucro. Ressaltam que existem outros elementos institucionais envolvidos que interveem para a consecução dos objetivos, como o número de pessoas envolvidas com diversidade de papéis e de formas de ação, bem como com uma complexidade de relações. Esses agentes produtivos introduzem seus próprios objetivos em conformidade ao funcionamento da sua atividade e também conforme sua função enquanto empregado, ou executivo, e com interesses particulares que podem ser conflitantes com outros, conforme citado nas teorias comportamentais e gerenciais elaboradas por autores como Herbert Simon (1959), Richard Cyert e James March (1956), entre outros (Kon, 1994: p. 76).

Além disso, os modelos de maximização adotam a ideia de racionalidade ilimitada na tomada de decisão (relacionada ao acesso total à disponibilidade de informações). Essa visão considera a racionalidade como não diferenciada e inerente aos agentes, em um nível altamente uniforme, independentemente da situação em que o agente é confrontado. Essa espécie de racionalidade implica deliberação cuidadosa e tentativa de previsão. No entanto, na realidade os agentes simplesmente não possuem os poderosos instrumentos computacionais e cognitivos que são necessários às teorias baseadas na otimização. Os processos de decisão organizacionais mostram, frequentemente, características que desafiam os princípios de racionalidade (Nelson e Winter, 2002: p. 29).

Nesse sentido, a racionalidade limitada (*bounded*) preconizada por Herbert Simon é adotada pelos autores evolucionistas, o que modifica o modo da tomada de decisões devido às capacidades cognitivas limitadas (Nelson e Winter, 1982: p. 65).

A racionalidade limitada (*bounded*) resulta da observação de que, para a tomada de decisão na firma, os agentes econômicos utilizam informações adicionais válidas que estão disponíveis e que fornecem mais subsídios para a aplicação da racionalidade na decisão sobre o modo de ação.

Como visto, se para os neoclássicos as informações são ilimitadas e igualmente disponíveis para todos os agentes, nesse caso a racionalidade que conduz ao equilíbrio e à maximização dos lucros é a mesma para todos os agentes. No entanto, a teoria evolucionária enfatiza a limitação para a obtenção e absorção de toda a informação existente na realidade, de forma que a racionalidade é limitada às possibilidades de cada agente específico (Arrow, 1974: p. 13). Por outro lado, ao avaliar a racionalidade como a relação entre o indivíduo e sua ação em um contexto social, Arrow descreve as forças implícitas de valores e de possibilidades que são observados na realidade e que definem a forma individual ou social de racionalidade, que podem estar em equilíbrio ou em oposição e tensão. O indivíduo tem um conjunto representativo de vários tipos de metas que incluem desde o consumo de materiais até metas mais abstratas e superiores. No entanto, a possibilidade de atingir a maioria dos objetivos é limitada porque existe um conjunto de oportunidades entre as quais os indivíduos devem escolher, de forma individual ou social, a fim de melhor atingir os seus valores.

Outra ideia relevante a ser considerada na teoria evolucionista se refere à introdução das mudanças tecnológicas no processo produtivo como uma forma endógena de exercer impactos fortes no interior da "caixa-preta", influenciando bastante na tomada de decisão e nos resultados da produção. Como já mencionado, os evolucionistas criticam a consideração da teoria tradicional de que o progresso tecnológico é exógeno ao modelo e, portanto, que o equilíbrio da empresa e a eficiência é obtida através da tecnologia conhecida. Por outro lado, o caráter endógeno do progresso tecnológico no paradigma evolucionista tem como princípio a alocação de recursos específicos para o desenvolvimento de novas tecnologias. A estrutura de mercado influencia o avanço tecnológico, que é procurado pela empresa em sua trajetória dinâmica de crescimento com a intenção de aumentar o poder de monopólio, em estruturas competitivas, em que não existe equilíbrio de mercado (Dosi, 2001; Viscusi et al., 1995; Labini, 1984; Arrow, 1974).

No novo cenário teórico evolucionista, da mesma forma que o progresso tecnológico é visto como uma variável endógena no processo decisório, foi também introduzida uma mudança relevante de método de análise em relação à metodologia teórica tradicional a partir da ideia da relevância das instituições econômicas e sociais (particularmente as governamentais) como portadoras de papel influente na dinâmica interna da empresa. Essa nova visão abre caminho para a elaboração dos conceitos da Nova Teoria Institucional, como será visto no próximo capítulo (Williamson, 1985; Dosi, 2001).

No que se refere às instituições governamentais especificamente, seu principal objetivo é regular as estruturas dinâmicas do mercado e da cadeia de progresso tecnológico (pesquisa básica privada e instituições de pesquisa governamentais), para minimizar os efeitos desfavoráveis para a economia e para a sociedade, que resultam do crescente poder de monopólio das empresas. Da mesma forma que na visão neoclássica, essas instituições visam regular o grau de concentração, a concorrência, as externalidades positivas e negativas (pecuniárias ou tecnológicas), entre outros elementos que causam desequilíbrio de mercado. Sob o ponto de vista neoschumpeteriano, porém, essas medidas governamentais de regulação apresentam uma interpretação diferente, porque no novo contexto a concorrência schumpeteriana e a regulação da inovação incessante tecnológica devem moldar o caráter também dinâmico das políticas públicas, uma vez que estas devem ser constantemente ajustadas às condições momentâneas e mutantes da realidade conjuntural econômica (Viscusi et al., 1995; North, 1990; Williamson, 1998; Dosi, 2001).

CAPACIDADES DIFERENCIADAS E COMPETÊNCIAS DAS FIRMAS

Uma questão primordial do pensamento evolucionista está relacionada à premissa de que as regras de decisão de uma empresa teriam de ser vistas como resultantes das suas capacidades específicas, o que não é considerado pela teoria ortodoxa. Na teoria neoschumpeteriana se destacam as capacidades diferenciadas dos agentes produtivos e da sociedade como um todo que vão determinar comportamentos específicos e não homogêneos da empresa enquanto unidade de produção, bem como a diversidade de objetivos e decisões referentes às formas alternativas possíveis de ação (Nelson e Winter, 1982: p. 59).

No capítulo II de *An Evolutionary Theory of Economic Change*, Nelson e Winter continuam a desenvolver as críticas sobre os fundamentos conceituais da teoria econômica ortodoxa, tratando das diferenças nos pressupostos evolucionários em relação à natureza do *know-how* possuído pelas firmas, definido como técnicas, conhecimento ou capacidades desenvolvidas por uma organização e/ou por uma pessoa, que determinam vantagens competitivas para seu detentor. Discutem como a continuidade da conduta básica da firma pode ser analisada em termos de rotinas, capacidades da firma, capacitação individual dos agentes (*skills*), aprendizado e cognição.

De acordo com o pensamento ortodoxo, o conjunto de variáveis da função de produção de uma empresa é visto como gerado por um número finito de atividades ou técnicas que a firma sabe como operar, que são codificadas ou organizadas em rotinas e apresentam as características do processo produtivo como entradas, coeficientes fixos, constante retornos de escala e independência de outras atividades. Os elementos do conjunto são vetores de insumos e de quantidades de produto que correspondem a uma transformação produtiva que a firma pode atingir. Nesse contexto, esse conjunto de variáveis não é considerado de forma dinâmica e define as características iguais de todas as firmas de produção, além de ser originado a partir da informação pública e totalmente disponível para todos os agentes. Dessa forma, as rotinas funcionam como elementos coordenadores em uma firma, que permitem sua continuidade em um ambiente que passa por mudanças constantes (Nelson e Winter, 1982: p. 59).

Nelson e Winter criticam essa visão, mostrando que o conjunto de variáveis da função produção é definido pelas capacidades específicas que o produtor pode ou não ter. Rotinas ou manuais (*blueprints*) podem ou não ser plenamente seguidos, de acordo com a necessidade de se adaptarem às novas condições tecnológicas dos mercados, bem como a outras oportunidades inesperadas que ocorrem no processo produtivo. Por outro lado, a teoria neoschumpeteriana considera que a informação não é disponível de forma ilimitada para todos os agentes, mas, ao contrário, é limitada e, portanto, influencia os tomadores de decisão da firma, uma vez que eles não têm tempo e condições para acumular, selecionar, organizar e analisar o amplo material de informações fornecidas pelos canais de comunicação.

Para os ortodoxos, a função de produção caracteriza o estado de conhecimento da firma a respeito das possibilidades de transformar os insumos. A natureza desse conhecimento é conceituada então como uma maneira de fazer as coisas ou como conhecimento tecnológico entendido como um livro de rotinas (*blueprints*) ou como conhecimento dos engenheiros e cientistas. A teoria ortodoxa trata os conceitos de "conhecer como fazer" (*knowing how to do*) e "conhecer como escolher" (*knowing how to choose*) como fenômenos diferentes. As premissas tradicionais assumem que o "conhecer como fazer" forma um conjunto definido de possibilidades limitadas por fortes restrições e que o "conhecer como escolher" é o suficiente para que a escolha seja otimizada.

Por sua vez, os evolucionistas destacam que o significado do "conhecer como fazer" e do "conhecer como escolher" devem ser tratados como muito similares. A visão evolucionista considera que a gama de ações que uma firma pode realizar em qualquer momento é sempre de alguma forma incerta, mesmo antes do esforço de exercer uma capacidade, e que a capacidade de fazer boas escolhas em uma situação particular também pode conter incertezas quanto à sua efetividade. Esses autores questionam então o que está realmente envolvido no processo produtivo para que uma organização tenha capacidade de realizar a produção (Nelson e Winter, 1982: p. 52).

O pensamento ortodoxo considera que a realização da produção envolve a escolha de um processo produtivo entre um conjunto de funções de produção possíveis, que são constantes no tempo; estabelece que o conhecimento técnico básico para a produção pode variar no tempo com o progresso tecnológico. Este é visto como exógeno à firma e esta pode adquirir, como insumo, uma nova técnica que irá aumentar a produtividade de seus outros insumos. Essa formulação assume a total separação entre a produção efetiva na firma e o processo de pesquisa e desenvolvimento (P&D). Ainda que a empresa não realize uma transformação tecnológica, a nova técnica adquirida, sendo infinitamente durável, e um insumo fixo indivisível podem ser incorporados ao conjunto de variáveis e estocados a um custo negligenciável, ideia que é consistente com a interpretação de que conhecimento técnico é conhecimento articulado (Nelson e Winter, 1982: p. 61).

A partir da abordagem evolucionista, as capacidades estão relacionadas às formas de mudança tecnológica. As premissas neoschumpeterianas estabelecem que o avanço tecnológico é endógeno à firma, desde que cada firma tenha capacidades diferenciadas de realização de P&D para efetivar o progresso tecnológico necessário para seu desenvolvimento. Diferentes firmas possuem caminhos e resultados de P&D distintos, na medida em que existem direitos de patentes seguros, segredos industriais e outras condições que permitem que elas se diferenciem em termos de seus conjuntos de produção ou de capacidades de produção. Em outras palavras, o conhecimento tecnológico define as capacidades da firma (Nelson e Winter, 1982: p. 62).

O conceito de capacidade organizacional, fundamentado no conceito de rotina organizacional, é proposto por Winter: "Uma capacidade organizacional é uma rotina (ou coleção de rotinas) de alto nível que, juntamente com a implementação dos fluxos de seus insumos, confere ao gerenciamento de uma organização um conjunto de opções de decisão para a produção de resultados significativos de uma espécie particular" (Winter, 2003: p. 1)

Esse autor enfatiza a conotação de rotina como uma conduta com vistas a objetivos específicos, que é aprendida, altamente padronizada, repetitiva ou quase repetitiva, baseada em parte no conhecimento tácito (que será detalhado posteriormente). Por outro lado, na literatura evolucionista existe o consenso de que o conceito de capacidades dinâmicas contrasta com a definição de capacidades ordinárias, comuns ou operacionais, porque as primeiras se referem a mudanças e determinam a taxa de mudanças das capacidades ordinárias.

No entanto, existem várias formas de mudança e é possível encontrar situações de mudança sem a presença de capacidades dinâmicas, quando ocorrem de forma obrigatória conduzidas pelas situações ambientais (de mercado) através de desafios externos, e as decisões muitas vezes devem ser tomadas em contextos em que as firmas não estão bem preparadas para mudar. Elas podem ser levadas a decidir entre várias condutas alternativas. Nesse caso, tal mudança não depende de capacidades dinâmicas, mas apenas de conduta meramente reativa ou passiva, que Winter denomina "resolução *ad hoc* de problemas" (*ad-hoc problem-solving*) (Winter, 2003: p. 4). A resolução de problemas *ad hoc* não é uma rotina, pois não é muito padronizada e repetitiva e apenas aparece como resposta a eventos imprevisíveis, porém consiste também em uma forma de mudança que resulta da flexibilidade dos agentes que investiram em capacidades de ordem superior às simplesmente rotineiras.

Como salientam Zollo e Winter (2002), os mecanismos pelos quais as organizações desenvolvem suas capacidades dinâmicas são moldados pela evolução conjunta de elementos como: acumulação de experiência, articulação do conhecimento e processos de codificação do conhecimento na evolução das rotinas dinâmica e operacional, que são grandemente operacionalizados através de serviços intangíveis. Os investimentos deliberados na aprendizagem organizacional, por exemplo, facilitam a criação e modificação das capacidades dinâmicas para o gerenciamento de novas aquisições ou alianças. As firmas adotam um *mix* de condutas de aprendizagem constituído pela acumulação semiautomática de experiência e por investimentos deliberados em articulação do conhecimento e codificação das atividades[3].

Se na visão evolucionária o desenvolvimento da firma é motivado pelas demandas contrastantes de diferentes tipos de situação de mercado e de tecnologia, a maior competência é atingida quando as rotinas e capacitações podem ser constantemente aprendidas e aperfeiçoadas através da prática. Os autores

---

3   Outros autores relevantes estudaram e debateram, no âmbito da Teoria da Organização, as capacidades dinâmicas das firmas para mudar suas operações e adaptá-las aos requisitos ambientais do mercado. Os autores são os seguintes: Teece, Pisano e Shuen (1997); Eisenhardt e Martin (2000); Winter (2003); Helfat e Peteraf (2003).

salientam que para os indivíduos e as organizações, o aprendizado conduzido com *feedbacks* claros em curto prazo pode ser um elemento muito poderoso na abordagem de mudanças complexas. No entanto, a manutenção da competência deve ser sempre avaliada a partir do pano de fundo dos padrões competitivos históricos anteriores, que se transformam na busca de desenvolvimento da firma. Nesse sentido, a visão evolucionária sobre a competência é focalizada no papel do aprendizado e prática, bem como particularmente no grau de correspondência entre as mudanças atuais e os contextos anteriores a partir dos quais a experiência ou a prática capacita os agentes (Nelson e Winter, 2006: p. 29). Essa abordagem trata as competências organizacional e individual como similares, ou seja, a rotina organizacional é tratada como analogia organizacional às capacidades individuais. As inovações técnicas e organizacionais apoiam o aumento considerável da variedade de produtos, o que é tratado de forma rotineira, isto é, a economia evolucionária ressalta que o comportamento da firma pode ser complexo e efetivo a partir de transformações constantes nas rotinas. Assim, as rotinas fornecem um ponto focal para a resposta, baseada na aprendizagem, sobre a questão da manutenção da competência, porque são a base para a caracterização da continuidade no comportamento evolucionista, como "genes" (Nelson e Winter, 1982: p. 134 e p. 30).

No entanto, como salientado por esses autores (Nelson e Winter, 2006: p. 30), as rotinas tendem a persistir, pois são sujeitas a uma resistência irracional à mudança. As razões para ocorrer essa resistência se referem primeiramente ao problema de acesso e armazenamento do conhecimento (serviços). Pela visão neoclássica, todas as técnicas da função produção são acessíveis e sem custos. Na realidade, porém, o aprendizado de rotinas tem custos que se elevam quando o comportamento da firma se dirige a novas práticas. Além do mais, como cada organização é uma agregação de ações de naturezas variadas, as rotinas incluem formas de enfrentamento de situações de conflitos, seja entre administradores e acionistas, seja entre gerentes e trabalhadores, ou mesmo entre administradores, como expresso nas teorias gerenciais de Herbert A. Simon, Richard Cyert e James March, entre outros.

Sendo a rotina o conceito analítico básico nas abordagens evolucionistas sobre a conduta da firma, é necessário salientar-se que além da visualização das capacidades organizacionais moldadas por rotinas organizacionais, as teorias dão ênfase também ao nível de análise das rotinas individuais que determinam a conduta particular de cada agente e que levam a um desempenho específico através das capacidades ou habilitações ou ainda qualificações (*skills*) dos indivíduos. Como ressaltam Nelson e Winter: "As capacitações individuais são análogas a rotinas organizacionais, e assim o entendimento do papel que a rotinização desempenha no funcionamento da organização é obtido, portanto, pela consideração do papel das capacitações no funcionamento do indivíduo" (Nelson e Winter, 1982: p. 73).

Essa rotina individual correspondente às capacitações dos membros da organização e são examinadas a partir de três grupos de subcapacitações como (Jacoby, 2001: p. 4): i. conhecimento prático do indivíduo adquirido durante seu treinamento, mas também em todo o período de sua vida, e que é diretamente útil para o exercício de sua atividade, ou seja, para o conhecimento técnico; ii. a qualificação dos indivíduos resultante de seu treinamento, que define o trabalhador qualificado, mas que pode ser mais geral no caso de engenheiros ou executivos. A qualificação garante o controle do conhecimento; iii. as qualificações adquiridas durante o treinamento do indivíduo, mas também durante o tempo de aquisição de experiência através de sua carreira. A noção de capacidade global que o agente é capaz de atingir resume essa ideia. Na publicação de Nelson e Winter (1982: cap. II, seção 4), o conceito das capacidades individuais (*skills*) é descrito com detalhes: "uma capacidade para uma sequência contínua de comportamento coordenado normalmente é efetiva com relação a seus objetivos, dado o contexto em que usualmente ocorre" (Nelson e Winter, 1982: p. 73).

As capacitações ou *skills* envolvem uma sequência de etapas de forma programática, de modo que a etapa anterior estimula o passo seguinte que o complementa (*path dependence*). Para definir o conceito de *skills*, os autores fazem uma analogia com um programa de computador o o descrevem como uma sequência de comportamentos que funcionam como uma unidade eficaz. Eles ressaltam que o desenvolvimento do moderno computador eletrônico influenciou esse pensamento teórico, o que mais uma vez caracteriza uma transformação metodológica considerável na elaboração da teoria da evolução em relação à mencionada visão anterior neoclássica (Nelson e Winter, 1982: p. 74).

Reforçam que essas capacidades envolvem em parte o conhecimento tácito, mas também podem ser comunicadas às demais pessoas, assim como podem ser aprendidas, internalizadas e colocadas em ação. As habilidades que determinam as ações individuais são baseadas no conhecimento que em parte é tácito, tal como avaliado pelo filósofo Michel Polanyi, que usa essa noção para explicar o conhecimento científico geral, enquanto os evolucionistas a aplicam à capacidade individual na firma. Assim, para os evolucionistas, o conhecimento tácito é definido como conhecimento que não pode ser codificado para propósitos de transmissão, duplicação e armazenagem, noção oposta ao conhecimento codificado que pode ser transmitido através de signos e símbolos. O conhecimento tácito implica portanto que o ator não está completamente ciente dos detalhes da ação que irá executar e acha difícil ou impossível articular o que realmente significa esses detalhes (Nelson e Winter, 1982: p. 73).

Assim, Nelson e Winter descrevem duas formas distintas de conhecimento por parte dos agentes que coexistem na empresa e intervêm no processo produtivo. De um lado, o aspecto público do conhecimento, que pode ser codificado, patenteado, registrado em manuais (*blueprints*) e negociado entre as empresas, que se assemelha ao conhecimento definido no pensamento neoclássico, por outro lado, o conhecimento tácito incorporado na rotina do processo, na especialização, na experiência e qualificação individual, que é adquirido através de um processo de aprendizagem dos agentes e da experiência da repetição, e assume a forma de um conjunto de práticas de rotina da firma. Esse tipo de conhecimento não pode ser comercializado e é adquirido por meio do "aprender fazendo" (*learning by doing*), além de ser difícil ser transferido para os manuais.

Os autores explicam ainda que exercer uma capacidade individual envolve escolhas opcionais, mas, mesmo assim, grande número de opções pode ser selecionado automaticamente, no sentido de que parte dos detalhes é executada através de uma forma não intencional, sem escolha deliberada ou noção de consciência. Nesse sentido, criticam a teoria tradicional que descreve as ações do agente para realizar escolhas entre as opções de comportamento ou de realizar suas capacidades em relação à existência de normas administrativas e técnicas e normas que são previamente determinadas, que também assumirão os resultados previstos. Embora eles não rejeitem a importância do uso de manuais para executar as ações, os evolucionistas destacam que o caráter tácito na realização das capacitações pode alterar a ação apropriada antes definida, influenciando todo o percurso programado (Nelson e Winter, 1982: p. 82).

Como chama a atenção Jacoby (2001), a natureza de alguns tipos de conhecimento tácito dificultam a compreensão completa do conteúdo da qualificação a ser adquirida pelo agente que irá aprender uma técnica. No entanto, a hipótese de que a firma funciona de acordo com as rotinas programadas pressupõem também que cada indivíduo da firma deve conhecer muito bem as funções que deve desempenhar, mas não necessariamente deve possuir todo o conhecimento de outros membros da organização. Cada agente econômico da firma possui seu repertório próprio de capacitações e rotinas, mas também tem o conhecimento da linguagem de códigos e de meios de comunicação que permitem a ele responder às exigências com relação às suas capacidades e inclue ainda o conhecimento tácito usado pelos indivíduos para dar conta de suas rotinas.

As rotinas individuais, portanto, correspondem a uma combinação de conhecimento codificado e tácito e não funcionam todas ao mesmo tempo, sendo necessária a distinção entre rotinas dinâmicas e estáticas. As primeiras respondem a sinais exteriores e são mais dirigidas para a aprendizagem e a inovação, influenciando o desempenho, e correspondem a rotinas em ação. As rotinas estáticas, por sua vez, armazenam o conhecimento (tácito ou não) e as capacitações dos indivíduos, além de representar a capacidade de reprodução de certas funções já desempenhadas no passado. Refletem a autonomia cognitiva dos membros da organização e constituem a memória ou repertório da firma, como a noção análoga de gene na biologia (Jacoby, 2001: p. 6).

Por sua vez, os evolucionistas ressaltam que influenciam as tomadas de decisão em uma firma, tanto as de capacidades individuais quanto as organizacionais.

A percepção geral que temos de como as capacidades individuais, as rotinas organizacionais, as tecnologias avançadas e as instituições modernas passam a conduzir a um processo estressante e cumulativo de tentativa e erro, em parte pelos indivíduos, em parte pelas organizações e em parte pela sociedade como um todo. Não negamos o papel vital desempenhado para o progresso de todas estas variáveis pelo corpo do conhecimento – na modernidade, frequentemente conhecimento científico – que a humanidade acumulou, que orienta o processo de resolução de problemas e torna poderosos esses esforços. (Nelson e Winter, 2003: p. 31)

Jacoby (2001: p. 8), complementando as ideias de Nelson e Winter (1982: p. 82) sobre o processo de seleção e escolha de condutas que incorporam as capacidades inerentes, ressalta ainda que em uma firma essa escolha ocorre em dois estágios: o primeiro diz respeito às capacidades individuais e o segundo às rotinas organizacionais, incorporadas pelos membros da organização[4].

A teoria evolucionária da firma sugere que seus membros se caracterizam por sua estrutura pessoal cognitiva e que a coerência na ação produtiva pode ser conseguida através da implementação coletiva das rotinas. A meta principal da firma é a criação de novo conhecimento, desde que as competências da firma sejam definidas como seu conhecimento acumulado e suas rotinas. O conhecimento é estocado na firma, sendo visto como expresso em padrões recorrentes de interação (Becker, 2003).

A seleção de capacidades individuais é realizada de forma automática, sem a conscientização ou deliberação dos indivíduos; ela é parte de um processo de seleção natural. Por outro lado, para a seleção de rotinas organizacionais há um determinado critério orientado pela competência da organização que diz respeito a uma espécie de competência tácita relacionada a

---

4 O termo "membros da organização" é usado por Nelson e Winter (1982: p. 98) em um sentido muito mais amplo, não se referindo apenas a um indivíduo como membro, mas pode também designar uma subunidade da organização como um membro do contexto mais amplo da firma.

fatores humanos individuais, presentes na firma (para isso deve haver um conhecimento tácito motivado pelo estoque de conhecimento do indivíduo). A seleção de caminhos interna à firma resulta de um processo intermediário entre a seleção natural (automática e não deliberada) e a escolha. A presença do seletor na firma, que pode ser individual ou coletivo (que dispõe do conhecimento e capacidades necessárias para a função), mas não neutro, direciona o processo de seleção interna. Supõe-se que o seletor, dessa forma, seja *a priori* capaz de direcionar e conduzir o processo de seleção na direção pretendida pela firma.

Em suma, a competitividade de uma empresa em uma atividade particular, que será mais bem analisada na seção seguinte, é definida pelos evolucionistas como um conjunto de competências tecnológicas diferenciadas, geralmente tácitas e não transferíveis, de ativos complementares e de rotinas, que transferem à firma um caráter único e diferenciado. No entanto, à medida que surgem novas oportunidades tecnológicas, competências secundárias podem assumir um caráter central para garantir a evolução da firma. O conceito de competência central explica por que as firmas diferem, e como evoluem, e desenvolve uma série de outras definições a respeito das estratégias de crescimento da firma, que são elementos relevantes na literatura da Economia Industrial, como: especialização, integração vertical, diversificação, conglomeração, participação em redes e estratégias apoiadas na subcontratação (Kon, 1994; Tigre, 2005).

CONCORRÊNCIA DINÂMICA E PROGRESSO TÉCNICO

Como visto, a capacidade de concorrência da firma, ou seja, a competitividade definida pelos evolucionistas como um conjunto de competências tecnológicas diferenciadas transfere à firma um caráter único e diferenciado. Nesse sentido, esta seção trata das características específicas da concorrência neoschumpeteriana e de suas relações com o progresso tecnológico. O estudo do crescimento das firmas está intimamente ligado à noção de concorrência e, nesse sentido, as premissas positivistas da teoria neoclássica sobre o crescimento da empresa baseiam-se no crescimento de longo prazo endógeno e não incorporam, nesse contexto, a relevância da mudança técnica e de elementos institucionais. Entre as variáveis teóricas que integram esse processo de crescimento destacam-se apenas as mudanças históricas na relação entre fatores e a análise da relação entre essas mudanças e os preços de fatores, em uma abordagem microeconômica. Assim, a evolução das firmas leva ao equilíbrio e as situações de desequilíbrio estão fora de foco.

Schumpeter, considerando em suas premissas que a economia encontra-se constantemente em transformação que não leva ao equilíbrio, como visto, critica as formas tradicionais de análise da concorrência:

> Tão logo se reconhece a existência geral da concorrência monopolítica, do oligopólio, ou de uma combinação dos dois, numerosos conceitos que os economistas da geração de Marshall-Wicksell ensinavam com a maior confiança tornam-se ou não aplicáveis ou mais difíceis de provar. (Schumpeter, 1961: p. 101)

Assim, na visão schumpeteriana, qualquer tipo de equilíbrio de mercado não se dá, efetivamente, conforme proposto pela teoria convencional, porque em ambiente coletivo de flutuação de agentes individuais com rotinas e capacitações distintas, o equilíbrio não é atingido. A firma evolucionista se auto-organiza como resultado das flutuações do mercado. A teoria considera as condições de crescimento da firma fortemente ligadas ao tipo de mercado concorrencial em que a firma se insere e, em relação a esse crescimento, procura um modo de conciliação dos aspectos bem explicados na teoria neoclássica microeconômica com os aspectos macroeconômicos do crescimento. Nesse sentido, a introdução da inovação tecnológica e o impacto das instituições no processo produtivo, como elementos endógenos na tomada de decisões, definem um processo de crescimento diferenciado de evolução da empresa, em que a concorrência dos preços de mercado captura apenas uma parcela da dinâmica econômica.

Se o crescimento na visão neoclássica tem a característica de reproduzir as condições estruturais anteriores da sociedade e da economia, por sua vez o crescimento evolucionista, seguindo o pensamento schumpeteriano, tem a característica de introduzir mudanças estruturais relevantes que conduzam ao desenvolvimento econômico e às novas bases da concorrência entre as empresas:

> Não é a concorrência de preços que conta, mas a competição a partir da nova mercadoria, a nova tecnologia, a nova fonte de abastecimento, o novo tipo de organização (unidade de grande escala ou de controle será exemplo), competição de comandos de custo ou vantagem decisiva de qualidade que não ataca as margens de lucros e os resultados das empresas existentes, mas em suas fundações e em suas próprias vidas. (Schumpeter, 1942: p. 84)

Dessa forma, o conceito de concorrência econômica evolucionista pode ser resumido como um processo em que os vários capitais plurais rivais se enfrentam, tendo em vista o movimento global de acumulação de capital. Na visão de Marx e de Schumpeter, esse processo é o motor básico da dinâmica capitalista. Como destaca David Kupfer (1996), embora enquanto conceito a concorrência é uma característica geral do capitalismo, como processo esse nível de generalidade não se mantém, pois o processo de concorrência se relaciona fortemente com as formas de concorrência praticadas por empresas específicas em setores industriais igualmente específicos.

Como salienta David Ferreira Carvalho (2000: p. 8), a análise da concorrência deve observar os tipos de estrutura de mercado, de onde serão captadas as especificidades a partir dos ramos da atividade capitalista, que apresentam individualidade em suas características voltadas para o processo competitivo. Na visão neoschumpeteriana, a concorrência se materializa dentro de cada firma através da tomada de decisão sobre um conjunto de ações alternativas, relacionadas a características dos produtos, a serem exploradas pelas firmas para maior desempenho perante o mercado, como: atributos de preço, qualidade, marca, diferenciação e diversificação do produto, flexibilidade, entre outros.

As razões para essa especificidade devem ser atribuídas à existência: i. de assimetrias competitivas; ii. de diversidade de estratégias; e iii. de diversidade comportamental que, por sua vez, decorrem de comutatividades, apropriabilidades, oportunidades e irreversibilidades das práticas competitivas, variáveis tipicamente estruturais [...]. Desse modo, as vantagens competitivas são igualmente específicas do setor considerado em vista dessas características estruturais que condicionam, embora não univocamente e sim através de complexas relações de interação, as formas de concorrência praticadas. (Kupfer, 1996:, p. 8)

A concorrência schumpeteriana incorpora, assim, um novo modelo evolutivo de crescimento da empresa, em que a análise dinâmica leva em conta elementos aleatórios que geram mudanças nas variáveis envolvidas, e a tomada de decisão é feita através de um mecanismo de seleção entre as variáveis alternativas (Dosi, 2001; Nelson e Winter, 1982). As mudanças e a adaptação a novas condições no interior da empresa, que levam ao crescimento, são definidas através do processo de aprendizagem e descoberta, que assume a forma de tentativa e erro. Dessa forma, as empresas são atores-chave em decisões de novos investimentos em tecnologia e da utilização de diferentes tecnologias existentes. Portanto, o modelo evolucionista de crescimento – que na tradição schumpeteriana coloca o papel central da empresa no desenvolvimento econômico capitalista – introduz um novo método de análise que deve ser incorporada nas fundações microeconômicas de desenvolvimento. Os autores ressaltam que os processos de desenvolvimento que resultam de eventos microeconômicos desempenham um papel muito importante para a explicação dos processos macroeconômicos agregados.

No conceito dinâmico de competição introduzido a partir dessa visão, a vantagem competitiva não é baseada em busca de equilíbrio, mas focaliza as mudanças constantes que tornam possível a maximização da produtividade da empresa, o que provoca desequilíbrio constante. A possibilidade de maior ou menor grau de apropriação de inovação tecnológica pela empresa gera diferenças nas taxas de crescimento entre as empresas e no nível agregado. Assim, a abordagem comportamental dos evolucionistas é usada para explicar as possibilidades da empresa de enfrentar o ambiente altamente incerto em que atua.

A concorrência schumpeteriana é também caracterizada por um processo que resulta em vencedores e perdedores, porque algumas empresas executam possibilidades tecnológicas emergentes e de maior sucesso do que outras e prosperam, enquanto outras declinam. De uma forma incessante, o crescimento em si confere vantagens que levam a empresa a aumentar o sucesso, enquanto a estagnação leva à obsolescência tecnológica e posterior declínio. Assim, há uma tendência para um processo de concentração produtiva, ao longo do tempo, em uma indústria que inicialmente era composta por empresas de tamanho equivalente (Nelson e Winter, 1982: p. 215).

Em cada momento no tempo, o nível de competitividade atingido por uma empresa resulta das capacitações produtivas, gerenciais, comerciais e outras acumuladas no passado através dos gastos efetuados com esse objetivo. Dessa forma, as decisões sobre as estratégias empresariais centralizam os elementos que levam à competitividade e, por sua vez, esse processo decisório envolve avaliação das estratégias alternativas que se tornariam factíveis diante das capacitações próprias acumuladas e da sua atratividade econômica determinada pelos gastos requeridos no seu financiamento em face dos retornos e riscos futuros esperados. Além disso, as estratégias também são avaliadas em relação ao setor e ao mercado de sua atuação, ou seja, são influenciadas pela estrutura de mercado do ambiente competitivo em que se inserem (Kupfer, 1996).

Portanto, a competitividade da empresa é definida como "a capacidade da empresa formular e implementar estratégias concorrenciais, que lhe permitam ampliar ou conservar, de forma duradoura, uma posição sustentável no mercado" (Kupfer, 1996: p. 8). Na avaliação da competitividade, os padrões de concorrência com vantagens competitivas diferenciadas entre empresas e setores apresentam diferentes graus de oportunidade e são mutáveis no tempo, de modo a se ajustarem às transformações ocorrentes nas tecnologias e na organização industrial, bem como no ambiente econômico de forma geral.

Assim, de maneira muito sintética, é possível serem destacados alguns elementos-chave para o entendimento da dinâmica econômica sob a óptica evolucionista, a qual estabelece como base as inovações em produtos, processos e nas formas de organização da produção, sendo essas inovações não necessariamente graduais, podendo assumir caráter radical causando, nesse caso, instabilidade ao sistema econômico. Os conceitos de "destruição criadora" de Schumpeter, de "paradigmas técnico-econômicos" de Dosi (1982) e Carlota Perez (2005), associados, em analogia, à biologia evolucionista de Darwin são esclarecedores da essência descontínua atribuída ao crescimento econômico em função da inovação tecnológica (Tigre, 2005).

No âmbito da tomada de decisão, para atender às premissas da dinâmica econômica e da concorrência, outro conceito é criticado pelos evolucionistas e diz respeito à ideia de *racionalidade invariante* ou substantiva dos agentes econômicos, que define antecipadamente o comportamento das firmas segundo o princípio da maximização e que não é considerado útil, pois envolve muitas variáveis que não podem ser, *a priori*, conhecidas pelo empreendedor. A visão evolucionista observa a firma como sendo constituída por indivíduos distintos e dotada de características cognitivas próprias. Essa diferenciação leva à noção de *racionalidade procedural*, que implica o fato de que a racionalidade dos agentes não pode ser pré-definida, pois é resultante do processo de aprendizado ao longo das interações com o mercado e das novas tecnologias (Dosi, 1988; Coriat e Weinstein, 1995; Winter, 2003; Tigre, 2005).

Com relação à escolha tecnológica e à capacidade da firma de assumir novas tecnologias através da inovação, os neoschumpeterianos ressaltam ainda a existência de trajetórias tecnológicas diferentes e a grande variedade de estruturas de mercado e de características institucionais dos ambientes nos quais as firmas evoluem, como será melhor detalhado no capítulo seguinte. Assim, as tecnologias e estruturas de mercado são consideravelmente diversificadas e próprias a cada tipo de indústria, bem como à natureza dinâmica das configurações específicas que condicionam o processo competitivo. Essa visão da *pluralidade de ambientes de seleção* é colocada contrariamente ao princípio neoclássico de eliminação eficaz, pelo mercado, das firmas que não se comportam segundo a maximização dos lucros.

A relação entre tecnologia e estrutura da indústria foi durante muito tempo explicada pelo paradigma "estrutura, conduta e desempenho", que se concentrava no estudo dos principais fatores que determinam o poder de mercado e que diz respeito ao relacionamento entre o desempenho do mercado e a estrutura de mercado. O *desempenho* do mercado é determinado pelo nível de sucesso de um mercado em conseguir produzir benefícios ao consumidor, enquanto a *estrutura* de mercado consiste nos fatores que determinam a competitividade de um mercado. A estrutura de mercado afeta o desempenho do mercado através da *conduta* ou comportamento da firma (Shepherd, 1990; Carlton e Perloff, 1994).

Essa relação entre estrutura e desempenho foi questionada por Schumpeter, que salientava que a questão visualizada pelos teóricos economistas é centrada na análise de como o capitalismo administra as estruturas existentes, mas efetivamente a questão principal é como o capitalismo as cria e destrói. A partir das novas teorias da firma, como apresentadas no capítulo 1, o estudo dessa relação vem sendo aprimorado. Como ressalta Tigre (2005), a proposta neoschumpeteriana vai além dessas relações ao associar a estrutura de mercado ao ciclo de evolução tecnológica do produto. A nova interpretação da teoria enfatiza que a busca de posições monopólicas não constitui em si uma prática danosa à concorrência, mas o seu móvel principal. Dessa forma, existem reflexos importantes dessa visão para as políticas de concorrência, que consideram a estrutura como a variável exógena que condiciona o comportamento e o desempenho das firmas.

A redefinição apresentada na literatura econômica enfatiza mudanças na cadeia de causalidade tendo em vista a influência mútua dos fatores, ou seja, o desempenho, assim como a conduta também influencia a estrutura de mercado. Juntamente com a definição de um projeto ou padrão dominante naquele momento, os lucros derivados da exploração de novas formas de produção poupadoras de custos são consideráveis, pois o desenvolvimento de um processo de produção aprimorado envolve a exploração de economias de escala latentes associada a modos intensivos de produção em capital.

Utterback e Abernathy (1975) argumentam sobre a questão e desenvolvem testes para um modelo de evolução tecnológica que causa um padrão particular de evolução da firma e da estrutura da indústria. O modelo propõe que nos estágios iniciais de uma indústria as firmas tendem a ser pequenas e a entrada no mercado é relativamente fácil, refletindo a diversidade de tecnologias empregadas e sua rápida mudança. Contudo, quando, depois, emerge um padrão dominante e são desenvolvidos processos de produção especializados, barreiras à entrada começam a crescer e aumentam a escala e o capital necessários para produzir competitivamente.

As características particulares de determinados serviços de capital de caráter bastante intensivo vem determinando o campo de estudos para o desenvolvimento dos conceitos sobre o papel da inovação em serviços. Esses conceitos atentam para as especificidades da inovação na área de serviços observando as características que não se aplicam à inovação manufatureira e a relevância do avanço tecnológico nessa área, para a indução ao desenvolvimento de uma economia. Essas inovações nos serviços serão tratadas em maior profundidade em capítulo posterior.

CONSIDERAÇÕES FINAIS

A importante visão de Schumpeter sobre a relação existente entre inovação tecnológica e organizacional, competitividade e geração de renda ou de poder de compra é ampliada com a colaboração dos autores neoschumpeterianos, cujas principais ideias, como visto, são encontradas nas obras de Nelson, Winter, Dosi, Pavitt e Soete, entre outros. Salientam a relevância da nova dinâmica do processo de desenvolvimento fora do equilíbrio, para a ampliação da competitividade das firmas, permitindo a apropriação de vantagens absolutas de custo e qualidade, que conduzem à ampliação de seus mercados.

Em particular, a contribuição dos serviços, internamente às empresas, para a consecução das tomadas de decisão dos agentes, tendo como base a ampliação e a difusão do conhecimento facilitado pela informação, é explicada por Dosi, que chamou a atenção para a relevância das externalidades sobre as estratégias concorrenciais das empresas. As externalidades são definidas quando as possibilidades de produção ou de consumo de uma firma ou indivíduo são influenciadas (positiva ou negativamente) pelas escolhas de outra firma ou consumidor. A infraestrutura de ciência e tecnologia (representada pelo conhecimento e especialização) gera externalidades que permitem a interdependência entre setores, tecnologias, definindo a capacidade de incorporação do progresso tecnológico pelas empresas e promovendo a competitividade sistêmica (Dosi, Pavitt e Soete, 1990).

Portanto, as teorias neoschumpeterianas, em suas premissas fundamentais, explicam a relevância das atividades e dos setores de serviços a partir da transição para uma economia da informação. De acordo com essas teorias, as indústrias de serviços pertencem ao estágio mais avançado de desenvolvimento de uma economia. Como será mostrado em capítulo posterior, as novas tecnologias da informação abriram importantes possibilidades para o crescimento dos serviços, contradizendo as premissas tradicionais acerca da produtividade decrescente dos serviços (Kon, 2004a).

4. As Atividades de Serviços na Nova Economia Política

nova economia institucional e economia da informação

Como complementação e aperfeiçoamento do pensamento evolucionista, dois ramos recentes da teoria econômica são adicionados à sua base para ampliar o entendimento das características, das funções e da relevância das atividades de serviços no processo de desenvolvimento das economias: a Nova Economia Institucional (NEI) e a Economia da Informação (EI). A NEI é um ramo recente da teoria econômica, desenvolvida nas décadas de 1980 e de 1990, que não guarda muita semelhança com os antigos institucionalistas representados por John Kenneth Galbraith, John R. Commons e Thorstein Veblen. Compreende linhas de pesquisa com base no pensamento neoschumpeteriano e de Ronald Coase, tais como a economia dos custos de transação, a escola dos direitos de propriedade e a nova história econômica.

Um dos iniciadores dos debates que resultaram no corpo teórico da NEI, Douglass North, examinou a crescente diferença de desempenho econômico entre os países avançados e os subdesenvolvidos, pois a teoria neoclássica de crescimento apontava para uma convergência de renda entre esses países e a realidade apontava para outro resultado. Dessa forma, North considerou a teoria tradicional incapaz de explicar a crescente disparidade entre os países analisados por ele, e passou a investigar o que explica as características de desempenho tão diferenciadas entre os países. A resposta encontrada pelo autor estava na existência de instituições que constituem as regras do jogo em uma sociedade e compreendem artifícios projetados pelos homens que dão forma à interação humana e estruturam os incentivos que atuam em suas trocas, sejam elas políticas, sociais ou econômicas.

Por sua vez, a Economia da Informação (EI) adquire relevância considerável com as premissas da economia evolucionista a partir da ideia de que informação é conhecimento acumulado e os estudos enfocam os processos pelos quais dados se transformam em informações, conhecimento e até mesmo em sabedoria. A informação, sob esse enfoque, é vista como um produto ou mesmo como um recurso único de natureza específica e características muito próprias. Ela somente existe através da observação humana, é multiplicável, mas também substituível, transferível, compartilhável e difusiva, no sentido de que tende a se tornar pública apesar de esforços contrários. O estudo da EI busca investigar o papel da informação no contexto do relacionamento entre indivíduos, empresas e governos, que se refletem na intensidade e velocidade dos resultados socioeconômicos de uma sociedade.

Este capítulo trata das premissas teóricas da NEI e da EI, tendo como foco as atividades de serviços como meio de operacionalizar as funções das instituições e da informação.

AS PREMISSAS TEÓRICAS DA NOVA TEORIA INSTITUCIONAL: OS SERVIÇOS COMO FOCO

As premissas da economia institucional se voltam para o estudo abrangente das instituições e considera o mercado um resultado da interação complexa de várias instituições, como indivíduos, firmas, estados, normas sociais. As primeiras teorias do institucionalismo econômico surgiram no final do século XIX, com as discussões acadêmicas norte-americanas de economia, em oposição à economia neoclássica, e consagrou-se com a aprovação do estatuto da American Economic Association, em 1918 (Lallement, 2006).

As discussões visavam abranger uma interpretação do comportamento humano que não se circunscrevia apenas no *homo economicus*, mas incluía outros fundamentos com um enfoque holista ou sistêmico da economia. A economia é percebida como um sistema aberto e dinâmico, em que a noção de processo é mais importante do que a noção de equilíbrio estático. Mesmo não oferecendo ainda um corpo teórico conciso, as instituições e as relações de poder no processo de desenvolvimento econômico ganham, nessa visão, um papel básico.

As grandes linhas de pesquisa do institucionalismo tradicional foram determinadas por Thorstein Veblen, que inaugurou a corrente institucionalista no âmbito das ciências sociais e definiu a perspectiva evolucionária da economia no período. Esse autor mostrava livre trânsito entre economia e sociologia, analisando instituições, mudança institucional, institucionalização, entre outros aspectos, e pregava uma visão metodológica holista para investigar os fenômenos socioeconômicos em substituição à compreensão individualista metodológica de influência neoclássica da época. Veblen define instituições como a conjugação de hábitos de pensamento próprios de uma sociedade em sua época, que estruturam os sistemas de valores, as visões de mundo, hábitos de pensamento e de vida, vinculados a normas sociais. A instituição, para o autor, é composta por duas dimensões: uma inclui o universo material, criando usos, e outra, enquanto fenômeno imaterial, capta usos e interpreta práticas sociais. Portanto, apresenta um caráter coletivo de experiências comuns de um grupo, intensificando usos e costumes e equilibrando a dinâmica social. Assim a instituição pressupõe estabilidade e permanência para compartilhar simbolismos entre os grupos sociais, o que implica a aceitação da força da tradição (Veblen, 1969: p. 239).

Subjacente às suas ideias está o poder coercitivo da instituição, pois a ação social é efetivada pela coerção na esfera dos hábitos de vida e hábitos de pensamento. A institucionalização de comportamentos, hábitos e costumes refere-se às proibições ou concessões inerentes ao que está ordenado e instituído para definir a conduta do agente. Salienta que a situação de um momento modela as instituições de amanhã mediante um processo seletivo e coercitivo, atuando na habitual opinião humana sobre as coisas e, assim, alterando, ou revigorando, um ponto de vista ou uma atitude mental herdada do passado. Avalia que são principalmente as forças econômicas as responsáveis pela manutenção ou pelo reajuste das instituições na sociedade industrial contemporânea (Veblen, 1965).

Veblen vivia em uma época e em um ambiente em que se rediscutiam intensamente os elementos do darwinismo social e, nos finais do século XIX, essa linha de pensamento era a mais confiável para o entendimento e o ajuste das situações socioeconômicas adversas originadas pela anterior Revolução Industrial. Assim o autor procurou utilizar os princípios darwinianos em sua obra através da metodologia holística, defendendo a importância do darwinismo como componente explicativo da mudança institucional. Dessa forma, a teoria evolucionista estava mais em consonância com o desenvolvimento das sociedades por meio da história do que com os preceitos do indivíduo compreendido como unidade econômica singular. O impacto do darwinismo não só foi visto pelo autor como um novo momento das explicações científicas, como também, para ele, tratava-se de difundir o seu eixo explicativo para outras disciplinas. Na época, a noção de economia evolucionária confundiu-se com a de economia institucionalista ou por ela foi encampada (Silva, 2010).

Outro autor que se sobressaiu na corrente de pensamento do institucionalismo norte-americano foi John Rogers Commons, com a publicação de seu livro *Fundações Legais do Capitalismo*, em 1924. Seu trabalho enfatiza a lei, os direitos de propriedade e estuda sua evolução e impacto sobre o poder econômico e legal, as transações econômicas e a distribuição de renda. O tema de seus estudos enfatiza a preocupação com as consequências das diferentes estruturas institucionais sobre a distribuição de renda e sobre os conflitos que podem surgir com o exercício do poder que leva a mudanças institucionais. O autor dedicou-se a analisar as normas trabalhistas que regiam as transações individuais. Não aceita o conceito de *ceteris paribus*[1] nos modelos econômicos, pois acredita que

---

1 Expressão muito comum e utilizada pelos economistas em suas análises para significar uma previsão do que pode acontecer se forem mantidas inalteradas todas as condições das variáveis analisadas, ou seja, quando tudo mais permanece constante.

fatores exógenos podem guardar uma relação com fatores puramente econômicos, contribuindo para uma causalidade circular, semelhante à que na atualidade é explicada pela teoria dos sistemas (Commons, 1924: p. 192).

Como salienta Mourão (2007: p. 316), os institucionalistas tradicionais nunca conseguiram fugir da fama de antiortodoxos, simplesmente pela característica de não aceitarem por completo o pensamento vigente na época, pois, no jargão econômico, o termo "institucionalista" tinha um significado puramente descritivo ou então era aplicado a economistas que não pensavam como Marx, Pareto ou Webbs em alguns aspectos sobre o papel das instituições. No entanto, esses autores exerceram um papel central na economia da primeira metade do século XX, em particular nos Estados Unidos. Alguns dos institucionalistas consideram Marx participante da tradição institucionalista, tendo em vista que ele considerava o capitalismo como um sistema social estritamente histórico, enquanto outros institucionalistas discordam da visão de Marx a respeito do capitalismo, quando este enfatizava seus elementos principais como sendo mercados, dinheiro e propriedade privada dos meios de produção que evoluem ao longo do tempo. Ao contrário, esses outros estudiosos realçavam o desenvolvimento do capitalismo como resultado das ações intencionais dos indivíduos e daí o papel primordial das instituições que definem e limitam as ações individuais.

O institucionalismo tradicional considera que as preferências dos indivíduos, de forma associada às expectativas sobre o futuro, hábitos e motivação determinam a natureza das instituições e, da mesma forma, também são limitadas e moldadas por elas, ou seja, os agentes vivem e trabalham regularmente em instituições e, dessa maneira, moldam suas visões de mundo, que são retratadas nos fundamentos legais de uma economia, assim como nos processos de evolução pelos quais as instituições são erigidas e então mudadas de forma endógena.

No entanto, as fronteiras do entendimento do institucionalismo sempre foram imprecisas e permitem a inclusão de interpretações diversas, mas que sempre defendem a relevância da história para o entendimento do presente ou a relevância de elementos herdados socialmente no estudo dos grupos humanos.

Uma variante significativa desse tema é a denominada Nova Economia Institucional discutida a partir da segunda metade do século XX, que integra desenvolvimentos mais recentes da economia neoclássica em sua análise. Estas apoiam a regulação do sistema de mercado, e os mais relevantes pesquisadores do tema, que estabeleceram os princípios básicos sobre o funcionamento deste, foram Eggertsson (1990), Douglass C. North (1990) e Oliver E. Williamson (1985), cujas ideias serão apresentadas posteriormente. A Nova Economia Institucional tem Coase como ligação com o institucionalismo tradicional e as diferenças entre o "velho" e o "novo" institucionalismo são significativas.

A escola de pensamento da Nova Economia Institucional (NEI) – termo cunhado por Oliver Williamson, em 1975 – decorre das alterações metodológicas encontradas nas premissas da teoria evolutiva, com o objetivo de explicar o impacto das instituições políticas, históricas, econômicas e sociais nas decisões das empresas no processo das relações econômicas. Seus conceitos visam explicar o papel dos dispositivos legais, do governo, mercados, empresas, convenções sociais, família etc. no processo de relações da economia com a sociedade, que a teoria econômica neoclássica não conseguiu explicar. Da mesma maneira que os evolucionistas, os autores da escola de pensamento da NEI criticam a teoria econômica neoclássica ao explicar que o impacto das áreas da sociedade humana normalmente não são considerados no âmbito daquela linha teórica tradicional. Portanto, a nova visão institucional da economia tenta estender a compreensão da tomada de decisão das organizações concentrando-se no contexto social, nas normas legais e nas regras que sustentam a atividade econômica.

Algumas maneiras diferenciadas de interpretação sobre as premissas da NEI são encontradas na literatura, por exemplo, de Coase (1937) e Williamson (1989), que privilegiam a análise das formas de organização com foco na firma e definem a Economia dos Custos de Transações (ECT). A consideração e preocupação com o ambiente institucional são um diferencial da NEI e da ECT. Como salientava Williamson, o ambiente institucional é o conjunto dos direitos políticos, sociais e jurídicos, e das regras que estabelecem a base para a produção, troca e distribuição. O autor definia as instituições como que constituídas das regras informais (sanções, tabus, costumes, tradições e códigos de conduta) e das regras formais (constituições, lei, direito de propriedade) (Willianson, 1985). Dessa forma, as instituições se caracterizam por compor um conjunto de restrições sobre o comportamento na forma de regras e regulamentos acoplados a um conjunto de questões para detectar desvios em relação às regras e regulamentos e, finalmente, um conjunto de moral, ética comportamental e normas que definem os contornos e condicionam a forma como as regras e regulamentos são especificados e executados (Williamson, 1985; North, 2001).

Destacam-se, entre as primeiras obras que levaram à constituição do corpo teórico da NEI, os trabalhos de Armen Alchian e de Harold Demsetz, que focam as análises principalmente no que se refere às operações de despesas, contratos e outras premissas, embora possam ser mencionadas muitas outras ideias relevantes que não serão aqui analisadas[2]. A obra de Armen Alchian (1965) tem sido uma das mais influentes, apesar de sua visão a respeito da economia ser intimamente associada à Escola de Chicago; suas ideias fizeram dele um dos fundadores da nova economia institucional. Ele analisa a estrutura de mercado, concluindo que nem todas as empresas maximizam, de forma consciente, os lucros a curto prazo, mas a longo prazo. No processo de evolução, o mecanismo de preços competitivos e o mercado eliminariam aqueles que não o fizessem. Em 1969, Alchian descreveu as falhas do mercado não como fracassos, mas como resultado do mercado em face dos custos de transação e aos problemas de informação. Demsetz (1967) argumentou, em um artigo anterior, que a instituição de direitos de propriedade era uma condição prévia para o funcionamento eficiente dos mercados. Suas análises visam explicar alguns aspectos de instituições que têm surgido no comportamento oligopolista, como os direitos de propriedade, contratos das empresas, problemas de informação e outros custos de transação.

---

2   Entre esses, outros autores que apresentaram contribuições importantes foram Gary S. Becker e Jacob Mince, que analisam as teorias econômicas do mercado de relações sociais, James Buchanan e Gordon Tullock, dedicado ao estudo político das escolhas públicas (Public Choice escola), Richard Posner e Terras, que escrevem sobre jurisprudência e processos legais, e Robert W. Fogel, juntamente com Douglass North, que enfoca a história no exame social e econômico (escola de Nova História Econômica).

Posteriormente, R.C.O. Matthews (1986) enfoca a história da economia e das mudanças institucionais voltado para estudos sobre ambiente institucional. Salienta que existe certa convergência nas modernas abordagens institucionalistas, porém argumenta que existem várias diferenças entre elas. Chama a atenção para o fato de que o próprio conceito de instituição é enfocado a partir de diferentes princípios, mas, segundo ele, possui, como base, três eixos: i. o primeiro identifica instituições econômicas alternativas como resultantes de um sistema de direitos de propriedade alternativos; ii. o segundo eixo associa instituição a convenções ou normas de comportamento econômico, servindo como suporte à execução e cumprimento das leis; iii. o terceiro é centrado em tipos de contrato, que podem se refletir em diferentes formas de autoridade. Observa-se que a percepção do autor atribui um papel central mais influente para as instituições do que para a mudança tecnológica, porque as crenças ideológicas influenciam a construção subjetiva dos modelos que determinam as escolhas. Segundo o autor, essas crenças são mais multifacetadas no contexto institucional devido aos complexos inter-relacionamentos entre as restrições formais e informais (North, 1990: p. 95).

O corpo teórico da NEI teve entre seus contribuidores mais relevantes Douglass North através do seu livro *Institutions, Institutional Change and Economic Performance*, de 1990, que definiu um conjunto de conceitos sobre as instituições que passaram a basear as análises econômicas. Em seu livro, North busca mostrar a função das instituições no desempenho econômico por meio de uma nova visão da Economia Política em que discute: a. a natureza das instituições e suas consequências sobre o desempenho econômico; b. a teoria da mudança institucional; e c. o entendimento sobre o desempenho diferencial das economias no tempo.

Segundo o autor, as instituições definem "as regras do jogo" em uma sociedade, atribuindo limitações idealizadas pelo homem, ou determinam em que condições certas atividades são permitidas, com o intuito de organizar as interações humanas em qualquer nível, seja social, político, econômico ou outro. Dessa forma, as instituições reduzem a incerteza existente nas interações entre agentes, pois fornecem as indicações para uma estruturação da vida diária dos indivíduos ou, em outras palavras, um marco para as interações humanas (North, 2001: p. 13).

O autor ressalta que os economistas consideram que as instituições definem e limitam o conjunto de escolhas individuais através de mecanismos formais, representados por normas escritas, ou informais, que definem códigos de conduta, acordos e outras linhas de regulação. Está implícito que, se as normas formais e os códigos de conduta são violados, existe a necessidade de mecanismos de punição e, assim, parte do funcionamento das instituições consiste em estabelecer a violação e as formas de aplicar a punição, o que significa que a efetividade do funcionamento da instituição requer a monitoração constante sobre sua aplicação. Dessa forma, as instituições podem ser criadas pelo homem para atender a algum tema explícito, como é o caso da Constituição de um país ou Estado, ou evoluem informalmente através de elementos culturais, porém, em ambos os casos, sofrem mudanças, adaptando-se à evolução da sociedade no tempo. Para North, a mudança tecnológica e a mudança institucional são chaves básicas para a evolução econômica e social, e ambas estão ligadas à dependência de suas trajetórias anteriores (*path dependence*), e os retornos crescentes são ingredientes essenciais que as estimulam (North, 1990: p. 95).

North distingue instituições de organizações (organismos), salientando que enquanto as instituições são as normas subjacentes do jogo, as organizações ou organismos têm o papel de agentes da mudança institucional. A conotação de organismos refere-se aos corpos políticos (práticos, agências reguladoras, Conselhos), econômicos (empresas, sindicatos, cooperativas, famílias), sociais (igrejas, clubes, associações esportivas) e a órgãos educativos (escolas, universidades, centros de capacitação e pesquisa). Esses grupos englobam indivíduos que são unidos por alguma identidade ou objetivo comum. Modelar esses organismos significa analisar as estruturas e capacidades de governança, e a forma de "aprender fazendo" (*learning by doing*) é o que determinará o êxito da organização no tempo. Os organismos influenciam e são influenciados pelo marco institucional (North, 2001: p. 15).

Essa distinção é relevante para identificar os agentes que atuam através de setores econômicos ou de ocupações de serviços, que irão operacionalizar a efetivação do marco institucional no contexto socioeconômico. No livro, North analisa a interação entre instituições e organismos, verificando que, também no contexto econômico, as organizações são criadas com propósito deliberado para atender ao conjunto de limitações existentes, seja institucionais, seja formais ou tradicionais. Nesse sentido, para o enfoque teórico de análise, as instituições são uma criação humana que evoluem e são alteradas por homens e, portanto, a teoria deve começar com o indivíduo. Assim, para construir um conjunto de hipóteses consistentes logicamente comparáveis à base inicial, recorre à teoria da conduta humana (North, 2001: p. 16).

A função principal das instituições na sociedade, segundo o autor, é, como visto, diminuir a incerteza nas inter-relações, estabelecendo uma estrutura estável de interação humana, ainda que não necessariamente eficiente, pois estabilidade não elimina o fato de que as instituições estão em mudança constante e, portanto, alteram continuamente as escolhas ao alcance dos agentes. Elas partem de códigos de conduta, acordos, normas de comportamento, leis estatutárias, de direito e contratos entre indivíduos. A mudança institucional é um processo complicado, geralmente incremental, não descontínuo, que abrange as normas, limitações informais e observância coercitiva. As normas formais mudam rápido por decisões políticas ou judiciais, porém as limitações informais, baseadas em costumes, tradições etc., são mais resistentes às mudanças, porque se referem à cultura arraigada dos indivíduos e muitas vezes são impenetráveis às políticas deliberadas. Limitações culturais ligam passado, presente e futuro e explicam a mudança histórica.

Uma das preocupações de North no decorrer da análise do livro é explicar como, na história humana, verificam-se caminhos divergentes de mudança histórica. Se todos os descendentes de grupos humanos primitivos de caçadores e coletores evoluíram para sociedades divergentes, o que explica as características diferentes de seu desempenho? Na atualidade coexistem nações ricas e pobres, dotadas de sociedades muito diferentes cultural, política e economicamente. Que condições produziram tais divergências?

As respostas se centram na diferença entre as instituições e os organismos, e na interação entre eles em cada grupo, e que determinam a direção da mudança institucional. Dessa forma, as instituições, juntamente com as limitações comuns, determinam as oportunidades de uma sociedade. As organizações são criadas para aproveitar essas oportunidades e, na medida em que evoluem, alteram as instituições. Essa análise de North explica muito bem os resultados de investigações recentes sobre o papel das atividades de serviços na determinação do desenvolvimento econômico e nos caminhos diferenciados de crescimento de organizações e de economias como um todo, que resultam de escolhas específicas quanto à forma de criar uma estrutura de serviços para atender ao marco institucional. Nesse sentido, o autor salienta que o caminho resultante da mudança institucional é moldado primeiramente pelo resultado da relação simbiótica entre instituições e organismos quando estes foram criados por evolução consequente dos incentivos proporcionados pelas instituições. Por outro lado, chama a atenção para o fato de que o processo de retroalimentação pelo qual os homens percebem e reagem às mudanças que se dão no conjunto de oportunidades também influencia a direção das mudanças. Com isso, do ponto de vista da economia, a matriz institucional de cada sociedade resulta da dependência das organizações em relação ao marco institucional e também das redes externas que se produzem. As limitações formais e informais resultam em organismos particulares de mudança, que nasceram dos incentivos do marco institucional e dele dependem para a lucratividade, retorno das atividades empreendidas. As mudanças incrementais provêm da percepção dos empresários sobre as indicações que podem ter dos diferentes retornos se estes alterarem marginalmente o marco institucional vigente. Essas percepções dependem tanto da informação que recebem como da forma em que ela é processada (North, 2001: p. 19).

Se os mecanismos políticos e econômicos forem eficientes, ou seja, se não há custos elevados de transação, a seleção de conduta será sempre eficiente, os atores criarão modelos verdadeiros, ou, se forem incorretos, os corrigirão por retroalimentação. No entanto, os atores trabalham com informação incompleta e processam informações de modo ineficiente.

Dessa maneira, os custos de transação nos mercados políticos e econômicos podem trazer direitos de propriedade ineficientes. North (2001: p. 21) chama a atenção ainda para um marco institucional que contenha um conjunto contrário de (des)incentivos que levam a situações de atraso, destacando que essa é a situação do marco institucional do Terceiro Mundo na atualidade, visto que as oportunidades dos empresários e políticos favorecem atividades não produtivas e não distributivas, criando monopólios em vez de condições de concorrência em aproveitamento das oportunidades. Os organismos do Terceiro Mundo se desenvolveram moldando um marco institucional mais eficiente em tornar a sociedade improdutiva e a estrutura institucional básica menos apropriada para a atividade produtiva. Esse caminho pode persistir porque os custos de negociação dos mercados políticos e econômicos dessas economias, associados aos modelos subjetivos dos participantes, não levam a resultados eficientes.

O autor já ressaltava a importância do conhecimento nesse contexto, salientando que os investimentos em educação que aumentam a produtividade são escassos. A respeito do papel do conhecimento, será desenvolvida uma análise em seção posterior deste capítulo. As ideias de North sobre a relevância da informação na constituição do marco institucional e no êxito das organizações abrem caminho para os estudos que levaram à formação do corpo teórico da Teoria da Economia da Informação, interpretando o papel crucial desses serviços nas escolhas dos caminhos de conduta, como será apresentado na sequência.

Outro autor que contribuiu consideravelmente para o estudo das instituições foi John Zysman (1994). Zysman estuda a relação entre as instituições e trajetórias históricas de crescimento, o que foi denominado de "institucionalismo histórico". Sua abordagem mostra que as trajetórias de crescimento são criadas no decorrer da história das empresas a partir do desenvolvimento de trajetórias nacionais institucionalmente inventadas ou enraizadas. Daí a relevância das instituições para a determinação das trajetórias de crescimento nos países, de acordo com as várias formas de organização das economias de mercado. Assim, para o autor, as estruturas institucionais nacionais resultam do processo histórico de desenvolvimento industrial e da modernização política, o que coincide com a visão evolucionária das "trajetórias tecnológicas" baseadas em fatores inovadores como o processo de difusão da informação e o de geração de novas ideias.

Dessa forma, sua abordagem relaciona diretamente o institucionalismo com a teoria econômica ao estabelecer nexos entre escolhas individuais, tipos de contrato e especificidade dos problemas enfrentados pelas empresas e organizações. Assim, os diferentes antecedentes históricos e estruturas institucionais, nos diversos contextos regionais, moldam os sistemas nacionais de inovação – que serão posteriormente abordados nesta publicação –, que distinguem as trajetórias tecnológicas. Desse modo, institucionalismo e evolucionismo são fenômenos que só podem ser entendidos de maneira vinculada. O pensamento evolucionário se assenta sobre as múltiplas trajetórias nacionais, que são independentes do equilíbrio de *steady state*[3], e reconhecer isso é imprescindível para a avaliação entre as diversas trajetórias, o que permite o planejamento de formas diferenciadas de desenvolvimento econômico. Em suma, não é suficiente a geração de investimentos para um processo de crescimento, mas é necessária principalmente a moldagem de um ambiente institucional adequado capaz de transformá-lo em crescimento (Zysman, 1994: p. 261).

As ideias desses autores mostram que a visão da NEI se inclui inteiramente nos princípios teóricos heterodoxos evolucionistas, que se opõem aos fundamentos de equilíbrio, otimização e racionalidade substantiva, e inclui o caráter diferenciado do processo de desenvolvimento econômico que pressupõe um ambiente econômico que envolve disputas, antagonismos, conflitos e incerteza, e requer adaptação, seleção e definição das estratégias e trajetórias empresariais com base nas condições institucionais.

Outras interpretações sobre o papel do institucionalismo no contexto evolucionista mostram a diversidade de enfoques adotados. Uma visão que está associada ao que Williamson (1986) definiu como esquema de três níveis, que mostra a integração das relações entre ambiente institucional, organizações

---

3 Estado de equilíbrio estável, que é uma premissa básica das teorias neoclássicas sobre o funcionamento do mercado.

e indivíduos, foi desenvolvida por meio da Teoria dos Jogos, que se preocupa com situações de equilíbrio no contexto das interações estratégicas (Théret, 2003: p. 232). Nesse esquema, o ambiente institucional e os indivíduos fornecem restrições ou oportunidades ao desenvolvimento de organizações através de estruturas de governança, sendo que o ambiente institucional apresenta o conjunto de regras que determinam as formas das organizações, e os indivíduos atuam por ações regidas por atributos comportamentais e estratégias. Por outro lado, as organizações e suas ações têm efeito secundário sobre indivíduos e sobre o ambiente institucional (Saes, 2000: p. 167). Já as organizações como igrejas ou Estado também influenciam implicitamente o comportamento dos indivíduos. Azevedo (2000: p. 35) retrata a NEI através de dois níveis analíticos, ou seja, de um lado o ambiente institucional, representado pelas macroinstituições, que estabelecem as bases para as interações entre os seres humanos e, de outro lado, as estruturas de governança, que contemplam as microinstituições que regulam uma transação específica. No nível microinstitucional se encontra a Economia dos Custos de Transação e no nível macroinstitucional, o ambiente institucional, que tem como principal foco a relação entre instituições e desenvolvimento econômico, conforme definido por Douglass North.

A TEORIA DA ECONOMIA DA INFORMAÇÃO

A informação no contexto econômico já era tratada entre os autores neoclássicos, como pode ser visualizado no estudo de Arrow-Debreu, que consiste no modelo fundamental no qual os teoremas clássicos de bem-estar econômico são expressos pelos princípios básicos do equilíbrio, que exprimem seus pressupostos gerais como: i. uma alocação resultante do equilíbrio competitivo ou uma alocação walrasiana é Pareto ótima; ii. qualquer alocação Pareto eficiente irá ser um equilíbrio competitivo, depois de algumas redistribuições adequadas da dotação inicial. A relação dessas hipóteses com o tema da informação reside na premissa de que a afirmação do teorema do bem--estar econômico assume que todos os agentes econômicos têm a mesma informação sobre todas as variáveis econômicas, premissa que, como foi visto, foi posta em xeque posteriormente pelos neoschumpeterianos que salientaram que se o pressuposto dessa simetria de informações for violado, o resultado competitivo não mais será garantido como um equilíbrio Pareto eficiente. Pesquisas mais recentes demonstraram que nenhuma das duas hipóteses previstas pelos teoremas tradicionais da economia neoclássica é verdadeira.

Uma visão pioneira sobre o papel da comunicação no contexto econômico teve suas origens a partir do artigo de Claude Shannon, de 1948, "A Mathematical Theory of Communication", que teve reflexos consideráveis para a ciência e a tecnologia na segunda metade do século XX, ao estudar o problema da informação através de códigos. O artigo foi complementado no ano seguinte com a ajuda de Warren Weaver, que havia escrito "The Mathematics of Communication" (1949), resultando na publicação *The Mathematical Theory of Communication* (1949), marco inicial para a denominada Teoria da Informação. Weaver acrescentou às ideias matemáticas de Shannon, além das questões técnicas (com que precisão é possível transmitir os símbolos), uma visão filosófica dos problemas de semântica da comunicação (como os símbolos transmitidos exprimem precisamente o significado desejado). Na mesma época, Norbert Wiener publicou *Cybernetics or Control and Communications in the Animal and the Machine* (1948), abordando a questão do barulho e da mensagem em filtros elétricos. Essas novas ideias foram fonte para novos conceitos da teoria da comunicação e sua base estatística e originaram sua aplicação na teoria econômica neoschumpeteriana.

A contribuição de Shannon para a teoria econômica da informação se deve, primeiramente, ao tratamento estatístico da ocorrência da informação, que considerava não em número de ocorrências possíveis, e sim com relação à probabilidade de tais ocorrências, concluindo que a quantidade de informação não é função das alternativas possíveis, mas da efetiva ocorrência de tais alternativas. Por exemplo, se em um número grande de dados de informações a recorrência de um dado for 80%, o nível de informação é maior em comparação àquele que recebe dados com menor índice de recorrência, já que recorrência menor significa maior variedade e, em consequência, maior quantidade de informação. Além disso, o conceito de ruído na informação introduzida é relacionado à incerteza, conceito bastante usado posteriormente na teoria evolucionista (Ribeiro, 2002: p. 17).

Como salientam Shannon e Weaver (1949: p. 8): "Para ser certo, a palavra 'informação', na teoria da comunicação, reporta-se não só ao que você diz, mas também ao que você pôde dizer. Isto é, informação é uma medida de uma liberdade de escolha quando alguém seleciona uma mensagem." Assim, quanto maior o leque de opções fornecidas pelas informações, mais opções são descartadas quando se escolhe uma delas e, nesse contexto, mais informou a transmissão. Dessa forma, a tomada de decisão em um contexto econômico é menos incerta quanto mais informações o agente econômico recebe na sua interação com o mercado e com o mundo. Com isso, mais a sua realidade vai se aproximando da realidade efetiva, permitindo a confirmação ou revisão das incertezas do agente econômico. Por um lado, qualquer informação fornecida é uma mensagem que altera as incertezas sobre o mundo exterior, bem como pode modificar as representações cognitivas estabelecidas; no entanto, a apreensão da informação só é possível se a fonte decodificadora tiver capacidade de entender a mensagem e ainda se o veículo for capaz de transmiti-la adequadamente (Ribeiro, 2002).

Na década de 1970, Friedrich August Hayek, economista da escola austríaca, resgata ideias da Teoria da Informação para introduzi-las na análise da interdependência dos fenômenos econômicos, sociais e institucionais. Desenvolve o conceito de "conhecimento relevante", como aquele que realmente influenciou ou influencia as ações das pessoas. Nesse sentido, as ações dos agentes poderiam ser diferentes não só se obtivessem conhecimento incorreto ao invés de correto, mas também se possuíssem outros conhecimentos. Em seu artigo pioneiro, "The Use of Knowledge in Society" (1945), o autor já havia ressaltado a ideia, posteriormente desenvolvida, na tentativa de responder à questão de como é possível criar uma ordem econômica racional, partindo do princípio de que o conhecimento é fragmentado, ou seja, está na cabeça das pessoas, nos

AS ATIVIDADES DE SERVIÇOS NA NOVA ECONOMIA POLÍTICA

agentes econômicos e nas instituições e cada pessoa possui apenas uma parte do conhecimento que, portanto, está disperso na sociedade.

Nas palavras de Hayek (1945: p. 519), "o conhecimento das circunstâncias das quais deveremos fazer uso nunca existe em forma concentrada ou integrada, mas apenas como pequenas partes dispersas de um conhecimento incompleto e frequentemente contraditório que todos os indivíduos possuem separadamente". Nesse contexto é incluído um conjunto de conhecimentos importantes, porém desorganizados, que não pode ser chamado de científico. Hayek ressalta que será necessário utilizar esse conhecimento, mas um planejador central nunca seria capaz de absorver todo o conhecimento disperso e dele fazer uso, pois seria necessário um mecanismo gigantesco com um volume de dados tão imenso que não seria possível distinguir informação de ruído. Dessa forma, uma ordem econômica baseada no planejamento central unificado será sempre menos eficiente do que uma ordem baseada na competição, ou seja, uma ordem econômica descentralizada. A informação é relevante para solucionar os problemas que surgem quando há mudanças que exigem uma rápida adaptação e tomada de decisão.

Como mostra Ribeiro (2002: p. 44), a lógica de Hayek se liga à Teoria da Informação observando que a ideia da linguagem do mercado, a capacidade da fonte receptora e a afirmação de que o inesperado informa sobre o mundo são elementos basilares na Teoria da Informação presentes em suas ideias. Ganhar informação é se ajustar à realidade, mesmo implicando perda de certezas. A ideia do conhecimento fragmentário une a epistemologia de Hayek à Teoria da Informação, no sentido de que se economistas ou técnicos conhecessem todas as aspirações dos indivíduos, não haveria distanciamento entre seus desejos e o que é produzido e, em consequência, a necessidade do ajuste inexistiria. Por outro lado, se houvesse conhecimento total, não haveria qualquer Teoria da Informação, pois não havendo informação inesperada o conhecimento seria completo, nada restando a informar, o que na ideia de Hayek resulta na frustração de expectativas. Pode ser deduzido assim que, frustrada a expectativa, é imprescindível a liberdade para ajustar a visão da realidade.

A existência de incerteza em relação ao mundo, ao conhecimento detido pelas pessoas e à realidade é central no pensamento de Hayek e está essencialmente ligada ao próprio fulcro da ciência econômica, qual seja, o problema da coordenação entre os agentes que possuem conhecimento limitado. O instrumental teórico, para Hayek, não tem possibilidade de investigar todas as causas de certos fenômenos, pois seu uso não explica todos os fenômenos, nem conhece todos os elementos intrínsecos, as variáveis e os desdobramentos dali decorrentes ou ainda todas as possibilidades de seus resultados. Segundo Hayek, o instrumental teórico relacionado ao conhecimento nem sempre pode resultar em utilização direta, pois é incerto, visto que as certezas só existem diante do conhecimento total sobre todos os fatores e elementos de um evento, que dizem respeito não apenas à realidade observada, mas também às estruturas sociais e ao universo físico como um todo (Ribeiro, 2002: p. 64).

Sendo a incerteza inerente ao processo de tomada de decisão econômica, a informação pode oferecer instrumentos para ajustar as expectativas dos agentes à realidade do momento, e para a verificação das mudanças que esses ajustes podem trazer, o que implica um processo contínuo de ajustes, bem como a necessidade de novas informações e novo conhecimento. No processo de mercado, em que as decisões são tomadas de forma descentralizada, ocorre a criação, descoberta e utilização de conhecimento novo sobre as condições particulares e locais da economia e, assim, na tentativa de obter maior vantagem no processo de concorrência, o empresário busca novos conhecimentos do mercado em que atua, da demanda com que lida, além de introduzir novas técnicas de produção e novos produtos, além de estar alerta a quaisquer novas oportunidades de negócios. No entanto, como Hayek enfatiza, os resultados desse processo não são passíveis de previsão, na medida em que seus rumos e resultados vão sendo construídos ao longo do próprio processo, com a passagem do tempo.

O autor defendia uma abordagem evolucionária de mudança institucional, cultural, das regras e dos costumes, entre outros elementos, considerando que, embora as instituições sejam continuamente revisadas, elas consistem em depósitos de conhecimento acumulado, mostrando à geração presente formas de solução de problemas encontrados antes. Fica claro, em seu pensamento, que o processo de mudança institucional não segue padrões pré-definidos, e que o resultado final não pode ser apreendido antes, mas é construído com o próprio andamento do processo (Hayek, 1988: p. 26).

Transportando tais conceitos para a Economia, Hayek defende a ideia de que o sistema de preços acaba sendo uma forma mais eficiente de disseminar as informações pelo sistema econômico de maneira descentralizada, pois uma pessoa não precisa dispor de toda a informação disponível, mas apenas dos dados que julga necessário para tomar a sua decisão. Dessa forma, os preços indicam a escassez relativa dos produtos e serviços, e não há necessidade de se conhecer todos os fatores que mudam esses preços, posto que eles, mesmo de forma parcial, incorporam as informações relevantes que afetam oferta e demanda. O sistema de preços desempenha, no artigo de Hayek, um importante papel cognitivo e, mais especificamente, informativo. No entanto, embora o sistema de preços, ou seja, o mecanismo de mercado, desempenhe um papel semelhante ao que lhe é atribuído na teoria do equilíbrio geral, Hayek introduz, como base de seus estudos, o conceito de incerteza, expresso em seu artigo de 1945, relacionado a uma quantidade enorme de informações dispersas, não quantificáveis e não tratáveis por um só indivíduo, e um conceito de conhecimento tácito, não facilmente transmissível de um agente a outro, o que também inspirou depois teóricos evolucionistas. A importância da informação na economia, ainda que imperfeita, foi reconhecida pelos estudiosos evolucionistas, que consideram a informação um custo de transação, porém ela colabora para a diminuição dos custos totais de transação.

Uma das contribuições mais importantes para a Economia da Informação foi trazida por Joseph Eugene Stiglitz, que desde a década de 1970 vem estudando o tratamento da informação nos modelos econômicos. Ele considera que a informação afeta a tomada de decisão em todos os contextos, não apenas dentro das firmas, mas também na sociedade e na economia como um todo. Investiga também a forma pela qual a Economia da Informação produz efeitos profundos no processo político. Em um discurso proferido por ocasião do recebimento do Prêmio

Nobel em 2001, Stiglitz faz um resumo de suas pesquisas nessa área e mostra como a Economia da Informação representa uma mudança fundamental no paradigma neoclássico prevalecente na economia. Além disso, salienta que os problemas de informação são centrais para o entendimento da economia de mercado e da economia política.

Desejo ressaltar alguns dos impactos dramáticos que a economia da informação teve na forma em que a economia é abordada na atualidade, como fornece explicações a fenômenos que não eram explicados previamente, como alterou nossas visões sobre o funcionamento da economia e, talvez o mais importante, como conduziu-nos a repensarmos sobre o papel apropriado do governo em nossa sociedade. (Stiglitz, 2001: p. 475)

A modelagem econômica na teoria tradicional focalizava modelos sob hipótese de que a informação era perfeita, embora houvesse o reconhecimento de que, de fato, era imperfeita, o que não alteraria as análises. Os resultados das pesquisas com modelagem que Stiglitz desenvolveu com vários autores como Roy Radner, Michael Rothschild, Martin Wolfson, Shahid Yusuf, entre outros, mostram que mesmo um pequeno montante de imperfeição da informação pode ter um efeito profundo sobre a natureza do equilíbrio.

Os estudos de Stiglitz mostram que havia uma desconexão entre a linguagem que os economistas usavam para explicar o mercado e os modelos que construíam, pois falavam a respeito da eficiência da informação da economia de mercado, porém focalizavam-se na questão de uma única informação, ou seja, a da escassez, embora houvesse uma miríade de outras questões sobre a informação a respeito das firmas, do mercado e dos consumidores, como, por exemplo, preços e qualidade de vários objetos à venda no mercado, a qualidade e os esforços dos trabalhadores empregados, e ainda o retorno aos projetos de investimentos. No paradigma padrão anterior do modelo de equilíbrio geral competitivo não havia choques nem eventos antecipados, o equilíbrio completo era resolvido e os desdobramentos ao longo do tempo corresponderiam ao que havia sido planejado em cada uma das contingências. No entanto, no mundo real, a questão crítica é como os mercados lidam com os problemas de informação (Stiglitz, 2001).

AS ATIVIDADES DE SERVIÇOS NA NOVA ECONOMIA POLÍTICA   111

O trabalho de Stiglitz sobre Economia da Informação começa pelo questionamento de cada uma das premissas subjacentes nos teoremas centrais anteriores. O novo paradigma da informação, por outro lado, foi mais além de solapar as bases da análise do equilíbrio competitivo, ou seja, as leis básicas da economia que incluem a lei da demanda e da oferta, a lei do preço único de equilíbrio, a equalização do preço de equilíbrio aos custos marginais, entre outras questões. Ao mesmo tempo que questiona os princípios anteriores da economia, a Economia da Informação também oferece explicações para muitos fenômenos até então não explicados. O conceito mais relevante desenvolvido por Stiglitz se refere às assimetrias da informação visto que na atualidade a quantidade de informações que cada agente possui é uma variável importante em diversas áreas da Economia. Os estudos sobre esse tipo de informação assimétrica começaram no início da década de 1970 e, desde 1980, são aplicados ao mercado financeiro e à macroeconomia. No entanto, na atualidade, suas implicações para os incentivos econômicos têm sido centrais para a teoria microeconômica e particularmente para o entendimento do papel das atividades de serviços nesse contexto.

Essas ideias de Stiglitz foram discutidas e reformuladas mais recentemente e assumiram grande relevância após a publicação dos seus trabalhos com Bruce Greenwald (Greenwald e Stiglitz, 1986), em que o tema foi considerado como uma subdisciplina da economia. A partir disso, a Economia da Informação engloba um campo de estudos interdisciplinar que envolve a Economia, a Ciência da Informação e a Comunicação, em que a informação é considerada como mercadoria e bem de produção necessária às atividades econômicas no sistema capitalista. Stiglitz, visto agora como um economista neokeynesiano, contribuiu, com seus estudos, para o surgimento de uma corrente de pensamento denominada neodesenvolvimentista. A assimetria das informações está fortemente relacionada ao novo conceito econômico de "imperfeições de informação" quando mostra que as economias não podem atingir a eficiência de Pareto, ainda que sejam considerados os custos da obtenção da informação. A imperfeição da informação é bem difusa na economia, pois é difícil imaginar o que seria um mundo com informação perfeita; a pesquisa do autor foca a informação assimétrica como um fato em que diferentes indivíduos conhecem distintos assuntos:

> Os trabalhadores sabem mais sobre suas próprias habilidades do que sabe a firma; as pessoas que compram seguros sabem mais sobre sua saúde, por exemplo, se fumam ou bebem de forma não moderada, do que a firma de seguros. De modo similar, o proprietário de um carro sabe mais sobre o carro do que o comprador potencial; o proprietário de uma firma sabe mais sobre a firma do que o potencial investidor; o solicitador de um empréstimo sabe mais sobre os riscos de seu projeto do que o emprestador; e assim por diante. (Stiglitz, 2002: p. 469-470)

Ao demonstrar que a aquisição de informação está longe de ser perfeita, o autor salienta que a maior parte dos ganhos obtidos através da obtenção de informação é composto por *rents*, ou seja, ganhos de uns à custa de outros, o que não beneficia a economia como um todo. Através da liberação de mercados financeiros, a competição para a busca de melhores informações é favorecida e os ganhos de capital se verificam para os agentes que primeiramente se apossarem de informações relevantes para o mercado. No entanto, para que os ganhos de um investidor individual sejam distribuídos para a economia e a sociedade como um todo não podem ser realizados à custa de outros. Dessa forma, surge a noção da existência de "assimetrias de informação" descritas pelo autor, que podem destruir os mercados. Stiglitz ressalta que determinadas intervenções governamentais nos mercados poderiam beneficiar a economia como um todo e a todos os indivíduos nela envolvidos.

A ideia foi mais desenvolvida posteriormente por Stiglitz junto aos economistas George Akerlof e Michael Spence como um novo núcleo da Economia, denominado Teoria da Assimetria da Informação ou dos Mercados de Informação Assimétrica, que levou seus formuladores a ganharem o Prêmio Nobel em 2001, com a constatação de que esse trabalho transformou a forma pela qual os economistas raciocinam o funcionamento dos mercados. Esse estudo sobre mercados e informações assimétricas além de ser fundamental para a moderna teoria microeconômica, ao explicar os fenômenos que não eram completamente estudados e compreendidos na teoria neoclássica tradicional, como mencionado antes, explicam também a emergência de muitas instituições sociais e econômicas que podem se criadas para neutralizar os efeitos negativos dessa assimetria.

Os autores do estudo verificaram, de modo empírico, que os mercados são imperfeitos porque seus atores não possuem as condições igualitárias de processar, interpretar e utilizar informações, mesmo que as informações sejam de domínio coletivo, pois uma pequena imperfeição nas informações pode causar um profundo efeito na natureza do equilíbrio econômico. Akerlof, em seu artigo "The Market for Lemons" (1970), mostrou que as assimetrias de informação podem dar surgimento à "seleção adversa", exemplificando isso com a venda de carros que podem ser de alta qualidade (*lemons*) ou não. O vendedor sabe qual produto é de alta qualidade e qual não é e, dessa forma, existe assimetria na informação, o que afetará o preço de mercado, porque, ao invés de dois mercados (um para cada tipo de carro), existe apenas um mercado em que os preços serão iguais ou menores, pois os consumidores não querem arriscar pagar mais e levar um produto pior. Nesse contexto, a eficiência é perdida. Como salientam Jean Tirole e Jean-Jacques Laffont (1990), o desenvolvimento da teoria da seleção adversa ou discriminação representa uma significativa complementação para a economia da informação nas últimas décadas.

Já Michael Spence (1973) mostrou que, sob certas condições, os agentes bem informados podem melhorar os resultados de seus mercados ao sinalizar sua informação particular para os agentes pouco informados. Seu modelo sobre a "sinalização" aplicado ao mercado de trabalho provocou uma série de estudos em Economia na área da Teoria dos Contratos. Quando a informação é assimetricamente distribuída entre os agentes, as decisões envolvem a estruturação de contratos que tem o objetivo de prover incentivos e/ou induzir a revelação de informação privada por parte dos agentes que a detêm.

Nessa teoria, a ideia de sinalizar se refere à atuação de um agente que fornece alguma informação sobre si mesmo a outro agente com quem transacionará. A sinalização segue a ideia de assimetria de informação – um desvio da informação perfeita – quando salienta que, em determinadas transações econômicas, as desigualdades no acesso à informação afetam o mercado normal de trocas de bens e serviços. Em seu modelo potencial citado, Spence ressalta que os empregados de um mercado de trabalho enviam um sinal sobre o nível de suas habilidades para o empregador, ao adquirir certas credenciais de educação, que acarretam um custo. O valor informacional das credenciais surge do fato de que o empregador assume que são positivamente correlacionadas com a maior qualificação e, dessa forma, pagarão salários mais elevados aos mais educados, pois será menos custoso para a empresa do que contratar pessoas com menor qualificação.

Stiglitz, por sua vez, comprovou que um agente não informado certas vezes pode capturar a informação de um agente mais bem informado. Mostra que a economia da informação não consiste em um ramo de especialização dentro da economia, mas sim que as informações são um elemento central na análise de uma série de fenômenos e, portanto, constitui-se numa parte central dos fundamentos da análise econômica. Nesse sentido, Stiglitz alterou as perspectivas vigentes na época sobre como funciona a economia, bem como as outras diferentes abordagens que podem ser utilizadas para analisar questões econômicas (Stiglitz, 1985: p. 21). Conforme Oliver Williamson (1985), quando há informação assimétrica, a parte mais informada na transação pode explorar a parte menos informada, evidenciando um comportamento oportunista, o que leva a falhas de mercado, destruindo muitas propriedades desejáveis dos mercados competitivos.

A utilização do conceito de assimetria da informação em uma série de análises econômicas possibilitou nova interpretação e compreensão sobre as falhas de mercado, permitiu a especulação de como essas falhas podem surgir e que formas de correção ou de soluções governamentais podem ser introduzidas para a melhora do desenvolvimento econômico. Sem a condição de informação simétrica, os distintos mercados não podem existir para bens que possuem diferentes características e, portanto, o pressuposto de mercados completos não se mantém. Assim, esse tipo de informação é assimetricamente mantida pelos participantes dos mercados (Postlewaite e Schmeidler, 1987)[4].

---

4 James Mirrlees (Universidade de Cambridge, Inglaterra) e William Vickrey (Universidade de Colúmbia, Estados Unidos) realizaram também pesquisa empírica nessa área nuclear da Economia, tendo apresentado exemplos de ▶

AS ATIVIDADES DE SERVIÇOS NA NOVA ECONOMIA POLÍTICA 115

Oliver Williamson (1985) salienta que quando há presença de assimetria de informações – ou seja, quando um agente detém um conhecimento a respeito de informações não disponíveis para os outros participantes da transação – pode não haver incentivos suficientes para que a parte detentora da informação privilegiada se comporte de modo eficiente. Outra questão ligada à assimetria se refere ao oportunismo pré-contratual, que surge como consequência do fato de alguns agentes econômicos poderem deter a informação privada antes de se decidirem pela realização de um contrato com outro agente, sendo tal informação do interesse desse agente. A partir disso, a presença de oportunismo aliado à racionalidade limitada pode gerar custos de transação. Na ausência de oportunismo, a conduta dos agentes seria considerada confiável através da simples promessa de que a distribuição de ganhos prevista nos contratos seria mantida no futuro se ocorresse eventual surgimento de eventos inesperados.

Por sua vez, a existência da racionalidade limitada provoca a incapacidade de coletar e processar todas as informações necessárias para a elaboração de contratos completos. No caso de os agentes possuírem capacidade de prever eventos futuros, os contratos seriam desenvolvidos sempre perfeitamente, o que demonstra que as implicações de oportunismo e de racionalidade limitada são condições necessárias para o surgimento de custos de transação.

A ausência de incentivos dá origem ao chamado *moral hazard* (risco moral), que acontece nas situações em que um participante do mercado não pode observar as ações do outro, de modo que esse último pode tentar maximizar sua utilidade valendo-se de falhas ou omissões contratuais. Com a presença do risco moral, uma das partes da transação pode adotar atitudes que afetam a avaliação do valor do negócio por parte dos outros agentes envolvidos (Possas; Fagundes e Pondé, 1997).

Importante contribuição à Teoria da Informação foi realizada também por Kennet Joseph Arrow (1963, 1974 e 1984),

▷ grupos que, na sociedade, detêm mais informações que outros e podem usá-las estrategicamente, provocando distorções no mercado. Criticaram, então, os modelos teóricos de equilíbrio da economia, que não previam essas situações de possibilidade de distorções.

que complementou os estudos sobre a informação assimétrica, observando as repercussões sobre as estruturas do mercado que se diversificaram para possibilitar seu funcionamento perante as repercussões das assimetrias, introduzindo sistemas de garantia e autenticação de agentes. Seu primeiro objeto de estudo foi o mercado dos serviços de saúde (1963), mas em seu livro *Economics of Information* já analisa o papel da informação em vários tipos de estruturas de mercado, complementando a ideia da economia do risco moral, conceito presente em um acordo entre agentes, que se refere à alteração do comportamento por uma (ou mais) partes, de forma contrária ao que seria de esperar no acordo conseguido e no sentido de obter uma vantagem/benefício (capítulo 8). Outros temas estudados se referiam ao valor da informação e à demanda por informação (capítulo 9), o papel da educação superior como um filtro à informação, que a transforma em conhecimento (capítulo 10), conduta econômica perante a informação (capítulo 11), o conhecimento limitado e a análise econômica (capítulo 12) e ainda a doutrina dos direitos de propriedade e a revelação da demanda sob informação incompleta. Todas essas discussões teóricas embasam a análise econômica sobre a relevância das atividades de serviços para a consecução do funcionamento adequado das economias.

Focando especificamente a conduta das organizações econômicas em sua publicação de 1974, *The Limits of Organizations*, Arrow analisa o papel da informação na organização, enfocando a questão dos contratos contingenciais. Para tanto, inicia o capítulo considerando que a organização é criada como meio de obter os benefícios das ações coletivas em situações em que o sistema de preços falha. Esse fato se verifica porque existem organizações de muitas espécies, com códigos de ética diferenciados e, dessa forma, os sistemas de mercado também o são e os indivíduos têm a possibilidade de pertencer a várias organizações distintas. O propósito das organizações, entre outros elementos, é explorar o fato de que as decisões requerem a participação de muitos indivíduos para sua efetividade. O sistema central de preços falha também pela existência da incerteza, ou seja, pelo fato de que nunca há uma descrição completa do mundo que deve ser considerado o ideal, pois a situação momentânea do mundo se encontra entre dois extremos de estados possíveis (Arrow, 1974: p. 33).

Portanto, a possibilidade de uma empresa utilizar o sistema de preços para diminuir a incerteza de modo a assegurar-se contra riscos é limitada pela situação dos canais de informação existentes, ou seja, o valor da tomada de decisão que não passa pelo mercado é parcialmente determinado pelas características de sua rede de fluxos de informação. A presença ou ausência de canais de informação não é prescrita de modo exógeno ao sistema econômico, porque os canais podem ser criados e abandonados; ainda as capacidades e tipos de sinais a serem transmitidos estão sujeitos a escolhas de acordo com custos e benefícios (Arrow, 1974: p. 33).

A incerteza na firma ou do indivíduo pode estar em vários campos ou áreas, sejam objetivas ou subjetivas, que afetam as negociações entre os agentes. Dessa maneira, em uma transação econômica uma forma de lidar com a incerteza é a instituição de um contrato entre as partes, e particularmente de contratos contingenciais ou condicionais, isto é, determinando as condições de continuidade da transação se não ocorrer alguma exigência incorporada no contrato. Assim, preços contingenciais podem ser associados a esses contratos para se assegurar contra uma falha no sistema de preços que pode acontecer no decorrer dos negócios.

No que se refere à alocação dos riscos em uma transação econômica, Arrow (1974) destaca que a estrutura de informações das partes envolvidas condiciona fortemente as possibilidades de ganhos ou perdas, e essa estrutura não é apenas o estado do conhecimento existente, mas a possibilidade de adquirir informação relevante no futuro, o que significa possuir um canal de informação adequado para isso. Por outro lado, as informações são recebidas como sinais ou códigos vindos do resto do mundo, e existe a necessidade de indivíduos que interpretem esses códigos. É nesse contexto que o conhecimento é extremamente relevante como parte do sistema de informação de uma organização econômica e também dos agentes envolvidos: "this definition of information is qualitative, […] the value of knowing whether or not A is true may be vastly greater than the value of knowing B's truth-value" (Arrow, 1974: p. 38).

Assim, cada agente econômico individual tem capacidade de receber alguns sinais do ambiente social e natural; tecnicamente o indivíduo começa com uma distribuição de probabilidades sobre o espaço de possíveis sinais. O conceito de sinais, segundo o autor, pode ser claramente interpretado, tendo em vista que alguns sinais podem informar ao agente o resultado de sua decisão e outros carregam a possibilidade de ser usados como base para a decisão. Dessa forma, um sinal é qualquer evento capaz de alterar a distribuição de probabilidades de um indivíduo. Essa transformação de probabilidades é que constitui a aquisição de informação. Arrow salienta que essa definição de informação é qualitativa e a definição quantitativa que aparece na Teoria da Informação é de valor limitado para a análise econômica, pois diferentes *bits* de informação terão diferentes custos e benefícios. Os canais de informação abertos inicialmente pelos indivíduos podem ser aumentados pela criação de outros canais e, dessa forma, existem retornos crescentes com o uso da informação (Arrow, 1974: p. 37).

Os custos de informação na firma, que são representados pelos insumos necessários para a instalação e operação dos canais de informação, têm características específicas (Arrow, 1974: p. 3). O indivíduo em si é o principal insumo em todos os canais de informação, a partir do momento em que a informação entra através de seu cérebro via órgãos sensoriais limitados em capacidade e o indivíduo seleciona – por meio do conhecimento e da interpretação dos códigos – o que pode ser acumulado em arquivos que, para serem utilizados, devem ser por ele acessados para a tomada da decisão. Por outro lado, os custos de informação são em parte representados por custos de capital, que acarretam investimentos irreversíveis, mas, além dos aspectos físicos ou monetários dos investimentos, acarretam o custo de fazer o investimento adequado ao tempo e esforço para distinguir apropriadamente um sinal de outro (conhecimento). Outra característica relevante dos custos de informação se refere ao fato de que não são uniformes em diferentes direções, ou seja, em qualquer momento dado, um indivíduo é um conjunto de capacidades e informações acumuladas, como visto, e os investimentos em canais de informação podem ser decididos dentro de suas capacidades para explorar determinadas áreas. No entanto, existem outras direções que poderiam ser exploradas adicionalmente por outro indivíduo que tem acesso a outros códigos ou outras linguagens pouco compreendidas.

Arrow observa que os custos relativos dos canais de comunicação podem também ser influenciados por outras atividades do indivíduo além da coleta de informações. Existe uma complementaridade entre a atividade produtiva e certas formas de informação e, dessa forma, as observações dos indivíduos quando trabalham em uma tarefa são sinais que, vindo de outras áreas, em certas circunstâncias, mudam seu conhecimento sobre a atividade produtiva (*learning by doing*). Assim o agente também tem a possibilidade de juntar informações relevantes de outras áreas remotas para a tomada de decisão (*serendipity*) (Arrow, 1974: p. 42).

Mais recentemente, as tecnologias matemáticas da informação permitiram controles mais eficazes sobre os processos produtivos, sobre os fluxos econômicos e sobre outras variáveis relevantes da tomada de decisão das firmas e dos consumidores. Porém, ao mesmo tempo que o controle se tornou mais eficaz, a velocidade com que as informações se tornam perecíveis vem aumentando consideravelmente. Observa-se na atualidade um embate entre o mercado de informações e os esforços para regulamentá-lo. Como pode ser observado, os autores dedicados à investigação sobre a Economia da Informação mostram vários indícios da relevância de atividades de serviços para a aquisição de informação e do conhecimento para a tomada de decisão nas organizações, questão que será tratada com maior detalhe na seção seguinte.

Como salienta Hauknes (1996), as tecnologias inovadoras, particularmente na área da informação, aplicadas aos serviços, mudam a estrutura da competição interna e global, tanto nas indústrias de bens quanto de serviços, e a parcela de serviços nas indústrias manufatureiras é crescente. Através disso, surgem novas economias de escala nas maiores instituições, frequentemente com uma estrutura doméstica ou internacionalmente descentralizada. Por outro lado, novas economias de escopo criadas por essas tecnologias apresentam constantemente efeitos de segunda ordem não esperados em forma de benefícios ou externalidades positivas. Por fim, a crescente complexidade econômica e o aumento constante da população mundial podem ser tratados de modo mais eficiente com novas tecnologias que permitem a melhor organização e difusão do consumo, ou ainda que deem lugar à operacionalização, antes não possibilitada, de processos e relacionamentos entre agentes produtivos.

O PAPEL DAS ATIVIDADES DE SERVIÇOS NAS ABORDAGENS DA NEI E DA EI

Considerações Iniciais

Esta seção estuda o desenvolvimento das atividades de serviços, tendo como base as abordagens da NEI e da EI. Entre as premissas teóricas básicas constantes nos corpos teóricos dessas teorias, observam-se algumas questões que conduzem diretamente à relação entre, por um lado, determinados elementos típicos do contexto das instituições e do papel da informação no comportamento da firma e, por outro lado, a criação de atividades de serviços que permitem a consecução dos objetivos da firma no ambiente concorrencial. Como apresentado nas seções anteriores, na atualidade o ambiente institucional de uma economia é primordial para a condução do desenvolvimento econômico, e a mudança institucional está ligada à necessidade de atualização constante das condições funcionais das instituições na Nova Economia e das formas de aplicá-las e monitorá-las num contexto dinâmico socioeconômico em permanente reformulação.

Assim, a diminuição dos custos de transação, o desenvolvimento da tecnologia e da internacionalização econômica, bem como a construção dos canais de informação e de sua interpretação se associam à criação de atividades de serviços que materializam e efetivam as funções institucionais e a construção de uma estrutura de informações adequada à dinâmica do momento. Entre a heterogeneidade de atividades de serviços é possível agrupar-se uma série de setores e ocupações que exercem na atualidade um papel fundamental como indutores do desenvolvimento econômico, visto que compõem a base para a infraestrutura e para o funcionamento competitivo das demais atividades econômicas.

Se no início do desenvolvimento econômico das sociedades essas atividades representaram um papel de complementaridade às demais e um crescimento induzido a partir da velocidade e intensidade dessa evolução, na atualidade revelam uma dinâmica de crescimento própria e indutora do desenvolvimento econômico. Nas últimas décadas, particularmente após os anos de 1980, o desenvolvimento e a utilização de serviços e das novas tecnologias de serviços, que incorporam o intelecto humano como um fator de produção adicional, emergiram como os determinantes prioritários para a consecução do desenvolvimento das empresas, do governo e das economias como um todo.

Entre as questões relacionadas à Economia de Serviços que permanecem pouco exploradas e que necessitam ser mais bem compreendidas está o papel do conhecimento incorporado em atividades de serviços como uma das ferramentas básicas utilizadas pelos agentes econômicos para a busca de maior competitividade e para a inserção vantajosa no mercado de trabalho e no mercado internacional. O conhecimento incorporado em serviços específicos se difunde para todos os setores da economia, representando não mais um papel complementar às demais atividades, mas um indutor de desenvolvimento.

O debate das controvérsias a respeito das características, definições e funções dos serviços, bem como estudos acerca das transformações nos conceitos econômicos sobre os serviços está presente como tema na literatura pertinente, como apresentado anteriormente. Nesta, a ambiguidade dos conceitos e métodos de avaliação ainda prevalece, bem como a insuficiência de instrumentos para a acuidade de estimativas, que decorre das múltiplas e muitas vezes antagônicas interpretações sobre o caráter indutor ou induzido das atividades de serviços nos processos de transformação estrutural que ocorrem na economia transnacionalizada na atualidade (Kon, 2003). Nesse contexto, a atenção se volta para a necessidade de um exame mais detalhado sobre o novo paradigma econômico que está sendo moldado, em que predomina o conhecimento e os sistemas baseados nos serviços de informação, que está revolucionando as estruturas industriais e a natureza da estratégia das organizações. As transformações que estão ocorrendo nas economias a partir de novas estratégias das firmas são causa e efeito das mudanças nas características essenciais dos serviços e das funções econômicas desempenhadas por essas ocupações diante da intensificação da mudança tecnológica que envolve sistemas baseados no conhecimento que ampliaram as trocas internacionais.

Como salienta Amidon:

> Vivemos em um mundo em que a aplicação de novas ideias pode ser a vantagem competitiva prioritária (ou primária ou mais relevante). A mudança é a única constante e aprender a abarcar e dirigir estas dinâmicas requer práticas de gerenciamento substancialmente diferentes. (1997: p. 3)

Dessa forma, com o objetivo de formular uma agenda para o planejamento de medidas voltadas para o apoio ao crescimento de serviços de conhecimento, indutores do desenvolvimento, esta seção investiga, nas subseções seguintes, os mecanismos intrínsecos à dinâmica desse processo. Primeiramente, são analisados os conceitos de conhecimento aplicados à economia, mostrando as transformações que ocorreram desde a teoria tradicional até o novo modelo de economia baseado no conhecimento e, como decorrência, as repercuções no desenvolvimento considerável de atividades de serviços. Em sequência são apresentados alguns impactos regionais causados pelos serviços públicos baseados no conhecimento localizado. A materialização do conhecimento através da informação é discutida tendo em vista a contribuição para o gerenciamento e geração de valor dentro das empresas. Finalmente, as considerações finais, reunindo as conclusões do trabalho, apresentam a proposta de uma agenda de políticas públicas para o apoio a serviços baseados em conhecimento que induzam o desenvolvimento econômico.

Na base da criação da estrutura adequada de informações existe o aparelhamento para aperfeiçoar o conhecimento dos indivíduos que têm a função de agentes do processo econômico. Esta seção investiga as características da construção do conhecimento que merecem investigação mais detalhada no que se refere primeiramente à capacidade dos agentes, das instituições e das empresas de efetuarem a transição da concepção teórica tradicional de equilíbrio da firma para a passagem ao novo paradigma de conhecimento. Esse conhecimento se volta para a diversificação das estratégias com o propósito de dar conta das diferentes externalidades, características regionais e locais de cada transação econômica, bem como para a seleção das formas de intervenção governamental através de serviços públicos voltados ao estímulo do desenvolvimento. O item final desta seção trata do processo de materialização do conhecimento, do gerenciamento e da geração de valor que também se associam à criação e efetivação de serviços específicos para as diferenciadas condições de relacionamentos.

DA INFORMAÇÃO AO NOVO PARADIGMA DE CONHECIMENTO

O papel relevante dos serviços de conhecimento como indutor do desenvolvimento econômico pode ser explicado pelas repercussões sistêmicas micro e macroeconômicas contundentes verificadas no contexto global da economia de um país, resultantes da introdução da inovação tecnológica nos processos produtivos e organizacionais. O avanço tecnológico sistêmico é uma nova forma de parceria cada vez mais difundida por todo o mundo, derrubando barreiras entre indústrias e reforçando a interdependência entre setores. A existência ou carência de instituições apropriadas e da infraestrutura para utilização da informação tem reflexos nas novas tecnologias colocadas à disposição pelas economias mais avançadas, que são introduzidas rapidamente em serviços financeiros, de comunicação, transportes e saúde, transformando atividades antes tradicionais em indústrias de serviços intensivas em capital. Dessa forma, o conteúdo de serviços na indústria manufatureira e a dependência dessa indústria em relação às atividades de serviços são crescentes.

Faz parte da gama de serviços do conhecimento que apoiam esse objetivo – particularmente em países menos avançados e carentes de infraestrutura de conhecimento – o fornecimento do ensino como um todo, básico ou especializado. Este é associado à formação e condições de atividade de professores especializados tanto em educação básica quanto de segundo grau e superior. Paralelamente a isso, são previstas medidas de infraestrutura que permitam o acesso livre dos indivíduos a esse tipo de formação, representadas por investimentos em bibliotecas públicas, programas de apoio à aquisição de livros, de equipamentos e de materiais de informática, tanto por órgãos públicos de ensino quanto por indivíduos em formação.

Dessa forma, a necessidade da formação adequada da força de trabalho para capacitação voltada à interpretação e aplicação da informação e da comunicação, ou seja, do conhecimento aplicado, verifica-se em graus diferentes em todos os tipos de serviços, conforme classificados por Baumol como serviços estagnantes, progressivos ou assintóticos.

Na realidade, todo o valor adicionado no exercício de uma ocupação vem do conhecimento profissional que acarreta um grau variável de confiabilidade e de produtividade ao portador. Além disso, como salienta Machlup (1980, p. 228), as ocupações voltadas para o conhecimento são caracterizadas como qualquer tipo de trabalho executado como insumo para qualquer produto em qualquer setor. No caso do serviço público, a estagnação dos serviços de educação leva à doença de custos (*cost disease*), não apenas no setor público, mas também no privado, desde que implica a diminuição da qualidade do ensino e o estímulo para a diminuição do fornecimento *per capita* desses serviços.

Além disso, como frisa Matsura (2005: p. 15), a pesquisa básica e aplicada e a educação superior são componentes fundamentais para a construção da sociedade do conhecimento, criticamente importantes para a mudança e a inovação. A pesquisa é um aspecto vital do vínculo entre o conhecimento e o desenvolvimento sustentável. Esse fato ressalta a questão da disponibilidade da capacitação para a pesquisa, o treinamento e o acesso à tecnologia, fatores que faltam de forma conspícua na maioria dos países em desenvolvimento, o que limita substancialmente a sua capacidade de identificar os problemas e formular soluções.

A partir da discussão sobre o direcionamento ou não da economia para uma situação de pós-industrialismo, um consenso comum foi encontrado quanto ao aumento da relevância dos serviços no contexto econômico e particularmente dos serviços baseados em conhecimento, indutores de crescimento.

AS ATIVIDADES DE SERVIÇOS NA NOVA ECONOMIA POLÍTICA 125

Parte específica da literatura recente sobre as transformações econômicas mundiais chama a atenção para o surgimento das novas economias com base no conhecimento, embora nem sempre haja muita clareza sobre o que se deve entender por esses termos, nem sobre a que conhecimentos e a que economias são eles mais bem aplicados. As transformações ora em curso nos sistemas de conhecimento e de produção, tanto no plano real como no retórico, são marcadas por dinâmicas espaciais, sociais e institucionais, na medida em que elas se manifestam de modo irregular entre países e regiões, entre classes, grupos sociais e as próprias instituições de produção de conhecimento (Zeleza, 2005).

O conhecimento é considerado, em alguns contextos teóricos econômicos mais recentes, um "fator de produção", posto que imprescindível, na realização do processo produtivo, para a determinação do grau de produtividade do trabalho e do capital e, como tal, permite que seu possuidor aufira renda. A relevância do conhecimento se faz presente não apenas na realização do produto, mas também nas esferas da decisão do que e de quanto produzir e na circulação de bens e serviços da economia.

A nova percepção sobre a dinâmica dos serviços baseados no incremento do conhecimento coloca abaixo alguns mitos relacionados a essas atividades que permaneciam até há pouco tempo como dominantes na teoria econômica: i. os serviços seriam considerados como menos importantes que os bens na escala humana de necessidades de consumo; ii. as indústrias de serviços são muito menos capital e tecnologia intensivas do que as manufatureiras; iii. os setores de serviços são muito pequenos em escala e muito difusos para desenvolverem sistemas tecnológicos mais avançados ou para incrementar pesquisa própria; e iv. os serviços não são capazes de produzir renda real e riqueza pessoal em um nível maior do que as indústrias. Essas premissas poderiam ser aceitas em fases anteriores aos anos de 1970, mas ainda permanecem básicas em muitas análises econômicas (Kon, 2004a).

A teoria econômica tradicional neoclássica dominante considera, na maior parte do século xx, informação e conhecimento como sinônimos que descreviam sinais codificáveis e, portanto, decodificáveis a respeito de estados do mundo real. A ideia de racionalidade incorporada na teoria ortodoxa salientava a simetria da informação, ou seja, os agentes de uma transação econômica teriam acesso ao mesmo universo de informação. A assimetria da informação seria antes uma exceção nesse contexto. Com relação à tecnologia da informação, que materializa o conhecimento, até a década de 1960 era visualizada como um fator exógeno ao modelo de equilíbrio, não suficientemente autônomo sob o ponto de vista do processo produtivo e englobado com o capital. Os avanços científicos e tecnológicos não eram considerados pelas empresas como um instrumento competitivo com potencial decisivo.

Alguns instrumentos matemáticos utilizados para mensurar a informação começaram a ser desenvolvidos ainda no período anterior à década de 1950. Shannon, em seu artigo "A Mathematical Theory of Communication", estudando a informação e, especificamente, a transmissão de mensagens num canal com ruído, desenvolveu a primeira teoria da entropia verdadeiramente matemática, aplicando-a à teoria da informação. Esta passou a ser entendida como redução da incerteza, isto é, da desordem do sistema, uma noção parecida com as da termodinâmica; a medida da entropia de Shannon é tomada como a medida da informação contida na mensagem em oposição à parcela desta que é determinada pelas estruturas inerentes do sistema, da linguagem, entre outros elementos. Outros autores mostram as dificuldades de mensurar o desempenho dos serviços baseados no conhecimento tendo em vista a inexistência de medidas físicas possíveis de indicar o valor gerado pelo conhecimento. Além disso, os níveis de conhecimento que são variáveis não podem ser detectados (Machlup, 1962: p. 44; Inman, 1988: p. 111).

Como destaca Fernandez (2005), a ideia de aplicação da tecnologia nas empresas, dominante até os anos de 1980, era chamada de "Paradigma de Vannevar Bush". Bush (1945) propôs um computador analógico e formulou a ideia de um mecanismo automático para a organização da informação científica e tecnológica e para a automatização da memória humana, concepção relevante para o desenvolvimento da era digital. Seu trabalho criou um relacionamento entre governo e estabelecimentos científicos durante a Segunda Guerra Mundial, o que mudou a forma como a pesquisa científica era desenvolvida e preparou o caminho para o ambiente em que a internet foi criada.

O modelo linear de Vannevar Bush permaneceu em aplicação até a realidade mostrar novas formas de concorrência e mudanças consideráveis na natureza do mercado, particularmente na Europa nos anos de 1980, quando se observou que a tradicional excelência educacional e científica dos países europeus não impediu a perda de dinamismo tecnológico e econômico, provocando um atraso cada vez mais visível nos setores de ponta, tais como os de eletrônica e de informação. A preocupação com a recuperação do avanço tecnológico levou a outros estudos relacionados à inovação em processos e métodos, produtos e serviços, ou organização do trabalho. Também a inovação radical ou progressiva e a capacidade de prever técnicas e tendências em demanda futura foram objeto de pesquisas específicas, paralelamente à inovação organizacional e ao gerenciamento da inovação.

Uma nova óptica se moldou depois, baseada em trabalhos de Keith Pavitt (1982), Stephen J. Kline (1985) e de Nathan Rosenberg e Kline, "An Overview of Innovation", enfatizando modelos com *feedbacks* recíprocos entre as fases da inovação denominadas *downstream*, relacionadas ao mercado, e *upstream*, relacionadas à tecnologia, quando foi salientado o papel central do desenho industrial e as numerosas interações entre ciência, tecnologia e outras atividades relacionadas à inovação dentro das firmas e entre elas, a partir de modelos interativos. Dessa forma, o paradigma se deslocou do conceito tradicional da P&D, com caráter cumulativo simples, para o de inovação, que incluiu a combinação de todos os meios, como tecnologia, organização, gestão, finanças e *marketing*, para a criação de valor agregado. Não incluía o conhecimento puro em si, mas o conhecimento ponderado por um fator "preço", conforme a avaliação do mercado. Era estimado um valor para o conhecimento, sendo o conhecimento tecnológico formal representado por cerca de 50% do valor das inovações e o conhecimento sob a forma de patentes foi considerado como tendente a se depreciar de 20% a 30% por ano, tendo de ser continuamente renovado. Os elevados custos e a insegurança causada pelo novo modelo levaram à criação de novas formas de cooperação e gestão do conhecimento, com a multiplicação de alianças estratégicas. No período, 90% dessas parcerias se verificaram entre firmas norte-americanas, europeias e japonesas (Fernandez, 2005). O deslocamento do paradigma tecnológico enfatizava a identificação e avaliação quantitativa do conhecimento no seu valor de mercado, em contraste com o seu valor social, e nos resultados econômicos da inovação estimados a partir do desenvolvimento de técnicas estatísticas cada vez mais refinadas. Esse tipo de avaliação continua influenciando algumas pesquisas na atualidade, como, por exemplo, uma ampla pesquisa econométrica da OCDE concluída em 1996, baseada em regressões entre países e indústrias, que abrangeu as economias mais altamente industrializadas do mundo (G-7, mais a Austrália, a Dinamarca e Países Baixos) e focalizou a produtividade total dos fatores (TFP). A pesquisa revela que as taxas de retorno de P&D para a indústria foram, em média, de 15% ao ano durante as décadas de 1970 e de 1980, com tendências a crescer. Observaram algumas desigualdades entre países nos anos de 1980, quando as taxas se situaram em 40% no Japão e em 30% no Canadá. Resultados ainda mais altos foram encontrados especificamente para a tecnologia embutida em fluxos de bens de capital, que mostrou um retorno médio de 130% nos anos de 1970 e de 190% nos anos de 1980. O *cluster* das indústrias de informação e comunicação (ICT) exerceu um papel particularmente importante na geração e aquisição de novas tecnologias (Fernandez, 2005).

Ainda por volta de meados da década de 1980, observou-se um paulatino deslocamento do foco central do desenvolvimento da economia representado pela produção de bens materiais simples para a produção de produtos materiais e imateriais. A importância desses ativos intangíveis começou a ser enfatizada, bem como a agregação maior de conhecimento no processo produtivo. Paralelamente a isso surgiu a preocupação com o problema da valoração desses ativos intangíveis e com o acesso à informação relevante, que, em virtude do excesso, criou a necessidade de filtrá-la e sumarizar as quantidades crescentes de dados. Essas questões levaram à necessidade do desenvolvimento de novas atividades de serviços que

comportassem um conjunto de tarefas especializadas, execu-
tadas de modo coletivo, possivelmente com a ajuda de meios
informáticos de busca. As tarefas de P&D passaram a requerer, em consequência, capacidades e formas de organização
especializadas para identificar o mais rápido possível informações potencialmente prioritárias, evitar duplicação de esforços,
como, por exemplo, em linhas de pesquisas, em patentes e em
outras formas de proteção do conhecimento (Kon, 2004a).

Na atualidade, a materialização do conhecimento pela
incorporação no insumo informação é a forma mais frequentemente considerada nas teorias econômicas, apesar das dificuldades de discriminação do mercado tanto para a informação
quanto para o conhecimento, como ressaltam Arrow (1962) e
Dosi (1995). O conceito de "Sociedade de Conhecimento" está
sendo usado na maior parte das análises como sinônimo de
"Sociedade de Informação". No entanto, existem distinções e
semelhanças entre conhecimento e informação. Entre as semelhanças, salientam-se as considerações de que ambos apresentam um caráter não rival, são indivisíveis por natureza e seu
valor não pode ser avaliado pelo comprador antes de possuí-
-los. Por outro lado, a obtenção da informação e do conhecimento acarreta custo fixo porque, uma vez adquiridos, podem
ser usados repetidamente, pois são produtos que se ampliam
com o uso e não se esvaem quando não utilizados.

Entre as diferenças, destaca-se o fato de que a informação se refere a proposições enunciadas e codificadas acerca de
"estados do mundo", propriedades da natureza ou algoritmos,
enquanto o conhecimento inclui, além disso, um referencial do
receptor da informação que lhe permite decodificá-la e utilizá-
-la (Dosi, 1995). Como salienta Kurz (2002), o significado de
"informação" é tomado num sentido muito mais amplo e refere-se também a procedimentos mecânicos sobre acontecimentos e símbolos codificados. Essa apreensão de sinais codificados
não é, na verdade, conhecimento, pois não incorpora reflexão
intelectual, mas seu exato contrário. O conhecimento é produzido quando a informação recebida passa por uma reflexão a
respeito de sua função, sobre o questionamento de seu sentido
e sobre sua efetiva aplicação para a busca de um objetivo. Portanto, o conhecimento implica que o receptor da informação

tenha uma base de referência que lhe permita decodificá-la para utilizá-la.

Arrow ressalta o papel da informação para as empresas a partir de outra abordagem em que a estrutura de informação de um agente econômico individual é vista como condicionando fortemente as possibilidades de enfrentar os riscos do mercado por meio não apenas do estado de conhecimento existente em cada momento (canais de informação), mas também pela possibilidade de aquisição de informação relevante no futuro (sinais recebidos do resto do mundo) (Arrow, 1974: p. 37). Dessa forma a possibilidade de utilizar o sistema de preços de mercado para lidar com a incerteza, assegurar-se contra riscos, como a teoria tradicional preconiza, é limitada pela estrutura dos canais de informação e conhecimento.

O autor continua seu pensamento com o exame das características da informação, destacando benefícios e custos dos canais de transmissão. Primeiramente oferece uma definição qualitativa, considerando que cada agente econômico individual tem a capacidade, que não é ilimitada, de receber alguns sinais do ambiente natural e social. A escassez de capacidade de lidar com a informação é uma característica essencial para o entendimento da conduta do indivíduo e da organização. O indivíduo tem uma determinada distribuição inicial de expectativas sobre suas probabilidades de receber e interpretar sinais. Alguns sinais podem informar resultados e decisões, outros podem ser usados como base para a tomada de decisões e, portanto, um sinal é um evento capaz de alterar a distribuição inicial de probabilidades de distribuição. Essa transformação da probabilidade é o que constitui a informação (que leva ao conhecimento). Arrow salienta que uma definição quantitativa, como usualmente é encontrada na teoria da informação, tem valor limitado para a análise econômica, pois distintos montantes de informação terão diferentes benefícios e custos.

Os custos da informação, segundo Arrow, estão relacionados à necessidade de insumos para a instalação e operação dos canais de informação; nesse sentido, o indivíduo é em si o principal insumo, pois embora a informação possa ser estocada em arquivos, é necessário que seja acessada para sua utilização com vistas à tomada de decisão. Por outro lado, parte dos

AS ATIVIDADES DE SERVIÇOS NA NOVA ECONOMIA POLÍTICA 131

custos da informação reside no fato de que incorrem em custos de capital (equipamento), que representam investimentos irreversíveis. Os custos não devem ser apenas visualizados em termos físicos (preços), mas também pela necessidade de ser realizado um investimento de tempo e de esforço para distinguir um sinal de outro, bem como sua aplicabilidade. A decodificação dos sinais exige um investimento anterior em serviços (educação, literatura científica) na aquisição do conhecimento específico e diferenciado para cada área. Esse investimento é irreversível, pois permanece armazenado como propriedade do indivíduo (embora possa ser transferido). Essa condição de irreversibilidade tem repercussão econômica significativa dentro da empresa, visto que interfere na tomada de decisão para a aplicação de investimento em treinamento específico ou na escala de rendimentos de trabalhadores pela empresa.

Polanyi (1966) foi quem primeiramente chamou a atenção para o conhecimento tácito, ou seja, conhecimento não codificável e não transmissível, pela impossibilidade de traduzi-lo em palavras, adquirido apenas através da experiência. Nelson e Winter, referências básicas no desenvolvimento do marco teórico da análise neoschumpeteriana ou evolucionária, aplicaram, em sua obra *An Evolutionary Theory of Economic Change*, esses conceitos a procedimentos realizados durante o processo produtivo no interior de uma firma, encontrados no trabalho, nas tomadas de decisão e na transmissão de informações. Os autores apontam na natureza da mudança técnica, muitas vezes apoiada pelo conhecimento tácito, a natureza das origens e dos resultados dos processos que geram e aplicam o conhecimento na firma. Esses aspectos do conhecimento tácito incluem a intuição e a criatividade, que possibilitam criar novos conhecimentos a partir das informações obtidas, o que envolve subjetividade. Eis uma das dificuldades encontradas para a concreta definição e mensuração do papel do conhecimento no processo de incremento da produtividade, da geração de valor e da competitividade de uma empresa.

De qualquer forma, as atividades ligadas a essa cadeia formada pela codificação, provisão e interpretação de informações, além da aplicação do conhecimento, tomam a forma de serviços. Até mesmo o referencial incorporado ao indivíduo, que lhe permite a transformação da informação em conhecimento, é desenvolvido não apenas pelo conhecimento tácito, mas principalmente por sua formação educacional. A pesquisa e a educação superior, portanto, são componentes fundamentais para a construção do conhecimento, bem como criticamente importantes para a mudança e a inovação. Como salienta Matsura (2005): "Na verdade a pesquisa é um aspecto vital do vínculo entre o conhecimento e o desenvolvimento sustentável."

O conceito de inovação do conhecimento é visto como um processo de otimização do fluxo de competências dentro de um grupo de agentes econômicos. Suas múltiplas redes operam os ambientes com o objetivo de tornar bem-sucedidos os resultados para todas as partes envolvidas. Isso requer o desenvolvimento de métodos de trabalho e técnicas para o conhecimento coletivo que lida com foco no capital organizacional, sendo fatores centrais desse processo a consciência sobre o conhecimento disponível e a ação de rapidamente compartilhar esse conhecimento. Pela avaliação das oportunidades, as organizações podem ampliar sua mudança institucional e o contínuo processo de renovação. Essa é uma das dimensões mais fundamentais do uso sistemático dos recursos intelectuais e da adição à criação de valor (Amidon, 1997). Essas ideias trazem dificuldades incontornáveis para aplicar os paradigmas das teorias tradicionais neoclássicas, pois não é possível obter equilíbrio geral e avaliação prévia dos resultados da utilização da informação. A necessidade de uma base de conhecimento para a interpretação e aplicação da informação cria assimetrias entre agentes econômicos, porque o conhecimento é assimétrico e a interpretação e incorporação da informação podem ser diferentes de acordo com conhecimentos diferenciados dos indivíduos.

Importantes aspectos da elaboração da economia do conhecimento, que são originados da visão de Schumpeter, são ampliados com a colaboração dos autores neoschumpeterianos ou evolucionistas sobre a relação existente entre inovação tecnológica e organizacional, competitividade e geração de renda ou de poder de compra. Salientam a relevância da inovação como geradora de instrumentos para a ampliação da competitividade das firmas, permitindo a apropriação de vantagens absolutas de custo e qualidade, que conduzem à

AS ATIVIDADES DE SERVIÇOS NA NOVA ECONOMIA POLÍTICA   133

ampliação de seus mercados. Esses autores focalizam suas análises na mudança econômica a curto e a longo prazo das firmas e da economia, criticando as insuficiências da teoria tradicional neoclássica para explicar a tendência ao desequilíbrio observada nas economias da atualidade (Kon, 2007).

Nelson e Winter, em obra citada anteriormente, deixam clara a ideia introduzida pelos evolucionistas sobre a existência de *path-dependence* no processo produtivo. Esse conceito se refere ao sistema que compõe o processo produtivo em uma firma em que existe um encadeamento entre os eventos contínuos, de modo que há dependência de uma fase do processo em relação à anterior. Uma vez tomada uma decisão, escolhido um caminho, não é possível retroceder no tempo e modificá-la. Dessa forma, se o agente econômico decide a aquisição de determinado tipo de conhecimento, estará abandonando outros caminhos, que só poderão ser retomados a um custo adicional.

Dessa forma, o conhecimento organizacional é por eles conceituado como o *know-how* que liga o estoque geral de conhecimento da sociedade às ações práticas das organizações, o que lhes possibilita desempenhar a contento as atividades planejadas. As denominadas "capacidades" das organizações estão no espaço entre as intenções (objetivos do planejamento) e os resultados obtidos, de modo que os resultados das ações cheguem o mais próximo possível dos objetivos. As empresas são dotadas de diferentes formas de conhecimento organizacional, ou seja, de capacidades diferenciadas responsáveis pela possibilidade de criação de produtos tangíveis ou pela provisão de serviços (Dosi; Nelson e Winter, 2002: p. 11).

A proposição básica da teoria evolucionista é de que as firmas são sempre heterogêneas devido às diferentes capacidades que possuem, ainda que realizem tarefas similares. A literatura recente a respeito das capacidades organizacionais adotou a premissa de que o ato de aquisição do conhecimento também é *path dependent*, ou seja, os resultados da capacidade de um momento são originados da experiência anterior e a capacidade é conhecimento acumulado, assim como a inovação tecnológica destinada ao desenvolvimento da organização. É feita uma distinção teórica nessa literatura entre rotinas estáticas e dinâmicas, que estão incorporadas na capacidade dinâmica de desenvolvimento das organizações. As rotinas estáticas regulam as atividades operacionais e comerciais efetuadas, enquanto as rotinas dinâmicas regulam a procura por métodos e rotinas novas e mais avançadas. Dessa forma, no processo de desenvolvimento de uma organização a capacidade organizacional deve ser não apenas estática, porém principalmente dinâmica, o que influencia a evolução da própria capacidade organizacional. As rotinas de desenvolvimento em si mesmas evoluem no tempo, em um processo de *path dependence*, em resposta ao que foi apreendido a partir de um projeto anterior (Nelson e Winter, 1982; Pisano, 2000: p. 150).

Em uma crítica aos conceitos teóricos neoclássicos, que estabeleciam os modelos de comportamento similares das firmas em relação às decisões sobre precificação e estratégias de ação de acordo com o mercado, a teoria evolucionista estabelece que as estratégias de utilização das capacidades dinâmicas diferenciadas das firmas não visam apenas seguir forças de mercado ou comportamentos desempenhados anteriormente. Salienta que os problemas enfrentados se beneficiam de aprendizados anteriores no sentido de criar uma solução apropriada para o momento. As capacidades dinâmicas devem gerar vantagens competitivas para a realização de novas rotinas dentro do processo produtivo, que são criadas por um processo de observação de *path dependence* e das oportunidades tecnológicas. As vantagens trazidas por certos ativos, como valores éticos, cultura e experiência organizacional, fazem parte do conhecimento e devem ser paulatinamente construídas e nem sempre são disponibilizadas e comercializadas (Teece; Pisano e Shuen, 2002: p. 334).

Externalidades, Conhecimento Local
e Desenvolvimento de Serviços Públicos

Particularmente, a contribuição interna dos serviços às empresas, para a consecução das tomadas de decisão dos agentes, tendo como base a ampliação e a difusão do conhecimento facilitado pela informação, é explicada por Dosi: "Em um mundo caracterizado pela mudança tecnológica e transformação, a

AS ATIVIDADES DE SERVIÇOS NA NOVA ECONOMIA POLÍTICA 135

conduta dos agentes é representada mais adequadamente pelas rotinas, estratégias, regras dirigidas a metas e processo de pesquisa" (Dosi, 1988: p. 124). Esse autor chama a atenção para a relevância das externalidades sobre as estratégias inovadoras das empresas. As externalidades são definidas quando as possibilidades de produção ou de consumo de uma firma ou indivíduo são influenciadas (positiva ou negativamente) pelas escolhas de outra firma ou consumidor. A infraestrutura de ciência e tecnologia representadas pelo conhecimento e especialização geram externalidades que permitem a interdependência entre setores e tecnologias, definindo a capacidade de incorporação do progresso tecnológico pelas empresas e promovendo a competitividade sistêmica (Dosi, Pavitt e Soete, 1990).

O tipo de distinção entre informação e conhecimento permite a renovação nas políticas de planejamento tecnológico à medida que a tecnologia é considerada um "bem público não puro" e não satisfaz os requerimentos usuais da propriedade de "não exclusão". Essa característica chama a atenção para o problema da dimensão local ou geográfica das políticas voltadas à tecnologia e que envolvem a criação de serviços específicos voltados para atender à implementação e difusão tecnológica. Enquanto a dimensão local é baseada com mais frequência no caráter regionalmente localizado das externalidades fornecidas pelo conhecimento, o processo de globalização na economia do conhecimento assume uma dupla dimensão pelo fato de que a disseminação global da tecnologia coexiste necessariamente com a criação e o desenvolvimento em nível local. Esse fato conduz a dificuldades para determinar os limites geográficos precisos da absorção da tecnologia, que dependem do ambiente cultural mais restrito geograficamente para o qual essa tecnologia será distribuída, ou seja, ambiente com maior ou menor capacidade de conhecimento para aplicação da informação. (Beli-Bergouignan e Carrincazeaux, 2004).

Dessa forma, é observado que, em graus variáveis, os termos de "nível local" podem estar ligados tanto a territórios regionais mais amplos quanto a espaços intrarregionais mais estritos, definidos por características específicas sociais e econômicas homogêneas, que permitem aos agentes produzir e auferir diferentes benefícios ou custos das externalidades. Esse fato traz à discussão a relevância das fronteiras administrativas que as políticas tecnológicas devem enfrentar. Em alguns países mais avançados, esse problema foi resolvido de modo empírico através da implementação progressiva de vários níveis de ação que foram se disseminando de forma autônoma pelos níveis locais até os níveis mais abrangentes geograficamente, o que não impediu que espaços menos favorecidos culturalmente fossem em parte excluídos da capacidade de absorção dos avanços em termos de informação e conhecimento.

As políticas relacionadas à tecnologia são frequentemente analisadas na literatura a partir do ponto de vista dominante da necessidade de gerenciar as oportunidades para a criação de externalidades positivas. Isso significa que qualquer modo potencial de intervenção através de serviços destinados ao desenvolvimento dessas externalidades é considerado sob um enfoque conjunto de produção de inovação, seja no setor público, seja no privado. É observado que as decisões sobre a relevância da dimensão local com respeito às políticas tecnológicas de inovação são baseadas, com muita frequência, na noção de "descoberta local" e são usualmente articuladas em torno de oportunidades do acesso à informação e do processo de criação de conhecimento, o que justifica a importância de um planejamento local para a intervenção pública. No entanto, em qualquer discussão sobre a economia baseada no conhecimento deve ser notado em que grau a perspectiva local de política tecnológica tem resultados efetivos, dependendo da intensidade das forças de concentração locais em relação às forças de dispersão (Beli-Bergouignan e Carrincazeaux, 2004).

Na década de 1990, numerosos estudos empíricos consideraram essas questões observando a concentração espacial das atividades inovadoras e de serviços associados, referindo-se às externalidades. O debate foi iniciado por Krugman (1991), que definiu a tendência para o processo de aglomeração das atividades inovadoras. Uma discussão que surgiu diz respeito à transferência da informação e às externalidades, considerando o problema da aglomeração espacial em termos de eliminação de custos pela troca e transferência de informação ou conhecimento, tratando do assunto com base na geografia econômica.

AS ATIVIDADES DE SERVIÇOS NA NOVA ECONOMIA POLÍTICA 137

Outro tipo de debate teve como foco o próprio processo inovador em si, reconhecendo a dimensão do conhecimento tácito, introduzindo a noção de que a racionalidade confinada (*bounded*) é o que direciona a importância das relações locais. É assumido que a atenção limitada a certa informação, a construção de competências e as formas de interação entre os agentes dependerão do contexto em que evoluem. O conceito de sistemas de inovação é definido de modo a salientar a crescente importância do espaço local no processo de inovação (Krugman, 1991; Dosi, 1995; Fujita e Thisse, 1997).

No entanto, a literatura mostra que a dificuldade desses debates reside no consenso sobre a conceituação apropriada de "local" nos processos envolvidos, dado que, por definição, a escala espacial pertinente de quaisquer sistemas de inovação depende do objeto específico que está sendo examinado. Ainda que os sistemas sejam definidos como locais ou pertencentes a um determinado contexto maior de coordenação, podem, assim mesmo, ser considerados com relação aos níveis nacional ou intranacional (Kon, 2007).

Algumas implicações principais sobre esses aspectos foram salientadas por Massard (2002): i. as externalidades que resultam de pesquisas públicas aparecem com uma forte ênfase na dimensão local, embora dependam do contexto institucional, pois os resultados de pesquisas feitas para países como Estados Unidos, França e Alemanha nem sempre foram convergentes; ii. as externalidades tecnológicas interfirmas existem em nível local em qualquer nível geográfico selecionado, como mostram estudos baseados em dados sobre patentes ou indicadores de inovação; iii. externalidades tecnológicas podem surgir em vários níveis espaciais e dependem das capacidades das firmas de absorvê-las.

A conclusão desses debates levam a uma série de recomendações com relação às políticas tecnológicas de ativos físicos e intangíveis locais. De um ponto de vista tradicional, é discutido que essas políticas devem favorecer as relações entre atores da inovação, na forma de apoio para a transferência de tecnologia e conhecimento da universidade para a empresa, cooperação local, elos interindustriais, levando em conta as capacidades de absorção tecnológica das firmas envolvidas. Esse último

138   NOVA ECONOMIA POLÍTICA DOS SERVIÇOS

aspecto diz respeito ao desenvolvimento de infraestruturas que apoiem a diversidade tecnológica, o aprendizado e a capacidade de absorção (em particular, através do aumento do conhecimento), bem como favoreçam a captura de externalidades em uma esfera exterior à estritamente local (Beli-Bergouignan e Carrincazeaux, 2004).

Beli-Bergouignan e Carrincazeaux chamam a atenção para o fato de que as externalidades tecnológicas têm a possibilidade de ser relacionadas à concentração geográfica de atividades, porém podem também depender tanto da relevância da informação trocada e das práticas institucionais que podem ou não ser favoráveis à disseminação da informação e do conhecimento. Isso quer dizer que a avaliação sobre os resultados constatam frequentemente que: i. vários critérios geográficos não são sempre simultâneos; ii. diferentes distâncias tecnológicas, por exemplo, são relacionadas a patentes ou a indústrias; e/ou iii. várias distâncias organizacionais traduzem características dos transmissores e receptores. A análise dessas questões é possibilitada ou não pela disponibilidade de dados.

Feldman (1999), em um estudo sobre a década de 1990, conclui que o conhecimento tem atributos específicos que podem condicionar os efeitos da localização da inovação, visto que é um dos principais insumos desta. Salienta que o conhecimento varia em grau, desde o conhecimento tácito (não articulável) até o articulável. Quando há um baixo grau de conhecimento tácito, este pode ser facilmente padronizado, codificado e transmitido através de artigos de jornais, relatórios de projetos, protótipos e outros meios tangíveis. Por outro lado, se existe um grau elevado desse conhecimento, ocorre maior grau de incerteza, seu significado preciso é mais interpretativo e não é facilmente transformado em um meio padronizado. Como consequência, quando o conhecimento é tácito por natureza, a interação e a comunicação pessoais são importantes e, nesse caso, a proximidade geográfica pode promover mais efetivamente a ampliação da atividade comercial. Em suma, quanto menos codificado e articulado o conhecimento, maior o grau de centralização na organização geográfica.

A autora sustenta que, ao invés de ser um fluxo contínuo, o conhecimento é afetado por novas descobertas e rupturas com paradigmas anteriores, que fornecem diferentes oportunidades para a realização da inovação e do avanço tecnológico. A extensão da difusão do conhecimento depende tanto da taxa em que as antigas ideias são atualizadas, ou seja, da obsolescência das ideias, quanto da taxa em que o conhecimento se difunde entre seus usuários. Desse modo, as firmas que apresentam uma taxa média anual de obsolescência superior são mais prováveis de ser pressionadas a se estabelecerem em locais mais próximos às fontes de novos conhecimentos ou que dispõem de serviços transmissores de conhecimento mais rápidos. Alguns testes empíricos mostraram um alto grau de agrupamento espacial de indústrias específicas que buscam novas oportunidades tecnológicas através do usufruto das externalidades positivas. Por outro lado, indústrias que possuem alto grau tecnológico, mas que estão constantemente em busca de novas oportunidades de inovação, também tendem a se aglomerar em locais mais próximos às fontes de novos conhecimentos ou providos de serviços transmissores de conhecimento mais rápidos.

Dessa forma, enquanto o espaço desempenha um papel relevante no processo inovador, sua relação depende dos atributos de conhecimento do local e das firmas. Qualquer avaliação sobre a disseminação do conhecimento pelo espaço geográfico deve levar em conta as dimensões tácita ou codificada do conhecimento e seu caráter emergente, ao mesmo tempo que deve introduzir uma visão mais organizacional sobre a firma. Além disso, é premente a necessidade de aprofundar a compreensão a respeito da inovação em si e dos diferentes níveis espaciais a serem levados em conta.

As diferenças locais no nível de absorção do conhecimento e a busca de condições econômicas locais para o crescimento da produção e da produtividade conduzem à necessidade de intervenção pública e privada na formação ou construção de uma rede de infraestrutura básica de serviços de apoio, que tome a forma de economias de aglomeração. Essas economias, que resultam da concentração de uma série de serviços que trazem externalidades positivas aos indivíduos e às empresas, podem se manifestar como economias de localização e de urbanização. As economias de localização são externas a uma firma, porém internas a uma indústria dentro de uma área geográfica, enquanto as economias de urbanização implicam efeitos de escala dos serviços associados ao tamanho da região ou à sua densidade populacional. Esses vários conceitos se relacionam às diversas composições ou estruturações da atividade econômica no espaço e têm implicações para a localização diferenciada da inovação e do conhecimento renovado (Kon, 2007).

O conhecimento necessário para a interpretação e aplicação empírica da informação não se aplica apenas a atividades de ponta ou a setores que apresentam uma relação capital-trabalho elevada, que recebem a maior atenção em estudos relacionados à inovação e informação. Seja de forma tácita ou codificada, a utilização do conhecimento está incorporada em qualquer tipo de atividade econômica, de maior ou menor nível e produtividade. Dessa forma, a "vocação" regional para a localização de determinados setores naquele espaço, por meio de fatores de atração ou repulsão intrínsecos a ele, tem relação direta com a existência ou carência das economias de aglomeração disponíveis.

A tomada de decisão quanto aos setores de serviços relacionados ao conhecimento a ser contemplado com investimentos prioritários depende da própria expectativa quanto aos efeitos e à capacidade de absorção de novos conhecimentos que resultem em um processo acumulativo que conduza ao maior potencial de criação da atividade inovadora. A alta concentração de uma indústria em uma localização pode determinar especialização geográfica, nem sempre retratada em economias de localização dinâmicas e inovadoras. As atividades se localizam devido à dotação espacial de fatores de produção, sejam esses dinâmicos ou estagnantes. O rompimento com a "causação circular acumulativa", negativa definida por Myrdal (1971), que leva a região a um processo acumulativo de deterioração produtiva, está associado à percepção do tipo de investimentos em serviços necessário para a dinamização do conhecimento, que constitui um dos fatores prioritários do processo de desenvolvimento local.

As externalidades tecnológicas locais serão consideradas as premissas básicas para a intervenção pública se as expectativas são de haver a possibilidade de causarem impactos positivos.

Como salienta Griliches (1993), com relação à aglomeração espacial, os efeitos externos positivos devem ultrapassar os negativos para que atraiam aglomeração. Essa suposição se baseia no caráter não rival, mas parcialmente excludente, do conhecimento, de modo que o efeito conjunto do conhecimento tácito e dos custos de transação – definidos por Coase (1996) e adotados pelos evolucionistas – se tornem critérios determinantes que tendem para a concentração das atividades dominantes. Porém, o valor da informação e do conhecimento dependem muito do contexto ou das características dos agentes envolvidos: qualquer noção de codificação da informação não pode se referir simplesmente a uma dimensão intrínseca daquela informação, como visto, porém também da capacidade interpretativa dos agentes e de sua compreensão sobre o código. Dessa forma, não é apenas uma questão das propriedades específicas da informação que apoiam as externalidades, mas também a espécie de proximidade entre os vários agentes envolvidos, pois seu caráter geográfico é apenas uma parte do contexto.

Críticas a essas ideias salientam que tais considerações caracterizam o risco de um determinismo do conhecimento, que se relaciona intimamente com o determinismo tecnológico quando são analisadas as políticas tecnológicas locais no contexto da geografia da inovação, tendo em vista o fracasso de determinadas políticas de desenvolvimento. A presença em um espaço de pesquisa pública ou de um potencial inovador significante (como a concentração de atividades de P&D, por exemplo) não é suficiente para gerar difusão localizada de conhecimento. Por outro lado, efeitos locais não podem ser reduzidos a externalidades causadas pela informação. Os críticos ressaltam ainda que qualquer vantagem oferecida por uma localidade específica resulta das relações efetivas entre produtores e consumidores, bem como das relações entre pesquisa pública e privada. Essas relações não são apenas fonte das externalidades científicas, mas refletem a necessidade de acesso a equipamentos específicos e custosos disponibilizados por instituições públicas de pesquisa (Beli-Bergouignan e Carrincazeaux, 2004).

Alguns autores distinguem o conhecimento científico disseminado em uma comunidade do conhecimento técnico ou empresarial, e ainda definem várias taxonomias sobre as características do conhecimento e a utilização comum de códigos, que podem prevalecer em uma comunidade específica. No entanto, os críticos das vantagens positivas das externalidades do conhecimento defendem a ideia de que as características do conhecimento não são suficientes para justificar a contribuição da proximidade geográfica e, portanto, justificar a intervenção local. A proximidade assume diferentes formas, o que diminui a certeza sobre as vantagens da aglomeração de atividades inovadoras. Isso não significa que não haja base para a implementação de políticas tecnológicas locais, mas sim que é necessário aprofundar mais a compreensão sobre esses mecanismos. A ação pública local pode ser justificada quando o contexto local de racionalidade levar à procura de mecanismos heterogêneos de seleção e tratamento da informação (Beli-Bergouignan e Carrincazeaux, 2004). Esse tipo de abordagem permite entender que existe uma diversidade de configurações de aglomeração que incentivam atividades inovadoras, o que evita a visão do determinismo local. Essa metodologia consiste em entender primeiro a dinâmica das proximidades locais, considerando simultaneamente a proximidade como apoio à coordenação e à produção. Além disso, levar em conta diferentes formas de proximidade simplesmente reduz o papel da proximidade geográfica a uma forma específica de coordenação, entre outras. Essa escolha metodológica acentua a crítica sobre a ênfase das análises em termos de difusão do conhecimento geográfico.

Em suma, a política tecnológica local não pode estar baseada apenas em um simples determinismo relacionado ao conhecimento tácito nem pode ser vista como um conjunto de regras que levem à criação e disseminação local da tecnologia. Ao contrário, pode apenas ser aplicada através de um processo interativo complexo entre agentes públicos e privados, cujas características devem ser identificadas com antecedência. Isso significa ressaltar um processo de especificação dos recursos locais para que a informação adequada possa ser construída pelas políticas locais. Por outro lado, haverá necessidade de ocorrer compromissos entre agentes locais, nacionais e globais para assegurar o equilíbrio entre os campos de ação desses atores específicos. Dessa forma, a necessidade de coerência entre os vários níveis de governança e os vários níveis de intervenção pública devem ser vistos não como obstáculos ou restrições, mas sim como possibilidade de articulação para a efetivação de políticas locais.

A Materialização do Conhecimento: Gerenciamento e Geração de Valor

No processo recente de reestruturação das economias que tornou a provisão de serviços o componente mais dinâmico das economias, as estratégias baseadas nos serviços, bem como as novas tecnologias de serviços, acabaram por revolucionar os padrões de competição em todas as atividades econômicas e não apenas internamente ao próprio setor. Tendo em vista que as atividades de serviços encontram-se em todos os setores da economia, em funções financeiras, legais, de pesquisa, planejamento, recursos humanos, vendas, distribuição, manutenção, gerenciamento, treinamento, entre outras, as novas tecnologias voltadas para os setores provedores de serviços afetam a economia como um todo.

O elemento comum entre as atividades de serviços em todos os setores mais avançados da economia é particularmente a predominância do gerenciamento do conhecimento, ao invés do gerenciamento da produção física, para a criação do valor adicionado. Na atualidade, à medida que as funções de serviços se integram cada vez mais nas funções de produção das empresas – como um insumo intensivo nas várias fases do processo produtivo e bastante responsável pelo incremento e dinamização da competitividade – os serviços assumem um papel crescentemente relevante na participação da criação de valor adicionado das empresas.

O conhecimento na economia moderna é definido pelo economista Fritz Machlup (1962 e 1980) como uma mercadoria cuja magnitude da produção e distribuição poderia ser mensurada; esse conhecimento era por ele tratado como uma fonte de informação. Esse autor foi um dos pioneiros no estudo do papel do conhecimento na Economia e pesquisou a relevância das várias formas de conhecimento para o desenvolvimento econômico, sendo considerado um dos criadores do pensamento sobre a sociedade da informação e a economia da informação.

NOVA ECONOMIA POLÍTICA DOS SERVIÇOS

Trabalhando nas áreas de organização industrial desde 1950[5], interessou-se pelo estudo da produção e da distribuição do conhecimento, bem como das teorias gerenciais da indústria. Contribuiu com as ideias sobre a Indústria do Conhecimento, ainda grandemente utilizada em pesquisas na atualidade (Varian e Lyman, 2003), embora seus exemplos (dado o estado da arte da tecnologia da época) ainda incluíssem a máquina de escrever como parte dessa indústria. O autor dividia a utilização da informação em várias categorias: i. conhecimento instrumental ou prático, utilizado nas tomada de decisões, no trabalho e na ação efetiva da firma. Pode ser detalhado como conhecimento profissional, dos trabalhadores, dos empresários, político, doméstico e demais conhecimentos empíricos; ii. conhecimento intelectual, ou seja, cultura geral e para satisfação da curiosidade intelectual, fazendo parte da educação liberal; iii. conhecimento para "passatempo", isto é, que satisfaz a curiosidade não intelectual ou a necessidade de lazer e estímulo emocional; iv. conhecimento espiritual ou religioso; e v. conhecimento não desejado ou supérfluo, adquirido de forma acidental e retido ou não, sem objetivo explícito (Machlup, 1962: p. 21).

O estudo mais aprofundado da Indústria do Conhecimento realizado por Machlup revela a intenção de incorporar o conhecimento prático em formas materializadas de serviços e objetiva determinar o valor dos produtos das firmas, de todos os setores, que geram e disseminam o conhecimento. Considera como serviços específicos produtores de conhecimento a educação, a pesquisa e desenvolvimento, meios de comunicação, produção de equipamentos de informação e serviços de informação. A educação é vista por esse autor como a mais relevante indústria do conhecimento, complementada pela pesquisa e desenvolvimento, que envolve tanto a pesquisa básica quanto a aplicada e de desenvolvimento, incluindo a invenção e o sistema de patentes utilizado para a promoção da inovação.

---

5   Suas investigações sobre conhecimento e inovação, iniciadas em 1950, levaram aos estudos publicados sob os títulos: *Information Through the Printed Word*; *The Dissemination of Scholarly, Scientific & Intellectual Knowledge*; e *Knowledge: Its Creation, Distribution & Economic Significance*.

Entre os meios de comunicação que materializam a transmissão do conhecimento via informação estão incluídos a criação artística e a comunicação, áreas representadas pelos processos de impressão, publicação, fotografia, fonografia, artes cênicas e cinematográficas, rádio e televisão e meios de telecomunicação. É necessário ressaltar que depois esses elementos geraram o desenvolvimento de uma Teoria da Economia Criativa, que será apresentada posteriormente neste capítulo. Por sua vez, observa-se que a produção de equipamentos que processam e transmitem a informação está entre os instrumentos que permitem a materialização do conhecimento. Na atualidade, partes desses equipamentos são incluídas na indústria manufatureira, como *hardware* e outros produtos manufaturados, porém, partes são fornecidas pela indústria de serviços, como *softwares* e outros auxiliares. Os serviços de informação propriamente ditos se referem a serviços profissionais auxiliares a empresas e a indivíduos, serviços financeiros e serviços públicos (Machlup, 1980).

Críticos na atualidade consideram a definição de Indústria do Conhecimento proposta por Machlup extremamente ampla, abrangendo desde a produção de máquinas de escrever até equipamentos eletrônicos e publicidade impressa. Arrow, em *The Economics of Information*, por exemplo, afirma que o significado econômico da informação é "a redução da incerteza", o que exclui atividades de produção de informação como publicidade, pesquisa de mercado e a maior parte dos relatórios sobre a nova economia.

Pesquisas recentes desenvolvidas por James Brian Quinn para mensurar a relevância da informação na economia, salientam o papel preponderante do conhecimento e dos serviços na cadeia de geração de valor em setores industriais. Mostram que a maior parte (65% a 75%) do valor adicionado nas indústrias manufatureiras é criada por atividades de serviços baseadas no conhecimento, como pesquisa e desenvolvimento, *marketing*, desenho do produto, funções de informação aos clientes, publicidade ou distribuição, além de atividades rotineiras de gerenciamento, contabilidade e outras mencionadas anteriormente (Quinn, 1992: p. 33). Essas atividades fazem parte da cadeia de geração e valor.

Analisando uma série de grandes empresas manufatureiras e de serviços entre 1987 e 1990, Quinn demonstra que em cada fase da cadeia de valor a tecnologia embutida em serviços baseados em conhecimento eleva o poder relativo desses serviços na geração de valor (Quinn, 1992: p. 36). Os equipamentos para prestação de serviços mais significativos nesse sentido referem-se a: bases de dados *on-line* e outros instrumentos de conhecimento que revolucionaram o processo de pesquisa; técnicas CAD/CAE/CAM, que dominaram o ciclo de desenvolvimento do produto; sistemas de transmissão de ordens de rápida resposta, que diminuíram o tempo entre encomenda e entrega do produto; instrumentos de captação automática de entrada de dados, que possibilitaram o controle em tempo real da qualidade e dos inventários; sistemas especializados que podem planejar e controlar os detalhes de novas distribuições de produtos; circuitos diretos de contato com os consumidores (nos pontos de venda), que possibilitaram o conhecimento quanto à aceitação do produto e sofisticaram a pesquisa de mercado; e ainda sistemas de reparação automática, que diminuíram as garantias e os custos dos serviços após a venda. Em longo prazo, essas atividades de serviços baseadas em conhecimento podem criar vantagens competitivas para empresas em todos os setores econômicos.

O autor chama a atenção para o fato de que à medida que a manufatura automatizada se tornou mais universal, as contribuições mais relevantes ao valor adicionado migraram de atividades manufatureiras – que simplesmente transformam insumos materiais – em direção a atividades de serviços baseadas no conhecimento; estas proporcionam ao produto as características de estilo que acarretam maior valorização no mercado e estão distribuídas pela cadeia de valor do processo produtivo. Nesse contexto, a questão a ser examinada refere-se aos relacionamentos básicos entre as atividades de serviços, o conhecimento e a economia. Como salienta Quinn (1992: p. 311): "O intelecto é o recurso central da produção e distribuição dos serviços na atualidade". Segundo ele, a chave para o incremento da produtividade e a geração de riqueza em mais de três quartos de todas as atividades econômicas está no gerenciamento do conhecimento ou na atividade intelectual da empresa, bem como em sua interface com os produtos de serviços.

Sob inspiração das classificações e ideias de mensuração das atividades do conhecimento representadas pelos dispositivos de informação, Varian e Lyman (2003) desenvolveram pesquisas empíricas na Universidade da Califórnia, em Berkeley, para verificar quanta informação nova é criada a cada ano no mundo. Examinaram a nova informação criada e estocada em várias etapas: i. quatro formas de mídia física, como impressa, filmada, magnética e óptica; e ii. quatro fluxos de informação através de canais eletrônicos, como informação vista ou ouvida, ou seja, telefone, rádio, televisão e internet. Em 2008, foi publicada a obra *How Much Information? Program Launch Concepts, Counts, Estimates, Initial Numbers*, uma atualização da pesquisa realizada por Roger Bohn e James Short, com estimativas sobre a quantidade de nova informação criada anualmente no mundo por empresas, governos e indivíduos, a taxa anual de crescimento da nova informação, que fatores continuam a estimular a informação e seu crescimento, que fatores irão inibir esse crescimento, quais são as implicações da taxa de crescimento das informações para as empresas, pessoas e governos.

A pesquisa de Varian e Lyman (2003) encontrou, resumidamente, os seguintes resultados:

i. As mídias estocadas através de impressão, filmes, meios magnéticos e ópticos produziram no mundo, em 2002, cerca de cinco *exabytes* de nova informação, sendo que, do total, 92% da nova informação armazenada foi em meios magnéticos, principalmente em disquetes e cds. Para uma avaliação da magnitude desse estoque, o relatório de pesquisa informa que se forem digitalizados os 17 milhões de livros existentes na Biblioteca do Congresso dos Estados Unidos, cinco *exabytes* equivaleriam a 37 mil novas bibliotecas desse porte. Entre 1999 e 2002, o maior crescimento verificou-se nos meios magnéticos (87%), seguidos pelo papel (36%) e meios ópticos (28%), enquanto o estoque de filmes diminuiu (-3%).

ii. A magnitude de nova informação estocada em papel, filme, meios magnético e óptico dobrou de 1999 a 2002, equivalendo a um aumento anual de 30%. A publicação impressa em papel ainda mostra crescimento, mas a maior parte desse tipo de informação original é produzida por indivíduos em documentos nos escritórios e em correio postal, e não em livros, revistas e jornais.

iii. Os fluxos de informação através de canais eletrônicos, como telefone, rádio, TV e internet, continham quase dezoito *exabytes* de nova informação em 2002. Isso significa um tamanho 3,5 vezes maior do que a quantidade que é gravada em outros meios de estocagem. Quase 98% desse total se refere à informação enviada e recebida em chamadas telefônicas, incluindo tanto o trânsito de informação através de voz quanto de dados em linhas fixas e sem fio, ou seja, as chamadas telefônicas mundiais fixas ou móveis contêm 17,3 *exabytes* de fluxo de nova informação eletrônica, a maior parte de pessoa para pessoa. A *World Wide Web* (www) contém cerca de 170 *terabytes* de informação, o que em volume corresponde a dezessete vezes o tamanho da coleção impressa da Biblioteca do Congresso dos Estados Unidos. Os *e-mails* geram, no mundo, cerca de 400 mil *terabytes* de informação anual, enquanto a troca de arquivos na internet está crescendo rapidamente. No ano de 2002, 7% dos usuários forneciam os arquivos para serem compartilhados e apenas 93% os acessavam.

A respeito dessa pesquisa, Martin Hilbert, da University of Southern California, fez uma análise para a ONU/Eclac sobre a questão teórica, metodológica e estatística da mensuração da quantidade de informação existente no mundo e traz algumas considerações importantes. Primeiro, salienta que quantificar o montante de informação que a sociedade dispõe para suas decisões é não só analiticamente muito importante para o conhecimento global, como também é estatisticamente factível, embora os dados não estejam disponíveis de imediato e haja necessidade de aprimorá-los. Contabilizar *bits* e *bytes* requer a utilização de uma variedade muito grande de fontes que estão disponíveis em inventários. No entanto, muito das fontes disponíveis não estão ainda solidificadas e as metodologias devem ser amadurecidas. O tema da pesquisa e sua estrutura teórica é que definirá a metodologia e a melhor escolha dos indicadores para cada variável, visto que ainda não há consenso sobre como definir as medidas fundamentais de dados e informações (Hilbert, 2012).

Hilbert apresenta algumas conceituações diferenciadas de autores relevantes sobre esse tema: Porat popularizou a definição de que "informação é um conjunto de dados que forma organizados e comunicados"; Bounie e Gille entendem a informação "em sentido amplo, [como] uma combinação de dados, trabalho intelectual, meios de comunicação etc."; Bohn e Short definem os dados como "sinais artificiais que pretendem determinar um significado, e a informação, enquanto dado, é o que é realmente recebido por uma pessoa"; Martin Hilbert e Priscila López apresentam uma conceituação mais técnica, definindo dados como os "símbolos de *hardware* que contêm fisicamente informação (em forma de dígitos binários), e a informação é a parte da capacidade do *hardware* que está otimamente comprimida e despojada de suas peças redundantes (denominadas como "bits entrópicos de Shannon"). Como consequência, alguns estudos quantificam a informação em termos de dígitos binários de *hardware*, dígitos otimamente comprimidos, número de palavras equivalentes ou número de horas de consumo. Essas formas de unidades de medida enfatizam alguns aspectos da informação, porém não todos. No entanto, Hilbert deixa claro que quantidade de informação não é igual à qualidade da informação ou valor da informação, porém, a qualidade requer quantidade de informações a serem avaliadas. Alguns autores salientam a necessidade de harmonizar ou compatibilizar a mensuração da informação de várias fontes (Hilbert, 2012).

Diferentes escolhas metodológicas e várias unidades diferentes de medição podem levar a resultados complementares. Assim, algumas diferenças no foco dos estudos existentes incluem diversidades na distinção do que seria atividade de informação, entre fluxos e estoques de informação, entre informação transmitida no espaço (comunicação) ou através do tempo (armazenagem), ou ainda transformação da informação, consumo de informação (seja originada de instrumentos de estocagem ou de comunicação). Outras distinções nos tipos de atividades foram sugeridas para ser mensuradas, porém ainda não foram testadas e permanecem no campo teórico: informação como consumo intermediário, como exportação e importação, acumulação, serviços de informação humana e conhecimento incorporado em cérebros.

Outras diferenças na unidade principal de mensuração foram salientadas, como mensuração do produto da informação em termos de valor monetário em um equivalente de número de palavras, em capacidade instalada de *hardware*, minutos medidos ou a combinação de alguns desses elementos. Finalmente, alguns autores destacam diferenças em setores analisados que podem dificultar a compatibilização da mensuração: alguns inventários de empresas são globais e não fazem distinção entre setores, algumas pesquisas trabalham com indústrias específicas selecionadas como relevantes para a informação, outras pesquisas com o consumo da informação nas residências e em servidores de informática para empresas (Hilbert, 2012).

A magnitude dos fluxos de informação assim materializados fornecida pelos resultados das referidas pesquisas é de difícil comparação e análise quando se trata de mensuração do conhecimento materializado disseminado. Porém, os resultados da pesquisa abaixo definidos, que mostram a amplitude das possibilidades de difusão do conhecimento possibilitada pela informação, permitem observar a relevância do papel econômico do conhecimento expresso por esses instrumentos, que impactam o crescimento do progresso técnico e da produtividade nos diversos setores da economia.

Com base em seus estudos metodológicos, Hilbert e López elaboraram uma pesquisa com o objetivo de mensurar a capacidade tecnológica mundial de armazenar, comunicar e computar a informação em um período entre 1986 e 2007. A tabela 1 apresenta alguns resultados da pesquisa, que mostram a considerável elevação da capacidade de informação no período em várias modalidades de instrumentos reduzidos a uma unidade de medida comum em *megabytes* comprimidos (*otimally compressed megabytes*), para efeito de comparabilidade. A tabela mostra a queda da capacidade de armazenagem de LP de vinil, que se tornou obsoleto ao ser substituído por outros equipamentos. Embora não seja objetivo desta seção analisar esses resultados, o exemplo visa confirmar a factibilidade de mensuração no tempo e no mundo das unidades de medida propostas. Outras mensurações são apresentadas na pesquisa, como a capacidade tecnológica efetiva de informação através de rádio

AS ATIVIDADES DE SERVIÇOS NA NOVA ECONOMIA POLÍTICA 151

Tabela 1 Capacidade Mundial Instalada de Armazenar Informações em *Megabytes* Comprimidos Por Ano: 1986, 1993, 2000 e 2007

MODALIDADES	1986	1993	2000	2007
Analógicos				
Livros	5.14E+08	7.40E+08	9.67E+08	1.19E+09
Outras publicações	2.04E+09	3.53E+09	5.54E+09	6.37E+09
Jornais	6.17E+09	8.83E+09	1.21E+10	1.18E+10
Filmes de TV	4.83E+09	7.73E+09	1.31E+10	2.71E+10
Raios-x	1.98E+10	2.25E+10	2.56E+10	2.91E+10
Filmes de TV seriados	1.24E+10	1.58E+10	2.29E+10	3.57E+10
LP de vinil	**3.76E+11**	**3.19E+11**	**1.49E+11**	**3.81E+10**
Filmes de cinema	1.43E+10	1.87E+10	2.74E+10	3.95E+10
Negativos de fotos	1.22E+11	1.67E+11	2.71E+11	1.04E+11
Áudio cassetes	3.09E+11	6.64E+11	7.22E+11	**2.66E+11**
Fotos publicadas	2.20E+11	3.71E+11	5.66E+11	6.04E+11
Vídeos analógicos	1.53E+12	1.36E+13	3.89E+13	**1.77E+13**
Digitais				
Chips de Cartões	2.50E+03	1.02E+08	3.84E+08	3.54E+08
Disquetes	6.04E+08	4.88E+09	1.23E+11	3.80E+10
Câmeras e vídeos	-	9.16E+07	2.73E+08	8.09E+10
Videogames	5.26E+06	3.23E+08	4.10E+09	1.07E+11
Telefones móveis e PDAS	-	1.38E+05	1.85E+08	2.06E+11
Cartões de memória	-	-	1.01E+09	1.86E+12
Media Player portáteis	-	-	3.26E+08	5.54E+12
Outros discos rígidos portáteis	6.79E+06	1.46E+07	2.07E+09	6.49E+12
CDs e minidiscos	1.63E+10	3.80E+11	5.50E+12	1.88E+13
Discos rígidos-servidores e *Mainframes*	3.87E+08	6.13E+09	3.27E+11	2.45E+13
Fitas digitais	3.35E+09	1.33E+11	4.56E+12	3.25E+13
DVD & *Blu-Ray*	-	-	2.17E+11	6.30E+13
Disco rígido de PCS	1.24E+08	8.44E+09	2.99E+12	1.23E+14

Fonte: M. Hilbert; P. López (2011, p. 6).

NOTA: E= Indicador da medida de informação elaborado pelos autores, onde: $[E+n]$=*Megabytes* comprimidos $\times 10^n$; e 1 *megabyte* comprimido=10^6 *bytes*.

e telecomunicação, a capacidade tecnológica instalada de computar informação em microcomputadores e em grandes equipamentos de informática.

Finalmente, entre uma série de outras pesquisas recentes realizadas na academia destaca-se a pesquisa de James E. Short, Roger E. Bohn e Chaitanya Baruy, cuja última versão até o momento traz resultados para 2010 do Programa *How Much Information?*, criado e desenvolvido pela Global Information Industry Center, na Universidade de San Diego, que envolve uma parceria entre empresas privadas e a universidade para criar um censo periódico de dados e de informações mundiais, da quantidade de informação criada e consumida anualmente, dos tipos de informação criados, de seus consumidores, além de mostrar qual o impacto da informação após seu uso, distinguindo entre informação criada e usada por organizações ou para propósitos de produção econômica e informação consumida particularmente por indivíduos, quando não estão em trabalho.

A AGENDA PÚBLICA

As premissas da NEI e da EI contêm a base para a observação dos elementos que explicam por que se ampliou a percepção sobre o relevante papel das atividades de serviços na geração de renda e riqueza das economias na atualidade. A reformulação de antigos conceitos e do papel das atividades sobre a dinâmica do desenvolvimento econômico aponta para a forte integração e múltipla responsabilidade dos vários setores da economia para a indução ao processo de crescimento. Tanto as instituições quanto as informações atuam de forma contundente no processo de concentração e centralização de capital intensificado desde a década de 1960, o que exigiu uma reestruturação na administração e no controle das empresas, implicando a necessidade da criação de uma rede de empresas de serviços auxiliares que fundamentassem novas formas de atuação.

O papel relevante dos serviços de conhecimento como indutor do desenvolvimento econômico pode ser explicado pelas repercussões sistêmicas micro e macroeconômicas contundentes verificadas no contexto global da economia de um país, resultantes da introdução da inovação tecnológica nos processos produtivos e organizacionais. O avanço tecnológico sistêmico é uma nova forma de parceria cada vez mais difundida mundialmente, derrubando barreiras entre indústrias e reforçando a interdependência entre setores. A existência ou a carência de instituições apropriadas e da infraestrutura para utilização da informação tem reflexos nas novas tecnologias colocadas à disposição pelas economias mais avançadas, que são introduzidas rapidamente em serviços financeiros, de comunicação, transportes e saúde, transformando atividades antes tradicionais em indústrias de serviços intensivas em capital. Dessa forma, o conteúdo de serviços na indústria manufatureira e a dependência dessa indústria em relação às atividades de serviços são crescentes.

O planejamento de políticas públicas com vistas ao desenvolvimento econômico deve priorizar medidas específicas para apoio ao fornecimento de uma infraestrutura de serviços baseados no conhecimento. Como visto, a qualidade e quantidade do conhecimento e de sua materialização, bem como os reflexos dos serviços fornecidos para sua consecução, assumem formas e intensidades diferenciadas, de acordo com as condições culturais e econômicas de cada espaço em que atuam.

Dessa forma, as políticas públicas também tendem a ser específicas e diferenciadas para cada caso, de acordo com a disponibilidade do orçamento público e das dotações de fatores de produção. As medidas de apoio se referem, por um lado, ao fornecimento dos serviços pelo setor público, como aparato básico necessário de infraestrutura associado a políticas fiscais e regulatórias apropriadas. Por outro lado, medidas de apoio ao setor privado para a elaboração de estratégias de desenvolvimento tecnológico voltado para o conhecimento e do investimento em serviços baseados em conhecimento atendem o objetivo de incentivo ao aumento da produtividade e competitividade doméstica e internacional das empresas.

O orçamento público deve contar também com programas de apoio ao acesso, pelas empresas, de meios financeiros para investimento em equipamentos e serviços baseados em conhecimento e para políticas fiscais que estimulem o treinamento da mão de obra pela firma e propiciem menores custos de implantação e legalização de empresas prestadoras desses serviços.

Outra questão relevante a ser incorporada à agenda pública tem como origem a verificação de que as organizações criativas inovadoras tendem a estabelecer novos tipos de relacionamento flexível com outras empresas. Isso se verifica por meio de parcerias ou de acordos *ad hoc*, para a divisão dos custos do desenvolvimento tecnológico de produtos e serviços específicos, altamente portadores de conhecimento e que exigem montantes significativos de capital a ser investido. Cabe ao setor público medidas específicas para facilitar ou impedir o bloqueio desses relacionamentos, e ao setor privado, a busca de oportunidades de desenvolvimento tecnológico através desses meios. Os sistemas de captação e de acumulação de informação e conhecimento, operacionalizados através de ação conjunta de organizações em rede, tornaram-se, na atualidade, componentes básicos para a competência das instituições públicas e privadas. Como destaca Quinn, os sistemas conjuntos de informação ajudam a eliminar erros, incrementam o conhecimento, capturam experiências que podem ser adaptadas a estratégias específicas das firmas individuais, incorporando também um processo contínuo de aprendizado (Quinn, 1992: p. 311). Com relação aos serviços do conhecimento, que incluem serviços de telecomunicação, audiovisual e produção de equipamentos de informação, as medidas reguladoras devem ser avaliadas especificamente em cada conjuntura, setor e economia. Como ressalta Baumol (1985, p. 311), muitas vezes a regulação impede o crescimento da produtividade das empresas quando estas são constrangidas a ganhar uma taxa de retorno não superior ao custo do capital, como ocorre em alguns países. Por outro lado, a regulamentação que impede a importação de equipamentos especializados, sem alternativa de produção interna, tende a impor a ineficiência, tanto ao serviço público quanto ao privado. Da mesma forma, a política fiscal e cambial apropriada, voltada para a diminuição de impostos e de custos de aquisição de equipamentos importados, deve fazer parte da agenda governamental de estímulo ao desenvolvimento econômico.

Finalmente, no início do novo século e milênio, fica claro o surgimento de novas economias com base no conhecimento, embora nem sempre haja muita clareza sobre o que se deve entender por esses termos. Nem é muito nítido em quais conhecimentos e em quais economias são eles melhor aplicados. As transformações em andamento nos sistemas de conhecimento e de produção, tanto no plano real como no retórico, são caracterizadas por dinâmicas espaciais, sociais e institucionais, que se manifestam de modo irregular entre países e regiões, entre classes e grupos sociais e entre as próprias instituições de produção de conhecimento. Dessa forma, fica claro que a base para alavancar competências centrais que conduzam à competitividade e desenvolvimento da maior parte das organizações está nas atividades de serviços baseados em conhecimento. Resta às organizações públicas e privadas a concepção de estratégias inovadoras que incorporem esses serviços indutores de desenvolvimento econômico.

Por outro lado, a internacionalização do capital por meio da multinacionalização das empresas aumentou a demanda por serviços de apoio a seu financiamento, tanto nos países de origem quanto nos países hospedeiros. Além disso, com o desenvolvimento de alta tecnologia seguido da criação de empresas multidivisionais e a crescente complexidade dos sistemas organizacionais nas grandes empresas, estas têm recorrido a serviços baseados em conhecimento para o gerenciamento do novo paradigma (Kon, 2004a).

5. A Economia Criativa e os Serviços

Desde a década de 2000, vem sendo discutida internacionalmente a noção teórica de "Economia Criativa"[1] como geradora de desenvolvimento econômico, funcionando como impulsora de economias desenvolvidas e em desenvolvimento na medida em que elas trocam empregos altamente baseados em capacidades de operacionalizar técnicas físicas de engenharia produtiva, ou baseadas em tarefas físicas repetitivas, por empregos que requerem capacidades intelectuais de análise e de julgamento. O surgimento do novo conceito de Economia Criativa ocorreu no Relatório Australiano de 1994, *Creative Nation* (Nação Criativa), e a noção de Indústrias Criativas começou a ser discutida em 1997.

Posteriormente, as duas novidades conceituais foram mais bem desenvolvidas na Inglaterra e refletem as mudanças que estão ocorrendo na economia global, em que as economias, cujo crescimento é centrado na produção de bens, passam a dar espaço para o crescimento impulsionado por setores de

---

1 Outras terminologias são aplicadas ao mesmo conceito: Indústrias Criativas; Economia da Experiência; Economias Criativas; Economia da Criatividade; Economia Púrpura; Economia do Significado; Cidades Criativas; Distritos Criativos; e Criaticidade.

serviços. Essas atividades criativas abrangem empresas que exploram a propriedade intelectual originada na criatividade como motriz para a geração de riqueza e trabalho, ocasionando efeitos em setores correlatos e adquirindo influência como agentes de mudanças sociais, políticas e educacionais na sociedade.

Este capítulo mostra como em muitas regiões do mundo a economia criativa está emergindo enquanto força econômica, particularmente como forma de resolução de problemas de criação de emprego e geração de valor adicionado e renda, mostrando-se uma saída para os impactos negativos da recente crise econômica mundial. É observada a atuação das políticas públicas para ativar a economia criativa em países em desenvolvimento, que devem levar em conta os recursos e condições existentes em cada microcosmo para que as regiões respondam adequadamente de modo a serem incluídas no contexto econômico formal.

UMA NOVA ABORDAGEM EM FORMAÇÃO

O termo "indústria cultural" é muito utilizado no lugar de indústria criativa e refere-se a indústrias que combinam a criação, produção e comercialização de conteúdo criativo de natureza cultural e intangível. Seus conteúdos são tipicamente protegidos por *copyright* e podem tomar a forma de um bem material ou de um serviço. As indústrias culturais, de uma forma geral, incluem atividades de imprensa, editoras e multimídia, audiovisuais, produções fonográficas e cinematográficas e ainda artes e desenho gráfico. O termo "indústrias criativas" abrange uma série mais ampla de atividades que inclui não só as indústrias culturais, mas também toda a produção cultural e artística produzida por uma unidade individual. Assim, as indústrias criativas são aquelas em que o produto ou serviço contém um elemento substancial de conteúdo criativo e inclui também atividades como arquitetura e publicidade.

A discussão mais ampla sobre esses conceitos foi estimulada com a publicação, em 2001, do livro *Creative Economy*, de John Howkins. A obra se desenvolve com base na premissa de que a economia criativa é movida a partir do conhecimento físico e das ideias em que a cultura e a criatividade individual são utilizadas como estratégia de desenvolvimento, unindo a esfera social e a econômica, além de valorizar a geração de valor cultural e criativo também intangível. O ganho de competitividade é gerado pela inovação, que nasce de uma boa ideia, bem como pelo envolvimento das comunidades na cultura e no talento criativo. A ideia é a matéria-prima a ser transformada em produtos competitivos tangíveis e intangíveis, que atraiam a demanda de consumidores empresariais e de consumidores finais.

O Relatório de Economia Criativa da onu mostra que, durante a erupção da crise financeira e econômica mundial de 2008, houve uma queda na demanda global e uma contração de 12% do comércio internacional. No entanto, as exportações mundiais de bens e serviços criativos continuaram a crescer em uma taxa média anual de 14% desde 2002. Segundo a publicação, isso é uma confirmação de que as empresas criativas possuem um potencial para os países em desenvolvimento que procuram diversificar suas economias e buscam setores mais dinâmicos para participar da economia mundial (un, 2010).

O crescimento dos debates a esse respeito tem levado à necessidade de respostas adequadas de política pública e privada voltadas ao estímulo dessa área. Na atualidade, a definição mais citada de economia criativa é a publicada pelo Departamento de Cultura, Mídia e Esportes (dcms) da Inglaterra: "aquelas indústrias que têm sua origem na criatividade individual, habilidade e talento e que possuem um potencial para a criação de riqueza de trabalho através da geração e exploração da atividade intelectual" (dcms, 1998: p. 3).

Para a Unctad (United Nations Conference on Trade and Development), a economia criativa é um conceito em evolução baseado em ativos intangíveis, que tem o potencial de gerar crescimento e desenvolvimento econômico: pode estimular a geração de renda, criação de empregos e ganhos de exportação, ao mesmo tempo que promove a inclusão social, a diversidade cultural e o desenvolvimento humano. Compreende aspectos culturais e sociais que interagem com a tecnologia, propriedade intelectual e objetivos de turismo. É um conjunto de atividades econômicas baseadas no conhecimento, com uma dimensão de desenvolvimento e de inter-relações em níveis micro e macroeconômicos na economia como um todo. Consiste, dessa forma, em uma opção factível de desenvolvimento, através da inovação, com respostas de política pública multidisciplinar e ação interministerial. No cerne da economia criativa estão as indústrias criativas (Unctad, 2011: p. xxiv).

A Unctad, cujos relatórios ressaltam a relevância dos conceitos acima citados, vem organizando conferências internacionais para o entendimento de novas formas de ação pública e privada em direção à resolução de problemas advindos das crises internacionais recentes. Segundo seus relatórios, as conferências visam uma plataforma para debates intergovernamentais a respeito da criação de um consenso sobre novas fontes de crescimento econômico, fazendo uma ligação entre iniciativas governamentais, institucionais, acadêmicas e civis, particularmente de economias em desenvolvimento.

A criatividade pode ser definida também como o processo pelo qual as ideias são geradas, conectadas e transformadas em coisas e produtos tangíveis ou intangíveis que possuem valor; ou seja, criatividade é o uso de ideias para produzir novas ideias. A ONU salienta que o debate conceitual não deve confundir criatividade com inovação, pois são dois meios diferentes, no entanto a inovação possui um elemento de criatividade, ou seja, criação ou renovação de algo a partir de nada ou a partir de ideias. Na atualidade, o conceito de inovação, como será visto posteriormente, tem sido ampliado para além da natureza científica e tecnológica, envolvendo também mudanças estéticas, artísticas e outras intangíveis (UN, 2010: p. 4).

Desde que economias mundiais desenvolvidas estão transitando para a nova economia do conhecimento, em que a informação e conhecimento são poderosos indutores de crescimento econômico, o papel da criatividade em moldar e conduzir o desenvolvimento está cada vez mais presente. A literatura que apresenta esses conceitos mostra a existência de muitas definições para o novo fenômeno que, no entanto, são maneiras diversas de interpretar o mesmo processo. Quem primeiro elaborou o conceito e o modelo de economia criativa foi John Howkins (2001), quando relaciona quinze indústrias que contribuem para a economia criativa ao gerarem produtos e serviços criativos, incluindo setores das artes, ciências e tecnologia, como será explicitado a seguir. O autor define essas indústrias como fornecedoras de bens e serviços que resultam da criatividade geradora de valor econômico.

O conceito anteriormente citado da DCMS (1998) define as indústrias criativas como as que apresentam requisitos de criatividade, capacitação (*skill*, no conceito de economia evolucionária) e talento, com potencial para a criação de empregos e de riqueza através da exploração de sua propriedade intelectual. Um complemento ao conceito da DCMS foi elaborado pela National Endowment for Science, Technology and the Arts (Nesta), que incorpora a observação das diferenças entre e no interior de setores, objetivando extrair elementos comuns entre eles, com base na forma em que o valor comercial é criado, onde está alocado e, consequentemente, como pode ser ampliado e ressaltado.

Outro modelo denominado Modelo de Textos Simbólicos (Symbolic Texts Model) aborda as indústrias culturais e se originou dos estudos críticos tradicionais sobre cultura que existiam na Europa e particularmente na Inglaterra. Analisam os processos pelos quais é formada e transmitida a cultura de uma sociedade através da produção industrial, da disseminação e consumo de textos e mensagens simbólicas incorporadas em vários meios de comunicação, como filmes, imprensa e rádio, entre outros (UN, 2010: p. 6).

Uma definição adicional faz referência ao modelo de Círculos Concêntricos, que afirma que ideias criativas são originadas no contexto das artes criativas na forma de som, texto e imagem difundidos para outros contextos através de uma série de camadas ou de círculos concêntricos, com o decréscimo da participação de conteúdo cultural em relação à participação do conteúdo comercial, na medida em que as camadas se movem para fora do centro do círculo (Throsby, 2001).

Outra visão desenvolvida pela World Intellectual Property Organization (Wipo), organismo ligado à ONU, procura explicar o que determina essa nova forma de observar a economia retratada por Xavier Greffe (2006), que mostra que as empresas denominadas criativas estão cada vez mais sendo consideradas, na atualidade, instrumentos para o desenvolvimento sustentável. O autor analisa os elementos componentes da economia criativa representados por indústrias envolvidas direta ou indiretamente na criação, produção, radiodifusão e distribuição de material patenteado e de elementos componentes. Observa que o amplo potencial de desenvolvimento das empresas criativas reside no fato de que não se apoiam apenas em fatores que faltam para a maior parte dos países menos desenvolvidos, como capital e recursos naturais. Essas organizações se baseiam em criatividade e talento, recursos que podem ser encontrados em todos os países e, além disso, o potencial dessas empresas ultrapassa a geração de renda para se constituírem em meios fundamentais de comunicação e socialização (Greffe, 2006: p. 7). Três outros modelos são incorporados ao debate sobre o tema e ao refinamento da conceituação de economia criativa. O modelo da Unctad visa ampliar o conceito de criatividade, partindo da simples ideia de atividades que possuem um forte componente artístico, para qualquer atividade econômica que gera produtos simbólicos com uma forte dependência da propriedade intelectual, visando ampliar o mercado da maior forma possível (Unctad, 2004).

O denominado Modelo Norte-Americano para Artes tem como foco particular as artes e inclui as atividades do zoológico como culturais. Para esse modelo, as palavras economia criativa e indústrias criativas são usadas conjuntamente, pois esses termos têm o mesmo significado no país e se distribuem em três categorias de atividades: serviços criativos com fins lucrativos das empresas, grupos de artes sem fins lucrativos e atividades criativas independentes, ou por conta própria, com fins lucrativos. Os setores designados como criativos apresentados no Quadro 5.1 foram selecionados a partir dos sistemas de classificação de atividades norte-americanos, North American Industry Classification System (Naics) e Standard Occupational Classification (soc) (cec, 2013).

Finalmente, em um modelo desenvolvido pelos estudos estatísticos da Conference Board of Canada em 2008, a lista de indústrias e atividades serviu como base para o primeiro passo para a mensuração e compreensão da economia criativa do Canadá. O modelo identifica as distintas atividades da cadeia criativa, que envolve a criação, produção, manufatura, distribuição e atividades de apoio, e ainda os efeitos sociais e sobre o consumidor,

A ECONOMIA CRIATIVA E OS SERVIÇOS

Quadro 5.1 Sistemas de Classificação Para Indústrias Criativas em Diferentes Modelos

MODELO DCMS	MODELO DE TEXTOS SIMBÓLICOS	MODELO DE CÍRCULOS CONCÊNTRICOS
Publicidade	**Indústrias Culturais Centrais**	**Artes Criativas Centrais**
Arquitetura	Publicidade	Literatura
Mercado de Arte e Antiguidades	Cinema	Música
Artesanato	Internet	Artes Cênicas
Design	Editoração	Artes Visuais
Moda	Rádio e TV	
Cinema e Vídeo	Jogos de Vídeo e Computadores	**Outras Indústrias Culturais Centrais**
Música		Cinema
Artes Cênicas	**Indústrias Culturais Periféricas**	Museus e Bibliotecas
Editoração	Artes Criativas	
Software		**Indústrias Relacionadas**
Rádio e TV	**Indústrias Culturais de Fronteira**	Publicidade
Jogos de Vídeo e Computadores	Eletrônica de Consumo	Arquitetura
	Moda	*Design*
	Software	Moda
	Esportes	

MODELO WIPO DE COPYRIGHT	MODELO DA UNESCO	MODELO AMERICANO PARA AS ARTES
Indústrias de *Copyright* Centrais	**Indústrias em Domínios Culturais Centrais**	**Indústrias Culturais de Fronteira**
Publicidade	Museus, Galerias, Bibliotecas	Publicidade
Sociedades de Gestão Coletiva	Artes Cênicas	Arquitetura
Cinema e Vídeo	Festivais	Serviços e Escolas de Arte
Música	Artes Visuais e Outras	Desenho
Artes Cênicas	Desenho	Filmes
Editoração	Editoração	Museus e Zoológicos
Software	Rádio e TV	Música
Rádio e TV	Filme e Vídeo	Artes Cênicas
Artes Gráficas e Visuais	Fotografia	Editoração
	Mídia Interativa	Rádio e TV
Indústrias de *Copyright* Interdependentes		Artes Visuais
Materiais de Gravação	**Indústrias em Domínios Culturais Expandidos**	
Eletrônica de Consumo	Instrumentos Musicais	MODELO CANADENSE
Instrumentos Musicais	Equipamento de Som	
Papel	Arquitetura	Mídia Escrita
Fotcópias e Fotografia	Publicidade	Indústria Cinematográfica
	Equipamento de Impressão	Radiodifusão
Indústrias de *Copyright* Parciais	*Software*	Gravadoras de Som
Arquitetura	*Hardware* Audiovisual	Editoras de Músicas
Vestuário e Calçados		Artes Cênicas
Desenho Gráfico		Artes Visuais e Outras
Moda		Arquitetura
Decoração		Fotografia
Brinquedos		Desenho Gráfico
		Publicidade
		Museus e Galerias de Arte
		Arquivos
		Bibliotecas
		Educação Cultural

Fontes: UN (2010: p. 7) e Unctad (2013: p. 22). Tradução nossa.

embora os serviços e produtos culturais nem sempre apareçam em todas as fases da cadeia criativa (CBC, 2008: p. 3).

Alguns autores consideram que as fronteiras entre as empresas criativas e outras formas de empresas tendem a desaparecer no futuro, na medida em que os avanços tecnológicos permitirem a criação incessante de produtos (bens e serviços) através da criatividade, quando esta se tornar um insumo relevante do processo produtivo, até mesmo dos produtos mais tradicionais. Greffe salienta que as tecnologias digitais contêm a possibilidade de reprodução infinita de produtos criativos e de sua manipulação e recriação em formas alternativas.

Sendo um produto da mente, a criatividade tem uma dimensão fundamentalmente intangível característica das atividades de serviços. Os produtos criativos derivam seus valores a partir dos talentos artísticos e humanos de outra natureza incorporados em diferentes estágios do processo produtivo, como já mencionado, de criação, produção, reprodução e distribuição. Dessa forma, os produtos criativos são em geral coletivos e se expõem ao risco de serem copiados, visto que são frutos de experiência e dão surgimento a novos modelos econômicos que criam e gerenciam múltiplas versões de um produto (*versioning* ou *version control*), que possuem as mesmas funções gerais, porém melhoradas, customizadas ou atualizadas. Esses modelos se aplicam especialmente a sistemas operacionais, criação de *softwares* e sistemas de serviços integrados em rede (*web services*).

A natureza diversificada dos produtos criativos implica que as empresas enfrentem alguns problemas de incerteza e turbulência. A incerteza se origina da dúvida sobre a forma pela qual seus produtos únicos serão recebidos pelo público, o que pode gerar prejuízos consideráveis. A turbulência, por sua vez, decorre do fato de que, devido à sua natureza criativa, as empresas frequentemente se caracterizam pelo desenvolvimento espontâneo de ideias, que podem ser desenvolvidas pela própria empresa ou licenciada para outras empresas que a executarão. Muitas vezes, desde que uma ideia é explorada, existe a necessidade do desenvolvimento de outras adaptações ou versões, que requerem outras elaborações *ad hoc*, em um movimento contínuo de mudanças (Greffe, 2006: p. 8).

A ECONOMIA CRIATIVA E OS SERVIÇOS   165

Uma vez que a contribuição intangível da ideia tenha sido mobilizada, implementada e aceita, o preço unitário do bem ou serviço em que é incorporada tenderá a decrescer de acordo com o crescimento do número dos produtos vendidos, o que acarreta economias de escala, que podem colocar o produtor em uma posição monopolista. As economias de escala podem originar economias de escopo, em que a disponibilidade de diferentes bases técnicas permite que o produtor ofereça um programa intangível fundamentado em vários tipos de bases. Um exemplo dessas economias pode ser encontrado na venda de um livro através de versão impressa, eletrônica, gravada em CDS ou outras, o que permite amortizar os custos e abranger vários mercados segmentados ao mesmo tempo.

A relevância das empresas criativas pode ser visualizada pela capacidade de alguns tipos de capital intelectual que possibilitam a tradução de talento criativo, de informações e de outras formas de comunicação em produção efetiva de novos produtos e serviços ou novas formas de tomada de decisão. Embora as tecnologias de informação e comunicação tenham importância em todos os setores econômicos, a forma de sua utilização é dependente da intensidade do capital intelectual de seu operador. A partir disso, essas empresas são muitas vezes definidas como produtoras e distribuidoras de bens e serviços centrados em textos, símbolos, imagens ou *softwares*, que constituem um grupo específico de atividades baseadas em conhecimento, que usualmente combinam talento criativo com tecnologia avançada, cujo produto pode ser protegido por direitos de propriedade. Os melhores exemplos dessas atividades são as artes audiovisuais e performáticas, como música, cinema e televisão, videogames, imprensa e rádio (Greffe, 2006).

Assim, o nível de dependência da proteção sob a forma de *copyright* é muitas vezes usado para identificar essas empresas. Tendo em vista sua dimensão intangível, surgem algumas consequências que levam a essa proteção, visto que, ao gerarem produtos coletivos, como frequentemente ocorre, a dimensão intelectual pode ser potencialmente usada e aproveitada por um número ilimitado de pessoas sem maiores gastos, o que prejudica os resultados da geração de remuneração do criador. Na economia capitalista, esse efeito desestimula a produção por parte de empresas criativas, devido à facilidade e possibilidade de o produto ser copiado e, sem a proteção, o produtor e o criador de valores seriam despojados dos retornos esperados pelo seu esforço e trabalho. Por outro lado, sem proteção a criação de um novo produto, que tem um conteúdo intangível de custos consideravelmente altos, pode ser mobilizada pelas empresas para acrescentar o conteúdo tangível (ou intangível) do processo e se apossar da criação, copiando o que é menos oneroso.

Uma característica da economia criativa, particularmente em países em desenvolvimento, é a alta predominância de sistemas, processos e instituições culturais informais. Nesses países, muitos trabalhadores criativos, incluindo músicos, artesãos, artistas plásticos, bem como desenhistas gráficos e outros profissionais trabalham em condições de informalidade. A informalidade dá forma à política econômica das indústrias criativas embora gerem parcela considerável de renda da economia. Sua contribuição para a geração de valor adicionado é de difícil mensuração e pode prejudicar o diagnóstico governamental para a criação de políticas públicas adequadas, como será observado a seguir.

Um novo conceito vem suscitando crescentes discussões a partir do mais recente livro de John Howkins, *Creative Ecologies: Where Thinking Is a Proper Job*, de 2009, que apresenta um desenvolvimento novo no pensamento sobre criatividade, pela introdução da ideia de ecologia criativa, uma abordagem que explora o relacionamento entre os organismos, as atividades e seu meio ambiente. Essa visão é baseada na aplicação de um modelo de condições ecológicas para entender como ocorre a inovação, como ela é alimentada e se desenvolve ou falha. Examina particularmente os ciclos de diversidade, mudanças, aprendizado e adaptação. O autor salienta a situação econômica após a crise financeira mundial de 2008 como uma situação que, apesar de ter se iniciado com o colapso de valores de ativos, prossegue muito além da mera recuperação econômica, pois não se trata apenas de uma crise de crédito momentânea, mas de um processo de mudança e descontinuidade. O problema não é de qualquer variação econômica em particular, mas de encontrar uma nova maneira de lidar com o conhecimento e com a forma de trabalho e vida. Essas mudanças

A ECONOMIA CRIATIVA E OS SERVIÇOS

derivam do valor agora dado à expressão pessoal, a redes de comunicação e colaboração e à predominância de pequenas empresas informais, bem como por uma movimentação das hierarquias institucionais estáticas para projetos temporários e dinâmicos (Howkins, 2010).

Howkins salienta que é fundamental entender que a atual crise mundial se dá tanto na economia quanto no meio-ambiente, e a resposta para a solução desses problemas é um equilíbrio entre o controle da economia e do meio-ambiente de um lado, e a criatividade de outro. A ciência criativa, com referência a ecologias criativas, não é apenas uma opção possível, mas uma escolha obrigatória para os cientistas contemporâneos voltados para a resolução da crise. Ou seja, o relacionamento sustentável entre a ciência e a criatividade é uma ferramenta necessária para a solução dos problemas econômicos contemporâneos e é uma alternativa para o desemprego. Cada organização é um ecossistema detentor de ligação estreita com a natureza e, nesses ecossistemas organizacionais, quatro aspectos desse pensamento ecológico podem assegurar seu funcionamento apropriado pelas organizações que buscam a liderança na economia criativa. Os quatro aspectos referidos são: diversidade, mudança, aprendizado e adaptação (Howkins, 2010: p. 45).

A moderna ecologia resulta da mudança no pensamento gerado pelas teorias quantitativas de sistemas, que traziam uma visão baseada no reducionismo, na mecânica e em quantidades fixas, e agora se voltam à implementação de sistemas holísticos em que as qualidades são contingentes nos agentes. Essa percepção muda a forma de as pessoas tratarem as ideias e fatos, as certezas e incertezas. Em nível mundial, faz parte do processo de entendimento da atual crise econômica e ambiental, e a resposta é o equilíbrio entre economia, criatividade e controle.

Assim, a ecologia criativa é apresentada por Howkins como um nicho em que diversos indivíduos expressam-se através de uma forma sistemática e adaptativa, usando ideias para produzir novas ideias, e a criatividade funciona em todos as áreas de atividade, não se restringindo apenas ao campo da cultura propriamente dita, abrangendo das artes à ciência, da filosofia à economia política, e assim por diante. Novas teorias sobre o conceito de criatividade provam que: "os artistas não têm o monopólio da criatividade, nem são os únicos trabalhadores da economia criativa" (Howkins, 2010: p. 10). Além do mais, o autor ressalta que apesar de ter base em ideias pessoais de indivíduos, visto que estão ligadas a talento e atitude, essas também podem ser coletivas e qualquer organização pode utilizar a criatividade, o que leva a inovações que atendem às novas mudanças e necessidades humanas complexas, particularmente em um ambiente conturbado (Howkins, 2007: p. 9).

Observe-se que durante as duas últimas décadas as prioridades de crescimento têm mudado da aquisição de propriedades físicas para a de propriedade intelectual, ou seja, de ativos tangíveis para intangíveis, e com a ajuda da nova atitude em relação à ciência, a ecologia criativa está se tornando uma forma moderna de sustentabilidade, desenvolvimento e gerenciamento dos novos conceitos de economia criativa para a retomada da dinâmica econômica mundial. Ou seja, o uso da ecocriatividade trata os recursos naturais de modo diferente de simples consumo mecânico ao adotar a poupança criativa desses recursos. No entanto, Howkins enfatiza que a ecologia criativa não tem necessariamente de ser sustentável no sentido de operar a um nível mínimo de trabalho ou consumo. Para ele, a sustentabilidade, na atualidade, é usar o potencial máximo dos recursos, porém sem limitar as futuras gerações de fazerem o mesmo, pois na ecologia criativa os recursos são infinitos (Howkins, 2010: p. 70).

A MENSURAÇÃO DA ECONOMIA CRIATIVA

Algumas questões relevantes são colocadas por planejadores e analistas dedicados ao entendimento da economia criativa, quando são discutidos quais os indicadores mais apropriados para a mensuração das condições diversificadas das atividades da economia criativa, em uma comparação regional, nacional e internacional. Entre elas temos, por exemplo: qual é a corrente situação dessas atividades em um contexto econômico específico; quais são os recursos culturais e criativos disponíveis; quais são as capacidades de apoio e contribuição dessas

A ECONOMIA CRIATIVA E OS SERVIÇOS   169

atividades para o desenvolvimento econômico sustentável; qual seu potencial futuro de contribuição e quais as particulares áreas fortes que poderiam ser usadas para o desenvolvimento de novas oportunidades; quais são os ativos criativos existentes que conferem alguma identidade cultural herdada a ser explorada; quais são as áreas da economia ou da sociedade em que os problemas de insuficiência poderiam ser amenizados através do desenvolvimento de uma indústria criativa; quais as defasagens na capacidade de cada economia de lidar com essas questões.

Além desses e de outros pontos de discussão que são formulados à medida que se conhece cada realidade específica, existe aquele da técnica de identificar quais seriam os indicadores e variáveis disponíveis com capacidade de mensurar adequadamente as respostas a essas questões, bem como o problema colocado a respeito de se seria possível a formulação de padrões ou parâmetros de comparação (*benchmarks*) que poderiam calibrar a análise dos desempenhos dessas atividades e ainda qual a possibilidade de avaliar se os resultados são satisfatórios diante de conceitos ainda em formação.

A mensuração da criação de valores em um processo produtivo está em debate e é uma abordagem econômica que considera a criatividade como um processo social mensurável, defende a necessidade de contabilização para ser possível a verificação da extensão pela qual a criatividade contribui para o crescimento econômico, mais particularmente no relacionamento entre criatividade e desenvolvimento socioeconômico. Nesse caso, é importante medir não apenas as características dos resultados econômicos, mas também a inter-relação de quatro formas de capital – social, cultural, humano e estrutural ou institucional – como determinantes do crescimento da criatividade, ou seja, o capital criativo. Os efeitos acumulados desses determinantes são os resultados da criatividade (UN, 2010: p. 4).

Em 2002, Richard Florida, em seu trabalho pioneiro *The Rise of the Creative Class*, articulou uma estrutura para a avaliação empírica da economia criativa. Para isso elaborou um modelo de mensuração denominado "Índice 3T". Sua nova teoria sobre o tema resultou dos testes de seu modelo para a sociedade norte-americana no período entre 1950 e 2000, que mostra

NOVA ECONOMIA POLÍTICA DOS SERVIÇOS

o crescimento da economia criativa e as transformações na composição de classes e do trabalho. O modelo criado é composto por um conjunto de índices que refletem a concentração relativa de indústrias de alta-tecnologia e a classe criativa em uma área, bem como demonstra a abertura e a diversidade de uma região.

Os três T de seu modelo referem-se a Talento, Tecnologia e Tolerância. O Índice Global de Criatividade é construído a partir do modelo econométrico de Componentes Principais, que incluem as variáveis de talento, tecnologia e tolerância. A mensuração do índice de Talento utiliza os indicadores de capital humano e de população na classe criativa. Primeiramente, a classe criativa é definida como composta por trabalhadores nas áreas de ciências e tecnologia de ponta, serviços empresariais e de gerenciamento, educação e saúde, artes, cultura e entretenimento, considerados a força propulsora do desenvolvimento econômico. O capital humano é indicado pela porcentagem da população com grau superior de escolaridade para refletir a presença e concentração do capital humano em uma região. A concentração da classe criativa na região é definida com base nas categorias ocupacionais principais selecionadas para essa classe. A tecnologia compreende dois índices: Índice de Inovação e Índice de Alta-Tecnologia (*high-tec*). O primeiro utiliza um indicador simples de patentes concedidas *per capita* para refletir a força inovadora da população, e o segundo índice mede o tamanho e a concentração de um agrupamento (*cluster*) de indústrias de tecnologia em uma região, como de *software*, eletrônica, produtos biomédicos e serviços de engenharia. Em uma revisão e modernização de estudo feito em 2011, Florida usa três variáveis para a tecnologia: Pesquisa e Desenvolvimento, outras formas de Pesquisa e Inovação. O indicador de Tolerância foi mensurado por um Índice Composto de Diversidade, que representava populações diversas selecionadas em uma região que compunham minorias sociais (Florida, 2002 e 2011).

Os principais achados do autor salientam a emergência de um padrão geográfico de concentração da classe criativa em regiões individuais. A elaboração da "teoria do capital criativo" mostra que os grupos de classes criativas apresentam maiores possibilidades de ter sucesso econômico ao gerarem empregos de alta qualificação e crescimento econômico, ressaltando assim as vantagens econômicas das regiões individuais que mais concentram esse tipo de capital intelectual. Tal conclusão é explicada pelo fato de que as pessoas criativas preferem se alocar em lugares que possuem tolerância à diversidade (étnica, racial e sexual), e a presença e concentração de capital criativo levam a altas taxas de inovação, alta tecnologia, formação de empresas, geração de trabalho e crescimento econômico. A pesquisa de 2011 de Florida avalia dados de 82 países para o período de 2000 a 2009, e mostra que 40% ou mais da força de trabalho de quatorze nações compõem a classe criativa, e as nações em posições mais elevadas são Singapura, Holanda, Suíça, Austrália, Suécia, Bélgica Finlândia, Noruega e Alemanha. Em posições um pouco abaixo aparecem o Canadá (12º lugar) e Estados Unidos (27º) (Florida, 2011).

Outro índice baseado nesses conceitos de Florida foi desenvolvido por uma equipe do Centre for Cultural Policy Research (Centro para Pesquisa de Política Cultural), da Universidade de Hong Kong, liderada pelo professor Desmond Hui (2005). O índice é conhecido como o modelo dos "5 c", cujas variáveis *proxy* são representativas da Criatividade, Capital Estrutural/ Institucional, Capital Humano, Capital Social e Capital Cultural. O modelo visou refinar a metodologia de Florida e salienta que as quatro formas de capital definidas são os determinantes dinâmicos e multifacetados do crescimento da criatividade e se reforçam mutuamente, ou seja, os efeitos acumulados do inter-relacionamento entre eles são as manifestações de criatividade em termos de resultados e produtos (Hui et al., 2005: p. 8).

Para os autores, as atividades criativas geram não só produtos econômicos, mas também resultados compartilhados e transacionados entre a população, pois os produtos econômicos significam crescimento da economia criativa, mas outros resultados inovadores representam a vitalidade e o dinamismo da criatividade de uma região, que conduz a maior intensidade do desenvolvimento daquele lugar. Nesse sentido, o objetivo do indicador elaborado visa medir, além da contribuição econômica, a atividade inovadora do setor econômico e retornos não econômicos da criatividade, como, por exemplo, a participação da contribuição econômica das indústrias criativas para o crescimento global, o tamanho da população trabalhadora engajada nessas indústrias, o valor do comércio exterior dessas atividades, a contribuição econômica do comércio eletrônico (*e-commerce*), a capacidade inovadora das empresas, a atividade criativa em termos de consecução de patentes, além da participação da própria atividade criativa no setor criativo mais amplo, nas artes e na cultura (Hui et al., 2005: p. 9).

O Capital Estrutural/Institucional mencionado representa o contexto de uma comunidade em que ocorre a criatividade e as condições que determinam a utilização e distribuição de outras formas de capital. O indicador mede oito tipos de condição social que contribuem para o crescimento da criatividade na comunidade: sistema legal, corrupção, liberdade de expressão, infraestrutura de tecnologia de informação e comunicação, infraestrutura social e cultural, equipamentos comunitários, infraestrutura financeira e empreendedorismo.

Por sua vez, a alta mobilidade do Capital Humano irá facilitar as trocas culturais, a transferência de capacidades e de conhecimento, bem como a geração de novas ideias na sociedade. O indicador é medido através de três conjuntos de condições que apoiam o desenvolvimento de capital humano. Primeiramente, a extensão pela qual uma comunidade fornece um contexto favorável ao desenvolvimento de um "banco de conhecimento", cujos indicadores incluem gastos em Pesquisa e Desenvolvimento (P&D) e gastos governamentais em educação. Em seguida, a disponibilidade e o crescimento do número de trabalhadores do "conhecimento", indicado pela quantidade de trabalhadores dedicados à P&D e ao conjunto da população com maior qualificação e, finalmente, a mobilidade da população e do capital humano, representado pelo número da população transeunte em termos de chegada de visitantes, partida de residentes, emigrantes e, ainda, o coeficiente de vistos de permissão de trabalho por população trabalhadora (Hui et al., 2005: p. 10).

A mensuração do Capital Social visa indicar se o local ou a região é composta por um ambiente que atrai, mobiliza e sustenta a criatividade, o que pode ser representado pela confiança, reciprocidade, cooperação e redes sociais intensas que conduzem ao enriquecimento do bem-estar coletivo, expressão social e engajamento cívico, o que permite o desenvolvimento

A ECONOMIA CRIATIVA E OS SERVIÇOS 173

da criatividade individual e coletiva. O índice mede variáveis *proxy* dos seguintes aspectos: confiança generalizada, confiança institucional, reciprocidade, sentido de eficácia, cooperação, aceitação da diversidade e da inclusão social, atitude em direção a diretos humanos, atitudes quanto a imigrantes estrangeiros, adoção de valores modernos, autoexpressão, participação política e participação social, que inclui trabalho voluntário, existência ou não de barreiras à participação social, associação a clubes e organizações, bem como intensidade de contatos sociais. O índice inclui ainda dados sobre doações públicas e privadas, bem como gastos dos setores públicos em bem-estar social, que indicam o nível de recursos disponíveis alocados para o desenvolvimento do capital social (Hui et al., 2005: p. 11).

A medida de Capital Cultural tem por base a noção de que o ambiente social que conduz à participação cultural produz novas ideias e formas de expressão e, dessa forma, estimula a criatividade em um amplo sentido. Esse capital se refere às atividades e qualidades mais específicas que se relacionam à cultura, artes e criatividade da vida diária da população, e é medido através de três aspectos amplos *proxy* ao capital cultural na comunidade, como: compromisso de aplicação de recursos pelo setor público e privado no desenvolvimento de artes e cultura; medida das normas e valores culturais com relação à criatividade, artes, educação artística e direitos de proteção à propriedade intelectual; e medida do nível e da extensão da participação cultural na sociedade. Os indicadores incluem padrões de engajamento em artes e atividades culturais, como utilização, frequência e intensidade de participação nessas áreas (Hui et al., 2005: p. 11).

É necessário salientar que a disponibilidade da coleta de variáveis representativas desses aspectos – em grande parte imateriais para a mensuração empírica que permitiria sua captação em um parâmetro de comparação – é grandemente dificultada em regiões e países cujo sistema público e privado de informação é menos desenvolvido, e dessa forma, a comparabilidade internacional se torna enviesada, quando não impossível. No entanto, o Índice de Criatividade (CI) global foi calculado em Hong-Kong para o período de 1999 a 2004, a partir de 88 indicadores, com dados derivados de pesquisas internacionais disponíveis em *World Value Survey and the Creative* e *Community Index Study*, para 2004-2005. Essas informações específicas para a região de Hong Kong foram utilizadas para o cálculo de todo o período, com base em dados históricos, tendo por hipótese que os valores dos indivíduos não mudam drasticamente no período.

Há debates em outra pesquisa sobre a criação de um Índice Europeu de Criatividade. Países da União Europeia vêm desenvolvendo um modelo com 32 indicadores relacionados a atividades intelectuais. Cinco indicadores são de criatividade, selecionados como: capital humano, tecnologia, ambiente institucional, ambiente social e abertura/diversidade. O objetivo desse índice seria de ressaltar o potencial de desenvolvimento socioeconômico que a inovação e a criatividade teriam no desempenho dos Estados-membros da União Europeia, visando facilitar a elaboração de políticas adequadas (UN, 2010).

Algumas variantes metodológicas desse índice europeu foram elaboradas. Uma ampliação dele foi sugerida por Philip Kern e Jan Runge (2009), selecionando outras variáveis agrupadas em seis subíndices de criatividade: capital humano, tecnologia, ambiente cultural, incentivos regulatórios para criar, abertura/diversidade e resultados de criatividade. Bowen, Moesene e Sleuwaegen (2006) desenvolvem um índice Composto da Economia Criativa (*Composite Index of the Creative Economy*), com o propósito de avaliar a capacidade criativa em um nível regional específico, ou seja, para regiões diferenciadas separadamente, com o objetivo de comparabilidade entre elas, e foi inicialmente aplicado a nove regiões europeias. O indicador apresenta três dimensões – inovação, empreendedorismo e abertura – que recebem pesos endógenos específicos no total do índice para cada região, de forma a refletir suas próprias capacidades internas.

Outra maneira de mensuração encontrada na literatura refere-se a um modelo de criação de valor nas empresas criativas, que é conceituado e mensurado através da hipótese de que essas empresas apresentam uma organização próxima à do modelo conhecido como *value shop*, designado a resolver problemas de consumidores ou de clientes, em vez de simplesmente gerarem um produto final. Quem primeiro conceituou

A ECONOMIA CRIATIVA E OS SERVIÇOS

esse modelo foi James D. Thompson (1967) e, depois, suas propriedades foram definidas por Charles B. Stabell e Øystein D. Fjeldstad (1998), criadores de sua denominação. Não existe um conjunto fixo e sequencial de atividades ou recursos nesse modelo para determinar a criação de valor, e cada problema é tratado de forma individual, sendo os recursos e atividades disponíveis em cada caso alocados especificamente para a solução do problema em questão. No modelo, pelo fato de resultarem em novos produtos ou "produtos com experiência" (*experience products*), são criados laços bem específicos entre vendedores e compradores. O termo *experience products*, originalmente criado por Philip Nelson (1970), passou a ser usado em economia para designar um produto (bem ou serviço) em que as características como qualidade e preço são difíceis de prever antecipadamente, mas podem ser descobertas ou experimentadas através do consumo.

Greffe (2006: p. 10) observa que as empresas criativas também podem assumir dimensões de uma cadeia de valores (*value chain*), que consiste em uma cadeia de atividades desempenhadas por uma empresa pertencente a uma indústria específica, a fim de fornecer um serviço que gere valor no mercado, como define Michael E. Porter (1985) para explicar o modelo. Outra dimensão definida por Greffe para as empresas criativas é a de rede de valor (*value network*), que se refere a uma perspectiva de análise sobre o desempenho da empresa na indústria, observando os recursos sociais e técnicos inter e intraindústria utilizados. Os pontos de entroncamento em uma rede de valor representam as pessoas conectadas através de interações que representam fornecimento de resultados tangíveis ou intangíveis, que assumem a forma de conhecimento de outras formas de intangíveis e ou valores financeiros. Desse modo, as redes de valor apresentam interdependência e são responsáveis, em conjunto, pela entrega final do serviço (Fjeldstad e Stabell, 1998).

Fjeldstad e Stabell apresentam uma forma de configuração de valores em que a rede de valores aparece como uma das alternativas do modelo de cadeia de valores de Porter. Os componentes dessa rede para aqueles autores são representados por um conjunto de consumidores, alguns serviços que todos os consumidores usam e que permitem a interação entre eles, alguma organização que fornece o serviço e um conjunto de contratos que possibilita o acesso ao serviço. O exemplo mais comum de uma rede de valores está personificado nos usuários de telefonia. Outro exemplo são as empresas de seguro.

Outra conceitualização mais recente de rede de valores é apresentada por Verna Allee (2008), que a define como qualquer forma de relacionamento que gera valores tangíveis e intangíveis, através de trocas complexas e dinâmicas, entre dois ou mais indivíduos, grupos ou organizações, sejam privadas, governamentais ou públicas. Essa autora desenvolve uma metodologia para a compreensão, utilização, visualização, otimização interna e externa da rede de valores, na forma de sistemas econômicos complexos. O método inclui a formulação de conjuntos de relacionamento a partir de uma perspectiva de sistemas complexos, que permitem entender a geração de valores financeiros e não financeiros em cada fase do sistema, como gerado pelo capital intelectual e outras formas de valores. As críticas à questão da conversão de valores aparecem na teoria das trocas sociais que salienta a dificuldade de definir os retornos dos custos e benefícios nas trocas informais e aparecem também nas visões clássicas da troca de valores que analisa a conversão do valores para expressão em valor financeiro ou preço.

A análise de Allee desenvolve o mapeamento de sistemas e uma abordagem para o entendimento da criação de valores tangível e intangível entre participantes de um sistema empresarial. Em seu trabalho, a compreensão dos padrões camuflados da rede de valores, que é subjacente aos processos de produção, pode fornecer percepções e previsões dos momentos em que o desempenho do fluxo de operacionalização se encontra em risco.

Nesses sistemas, a detecção de valores tangíveis é facilmente determinada, visto que considera as trocas de bens e serviços (expressas em rendimentos), incluindo todas as transações que envolvem contratos, faturas, ordens de pagamento, e outras formas de pagamento. Os produtos e serviços que geram rendimentos efetivos ou esperados, como parte de um serviço, são incluídos como geradores de valores tangíveis, que nas organizações governamentais são representados por atividades mandatárias e, na esfera privada, por compromissos formais de fornecimento de recursos e serviços.

No entanto, no caso de valores intangíveis, as categorias de elementos que geram valor são mais complexas de serem determinadas. Primeiramente, duas categorias consideradas referem-se a conhecimento e benefícios. As trocas intangíveis de conhecimento incluem informações estratégicas, planejamento, conhecimento de processos técnicos, desenho do produto e políticas de desenvolvimento. Os benefícios intangíveis, por sua vez, são considerados os favores que podem ser oferecidos por uma pessoa a outra e que são capazes de gerar valor exemplificado como apoio político ou de outra natureza, ou ainda quando uma organização solicita o trabalho voluntário de um indivíduo especializado em um projeto em troca do benefício de prestígio ou de filiação a algum grupo.

Dessa forma, a empresa criativa deve lidar com a criação de valores intangíveis pela própria natureza de capital intelectual que a move e que tem um potencial para a criação de empregos e rendimentos através da exploração da propriedade intelectual. A quase totalidade desses valores intangíveis gerados são representados por serviços inovadores. Por outro lado, nessas empresas os serviços intangíveis apresentam um poder de alavancagem do valor adicionado na produção muito superior à simples soma dos elementos individuais, bem como de aumento do poder de concorrência no mercado, através do aumento das capacidades no processo produtivo, em uma óptica neoevolucionista.

A Unesco tem o mandato cultural para, através de seu Instituto de Estatística (UIS), liderar as metodologias estatísticas em nível internacional para fornecer informações sobre o setor da economia criativa. O papel da Unesco não é impor padrões nem forçar os países a coletar essas estatísticas, porém a instituição estimula o estudo de instrumentos de mensuração de comparabilidade internacional, disseminando as melhores práticas na coleta de dados e desenvolvimento de indicadores.

O trabalho de Carlos Miguel de Oliveira Correia (2012) pesquisa os principais índices da Economia Criativa, comparando as dimensões e indicadores mais utilizados, como apresentado no Quadro 5.2, que mostra uma lista dos indicadores

178 NOVA ECONOMIA POLÍTICA DOS SERVIÇOS

Quadro 5.2 Lista de Dimensões e Indicadores dos Índices Conhecidos da Economia Criativa

DIMENSÕES	ÍNDICES										
	FCI	SV-CCI	F-ECI	HKCI	CZCI	CICE	J-CCI	ECI	BCI	L-CCI	CCI-CCI
1. Capital Humano, Classe Criativa e Educação	✓	✓	✓	✓	✓	✓	✓	✓	✓	✓	✓
2. Abertura/Diversidade/Tolerância	✓	✓	✓	✓	✓		✓	✓	✓	✓	✓
3. Ambiente Cultural e Turismo	✓				✓		✓	✓		✓	✓
4. Tecnologia e Inovação	✓	✓	✓	✓	✓	✓	✓	✓	✓	✓	✓
5. Políticas de Regulação e Financeiras	✓		✓					✓		✓	✓
6. Emprego, Produtos e Resultados	✓		✓					✓			✓
7. Empreendedorismo	✓		✓		✓	✓			✓		
8. Infraestruturas					✓					✓	✓
9. Habitabilidade e Amenidades						✓				✓	✓
10. Marca e Notoriedade	✓									✓	✓
Número de Indicadores	9	11	9	88	6	8	78	32	9	...	72

Fonte: Correia (2012: p. 22). Tradução nossa.

FCI Índice de Criatividade de Florida;
SV-CCI Índice de Criatividade da Comunidade Criativa do Silicon Valley;
F-ECI Índice de Euro-Criatividade;
HKCI Índice de Criatividade de Hong Kong;
CZCI Índice de Criatividade Tcheco;
CICE Índice Composto da Economia Criativa;
J-CCI Índice da Cidade Criativa;
ECI Índice Europeu de Criatividade;
BCI Índice de Criatividade de Baltimore;
L-CCI Índice da Cidade Criativa de Landry;
CCI-CCI Índice da Cidade Criativa ARC.

cobertos pelos índices, organizados em dez dimensões que representam os aspectos criativos. Observe-se que a comparação dos onze índices mostra diferenças entre eles no que se refere ao número e tipo de indicadores, às dimensões incluídas e à estrutura teórica básica, bem como à metodologia adotada. O Quadro torna claro que as três dimensões que são consideradas obrigatórias para a construção de um índice de economia criativa são: i. Capital Humano, Classe Criativa e Educação; ii. Abertura, Diversidade e Tolerância; e iii. Tecnologia e Inovação. A maior aproximação desses índices aos conceitos aplicados à Economia Criativa ainda não foi devidamente testada porque as propostas são muito recentes e os conceitos ainda estão em fase de formação e solidificação. No entanto, observa-se a forte correlação da maior parte dos indicadores com as variáveis que representam atividades de serviços ou representadas por *proxys* dos elementos intangíveis ou de difícil mensuração.

O Quadro 5.3 analisa os elementos de força e de fraqueza dos índices, porém Correia pretende determinar quais são os melhores índices, visto que eles são importantes e úteis para os propósitos particulares a que se relacionam. A ausência de uma ou mais dimensões nos índices pode visar às decisões dos tomadores de decisão das políticas públicas, pois alguns índices podem ser mais importantes ou abrangentes do que outros. No entanto, as diferenças entre eles muitas vezes podem ser ajustadas através da ponderação baseada em evidências estatísticas verificadas e analisadas por especialistas.

Algumas conclusões podem ser extraídas da revisão desses índices, embora ainda estejam em fase de desenvolvimento das metodologias e métricas desde os primeiros anos do século XXI. Já existe um número considerável de índices criados para mensurar a Economia Criativa em países, regiões e cidades. Desde o primeiro trabalho de Florida (2002) relativo a esse assunto, já citado anteriormente, muito tem sido desenvolvido e novas estruturas continuam sendo testadas, associadas a diferentes propostas de metodologias, a dimensões e a suas respectivas variáveis indicadoras ou *proxies*. Outros índices, além dos apresentados aqui, são meras adaptações do trabalho de Florida para uma realidade particular de uma região. Entre os índices apresentados nos Quadros 5.2 e 5.3, embora os conceitos do que seja Economia Criativa possam, em parte, coincidir, a ênfase está em aspectos diferenciados ou em contribuições específicas diversas, como, por exemplo, o SV-CCI enfatiza a importância da cultura, enquanto o CICE apresenta o método inovador de ponderação endógena, o J-CCI possibilita uma melhor análise da perspectiva evolucionária, separando fluxos e estoques, e os CZCI e BCI salientam aspectos espaciais da criatividade.

No entanto, o mais completo é o último dos índices, criado em 2012, na Austrália, pelo Centro de Excelência em

180 NOVA ECONOMIA POLÍTICA DOS SERVIÇOS

Quadro 5.3 Elementos Fortes e Fracos dos Índices da Economia Criativa

ÍNDICE	FORÇAS	FRAQUEZAS
FCI	Índice dos mais discutidos, populares e de bons resultados, com alta aceitação pelas políticas públicas. Foco em "clima" das pessoas ao invés de "clima" das empresas.	Definição muito ampla de criatividade, que inclui indústrias e ocupações além das chamadas criativas. Número limitado de dimensões para acessar um fenômeno tão complexo como criatividade.
SV-CCI	Enfatiza a importância da cultura para a criatividade, o progresso tecnológico e a conectividade social.	Construído a partir de entrevistas e pesquisas que o tornam muito específico para o Silicon Valley e de difícil uso em outras regiões.
F-ECI	A primeira classificação de países europeus.	Apenas quatorze países analisados. Mesmas fraquezas do FCI.
HKCI	Compreende 88 indicadores que tornam o índice mais completo e efetivo.	O grande número de indicadores aumenta a dificuldade de coleta e análise de dados.
CZCI	Introduz assuntos espaciais na análise ao testar os *scores* dos índices para agrupamentos (*clusters*) e autocorrelação espacial.	Testado apenas nas regiões da República Tcheca. Mesmas fraquezas do FCI.
CICE	Propõe um método inovador para determinar pesos: ponderação endógena.	Reduzido número de dimensões e indicadores.
J-CCI	Diferenciação entre os fatores de Estoques e de Fluxos focalizados na análise da evolução das cidades no tempo.	Não fornece informações sobre metodologia e métricas.
ECI	Conjunto bom de informações e número apropriado de indicadores. Especifica as fontes de dados.	Não testado empiricamente. Fontes de dados apenas em nível de países.
BCI	Dimensão espacial acrescentada à análise através de amenidades territoriais e do estudo do impacto da proximidade sobre a criatividade.	Analisa apenas Baltimore e sua proximidade a Washington.
L-CCI	Dez dimensões bem explicadas com uma cobertura eficiente da criatividade. Usa tanto avaliação interna quanto externa e uma pesquisa baseada na internet.	Metodologia e métrica não revelada ao público.
CCI-CCI	Reúne os melhores de todos os índices prévios e apresenta alguns indicadores novos.	Ignora uma importante dimensão: empreendedorismo.

Fonte: Correia (2012). Tradução nossa.

A ECONOMIA CRIATIVA E OS SERVIÇOS 181

Indústrias Criativas e Inovação (ARC) para testar as cidades criativas. Contém 72 indicadores compreendidos em oito dimensões, algumas das quais inusitadas: escala e escopo de indústrias criativas. Microprodutividade, atrações e economias de atenção, participação e gastos relacionados à economia total, apoio público, capital humano, integração global, abertura, tolerância e diversidades. As três primeiras dimensões são novas inclusões no índice e o CCI-CCI foi testado em seis cidades do Reino Unido, Austrália e Alemanha. Dentre essas cidades abordadas de cada país, apenas uma era rural, sendo o restante metropolitanas.

Correia (2012) cria seu próprio índice, denominado *Creative Space Index* (CSI) (Índice de Espaço Criativo), propondo que contenha os princípios de: universalidade, flexibilidade, eficiência e menor desvio da realidade através de amplitude elevada e ponderação apropriada para a programação de políticas públicas, que compreende dez dimensões (Quadro 5.4). As dimensões e variáveis foram selecionadas de modo a

Quadro 5. 4   Índice Europeu CSI –
            Dimensões e Indicadores

DIMENSÕES		INDICADORES
D1	Talento	Capital Humano, Classe Criativa e Educação
D2	Abertura	Diversidade, Discriminação e Talento Estrangeiro
D3	Meio-Ambiente Cultural e de Turismo	Oferta Cultural, Participação Cultural, Valores Culturais, Gastos Culturais, Capacidade de Turismo e Ocupação de Turismo
D4	Tecnologia e Inovação, Indústria	P&D, Recursos Humanos em Ciência e Tecnologia, Acesso à Internet e Patentes
D5	Indústria	Indústrias Criativas, Emprego Criativo, Diversidade Criativa, Internacionalização, Valor Adicionado e Rotatividade do Trabalho
D6	Regulação e Incentivos	Incentivo Público, *Royalties* e Direitos de Propriedade
D7	Empreendedorismo	*Startups*, Capital de Risco e Facilidade para Iniciar Novos Negócios
D8	Acessibilidade	Aérea, Rodoviária e Ferroviária
D9	Habitabilidade	Poder de Compra, Taxa de Crimes, Atendimento de Saúde, Lazer e Recreação e Bem-Estar
D10	Notoriedade	Capitais de Cultura, Herança Mundial e Gastronomia

Fonte: Correia (2012).

representar a espacialidade de cada região ou país no que se refere à criatividade, ou seja, às qualidades específicas espaciais que tornam cada região diversa das demais. O autor salienta que a globalização aumentou a importância da perspectiva espacial e a preocupação com as especificidades regionais ganhou peso no corpo teórico da Nova Geografia Econômica, que emergiu recentemente. Os resultados da aplicação do índice para países europeus mostram que não existe um país isolado como líder, mas aparecem agrupados em classes. Porém, para um índice máximo potencial equivalente a dez, os resultados variaram de 1,51 a 5,36 e apenas seis países mostraram resultados superiores a cinco – Holanda, França, Reino Unido, Alemanha, Dinamarca e Suécia –, o que significa que mesmo os países avançados da Europa ainda podem avançar muito no âmbito da economia criativa.

O COMÉRCIO EXTERIOR DA ECONOMIA CRIATIVA

A mensuração do comércio exterior da economia criativa apresenta problemas na prática, visto que as fontes de dados existentes foram elaboradas para capturar particularmente a transferência de bens físicos criativos, enquanto o recente crescimento da economia criativa tem expandido a crescente "desmaterialização" desse comércio. Dessa forma, muito do valor da economia criativa é computado ao comércio de produtos físicos, que, no entanto, incorporam relativamente baixo valor de produto tangível. Mas a maior parte de seu valor real reside na propriedade intelectual ou em outros valores imateriais não computados separadamente. Por outro lado, a digitalização tem facilitado de modo crescente a transferência *on-line* do comércio internacional de serviços, meio que nem sempre é monitorado pelas informações estatísticas e, por essa razão, parte desse comércio de serviços criativos é invisível. Os dados de serviços intangíveis não são documentados de modo completo nas Contas Nacionais dos países e os aspectos técnicos da construção de taxonomias para a coleta dessas atividades se referem apenas e principalmente a aspectos culturais e de indústrias criativas que apresentam remuneração declarada.

A ECONOMIA CRIATIVA E OS SERVIÇOS

Tabela 5.1   Exportações Mundiais de Indústrias
Criativas (IC) de Bens e Serviços
Por Subgrupos, 2002 e 2008

SUBGRUPO	% total de IC	% total Expo Mundial	% total de IC	% total Expo Mundial	Taxa anual de crescimento
	2002		2008		2002-2008
Total de indústrias criativas (TIC)	100	7,3	100	7,5	14,4
Total de bens criativos	76,71	3,52	68,74	2,73	11,5
Total de serviços criativos	23,29	3,79	31,26	4,8	17,1
Herança	9,36	0,8	7,37	0,51	-
Artesanato	6,55	0,3	5,46	0,22	8,7
Serviços pessoais, culturais e recreativos	2,81	0,46	1,91	0,29	7,3
Artes	9,40	0,4	9,44	0,4	-
Artesanato	5,77	0,27	5,02	0,2	12,8
Serviços pessoais, culturais e recreativos	3,63	0,17	4,41	0,18	17,8
Mídia	16,45	1,4	12,75	1,02	-
Bens publicados	11,16	0,51	8,15	0,32	7,3
Bens audiovisuais	0,17	0,01	0,14	0,01	7,2
Serviços audiovisuais e relacionados	5,12	0,83	4,46	0,69	11
Criações funcionais	72,72	6,1	76,82	6,62	-
Bens com desenho gráfico	42,93	1,97	40,87	1,62	12,5
Outros bens de som e imagens gravados	6,5	0,3	4,69	0,19	8,9
Publicidade e serviços relacionados	3,34	0,54	4,73	0,73	18,4
Arquitetura e serviços relacionados	7,02	1,14	14,38	2,21	20,9
Serviços de pesquisa e desenvolvimento	4,73	0,77	5,25	0,81	14,8
Outros serviços pessoais, culturais e recreativos	8,21	1,34	6,89	1,06	10,4

Fonte: Unctad (2010). Elaboração nossa.

Apesar disso, o desenvolvimento da mensuração do comércio exterior da economia produtiva tem permitido algumas considerações sobre a participação dessas atividades no contexto mundial dos fluxos externos e de suas taxas de crescimento. Como verificado na Tabela 5.1, uma aproximação dos fluxos tem sido computada pela ONU, partindo da premissa de que são computados os valores dos serviços puros, através das remunerações recebidas.

A tabela mostra que, no total das indústrias criativas, quase 77% eram representadas por bens criativos em 2002, e quase 69% em 2008. Embora sua representatividade tenha decrescido no período da crise, ainda permaneceu considerável. As exportações referem-se a produtos tangíveis, como de artes plásticas, vídeos e outros meios de som e imagem, livros e outros bens impressos, entre outros, que, no entanto, contêm uma participação considerável de valor adicionado por serviços intangíveis impossíveis de serem mensurados separadamente. Embora ainda representando apenas cerca de 7,5% do total de exportações mundiais, as taxas anuais de crescimento das indústrias criativas de 2000 a 2008 é de consideráveis 14,4%, com maior intensidade para o grupo de serviços criativos mensurados (17%).

Na atualidade, a economia criativa tem se mostrado um dos setores de crescimento mais rápido da economia mundial, bem como altamente transformadora no que se refere à geração de renda, criação de emprego e ganhos em exportações. Estatísticas publicadas pela Unctad (2013) mostram claramente como essas atividades se tornaram fortemente impulsionadoras do desenvolvimento do comércio exterior mundial, totalizando, em 2011, US$ 624 bilhões, resultado que mostrou uma duplicação do crescimento desde 2002, não obstante o período da crise financeira mundial após 2008 (Gráfico 5.1). A taxa média de crescimento dessas atividades no período foi de 8,8% e as exportações foram ainda maiores nos países em desenvolvimento, chegando em média a 12,1% . Como é possível verificar no Gráfico 5.2, no contexto mundial, as exportações de serviços ligados ao desenho gráfico apresentam a maior representatividade (66,4%, em 2011), que, nos países em desenvolvimento, é ainda superior (75,6%) à dos desenvolvidos (57,2%). Observe-se que as demais modalidades de serviços apresentaram, em termos monetários absolutos, um crescimento significativo das exportações de 2002 a 2011 (Tabela 5.2), e os serviços de editoração representavam, em 2011, quase 10% no contexto mundial dessas exportações, e nos países em transição consistiam em mais da metade (58,4%).

Gráfico 5.1 Exportação de Produtos Criativos Por Nível de Desenvolvimento, 2002 e 2011 (em milhões de US$)

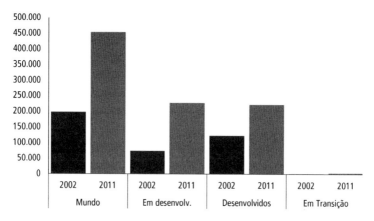

Fonte: Unctad/*Global Database on the Creative Economy*, 2014. Elaboração nossa.

Gráfico 5.2 Exportação de Produtos Criativos Por Grupo Econômico, Segundo Nível de Desenvolvimento dos Países, 2002 e 2011 (em milhões de US$)

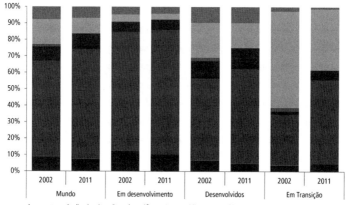

Fonte: Unctad/*Global Database on the Creative Economy*, 2014. Elaboração nossa.

Informações publicadas após a diminuição dos efeitos da crise financeira internacional são apresentadas na Tabela 5.2, que mostra taxas médias de crescimento anual consideráveis entre os períodos de 2002 e 2011, de 10% a quase 18% para a maior parte das modalidades dos serviços criativos. Verifica-se, porém, no período da crise financeira mundial de 2007-2011 que, apesar de taxas de crescimento menos intensas, elas ainda eram positivas e particularmente muito consideráveis para algumas modalidades nos países em transição. Esse comportamento mostra o potencial de resiliência desses serviços nos momentos de crise, bem como a capacidade de continuarem a sustentar a geração de renda em períodos críticos da economia.

Tabela 5.2   Taxa Média Anual de Crescimento das Exportações e Importações de Serviços Criativos Segundo Níveis de Desenvolvimento dos Países, 2002-2011 e 2007-2011

MODALIDADES DE SERVIÇOS	2002 a 2011	2007 a 2011	2002 a 2011	2007 a 2011	2002 a 2011	2007 a 2011	2002 a 2011	2007 a 2011
	Mundo		Economias desenvolvidas		Economias em desenvolvimento		Economias em transição	
Computação e informação	17,5	9,0	15,0	8,1	-	-	-	-
Royalties e pagamentos de licenças	11,4	7,2	11,3	6,9	-	-	-	-
Outros serviços às empresas	12,3	6,9	11,3	5,7	14,6	9,8	-	-
Pesquisa de mercado	14,9	6,8	12,4	4,6	27,5	18,0	-	-
Pesquisa e desenvolvimento	13,9	8,4	13,9	8,4	24,6	15,5	-	-
Outros serviços técnicos	14,1	3,7	12,0	2,3	20,3	11,6	-	-
Serviços pessoais e culturais	7,4	6,2	8,9	8,8	0,1	-4,7	26,7	6,2
Serviços recreativos	8,1	3,8	17,7	2,9	-0,9	3,7	63,7	21,9
Outros pessoais, culturais	10,6	10,0	12,5	10,5	3,5	7,0	21,8	15,2
Outros de informação	10,0	5,8	9,9	5,7	12,3	8,1	15,1	10,3
Novos serviços de agências	-	-	13,0	5,5	13,0	5,5	-	40,5
Outros serviços de informação	-	-	17,9	14,1	17,9	14,1	34,0	18,6
Franquias e direitos similares	-	-	-	7,6	-	7,6	-	-24,5
Outras remunerações de serviços	-	-	7,0	2,3	7,0	2,3	4,7	2,9

Fonte: UnctadStat, 2014. Elaboração nossa.

A tabela mostra que a relevância das exportações de serviços de computação e informação, bem como de pagamentos de *royalties* e licenças, se dá apenas nos países desenvolvidos. Foram encontradas taxas negativas de crescimento das exportações apenas nos serviços de franquia e de direitos similares, particularmente no período de crise nos países em transição. Nos demais países em desenvolvimento, as taxas negativas também se manifestaram nos serviços pessoais e culturais no período de crise, e nos serviços recreativos em todo o período analisado.

Gráfico 5.3　Participação das Exportações de Produtos Criativos Por Grupo Econômico, Segundo as Modalidades de Serviços, 2002 e 2011 (em milhões de US$)

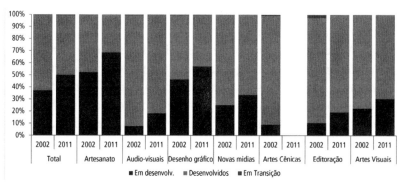

Fonte: Unctad, 2013. Elaboração nossa.

Observe-se que os países desenvolvidos apresentam maior representatividade das exportações em quase todas as modalidades de serviços criativos, com exceção do artesanato, que predomina nos países em desenvolvimento. Nesse último grupo de países, as exportações de serviços de desenho gráfico são ainda mais significativas que nos avançados (Gráfico 5.3). Essas atividades de serviços criativos exportados apresentam uma predominância de empresas micro, pequenas e médias, que principalmente fazem parte de cadeias produtivas que oferecem produtos criativos em vários países. Estudos mostram que essas estruturas de mercado são evidentes tanto em países em desenvolvimento como em desenvolvidos (Unctad, 2014).

AS POLÍTICAS PÚBLICAS NECESSÁRIAS

É necessário considerar, em primeiro lugar, que os países e suas regiões internas possuem uma coleção de recursos que assumem qualidades específicas em cada espaço e, dessa forma, sua utilização pelas políticas públicas deve ser planejada e implementada para as condições locais diferenciadas. Esses recursos naturais, humanos, físicos, de ativos culturais e de capital irão moldar o processo de desenvolvimento se usados para criar valor econômico material ou intangível, valor social (benefícios da coesão e da estabilidade social), valor ambiental (derivados de recursos naturais e de ecossistemas) e valor cultural (benefícios intrínsecos da arte e cultura). Os processos que geram esses valores a partir da cadeia produtiva cultural são apoiados e facilitados por uma série de serviços fornecidos por setores públicos e privados da sociedade e da economia, grandemente incorporados na economia criativa.

A literatura mais recente a respeito da economia criativa[2] mostra que o tema emergiu há pouco tempo como uma área de interesse de economistas, estatísticos, bem como de formuladores de políticas públicas, ao revelar seu potencial de criação de valor, emprego e renda, e seu papel no processo de retomada de crescimento econômico após a recente crise econômica mundial. No entanto, tanto o conceito de indústrias criativas quanto a experiência das políticas públicas nessa área ainda são incipientes e nem todos os governos estão convencidos da necessidade de direcionar a esse setor iniciativas de promoção e apoio.

O papel do governo na promoção do apoio à economia criativa e de regulação dessas atividades é crescente e preponderante nas economias da atualidade, como forma de estimular a continuidade das mudanças voltadas para o desenvolvimento ou para a busca de soluções para a retomada do crescimento da renda e do emprego nos momentos de superação de crise internacional. As medidas de políticas públicas culturais ou voltadas para a criatividade, seja em forma de subsídios, financiamento à produção e à pesquisa, seja outras formas de apoio oficial, trazem as atividades criativas para o campo da responsabilidade

---

2   Cf. X. Greffe (2006); CBC (2008); Kern e Runge (2009); Howkins (2010); UN (2010); Florida (2011); e Unctad (2013).

governamental como parte de suas funções como gestor e direcionador da economia global. A intervenção governamental nesses tipos de atividades criativas pode resultar na definição das mudanças nas formas em que a economia tradicionalmente funciona, tendo em vista os benefícios que podem ser auferidos, seja por indivíduos ou empresas.

As economias criativas dependem de insumos tanto dos setores formais quanto dos informais da economia, e torna-se importante avaliar como as iniciativas públicas destinadas a promover a atividade criativa nesses ambientes formais e informais podem moldar a forma de evolução das atividades criativas. Por um lado, as atividades formais requerem subsídios governamentais para que operem regularmente, em particular nos países em desenvolvimento. Porém, uma característica significativa da economia criativa é sua dependência considerável de sistemas, processos e instituições culturais informais. Nesses países, grande parte dos trabalhadores conceituados como representantes da economia criativa, conforme apresentado nas seções anteriores, que se encontram em condições de informalidade no mercado de trabalho, não são detectados nas estimativas oficiais e da regulação governamental, ao mesmo tempo que não têm acesso a medidas de estímulo e apoio oficiais (Unctad, 2013: p. 25).

Não apenas indivíduos, mas também empresas criativas trabalham de forma não oficializada. A participação de instituições cívicas, comerciais e governamentais, que são centrais para as atividades criativas em economias avançadas, como, por exemplo, serviços públicos de radiodifusão, museus, escolas de arte, estúdios cinematográficos, em economias menos desenvolvidas é pequena, quando não ausente. Assim, a informalidade molda a economia política das indústrias criativas em países em desenvolvimento, particularmente à medida que a capacidade governamental de mensurar, subsidiar e regular é limitada nessas regiões. As microempresas, associações, clubes e outras atividades coletivas, que ocupam grande parte das instituições culturais como agentes criativos, tendem a ser menores e menos visíveis nessas economias. Esses agentes básicos são menos capazes de interagir com o ambiente internacional ou de aparecer nas estatísticas compiladas por organizações internacionais, ficando, dessa maneira, menos protegidas no contexto de sobrevivência econômica. Por sua vez, as estruturas de propriedade intelectual, que são centrais para a política de proteção à indústria criativa nos países mais avançados, não são determinadas para a proteção de muitas espécies de esforços criativos intangíveis nos países menos avançados. Dessa forma, existem assimetrias sistemáticas e persistentes nesses países em relação à capacidade de competitividade doméstica e internacional, visto que produtos criativos tangíveis e intangíveis são comercializados nesse contexto mundial (Unctad, 2013).

Como salientado pela Unctad, os laços entre informalidade, economia criativa e desenvolvimento podem ser detectados e, dessa forma, tendo em vista a escala comparativamente maior de atividades criativas que operam de modo informal em países em desenvolvimento, é necessária uma abordagem de política pública também criativa para o estímulo efetivo a esses setores. O primeiro desafio dessas políticas é a obtenção de dados confiáveis e mais desagregados sobre essas atividades, pois as estatísticas nacionais agregadas sobre fluxos culturais de insumos e produtos não fornecem as informações necessárias para as especificidades regionais. Em países em desenvolvimento, as características das atividades criativas informais são muito diferenciadas de acordo com a cultura específica de cada microrregião e há necessidade de mapear as economias criativas locais. Assim, grande parte de indústrias criativas informais não tem visibilidade nas discussões internacionais sobre políticas públicas, o que aumenta as disparidades entre países avançados e em desenvolvimento e a possibilidade de encontrar soluções para que algumas atividades possam competir com sua representação no mercado mundial e em fóruns de artes e cultura.

O relatório da Unctad de 2013 apresenta uma série de estudos de casos bem-sucedidos de atividades criativas informais em países menos desenvolvidos, que adquiriram a capacidade de geração de renda, emprego e inclusão social através de medidas públicas de apoio. A visibilidade dessas atividades surgiu a partir de pesquisas específicas para detectar o potencial dessa economia. As pesquisas adotaram uma abordagem denominada *snowballing*, que consiste na técnica de usar inicialmente um pequeno grupo de informantes com a função de, através de suas redes sociais, identificar e atrair participantes que preenchem os critérios para serem considerados profissionais criativos sem registro e com potencial para serem objeto de estímulo governamental.

Como relata recente relatório do Conselho de Liderança Criativa do Canadá (CNSLC, 2012: p. 43), um número crescente de governos municipais no mundo está utilizando o conceito de "cidades criativas" ou "criaticidade" para a formulação de estratégias de desenvolvimento urbano, que focaliza as atividades criativas e culturais para a revigoração do crescimento. O entendimento do conceito, nesse caso, é mais amplo e inclui burocracia criativa, organizações criativas, indivíduos, escolas, universidades e assim por diante. Ou seja, o foco de desenvolvimento não é apenas em seus recursos naturais, mas principalmente em recursos humanos, explorando sua potencial criatividade para o crescimento e a renovação urbana. A agenda governamental se baseia em formas de encorajar a criatividade como premissa básica, aproveitando as forças latentes já existentes. Com esse objetivo foi instituída, em 2004, a Rede de Cidades Criativas (*Creative Cities Network*) pela Unesco, com o propósito de promover o desenvolvimento social, econômico e cultural das cidades em países de vários níveis de desenvolvimento através de uma rede que permite oportunidades de acesso a atividades criativas em uma plataforma global, particularmente centrada no turismo criativo. A Unesco salienta que essa rede visa criar parcerias público-privadas que auxiliem no desenvolvimento do potencial criativo de pequenas empresas, que passam a desempenhar um papel relevante no contexto local. Em 2010, mais de sessenta cidades se incluíam nesse conceito, desde grandes cidades como Londres, Toronto, Vancouver, Brisbane, Auckland, Cincinnati, Tampa Bay e Washington, até cidades menores e regiões rurais (UN, 2010).

Com relação a regiões rurais, a economia criativa tem sido focalizada principalmente no turismo, porém outros recursos regionais podem ser utilizados não apenas para atrair turistas, mas também residentes, através da geração de oportunidades de trabalho, por meio de estratégias focalizadas na atração da classe criativa oriunda de outras regiões. Outra medida governamental dirigida a cidades criativas diz respeito ao estímulo à criação de *clusters* criativos, ou seja, setores econômicos que operam em agrupamentos locais que se beneficiam pelas economias externas produzidas pelas atividades criativas e outras. Nessa circunstância, as firmas podem pertencer a uma cadeia produtiva em que a proximidade física possibilita menores gastos devido às suas inter-relações espaciais. As vantagens advindas se referem à concentração da força de trabalho (com a diminuição de custos de transporte) e de outros serviços ligados diretamente ao consumidor próximo (CNSLC, 2012: p. 45).

Uma política pública pragmática requer um melhor conhecimento dos agentes que apoiam (*stakeholders*) a economia criativa e de como se relacionam o setor criativo com outros setores econômicos. A iniciativa de políticas deve ser específica e não genérica. O relatório da ONU (UN, 2010) mostra que a economia criativa se mostrou resiliente durante o período da crise mundial de 2008-2009, apesar do declínio de 12% do comércio internacional global em 2008. O comércio de bens e serviços criativos continuou sua expansão no período de 2002-2008 com uma taxa de crescimento de 14%.

Dessa forma, o estímulo governamental à criatividade não é um objetivo opcional, mas uma questão de estratégia na atualidade. Trata-se de orientar e estimular as ferramentas que dão oportunidade de criação econômica ou geração de valor adicionado nos vários níveis de profissão com diferentes habilidades e experiências, convertidas em pontos fortes, que tornam o cérebro humano orgânico e criativo. Essas ferramentas fazem uma conexão entre empresas e pessoas que nela agem, nunca de forma isolada, pois, de um lado, as empresas apresentam forte controle, são individualizadas e enfatizam bastante a hierarquia, mas não conseguem por si mesmas criar produtos e serviços inovadores. De outro lado, as pessoas só falam de suas especialidades e não enxergam alternativas metodológicas para ampliar o número de ideias e conceitos e diminuir o tempo de desenvolvimento dos projetos. Dessa forma, a conexão entre ambas as partes permite recorrer à realização de um projeto em conjunto, reunindo diversos designers, técnicos e artesãos para a realização de planos inovadores, em que a agregação de valor pode se dar através do desenvolvimento e oferecimento de elementos complementares.

Uma política pública comprometida com o desenvolvimento deve ser capaz de fazer essas distinções e dar efetividade aos processos de produção criativa sem deterioração de sua base cultural autóctone, gerando novas oportunidades de trabalho e de renda. Nesse sentido, políticas de desenvolvimento não significam somente o investimento em obras de infraestrutura (tais como saneamento, estradas ou casas), mas passam também pela compreensão do impacto das intervenções para o estímulo do potencial dos indivíduos e das comunidades atingidas pelos benefícios dos projetos culturais, sociais e ambientais que fazem parte da economia criativa.

A Unctad relaciona alguns aspectos críticos a serem resolvidos pelas políticas públicas para a promoção do desenvolvimento do potencial da economia criativa, particularmente indicados aos países em desenvolvimento, que ainda não estão preparados para esses estímulos: acesso a financiamento; formação de uma rede de instituições, de agentes e de intermediários para a operacionalização das atividades criativas; resolução dos problemas de distância que bloqueiam as atividades em espaços remotos; compreensão das demandas populares de cultura e outros aspectos; possibilidade de acesso a conexões e fluxos do mercado internacional; mapeamento dos ativos criativos de capital e humano locais; assegurar direitos de propriedade intelectual e *copyright*; e particularmente propiciar a qualificação e capacitação técnicas, empresariais e outras para a administração das atividades criativas (Unctad, 2013).

Em suma, muitas regiões do mundo estão reconhecendo a oportunidade de promover um crescimento mais intenso da economia criativa como apoio ao desenvolvimento global da economia. No entanto, a economia criativa ainda está emergindo como força econômica e não existe experiência suficiente para a elaboração de modelos globais de ação pública. Cabe a cada jurisdição governamental desenvolver as medidas de promoção para sua própria realidade local, porém de forma integrada a outras esferas e áreas governamentais afins. A literatura sobre o tema mostra que as políticas públicas para ativar a economia criativa devem levar em conta os recursos e as condições que existem em cada microcosmo para que respondam adequadamente, de modo a serem incluídas no contexto econômico formal.

6. Conceituações e Tipologias das Atividades e Setores de Serviços

A fase de discussões a respeito da natureza produtiva ou não de um serviço moldou a formulação teórica que embasou a constatação da necessidade de mensuração efetiva do valor gerado por essas ocupações. Tal etapa de desenvolvimento do pensamento teórico perdurou por alguns séculos, incluindo complementações e transformações de acordo com o momento conjuntural das economias mundiais nos vários períodos diferenciados, conforme apresentado nos capítulos anteriores. A contingência da mensuração dos serviços trouxe consigo a necessidade da formatação de conceitos e classificações que permitissem a materialização, em valores monetários, da geração do produto intangível por um lado e, por outro, que possibilitassem a compatibilização internacional dos conceitos para fins de comparabilidade.

As discussões sobre a contribuição dos serviços ao valor agregado, com fins de avaliação das transformações do peso dessas atividades no decorrer da passagem de uma economia para o pós-industrialismo, levaram à observação de que o aperfeiçoamento dos conceitos teóricos tradicionais possibilitaria a mensuração mais adequada de novos fenômenos advindos das transformações econômicas. As definições anteriores passaram a ser questionadas a partir das mudanças nos paradigmas de produção, porém a adaptação à nova realidade não aconteceu rapidamente.

A característica básica das atividades de serviços é representada pela simultaneidade entre fornecimento do serviço e consumo, ou seja, essas etapas podem estar contidas em espaços de tempo coincidentes ou não e, dessa forma, as definições e classificações teóricas têm se diferenciado no decorrer do tempo à medida que ocorre uma evolução de atividades tradicionais, bem como a criação de novas modalidades de serviços. As transformações e aperfeiçoamentos nas conceituações encontradas resultam da própria evolução econômica mundial embasada particularmente nas constantes mudanças tecnológicas que levam essas atividades a papéis diferenciados no contexto da dinâmica econômica de desenvolvimento dos países.

Paralelamente à necessidade do entendimento da dinâmica corrente das transformações nos serviços, conceituar e classificar os serviços é uma pré-condição necessária para a análise da contribuição do setor no desenvolvimento econômico. No entanto, essa contribuição deve ser melhor investigada e ainda gera debates consideráveis. Nos primórdios da literatura econômica (dos fisiocratas e clássicos), como visto, a definição das atividades econômicas se voltava para as evidências da criação e acumulação de riqueza por meio de atividades em formas tangíveis apenas, e essa era visualizada como a única forma de transmissão de utilidade de um período a outro (Kon, 1992: capítulo 1). A produção de bens tangíveis era considerada como oposta à das fontes intangíveis de bem-estar (ou utilidade) representadas pelos serviços tanto no curto quanto no longo prazo e, dessa forma, a classificação dos serviços no contexto mais amplo do sistema econômico era incorporada a atividades não produtivas.

As transformações tecnológicas que se sucederam desde a época dos fisiocratas foram mudando gradativamente a concepção acerca do caráter produtivo dos serviços, e uma série de ideias evoluíram a partir da situação cultural e econômica de cada momento. Uma conotação diversa considerada na atualidade defende que a utilidade contida em certos serviços – a maior parte na forma do desenvolvimento de ideias e de sua

CONCEITUAÇÕES E TIPOLOGIAS DAS ATIVIDADES E SETORES DE SERVIÇOS 197

implementação prática – pode ser estocada e acumulada em bens, fitas magnéticas, disquetes, fitas de vídeo, filmes cinematográficos etc. Essa utilidade tem se revelado uma fonte de valor de mercado, e a ideia da conceituação dessas atividades ganha nova dimensão. A partir dessa constatação, os serviços podem ser definidos como: "atividades econômicas que proporcionam tempo, lugar e forma de utilidade que acarretam uma mudança no recipiente. Os serviços são produzidos por: a. produtor agindo para o recipiente; b. recipiente fornecendo parte do trabalho; e/ou c. recipiente e produtor criando o serviço em interação" (Riddle, 1986: p. 12).

Assim, nas economias modernas, todas as atividades produtivas desempenham um papel econômico semelhante, ou seja, não é possível considerar-se – para efeito de classificação e mensuração – certas atividades como básicas e outras residuais ou improdutivas. Dessa maneira, todos os produtos, tangíveis e intangíveis, podem ser incorporados em funções de demanda relacionadas às necessidades e desejos dos consumidores finais, uma vez que a utilidade é a meta final de toda atividade produtiva. No entanto, em algumas tipologias utilizadas, ainda é feita uma distinção entre as atividades que produzem utilidade em formas tangíveis e as que produzem a utilidade intangível, ou seja, os denominados serviços (Nusbaumer, 1987; Illeris, 2007).

Como salienta Knud Illeris (2007: p. 19), assim como acontece com os demais fenômenos, as atividades de serviços, seja enquanto exercente de funções em todos os setores da economia, seja enquanto setores incluídos no setor terciário, devem ser entendidas e estudadas em seu próprio contexto e não isoladamente como categorias rígidas. No entanto, mesmo em uma perspectiva holística é preciso estruturar o objeto de estudos com a finalidade de melhor compreensão. Nesse sentido, existe a necessidade de classificar os fenômenos, tentando definir características, funções e categorias que sejam tão homogêneas entre si e tão diferentes de outras quanto possível. No entanto, as fronteiras das classificações muitas vezes não são bem delineadas e são frequentemente ultrapassadas e transformadas no decorrer do advento de novas tecnologias.

Em primeiro lugar, observe-se que a própria palavra "serviços" pode ter conotações diferenciadas, significando tanto um grupo de atividades (ensino, saúde, culturais) quanto os produtos resultantes dessas atividades (aulas realizadas, atendimento médico, concertos musicais). Por outro lado, a definição de serviços não é simples, e a variedade de características e funções, bem como a implicação delas, repercutem em sua conceituação, tanto quanto na avaliação de como os serviços funcionam em diferentes sociedades. Nesse sentido, a fronteira entre serviços e outras atividades ou produtos também pode ser questionada, de modo que em certas produções é difícil identificar qual parte do processo produtivo foi responsável pela geração de valor do produto. A própria possibilidade dos serviços gerarem valor ou riqueza, como visto anteriormente, foi questionada durante longo tempo. Deve ser observado ainda que, tendo em vista que os serviços constituem a modalidade mais heterogênea entre as atividades econômicas, é necessário considerar-se uma série de subclassificações para melhor conceituá-las (Illeris, 2007).

Algumas classificações consideram o grau de integração dos serviços no processamento da produção da mesma forma que ocorre com relação aos bens, conforme a hierarquização da Classificação Padrão de Comércio das Nações Unidas (United Nations Standard Trade Classification – SITC), independentemente de suas funções particulares ou do conhecimento especializado que contêm (UN, 1994). Nesse sentido, o progresso do conhecimento ou do avanço tecnológico resulta no fato de que certos serviços que possuem um montante maior de conhecimentos ou são mais especializados seriam considerados mais sofisticadamente processados do que os serviços que podem ser fornecidos facilmente por agentes econômicos com um baixo nível de qualificação. Os fatores utilizados em sua produção (incluindo o capital humano) determinam a hierarquia específica que ocupam na classificação por grau de processamento, e a personalização específica dos serviços seria irrelevante.

No que se refere a essa abordagem de processamento, os serviços podem ser categorizados de acordo com o papel que desempenham no processo produtivo, distinguindo-os como produtos primários, intermediários e finais. Os serviços primários são os que executam funções de ligação elementares sem referência ao objetivo da atividade que desempenham. Todos os serviços de trabalho não qualificado caem nessa categoria, ou seja, são sinônimos do trabalho primário não qualificado em qualquer tipo de ocupação e podem ser facilmente deslocados de um tipo de ocupação para outro. Os serviços intermediários são produtos de serviços compostos de três fatores de produção elementares que entram em sua produção, ou seja, capital, trabalho e capital físico. São, com frequência, atividades complexas que envolvem a coleta e aplicação de dados. Sua organização e estruturação elementar é observada em uma forma que é conhecida como informação, e é a matéria-prima de produtos de serviços finais. Por sua vez, os produtos finais envolvem um grau mais ou menos elaborado de processamento e manipulação da informação designada a adaptar as bases de dados não elaboradas aos requisitos das funções específicas desempenhadas pelos fornecedores de serviços.

A diferença entre serviços e bens, com relação a essa classificação de produto, é a natureza física dos bens, que permite a identificação de processos lineares de produção baseados em características físicas dos materiais básicos, enquanto no caso dos serviços não há características físicas para embasar a definição de processos lineares de produção; a única forma de definir o produto de um serviço é em termos do conteúdo de conhecimento (*know-how*) do ato que dá surgimento ao produto. Algumas classificações, como será observado neste capítulo, já procuram incorporar transformações relevantes observadas recentemente na produção dos serviços, conforme visto nos capítulos anteriores.

CARACTERÍSTICAS, FUNÇÕES E PROPRIEDADES ECONÔMICAS DOS SERVIÇOS

As características e funções dos serviços vêm sendo definidas desde os fisiocratas, conforme averiguamos, porém pesquisas recentes mostram que a natureza dessas funções sofrem transformações consideráveis ao longo do desenvolvimento da tecnologia e, dessa forma, devem ser entendidas a dinâmica dessas transformações e as novas funções e modalidades de serviços por elas originadas.

As múltiplas definições das características básicas de serviços seguem algumas abordagens básicas, levando em conta a relação entre produtor e consumidor (Illeris, 1996: p. 14). Primeiramente, produtor e consumidor são considerados como participantes – em maior ou menor grau – da condição de mudança que envolve o fornecimento do serviço e, dessa forma, devem estar presentes face a face na consecução da troca. Essa condição envolve consequências setoriais e geográficas importantes, embora na atualidade as telecomunicações possam modificar os impactos territoriais. O processo pessoal de troca é muito diferente do que implica a armazenagem da produção, transporte de bens ou outras etapas isoladas, em que o papel do consumidor é totalmente independente da produção.

Por outro lado, em algumas atividades de serviços, o consumidor participa ativamente na produção, como ao assistir a um concerto, ir a uma consulta médica, entre outros exemplos. Nesse caso, o fornecimento do serviço combina um conhecimento específico de suas necessidades e condições, por parte do cliente, com o conhecimento e a técnica do fornecedor. Isso implica que cada serviço pode ser único e que nunca haverá dois produtos idênticos, assim como cada relação entre produtor e consumidor é diferenciada. Alguns autores destacam a assimetria da informação nesse contexto, pois o consumidor saberá menos que o produtor acerca do produto que resultará dessa relação, porém mesmo o fornecedor não sabe com antecedência os resultados da produção.

Outra abordagem ressalta que o caráter da relação das atividades de serviços significa que eles são tipicamente intensos em trabalho, com possibilidades limitadas de economia de escala, e sua qualidade depende muito das qualificações do trabalho envolvido. Como consequência, é difícil aplicar o conceito de trabalho sem caracterizar suas qualificações, bem como é difícil incrementar a produtividade do trabalho no sentido tradicional.

Além do mais, o produto de serviços tem uma condição de transformação que é fundamentalmente diferente da de um produto material e, em muitos casos, essa transformação não pode ser delineada de modo claro, como no caso do ensino. Isso significa que a mensuração de conceitos econômicos básicos como de valor agregado e produtividade são difíceis de ser aplicados a algumas formas de serviços. No entanto, uma condição de transformação, causada pelo serviço, pode ser durável e não efêmera ou perecível, embora seja difícil a distinção entre o produto imediato fornecido e o efeito a longo prazo.

Essas características típicas dos serviços implicam que os conceitos econômicos básicos de mercado não podem ser aplicados por meio das teorias tradicionais microeconômicas. Não existe oferta e demanda bem definidas no fornecimento de grande parte dos serviços que possam determinar claramente o preço padrão resultante. A formação de preços de um serviço ainda não foi suficientemente determinada do ponto de vista teórico, mas tende a refletir o custo dos insumos (número de horas-trabalhadas), que pode ter avaliação subjetiva diferenciada para um mesmo produto com base seja no valor de uso, seja na utilidade indefinida (Barcet e Bonamy, 1994).

Dessa forma, enquanto a visão econômica neoclássica ou ainda a keynesiana (refletida nos sistemas de contas nacionais) adotam a noção de que os serviços são como os bens, com a diferença de que são imateriais, outros autores discutem que os serviços pertencem a uma categoria logicamente distinta, pelas razões acima mencionadas, e afirmam que as atividades de serviços são uma classe de atividades heterogêneas e passíveis de muitas exceções nas leis teóricas econômicas.

Por outro lado, a utilidade das funções que os serviços desempenham na economia pode ser transferida seja para outros produtos de serviços, seja para riqueza tangível. As funções de serviços podem ser intermediárias se servirem para acentuar a oferta de riqueza por outros produtores de bens ou serviços. Também têm a possibilidade de serem finais se ajudam os consumidores finais a adquirir a utilidade dos bens ou serviços comprados. No entanto, as funções de serviços são, por essência, complementares a outros produtos, pois a utilidade que transferem aos produtos não poderia existir sem esses serviços; no entanto, os produtos de serviços podem ser complementares ou substitutos de outros bens e serviços.

Nesta seção serão apresentados alguns debates e propostas de generalização de características e funções econômicas de serviços baseadas nas múltiplas visões anteriormente definidas. As características bastante diferenciadas dos serviços implicam consequências relevantes para sua classificação em forma padronizada. Algumas já foram mencionadas, por ocasião da apresentação das discussões teóricas anteriores, no entanto, outras características fundamentais de grande parte dos serviços serão sistematizadas no início desta análise.

Quanto à intensidade do trabalho, observa-se que na medida em que ocorre o progresso tecnológico e o avanço da informática nos processos de serviços, alguns gêneros de serviços assumem processos de produção fortemente baseados em equipamentos e com baixa intensidade de trabalho. Por outro lado, a própria natureza de alguns serviços requer uma alta proporção de capital fixo no processo produtivo. Dessa forma, alguns autores dividem as atividades de serviços, de acordo com a intensidade de capital e trabalho, em serviços baseados em equipamentos e em mão de obra. No primeiro caso encontram-se os serviços automatizados de vendas através de máquinas (alimentos, refrigerantes, cigarros, passagens de metrô, lavagem de automóveis, por exemplo), serviços cujos equipamentos são monitorados por operadores não necessariamente com alta qualificação (cinema, táxi, entre outros) e equipamentos operados por pessoal altamente qualificado (computadores, linhas aéreas etc.). Entre os serviços muito baseados em mão de obra e com pouca intensidade de capital estão os que demandam mão de obra não qualificada (zeladores, serviços de limpeza, carregadores), os que requisitam trabalho qualificado (reparação de eletrodomésticos e de outros equipamentos, encanadores) e serviços profissionais (advogados, contadores, economistas, médicos).

Critérios frequentemente utilizados para identificar as atividades de serviços discriminam características e propriedades específicas dessas atividades, que determinam a natureza diferenciada de sua produção, distribuição e consumo. As ideias encontradas com maior frequência na literatura pertinente podem ser resumidas nas características descritas no Quadro 6.1.

No que se refere à localização do ponto de vista tradicional, essas características são muito questionadas na atualidade, visto que a introdução de meios de comunicação avançados e da informática no processo de distribuição de serviços tem possibilitado que o contato entre produtor e consumidor se

CONCEITUAÇÕES E TIPOLOGIAS DAS ATIVIDADES E SETORES DE SERVIÇOS   203

faça a longas distâncias, como é o caso do comércio, em que a escolha e o pedido da mercadoria são efetuados através de catálogo impresso ou via computador, e a entrega é realizada por meio de transporte de carga. Outros exemplos referem-se a serviços bancários, comércio, ensino e outras assessorias efetuadas a longa distância via computador, via internet.

Quadro 6.1   Características das Atividades de Serviços

CARACTERÍSTICA	CONDIÇÃO
Materialidade	Os serviços são observados como produzindo produtos intangíveis e perecíveis (visto que são consumidos no ato da produção e não podem ser estocados). No entanto, em alguns casos, como, por exemplo, uma peça de teatro, os efeitos do serviço podem ser desfrutados pelo consumidor por muito tempo após sua produção.
Efemeridade	Existência passageira, fugaz.
Interação Consumidor-Produtor	Existe um alto contato entre consumidor e produtor (fisicamente ou através de constante comunicação remota), e com frequência o consumidor participa do processo de produção do serviço (aulas de ginástica, restaurantes). Dessa maneira, essas atividades não seguem obrigatoriamente um padrão rígido estabelecido, pois em grande parte das vezes se amoldam à demanda momentânea do consumidor; porém, em casos como a maior parte dos serviços públicos, estão disponíveis o tempo todo, mesmo quando não são diretamente utilizados.
Intensidade do Trabalho	A qualificação ou habilidade do produtor é vendida diretamente ao consumidor, e os serviços nem sempre podem ser produzidos em massa. Assim, as firmas de serviços são comumente ditas trabalho-intensivas.
Localização	Outra característica comumente estabelecida nas definições de serviços é que as instalações dessas atividades são localizadas de forma descentralizada e próxima ao consumidor, o que resulta na proliferação de pequenas firmas de serviços, ou grandes firmas com unidades de produção descentralizadas geograficamente, dispersas pelos mercados consumidores.
Eficiência	As medidas de eficiência dos serviços são subjetivas. Seu controle de qualidade envolve o consumidor e está embutido no processo de produção, pois o serviço frequentemente não pode ser controlado e rejeitado pelo produtor antes de ser efetuado. Portanto, as opções de preço são amplas e fogem quase sempre ao controle rígido ou a padrões teoricamente estabelecidos.
Estocagem	Incapacidade de serem estocados, mantidos ou trocados.

Fontes: Zeithalm, Parasuraman e Berry (1998); Marshall e Wood (1995: p. 29); Hauknes (1996); Illeris (1996), Bryson e Daniels (2007). Elaboração nossa.

Desse modo, essas condições levam em conta as mudanças observadas na seção anterior com relação ao consumo dos serviços, posto que consideram que as características formais dos serviços derivam essencialmente da interação entre comprador e vendedor, que é crítica para a provisão do serviço. A provisão, na maior parte das vezes, não pode ser incorporada em forma material, embora muitas vezes possa ser associada a transformações materiais. Certas vezes o comprador e o vendedor devem estar juntos para a produção do serviço (como num tratamento dentário, por exemplo), e a interação entre os dois é crítica para a qualidade do serviço. Outra característica de muitos serviços é sua tendência em direção ao trabalho intensivo; a qualidade da produção deles depende do treinamento, qualificação e experiência do fornecedor. Mas mesmo em muitas atividades intensivas em capital, tais como transportes, serviços financeiros e de distribuição, a qualidade da especialização que oferecem é crítica para sua competitividade. Embora nem todos os serviços apresentem ao mesmo tempo todas as características anteriormente definidas, essas atividades comportam ao menos algumas das características apresentadas, em diferentes graus de intensidade.

Certas características dos serviços revelam que seu comportamento microeconômico pode ser diferenciado dos modelos observados para as atividades manufatureiras, embora nem sempre. Outras peculiaridades dos processos microeconômicos dos serviços, descritas no quadro anterior, compõem a essência do seu desempenho econômico, enquanto funções de natureza técnica podem ser diferenciadas entre serviços públicos e privados (não exclusão ou não rivalidade).

Funções heterogêneas determinam consequências também variadas nos resultados econômicos. Uma visão resumida é apresentada no Quadro 6.2, englobando as principais ideias encontradas na literatura sobre as funções especiais atribuídas tipicamente aos serviços, que afetam o comportamento microeconômico dos serviços, incorporando as ideias definidas anteriormente de acordo com a produção, produto, consumo e mercado dessas atividades. O quadro deve ser considerado como um resumo das principais condições econômicas citadas na literatura, visto que, em primeiro lugar, existem interdependências

CONCEITUAÇÕES E TIPOLOGIAS DAS ATIVIDADES E SETORES DE SERVIÇOS 205

entre essas condições, o que permite considerá-las muitas vezes em diferentes categorias. Por outro lado, algumas condições não são mais aplicáveis aos serviços na atualidade ou aplicáveis apenas a certos serviços, como, por exemplo, a não exportabilidade e valoração pelo insumo trabalho, entre outras.

Quadro 6.2   Propriedades Econômicas dos Serviços

CATEGORIA	CONDIÇÃO
Produção	• *Footloose* (sem localização definida). • Estrutura do capital. • Produção artesanal. • Intensividade em trabalho. • Intermitência. • Relacionamento intensivo e coespacial com o usuário. • Economias de escala limitadas. • Insumos materiais intermediários altamente ou pouco presentes. • Incorporação em outra produção. • Fracos incentivos aparentes para mudanças.
Produto	• Imaterial/intangível. • Estado "social/informacional" dos produtos, pessoas envolvidas e informações cambiantes. • Valoração = através de insumos de trabalho. • Não estocáveis. • Não excluíveis. • Não rivais. • Personalizado. • Qualidade do produto dependente da qualidade do consumidor. • Intenso em informação.
Consumo	• Confiança na relação usuário/produtor. • Produzido para consumo em um espaço de tempo definido. • Produzido para consumo em um lugar definido. • Utilidade específica para o consumidor. • Satisfaz necessidades psicológicas. • Integrado ao produtor.
Mercado	• Serviços com valor de uso, porém não com valor de troca. • Integração produtor/usuário torna as fases de produção, distribuição e consumo indistinguíveis. • Distribuição em redes fechadas. • Não transportável. • Não exportável. • Difícil apropriação. • Não "revendáveis". • Fácil duplicação; custo marginal de produção negligente, sem preço usual de mercado. • Preço como compensação direta dos insumos de trabalho. • Não transferência de direitos de propriedade. • Problemas para demonstração e *marketing*. • Regulação pública e profissional.

Fontes: Miles (1993); Sundbo (1994); Hauknes (1996); Bryson e Daniels (2007). Elaboração nossa.

Essas propriedades individuais dos serviços têm consequências sobre o caráter econômico e as estruturas de mercado dos produtos de serviços e sobre as condições de implementação das transformações nas indústrias de serviços. É necessário chamar a atenção para a influência dessas características sobre as maneiras de serem concebidas essas estruturas e mudanças. Reforça-se a ideia da heterogeneidade dessas atividades e da necessidade de distinguir e tratar de modo diferenciado os processos de produção, distinguindo entre sistemas de entrega de serviços e de provisão de serviços, ou entre serviços padronizados e personalizados. Alta padronização de serviços de massa implica a possibilidade de determinados serviços terem um caráter de mercadoria, com propriedades de troca generalizadas, enquanto os serviços personalizados poderiam, em princípio, participar de comércio de trocas, mas são difíceis de ser considerados mercadorias (Hauknes, 1966, Kon, 2004; Bryson e Daniels, 2007).

Dimária Silva e Meirelles (2003) observa as características dos serviços, conferindo seu potencial de se fazer presente em três níveis de processos econômicos: 1. trabalho puro; 2. transformação e produção; 3. troca e circulação. No nível em que o resultado do processo de trabalho é o próprio trabalho, verifica-se a prestação dos serviços puros. Nesse nível, não necessariamente o trabalho realizado resulta num produto concreto e acabado, pronto para o consumo final. Nesse grupo são incluídas atividades como educação, serviços médicos, de consultoria, lazer e entretenimento, entre outras. No nível em que se localizam os serviços de transformação, relacionados à transformação de insumos e matérias-primas em novos produtos, agrupam-se os serviços de alimentação e aqueles decorrentes da terceirização de etapas do processo de transformação. No terceiro nível, que se relaciona ao processo de troca e circulação, são englobados os serviços relacionados à comercialização, armazenamento e transporte. Nessa última categoria temos o transporte de pessoas, matérias-primas, produtos acabados tangíveis, intangíveis (informação, por exemplo) e de moeda, como é o caso dos serviços bancários.

Com base nessas características, Silva e Meirelles (2006) constrói uma classificação de serviços, que é apresentada no

Quadro 6.3, onde constam alguns exemplos de atividades em que ocorrem esses tipos de serviços. De acordo com essa classificação, em todos os três níveis de prestação dos serviços, ou seja, no processo de trabalho puro, nos processos de produção e transformação ou na troca e circulação, ocorrem composições variadas de recursos e de trabalho humano e trabalho mecânico.

Quadro 6.3 Classificação de Serviços nos Processos Econômicos

PROCESSO ECONÔMICO	TIPOS DE SERVIÇOS	EXEMPLOS
Processo de Trabalho Puro	**Serviço puro** consiste em realizar um trabalho único e exclusivo. O resultado do processo de trabalho é o próprio trabalho, não há necessariamente um produto resultante.	Serviços domésticos, de entretenimento e lazer, de consultoria, de assistência técnica, de pesquisa e desenvolvimento de produtos, de saúde e educação, serviços governamentais de defesa, segurança etc.
Processo de Transformação	**Serviço de transformação** consiste em realizar o trabalho necessário à transformação de insumos e matérias-primas em novos produtos.	Serviços de alimentação, serviços decorrentes da terceirização de etapas do processo de transformação.
Processo de Troca e Circulação	**Serviço de troca e circulação** consiste em realizar o trabalho de troca e circulação, seja de pessoas, bens (tangíveis e intangíveis), moeda etc.	Serviços bancários, comerciais, de armazenamento e transporte, de comunicação, de distribuição de energia elétrica, água etc.

Fonte: Silva e Meirelles (2006) e (2010: p. 88).

A autora observa que, de acordo com o tipo de serviço, quatro atributos designados como características essenciais de cada serviço, representados por intangibilidade, simultaneidade, interatividade e inestocabilidade, podem preponderar em diferentes graus. Nos serviços puros, todos são bastante evidentes, principalmente a intangibilidade e a interatividade, visto que são atividades baseadas, em geral, no uso e transferência de habilidades e conhecimentos adquiridos, portanto, fundamentalmente intangíveis e interativas. Nesse sentido, o trabalho não tem uma representação material e a sua realização só se dá a partir da interação entre prestador e usuário (Silva e Meireles, 2010: p. 87).

Por outro lado, nos serviços de transformação, os atributos dos serviços não aparecem de modo tão evidente, principalmente porque há um forte vínculo do serviço entre os substratos materiais (insumos, ativos físicos, equipamentos e mecanismos em geral) do processo de produção e o produto final resultante. Nessa categoria de serviços, estes são aparentemente tangíveis, tendo em vista que o trabalho possui uma representação material que pode ser expressa na qualidade e eficiência dos processos, bem como no volume e/ou na qualidade do produto final. Além disso, são serviços que apresentam certo potencial de "estocabilidade", pois o resultado do trabalho está consubstanciado em produtos quase sempre concretos e tangíveis. Nesse sentido, os limites que diferenciam a prestação do serviço e a produção tangível em si são quase imperceptíveis, mas é importante lembrar que esses atributos são dos serviços e não do produto ao qual estão relacionados (Silva e Meireles, 2010: p. 87).

REPERCUSSÃO DA INOVAÇÃO TECNOLÓGICA NAS CARACTERÍSTICAS DOS SERVIÇOS

Os avanços na reformulação dos conceitos e das tipologias das atividades econômicas têm sido lentos se comparados à velocidade da reestruturação produtiva mundial observada na atualidade. Nesse sentido, alguns aspectos fundamentais prescindem de exame mais acurado, com o objetivo de revisão e atualização de conceitos, na busca de adequação das definições e classificações das atividades de serviços em face da necessidade de avaliação do novo papel desempenhado por esse setor no contexto econômico global.

É preponderante a influência da nova revolução econômica dos serviços que está transformando também a organização da economia internacional, possibilitando e ampliando a internacionalização do processo globalizado de produção ou a subdivisão das partes do processo produtivo em diferentes economias mundiais. Um computador, por exemplo, contém partes manufaturadas em muitos países e funciona por meio de serviços (*softwares*) gerados em vários outros países.

Os bens produzidos internamente às economias, ou de modo global, competem em mercados internos e globais. A ampliação doméstica e a internacionalização são não apenas devidas à produção interna e internacionalização de serviços mas também à sua difusão. A ampliação interna e a internacionalização da atividade econômica são baseadas, na maior parte dos países desenvolvidos na atualidade, no crescimento dos assim chamados serviços às empresas que, entre outras características, são principalmente intensivos em conhecimento e informação.

Dada a crescente relevância da função dos serviços na cadeia de relações interindustriais, a análise do papel das atividades de serviços no processo de desenvolvimento das economias deve incorporar, na atualidade, não apenas novas formas de conceituação e mensuração do valor dessas atividades como também a avaliação dos impactos da atuação dos serviços sobre a geração de valor das atividades de outros setores econômicos e sobre a acumulação de riquezas pela economia.

J. Neill Marshall (1988: p. 13) chama a atenção para a interdependência entre a produção de bens e serviços, enfatizando que certos serviços são fornecidos diretamente aos consumidores, mas dependem muito de bens manufaturados e da infraestrutura para sua criação e entrega. Outros serviços, por vezes idênticos em forma, fornecem insumos intermediários a produtores primários, manufatureiros e a prestadores de outros serviços; os insumos podem ser críticos para o sucesso de tais atividades no mercado final. Esses são serviços destinados às empresas relacionados a atividades financeiras, legais e de administração geral, que possuem interesse em inovação, desenvolvimento, planejamento, administração de pessoal, tecnologia de produção, manutenção, transportes, comunicações, distribuição atacadista, publicidade e vendas, seja em organizações do setor primário, manufatureiro ou de serviços. Como partes da manufatura, esses serviços desempenham um papel significativo na diferenciação espacial porque sua demanda e oferta não necessitam ser geograficamente coincidentes e não dependem exclusivamente do nível de atividade econômica de uma área. Devido ao seu papel no investimento, inovação e mudança tecnológica podem contribuir para variações espaciais no processo de desenvolvimento econômico.

Uma das proeminentes dificuldades na formulação de um sistema econômico dos serviços tem a ver com a avaliação da repercussão da inovação tecnológica das atividades de serviços sobre todas as atividades da economia. Tradicionalmente, como já visto aqui, o setor de serviços era considerado atividade de baixo dinamismo no que se refere à inovação e, dessa forma, lento no desenvolvimento da produtividade. Nesse caso, como salientava William J. Baumol (1967, 1986 e 1987), na medida em que houvesse crescimento dos serviços em relação às manufaturas, haveria uma perda em bem-estar social, visto que ocorreria uma troca de atividades progressistas (manufaturas) por estagnadas (serviços), fenômeno denominado pelo autor como "doença de custos".

Esse debate, remanescente da teoria econômica clássica, vem se tornando obsoleto, posto que o dinamismo nas estruturas e na operacionalização das funções de serviço e no inter-relacionamento com outros setores, na atualidade, não corroboram essas ideias. Ao contrário, a observação da realidade através de pesquisas de vários autores (Hauknes, 1996; Kon, 2004; Bryson e Daniels, 2007; Gallouj e Djelal, 2012) mostra que, no contexto da heterogeneidade das atividades de serviço, uma parte considerável é altamente inovadora, como nas atividades manufatureiras.

Os serviços profissionais caracterizados como intensos geradores de informação ou de conhecimento por repercutirem sua ação sobre o valor agregado e sobre os preços enquanto provedores de informação como insumo produtivo são de difícil avaliação. Portanto, a asserção tradicionalmente aceita de baixa produtividade e estagnação produtiva como característica geral dos serviços, ou da citada "doença de custos", preconizada por Baumol, deve ser questionada atualmente. Como parte das pressões competitivas que instigam a inovação de processos produtivos e organizacionais, através da diminuição de custos e diferenciação do produto, as atividades inovadoras de serviços de informação levam ao setor de serviços, da mesma forma que aos demais setores, o crescimento da produtividade do trabalho e do capital. Além do mais, levam à maior percepção dos próprios agentes produtores acerca da possibilidade de futuras mudanças na produtividade e da formulação de planejamento específico das empresas nessa direção.

CONCEITUAÇÕES E TIPOLOGIAS DAS ATIVIDADES E SETORES DE SERVIÇOS   211

Contudo, o conceito de produtividade é difícil de operacionalizar nos serviços (assim como em algumas manufaturas), particularmente naqueles que apresentam rápidas mudanças qualitativas e com alto grau de personalização ou com uma forte integração produtor/usuário. Contribuem, para isso, as dificuldades em distinguir entre a aplicação de medidas tradicionais de produtividade e a aplicação de medidas de utilidade do consumidor. A imaterialidade dos serviços traz a consequente dificuldade de sua mensuração em termos físicos, associada à diversidade de aspectos qualitativos que um mesmo serviço pode oferecer, tanto em uma comparação *cross section* quanto intertemporal. A dificuldade de generalização a respeito das condições estruturais do mercado de serviços advém da própria natureza do produto que pode desenvolver condições de padronização ou de personalização, o que implica possibilidades diferenciadas de competitividade. Paralelamente a isso, a intervenção da regulação estatal em serviços selecionados, através do controle de preços, concessões ou outros, implica desvios nas possibilidades da efetiva avaliação dos avanços na produtividade, de acordo com as metodologias usuais.

Os serviços de informação podem deter um caráter fortemente localizado, representado pela espacialidade e duração compartilhadas entre produção e consumo, que resulta em efeitos consideráveis sobre as estruturas de mercado, como, por exemplo, a possibilidade de criar monopólios locais (Petit, 1990; Bryson e Daniels, 2007). Além da intensidade do componente de informação, outras propriedades como intensidade da capacidade de apropriação, pequena escala ou condição de *footloose* indicam maiores ou menores barreiras à entrada e, portanto, possibilidade de competição local intensificada.

A tecnologia da informação transformou as economias de muitas maneiras. Primeiramente, o que é produzido ou a composição de produtos têm sido alterados de modo que existe uma crescente complementaridade entre bens e serviços, com o desenvolvimento de novos serviços e maior diferenciação de produto ao invés de produção em massa. Em segundo lugar, o mercado tem mudado de tal forma que vem abarcando maior internacionalização e uma crescente comercialização de serviços. Em terceiro, a localização da produção dos serviços tem se modificado, incluindo também a internacionalização. Finalmente, deve ser levado em conta a ocorrência da transformação dos processos produtivos (Ochel e Wegner, 1987; Illeris, 1996; Gallouj e Djelal, 2012).

A evolução tecnológica estimulada ou a estimular as mudanças do paradigma produtivo trouxe consigo a percepção mais aguçada sobre o papel dos serviços de informação e comunicação no processo de desenvolvimento. As análises incluídas no corpo teórico voltado à área da Economia na Teoria da Informação também trazem preocupação a respeito das conceituações adequadas que permitem a valoração empírica desse fenômeno. Segundo essa teoria, a informação não é um fenômeno abstrato flutuante, porém é diretamente relacionada ao conhecimento prático, à organização da produção e ao consumo, ou seja, à ação do trabalho e, portanto, está incorporada em todos os produtos do trabalho. O conteúdo da informação está nos dois lados da fronteira entre bens e serviços. O valor de uso de alguns bens materiais está implicitamente ligado à forma de utilização da informação, como no caso dos computadores que devem ser carregados com programas (*softwares*) que detêm a capacidade de armazenar, transferir e interpretar a informação. Assim, o produto gerado por um trabalho de serviços pode ser material ou materializado, em alguns casos, em um bem.

O caso do programa de computador que toma a forma eletrônica em um disco se inclui entre uma série de outros produtos que apresentam forma material (livros e outras publicações etc.), embora sua existência se deva a um trabalho intelectual de serviços. A natureza física do bem resultante leva grande parte dos analistas a considerá-lo como bem material, enquanto a manipulação sofisticada do programa para ser posto em uso na produção através da via eletrônica caracteriza o produto como resultado dos serviços de computação. De fato, considerar que um produto tem uma forma tangível e discreta traz ao debate a distinção que pode haver entre bens "tácteis" e "não tácteis", conforme Richard A. Walker (1985: p. 51). O autor salienta que os aspectos informacionais de determinados bens têm se intensificado no tempo, e o valor de uso incorporado no conteúdo de informação deve ser enfatizado na determinação da contribuição dos serviços ao desenvolvimento, apesar da materialidade que envolve os objetos que os contêm.

Um assunto relevante a ser analisado a respeito da contribuição da informação para gerar valor dos serviços se refere à divisão de trabalho dentro de processos de produção complexos e diversificados, em que alguns insumos intermediários são considerados em blocos isolados como bens ou como serviços e, dessa forma, sua contribuição ao desenvolvimento pode ser avaliada como pertencente à indústria ou ao setor de serviços. Esse é o caso tanto de serviços do produtor (*producer services*), que podem ser insumos intermediários na produção de bens, como de serviços de consultoria de profissionais liberais contratados para planejamento em uma indústria. Observe-se que toda produção de bens inclui consumo intermediário de serviços, assim como a produção de serviços pode incluir insumos materiais (Kon, 1996).

No entanto, esse problema não diz respeito apenas a uma diferença ou especialização da divisão de trabalho dentro do processo produtivo, como defendido na teoria mais tradicional. Na atualidade, a intensificação do peso dos insumos de serviços de informação na produção de bens materiais leva à necessidade de avaliar o componente predominante na produção, quando se trata da análise do papel desses setores para o desenvolvimento econômico. Avaliar o peso dos insumos na geração do valor adicionado pela produção pode levar a impactos muitos diferenciados na matriz insumo-produto da economia e nas conclusões analíticas acerca das determinantes do desenvolvimento. Para alguns autores como Jonathan Gershuny, a forma de lidar com tais análises seria considerar, no peso da matriz insumo-produto, a contribuição ao valor adicionado de categorias ocupacionais dentro do processo produtivo, separando as ocupações de serviços das puramente industriais ou agrícolas. Essa prática, no entanto, ainda permanece no plano teórico dadas as dificuldades operacionais.

Uma das proeminentes dificuldades na formulação de uma teoria econômica dos serviços se relaciona aos serviços profissionais caracterizados como intensos geradores de informação ou conhecimento, visto que a repercussão de sua ação sobre o valor agregado e sobre os preços, enquanto provedores de informação como insumo produtivo, é de difícil avaliação.

Um aspecto relevante a ser observado na atualização dos conceitos vigentes é o fato de que as formas tradicionais de conceituação e classificação dos serviços não são mais suficientes para explicar novas formas de serviços resultantes das transformações na própria natureza da prestação de serviços, ocasionadas pela introdução crescente das tecnologias da informação e outras. As tecnologias da informação e das comunicações têm conduzido à industrialização dos serviços, à inovação organizacional (objeto de análise de capítulo posterior) e a novas formas de comercialização dos serviços, no que se refere aos relacionamentos entre produtor e consumidor, acarretando novas modalidades ou formas modificadas de serviços, como, entre outros exemplos, as verificadas nas atividades bancárias, de venda e turísticas via telefone. Como características dessas mudanças resultantes da dinâmica da reestruturação dos serviços, é possível observar alguns aspectos relacionados às transformações na *produção* dos serviços, no *produto*, no *consumo* e nos *mercados*, resultantes particularmente do processo de inovação tecnológica, como apresentado no Quadro 6.4.

Quadro 6.4   Transformações Recentes nas Características dos Serviços

CATEGORIA	ASPECTO	CONDIÇÃO
Produção	Tecnologia e Planta	Serviços anteriormente operacionalizados através de volumosos investimentos em edifícios passam, com a inovação técnica, a reduzir custos pelo uso de telesserviços ou de números de telefone com tarifa grátis.
	Trabalho	Serviços antes altamente profissionalizados (requerendo principalmente pessoal especializado em relações interpessoais), bem como outros serviços relativamente não qualificados, que envolvem trabalho casual ou em período parcial, transformam-se em serviços com dependência reduzida das qualificações caras e escassas de mão de obra através do uso de sistemas informatizados especializados e inovações relacionadas; observa-se a realocação das operações-chave para áreas de baixo custo do trabalho (com a utilização de telecomunicações para manter a coordenação).
	Organização do Processo de Trabalho	A força de trabalho antes envolvida na produção artesanal, com limitado controle gerencial sobre os detalhes do trabalho, é gradualmente substituída pela utilização da Tecnologia da Informação (TI) para monitorar a força de trabalho (por exemplo, taquímetros e meios móveis de comunicação para o pessoal de transportes), visando favorecer as estruturas organizacionais, com dados dos trabalhadores de campo e de escritórios introduzidos diretamente em bases de dados e, daí, nos sistemas de informação gerencial.

CONCEITUAÇÕES E TIPOLOGIAS DAS ATIVIDADES E SETORES DE SERVIÇOS 215

CATEGORIA	ASPECTO	CONDIÇÃO
	Características da Produção	A produção anteriormente não contínua, com limitadas economias de escala, passa a ser padronizada (por exemplo, cadeias de *fast-food*), reorganizada de maneira mais conjunta entre suas unidades, com componentes padronizados e alta divisão do trabalho.
Produto	Natureza do Produto	Produtos com característica não material, frequentemente intensivos em informação, difíceis de transportar e estocar, e que acarretam dificuldades para a distinção entre processo e produto, passam a adicionar componentes materiais (por exemplo, cartões de associação do cliente). Utilizam-se da telemática para encomendas, reservas e, se possível, entrega.
	Características do Produto	Produtos adaptados às requisições do consumidor passam a utilizar-se de meios de comunicação eletrônica de dados para o insumo remoto dos detalhes sobre as demandas dos clientes. Em geral, é empregada a utilização de *softwares* pelo cliente ou pelo fornecedor do serviço, para arquivar as requisições dos clientes e adequar o produto de serviços.
Consumo	Entrega do Produto	Serviços em que a produção e o consumo são simultâneos no tempo e no espaço e que frequentemente o cliente ou o fornecedor deve se mover para encontrar a outra parte passam a ser entregues via telemática ou através de máquinas e outros serviços de informação equivalentes.
	Organização do Consumo	Serviços que apresentam dificuldades na separação da produção do consumo, bem como autosserviços (*self-services*) em economias formais e informais, passam a apresentar uso crescente de autosserviço com a utilização de tecnologias inovadas existentes de bens de consumo final ou intermediário (por exemplo, telefones, PCs e interfaces de *software* de uso difundido).
	Papel do Consumidor	Serviços que são "intensivos em consumidor", ou seja, que requerem insumos do consumidor no processo de planejamento e/ou produção, transformam-se, pela utilização de menus padronizados para uso do consumidor, em novos modos de entrega das encomendas (fax etc.).
Mercado	Organização de Mercados	Alguns serviços entregues através da provisão pública burocrática, bem como certos custos ligados de forma invisível aos bens (por exemplo, no setor de varejo), desenvolveram novas formas de pagamento (a chamada sociedade de pagamento pelo serviço ou "*per pay society*"), novos sistemas de reservas, maior volatilidade na formação de preços, através da utilização de sistemas com características de pontos de venda eletrônicos e sistemas afins.
	Regulação	A regulação profissional comum em certos serviços passa a utilizar bases de dados através de instituições reguladoras e fornecedores de serviços a fim de fornecer e analisar indicadores de desempenho e diagnósticos da situação.
	Marketing	A dificuldade de demonstrar certos produtos com antecedência é contrabalançada por garantias ou substituída por pacotes de demonstração (por exemplo, *softwares* de demonstração e períodos de uso experimental).

DIFERENÇAS ENTRE
AS CARACTERÍSTICAS DOS SERVIÇOS
PÚBLICOS E PRIVADOS

As características observadas nas seções anteriores não se aplicam igualmente aos setores público e privado devido à natureza específica dos serviços públicos por um lado e, por outro, aos objetivos diversos de lucro ou de função social (Quadro 6.5). A natureza específica social dos serviços públicos e o caráter de busca de lucratividade dos serviços privados resultam em transformações diferenciadas por esses setores com relação ao fornecimento de serviços, tanto em países avançados como nos menos desenvolvidos. A distinção mais óbvia é feita entre a provisão pública e a privada. Quanto aos serviços privados, outra divisão foi feita com base nos tipos de mercados servidos a fim de representar a variedade essencial de interações entre fornecedor e cliente. A mais comum se refere à distinção entre serviços ao consumidor final e serviços às empresas. Alguns exemplos da forma pela qual a introdução da inovação tecnológica é conduzida de modo diverso entre os setores público e privado, para um mesmo objetivo de modernização, podem ser conferidos no quadro anterior.

Embora os setores privados tenham recebido maior atenção nos estudos recentes, os setores públicos agregam uma grande parte do emprego em serviços. Estes são fornecidos através de várias combinações de organizações locais e nacionais e algumas operam junto a um setor privado menor, que oferece provisão complementar e competitiva, por exemplo, em educação, saúde e mesmo segurança (Kon, 1996).

Os serviços públicos, no entanto, tendem a ser analisados não totalmente por critérios econômicos de custos ou lucros, mas através de critérios sociais, incluindo a possibilidade de acesso dos consumidores e a qualidade do produto. Além disso, alguns representam "bens públicos puros" que não podem ser fornecidos pelo setor privado ou por indivíduos, como, por exemplo, Defesa, funções administrativas e regulatórias da área pública etc. Em muitas nações, os "monopólios naturais" são de propriedade pública, especialmente os que se fundamentam no controle de redes da infraestrutura econômica, como as

Quadro 6.5 Diferenças Entre Objetivos dos Setores Público e Privado

OBJETIVOS	SETOR PÚBLICO	SETOR PRIVADO
Autoprovisão parcial	Sistemas de cuidado de crianças e de idosos nas residências, utilização de equipamentos antirroubo, patrulhas de vigilantes.	Autosserviço no varejo, substituição de serviços por bens, vídeos, fornos micro-ondas etc.
Intensificação Aumento na produtividade do trabalho através de mudanças gerenciais e organizacionais com pouco ou nenhum investimento, ou maior perda de capacidade, repercutem no:	Pela busca da eficiência nos serviços de saúde, pressão competitiva sobre operações diretas de trabalho, coleta de lixo, bem como um número crescente de graduados por universidade.	Pela pressão para o aumento da rotatividade dos empregados no varejo.
Investimento e Mudança Técnica Investimentos em capital em novas formas de produção, frequentemente com considerável perda de empregos.	Informatização de serviços de arquivo da saúde e da previdência, dos equipamentos eletrônicos de diagnóstico dos serviços de saúde, dos sistemas de aprendizado a distância através de vídeos, telecomunicações e computadores, dos veículos de coleta de lixo maiores e outros equipamentos mais modernos e eficientes para serviços públicos.	Desenvolvimento do escritório eletrônico nos serviços gerenciais e voltados às empresas.
Racionalização Diminuição da capacidade instalada, com pouco ou nenhum investimento em nova tecnologia.	Fechamento de escolas, hospitais, creches para menores de cinco anos etc., bem como cancelamento ou redução em sistemas de transporte público.	Fechamento de cinemas, de unidades produtivas individuais, mudanças organizacionais, redução do pessoal ocupado.
Subcontratação De partes dos serviços de empresas especializadas, especialmente de produtos auxiliares às empresas.	Privatização e contratação ou terceirização de serviços de limpeza, lavanderia e outros.	Crescimento de serviços privados de produtores de atividades gerenciais, terceirização.
Substituição do Insumo Trabalho Existente Por trabalho em tempo parcial, feminino ou de outra raça.	Domínio de mulheres na profissão de ensino e elevado uso de professores em tempo parcial.	(Em determinados países apresentam economia para os empresários.) No setor privado foi representado principalmente pelo crescimento do trabalho feminino em tempo parcial no comércio de varejo.
Intensificação da Qualidade Através de elevação do insumo trabalho, melhor qualificação, crescente treinamento.	Pelo treinamento da mão de obra em vários setores administrativos e técnicos.	Em alguns dos serviços de bens de consumo final.

OBJETIVOS	SETOR PÚBLICO	SETOR PRIVADO
Materialização Das funções de serviços, de modo que o serviço tome a forma de um produto material que pode ser comprado, vendido e transportado.	Prática de utilização de produtos farmacêuticos para substituir terapia ou aconselhamento, por exemplo.	Particularmente na área de entretenimento via vídeos e televisão ao invés de cinema ou esportes.
Realocação espacial	Realocação de serviços em grandes hospitais para atendimento descentralizado baseado em unidades menores, realocação de escritórios administrativos dos centros urbanos para reduzir os valores dos aluguéis e dos custos do trabalho.	Movimento de escritórios de áreas metropolitanas ou centrais para áreas periféricas, que apresentam menores aluguéis.
Domesticação Realocação parcial da provisão das funções a partir de formas de trabalho doméstico ou familiar.	Serviços de cuidado de crianças e idosos, por exemplo, passam a ser efetuados nas próprias residências, após redução de serviços públicos devido à contenção de gastos (em grande parte dos países desenvolvidos pela diminuição do *"welfare state"*) ou de serviços voluntários.	Substituição de serviços de lavanderia, doceiras e outros por atividades domésticas simplificadas por equipamentos eletrodomésticos mais eficientes e baratos.
Centralização A centralização espacial de serviços em maiores unidades e o fechamento ou redução de unidades menores.	Concentração de cuidados hospitalares primários e secundários em grandes unidades, ou seja, o crescimento do número de grandes hospitais gerais e de práticas gerais em grupo.	Concentração de lojas varejistas em grandes unidades (em shopping centers, lojas de departamentos).

Fonte: Kon (1996).

telecomunicações e rede de transportes. O controle público é muitas vezes justificado por considerações de segurança nacional em áreas estratégicas. Porém, recentemente, essas justificativas são questionadas, resultando na ampliação da tendência à desregulação ou privatização de tais atividades, no sentido de atrair investimentos e capital privado, por exemplo, às telecomunicações, energia elétrica, suprimento de água, transporte aéreo e ferroviário.

Embora em grande parte dos países o setor público venha gradualmente se retirando de funções e atividades consideradas não essencialmente sociais, os serviços públicos ainda representam uma contribuição significativa para as economias. Nos países da OCDE (Organização para a Cooperação e Desenvolvimento Econômico), por exemplo, são responsáveis por cerca de 33% do emprego total. Os países europeus experimentaram um crescimento de substancial proporção do setor público na década de 1980, enquanto o Japão e os Estados Unidos revelam uma situação diferente ao apresentarem um setor público pequeno. O aumento nessa atividade dentro do Japão e dos Estados Unidos tem sido menos pronunciado. Mas mesmo nos países europeus, já nos finais da década de 1980, a maioria dos governos considerou o rápido crescimento do setor público como prejudicial para as suas perspectivas e colocou em ação políticas de restrição do crescimento.

Nos anos de 1960 e de 1970, alguns fatores característicos da conjuntura resultaram em reestruturação do setor público em muitos países de vários níveis de desenvolvimento. É possível identificarmos os seguintes fatores: a. demanda para a melhoria dos serviços de saúde e educação; b. expansão da infraestrutura de transportes e de comunicações; c. crescimento dos gastos com defesa em certos países selecionados, refletindo, até o final dos anos de 1980, a "Guerra Fria" entre o Leste e o Oeste; d. mudanças demográficas, que incluíam o crescimento da proporção de idosos, com maior necessidade de serviços de saúde e previdência, sobre a população; e. mudanças na composição familiar, que incluíam aumento no número de mulheres que trabalham fora da residência e crescimento no número de famílias com apenas um dos pais, o que aumentou a demanda pelo cuidado de crianças e serviços relacionados; f. políticas intervencionistas durante as décadas de 1960 e de 1970 no sentido de dirigir o crescimento econômico e a reestruturação produtiva da economia, requerendo maior número de trabalhadores governamentais; g. maior controle físico do planejamento para restringir ou conduzir o crescimento urbano e industrial e assim minimizar o impacto ambiental; h. as melhorias em todas as partes do setor público eram vistas como parte integral do longo "*boom*" econômico pós-1945 até meados da década de 1970; e i. mais recentemente, crescimento do desemprego e necessidade de geração de postos de trabalho (Marshall e Wood, 1995: p. 186).

Essas necessidades correspondiam, em muitos países desenvolvidos, à política de *welfare state*, porém eram também encontradas em países menos avançados, que buscavam o desenvolvimento econômico no período. No entanto, a diminuição do ritmo econômico nas nações industrializadas nas décadas de 1960 e de 1970 e a partir dos anos de 1980 em países de renda média, bem como a preocupação com o impacto inflacionário dos crescentes gastos públicos, levou ao corte de alguns serviços públicos e a uma maior eficiência no fornecimento de outros. Tais pressões e o final da "guerra fria" justificaram uma restrição de gastos públicos que tiveram a consequência de uma progressiva reorganização da provisão do setor. Além do mais, uma parte da provisão também se deslocou em certas áreas do setor público para o privado ou para organizações voluntárias sem fins lucrativos, ou seja, as mais recentemente conhecidas Organizações Não Governamentais (ONGS). Todavia, o setor de serviços públicos permanece grande e diversificado em várias economias locais.

Muitos serviços são um pré-requisito para o desenvolvimento, ao invés de apenas o produto final do desenvolvimento, e sua provisão adequada se torna um elemento crucial e impulsionador da economia para o caminho do crescimento dinâmico. No caso dos países industrializados, tanto a intervenção pública como mecanismos de mercado podem ser fontes alternativas para a provisão desses serviços. Mas, no caso das economias menos avançadas, os mecanismos de mercado podem ser inexistentes ou inadequados e, além disso, o caráter de bem público de certos serviços tem sido utilizado como um argumento para a intervenção pública no setor de serviços desses países. A intervenção pública pode então tomar a forma seja da provisão direta de serviços pelas administrações governamentais de empresas, seja da proteção do mercado interno contra a competição externa, a fim de encorajar o estabelecimento e o crescimento de indústrias de serviços infantes.

Essas opções políticas para os países em desenvolvimento têm sido discutidas nas Nações Unidas e há recentemente uma tendência muito importante para o estímulo de políticas voltadas para o livre mercado em vez da intervenção governamental

(Kon, 1996). É enfatizado que as políticas que tendem a exacerbar a intervenção pública resultariam apenas em transformar as economias nacionais em importadores permanentes de serviços exteriores e em aprofundar sua dependência das corporações transnacionais ativas nesse campo de serviços. Por outro lado, a maior parte dos países menos desenvolvidos está enfrentando desequilíbrios orçamentários com consideráveis déficits e a solução para o equilíbrio, na maior parte dos casos, é limitar a intervenção pública e facilitar a provisão de serviços através de mecanismos de mercado.

ABORDAGENS DIFERENCIADAS DE TIPOLOGIAS SOBRE SERVIÇOS

A literatura sobre modelos de classificação ou tipologias de serviços é extensa. Para se ter uma ideia, de 1923 a 2011, como identificaram Becker et al. (2011), 81 sistemas de classificação puderam ser encontrados. As abordagens são diferenciadas, seja, por exemplo, envolvendo serviços orientados para o contato com o consumidor, seja orientados para o mercado ou, ainda, ligados a questões relacionadas a grau de tangibilidade e diferenciação (Salegna e Fazel, 2013).

Abordagens diferenciadas feitas por pesquisadores definem padronizações específicas, como, por exemplo, a classificação de T.P. Hill (1977), que faz distinção entre coisas e pessoas como o objeto de serviços, ou a de Marc Uri Porat, em *The Information Economy: Definition and Measurement*, que, no mesmo ano, tenta separar os serviços de informação. Duas abordagens são encontradas na literatura formulada por Jonathan Gershuny e Ian Miles em *The New Service Economy: The Transformation of Employment in Industrial Societies*. Uma se refere aos produtos do trabalho em serviços (*service work*), que são realizados dentro das atividades primárias e manufatureiras e que são frequentemente retidos como serviços intermediários internos às empresas, compondo o valor agregado desses setores. A outra abordagem estabelece o conceito de funções de serviços, que amplia o âmbito de atuação dos serviços, visto que observa que uma mesma função pode ser desempenhada por diferentes produtos, como entende o exemplo tradicional encontrado na literatura sobre a função de comunicação exercida pelos produtos representados por cartas, telex, fac-símile e, mais recentemente, internet.

A partir da última abordagem referida, os trabalhadores em serviços são o subconjunto da população trabalhadora pessoalmente engajada no manuseio de informação, em fazer produtos intangíveis, ou em outros tipos de emprego não diretamente ligados à produção (Gershuhy e Miles, 1983). Dessa forma, o total dos trabalhadores em serviços incluiria uma parte do emprego nos setores primário e secundário e seria superior ao volume de trabalhadores do setor terciário, ou seja, nas empresas produtoras de serviços, nas denominadas "indústrias de serviços". Jacques Nusbaumer (1987) salienta que existe basicamente duas formas em que a classificação de serviços pode ser efetuada: de acordo com os vários tipos de funções que desempenham na economia (funções financeiras, de comércio, de transportes etc.) ou de acordo com os vários tipos de conhecimento especializado que entra em sua produção (legislativo, sobre economia, medicina etc.). O autor considera também outra possibilidade de classificação de serviços pelo tipo de utilidade que fornecem (conforto pessoal, segurança, movimentação etc.), mas essa terceira classificação se refere a um subconjunto da classificação funcional, ou seja, seus elementos são uma subcategoria da função consumo.

Valarie A. Zeithaml e Mary Jo Bitner (1996) definem, por sua vez, atividades de serviços em termos sucintos, como ações, processos e performances, enquanto Jennifer Rowley (2006: p. 341) amplia a definição de serviços ao incluir serviços eletrônicos, definindo-os como atos, esforços ou ações cuja entrega é mediada pela tecnologia da informação, que abarca serviços de comércio eletrônico, suporte ao cliente e prestação de serviços. Algumas classificações integram trabalhos de vários autores para sintetizá-los em modelos mais adaptados à atualidade. Nesse sentido, a seleção de autores a serem aqui apresentados não engloba todas as possibilidades de conceituação e classificação disponíveis, porém tem o objetivo de abranger os principais pontos sobre as características e funções das atividades de serviços.

CONCEITUAÇÕES E TIPOLOGIAS DAS ATIVIDADES E SETORES DE SERVIÇOS   223

Esta seção adota uma ordem cronológica de publicação das classificações, sem critérios mais específicos de abrangência ou objetividade, iniciando com a apresentação de uma abordagem elaborada por Walker (1985). Ele salienta que a distinção entre bens e serviços reside na forma de trabalho e no seu produto. Um bem é um objeto material produzido pelo trabalho humano e, por outro lado, um trabalho em serviços é um trabalho que não toma a forma de um produto material; portanto, é normalmente não reproduzível por outros trabalhadores e envolve uma transação única entre produtor e consumidor. Essa forma de análise apresenta uma classificação de serviços baseada na abordagem marxiana, anteriormente descrita, como visualizada no Quadro 6.6.

Quadro 6.6   Classificação de Richard A. Walker Sobre Funções de Serviços

CLASSIFICAÇÃO	CARACTERÍSTICAS E FUNÇÕES
Serviços Envolvidos na Produção de Bens	Serviços envolvidos na produção de bens que têm um produto material. Esses incluem trabalhadores diretamente envolvidos na produção de bens, isto é, trabalhadores fora da linha de produção da indústria manufatureira, bem como os fornecedores de serviços às empresas, por exemplo, de administração, de atividades pré-produção, como pesquisa, planejamento, consultoria etc., e de pós-produção, como reparação e manutenção. Exemplos dessa definição ampla da produção de bens são relatórios legais ou de consultoria, bem como de pesquisa científica, em que o produto é materializado em forma de papel, cinema, hotéis, estabelecimentos de *fast-food*, que são também formas de consumo de bens.
Serviços Envolvidos na Circulação de Bens	Transferência de bens, trabalho, dinheiro e informação, como serviços financeiros, de transportes, comunicações, telecomunicações, distribuição atacadista, comércio varejista e serviços relacionados à propriedade.
Serviços de Trabalho	Processos de trabalho completos que não produzem um produto físico. Incluem várias formas de serviços de aconselhamento cujo produto é intangível, como médicos, jurídicos e outras formas de aconselhamento profissional; incluem também funcionários de vendas, envolvidos em estabelecimentos varejistas, em apresentações de teatro e concertos, em serviço doméstico e em ensino.
Serviços do Estado	Atividades do governo central e local.

Fonte: Walker (1985).

Ainda no que se refere à mensuração das atividades de serviços, a mencionada visão de Walker mostra a possibilidade de indefinição para classificar algumas atividades específicas, que podem ser consideradas como produção de serviços ou de bens. O autor critica determinados conceitos que procuram definir o que deveria ser considerado um bem material ou serviço no contexto da classificação em setores. Menciona o exemplo de um restaurante, que fornece um produto conjunto correspondente à indústria (fabricação da refeição) e a serviços (atendimento ao cliente). Porém, no caso da eliminação do serviço em favor da produção em massa, como no caso do McDonald's e de outros restaurantes *fast-food*, seria um absurdo alocar esse tipo de produção no setor de serviços, pois o processo produtivo indica uma forma industrial de preparação do alimento.

Neill Marshall (1988) elaborou uma classificação de atividades de serviços especificamente relacionada às empresas, que agrupou de acordo com as funções específicas desempenhadas por elas, apresentadas no Quadro 6.7. Os agrupamentos são baseados na classificação da ONU, *International Standard Industrial Classification of All Economic Activities* (Isic), subdivididos em: serviços de processamento de informações, serviços relacionados a bens e serviços de apoio ao pessoal. As distinções entre essas categorias de serviços destacam, certas vezes, a necessidade da localização próxima aos mercados como uma característica diferenciada entre os serviços destinados às empresas.

Dessa forma, serviços de manuseio de bens, por exemplo, são mais prováveis de serem fortemente ligados ao grupo que supre as indústrias de bens do que de serviços de informação. Serviços pessoais, por sua vez, têm maior probabilidade de serem localizados em relação ao padrão de todas as outras atividades de negócios.

Certas subcategorias de indústrias de serviços às empresas foram distinguidas por Marshall no sentido de enfatizar os mercados desses serviços; essa classificação fornece uma distinção entre serviços às empresas que servem mercados internos ou externos às firmas, em que as organizações que fornecem para mercados externos são divididas em categoria pura ou mista, conforme visualização no Quadro 6.8.

CONCEITUAÇÕES E TIPOLOGIAS DAS ATIVIDADES E SETORES DE SERVIÇOS   225

Quadro 6.7 — Classificação de Marshall Sobre Serviços às Empresas*

BASE DA CLASSIFICAÇÃO	COMPOSIÇÃO
Serviços de Processamento de Informações	Pesquisa e desenvolvimento de produto/processo. *Marketing*, vendas, publicidade, pesquisa de mercado, fotografia e mídia. Engenharia (civil, mecânica, química, elétrica etc.) e desenho arquitetônico. Serviços de computação, consultoria de gerenciamento, administração. Planejamento financeiro, contabilidade, gerenciamento de investimentos, auditoria. Instituições bancárias e financeiras. Seguros. Legais. Treinamento e educação de pessoal e relações industriais. Compras. Serviços de escritório. Agentes de administração de propriedade e de imóveis.
Serviços Relacionados a Bens	Distribuição e armazenagem de bens, atacadistas, eliminação de resíduos, administração de transportes. Instalação, manutenção e reparação de equipamentos (incluindo veículos), redes de comunicação e utilidades públicas. Manutenção de edifícios e de infraestrutura.
Serviços de Apoio ao Pessoal	Serviços de saúde. Limpeza, domésticos, segurança e seguros. Acomodação e transporte pessoal.

Fonte: Marshall (1988).
* Baseada na Classificação Isic da ONU.

Quadro 6.8 — Classificação de Marshall Sobre Mercados dos Serviços às Empresas

MERCADO	CONDIÇÃO
Serviços Produzidos Por Firmas Para Seu Próprio Uso	Oferta internalizada de serviços nas firmas. A demanda para esse componente é influenciada pelo produto, tecnologia de produção e características organizacionais da firma.
Serviços Produzidos Pelas Firmas Apenas Para Satisfazer Demandas de Outras Firmas	Fornecedores especialistas em determinados serviços às empresas. O tamanho do mercado será determinado marcadamente pelo grau de internalização (verticalização) dos serviços pelas firmas. As características desse tipo de serviço em si podem influenciar barreiras à entrada de novas firmas ao mercado e o grau em que a produção pode ser conduzida por produtores não especialistas.
Serviços Produzidos Para Outras Firmas Por Firmas Que Satisfazem Tanto a Demanda Intermediária Quanto a Final	Nessas atividades mistas de serviços, as demandas do setor comercial e do consumidor pessoal serão influenciadas pela natureza do mercado. Certas atividades de serviços, como as bancárias, de seguros e financeiras atendem tanto à demanda final quanto à intermediária.

Fonte: Marshall (1988).

No caso de serviços mistos, Peter W. Daniels (1993: p. 4) acredita que a criação desse terceiro grupo designe a atividade referente ao respectivo grupo de consumidores ou produtores, de acordo com a espécie de produto (intermediário ou final) que predomina (usando tabelas insumo/produto).

Outras abordagens definem mais detalhadamente o "setor de informação", salientando o papel de muitas indústrias de serviços que produzem, processam e comunicam a informação, agrupando certas ocupações que desempenham papel crítico nas economias modernas de manipulação da informação. Mark Hepworth (1989) apresenta uma relação de ocupações desse setor, que, embora não sejam da categoria de serviços de informação, estão fortemente relacionadas à informação e dela dependem, como segue no Quadro 6.9.

Quadro 6.9   Classificação de Mark Hepworth
Para Ocupações do Setor de Informação

Ocupação	Composição
Produtores de Informação	Ligados à ciência e à técnica, por exemplo, químicos e economistas. Coordenação e pesquisa de mercado. Coletores de informação (p. ex., recenseadores e inspetores de qualidade). Serviços de consultoria (p. ex., contadores e advogados). Serviços de consultoria relacionados à saúde (como doutores e veterinários).
Processadores de Informação	Administrativas e gerenciais (como gerentes de produção e funcionários graduados do governo). Controle e supervisão de processo (p. ex., supervisores de escritório e mestres da produção). Administrativos e afins (p. ex., funcionários burocráticos e caixas bancários).
Distribuidores de Informação	Educadores (como professores de escolas e universidades). Disseminadores de informação pública (como bibliotecários e arquivistas). Trabalhadores da comunicação (p. ex., editores de jornais e diretores de TV).
Infraestrutura de Informação	Trabalhadores em equipamentos de informação (como operadores de computador e impressores da imprensa). Telecomunicações postais (p. ex., operadores dos correios e telégrafos).

Fonte: Hepworth (1989).

Porém, tal classificação, em vez de explicar certas características importantes das ocupações, requer maiores dados sobre a escala e a distribuição das diferentes funções entre os vários setores de serviços. As considerações verificadas no decorrer dos estudos para a classificação de características e funções das atividades econômicas colocaram em xeque divisões tradicionais entre manufatura e serviços, que não fazem mais muito sentido, porque, em certos setores manufatureiros de alta tecnologia, o trabalho de pesquisa e desenvolvimento de produtos é fundamental da mesma forma que outros serviços, como desenho de produtos, funções de estilistas, *marketing* e rede de distribuição. Na atualidade, cada vez mais essas atividades são transferidas para o setor de serviços através da terceirização. Mas ainda podemos encontrar frequentemente muitos setores manufatureiros em que a fabricação de bens incorpora crescente quantidade de atividades de serviços, como pesquisa e desenvolvimento, serviços financeiros e legais, bancários, de publicidade e *marketing*, entre outros.

Nesse sentido, algumas correntes de análise propõem uma nova classificação das atividades econômicas que analisa a produção dentro do contexto de um sistema interativo de oferta e demanda, em que os estabelecimentos individuais de uma firma são classificados de acordo com seu papel funcional. As funções principais são a manufatura, circulação, distribuição e regulação, e seria possível separar o emprego dentro do estabelecimento individual de uma firma nessas funções, como definido no Quadro 6.10 por Antoine Baily e Denis Maillat (1986 e 1991).

Como salientado pelos analistas favoráveis a essa nova classificação, a categoria manufatureira não corresponde aos tradicionais setores primários e secundários, porque muitas atividades não envolvem a transformação ou manufatura, e se inserem nas categorias de circulação e distribuição do estabelecimento. A tipologia proposta não é uma mera remodelagem do setor terciário, mas sim uma reorganização da classificação das atividades econômicas com base nas funções dos estabelecimentos e no seu ordenamento lógico dentro do sistema de produção. Procura incorporar as transformações anteriormente mencionadas na produção, no produto, no consumo e nos mercados. No entanto, tal distinção funcional é mais difícil de ser praticada devido às limitações dos dados e a maior parte das análises empíricas não seguem tal tipologia.

228 NOVA ECONOMIA POLÍTICA DOS SERVIÇOS

Quadro 6.10 Classificação de Baily e Maillat de Serviços Segundo Funções

FUNÇÃO	COMPOSIÇÃO
Manufatura (processamento de matérias-primas)	• Uso de recursos naturais: agricultura; horticultura; silvicultura; pesca; fornecimento de eletricidade, água e gás; mineração. • Processamento de recursos naturais e manufatura de bens: produtos alimentícios; bebidas; fumo; têxteis; vestuário; madeira e mobiliário; papel; artes gráficas; couros, calçados; químicos; plásticos; borracha; produtos minerais não metálicos; metalurgia; máquinas e veículos; materiais elétricos e eletrônicos; e outras indústrias manufatureiras. • Construção e engenharia civil.
Circulação	• Fluxos físicos, fluxos de pessoas: comércio atacadista; corretagem; transportes. • Fluxos de comunicação e informação: transmissão da informação; processamento da informação. • Fluxos financeiros: bancários; seguros; companhias financeiras.
Distribuição (fornecimento de bens e serviços diretamente a consumidores finais)	• Saúde; educação; comércio varejista; hotéis e restaurantes; reparação de itens de consumo e veículos; serviços pessoais; cultura, esportes, lazer; serviços pessoais; serviços domésticos; outros.
Regulação (assegura a operação fluente global do sistema produtivo; manutenção, modificações, regulação e monitoramento)	• Administração pública: federal, estaduais, municipais e outras. • Organizações privadas: organização de previdência social, religiosas, sociais e culturais; serviços comunitários e grupos de interesses comuns; trabalhos privados rodoviários e de saneamento. • Organizações diplomáticas internacionais.

Fonte: Baily e Maillat (1991: p. 132). Tradução nossa.

Existe um *spectrum* contínuo de firmas cuja proporção de produtos tangíveis e não tangíveis é variável. Outra definição de empresa de serviços dada por Graham Murdock (Daniels, 1993) é baseada no produto do sistema produtivo em que se insere, ou seja, define um serviço como pertencente a um sistema produtivo que se classifica em uma das seguintes classes abaixo (Quadro 6.11).

Uma abordagem "alternativa" à classificação de serviços encontrada na literatura surgiu das formas marxistas de análise. Nesses estudos, a produção é distinguida das funções de circulação. No primeiro caso, é considerada a base industrial e seu produto é incorporado na forma de bens físicos e do trabalho relacionado e, no segundo caso, são considerados os fluxos

CONCEITUAÇÕES E TIPOLOGIAS DAS ATIVIDADES E SETORES DE SERVIÇOS   229

de dinheiro, mercadorias e direitos à propriedade. Além disso, consideram os serviços de consumo que mantêm o consumo pessoal e social (público). Como conhecida, a forma marxista de classificação considera que o resultado dos serviços não contribui diretamente para o excedente de valor (lucros) ou para a acumulação de capital, pois não pode ser armazenado ou possuído por um proprietário. Além do mais, a partir dessa visão, os serviços são necessários, mas secundários à produção industrial e vistos como tendo um papel de apoio complementar (Kon, 1992).

Quadro 6.11   Definição de Murdock: Classes de Serviços

CLASSES DE SERVIÇOS	CONCEITUAÇÃO
Classe 1	O produto do sistema é consumido simultaneamente com sua produção, como no caso de tratamento médico, cabeleireiro, cinema entre outros.
Classe 2	O produto do sistema é a informação ou energia que pode ser estocada em algum equipamento para ser usada posteriormente, como no caso de uma firma de assessoria, que estoca resultados de pesquisas em arquivos ou disquetes de computador e os vende em outro período de tempo ou, ainda, uma empresa de distribuição de gás engarrafado.
Classe 3	A produção do sistema é fornecer atividades de apoio que facilitam a atividade de outra empresa ou família, como no caso da decoração de interiores, atividades financeiras, consultoria, transportes e comunicações, entre outras. Na maior parte das vezes, a definição das atividades de serviços é formulada como complementação das atividades econômicas de um sistema produtivo, como resíduo, ou atividades que não compõem os setores de manufatura, extração vegetal e mineral, e o setor primário.

Fonte: Daniels (1993).

Assim, nesse tipo de conceituação, muitas indústrias de serviços estão envolvidas na produção de bens, e tal interpretação sobre as atividades de serviços significa, por exemplo, que os serviços de computação, aconselhamento e consultoria têm um valor produtivo quando ganham uma expressão material porque devem estar incorporados em um bem: o *software* é fornecido em um disquete; e a consultoria, em uma peça de papel ou em um relatório. Restaurantes e outros distribuidores de alimentação também são considerados produtores de bens, pois o produto, uma refeição, é um bem material; da mesma forma, atividades de mídia, como televisão ou produção de filmes, publicação de jornais, revistas e livros. Todas essas atividades são meras formas de produção intensiva em trabalho.

Segundo essa abordagem, os chamados serviços "verdadeiros" ou "serviços de trabalho" são aqueles que apresentam processos inteiramente gerados pelo fator trabalho, fornecidos diretamente aos consumidores finais; seu produto é intangível, pessoal e único ao utilizador e não é normalmente reproduzível. Mas essa definição mais restrita de serviços enfatiza a importância da produção industrial para o desenvolvimento do serviço porque, quando a produção de serviços às empresas é alocada no setor de bens, seu crescimento emerge como uma divisão técnica e social de trabalho em torno da produção de bens ou como parte de um processo de evolução industrial mais amplo e de longo prazo (Sayer e Walder, 1992).

Os estudos de Rhian Silvestro (1992 e 1999) sugerem três tipos básicos de classificação de serviços apresentados no Quadro 6.12.

Tendo em vista que a questão de mensurabilidade do produto dos serviços requer um padrão diferenciado do utilizado no modelo para os demais setores, particularmente a partir do crescimento de atividades intensivas em serviços de informação, Silvestro e outros (1992) se basearam no estudo de uma série de casos para propor uma classificação alternativa, distinguindo entre três modos diferenciados de produção de serviços. Os autores descrevem um conjunto de critérios de medidas em uma unidade de tempo, para esse propósito:

a. Se o serviço é baseado em equipamentos ou no trabalho do indivíduo. No primeiro caso, o equipamento tecnológico constitui o serviço (informática, por exemplo).
b. Tempo de contato com o cliente por transação.
c. Grau de personalização.
d. Extensão da operacionalização do serviço exercido por contato pessoal para satisfazer às necessidades do cliente (*front-office*) em relação ao tempo exercido para o preparo sem contato individual (*back-office*).
e. Proporção de trabalhadores ocupados no *front-office* e no *back-office*.
f. Foco do serviço orientado para o produto ou para o processo.

CONCEITUAÇÕES E TIPOLOGIAS DAS ATIVIDADES E SETORES DE SERVIÇOS   231

Quadro 6.12   Classificação de Silvestro Sobre Características dos Serviços

TIPOS DE SERVIÇOS	CARACTERÍSTICAS
1992	
Serviços Profissionais	São caracterizados por uma intensa participação do cliente no processo de prestação do serviço, o que demanda uma grande flexibilidade para atender as necessidades do cliente. Os recursos humanos geralmente oferecem alta qualificação e suas tarefas apresentam baixa especificação e repetição, como consultoria e engenharia, altamente utilizadas por empresas.
Loja (unidades) de Serviços	Tipo definido como intermediário entre Serviços Profissionais e Serviços de Massa. Podem ser enquadrados nessa classificação diversos sistemas de serviços encontrados em estabelecimentos, como hotéis, restaurantes e hospitais.
Serviços de Massa	De forma geral, a especificação do serviço é feita antes do cliente entrar no processo. A consequência é a possibilidade de padronização do serviço de acordo com pesquisas sobre expectativas dos clientes. Os recursos humanos apresentam tendência à especialização de tarefas devido à divisão de trabalho para atender a demanda em alta escala. Isso também favorece a substituição dos recursos humanos por equipamentos. Exemplo: transportes e outros.
1999	
Serviços em Massa	Grande número de consumidores e baixa variedade de serviços.
Estoque de Serviços	Volume médio de consumidores e de variedade de serviços.
Serviços Profissionais	Baixo volume de consumidores e alta variedade de serviços.

Fontes: Silvestro (1992) e (1999); Silvestro, Fitzgerald, Johnston e Voss (1992).

Quadro 6.13   Classificação de Serviços de Gallouj

TIPOS DE SERVIÇO	CARACTERÍSTICAS
Quase-bens	Serviços padronizados que exigem alto grau de treinamento.
Quase-bens, "Pacotes", Operações e Serviços Manuais Padronizados	Demanda intermediária e baixo grau de treinamento profissional.
Serviços Manuais e Operacionais Customizados de Informações e Relacionais	Não padronizados, demandam grau baixo ou médio de treinamento.
Serviços Intelectuais ou Profissionais	Não padronizados, demandam alto grau de treinamento profissional.

Fonte: Gallouj (2002).

A classificação empregada por Silvestro no artigo "Positioning Services Along the Volume-Variety Diagonal", de 1999, apresenta uma matriz de serviços definida pelo volume produtivo da organização (o volume de clientes por unidade de negócios em um período) e pela variedade que representa um grupo de características de serviços, com foco nas pessoas/equipamentos, nível de contato com o cliente, valor agregado no *front office*, grau de customização, grau de discrição do empregado e foco no produto/processo.

Em 2002, Faiz Gallouj desenvolveu uma classificação de serviços tendo como base o grau de padronização e de capacitação profissional, visualizada no Quadro 6.13.

Illeris (2007) reúne uma série de conotações de outros autores como André Barcet, Michèle Delaunay e Jean Gadrey, que, de modo independente, classificaram os serviços com base no objeto para o qual se destina a provisão de serviços, distinguindo-os como atividades individualizadas ou padronizadas, como apresentadas no Quadro 6.14.

Quadro 6.14   Classificação de Serviços de Illeris Com Base no Objeto de Destino

OBJETO	INDIVIDUALIZADAS	PADRONIZADAS
Bens	Limpeza, hotéis, restaurantes, reparação, aluguéis.	Transportes de bens, comércio atacadista e varejista.
Informação	Gerenciamento, consultoria, pesquisa, cultura.	Escritórios, administração. Telecomunicações.
Pessoas	Educação, saúde, esportes, cuidados corporais.	Transporte de pessoas.
Serviços Públicos	Governo geral, polícia, defesa, justiça, educação.	Governo geral, polícia, defesa, justiça, educação.

Fonte: Illeris (2007).

Os serviços individualizados relacionados a bens e a pessoas requerem, em geral, a proximidade entre o produtor e o consumidor. Nesse sentido, existe menor possibilidade de internacionalização. No entanto, os serviços padronizados,

CONCEITUAÇÕES E TIPOLOGIAS DAS ATIVIDADES E SETORES DE SERVIÇOS 233

particularmente de informação, estão intensificando a possibilidade de serem transmitidos via telecomunicação e são expostos à concorrência internacional, como, por exemplo, cursos de educação *on-line* desenvolvidos por universidades. No entanto, o progresso tecnológico tem permitido mudanças nas atividades individualizadas através de transmissão eletrônica da informação e, dessa forma, muitas atividades, no decorrer do tempo, têm mudado de padrão individualizado para padronizado, como o comércio varejista via internet, pois a provisão de serviços individualizados limita o grau de aumento da produtividade, ao contrário dos padronizados (Illeris, 2007).

Quadro 6.15   Características Diferenciadas das Atividades de Serviços e de Manufaturas

DIMENSÕES	ATIVIDADES DE SERVIÇOS	ATIVIDADES DE MANUFATURAS
a. Distância do Consumidor Final à Atividade	Baixa – consumidor é parte da produção do serviço ou está próximo a ela.	Alta – consumidor e produção são separados no espaço e/ou no tempo.
b. Capacidade de Estocagem	Baixa – atividades da produção de serviços não podem ser estocadas.	Alta – atividades da produção de manufaturas são estocáveis.
c. Uso da Tecnologia	Baixa – unidades pequenas de trabalho, frequentemente com controle descentralizado.	Alta – produção em larga escala com controle centralizado.
d. Tangibilidade	Baixa – serviços são intangíveis.	Alta – produção contínua ou discreta que pode ser mensurada/estocada.
e. Padronização	Baixa – serviços tendem a ser individuais.	Alta – produtos manufaturados tendem a ser moldados de forma padronizada.
f. Capacidades Aplicadas na Produção	Baixa – capacidades são trocadas com o consumidor.	Alta – capacidades aplicadas em bens manufaturados.
g. Possibilidade de Observação	Baixa – dificuldade de observar ou medir a produção do serviço.	Alta – facilidade de observar e medir o bem manufaturado.
h. Custos Capital/ Trabalho	Baixos – unidades menores de serviços.	Altos – unidades maiores para bens manufaturados.

Fonte: Fisher e Gapp (2008: p. 3). Tradução nossa.

A exata conceituação das diferenças das funções e características entre serviços e manufaturas foi estudada e discutida na década de 1990 por vários autores. Mais recentemente, Ron Fisher e Rod Gapp (2008) desenvolveram um modelo para diferenciar algumas características e funções entre tarefas típicas da produção de serviços e de manufaturas, reunindo ideias dos trabalhos de Silvestro, Peggy A. Cloninger e Benjamin Oviatt e de uma pesquisa própria com Nils Timo. O modelo, cujas dimensões são apresentadas no Quadro 6.15, distingue características de atividades que foram mapeadas a partir de pesquisa específica, dividindo-as em oito dimensões.

As hipóteses subjacentes ao Quadro 6.15 partem do princípio de que as atividades manufatureiras ditas "puras" apresentam-se compostas por altas dimensões das características, enquanto as atividades de serviços "puras" são compostas por baixas dimensões.

Observe-se, no entanto, que algumas características atribuídas a serviços de baixa conotação correspondem mais a uma visão tradicional, posto que, como visto anteriormente, na atualidade, a mudança tecnológica possibilitou que algumas atividades de serviços sejam altamente capitalizadas e incorporem nível alto de tecnologia ou mesmo são produzidas em larga escala. Por outro lado, metodologias de mensuração dos serviços têm sido desenvolvidas e aplicadas, e, por fim, alguns serviços incorporados em bens materiais podem ser estocados.

O modelo desenvolvido por Gary Salegna e Farzaneh Fazel, denominado pelos autores Matriz de Classificação de Serviços, integra várias dimensões de classificação de serviços definidas por outros autores e adiciona outra dimensão, que se refere ao grau de intangibilidade ou tangibilidade do produto oferecido, como verificado no Quadro 6.16. O contato com o consumidor denominado "Nenhum ou Baixo" representa ou nenhum contato direto ou contato limitado via correio ou internet, o que pode incluir *chats* ao vivo ou mesmo um telefonema ocasional para a assistência. Os serviços de contato "moderado" com o consumidor representam aqueles em que há comunicação por telefone ou contato face a face. A área de "alto" contato com consumidores define os serviços com volume significativo de contato face a face.

CONCEITUAÇÕES E TIPOLOGIAS DAS ATIVIDADES E SETORES DE SERVIÇOS 235

Quadro 6.16   Matriz de Salegna e Fazel Para Classificação de Serviços

		Grau de Contato Com o Consumidor		
		Nenhum a Baixo	Moderado	Alto
GRAU DE CUSTOMIZAÇÃO E DE COMPONENTES TANGÍVEIS / Alto	Com Tangíveis	1. Varejistas *on-line*	5. Contato não significativo com o consumidor	9. Alto contato com o consumidor e alta customização
	Sem Tangíveis (ou complementares)	2. Varejistas *on-line*	6. Contato moderado com o consumidor	10. Alto contato com o consumidor e alta customização
/ Baixo	Com Tangíveis	3. Varejistas *on-line*	7. Contato moderado com o consumidor e *baixa* customização	11. Alto contato com o consumidor e baixa customização
	Sem Tangíveis (ou complementares)	4. Varejistas *on-line*	8. Contato moderado com o consumidor, mas *baixa* customização	12. Alto contato com o consumidor e baixa customização

Fonte: Salegna e Fazel (2013). Adaptação nossa.

O modelo mais recente encontrado refere-se ao trabalho de Gary Salegna e Farzaneh Fazel (2013), que elaboraram uma matriz (Service Classification Matrix) para a classificação de serviços de acordo com características específicas, sintetizando trabalhos de vários autores (Richard B. Chase e Nicholas J. Aquilano, R.W. Schemenner e Lawrence F. Cunningham), que integram, por um lado, serviços segundo o grau de customização e de componentes tangíveis e, de outro, o grau de contato com o consumidor (Quadro 6.16). Essa classificação se adequa a tipos de serviços mais atuais ou recentemente desenvolvidos, apresentando um potencial de crescimento considerável na medida em que ocorre desenvolvimento da tecnologia e da criatividade incluída em seus projetos a curto e médio prazos.

Os graus de contato com o consumidor referem-se primeiramente ao grau "Nenhum ou Baixo" de contato direto ou contato limitado a correio e *on-line*, ou mesmo contatos ocasionais via telefone para a assistência. O grau "moderado" de contato representa os serviços em que há contato face a face ou mais intensos pelo telefone, enquanto o "Alto" contato com o consumidor refere-se a serviços com significante intensidade de contato face a face.

Entre os tipos de serviços descritos na matriz que apresentam baixo ou nenhum contato com o consumidor, os incluídos na célula um da matriz oferecem alta customização e existência também de produtos tangíveis. Eles se referem a organizações cujos serviços varejistas são oferecidos via internet, como, por exemplo, livrarias, que fazem uso intensivo de "customização transparente". Nesses casos, as ofertas do produto, as sugestões e o histórico das compras são customizados para qualquer cliente. A célula dois define um tipo de serviço também com alta customização, porém sem a utilização de produtos tangíveis na comercialização. Da mesma forma que a categoria anterior, a internet e as tecnologias avançadas tornaram possível a criação de empresas de venda de pacotes de viagem ou de empresas que efetuam pagamentos de impostos e outras dívidas (mais comuns nos Estados Unidos), oferecendo serviços *on-line* adaptados às necessidades dos clientes. Os serviços incluídos na categoria da célula três, que também apresentam nenhum ou baixo contato com o consumidor, além de tangíveis, porém com baixa customização, referem-se a empresas que oferecem cartões de crédito bancários e outros varejistas via internet, que não se utilizam de programas sofisticados para customizar a venda. São serviços de alta eficiência, porém não existe personalização que traga algum laço emocional no contato com o cliente. Por fim, a célula quatro é similar à categoria anterior, exceto pela oferta de produto que é intangível (ou quase) e envolve usualmente a disseminação de algum tipo de informação, por exemplo, de empresas de investimento financeiro ou de consultoria em projetos de *marketing*, entre outros.

No que se refere às formas de serviços que apresentam contato moderado com o consumidor, a célula cinco inclui os que oferecem alta customização e produtos tangíveis, que envolvem contato por telefone ou face a face, mas esse contato não é uma parte relevante do processo de serviços, e a customização pode ser em um grau não total, mas parcial. Como exemplo, podem ser citadas lojas de reparação de veículos ou um restaurante diferenciado e, nesse caso, os produtos tangíveis (peças de carro ou refeição) devem apresentar qualidade e não apenas o serviço intangível do fornecedor. Ainda nessa categoria, a célula seis trata apenas de produtos intangíveis, como, por exemplo, certos *call centers* especializados em apoio a clientes de uma empresa ou agentes de seguro que ofereçam ao cliente certo grau de escolha e flexibilidade para aquisição de diferentes políticas de seguros em disponibilidade. A célula sete da matriz inclui grandes magazines ou lojas de departamentos, como Walmart e Carrefour, ou ainda lojas de *fast-food*, cujos produtos tangíveis oferecidos são mercadorias, e a seleção e os preços dos produtos são competitivos. Embora tenham alguns serviços de apoio ao cliente, esses são limitados em relação à natureza e finalidade das ofertas, e existe pouca customização. O último tipo dessa categoria, representado na célula oito, oferece baixa customização e apenas produtos intangíveis, como empresas de entretenimento, em que se houver a venda de produtos, essa se caracteriza apenas por serviços auxiliares ou complementares ao principal.

Os serviços que apresentam alto contato com o consumidor figuram na categoria da célula nove da matriz, que inclui serviços altamente customizados e tangíveis, como o trabalho de um cirurgião que instala um marca-passo ou ainda serviços de empresas de organização de eventos particulares, cujo produto tangível é o resultado principal do serviço. Os serviços que são representados na célula dez, embora semelhantes aos descritos acima, também oferecem alta customização, mas o serviço principal é intangível, como as empresas que oferecem serviços pessoais de beleza, advocacia, arquitetura, por exemplo. Por outro lado, os serviços da célula onze, de baixa customização e tangíveis, são exemplificados por pequenas lojas especializadas, como mercearias ou padarias, porém, o serviço oferecido é padronizado. Finalmente, a célula doze mostra baixa customização e produtos intangíveis, exemplificados por instituições educacionais de alta interação entre estudantes e professores, mas com cursos padronizados. Outro exemplo é de pontos de massagem em aeroportos ou lojas de departamento que oferecem serviços a clientes eventuais e não costumeiros.

A partir das inúmeras classificações elaboradas, que evoluem no decorrer do avanço tecnológico e das novas funções e características atribuídas aos serviços como decorrência, as discussões mais recentes ressaltam que a importância de definir e classificar os serviços não está em distingui-los dos bens, mas em verificar quais funções econômicas desempenham que podem não ser semelhantes às desempenhadas pelos bens.

DEFINIÇÕES E TIPOLOGIAS
SETORIAIS PROPOSTAS

As definições relacionadas às atividades de serviços, como tradicionalmente consideradas, podem ser abordadas a partir de duas ópticas. Uma das abordagens refere-se ao conjunto de unidades de produção (indivíduos, empresas ou estabelecimentos) cuja atividade principal é oferecer um serviço e correspondem à noção estatística de ramo ou setor de produção. Esse conceito diverge da outra óptica, que analisa as ocupações de serviços encontradas nos demais ramos de atividades da economia, ou seja, na indústria e na agropecuária.

A partir dessa consideração, os serviços podem ser definidos como agrupados em setores de atividades econômicas que produzem utilidades relacionadas ao tempo, lugar, forma e benefícios psicológicos. Dessa forma, a abordagem, de acordo com os agrupamentos setoriais na construção da classificação adequada para essas atividades, atende à necessidade e à dificuldade de mensurar o volume real ou o valor agregado de serviços fornecidos devido às características particulares da produção intangível de serviços. Se a diferença na qualidade de serviços é interpretada da mesma forma que as diferenças em quantidades, não fica claro quanta utilidade um determinado serviço pode criar ao longo do tempo. No caso dos bens, esses produzem utilidade em um dado ponto do tempo, que pode durar por um período curto (bens não duráveis) ou durante um período extenso (duráveis).

No entanto, visto que os serviços são intangíveis e muitas vezes invisíveis, é com frequência suposto que produzem utilidade apenas em um curto e/ou imediato prazo, e que muitos de seus efeitos ambientais difundidos não são claramente mensurados, mas sim reconhecíveis por indivíduos, grupos sociais e pela economia como um todo. Eles estão relacionados a "bens públicos", "despesas sociais", "externalidades" etc. Por exemplo, se certos serviços desempenham funções de comunicação e informação, eles estabelecem elos entre bens e pessoas, o que proporciona economias externas às ações dos indivíduos e de grupos de indivíduos em seu ambiente social. Muitos desses efeitos não são captados em termos monetários, ainda que atuem em economias competitivas e amplamente monetizadas. Dessa forma, permanece um montante não definido de valor não registrado nos dados existentes sobre o Produto Nacional Bruto dos países e permanece a falta de definição sobre a fronteira de atuação de certos serviços.

George J. Stigler já chamava a atenção, na década de 1950, de que não existia consenso entre os pesquisadores sobre a conceituação da fronteira ou a respeito da classificação dos serviços. Nas décadas seguintes, Victor R. Fuchs, no final dos anos de 1960, e J. Neil Marshall junto a Peter A. Wood, nos anos de 1980 e início dos de 1990, escreveram que a passagem do tempo apenas reforça essa conclusão (Stigler, 1956; Marshall, 1988; Marshall e Wood, 1995; Ileris, 2007).

Marshall salienta que, nos anos de 1990, o debate sobre os aspectos técnicos da definição e classificação distinguia duas abordagens, a "convencional" e a "alternativa", que buscavam explicar, a partir desses aspectos, o crescimento (para fins de mensuração) e a localização dessas atividades. A mensuração adequada do valor gerado pelos serviços se destina a análises econômicas para fins de políticas públicas e privadas, e as dificuldades de mensuração são resultado das classificações não apropriadas ou incompletas que a abordagem convencional acarreta, posto que aceita o setor de serviços como um grupo de atividades distinto das manufatureiras, cujo crescimento acarreta uma mudança significativa na natureza da moderna economia, porém não distingue adequadamente a forma de mensuração de sua contribuição ao produto gerado. Por outro lado, a visão alternativa enfatiza que ainda permanece uma interdependência entre certos serviços e as tendências industriais passadas. Além das importantes mudanças na natureza do trabalho, os empreendimentos de serviços ainda são conduzidos pelas mesmas metas da produção capitalista, ou seja, a procura de novas fontes de lucro através do investimento em tecnologia industrial.

Como enfatiza Dorothy I. Riddle (1986: p. 3), se a "industrialização" se refere tradicionalmente a operações manufatureiras, implicando atividades produtivas mecanizadas em grande escala, é possível observar o fato de que os serviços também podem ter características de indústrias e de que a Revolução Industrial mudou não apenas métodos de produção manufatureira, mas também estruturas financeiras, redes de transporte e comunicação disponíveis para a distribuição de bens. No contexto da industrialização, os "rótulos" mais comuns encontrados sobre o setor de serviços são de setor "terciário", "residual" ou "pós-industrial".

A classificação dos setores primário, secundário e terciário já era inerente nas análises anteriormente aqui apresentadas. Ela estava presente no pensamento dos fisiocratas franceses, em Adam Smith, em Jean-Batiste Say e em Karl Marx, porém foi melhor conceituada por A.G. Fisher (1935), Colin Clark (1940) e Jean Fourastié (1949), que definira um número de características para cada um dos três setores. O termo "terciário" foi introduzido por Fischer em 1935, paralelamente à construção dos termos "primário" e "secundário" então utilizados na Austrália e na Nova Zelândia para se referir, respectivamente, aos setores agropecuário e manufatureiro. Na mente das pessoas, na época, os serviços eram posicionados como atividades econômicas de menor relevância ou de terceiro grau de importância. Porém, Fisher salientou que havia um terceiro grupo de atividades econômicas além dos dois tradicionalmente analisados pelos economistas.

O conceito de "residual" foi adotado quando Colin Clark observou, em 1940, que a permanência de um importante resíduo poderia ser descrito por conveniência como indústrias de serviços, dando o mesmo significado que Fischer deu ao fenômeno, ou seja, tentando ressaltar que havia outras atividades econômicas além da agricultura e manufatura. Sua terminologia permaneceu na microeconomia como a descrição mais usual de serviços, criando uma forma de mensurar o produto dessas atividades como resíduo da produção da agricultura, mineração e manufatura. Mas se um resíduo é entendido usualmente como uma parcela pouco significativa que resta de um todo, no caso do setor de serviços esse conceito está longe da verdade, pois o setor representa, em média, na maior parte das economias desenvolvidas e em desenvolvimento, o maior dos três setores econômicos (Kon, 1996a: p. 29). Clark já tinha essa percepção a partir de uma perspectiva sobre o emprego na Austrália e na Nova Zelândia em 1938, onde acima de 50% de sua população se ocupava na indústria de serviços (Fisher, 1939).

Foi apenas quando o setor secundário mostrou sinais de estagnação na década de 1970 e o setor terciário emergiu como um setor de potencial crescimento que os teóricos começaram a estudar essas atividades em maior profundidade para tentar esclarecer a natureza do objeto de sua investigação, e questionaram a posição anterior, em que os serviços eram considerados não produtivos ou de natureza parasitária em relação à manufatura.

Um conceito consideravelmente divulgado é proposto na pesquisa de T.P. Hill (1977), mencionada antes, que separa bens e serviços em categorias lógicas distintas. Enquanto um bem é um objeto físico apropriável e transferível entre unidades econômicas, um serviço é definido como uma mudança na condição de uma pessoa ou de um bem pertencente a uma unidade econômica. O processo de produzir um serviço é a atividade que afeta a pessoa ou os bens, enquanto o produto é a mudança na condição da pessoa ou do bem afetado. Esse autor defende a ideia de que os serviços não são "bens imateriais", porém, como não são usualmente transferíveis de uma unidade econômica a outra, não se ajustam à teoria sobre modelos de troca pura tipo walrasiano, em que os bens são comercializáveis entre unidades econômicas. Dessa forma, a geração de valor a ser mensurada adquire conotações próprias a cada circunstância.

Considera ainda que as peculiaridades dos bens e dos serviços não poderiam ser determinadas pela tecnologia empregada (que tem a possibilidade de ser a mesma para a produção e para a reparação de um bem) ou mesmo pela diferença de durabilidade, visto que os serviços podem ser considerados permanentes ou irreversíveis, pois muitas vezes a mudança que ocasiona em certos bens passa a ser tão durável quanto o bem, como, por exemplo, certos serviços de reparação de veículos, programas de *software* para computadores ou serviços técnicos advocatícios. Por outro lado, a característica de durabilidade e de transportabilidade nem sempre se ajusta perfeitamente à definição de um bem ou serviço, pois além de serem extremamente duráveis, certos serviços são transportáveis, como no caso do *software*; outros serviços são transportáveis via aérea ou por telecomunicação, como é o caso de serviços de consultoria legal, engenharia, e administração. Hill salienta também que uma mesma atividade, como a pintura, por exemplo, pode ser classificada como produção de bens ou de serviços, dependendo da organização do processo de produção entre diferentes unidades.

Outros autores tentaram melhorar o entendimento dessa classificação, desenvolvendo a ideia de um quarto setor. Jean Gottman (1961) já havia sugerido antes a separação do setor terciário de alguns setores sofisticados de serviços altamente qualificados incluídos em outro setor denominado quaternário. A sugestão não havia alcançado sucesso devido à dificuldade estatística de separar essas atividades, o que possibilitaria sua análise. A pesquisa de Marc Uri Porat (1977) distinguiu um setor de informação, separando essa atividade tanto do setor secundário quanto do terciário. Essa também foi uma tentativa de mensuração do valor gerado que encontrou problemas. Porat empreendeu uma pesquisa sobre os serviços de enfermeiras em hospitais norte-americanos, mostrando que 60% de seu tempo era dedicado à coleta e processamento de informações e apenas 40% ao cuidado de pacientes. O estudo teve bons resultados e pesquisas semelhantes foram disseminadas em outros países, contudo Porat não conseguiu distinguir informação de rotina e formação de conhecimento, o que foi conseguido por William J. Baumol e outros, em 1989 (Illeris, 2007).

A década de 1980 tornou-se um período de intensas discussões acerca da natureza dos serviços, debate que continuou na década posterior. Discutiu-se se a divisão em três setores realmente constituía a melhor forma de classificar as atividades econômicas e, como consequência desse tipo de observação, foi verificado que a linguagem tradicional para definir a manufatura e os serviços foi se tornando obsoleta, pois as economias são um emaranhado de diversas atividades que envolvem diferentes combinações de trabalho na área da produção e dos serviços, e comportam várias combinações de componentes materiais e de informação nos bens e serviços. Como enfatizado por Manuel Castells (1989: p. 30), não há um setor de serviços; ao invés, existe um setor de atividades que aumentou em diversidade e em especialização à medida que a sociedade evoluiu, e os serviços (especialmente os sociais e pessoais) são uma forma de absorver o excedente populacional gerado pelo aumento da produtividade na agricultura e na indústria. Além disso, as atividades de serviços interligam a agricultura e a manufatura através do consumo de bens e serviços e do gerenciamento das organizações e instituições da sociedade.

A abordagem sobre o setor quaternário tem sido reassumida recentemente quando também se verificou o surgimento da abordagem que distingue o setor de atividades criativas. Seu suprimento, transmissão e absorção pelos consumidores apresentam as características de serviços, embora sua distribuição muitas vezes seja realizada através de sua incorporação em bens materiais, como livros, jornais, CDs, filmes e outros. Como salienta Illeris (2007: p. 21), essas atividades constituem a fronteira mais característica entre bens e serviços, pois embora possam ser transportadas, estocadas e vendidas, seu valor e preço dependem do conteúdo de serviços e não apenas das qualidades físicas do bem material.

Em suma, apesar da fraqueza dos argumentos que sustentam a estruturação das economias em atividades primárias, secundárias e terciárias, bem como das sugestões alternativas, muitas análises econômicas ainda trazem esses conceitos tradicionais como base, tendo em vista, muitas vezes, as dificuldades de disponibilidade estatística de informações que possibilitem melhor avaliação. Porém, o desenvolvimento do estudo de novas formas de classificação e de análise segue em curso.

Algumas definições mais recentes de serviços, que abordam uma visão setorial, são encontradas na literatura econômica. Elas podem ser sumarizadas essencialmente em quatro linhas principais de abordagem:

a. Indústria de serviços como produtora de serviços ao invés de bens, como as indústrias de transporte, comércio atacadista e varejista, seguros etc.
b. Serviços como bens de consumo ou intermediários, que são principalmente intangíveis e frequentemente consumidos

ao mesmo tempo que são produzidos. São usualmente intensivos em trabalho.

c. Serviços como componentes do Produto Nacional Bruto, que medem o produto de itens intangíveis.

d. Serviços referem-se certas vezes a bens intangíveis, sendo uma de suas características o fato de, em geral, serem consumidos no ponto de sua produção.

Dos conceitos tradicionais de serviços, alguns sistemas de classificação alternativos dos setores de atividades são encontrados na literatura, conforme resumidos no Quadro 6.17. Das abordagens setoriais tradicionais, as tipologias mais conhecidas e utilizadas mundialmente são os sistemas de Fisher-Clark e de Fuchs. A maior parte dos dados estatísticos mundiais são encontrados na forma da primeira classificação, pois as informações não são fornecidas de uma maneira suficientemente desagregada para permitir uma subdivisão mais detalhada. Embora a classificação de Hans Wolfgang Singer tenha sido proposta em análises sobre o Brasil, focalizando o tipo de consumo ao invés do método de produção, essa tipologia não foi utilizada com frequência devido à dificuldade na disponibilidade de dados.

Quadro 6.17   Tipologias Sobre os Setores de Atividades Produtivas

AUTOR	TIPOLOGIA
Fisher-Clark (1935/1940)	• Primário (agricultura e mineração). • Secundário (manufatura). • Terciário (resíduo).
Gottman (1961)	• Primário (agricultura e mineração). • Secundário (manufatura). • Terciário (comércio e serviços). • Quaternário (atividades selecionadas de alta qualificação).
Fuchs (1968)	• Agricultura. • Indústria (mineração, manufatura, transportes, utilidades). • Serviços (comércio, empresariais, governo).
Sabolo (1975)	• Primário (agricultura, criação de gado e pesca). • Não primário: transporte, mineração e manufatura (alto uso de capital e qualificações). • Comércio (baixo uso de capital e qualificações). Financeiros (alto uso de qualificações, baixo uso de capital).

CONCEITUAÇÕES E TIPOLOGIAS DAS ATIVIDADES E SETORES DE SERVIÇOS   245

AUTOR	TIPOLOGIA
Banco Mundial (1980)	• Primário (agricultura e mineração). • Secundário (manufatura, mineração, construção, serviços de utilidade pública compostos por serviços públicos de provisão de gás, eletricidade e água). • Terciário (resíduo).
Banco Mundial (anterior a junho/2000)	• Agricultura. • Mineração. • Indústria (petróleo e gás, energia elétrica e outras energias, fornecimento de água e saneamento). • Serviços (comércio, financeiros, telecomunicação, transportes, desenvolvimento urbano, educação da população, saúde e nutrição, proteção social e outros setores sociais, administração do setor público, política econômica e serviços para o meio-ambiente).
Banco Mundial (junho/2000)	• Agricultura, pesca e florestamento. • Indústria e comércio. • Outras indústrias. • Administração Pública, Legislativo e Justiça. • Informação e comunicação. • Educação. • Finanças. • Saúde e outros serviços sociais. • Energia e mineração. • Transportes. • Água, saneamento e proteção de enchentes.
ONU (2008)	• Agricultura, florestamento e pesca. • Mineração e extração de pedras. • Manufatura. • Fornecimento de eletricidade, gás, vapor e ar condicionado. • Fornecimento de água, lixo, resíduos e saneamento. • Construção. • Comércio atacadista e varejista, reparação de veículos e motos. • Transporte e armazenamento. • Alojamento e alimentação. • Informação e comunicação. • Atividades financeiras e de seguros. • Atividades imobiliárias. • Atividades profissionais, científicas e técnicas. • Atividades administrativas e de apoio às empresas. • Administração pública e defesa, seguridade social. • Educação. • Saúde humana e atividades sociais. • Artes, entretenimento e recreação. • Outras atividades de serviços. • Serviços domésticos e outras produções domésticas. • Organizações extraterritoriais e diplomáticas.

Fontes: Kon (1996a); UN (2008); World Bank (2012).

Riddle (1986) dá uma outra conotação aos setores de atividades de serviços. Enquanto as atividades extrativas (agricultura, pesca, caça, extração vegetal, mineração ou extração mineral) são essenciais para a sobrevivência física, as atividades de serviços são essenciais para o bem-estar social. Nesse caso, a autora discute que uma vez que se muda o enfoque da sobrevivência individual para a interdependência econômica, as indústrias de serviços formam um setor primário, as extrativas um setor secundário e a manufatura o terciário.

Essas ideias resultaram da crítica de alguns autores sobre definições tradicionais anteriores à denominada fase pós-industrial. Riddle considera algumas das definições então vigentes inadequadas, pois as características atribuídas às indústrias de serviços, como tangibilidade, intensidade em trabalho, simultaneidade de produção e consumo e perecibilidade são, na realidade, relevantes para todas as outras atividades econômicas, com exceção da intangibilidade. Por outro lado, alguns serviços podem ser semiduráveis (manutenção, serviços profissionais) ou duráveis (pesquisa, educação, governo) e não perecíveis. Dessa maneira, para Riddle os elementos-chave para a definição de setores de serviços são:

1. natureza do produto da produção, ou seja, que acarreta uma mudança na condição de uma unidade econômica com a anuência prévia da pessoa ou unidade econômica anterior;
2. os insumos singulares utilizados (tipos específicos de relacionamento entre produtor e consumidor como insumos de produção);
3. o propósito atendido pelo processo de produção (com relação a tempo, lugar e forma de utilidade).

Além das definições acima, uma série de outras propostas de classificação setorial têm sido elaboradas mais recentemente por outros autores, que ainda discutem as funções ou a natureza dessas atividades, conforme suas transformações a partir da introdução de inovações tecnológicas que afetam esses elementos. O termo "serviços" é entendido de maneira bastante diversa de acordo com o contexto de análise e as tipologias desenvolvidas a partir de diferentes enfoques apresentam diversidades básicas que continuam sendo motivo de polêmicas encontradas na literatura mais recente sobre o tema. Alguns estudiosos definem os empregos na produção de

Quadro 6.18 Tipologias de Setores de Serviços

AUTOR	TIPOLOGIA
Foot e Hatt (1953)	• Terciário (restaurantes, hotéis, reparação e manutenção, lavanderia). • Quaternário (transportes, comunicações, comércio, financeiros). • Quinário (saúde, educação, recreação).
ONU (1968)	• Comércio, alojamento e alimentação. • Transportes e comunicações. • Atividades financeiras, bens imóveis e serviços às empresas. • Serviços comunitários, sociais e pessoais.
Katouzian (1970)	• Serviços complementares (financeiros, transportes, comércio). • Serviços novos (saúde, educação, entretenimento). • Serviços antigos (domésticos).
Browning e Singleman (1975)	• Serviços distributivos (transportes, comunicações, comércio atacadista e varejista). • Serviços às empresas (financeiros, imobiliários, legais, de contabilidade, engenharia e outros profissionais). • Serviços sociais (saúde, educação, defesa, correio, governo e outros sociais). • Serviços pessoais (domésticos, hotéis, restaurantes, lazer, reparação e outros pessoais).
Singer (1981)	• Serviços às empresas. • De consumo coletivo. • De consumo individual.
Departamento de Comércio dos Estados Unidos (U.S. Census Bureau) (1984)	• Transportes, comunicações, utilidades públicas. • Comércio varejista e atacadista. • Financeiros, seguros e imobiliários. • Serviços pessoais e às empresas.
Nusbaumer (1984)	• Serviços primários (destinados a insumos). • Serviços intermediários (para *marketing* e distribuição de produtos). • Serviços finais (para o consumidor final, incluindo públicos de saúde, segurança e educação).
Walker (1985)	• Serviços de apoio à produção (que resultam em produtos tangíveis). • Serviços de logística, para o trabalho, monetários, de informação e de transferência de ativos. • Serviços baseados essencialmente em trabalho. • Serviços governamentais.
Schmenner (1986 e 2004)	• Serviços manufaturados (baixo grau de intensidade do trabalho e de interação e customização). • Serviços de comercialização 1 (baixo grau de intensidade do trabalho e alto grau de interação e customização). • Serviços em massa (alto grau de intensidade de trabalho e baixo grau de interação e customização). • Serviços de comercialização 2 (alto grau de intensidade de trabalho e alto grau de interação e customização).
Shostack (1987)	• Serviços principais produzidos nas empresas. • Serviços externos de apoio às empresas.

AUTOR	TIPOLOGIA
Marshall (1988)	• Serviços de processamento de informações. • Serviços relacionados à produção de bens e mercadorias. • Serviços pessoais.
Silvestro et al. (1992 e 1999)	• Serviços profissionais (organizações com poucas transações, altamente customizadas para as necessidades do cliente, orientadas para o processo, com contato duradouro no tempo, cujo valor adicionado em sua maior parte é gerado no *front office*). • Serviços em massa (organizações em que há muitas transações de consumo que envolvem contato em tempo limitado e pouca customização. Com oferta preferivelmente orientada para o produto com a maior parte do valor adicionado gerada no *back office*). • Lojas de serviços (categoria intermediária entre as duas anteriores e cujos níveis de classificação se situam entre os dois extremos).
ONU (1993)	• Comércio, reparação e serviços de manutenção. • Hotéis e restaurantes. • Transportes e comunicações. • Atividades financeiras. • Comércio de imóveis, *leasing* e serviços às empresas. • Administração pública. • Educação. • Saúde e serviços sociais. • Serviços de tratamento de esgoto, associações, recreativos, culturais, atividades esportivas e serviços pessoais. • Serviços domésticos. • Serviços diplomáticos e organizações internacionais.
Gadrey, Gallouj e Weinstein (1995)	• Quase bens (soluções padronizadas com diferentes modos de precisão). • Serviços customizados (diferentes soluções customizadas). • Coprodução (participação do consumidor na produção do serviço).
Collier e Meyer (1998)	• Serviços diretos ao consumidor. • Serviços ao consumidor com número moderado de estágios intermediários. • Serviços ao produtor com várias etapas no sistema de serviços.
Banco Mundial (junho, 2001)	• Serviços de política pública econômica. • Educação. • Financeiros. • Saúde, nutrição e para a população. • Desenvolvimento do setor privado. • Administração do setor público. • Proteção social. • Telecomunicações e Informática. • Transportes. • Desenvolvimento Urbano.
Kon (2012)	• Setores de serviços tradicionais: alojamento e alimentação, comércio e reparação, transportes e armazenagem. • Setores de serviços medianos: administração pública, imobiliárias, serviços às empresas e famílias, correios. • Setores de serviços avançados: informática e conexas, atividades financeiras, educação, saúde e serviços sociais, telecomunicações.

Fontes: Foot e Hatt (1953); ONU (1968); Katouzian (1970); Browning e Singleman (1975); Singer (1981); Departamento de Comércio dos Estados Unidos (1984); Nusbaumer (1984); Walker (1985); Schmenner (1986); Shostack (1987); Marshal (1988); Silvestro et al. (1992); Gadrey, Gallouj e Weinstein (1995); Collier e Meyer (1998); Banco Mundial (junho, 2001); Kon (2012).

CONCEITUAÇÕES E TIPOLOGIAS DAS ATIVIDADES E SETORES DE SERVIÇOS 249

serviços (*service work*) como um tipo de trabalho encontrado em todos os setores econômicos, como, por exemplo, os serviços de processamento de informações, os administrativos, os de limpeza e manutenção, entre outros.

Um conjunto de tipologias relacionadas exclusivamente às atividades do setor de serviços elaboradas por vários autores, desde a década de 1950, é apresentado no Quadro 6.18. É necessário salientar também que as tipologias podem ter interpretações diferenciadas se forem consideradas seja a partir da abordagem que visualiza uma função-serviço com potencial de ser realizada pelo próprio usuário do serviço, seja a partir de outra unidade econômica, como exemplificada pela substituição de serviços de lavanderia por máquinas domésticas, e do transporte público pelo carro particular. Os bens e serviços comprados ou prestados aos consumidores são usados por eles para produzir funções-serviços finais, como diversão, transporte, condições de vida satisfatórias e assim por diante.

Para efeito de compatibilização internacional, a maior parte das estatísticas dos países, na atualidade, utilizam a classificação definida pela Standard Industrial Classification (Isic), formulada por um grupo de especialistas de vários países reunidos pela ONU para esse fim. Dessa maneira, essa classificação considera quatro categorias de empresas de serviços (Quadro 6.19).

Quadro 6. 19   Definição da ONU Para a Classificação de Serviços

CLASSE	COMPOSIÇÃO
Serviços Distributivos	Incluem a distribuição física de bens (comércio atacadista e varejista), a distribuição de pessoas e cargas (transportes) e a distribuição de informação (comunicações).
Serviços Sem Fins Lucrativos	Constituem serviços da administração pública e outras organizações como sindicatos, templos religiosos, instituições assistenciais, clubes.
Serviços às Empresas	Constituídos por serviços intermediários para os demais setores, nos quais se incluem as atividades financeiras, serviços de assessoria legal, contábil, de informática e outras, e corretagem de imóveis.
Serviços ao Consumidor	Consistem numa gama ampla de serviços sociais e pessoais oferecidos a um indivíduo, na maior parte para ressaltar a qualidade de vida, como os serviços de saúde, ensino, restaurantes, serviços de lazer e outros pessoais e familiares.

Fonte: ONU, Standard Industrial Classification, Washington, 1968 e 1993.

Na realidade, o processo de produção em massa em forma industrial correspondente ao fornecimento de serviços será posteriormente reconhecido na literatura como incluído na "Indústria de Serviços" do setor terciário da economia, como já havia sido conceituado em 1968 pela ONU (1968 e 1993) em seu *A System of National Accounts*, onde eram definidas formas de mensuração do valor gerado por essas atividades.

Na atualidade, ainda permanece a discussão a respeito da indefinição do que seria um bem como objeto tangível que pode ser produzido em um momento e vendido depois. Já os serviços definidos como intangíveis e perecíveis são criados e consumidos simultaneamente ou quase que no mesmo momento. Muitas vezes não fica exatamente clara a distinção entre bens e serviços. Se, por exemplo, uma empresa fornece refeições preparadas para trabalhadores de outras empresas, é possível discutir se se trata da compra de um bem da indústria alimentícia (comida já preparada) ou da aquisição de serviços de preparação e distribuição dos alimentos.

Por outro lado, alguns bens só podem ser consumidos a partir da disponibilidade conjunta de alguns serviços, como, por exemplo, a utilização de um aparelho de televisão (bem industrial), que está associada à disponibilidade dos serviços de transmissão dos programas. Portanto, em alguns casos, é difícil distinguir se uma firma se constitui exclusivamente em uma produtora de bens ou incorpora uma indústria de serviços, e em qual ramo de produção deve ser considerada. Qual deveria ser a categoria de atividades de uma padaria que fabrica seu próprio pão e o distribui, porém distribui também outros bens fabricados por outras firmas? A compra de carpetes por um consumidor, por exemplo, pode ser efetuada diretamente junto à produtora de carpetes que vende e instala o seu produto ou junto a uma distribuidora, que pode contratar os serviços de um colocador de carpetes. Nesse sentido, a classificação das empresas enquanto produtoras de bens ou de serviços tem sido tema de discussões e de propostas de taxonomias diversas.

Do ponto de vista da abordagem ocupacional, a ONU desenvolveu, em 1987, a Classificação Padrão Internacional de Ocupações (International Standard Classification of Occupations – Isco), com reformulações em 2003 e 2007, a partir de

CONCEITUAÇÕES E TIPOLOGIAS DAS ATIVIDADES E SETORES DE SERVIÇOS 251

recomendações de conferências da OIT. As principais classes de ocupação da economia são definidas como:

- Gerentes e administradores.
- Profissionais liberais.
- Técnicos e outros profissionais afins.
- Trabalhadores em atividades religiosas.
- Trabalhadores em comércio e serviços.
- Trabalhadores da agricultura, florestamento, caça e pesca.
- Trabalhadores artesanais e relacionados.
- Trabalhadores de "chão de fábricas" e operadores de máquinas.
- Ocupações elementares.
- Forças armadas.

Quadro 6.20 Classificação de Kon Para Setores de Serviços: Padrões de Estruturação Ocupacional (EO)

TIPO	NÍVEL MÉDIO DE QUALIFICAÇÃO DO TRABALHO	CONCENTRAÇÃO DE TRABALHADORES			SETORES
		Qualificados	Não qualificados	Conta Própria	
EO-I	Menor	Baixa	Mais Elevada	Mais Elevada	• Alojamento e alimentação. • Comércio e reparação. • Transportes e armazenagem.
EO-II	Mediano	Média	Média	Média	• Administração pública. • Imobiliárias. • Serviços às empresas e famílias. • Correios.
EO-III	Superior	Mais Elevada	Não Definida	Não Definida	• Informática e conexas. • Atividades financeiras. • Educação, saúde e serviços sociais. • Telecomunicações.

Fonte: Kon (2012).

Ainda tendo como abordagem categorias ocupacionais, a classificação de Kon (2012) teve como objetivo determinar tipos diferenciados de setores de serviços agrupados de acordo com as características de sua estruturação ocupacional e tendo como base a qualificação do trabalhador, cujos resultados são sumarizados no Quadro 6.20. Essas categorias ocupacionais foram definidas a partir do agrupamento de trabalhadores em grupos de acordo com o nível de qualificação, para em sequência serem observados os setores de serviços que mostravam graus semelhantes de concentração de trabalhadores.

Dessa forma, foram distinguidos três grupos de setores de serviços diferenciados conforme as características de estruturação ocupacional (EO) mais tradicional ou mais dinâmica. É necessário salientar-se que essa pesquisa foi desenvolvida especificamente para as condições da economia brasileira, não tendo sido ainda testada em relação a outras economias para efeito de comparação e generalização dos achados.

CONSIDERAÇÕES FINAIS

Tendo em vista a heterogeneidade da natureza dos serviços e a possibilidade de critérios diferenciados de classificação, as discussões a esse respeito prosseguem incorporando uma visão mais avançada sobre uma variedade de serviços novos e inovados que estão surgindo na atualidade. Esses serviços se originam a partir da inovação tecnológica (videotexto, teleconferências, telefones celulares, comércio via computadores), de inovações intangíveis, do aumento da participação do consumidor nas operações de serviços (autosserviço em postos de gasolina, produtos empacotados para serem montados pelo consumidor, videotapes em substituição a cinemas) e de outros elementos criados pela inovação. Eles surgem a partir da criação de novas necessidades resultantes da globalização econômica verificada intensamente desde a década de 1980.

Na teoria tradicional, como visto, o setor de serviços era considerado residual em relação ao global da economia, após a consideração das atividades primárias e secundárias, e as atividades terciárias eram vistas como intangíveis e de inerente

CONCEITUAÇÕES E TIPOLOGIAS DAS ATIVIDADES E SETORES DE SERVIÇOS   253

menor produtividade. Ademais, o papel e a natureza dessas atividades vêm sofrendo mudanças consideráveis a partir da recente reestruturação produtiva das empresas e das economias mundiais, e particularmente com o apoio da inovação tecnológica. Diante desses movimentos de reestruturação, alguns fundamentos básicos tradicionais sobre essas atividades, bem como as tipologias rotineiramente adotadas, ainda se mostram inadequados para explicar a dinâmica das transformações econômicas atuais.

A base para a observação empírica dos fenômenos econômicos setoriais e regionais é a mensuração adequada da produção de bens e serviços. Apesar do significativo avanço nas discussões sobre as características, funções e tipologia das atividades de serviços, sua mensuração ainda é baseada em uma série de definições e classificações tradicionais das atividades e das relações econômicas moldadas em períodos anteriores, em que se verificavam diferentes relações nos sistemas e processos produtivos, métodos organizacionais e no "estado da arte" da tecnologia mundial. Dessa forma, essas definições continuam a ser revistas e reavaliadas, no sentido de possibilitarem a mensuração e o entendimento mais acurados das análises setoriais e regionais sistêmicas.

Em suma, a análise voltada para o desenvolvimento econômico de uma sociedade se fundamenta muito na disponibilidade de informações estatísticas acuradas acerca da realidade em questão e, em particular, sobre o comportamento setorial específico, no sentido de verificar a dinâmica das transformações na estrutura produtiva e o papel do conjunto de atividades econômicas nesses processos de desenvolvimento. A base para a mensuração das variáveis econômicas-chave se apoia na formulação adequada dos conceitos que expressem as definições, limites e tipologia dos principais agregados utilizados como indicadores econômicos para a análise.

Finalizando, é necessário enfatizar que, como visto anteriormente, com relação à mensuração do produto gerado, sua implementação na atualidade deve incorporar não apenas novas formas de conceituação e mensuração do valor dessas atividades, mas também os impactos da atuação dos serviços sobre a geração de valor das atividades de outros setores econômicos. Deve-se salientar ainda os impactos sobre a acumulação de riquezas pela economia, o que é uma proposta diferente da abordagem a respeito do papel dessas atividades na dinâmica do desenvolvimento das economias.

7. Inovação nos Serviços

I emphasize the role in innovation as perhaps the king of services, among the great variety of topics that are covered [...], because it is at the heart of the story that must ultimately become a prime focus of the literature on services.

(Baumol, 2010: p. xix)

Como salienta a autora neoschumpeteriana Carlota Perez (2005), em cada período histórico observado, um paradigma tecnológico prevalece na economia até o advento de uma "revolução tecnológica", definida como um conjunto poderoso e visível de tecnologias, produtos e indústrias novas e dinâmicas capazes de sacudir os cimentos da economia e de impulsionar uma onda de desenvolvimento de longo prazo. Nesse contexto verifica-se a convergência de uma série de inovações técnicas, novas fontes de energia, novos produtos e processos relevantes, bem como uma nova infraestrutura econômica. Assim, uma revolução tecnológica implica a reorganização da estrutura produtiva anterior, na transformação de instituições, na mudança de ideologias e de cultura e na transformação do sistema educativo, com as previsíveis consequências sociais.

Nesse sentido, a autora define a noção de paradigma técnico-econômico como portador de uma lógica condutora da trajetória de tecnologias, indústrias e produtos, que se converte em um modelo condutor do processo de desenvolvimento global e impõe uma lógica de inclusão-exclusão aos processos econômicos circundantes. A revolução tecnológica aplicada a um paradigma conduz a um novo "sentido comum" que possibilita a introdução de inovações compatíveis (Perez, 2002 e 2005).

Perez sustenta que desde o século XVIII foram visivelmente detectadas várias fases de revoluções tecnológicas fundamentais, por ela classificadas em cinco etapas. A primeira se refere à Revolução Industrial na Inglaterra, em 1771, com a abertura da fiação de algodão Arkwright, em Cromford, através do desenvolvimento da maquinaria e mecanização dessa indústria. A consequência foi o desenvolvimento de canais e vias fluviais e a utilização crescente de energia hidráulica que caracterizaram as novas infraestruturas, o sistema capitalista e os padrões de produtividade (Perez, 2005: p. 81).

A segunda revolução refere-se à era do vapor e desenvolvimento da estrada de ferro, iniciada na Inglaterra e difundida para a Europa e os Estados Unidos, a partir do surgimento, em 1929, do motor a vapor aplicado na estrada de ferro Liverpool-Manchester. As novas infraestruturas são marcadas por novas redes de estrada de ferro com a utilização de motor a vapor e o desenvolvimento das máquinas a vapor e da maquinaria de ferro movida a carvão, que possibilitaram a produção padronizada. Daí decorreram o aparecimento do telégrafo, grandes portos destinados a barcos para navegação mundial e o novo paradigma era caracterizado pelas economias de aglomeração, moldadas por cidades industriais centrais, que se tornaram base da demanda dos mercados nacionais.

A terceira revolução tecnológica trouxe a era do aço, da engenharia pesada e da eletricidade, iniciada na Alemanha e nos Estados Unidos, por volta de 1875, com a inauguração da Siderúrgica Bessemer de Carnegie, em Pittsburgh na Pensilvânia, que produziu aço barato, originando a introdução de barcos de aço com motor a vapor que dominaram o transporte marítimo (uso do Canal de Suez). Essa revolução propiciou a criação de redes transnacionais de estradas de ferro, do telefone, a aplicação da energia elétrica em grandes cidades e a construção de grandes pontes e obras civis. O novo paradigma tecnoeconômico foi marcado pelas grandes estruturas de aço, aplicação da eletricidade na indústria, desenvolvimento de economias de escala e aparecimento de novos sistemas de administração assentados na contabilidade de custos, que já se caracterizava como uma inovação intangível.

A fase seguinte de revolução tecnológica correspondeu à era do automóvel, do petróleo barato e do motor de combustão interna para transportes, tratores, aviões e tanques de guerra. A liderança territorial na época era marcada pela disputa entre Alemanha e Estados Unidos, e foi caracterizada desde 1908 com o surgimento do primeiro modelo "T" da planta da Ford, em Detroit. Essa fase foi complementada por nova rede de rodovias, portos e aeroportos, grandes redes de oleodutos e completa cobertura da eletricidade na indústria e nas residências. O paradigma tecnoeconômico foi caracterizado pelo crescimento da demanda de bens de consumo e da produção em massa, economias de escala, padronização de produtos e uso intensivo de energia.

Carlota Perez (2002 e 2005) classifica a quinta revolução tecnológica como correspondente à atual globalização e ao advento da era da informática e das telecomunicações, desde 1971, com o anúncio do microprocessador Intel 4004 na Califórnia, que impulsionou o desenvolvimento dos computadores, da telecomunicação da microeletrônica barata e a revolução, na informação. As novas infraestruturas resultantes do novo paradigma têm como base a comunicação digital mundial (a cabo, fibra óptica, rádio e satélites), os serviços de internet/correio eletrônico, além do transporte físico de alta velocidade em todas as modalidades, e estão marcadas pelo uso intensivo da informação, pela valorização crescente do capital intangível e pelo aparecimento da sociedade do conhecimento, que conduziram à globalização, à organização de *clusters* e ao crescimento das estruturas em rede.

Dessa forma, como visualizado nos capítulos anteriores, a noção que prevaleceu durante muitas décadas na teoria econômica tradicional e nas análises nelas baseadas conceituam a inovação no contexto econômico das indústrias manufatureiras e da agropecuária, enquanto os serviços mantêm sua posição subordinada a essas atividades. Em outras palavras, a indústria manufatureira é a força que impulsiona a economia, inova e cria sistemas técnicos de produção, dos quais as indústrias "passivas" de serviços tendem a se beneficiar.

Nesse enfoque, os serviços adotam inovações tecnológicas criadas pelas manufaturas, mas produzem poucas inovações em seu próprio contexto. Dessa forma permanecem com baixo desempenho na geração de valor adicionado e seus empregos são de baixa qualificação. No entanto, essa ideia começou a ser questionada, visto que apresenta muitas contradições intrínsecas com base na visão schumpeteriana. Primeiramente, contradiz a noção schumpeteriana de "ondas de destruição criativa", de acordo com as quais a organização e as indústrias inovadoras se desenvolvem às expensas de outras. Assim, como salientam Farid Gallouj e Faridah Djellal (2010: p. 6), nas economias atuais essa visão é posta em xeque por investigações empíricas profundas que identificaram intensa inovação em atividades de serviços, inclusive em setores que não apresentam fins lucrativos, em setores de serviços sociais e públicos. Essas inovações podem tomar formas não usuais no contexto da imagem que a teoria tradicional imprime aos serviços e que são incorporadas nos sistemas técnicos desenvolvidos nos departamentos de Pesquisa e Desenvolvimento (P&D) das empresas.

As inovações em serviços não podem ser reduzidas a inovações tecnológicas como é possível depreender pelos novos instrumentos financeiros, novas formas de contratos de seguros e outras transações, áreas novas de perícia (*expertise*) legal, novos tipos de restaurantes, de hotéis, de formas de comercialização varejista, de conceitos de laser etc. Isso não significa que as inovações não sejam ou não possam ser baseadas em tecnologias tangíveis de informação ou de sistemas de telecomunicação, entre outros. Portanto, não é possível conceber que a inovação ocorra apenas quando for incorporada em sistemas técnicos tangíveis, o que significa subestimar a capacidade de inovação dos serviços, que tem sido empiricamente provada. Esse engano ainda persiste em muitos indicadores de P&D sobre inovação encontrados em análises econômicas, o que vem sendo modificado através das constantes revisões teóricas divulgadas pela OCDE em seus manuais sobre inovação tecnológica.

Esse engano muitas vezes não significa a não aceitação de que os serviços não se adaptam à inovação, mas sim que os indicadores tecnológicos usuais existentes são incapazes de captar

INOVAÇÃO NOS SERVIÇOS

a inovação que ocorre nesse contexto. Ou seja, existe a denominada "defasagem de inovação", que define a diferença entre a realidade da inovação em serviços e o que pode ser mensurado de seus efeitos através dos indicadores tradicionais (Gallouj e Dellal, 2010). A defasagem tecnológica dá surgimento a uma defasagem nas políticas públicas voltadas para o estímulo da inovação, que são planejadas para atividades industriais ou agropecuárias ou para atividades de serviços de natureza tangível. Nos serviços, o processo inovador, da mesma forma que o produto inovador, pode ser intangível, como já visto. Pode consistir em métodos ou roteiros que definem trabalhos, ações e movimentos de cada indivíduo envolvido no processo.

Durante muito tempo a econômica tradicional enfatizou uma abordagem linear à inovação em que pesquisadores, produtores e vendedores eram especialistas que operavam em ambientes diferenciados, hermeticamente afastados uns dos outros, conceito teórico essencialmente incompatível com a verdadeira natureza das atividades de serviços, que mantêm interações consideráveis e constantes entre si e com os demais setores. Os serviços são interativos por definição e têm se voltado quase que naturalmente à organização de sua atividade inovadora através de um modelo interativo em que os atores de diferentes departamentos interagem (Kline e Rosenberg, 1986).

Muitas atividades de serviços na atualidade reverteram sua posição de subordinação em relação às manufatureiras na esfera da inovação tecnológica, isto é, são capazes de produzir seus próprios sistemas de inovação, seja de forma independente, seja ligados à indústria de forma indutora da produção. Exemplos de indústrias de calçado ou de tecido amplamente computadorizadas, em que o processo de planejamento e execução do produto é completamente organizado e posto em prática por *softwares* específicos, são encontrados em grande número na atualidade, tanto em economias avançadas quanto nas que estão em desenvolvimento. Componentes produzidos por atividades de serviços são muito mais representativos nesses processos produtivos e de comercialização do que os próprios componentes manufatureiros característicos. A utilização desses serviços permite a essas indústrias a participação mais efetiva e concorrencial no mercado interno ou exterior de seus produtos.

As tecnologias da informação e das comunicações têm conduzido à industrialização dos serviços, à inovação organizacional e a novas formas de comercialização dos serviços no que se refere aos relacionamentos entre produtor e consumidor, acarretando novas modalidades ou formas modificadas de serviços. Observe-se que na economia fordista, prevalecente até os anos de 1970, o modo de produção predominante se caracterizava pela produção em massa de uma longa série de bens manufaturados. Os mercados eram homogêneos, mais intensamente dentro de fronteiras nacionais, e as regulações keynesianas e os sistemas de barganha coletiva de salários asseguravam estabilidade e previsibilidade. As firmas se desenvolviam enquanto pertencentes a grandes corporações através de integração vertical da produção (Kon, 1994).

Mais recentemente, após a mudança do paradigma fordista para o toyotista, os modos de produção se transformaram bastante, embora ainda permaneçam economias de escala em algumas produções e a produção em série tenda a diminuir para dar surgimento a processos mais customizados. Por outro lado, as economias de escopo se tornaram mais relevantes e os parâmetros de competição são a qualidade e a adaptação à demanda a partir de alta segmentação de mercado, ou seja, o fornecimento de serviços através da diferenciação do produto adquire muitas vezes maior peso do que os preços no atendimento do mercado. A interação entre serviços e produção manufatureira se tornou a força impulsionadora da criação de riqueza (Illeris, 1996: p. 181).

Nesse contexto, a inovação e a tecnologia ganham relevância na busca da melhora da produtividade e das vantagens competitivas nos serviços, que já passam a impactar as atividades manufatureiras de forma contundente. A padronização e os ganhos de produtividade da automação fazem parte dessas transformações industriais, assim como o impacto resultante da flexibilidade das instalações e do trabalho, que permitem a adaptação à crescente personalização da oferta. O mesmo uso que as atividades de transformação industrial faziam da automação, robótica ou informática pode ser visto no setor de serviços. Nesse caso, a informática desempenha um papel central como matéria-prima dos serviços cada vez mais baseados no conhecimento e individualização (Téboul, 2002: p. 253).

Desde os anos de 1980 e mais intensamente na década de 1990, o processo de aceleração das mudanças tecnológicas, que permitiu a difusão da globalização mundial, tornou necessário que os países se preparassem para o dinamismo das trocas internacionais que começava a se instaurar. O processo de reestruturação produtiva que se ampliou primeiro nos países desenvolvidos – difundindo-se não tão rapidamente para os em desenvolvimento – resultou e foi resultado das transformações tecnológicas, nas condições de mercado então vigentes e nas características das empresas, que tinham como objetivo restaurar a competitividade industrial. Uma das consequências diretas foi a modernização de serviços, no sentido de que possibilitasse aos produtores de todos os setores de atividades a implementação das trocas internacionais de forma acelerada.

Este capítulo analisará o impacto do progresso tecnológico sobre a reformulação e intensificação das características da produção de serviços. Inicialmente será apresentado o "estado da arte" sobre os conceitos de inovação na área de serviços, para em seguida enfatizar o fenômeno típico da evolução das redes de informação e a repercussão no ambiente de inovação das atividades de serviços. Em sequência, é observada a relação da inovação nos serviços com a indução do desenvolvimento das economias. Por fim, a última seção trata da relevância da implantação dos sistemas nacional, setorial e regional de inovação, como parte das políticas públicas de uma economia.

ESTRUTURA CONCEITUAL DA INOVAÇÃO EM SERVIÇOS

A literatura sobre a inovação em serviços deixa claro o debate existente acerca da forma de sua conceituação e também a respeito da origem endógena (às firmas) ou exógena da inovação em serviços. Uma perspectiva da inovação em serviços encontrada na literatura apresenta uma divisão entre três abordagens conceituais diferentes, como salientado por Jeremy Howells (2010: p. 69): da assimilação, de demarcação e de integração.

Primeiramente, a abordagem denominada de assimilação ou "tecnologista" (*technologist*) visualiza a força motora e as formas de inovação em serviços como não endógenas, no sentido de que são derivadas de tecnologias e de sistemas adotados externamente ao setor, em particular de computadores e de outros equipamentos de TI – Tecnologia da Informação. Adota a mesma estrutura conceitual e de mensuração utilizada pela teoria centrada nas empresas manufatureiras, que consideram a inovação em serviços resultante do desenvolvimento e do uso de sistemas técnicos (tangíveis). Nesse sentido, não consideram aspectos não tangíveis do processo de criação inovadora.

A abordagem denominada demarcação surge em oposição à anterior e leva em conta a especificidade dos produtos e de setores de serviços de modo diferenciado e comparativo dos utilizados pela indústria manufatureira, com abordagens orientadas para entender essas diferenças (*service-oriented*). Esse olhar levou a uma nova conceitualização do processo de inovação endógeno às atividades de serviços. O fato de que o produto é muitas vezes intangível e frequentemente (não sempre) produzido e consumido ao mesmo tempo, com o envolvimento direto do consumidor, torna mais difícil a definição do momento em que houve mudanças na produção e consumo, que poderiam ser caracterizadas por inovação.

Com essa perspectiva, alguns autores tentam explicar certas dificuldades da situação, salientando que muita inovação realizada nessas atividades permanece escondida, visto que a produção não havia sido conceituada e mensurada antes de forma apropriada, e a inovação não pode ser diretamente comparada. Desse modo, observam que a inovação em serviços é mais comum e importante do que era suposto tradicionalmente e, além disso, sua relevância não se aplica apenas internamente ao setor, mas é importante para as demais atividades da economia. Concluem que a inovação em serviços é de natureza diferenciada dos modelos existentes na manufatura, como consequência de sua forma intangível. Essa conclusão se dá também pela verificação de que os serviços dão ênfase a novas práticas e rotinas organizacionais, criam dependência da interação e muitas vezes coprodução entre produtor e consumidor. Devido à simultaneidade entre produção e consumo, o produto é incapaz de ser estocado e, por isso, tem alto grau de perecibilidade (Howelles, 2010: p. 70). Essa abordagem é criticada por alguns autores, que mostram semelhanças na inovação entre atividades de serviços e a manufatureira, e afirmam que suas premissas surgiram como rejeição ao paradigma tradicional, que considerava os serviços simplesmente como passivos, dependentes de fornecedores e não inovadores.

Gallouj e Weinstein (1997) consideram que tanto a primeira quanto a segunda forma de abordagem à questão são estrábicas, embora úteis, para a compreensão de parte das características da inovação em serviços, pois a primeira perspectiva deixa de lado muitos aspectos a serem considerados, enquanto a segunda tem sido focada principalmente em análises de estudos de caso e tipologias setoriais e, dessa forma, carece de maior amplitude e abrangência para que possa ser aplicada a outras especificidades de serviços. Esses autores constroem sua abordagem a partir de um modelo que representa um produto ou um serviço como um sistema de competências, características técnicas e outras características finais. A partir disso, a inovação consiste em mudanças em um ou mais desses elementos (Gallouj e Savona, 2010: p. 28).

A terceira abordagem, denominada integradora, apresenta uma síntese e integração das duas primeiras abordagens, com a ideia de complementar conceitos, dar maior visão sobre aspectos tecnológicos não tangíveis, que podem ser aplicados tanto em manufaturas quanto em serviços (Coombs e Miles, 2000; Preissl, 2000; Drejer, 2004; Gallouj e Savona, 2010: p. 28). Mas esses autores reconhecem que houve uma mudança na forma fundamental de funcionamento da economia nas últimas décadas, que exige outra forma de olhar a inovação, particularmente a crescente interdependência e integração entre a produção e o consumo de bens e de serviços, bem como as estratégias competitivas. Isso mudou o foco da inovação de novas tecnologias para novo conhecimento, e da realização individual de inovação da firma para as cadeias, redes e sistemas de tecnologia, que colocam atividades de manufatura e serviços como fortemente inter-relacionadas.

Essa última forma de analisar a inovação nos serviços é muito recente e há poucos estudos empíricos a respeito, de modo que ainda não é completamente articulada, embora sejam encontradas pesquisas que buscam entender a associação entre a inovação e o desempenho da economia através dessas inter-relações. Mais recentemente surgiu uma nova abordagem denominada segmentalista. Ela considera que a heterogeneidade dos serviços exige o estudo da inovação em subsetores específicos, que apresentam características próprias. A partir dessa observação, defende não ser possível construir um modelo abrangente que cubra todas as formas de inovação nos serviços.

Por outro lado, paralelamente às formas de abordagem à inovação dos serviços, existe a necessidade de definir o que é uma inovação em serviços. Como visto em capítulo anterior, existe uma extensa literatura neoschumpeteriana focada na manufatura, que distingue entre inovação de produto e de processo, em parte devido ao fato de que outros tipos de inovação são menos facilmente identificados e mensurados. No entanto, como visto, a própria tipologia de Schumpeter já definia a inovação de forma mais ampla e abrangente, incorporando a multidisciplinaridade da inovação nos serviços, além da tradicional distinção produto-processo.

Assim, o conceito de inovação de Schumpeter, antes apresentado, abrange resumidamente cinco áreas: i. a introdução de um novo bem ou de uma nova qualidade em um bem (inovação do produto); ii. a introdução de um novo método de produção que inclui uma nova forma de comercialização de um produto (inovação no processo); iii. a abertura de um novo mercado (inovação de mercado); iv. a conquista de uma nova fonte de suprimento de matéria-prima e/ou de insumo intermediário (inovação de insumos); e v. a efetivação de uma nova organização da indústria (inovação organizacional).

Com base nos conceitos schumpeterianos focados nas peculiaridades dos serviços, vários autores desenvolveram complementações especialmente enfatizando o foco em serviços. Um dos novos conceitos explorados se refere à inovação *ad hoc*, descrita como uma construção interativa (social) de resolução de um problema particular imposto por um dado cliente. Esse conceito é particularmente relevante para os serviços de consultoria (Gadrey et al., 1995; Sundbo e Gallouj, 1998, 2000; Gallouj, 2000).

A literatura analisa particularmente algumas formas específicas de inovação em serviços, tanto na área pública quanto na privada: i. estratégia da condução do planejamento dos serviços, que envolve mudanças na missão, objetivos, estratégias e racionalização dos agentes; ii. mudanças no produto de serviços, representadas por novas características, funções e operacionalização; iii. alteração nas formas de entrega dos serviços, particularmente através da interação com os consumidores; iv. mudanças nos processos internos de produção e de formas organizacionais; e v. funcionamento através de um sistema de inter-relações integrado. Por outro lado, a inovação na atualidade não é apenas uma mudança momentânea, mas um processo contínuo, que pode ser incremental ou radical, porém constante (Gallouj e Djellal, 2010: p. 348).

As inovações *ad hoc* auxiliam na produção de um novo conhecimento e de novas competências que devem ser codificadas e formalizadas para que possam ser reduzidas a diferentes circunstâncias. A característica mais relevante desse tipo de inovação é a capacidade de adaptação às circunstâncias do momento. Ainda que uma inovação *ad hoc* não possa ser inteiramente reproduzível, visto que atende a uma situação peculiar, é suficiente que ela possa ser indiretamente reproduzível através da codificação e formalização de parte da nova experiência e competência desenvolvida naquela situação (Sundbo e Gallouj, 1998). É discutido também que o processo de inovação conduz ao aprendizado, o que não significa que o aprendizado é inovação se não implicar uma nova mudança radical ou incremental de produto, processo ou organização (Drejer, 2004).

Outro conceito desenvolvido especificamente tendo em vista as atividades de serviços refere-se à inovação do relacionamento externo, definida como o estabelecimento de relacionamentos particulares por uma firma com outros agentes, como fornecedores, compradores, autoridades públicas ou competidores. Em estudos recentes, esse conceito foi bastante relacionado ao da inovação organizacional e significa, de forma ampliada, a incorporação de processos de coleta, gerenciamento e utilização da informação, bem como de decisões baseadas em informações, como já observado em capítulo anterior. Esses processos de administrar a informação podem se referir tanto a relacionamentos internos à firma quanto a externos, sendo que esses últimos consistem em um subconjunto da inovação organizacional. Isso implica que a inovação externa enfrenta as mesmas questões que as organizacionais internas, o que é difícil de avaliar do ponto de vista de mensuração (Djellal e Gallouj, 2001).

A inovação na formalização é definida como um tipo de inovação heterogênea, que visa levar uma forma "material" (tangível) aos serviços e é descrita como "colocar em ordem as características de serviços, especificá-las tornando-as menos confusas, tornando-as concretas, concedendo-lhes forma" (Gallouj e Weinstein, 1997: p. 553). Pode ser efetuado um paralelo entre essa descrição e o processo de codificar ou explicitar o conhecimento adquirido, o que cria categorias de percepção que facilitam a classificação dos fenômenos, ou seja, a inovação da formalização pode ser descrita de modo a tornar formal as até então ações informais ou conhecidas de maneira implícita (tácita).

O conceito de inovação da especialização surge para descrever inovações que consistem em detectar novas necessidades e responder a elas através de um procedimento de acumulação de conhecimento e de especialização nas atividades de serviços. Esses tipos de inovação são descritos como potenciais, em que a inovação efetiva será materializada apenas como uma interação com o cliente, o que faz supor que seja apenas um caso especial de inovação *ad hoc*. Porém, como salienta Gallouj (2000: p. 133), o formulador do conceito, os resultados essenciais da inovação da especialização são a abertura de novos mercados, a diversificação interna e externa do serviço ou a renovação das modalidades do serviço e a criação de uma vantagem competitiva ou monopólio em termos de conhecimento e *expertise*.

A contribuição de novos conceitos sobre inovação em serviços chama a atenção para a multiplicidade de formas que podem assumir essas inovações de acordo com as características diversificadas das atividades de serviços em que ocorrem, e são muito discutidos tanto a natureza quanto o grau de novidade no sentido de verdadeiramente constituírem uma inovação. Ina Drejer (2004: p. 14) considera que a inovação na especialização é também encontrada no pensamento de Schumpeter ao detectar novas necessidades e atendê-las, o que possibilita a abertura de novos mercados. Ressalta que a inovação nos relacionamentos enfrenta o mesmo problema que outros tipos de inovação organizacional, no sentido de que podem ter um efeito econômico considerável, que no entanto é difícil de identificar e mensurar. Com relação à inovação na formalização, a autora destaca a dificuldade muitas vezes encontrada para codificar e tornar explícito um processo de conhecimento tácito e até então informal. No entanto, o conceito que coloca o maior problema nas análises sobre serviços é por ela definido como a inovação *ad hoc*, pois essa implica descontinuidade e dificuldades de difusão, posto que consiste em soluções específicas, e muitas vezes não reproduzíveis, de problemas determinados, predominantemente presentes em serviços de consultoria.

Barcet tenta responder à seguinte interrogativa: o que é inovação em serviços? Mostra, desse modo, que a inovação radical significa um rompimento com a tecnologia anterior, mas destaca que onde se considera não haver inovação no serviço, sempre é possível visualizar inovações incrementais. Dessa forma, é necessário distinguir a noção de inovação nas firmas que fornecem serviços das inovações em serviços. As firmas da indústria fornecedora de serviços agem da mesma forma ao considerarem a inovação no processo, visto que ela afeta suas capacidades; levam em conta a organização interna das diferentes atividades e funções, as técnicas e tecnologias usadas, bem como os resultados desse processo que são vendidos ou fornecidos a um agente econômico (Barcet, 2010: p. 51).

O autor constrói um novo paradigma de inovação em serviços, descrevendo os processos das indústrias de serviços que contêm uma variedade de dimensões complementares entre si. Primeiramente observa o mecanismo de criação de valor, ou do "valor de uso", conforme conceituado pela teoria clássica, que difere do conceito de utilidade da teoria neoclássica, esclarecendo que esse último conceito refere-se à escolha e preferência individual, enquanto o anterior remete a uma visão mais global do processo de utilização do serviço levada a efeito tanto por apenas um utilizador como por um grupo deles. Considera essa a forma mais aceitável de processo que cria valor de dimensões coletivas e sociais.

A outra dimensão complementar do paradigma refere-se à análise do processo de utilização em si, que implica a análise do ato do consumo, seja ele individual, familiar ou por organizações. Esse processo ocorre em um período de tempo e em um espaço, envolve atores, implica custos monetários e não monetários e produz resultados. Os resultados, por sua vez, são observados a partir de diferentes perspectivas de ação dos produtores que se utilizam de processos diferenciados. Nesse sentido, inovar nos serviços corresponde à ação que causa os efeitos obtidos incorporados nas diferentes utilizações. Isso requer que o produtor identifique qual processo que produz novos resultados será incorporado à sua produção (Barcet, 2010: p. 52).

A terceira dimensão apresentada por Barcet relaciona-se a uma mudança geral em uma economia. Essa dimensão é qualificada como uma função ou funcionalidade relacionada à economia, que implica substituição dos fluxos de habilidade e de serviços utilizados em um momento anterior. Em outras palavras, define a inovação como uma solução proporcionada por uma atividade de serviço para um novo problema identificado. O problema, que parte do lado do cliente, deve ser resolvido pelo fornecedor de uma forma diferente da anterior.

Essas três dimensões consistem em diferentes formas de visualizar a mesma realidade, definindo a mudança de paradigma, que nem sempre tem resultado imediato na provisão do serviço, mas que pode ter efeitos futuros na implementação do serviço e nos resultados. "Planejar e criar uma inovação em serviços significa, portanto, definir e criar um processo voltado para a produção de um efeito e novos efeitos que respondem aos bloqueios e problemas identificados" (Barcet, 2010: p. 53).

O novo paradigma de inovação no setor de serviços elaborado por Barcet (2010: p. 54) é composto por um sistema de quatro camadas de inovação distintas, porém interagentes, em que cada uma delas possibilita a identificação das questões relevantes e os atores nelas envolvidos (individuais ou coletivos). A primeira camada tem como foco o consumidor do serviço e conduz à definição do uso e da utilidade que este deve proporcionar ao cliente ou ao grupo de clientes e diz respeito aos efeitos que o serviço deve causar à sustentabilidade de seus efeitos, aos custos adicionais ligados ao processo de utilização do serviço, à questão do aprendizado do cliente para sua utilização e à possibilidade de comparação de seus efeitos pelo cliente. Essa primeira camada é analisada como a percepção das oportunidades de inovação, das potencialidades de desenvolvimento e das expectativas dos clientes.

A segunda camada refere-se à definição do produto que será oferecido, ou seja, o conceito que o fornecedor deseja apresentar ao mercado e, nesse campo, a inovação é sempre uma resposta do fornecedor, que deve apresentá-la e induzir seu consumo como uma possível solução para as necessidades ou desejos do cliente. Nesse sentido, existem muitas respostas alternativas, como possíveis soluções, entre as quais o fornecedor seleciona a(s) mais produtiva(s) e aquelas que se diferenciam de outras soluções existentes. O produtor do serviço tenta garantir a durabilidade da inovação. Esse nível de ação se destina a identificar a oferta, a posição da oferta em relação à sua concorrência, à definição das principais características do serviço que o tornam original ou inovador. Essa dimensão do modelo se volta, portanto, para a oferta a ser considerada e consiste em especificar os valores em que os serviços se baseiam, em termos efetivos, simbólicos, psicológicos, artísticos ou sociais. No planejamento de uma inovação é essencial haver coerência entre o produto final e o que foi prometido, ou seja, entre os valores apregoados pelo fornecedor e seus efeitos finais. Nessa etapa são definidos também os valores econômicos do serviço.

Outra camada se dedica a planejar um sistema de provisão do serviço, ou seja, procura organizar sua produção e distribuição e requer a especificação dos passos e fases necessárias para a implementação do serviço. O desafio da inovação consiste então em organizar as diferentes atividades requeridas de modo a integrar as dimensões heterogêneas das condições de operacionalização do serviço. Nesse sentido, é necessário a consciência de que a provisão do serviço está sujeita a riscos oriundos dos diversos locais em que é fornecido, em que os ambientes específicos nem sempre podem ser controlados. A questão nessa camada é tornar o serviço disponível e planejar a informação, recursos e ações que devem acompanhar a implementação.

Finalmente, a quarta camada se destina a especificar os meios e recursos necessários e a forma que serão obtidos, interna ou externamente. Sua função é ainda de garantir que a informação, o conhecimento e a habilidade a ser desenvolvida sejam providos pelo fornecedor ou pelo consumidor como uma coprodução, o que pode levar a problemas de propriedade intelectual. Isso ocorre porque muito serviços podem requerer várias capacidades diferenciadas obtidas pelo envolvimento de parceiros. Nessa fase, o desenvolvimento de certas inovações pode exigir um conhecimento histórico (*path dependence*) sobre a tecnologia por parte de outro fornecedor, e a inovação só pode acontecer na forma de parceria.

A relação entre as camadas, conforme descrita pelo autor, não é linear nem independente, e a possibilidade de responder de maneira satisfatória ou não à solução do problema em uma camada interfere nas escolhas e conceitos das outras camadas, em uma interação constante.

Assim, inovar não é simplesmente criar algo tecnologicamente novo, mas implica ainda dar um destino econômico para uma nova ideia, que pode ser, ou não, resultado de um invento genuíno. A invenção apenas assume maior relevância econômica quando se transforma em inovação. Segundo Milton de Abreu Campanário (2002), em uma abordagem econômica, uma inovação se consubstancia em um novo processo de produção setorial ou sistêmico, que produz ganhos extraordinários de produtividade e de penetração de mercado. Para a concretização da geração de inovações tecnológicas é necessário, entre outros fatores, a existência de algumas condições básicas manifestadas no processo cumulativo do conhecimento, da capacidade de difusão de externalidades e na detenção de poder competitivo, o que será discutido posteriormente na análise sobre o papel da inovação no contexto do desenvolvimento econômico.

Ao desenvolver um estudo empírico, Keith Pavitt (1984: p. 346) observou a estrutura produtiva da firma e, com foco na fonte de mudança tecnológica baseada no conhecimento científico, nos fornecedores especializados e na intensidade da escala de produção, identificou, entre as oportunidades de inovação, quatro padrões setoriais de inovação, que podem ser considerados fatores externos setoriais, que impactam a forma e a intensidade da inovação por uma empresa. Para a definição desses padrões, o autor examinou: a. fontes setoriais de tecnologia usadas em um setor, o que significa o grau em que a inovação é gerada dentro do setor, ou vem de fora, através da sua compra; b. fontes institucionais e a natureza da tecnologia produzida em um setor, ou seja, particularmente a importância relativa das fontes internas e externas de conhecimento e da inovação de produto ou de processo; e c. características das firmas inovadoras, em particular seu tamanho e atividade principal.

Os quatro padrões determinados referem-se a: i. setores receptores de inovação, nos quais a inovação foi gerada fora deles: ii. setores intensivos em escala, em que é necessário a capacidade de deter uma série ampla de conhecimento, tanto sobre tecnologia de processo quanto de produtos. Pavitt observou que nesses setores as inovações são geradas interna e externamente às empresas em cooperação com fornecedores; iii. setores que são ofertantes especializados de tecnologia e não necessariamente apresentam escalas elevadas e as inovações são geradas internamente às empresas e em cooperação com seus grandes clientes; e iv. setores baseados em ciência, cujo desenvolvimento tecnológico é de fronteira e que utilizam também os conhecimentos científicos encontrados na fronteira das ciências básicas. Esses setores são voltados especificamente para o lançamento de inovações em produtos e processos que reduzem custos de produção. Em suma, a pesquisa de Pavitt mostra a assimetria existente entre setores no que se refere à capacidade de inovação, de recepção e de fornecimento de inovação e conhecimento (Pavitt, 1984: p. 253).

Pavitt (1984) salienta que a estratégia inovadora da firma é definida pela observação de como a mudança tecnológica ocorre dentro do setor em que se insere: através das firmas baseadas no conhecimento que exploram P&D; através de fornecedores especializados que operam com escala intensiva de produção; pela inovação no processo produtivo visando à redução de custos; por fornecedores especializados que são mais focados no desempenho produtivo que na posição competitiva de preços; e, finalmente, entre setores dominados por fornecedores em que o produto tende a permanecer o mesmo e a mudança tecnológica é incorporada através da tecnologia por meio de bens de capital e de matérias-primas.

Vários estudos, que visam conceituar a inovação em serviços, evidenciaram que nesses setores a inovação é menos sistemática que nas manufaturas e que raramente as firmas de serviços têm departamentos específicos de pesquisa e desenvolvimento, além de a inovação ser conduzida em conjunto com o planejamento estratégico, com o treinamento e com o desenvolvimento de mercado (Coombs e Miles, 2000; Djellal e Gallouj, 2001). Essa forma de comportamento não deve levar à conclusão de que os setores de serviços são menos inovadores do que a indústria manufatureira, mas, ao contrário, isso leva a ampliar a observação de que a ideia de inovação deve ser melhor entendida e de que existem outras formas de atividades inovadoras além das concentradas em estudos de P&D. A questão básica a ser observada é o fato de que o produto dos serviços, em sua natureza, é constituído por um processo em andamento e, dessa maneira, as formas diversas de processos possíveis devem ser observadas no que se refere à conceituação de uma inovação (Taivonen, 2010).

Nesse sentido, no âmbito dos departamentos de P&D, qualquer processo de inovação inclui a emergência de uma ideia, o seu desenvolvimento e implementação. Marja Taivonen (2010: p. 225) traz uma nova visão ressaltando que nas firmas de serviços a nova ideia pode ser desenvolvida paralelamente e ao mesmo tempo que a implementação, ou seja, a parte mais relevante do processo da inovação é integrada à prática do fornecimento do serviço. A autora vai mais além concluindo, através de pesquisas empíricas realizadas focalizando especificamente a produção do serviço, que parte significativa da inovação emerge sem esforços deliberados voltados para a inovação. Isso pode ocorrer no caso em que não há uma nova ideia para um serviço que está sendo desenvolvido, mas uma nova prática ou um novo tipo de serviço desenvolvido como uma resposta a alguma oportunidade ou mudança percebida que atenda às necessidades do consumidor.

Sua análise conclusiva determina três tipos de processos existentes na inovação de serviços: i. inovação com um projeto separado da prática, que pode ser realizada depois; ii. inovação como um modelo de rápida aplicação; e iii. inovação que segue a prática, em que as soluções não previamente deliberadas realizadas no curso do fornecimento do serviço às vezes são posteriormente reconhecidas como possíveis de futuro desenvolvimento como inovação. Esses modelos diferem entre si se a inovação é buscada de forma deliberada ou se a parte principal do processo de inovação é levada a efeito antes que o novo serviço ou o serviço inovado seja colocado no mercado. Taivonem chama a atenção para o fato de que além da inovação no processo de elaboração do produto, a inovação nos serviços inclui também outros processos relacionados à inovação organizacional e de mercado, que muitas vezes se manifestam de forma a integrar planejamento e execução.

Uma outra questão, que torna complexa a inovação em setores de serviços, é a busca de equilíbrio entre os métodos de engenharia da inovação (*hard*) e aqueles focados na performance humana na provisão de serviços (*soft*). As disciplinas emergentes da engenharia de serviços são ferramentas que impulsionam a inovação do processo, tornando-o mais sistemático e aplicável. No entanto, o sucesso de sua aplicação depende da capacidade e possibilidade dos componentes humanos utilizarem adequadamente as novas ferramentas de modo a adaptá-las à customização, ou seja, às necessidades do consumidor, seja esse um indivíduo ou uma empresa (Sundbo, 2010: p. 283).

A complexidade da inovação em serviços resulta em que, muitas vezes, vários agentes e trajetórias são envolvidos no processo: os consumidores, como fonte para ideias inovadoras, os empregados, como fontes de ideias que agem de forma corporativa, as trajetórias tecnológicas existentes, as trajetórias intangíveis existentes, as trajetórias administrativas e ainda novos valores e prioridades da sociedade. O desenvolvimento de uma inovação, portanto, pode partir desses agentes e trajetórias e se consumar em uma série de padrões diferenciados: o padrão clássico de P&D (fordista ou neoindustrial), o padrão de serviço profissional, o padrão de inovação estratégica organizada, o padrão empresarial, o padrão artesanal e o padrão em rede (Sundbo, 2010: p. 282).

O processo de inovação em serviços é visto por Sundbo apresentando um caráter instável, que é explicado através da lei da baixa capacidade humana para executar multitarefas simultaneamente. Ou seja, Sundbo chama a atenção para o fato de que um grupo de agentes em uma indústria de serviços pode ter que lidar com vários processos e vários interesses que se desenvolvem ao mesmo tempo e, para lidar com isso, há dificuldades dos provedores de serviços equilibrarem essas tarefas adequadamente. Os vários interesses que interferem nesse sentido referem-se ao poder em determinada ocupação, ao prestígio e à posição individual, expressividade de tendências pessoais e outras características que diferem entre os fatores humanos do processo.

Na análise da estrutura conceitual das inovações em serviços é relevante observarmos o papel do consumidor no processo inovador, que em muitas produções é parte integrada do processo, influenciando na possibilidade de inovação. A ação do consumidor nesse processo pode adquirir várias formas, desde sua ação como comprador do serviço, como objeto de interesse, até fornecedor de informações, especialista e coprodutor. O grau de comunicação entre o provedor do serviço e o consumidor se estende por uma gama de intensidades, que vai da aquisição passiva do produto, informação e *feedback* sobre aspectos específicos do serviço, consulta extensiva sobre seus impactos até a ação do consumidor como parte integrante do processo de desenvolvimento da inovação. A tecnologia desenvolvida na atualidade facilitou a integração do consumidor ao processo, como, por exemplo, através da criação de hiper-realidades, simulações, *test-drives* dos serviços, rastreamento do comportamento do consumidor e armazenamento de outras informações. Essas novas fontes de conhecimento têm se tornado relevantes para a inovação nos serviços, com a integração do consumidor ao processo através da interpretação e tradução das informações em ações inovadoras efetivas (Edvarsson et al., 2010: p. 309).

Conforme sugere Voss (1985), a integração do consumidor com o processo inovador pode ser resumida em cinco categorias: i. o consumidor participa em todos os estágios do processo de inovação e a distribui comercialmente; ii. o consumidor participa na maior parte dos estágios do processo e o fornecedor executa a difusão comercial; iii. o consumidor reconhece a necessidade de inovar e gera a ideia para solucionar o problema e, por sua

INOVAÇÃO NOS SERVIÇOS   275

vez, o fornecedor executa o resto do processo; iv. o consumidor expressa a necessidade e o fornecedor executa o resto do processo; v. o fornecedor participa de todos os estágios da inovação e o consumidor participa apenas como cliente comercial.

A integração do consumidor com o processo de inovação, dessa forma, é buscada como instrumento que aumenta o poder competitivo do consumidor no mercado. Observando a inovação sob a perspectiva de envolvimento do consumidor no processo, alguns autores mostram os vários papéis que o consumidor pode exercer em tal participação. Ao apresentar um envolvimento proativo, a atuação do consumidor no processo de inovação é buscada pelas empresas com o intuito de elas poderem aprender e apreender com ele novas necessidades e possibilidades de efetivar alguma inovação. O consumidor assume, desse modo, o papel de coinovador ou de cocriador de novos serviços, sejam esses dirigidos para indivíduos, empresas ou serviços públicos (Edvardsson et al., 2010: p. 301).

AS REDES DE INFORMAÇÃO, O NOVO AMBIENTE E A INOVAÇÃO EM SERVIÇOS

Nas últimas décadas do século XX, observou-se a emergência da produção de serviços na forma de redes ou como propriedade de uma nova modalidade de produção compartilhada por uma comunidade que evoluiu com o advento da internet como uma comunidade aberta e pouco delimitada que coopera de forma instantânea, descoordenada e voluntária para a produção de um bem informacional ou cultural. Como salienta Vasilis Kostakis (2011), essa forma de inovação deu surgimento a uma série de novas premissas da Economia Política, particularmente após o artigo de Yochai Benkler de 2002 "Coase's Penguin, or Linux and the Nature of the Firm", que introduz a expressão *commons-based peer production*, que pode ser traduzida, de forma não abrangente, como "produção cooperativa". Essa expressão, frequentemente usada para descrever a produção social, define um novo modelo de produção socioeconômica em que a energia criativa de um grande número de pessoas é coordenada em projetos amplos e importantes, no âmbito da tradicional organização hierárquica, usualmente por meio da ajuda da internet. Tais projetos são concebidos sem compensação financeira para seus agentes e, dessa forma, oferecem maior aplicabilidade em serviços públicos.

A obra *The Wealth of Networks: How Social Production Transforms Markets and Freedom* , de Yochai Benkler, de 2006, que pode ser traduzido como *A Riqueza das Redes: Como a Produção Social Transforma os Mercados e a Liberdade* traz em seu título uma menção direta a "A Riqueza das Nações", de Adam Smith. O trabalho de Benkler descreve uma forma de liberalismo econômico baseada na descrição da "mão invisível", figura sugerida por Smith, pregando a autonomia dos signos sociais para explicar a autorregulação do capitalismo por meio da liberdade de competição e da lei da oferta e da procura. A nova "mão invisível" proposta por Benkler não é mais conduzida pelo homem egoísta, mas sim pelas redes, que foram essenciais para o surgimento de um novo estágio da economia denominado pelo autor "economia da informação em rede", cuja principal característica é conceder à ação individual e descentralizada um papel maior do que tinha na economia industrial (Benkler, 2002 e 2006).

Yochai Benkler salienta duas transformações que possibilitaram o surgimento desse novo sistema que atua de modo paralelo: a primeira grande mudança se refere à possibilidade de digitalização da produção simbólica da humanidade, visto que as redes informacionais, que difundem bens simbólicos, concedem valor às formas do saber não formalizáveis. Dessa forma, o conhecimento se torna a principal força produtiva de uma economia, aumentando a difusão de bens imateriais, da produção de informação, através da manipulação de símbolos exemplificada por ciências, serviços financeiros, de contabilidade e *software*, bem como expressas através de cultura, como filmes, músicas etc. Benkler ressalta o potencial das redes de comunicação para a formação de uma sociedade produtiva e livre ("mão livre") a partir de novas condições tecnológicas e econômicas baseadas na economia imaterial das comunicações.

A segunda transformação se faz a partir da formação de um novo ambiente de comunicações elaborado com base em processadores baratos, porém com alta capacidade informática, interconectados a uma rede, ou seja, mais usualmente à internet. Essa possibilidade auxilia a criatividade humana, bastando a disponibilidade de um capital físico representado por um computador e uma conexão de rede. Uma comunicação a baixo custo, como a apresentada, criou condições para colaborações sustentáveis e compartilhamento de recursos baseados na produção cooperativa (*commons*), que apresentam características diferentes dos arranjos institucionais anteriores baseados na propriedade, pois os *commons* "são um tipo particular de arranjo institucional onde ninguém tem o controle exclusivo do uso e da disposição de qualquer recurso particular" (Benkler, 2007: p. 12).

Dessa forma, o capital físico das redes de informática tem funções e características bem diferenciadas de outras formas de capital que moldaram a economia industrial no século xx. Benkler chama a atenção para o papel crescente da produção descentralizada e fora do sistema de mercado nos setores de informação e cultura. Por meio de uma transformação rápida na produção e distribuição da informação, as tecnologias digitais proporcionam o espaço adequado para a socialização e organização da formação de valores da economia e da sociedade. Benkler considera que um contexto repleto de *commons* é fundamental para novas criações e inovações e cita os movimentos de *software* livre, Youtube, o Slashdot, Wikipedia, entre outros, como exemplos bem-sucedidos de *commons* e de *peer production*. O *software* livre, definido como um conjunto de novas formas cooperativas de produção de informação, conhecimento e cultura em oposição aos mecanismos habituais de propriedade, hierarquia e mercado, é o exemplo mais característico de *commons based peer production* (Benkler, 2007).

Voltando a atenção para a esfera pública, Benkler (2006: p. 177) a define como um quadro de práticas que os membros de uma sociedade usam para comunicar questões que eles entendem ser de interesse público e que potencialmente requerem uma ação ou reconhecimento coletivo. A definição de esfera pública do autor não é restringida ao setor público exclusivamente, mas é extrapolada para os casos de aumento da produção de informação através de relações não mercantis e não proprietárias, levando a questão ao modelo de esfera pública sustentada pelos meios de comunicação de massa dos grandes grupos de mídia privados. Nesse sentido, seria possível também reconfigurar o setor público através de processos de produção de informação via redes sociais, o que acarreta remodelação de formas anteriores de comunicação com os provedores e consumidores de serviços públicos e com a ampliação de novos serviços adequados ao novo modelo.

Por outro lado, como salienta Benkler, os processos de produção de informação por meio de redes sociais utilizadas pela esfera privada implicam redistribuição de poder entre grupos hegemônicos. Questões não definidas por legislações e por outras instituições adequadas referentes à produção e troca de informações, bem como os recursos utilizados para esses processos, devem ser reguladas pelo setor governamental, implicando a criação de serviços anteriormente não necessários. O autor discute os questionamentos que surgem no ambiente informacional a respeito da forma que devem tomar as novas instituições a serem criadas e qual o âmbito que deve assumir a regulação delas: como bens públicos utilizados livremente por qualquer indivíduo, ou como bens comercializados no mercado, ou ainda como filantropia, fora do mercado. Os conflitos que podem surgir durante a regulação das instituições em um novo ambiente informacional se aplicam a várias camadas desse mesmo ambiente: em dispositivos físicos e canais de rede necessários à comunicação, na regulação sobre a produção de conteúdo, nos recursos lógicos – *softwares* e padrões – necessários para traduzir o que os seres humanos querem dizer uns aos outros, em sinais que as máquinas poderão processar e transmitir. No entanto, Benkler (2006: p. 24) não considera a propriedade como algo inerentemente ruim, visto que ela e o contrato são componentes institucionais centrais dos mercados e das sociedades liberais, que permitem aos vendedores extrair preços dos compradores e aos compradores saber que, ao pagarem, estarão seguros na sua habilidade de usar um produto. Dessa forma, a propriedade é a base da capacidade de planejar ações que requerem o uso de recursos que, sem a exclusividade, estariam indisponíveis para o uso.

O ambiente para a inovação em serviços na atualidade atribui um papel muito relevante à tecnologia que originou a internet como meio de comunicação. Sem ela, como salienta

Benkler, os projetos do ambiente de redes não teriam sido viabilizados. O processo de colaboração e parceria entre empresas já existia antes das redes, porém a nova possibilidade técnica transformou o papel econômico das atividades em conjunto.

Nem determinista nem totalmente maleável, a tecnologia estabelece alguns parâmetros de ação social. Ela pode tornar algumas ações, relações, organizações e instituições mais fáceis de serem realizadas, e outras mais difíceis. Em um ambiente desafiador – sejam os desafios naturais ou humanos –, ela pode fazer alguns comportamentos se tornarem obsoletos ao aumentar a eficácia de estratégias que competem diretamente com estes. No entanto, dentro do terreno do que é viável – usos não se tornam impossíveis pela adoção ou rejeição de uma tecnologia –, diferentes padrões de adoção e uso podem resultar em relações sociais muito diferentes que emergem ao redor da tecnologia. (Benkler, 2006: p. 17)

Segundo o autor, o uso de tecnologias semelhantes pode provocar efeitos diferentes conforme sua forma de adoção e, na economia da informação em rede, produzir e distribuir informações à distância está ao alcance de muitos. A redução dos custos proporcionou uma mudança econômica e social de larga escala por causa dos efeitos multiplicadores da inovação em serviços necessária para a elaboração e implementação efetiva dos sistemas em rede. A barreira tecnológica material, que conduzia os processos de informação industriais anteriores ao advento da internet, foi removida com a nova tecnologia. Assim, as formas de comunicação fora do sistema de mercado se tornaram ainda mais importantes para o sistema de produção de informação.

Por outro lado, o fato de essas atividades se tornarem disponíveis a todos que estejam ligados à rede, em qualquer espaço abstrato, levou ao surgimento da agregação da ação individual, produzindo um efeito coordenado de um novo ambiente informacional com resultados amplificados. A parceria em grande escala na produção de informação, conhecimento e cultura se expandiu consideravelmente não apenas nas plataformas centrais de *software*, mas também dentro de todos os campos de produção de informação, incluindo enciclopédias, notícias e comentários, além do ambiente da produção material agrícola e industrial. Outro ponto relevante destacado é o surgimento da necessidade de mecanismos de filtragem, validação e síntese como parte do comportamento conectado em parceria, e esses mecanismos tomam a forma de um conjunto de comunidades de interesse e associações que oferecem uma multiplicidade de caminhos de expressão e validação. Os efeitos disso tudo ampliaram a necessidade da criação de meios de implementação, coordenação e controle das novas atividades econômicas e não econômicas que se difundiram. Em particular, o novo modelo exigiu a ampliação da inovação especificamente na esfera de serviços para adequar as novas relações econômicas e ampliar a produção de bens materiais e intangíveis demandados (Benkler, 2006).

Em seu livro *The Wealth of Networks*, Benkler visualiza que o ponto central dessas inovações surgidas das novas condições tecnológicas que favorecem a produção colaborativa, em que os processos de comunicação passam a conviver com o sistema de mercado, transforma a natureza da "mão invisível" de Adam Smith. Esta passa a ser guiada pelas mãos dos colaboradores em rede. No entanto, "o potencial de mudança dependerá da 'ecologia institucional' adotada pela sociedade, que pode beneficiar mais ou menos a riqueza das redes colaborativas" (Benkler, 2006: p. 116).

O novo sistema em rede interconectada de transmissão de informações que se situa na esfera pública, por sua vez, apresenta características muito diferenciadas da esfera pública, que era dominada apenas pelas atividades de *mass media* (rádio, TV, jornais impressos, entre outros). Primeiramente, a infraestrutura de informação distribuída pela rede e a eliminação de custos para se tornar um emissor leva a uma forma de difusão ampla, em contraste com a centralização anterior da *mass media*. As teorias da Economia Industrial e as teorias evolucionistas, como visto, salientavam o papel da informação na tomada de decisão econômica das empresas, ou seja, desde meados do século XIX, a evolução da economia industrial se apoiou consideravelmente na disponibilidade da informação, cuja aquisição era restrita pelo capital físico necessário para sua produção. O capital físico baseava os projetos de investimento em tecnologias de informação com o objetivo de orientar as atividades na direção da produção de mercado (Branco, 2009).

Dessa forma, as atividades econômicas que operam na esfera pública interconectada através de *commons based peer production* têm por natureza menor dependência do capital físico e, consequentemente, maior capacidade de ampliação da produção. A existência de poucos pontos de contato de produção e distribuição, devido ao alto custo de investimento, acarretou o modelo anterior em canais fixos e fechados de distribuição de informação e assim a topologia de rede tecida pelo *mass media* seria caracterizada pela presença de centros, pela informação em comum e por canais fixos e fechados de distribuição de mensagens, limitados pela extensão dos requerimentos de capital para a produção. Portanto, como salienta Benkler, as condições e características que tornam a esfera pública interconectada mais atraente do que o modelo de esfera pública do *mass media* estão na ubiquidade da informação, em sua velocidade de processamento e na possibilidade de troca imediata de dados e opiniões, bem como na capacidade de indexação da informação em bancos de dados (Branco, 2009).

INOVAÇÃO NOS SERVIÇOS E INDUÇÃO AO DESENVOLVIMENTO ECONÔMICO

A análise do processo de inovação no setor de serviços com vistas à busca do desenvolvimento econômico não pode estar desvinculada de uma visão geral sobre o processo de inovação como um todo nas economias capitalistas contemporâneas, como ressaltado na seção anterior. No entanto, algumas especificidades requerem um tratamento analítico que resguarde as peculiaridades dessas atividades, no sentido de que políticas públicas que visem à promoção da inovação como indução do desenvolvimento com enfoque sobre os serviços sejam relacionadas aos aspectos particulares da questão.

A importante visão de Schumpeter sobre a relação existente entre inovação tecnológica e organizacional, competitividade e geração de renda ou de poder de compra é ampliada com a colaboração dos autores neoschumpeterianos, cujas principais ideias, como visto, são encontradas nas obras de Richard R. Nelson, Sydney G. Winter, Giovanni Dosi, Keith Pavitt e Luc

Soete, entre outros, que salientam a relevância da inovação como geradora de instrumentos para a ampliação da competitividade das firmas, permitindo a apropriação de vantagens absolutas de custo e qualidade que conduzem à ampliação de seus mercados e às mudanças estruturais que caracterizam o desenvolvimento econômico.

Em particular, a contribuição dos serviços, internamente às empresas, para a consecução das tomadas de decisão dos agentes, tendo como base a ampliação e a difusão do conhecimento facilitado pela informação, é explicada por Dosi: "Em um mundo caracterizado pela mudança tecnológica e transformação, a conduta dos agentes é representada mais adequadamente pelas rotinas, estratégias, regras dirigidas a metas e processo de pesquisa" (Dosi, 1988: p. 124).

Esse autor chama a atenção para a relevância das externalidades sobre as estratégias inovadoras das empresas. As externalidades são uma característica essencial à inovação de serviços, visto que suas possibilidades de produção, ou do consumo de produtos por uma firma ou indivíduo, influenciam de modo considerável (positiva ou negativamente) as tomadas de decisão e as escolhas de outra firma ou consumidor. A infraestrutura de ciência e tecnologia (representada pelo conhecimento e especialização) gera externalidades que permitem a interdependência entre setores e tecnologias, definindo a capacidade de incorporação do progresso tecnológico pelas empresas, promovendo a competitividade sistêmica e induzindo transformações estruturais (Dosi, Pavitt e Soete, 1990).

Nessa linha de pensamento, os autores acima citados seguiram uma série de análises que investigam o papel das atividades de serviços no processo de desenvolvimento da economia, ampliadas particularmente pelo crescimento da informática, pela crescente internacionalização dos serviços e pela criação de outras funções de ocupações terciárias destinadas a facilitar a difusão das externalidades, conduzindo ao aumento da terciarização das economias. A análise histórica a esse respeito mostra que, no decorrer do tempo, algumas transformações, que ao lado da velocidade da mudança tecnológica reforçaram a passagem para a economia de serviços, particularmente em países mais desenvolvidos, foram o aumento das grandes corporações e do tamanho dos mercados, a diferenciação do produto, o desenvolvimento de novos mercados e a intensificação (nos anos de 1960) da influência de organizações governamentais e sem fins lucrativos (Noyelle e Stanback, 1988).

A tecnologia é um fator decisivo para o desenvolvimento dos serviços baseados em conhecimento e mesmo para muitos serviços mais tradicionais ou históricos como o comércio varejista ou serviços pessoais, por exemplo. O estoque de conhecimentos de que se servem os setores de serviços sobrepõe-se muito ao dos setores produtores de bens, embora ambos se utilizem de modelos e de outras aplicações matemáticas, concretizadas em soluções através de tecnologias de sistemas de informação. Como assinala William J. Baumol, sendo a P&D uma atividade de serviço, os serviços desempenham, assim, claramente um papel crucial na inovação e no crescimento da produtividade, consequentemente como indutor do desenvolvimento econômico.

A partir da intensificação da inovação tecnológica na década de 1960, a dinâmica de rápida mudança da demanda por serviços ocasionou certa especialização flexível, porque os produtores de bens e serviços tiveram que adotar estratégias que visavam à obtenção de permanente inovação e adaptação às novas condições. Essa flexibilidade foi possível através da atração e do treinamento de mão de obra qualificada, do desenvolvimento de redes de cooperação entre as firmas e da utilização crescente dos novos padrões tecnológicos. Com o mesmo estoque de capital e trabalho, as firmas puderam garantir o desenvolvimento, produção e distribuição de uma maior gama de serviços. Além disso, a flexibilidade concede aos serviços com uma vida produtiva limitada a possibilidade de torná-los mais utilizáveis do ponto de vista econômico. Permite também às firmas adotarem padrões locais quando os serviços são mais dispersos, com menor controle organizacional. Nessa economia pós-industrial, as empresas estão cientes da necessidade de reduzir sua exposição a riscos (reduzindo estoques, através de sistemas *just-in-time*), de controlar a qualidade, de subcontratar ou terceirizar etapas do processo produtivo e de considerar o trabalho como um ativo de capital.

Segundo Peter W. Daniels (1993: p. 34), as teorias neoschumpeterianas mais recentes explicam o crescimento dos serviços a partir da desindustrialização ou transição para uma economia da informação, conforme apresentado anteriormente. De acordo com essas teorias, as indústrias de serviços pertencem ao estágio mais avançado de desenvolvimento de uma economia, tendo como antecedentes os estágios anteriores de: i. soberania da agricultura e da manufatura; ii. substituição das ocupações dos trabalhadores manuais pelos de escritório e burocráticos; iii. tendência à maior qualificação e promoção da força de trabalho como recurso-chave; iv. disponibilidade e maior acesso à informação como o principal fator de produção em vez da matéria-prima ou do trabalho.

A tecnologia da informação e das comunicações vincula as economias de serviços e da informação e, dessa forma, a contribuição dos serviços ao desenvolvimento econômico e à economia mundial se transformou e se elevou desde a convergência dos computadores e das telecomunicações, a partir de meados da década de 1970, transformando as economias de muitas maneiras. Primeiramente, o que é produzido, bem como a composição (*mix*) de produtos, tem sido alterado, de modo que se acelera a complementaridade biunívoca entre bens e serviços com o desenvolvimento de novos serviços e maior diferenciação do produto ao invés de produção em massa. Em segundo lugar, o mercado tem mudado, abarcando maior internacionalização e uma crescente comercialização de serviços. Em terceiro lugar, a localização da produção dos serviços tem se modificado, incluindo também a internacionalização. Finalmente, há uma transformação dos processos produtivos (Ochel e Wegner, 1987; Kon, 1994).

Mas desde a ampliação da "economia da informação", o emprego nos serviços vem se expandindo, ainda que alguns setores tenham testemunhado aumento na produtividade. A "economia da informação" é descrita como uma fase recente (desde a década de 1980) do desenvolvimento econômico, em que a produção de bens e serviços de informação dominam a criação de riquezas e de empregos, e os computadores e as telecomunicações fornecem potencial tecnológico para a inovação de produtos e processos. A informação aumenta a produtividade de qualquer setor, mas o gerenciamento, aquisição e interpretação dessa informação são trabalhos intensivos, ainda que tecnologias de processamento de informações estejam disponíveis. Manuel Castells sugere: "Por trás da expansão do setor de serviços, diretamente em termos de emprego, e indiretamente em termos de seus efeitos sobre o produto, está o desenvolvimento da economia da informação" (Castells, 1989: p. 136).

As novas tecnologias da informação abriram importantes possibilidades. Com isso, as redes de filiais espacialmente distribuídas podiam ser coordenadas de modo mais efetivo e as atividades de serviços ganharam a possibilidade de ser reformuladas pela introdução da maquinaria eletrônica e dos sistemas de automação flexível na manufatura, que combinaram pesada mecanização com a produção em pequenos lotes.

Tais ideias contradizem os conceitos da produtividade decrescente dos serviços encontrados em teorias tradicionais (Kon, 2004a) sobre o crescimento do emprego nessas atividades, que consideravam que as melhorias na produtividade do trabalho se mostravam inferiores para os serviços com relação às manufaturas. Dessa forma, tais atividades irão requerer um percentual maior da força de trabalho, ainda que a demanda seja difundida igualmente por todos os setores da economia. Por outro lado, é observado que a consecução de aumentos na produtividade não se dá em todas as modalidades de serviços. Visto que a produtividade de alguns serviços pessoais tem permanecido mais ou menos inalterada, outros serviços têm obtido grandes aumentos devido aos avanços tecnológicos (Baumol, 1967, 1986 e 1987). Aplicando essa ideia à incorporação dos avanços recentes da informação e das comunicações, William Baumol exemplifica esse fato mostrando que o mesmo número de músicos é necessário para tocar um quarteto de Beethoven tanto no fim do século XX como no século XVIII, e a produtividade não mudou. Porém, os avanços tecnológicos nas formas de gravação, reprodução e transmissão da música tornaram possível que um número quase ilimitado de pessoas pudesse ouvir a música e, nesses termos, a produtividade dos músicos aumentou.

Dessa forma, é necessário ressaltar-se as relações diretas entre a inovação na área de serviços e o contexto do desenvolvimento econômico em cujo âmbito a inovação e a tecnologia ganham relevância na busca da melhora da produtividade e das vantagens competitivas nos serviços, que não só impactam as atividades manufatureiras, mas todas as demais de forma contundente. A padronização e os ganhos de produtividade da automação, por exemplo, fazem parte dessas transformações produtivas, assim como o impacto resultante da flexibilidade das instalações e do trabalho, que permitem a adaptação à crescente personalização da oferta. Se a dinâmica das economias em direção ao processo de desenvolvimento tem como base as inovações de uma forma geral, em especial as inovações em serviços repercutem intensamente e sofrem repercussões dos aspectos macro e microeconômicos específicos de cada país e também da economia mundial globalizada.

Do ponto de vista macroeconômico, a efetivação das inovações requer a disponibilidade de recursos para investimentos produtivos aplicados a novos processos de produção. Num movimento incessante, visando à permanência no mercado concorrencial, como descrito por Schumpeter, são geradas novas ondas de inovação, que repercutem em ondas de investimento em tecnologia ao longo do tempo em períodos dinâmicos da economia mundial na atualidade. O movimento de inovações e investimentos tecnológicos oscila em face dos períodos de crises econômica e financeira mundiais, porém é visualizada uma tendência de crescimento a longo prazo. A dinâmica de investimentos motivados pela inovação dá impulso a um efeito multiplicador através da geração de demanda para outros setores, que por sua vez aumenta o volume de emprego e a massa salarial, o consumo, a demanda por crédito e, dessa forma, eleva o nível de renda da economia (Campanário, 2002).

Da mesma forma, ainda do ponto de vista macroeconômico, em momentos em que a onda de inovações perde seu dinamismo e seu efeito multiplicador, a economia pode ter períodos de baixo dinamismo, porém a economia tem a tendência de não voltar à sua condição anterior, visto que a realidade econômica foi transformada, através de novos produtos, novos processos produtivos, novos padrões de consumo que moldam um novo paradigma tecnológico. Nessas condições, as políticas públicas e as empresas são confrontadas com o desafio de definir novas estratégias tecnológicas que estimulem outra série de inovações, de modo a reassegurar um padrão dinâmico de competitividade que possibilite a retomada do crescimento produtivo através de instrumentos microeconômicos.

As condições macrossociológicas ou sistêmicas de inovação em serviços, por outro lado, podem ser também determinadas por uma série de mudanças sociais que ocorrem na sociedade; essas se referem à forma pela qual as pessoas vivem, bem como à forma pela qual as firmas e organizações funcionam, procurando uma melhor condição nos relacionamentos sociais, nas instituições e em outros espaços onde os indivíduos trabalham e se socializam. Em outras palavras, as inovações em serviços são afetadas pelos efeitos macrossociais significantes e afetam o ambiente dos agentes sociais (Barcet, 2010: p. 62).

Como salienta André Barcet, existem condições sociológicas que afetam o sucesso de uma inovação, ao mesmo tempo que a inovação participa na transformação do sistema em que se insere. Assim, o planejamento e a implementação de uma inovação em serviços implica a análise e o entendimento do sistema em que os fruidores da inovação estão envolvidos. Os elementos que sofrem a transformação através da inovação podem ser representados por um objeto físico, por um grupo de objetos ou de técnicas, por informações, por pessoas físicas, por um grupo de pessoas, firmas, organizações e agentes públicos, e, dessa maneira, a intervenção através da inovação afeta não apenas o objeto da transformação, mas também todos os relacionamentos construídos entre pessoas, objetos e técnicas internamente a um sistema que tem sua dinâmica própria. Em outras palavras, os efeitos da inovação são multidimensionais e a efetividade e sustentabilidade de uma inovação está sujeita a condições macrossociais específicas, particularmente no que se refere às instituições existentes e a seu controle, às condições a eles disponíveis entre diferentes serviços daquele sistema para a obtenção de um serviço global, bem como às condições sociais e econômicas de apropriação e distribuição da invenção.

Sob uma abordagem microeconômica, o novo paradigma tecnológico determinado pelas inovações gera uma série de novas condições para as empresas, que, embora dependam de políticas públicas, econômicas e institucionais, são dotadas de autonomia para definir suas estratégias tecnológicas a partir da necessidade de inovar, como exigência para que se diferenciem das demais. A busca por inovações implica produzir com menores custos e apropriar-se de maiores lucros extraordinários através dessa diferenciação, além da mera sobrevivência no mercado. Como visto anteriormente, a formação de assimetrias em favor de uma empresa cria uma espécie de renda de monopólio no processo de concorrência schumpeteriana entre empresas. Através desse mecanismo, a empresa inovadora acumula maiores recursos e condições financeiras para a continuidade de outras inovações. As empresas que não são as primeiras a inovarem seguem a líder no caminho de inovações, indo atrás de estratégias da inovadora para diminuir as assimetrias e anular a criação dos lucros extraordinários por meio da difusão das inovações (Kon, 1994: p.27 e 86).

Como consequência, a busca por inovação é constante e inerente ao processo de concorrência entre as empresas e de acumulação de capital como um dos principais instrumentos da economia capitalista dinâmica e mais desenvolvida. As transformações na forma de produção, distribuição e consumo de produtos são permanentes no processo do capitalismo, e a diferenciação do produto e do processo, como define Schumpeter, ocorre por meio de inovações por ele definidas como incrementais, radicais e de paradigma (Kon, 1994: p. 117).

Dessa forma, do ponto de vista microeconômico, as principais condições para o sucesso da inovação em serviços decorrem da importância da organização produtora no contexto sistêmico. Do ponto de vista evolucionista, dependem do papel de sua produção no contexto econômico e da forma pela qual o conhecimento circula na coordenação do processo, assim como da disponibilidade de capacidades e qualificações tanto técnicas quanto pessoais para a oferta do serviço inovado.

As mudanças de paradigma ocorrem quando o impacto abrangente das inovações é considerável e altera a forma de organização de toda a sociedade. Isso significa que as inovações, em determinadas condições, podem provocar transformações profundas também na maneira de organização do próprio processo produtivo e, dessa forma, como destaca Milton de Abreu Campanário (2002), para muitos autores as inovações tecnológicas ou imateriais são os elementos mais

INOVAÇÃO NOS SERVIÇOS

críticos de mudança tanto nas relações de produção microeconômicas, que levam a efeitos nas relações sociais, quanto nas institucionais macroeconômicas, como visto.

Muitas vezes, os elementos usados na inovação em si não apresentam qualquer aspecto inovador, mas a inovação reside na forma em que esses elementos são combinados. O processo que estimula o desenvolvimento econômico é a realização de novas combinações para as inovações de processo que afetam a forma como os agentes combinam os fatores de produção, ou seja, seus recursos e capacidades (Barcet, 2010: p. 59). E nesse caminho, essas inovações, sejam de produtos ou de processos, requerem que o consumo também se transforme e os consumidores sejam adaptados a novas situações de consumo, com a abertura de novos mercados e de novas formas de comercialização, visto que fatores de produção, que se encontram empregados em seus usos habituais, sejam dali retirados para a realização de novas combinações.

É necessário ressaltarmos, porém, que nem todas as inovações transformam as realidades econômica e social que conduzem às mudanças estruturais definidoras do desenvolvimento econômico. Nesse sentido, em determinada fase do século XX as inovações baseadas na microeletrônica eram o exemplo de inovação revolucionária capaz de deter a força de transformar a realidade econômica e social. Nas duas últimas décadas do século XX, os exemplos estavam ligados ao surgimento e introdução dos semicondutores e circuitos integrados, que revolucionaram, de maneira radical, todos os setores da economia de modo concomitante, e, associado a esse fenômeno, emerge a inovação tecnológica como forma de um novo paradigma consideravelmente poderoso baseado na "tecnologia da informação". O novo paradigma tem a propriedade de penetrar em todos os segmentos produtivos e de consumo das sociedades modernas através da internet e dos novos meios de telecomunicação. Além disso, permite intensificar a velocidade do desenvolvimento econômico.

O novo paradigma tecnológico acabou por predominar sobre formas mais antigas de produção, embora ainda conviva com outros paradigmas menos avançados. Dessa forma, observamos mercados com diferentes ritmos de crescimento e dinamismo, que repercutem em mudanças na localização de sistemas produtivos, em diferenciação nos padrões de reprodução da força de trabalho, nas condições de vida da população e na criação e modernização das instituições. Como salienta Campanário (2002), nesse processo de constante procura por inovações, as empresas sofrem impacto de condicionantes internos e externos à própria empresa. O autor destaca, entre as determinações externas mais importantes, o ambiente econômico, o paradigma tecnológico e o setor de atividade ao qual a empresa pertence e, por outro lado, entre as determinações internas encontram-se a trajetória da empresa e sua estratégia.

Segundo Campanário, o ambiente externo econômico diz respeito ao cenário ou ambiente em que a empresa se encontra e se movimenta. Este, por sua vez, não é estático, permanecendo em constante mudança, o que requer que a empresa perceba quais as formas de se adequar às transformações, posicionando-se de acordo com elas. O ambiente macroeconômico é o mais global e relevante para a inovação, pois limita ou estimula as decisões de investimento de longo prazo a que se referem as inovações. As incertezas geradas por esse ambiente acabam muitas vezes por reprimir as estratégias e decisões de desenvolvimento de inovações mais custosas, da mesma forma que pode indicar suas direções, sempre no sentido de adequação ao momento e às perspectivas futuras. Para exemplificar esse processo, o autor observa que um ambiente de superaquecimento da economia com elevação significativa dos salários pode induzir ao desenvolvimento tecnológico poupador de mão de obra e, portanto, influenciar a oportunidade e a direção dos investimentos em P&D. No âmbito da política econômica, os estímulos à concorrência empresarial impulsionam também as inovações (Campanário, 2002).

No que se refere ao paradigma tecnológico predominante no ambiente externo, podem existir alternativas tecnológicas e comportamentais que exijam a tomada de decisão sobre a escolha da melhor entre as oportunidades para inovação que apresenta potencial de criação de um novo paradigma. Em seu início, o novo paradigma apresenta melhores oportunidades de implementação, de difusão, de sucesso e de evolução ao longo do tempo do que alguns paradigmas que já se encontram em estado de maturidade e declínio. Isso não significa que os novos paradigmas não possam conviver com os maduros, como já salientado.

Com relação aos fatores internos que impactam a decisão de inovação das empresas, primeiramente a trajetória da empresa, ou seja, o conjunto de capacitações que ela adquiriu ao longo de sua história, ou *path dependence*, como conceituavam Nelson e Winter (1982), é de extrema relevância por ser um processo cumulativo de conhecimento adquirido ao longo do tempo pela capacitação da empresa. Como os autores explicam, as decisões tomadas no passado pela empresa, no que se refere ao seu desenvolvimento tecnológico, influenciam o comportamento e a tomada de decisão presentes no momento da inovação. Nesse sentido, o processo evolutivo da empresa é natural e interno, como resposta aos estímulos e pressões externos. O passado tecnológico da empresa não lhe dá condições, em alguns casos, de assumir um novo paradigma, pois muitas vezes impede o desenvolvimento de novas tecnologias que não estão ao seu alcance.

A estratégia tecnológica, que define as opções da empresa sobre seus objetivos e metas, constitui outro fator interno determinante da inovação. Christopher Freeman (1974) contribuiu com uma das primeiras investigações empíricas para a compreensão das estratégias inovadoras, identificando seis diferentes "tipos" ideais de estratégias: ofensiva, defensiva, imitativa, dependente, tradicional e oportunista. Observou que, em cada momento determinado, as firmas adotam uma estratégia específica, que consiste na combinação de recursos e capacidades científicas e tecnológicas por elas alocadas para competir no mercado ou, como definiria Nelson, uma combinação de estrutura e capacidades (Freeman e Soette, 2006).

As firmas ofensivas são as que buscam constantemente mover a fronteira tecnológica para mais além, baseadas no desempenho das atividades científicas. As firmas com a estratégia defensiva também têm sua estrutura baseada no desempenho da P&D, mas não no sentido de mover sua fronteira, e sim no de melhorar a inovação advinda da firma ofensiva. As imitativas são focadas na busca de uma posição concorrencial superior, com base na imitação de inovações de outras líderes. As empresas que adotam a estratégia dependente apenas reproduzem as estratégias ofensivas e defensivas de sua matriz ou atendem ao pedido de seus clientes para montar seus produtos quando não fazem parte da tomada de decisão da matriz. As empresas que adotam uma estratégia tradicional são as que se inserem em um mercado de processamento lento das mudanças tecnológicas e, portanto, dão pouca ou nenhuma importância à P&D e apenas realizam pequenos ajustes no produto, de acordo com a demanda externa. Por sua vez, as firmas com estratégia oportunista exploram um novo nicho de mercado onde não é necessário fazer uso de P&D, pois não há competidores, mas sim a possibilidade de utilizar tecnologia adquirida de outros rapidamente. Essas últimas sobrevivem em função da exploração de um nicho de mercado, ainda que sem privilegiar a variável tecnológica (Freeman e Soette, 2006).

Segundo Freeman e Luc Soette, as estratégias descritas diferem entre si por graus específicos de empenho na inovação das funções técnicas, e as quatro últimas modalidades de estratégia determinam uma defasagem das firmas em relação às que adotam as duas primeiras modalidades, que são as que realmente inovam. No entanto, as demais estratégias também implicam uma boa capacidade de produzir, porém não são, de fato, inovadoras, apesar de obterem vantagens competitivas através de menores custos. De qualquer maneira, apenas as firmas com capacitação produtiva suficiente apresentam possibilidades de sobrevivência. Contudo as empresas que definem estratégias ofensivas e defensivas são as que efetivamente disputam a liderança dos mercados, enquanto as demais permanecem defasadas.

O fato de que o processo cumulativo do conhecimento científico e tecnológico é multidisciplinar e complexo e envolve longo tempo de maturação torna os investimentos em inovação uma atividade pouco atraente para o empresário. Dessa forma, em grande parte das vezes, a inovação depende da cooperação de várias instituições e empresas as mais diversas, o que demanda articulações institucionais complexas e, em alguns casos, de natureza internacional. Na área científica e tecnológica, o conhecimento tende a ser difundido de forma rápida e, por vezes, incontrolável, através de externalidades existentes, e é necessária a existência de sistemas legais de propriedade intelectual para a proteção do gerador de conhecimentos que efetuou os investimentos por meio do sistema de patentes. A

INOVAÇÃO NOS SERVIÇOS

discussão acerca da criação de instituições que assegurem a propriedade intelectual de atividades serve como subsídio para a base das políticas públicas que associam a atividade inovadora ao processo de desenvolvimento econômico.

No caso do conhecimento na área de atividades de serviços, existe uma discussão a respeito do regime de propriedade intelectual que envolve as características específicas dessas atividades no que se refere à tangibilidade ou intangibilidade, de acordo com a natureza tácita ou codificada dos ativos de conhecimento criados por um indivíduo ou empresa. Knut Blind et al. (2010: p. 347) constroem uma estilização dos regimes de apropriabilidade intelectual do conhecimento nas atividades de serviços, como apresentada abaixo.

Quadro 7.1 Estilização dos Regimes de Direitos de Propriedade Intelectual do Conhecimento nos Serviços

TIPO DE CONHECIMENTO	NÍVEL DE TANGIBILIDADE	
	Tangível	Intangível
Codificado	1. *Patentes:* Copyrights. Marcas registradas (*trademarks*). Contratos*.	2. *Copyright:* Marcas registradas (*trademarks*). Contratos*.
Tácito	3. *Outros instrumentos informais de* DPI: Cláusulas de confidencialidade e contratos de trabalho. Marcas registradas.	1. *Marcas e Marcas registradas:* Outros instrumentos informais de DPI. Contratos**.

Fonte: Blind et al. (2010, p. 347).
 * Referem-se a ativos de tecnologia e produção inovadora baseadas em conhecimento.
 ** Incluem cláusulas de confiabilidade e contratos de trabalho que procuram restringir a propriedade intelectual dentro da firma.

Em atividades de serviços associadas a formas mais codificadas de conhecimento que produzem e trabalham com ativos tangíveis e para a produção de bens – como serviços de logística ou de engenharia técnica, que ajudam a operacionalizar ou construir bens de capital e construções –, os mecanismos institucionais de propriedade intelectual para proteção dessa propriedade seriam as patentes (célula 1 do Quadro 7.1), que assumem caráter mais "rígido". Para as firmas que trabalham com serviços cujas bases de conhecimento são codificadas, mas cujos serviços ou produtos inovadores são intangíveis na forma (célula 2), a proteção via *copyrights* é a mais apropriada (*softwares* e outros meios eletrônicos). Com relação aos serviços cuja base de conhecimento é tácita, mas é intangível na forma, uma proteção mais generalizada apenas pode ser obtida através de marcas registradas (célula 3), embora essa proteção também possa ser utilizada nos dois casos anteriores, apesar de as marcas poderem ser vistas como menos associadas a atividades inovadoras. Finalmente, nos serviços que incorporam conhecimento tácito, mas que se dirigem a bens e tecnologias tangíveis, não são usadas medidas diretas de proteção, visto que as atividades inovadoras e a geração de propriedade intelectual são, em geral, baixas.

Com o intuito de testar de modo empírico as hipóteses observadas no Quadro 7.1, Blind et al. associam ao quadro algumas atividades de serviços em que ocorrem mais intensivamente formas de inovação baseadas em conhecimento, que deveriam ser alvo da proteção intelectual através da criação de instituições específicas.

Quadro 7.2   Alocação *A Priori* de Setores de Serviços nos Níveis de Apropriabilidade do Conhecimento

TIPO DE CONHECIMENTO	NÍVEL DE TANGIBILIDADE	
	Tangível	**Intangível**
Codificado	*1. Patentes:* Serviços às empresas baseados em conhecimentos tecnológicos expressos em manufaturas. Serviços de transportes intensivos em infraestrutura. Comunicação e mídia intensivos em infraestrutura.	*2. Copyright:* Serviços de tecnologia de informação e comunicação e baseados em *softwares*. Comunicação e mídia específicos.
Tácito	*3. Outros instrumentos informais de* DPI: Serviços de transportes focalizados no consumidor. Serviços públicos. Outros serviços.	*4. Marcas e Marcas registradas:* Serviços financeiros. Comércio atacadista e varejista.

Fonte: Blind et al. (2010: p. 351).

Após a aplicação das hipóteses acima a uma série de firmas europeias selecionadas em 2001 através de entrevistas diretas e da verificação das instituições de DPI (Departamentos de Processamento de Imagens) existentes, os autores chegaram à conclusão de que o setor de serviços apresenta diferenciações muito maiores no que se refere a estratégias para a proteção de propriedade intelectual do que outras atividades, tendo em vista as características inerentes à maior prevalência de intangibilidade e de possibilidades de base em conhecimento tácito. Além disso, os resultados mostraram que, pelo mesmo motivo, o modelo a ser apresentado deve ser muito mais complexo do que apenas o que leva em conta as distinções bipolares entre conhecimento tangível e intangível ou tácito e codificado. Em muitos exemplos, alguns setores recorriam a mais de um regime simples de proteção e, por outro lado, verifica-se uma dinâmica de trocas entre diferentes regimes em diferentes circunstâncias em andamento. Apesar disso, a verificação empírica mostrou resultados robustos que indicam uma gama de regimes de proteção à propriedade do conhecimento existentes e, de fato, utilizados pelas firmas, que atendem à heterogeneidade de situações encontradas na moderna economia baseada em conhecimento.

Em outras palavras, as instituições criadas pelas políticas públicas para a garantia de proteção à propriedade intelectual, na área de serviços, funcionam efetivamente em economias mais desenvolvidas com o propósito de estimular a alavancagem à inovação na área, visando ao aumento da produtividade em direção ao desenvolvimento econômico como foco final.

No entanto, como observa Fabio Kon (2013), existe na atualidade um debate intenso sobre o tema da propriedade intelectual das inovações entre os que acreditam na necessidade da existência de patentes e os que defendem que, em vários contextos, outra forma de exploração do conhecimento mais colaborativa, por exemplo, aquele possibilitado pelo sistema de *Software* Livre e de Código Aberto sem a proteção de patentes, é mais desejável. A última visão salienta que as inovações devem ser bastante difundidas para uso público sem a proteção de patentes, visto que afetam diretamente interesses coletivos e o controle de patentes pode ser limitativo à ampla reprodução:

> Um dos pilares da Ciência Experimental é a sua reprodutibilidade. E ela só se torna reprodutível se os dados e ferramentas utilizados nos experimentos, simulações e análises forem também disponibilizados de forma aberta e livre. Portanto, precisamos de Dados Abertos e Código Aberto, ou seja, *Software* Livre. (Kon, 2013: p. 27)

A partir dessa abordagem, ao invés de desestimular a inovação e de proteger as empresas criadoras através da proteção regulada das inovações, o *software* livre, ao contrário, seria uma das formas de estímulo ao desenvolvimento que intensifica a possibilidade de inovações em parceria. Do ponto de vista histórico, a vigência dessas formas de fornecimento de serviços são recentes no contexto da evolução das inovações em serviços. Os primeiros projetos organizados a partir do *software* livre foram criados no início da década de 1980, ao mesmo tempo que foram discutidos os princípios éticos, legais e financeiros de sua utilização. Em 1985 foi fundada a Free Software Foundation (FSF) por Richard Stallman e, em 1989, foi criada a Cygnus, primeira empresa que começou a prover serviços para *softwares* livres. A estruturação dessa indústria se deu a partir da criação da Open Source Initiative (OSI), em 1998, por Eric Raymond e Linus Torvalds. Diante das controvérsias causadas pela utilização do termo *free* – que em inglês pode assumir tanto o significado de livre quanto de gratuito – a OSI foi criada com o mesmo fundamento de defesa da adoção do *software* livre, e seus criadores sugeriram o uso da expressão *open source* em vez de *free software*, visando motivar a adoção da ideia no mercado de uma forma que fosse recebida e assumida por empresas mais conservadoras (Kon, Lago, Meirelles e Sabino, 2012).

O fundamento básico para a adoção dessa forma de difusão do *software*, segundo seus defensores, é sua possibilidade de consistir em uma alternativa viável para a produção, distribuição e utilização de *softwares* de qualidade em uma grande gama de contextos acadêmicos, científicos, empresariais, governamentais e comerciais. O argumento fundamental é de que programas de *software* livre em geral são de fácil acesso, mas isso não significa que não existem restrições a seu uso, visto que haja licenças para sua utilização, como documentos pelos quais os detentores dos direitos sobre um programa de computador autorizam usos de seu trabalho pois, de outra forma, estariam protegidos pelas leis vigentes no local, o que os impediria de desenvolvê-los. Os usuários finais são assim autorizados a utilizar os *softwares* e desenvolvê-los com o fim de adequá-los às suas necessidades específicas através da construção de programas mais complexos (Sabino e Kon, 2009).

A literatura mostra que a FSF e a OSI apresentam justificativas diferentes para o uso do *software* livre. A primeira está centrada prioritariamente em questões éticas, enquanto a segunda, em questões empíricas para seu aproveitamento e desenvolvimento. Entre outras vantagens, a mais relevante é a possibilidade de compartilhamento do código fonte, que evita a duplicação de esforços na utilização por várias empresas ou instituições com funcionalidades similares e, dessa forma, existe a redução de custos de desenvolvimento, além da troca de conhecimento com a parceria que permite testes mais amplos e melhor resolução dos problemas que possam existir em seu funcionamento. Por sua vez, a competição é também facilitada se o grupo original de desenvolvedores permitir que um novo grupo possa adicionar meios para manter o projeto, corrigir falhas de segurança e *bugs*, escrever uma documentação melhor ou contratar uma empresa parceira de forma independente do autor original. Essas vantagens podem ser tanto financeiras quanto de maior liberdade do usuário de adaptar o *software* para suas necessidades (Sabino e Kon, 2009).

Do ponto de vista da inovação em serviços, portanto, essa modalidade de inovação distingue, de forma clara, a propriedade física de um produto da propriedade intelectual, mostrando as diferenças entre o desenvolvimento de objetos ou bens materiais e o desenvolvimento de ideias como bem intangível. Como salientam Vanessa Sabino e Fabio Kon (2009), o desenvolvimento do conhecimento se dá pelo compartilhamento das ideias e, no caso do *software*, trata-se de um meio de produção abstrato de difícil aplicação de patentes, pois o código fonte é secreto, diferentemente de um livro, embora o *software* tenha sido protegido por *copyright* durante 95 anos e, nos Estados Unidos, por patentes durante dezessete anos. O sistema de *copyright* foi instituído no século XIX e, na atualidade, existem problemas consideráveis para sua aplicação aos novos produtos imateriais.

De qualquer maneira, seja através da regulação e proteção da propriedade intelectual ou da defesa de sua liberdade de utilização, no contexto do avanço acelerado de inovações tangíveis e intangíveis, as políticas públicas voltadas para o desenvolvimento econômico exercem um papel primordial ao estabelecer um sistema institucional para estimular o processo de inovação nas empresas, bem como para controlar o acúmulo do poder competitivo em determinadas empresas, quando, ao invés de favorecimento ao processo inovador, esse poder monopolístico acaba por retardar o crescimento global das inovações em uma economia. Isso porque, em determinadas condições, o domínio de conhecimentos tecnológicos gera uma diferenciação para o seu detentor de poder competitivo, que determina que o agente inovador venha a usufruir de grandes vantagens competitivas com poder de destruir ou transformar totalmente as estruturas de mercado à custa do estímulo concorrencial.

OS SISTEMAS NACIONAL, SETORIAL E REGIONAL DE INOVAÇÕES

O papel institucional é muito relevante na determinação das decisões de inovação voltadas ao desenvolvimento econômico em áreas em que a atuação dos mercados é subsidiária, como na saúde pública, educação de massa, meio ambiente, entre outros. Nesses ramos, o conhecimento tecnológico gera poder de Estado e todas as consequências institucionais daí derivadas. As incertezas quanto aos resultados dos investimentos no conhecimento científico e tecnológico, o que os torna altamente arriscados em determinadas situações, explica a forte presença do Estado e de instituições públicas no contexto da atividade inovadora. A participação do Estado e de empresas no esforço tecnológico, dentro de modelos institucionais diversos, é designada "Sistema Nacional de Inovação" (SNI).

Como salienta a OCDE (1997: p.12), o estudo dos sistemas nacionais de inovação é focado nos fluxos de conhecimento, cuja análise é direcionada para melhorar o desempenho das "economias baseadas na informação" (*knowledgebased economies*), que são fundamentadas diretamente na produção, distribuição e uso do conhecimento e da informação. A Organização chama a atenção para o fato de que, embora o conhecimento incorporado nos indivíduos como capital humano sempre tenha tido um papel central no processo de desenvolvimento econômico, apenas a partir dos anos de 1990 teve sua importância relativa reconhecida à medida que se intensificava sua utilização nesse processo.

Assim, a abordagem do SNI reflete a atenção crescente dada ao papel do conhecimento, no âmbito da economia, enfatizando o mapeamento desses fluxos como um complemento para a mensuração dos investimentos em conhecimento. Essa intenção se origina da necessidade de conhecer, avaliar e comparar os principais canais de fluxo de conhecimento em nível de uma sociedade, para identificar os gargalos que bloqueiam seus movimentos e sugerir políticas e abordagens para melhorar sua fluidez. Isso envolve traçar os laços e relacionamentos entre empresas, governo e academia, visando ao desenvolvimento da Ciência da Tecnologia.

Nesse sentido, uma abordagem integradora da inovação em serviços apresenta elementos de um enfoque sistêmico, como na noção de forças internas e externas, condicionando o processo de inovação. Nesta seção é colocada essa perspectiva sistêmica, explicitando as dimensões setorial e espacial do sistema de inovações, ou seja, o funcionamento de um Sistema Setorial de Inovação de Serviços (SSIS) e de um Sistema Regional de Inovação de Serviços (SRIS), que não são excludentes, mas, ao contrário, ocorrem de maneira paralela e complementar.

A definição exata do termo "Sistema Nacional de Inovação (SNI)" abrange um conjunto de conceitos determinados por vários autores. Os primeiros a chamarem a atenção sobre a importância de uma rede de instituições públicas e privadas dentro de uma economia e a apontar para a necessidade de se entender esse processo no contexto da inovação tecnológica e organizacional foram Christopher Freeman (1995) e Bengt-Ake Lundvall (1992), ainda na década de 1980 (OCDE, 1997: p.10). O primeiro definiu o SNI como uma rede de instituições nos setores público e privado, cujas atividades e interações iniciam, importam, modificam e difundem novas tecnologias. Lundvall, por sua vez, conceituou-o como os elementos e relacionamentos que interagem na produção, difusão e uso de novo conhecimento útil do ponto de vista econômico e que são alocados internamente às fronteiras de uma nação. Depois, outros autores complementaram o entendimento do sistema como um conjunto de instituições cujas interações determinam o desempenho inovador de firmas nacionais, constituindo-se, portanto, em instituições nacionais, cujas estruturas de incentivos e suas competências determinam a taxa e a direção do aprendizado em tecnologia em um país, ou seja, o volume e a composição de atividades que geram mudança (Nelson, 1993; Pate e Pavitt, 1994).

Os autores estudiosos do tema mostraram que essa rede dinâmica institucional deve atuar no sentido de permitir o financiamento e a execução das atividades inovadoras, que derivam dos resultados de P&D em inovações e impactam a distribuição de novas tecnologias na economia. Dessa forma, o sistema de inovação é composto por: agências públicas de fomento, suporte, apoio e execução de P&D; universidades e institutos de pesquisa que fazem P&D e formam capital humano para ser empregado no setor produtivo; empresas que investem em P&D e na aplicação de novas tecnologias; programas públicos direcionados a subsidiar a adoção de tecnologia; leis e regulamentações que definem os direitos de propriedade intelectual, entre outras instituições (OCDE, 1997).

O fluxo de informações e de tecnologia entre pessoas, empresas e instituições é, portanto, a chave do processo inovador em nível nacional, e resulta de um conjunto complexo de relacionamentos entre esses agentes no sistema. As distintas instituições governamentais contribuem separada ou conjuntamente para a difusão de novas tecnologias que fornecem a estrutura na qual os governos criam e implementam políticas públicas que têm como objetivo influenciar o processo de inovação. O sistema de instituições interconectadas destinam-se a criar, armazenar e transferir o conhecimento, as capacitações para a inovação e os instrumentos que definem novas tecnologias (Metcalfe, 1995).

Franco Malerba propõe, posteriormente, a adaptação dos conceitos para a especificação setorial do sistema de inovação, que dá margem ao entendimento das especificações diversificadas dos setores econômicos, cujas características se destacam separadamente no contexto do sistema nacional de inovação:

INOVAÇÃO NOS SERVIÇOS 301

um sistema setorial de inovação e produção é um conjunto de novos e estabelecidos produtos para usos específicos e o conjunto de agentes levando a cabo interações mercadológicas e não mercadológicas para a criação, produção e venda desses produtos. (Malerba, 2002: p. 50)

Portanto, no contexto da inovação tecnológica das empresas, seu esforço em P&D é dependente também dos recursos financeiros, institucionais e técnicos disponíveis na sociedade, que são gerenciados e organizados por um SNI que adquire características próprias em cada sociedade. A análise através do SNI em um país se destina a construir uma avaliação dos determinantes de crescimento e de competitividade da economia para a possibilidade de distribuir melhor o poder de conhecimento dos agentes, o que reflete o surgimento de uma abordagem sistêmica ao desenvolvimento da tecnologia em oposição ao "modelo linear de inovação", como já mencionado anteriormente. A abordagem sistêmica parte do princípio de que as ideias e a implementação de tecnologia surgem a partir de muitas fontes e em qualquer estágio de pesquisa, desenvolvimento, *marketing* e difusão das empresas e do governo, e resulta, portanto, da interação complexa entre os vários atores e instituições (OCDE, 1997: p. 11).

Em suma, no caminho do desenvolvimento econômico, a inovação tecnológica exerce um papel fundamental, visto que as grandes inovações redefinem o paradigma tecnológico e estimulam ondas de investimento que determinam períodos de prosperidade da economia. Nesse sentido, a estrutura da realidade econômica e social é transformada, aumentando o nível de renda e gerando acumulação de riqueza. Posto que as inovações implicam a realização de lucros extraordinários para as empresas, possibilitam o aumento do crescimento no tempo; no entanto, apenas a difusão, sem novas grandes inovações, leva à possibilidade de redução dos lucros extraordinários e do dinamismo econômico.

Por esse motivo, as firmas estão constantemente em busca de inovações, o que define processo de concorrência como um processo de disputa em torno de inovações. Nesse contexto, o ambiente econômico externo condiciona e restringe as tomadas de decisão e ainda apresenta impactos contundentes, que determinam o caminho do paradigma vigente e da atividade produtiva. As empresas, por outro lado, também se defrontam com determinantes internos, como a sua trajetória tecnológica e a estratégia da empresa. A trajetória da empresa define o conjunto de capacitações que a tipificam e determinam suas possibilidades presentes e futuras de inovação. No entanto, algumas firmas apresentam o potencial de tentar alterar a trajetória da empresa através de suas estratégias, e o ambiente externo pode induzir e estimular a busca por inovações. Nesse sentido, a criação de um SNI nacional exerce o papel de impulsionador e organizador de estratégias.

A abordagem de Franco Malerba que propõe a necessidade de observar-se os Sistemas Setoriais de Inovação (SSI) em uma economia permite o entendimento das especificações diversificadas dos setores econômicos, cujas características se destacam separadamente no contexto do sistema nacional de inovação. A partir do enfoque de Malerba, os sistemas setoriais de inovação no setor de serviços são constituídos por um conjunto de produtos e de agentes direta ou indiretamente relacionados ao mercado, entendendo que esses agentes podem ser indivíduos ou organizações em vários níveis de agregação, com processos específicos de aprendizado, competências, estruturas organizacionais, crenças, objetivos e comportamento, por meio de processos de comunicação, trocas, cooperações, competições e comandos.

Na concepção de Malerba, um SSI se solidifica através dos elementos listados abaixo, que são responsáveis pela geração de novas tecnologias e de inovação (*building blocks*): i. o conhecimento e domínio tecnológico pelo processo de aprendizagem; ii. as tecnologias básicas, os insumos e a demanda; iii. os agentes e cadeias que formam a estrutura setorial; iv. as instituições; e v. os processos de geração de variedade e de seleção.

Esses elementos formam os fundamentos do conceito de sistemas setoriais de inovação e operam através da interação de diversas lógicas funcionais, da complexidade e dinamicidade, beneficiando a inovação, que raramente ocorre de forma isolada. Os regimes tecnológicos, por sua vez, apresentam-se de duas formas, de acordo com as oportunidades tecnológicas encontradas. Uma forma é o regime empreendedor, em que as firmas são pequenas, a indústria apresenta baixa concentração e baixas barreiras à entrada, mas com pouca difusão de conhecimento e de grandes oportunidades tecnológicas. Na outra forma, o regime consolidado apresenta-se semelhante aos oligopólios com maior volume de inovações e altas barreiras à entrada (Malerba, 2003). Essas formas são amplamente encontradas nos subsetores de serviços que mais recorrem à inovação constante.

Para Malerba (2002), a primeira forma de regime tecnológico explora as complementaridades existentes entre tecnologias, produtos, serviços e conhecimento, bem como sua demanda, através da análise dos padrões competitivos. A relação entre demanda e tecnologia do setor interfere no padrão de concorrência vigente e na organização da produção, bem como no desempenho da firma, na taxa e na direção da mudança tecnológica, e nas redes entre os agentes de um mesmo setor. A outra forma é caracterizada pela interação entre os agentes privados (sejam firmas ou grupos empresariais) e as organizações não empresariais envolvidas no funcionamento do setor, sendo algumas delas importantes fontes de inovações setoriais.

Embora os estudos relacionados com os ssi de uma forma geral selecionem especificamente um dos setores da Indústria ou do Primário como foco, o objeto de nosso estudo envolve o setor de Serviços (ssis) como um todo. No entanto, é necessário ressaltar que os subsetores ou gêneros específicos, que compõem o setor global de serviços, apresentam características singulares no que se refere à inovação e podem ser consideravelmente diferentes em termos das tecnologias em uso e perfil da demanda. A própria categoria "setor de serviços", como apresentada nos capítulos anteriores, é de natureza extremamente heterogênea, compreendendo um leque muito variado de atividades com diferentes características: desde os serviços pessoais até os setores de serviços de alta escala (serviços financeiros etc.), passando pelos setores de serviços intensivos em conhecimento (sic). Como destacava Ian Miles (2005: p. 436): "os contrastes no setor de serviços são tão significativos quanto os que diferenciam este setor do setor manufatureiro".

Assim, embora o setor de serviços como um todo apresente uma heterogeneidade de padrões funcionais, como enfatizado em capítulos anteriores, que permite adaptá-los às necessidades especícas da demanda, a característica comum de seus produtos, que se refere ao objetivo da "ação de servir" à produção, distribuição e consumo das demais atividades econômicas, possibilita a análise conjunta de alguns subsetores, tendo em vista as consequências semelhantes que seus impactos causam nas demais atividades. Deve-se entender o crescimento no processo de inovação no setor de serviços como um componente de um processo amplo de reestruturação econômica e social moldado pelas demandas de produção rentável em economias de mercado, em que a forte integração e a múltipla responsabilidade entre os setores são apontadas como essenciais na indução do processo de desenvolvimento (Kon, 2004 e 2007).

Malerba mostra que para cada setor existe uma relação entre seus produtos e sua demanda, e ainda as tecnologias necessárias para sua produção. As especificidades de cada gênero de serviços serão tratadas posteriormente na análise empírica efetuada para o caso brasileiro. Nesse contexto, o ssis engloba uma base específica de conhecimentos, institucionalidades, tecnologias, insumos e demandas que se transformam a partir da coevolução desses próprios elementos. Essa abrangência reflete uma visão multidimensional da integração dos diversos subsetores e agentes que atuam direta ou indiretamente relacionados ao mercado através de uma rede complexa de interações entre todos os seus agentes, cujo dinamismo sofre impacto das mudanças e progresso tecnológico em constante adaptação e modificação, buscando a sustentabilidade a longo prazo. A definição de ssi dada por Réveillion (2004) se adéqua às características de um ssis quando afirma que um sistema formado por empresas ativas no desenvolvimento e na produção de produtos e na geração e utilização de tecnologias em um setor se caracteriza de duas formas, a saber: i. por meio de processos de interação e cooperação no desenvolvimento de artefatos tecnológicos; e ii. através de processos de concorrência e seleção em atividades de inovação e mercadológicas.

Essa ideia ganhou corpo recentemente, pois existem evidências empíricas que revelam que os serviços representam elementos básicos no processo industrial manufatureiro, constituindo com frequência o fator essencial para a obtenção de um sistema de produção flexível, visto que os serviços vieram

INOVAÇÃO NOS SERVIÇOS 305

solucionar o problema de integração horizontal e vertical econômica, quando se verifica a gradual eliminação da integração vertical, anteriormente existente no interior das empresas, que era uma das principais características da produção flexível (Kon, 2007: p.132).

Nessa perspectiva, a partir do enfoque de Malerba, os ssis atuam como elemento facilitador da reestruturação produtiva para desenvolver as diversas formas possíveis de transformação através da interação de vários setores e surge através do interesse coletivo pela formação de sistemas que fortaleçam as possibilidades de inovação e sobrevivência no mercado competitivo. No entanto, a inovação dinâmica e integradora dos serviços ocorre com mais intensidade em alguns subsetores determinados que apresentam a característica de funcionamento industrial. A indústria de serviços é composta por empresas que oferecem sua produção intangível no mercado, usufruindo uma renda derivada, que se caracteriza por alta intensidade de conhecimento da força de trabalho, alta relação capital/trabalho, embora possa incorporar baixa ou alta intensidade de capital. A industrialização nos serviços vem se intensificando, posto que empresas de prestação de serviços passaram a sofrer forte pressão da concorrência e necessitaram elevar o grau de produtividade para garantir a sua participação no mercado e expandir suas ações.

No final do século xx, os avanços das Tecnologias de Informação e Comunicação (tic) – de alta performance tecnológica, grande agregação de valor e destinadas à transferência de *know-how* – têm mostrado sua importância e grande contribuição para o aumento da produtividade em todos os setores econômicos, fazendo dos serviços parte essencial na reestruturação produtiva pós-industrial. "A interação entre serviços e a produção manufatureira se tornou a força impulsionadora da geração de riqueza" (Illeris apud Kon, 1996a: p. 248). A indústria inovadora e o maior dinamismo no setor de serviços são representados em grande parte pelos setores de tic, que são definidos pelo elemento central de sua base de conhecimento explícito e tácito considerado conjuntamente e também pelo padrão de acessibilidade ao conhecimento externo da firma. Como mostrado anteriormente, Nelson e Winter (1982) afirmam que são setores caracterizados pela *path dependence*, ou seja, a possibilidade de acumulação de novo conhecimento gerado no setor se deve ao conhecimento já estabelecido.

Os SSIS compreendem também, como agentes componentes, os usuários/clientes dos serviços, os fornecedores das firmas, as organizações não empresariais, associações de classe, sindicatos, universidades, centros de pesquisa, agências governamentais, instituições financiadoras e autoridades locais, subunidades de empresas, como departamentos de pesquisa e desenvolvimento, e indivíduos, consultores, técnicos especializados e pesquisadores.

As características particulares de determinados serviços de caráter altamente intensivo vêm determinando o campo de estudos para o desenvolvimento dos conceitos sobre o papel da inovação em serviços no contexto do desenvolvimento econômico. As abordagens neoschumpeterianas, anteriormente apresentadas, atentam para as especificidades das inovações nessa área, observando as características que não se aplicam à inovação manufatureira bem como à relevância do avanço tecnológico nesse âmbito para a indução ao desenvolvimento de uma economia nos moldes apresentados em seção anterior. Como salienta Ina Drejer (2004), ainda não existe a completa percepção, nos estudos até agora sistematizados, se os serviços e as manufaturas realmente apresentam características bem diferenciadas ou se a diversidade observada é consequência do viés de interpretação no sentido de favorecer as manufaturas como setor mais dinâmico, indutor das inovações tecnológicas e do desenvolvimento econômico em detrimento dos serviços.

No que diz respeito à difusão espacial das transformações nos sistemas econômicos relacionadas ao estímulo da informação e às comunicações, foi também observado que mesmo que as atividades de serviços forem consideradas em uma dada estrutura urbana, as forças de demanda e oferta nesse setor respondem às necessidades de mercados não apenas nacionais, mas também internacionais, por força da busca de competitividade. As atividades de serviços, em suas formas mais sofisticadas, como serviços industriais, de profissionais liberais, financeiros e de formas superiores de entretenimento, foram concentradas em grandes áreas metropolitanas. Porém, o avanço nas comunicações e a integração econômica nacional e internacional colocaram algumas dúvidas sobre a correlação direta entre o tamanho da cidade e a importância local relativa dos serviços.

Uma das características das atividades de serviços nas economias nacionais, além de sua localização urbana, é o fato de que elas têm sido reconhecidas como facilitadoras ou reforçadoras do impacto sobre os polos de crescimento, ou seja, sobre as atividades que lideraram, tanto de forma quantitativa quanto qualitativa, na determinação dos padrões de expansão em âmbito nacional. A capacidade dos serviços de desempenhar função semelhante no processo de desenvolvimento depende das espécies de atividades do polo, de seu tamanho, força e de sua dominância local, regional, nacional ou internacional (Kon, 2001).

Além disso, as atividades de serviços desempenham um papel importante no desenvolvimento do setor manufatureiro, porque fortalecem e prolongam o impacto dos setores líderes, enquanto facilitam a transição para uma situação em que novos setores manufatureiros assumem os papéis de líderes. Essas mudanças na liderança vêm ocorrendo entre as atividades manufatureiras de economias avançadas e a repercussão é sentida através da economia global mundial. Por outro lado, foi observado, dos anos de 1960 aos anos de 1980, que tais mudanças conduziram à realocação regional das instalações produtivas para países em desenvolvimento, nos quais custos de trabalho e restrições ambientais eram mais favoráveis às indústrias tradicionalmente poderosas, em particular quando essas atividades perdiam suas posições proeminentes nas economias adiantadas, mas seus produtos ainda eram muito demandados em escala mundial.

Verificou-se que depois da intensificação da globalização das economias, principalmente desde o final da década de 1980, essas indústrias auferiram maiores vantagens ao realocar suas atividades em economias modernas, onde são encontrados força de trabalho mais qualificada e outros serviços complementares sofisticados. Em muitos casos, firmas de serviços tornaram-se multinacionais e transnacionais, e os países hospedeiros menos desenvolvidos apresentaram benefícios porque determinados serviços auxiliares às empresas forneceram elos que tornaram possível a existência de muitas instalações manufatureiras mundialmente dispersas.

Dessa forma, é obsevada a importância da dimensão espacial dos impactos da inovação em serviços, seja em caráter interno a um país, seja no cenário internacional como uma espécie de tecnoglobalismo (Vargas e Zawislak, 2006), pois as peculiaridades de nível espacial (do local municipal ao internacional) fazem com que o paradigma da economia do aprendizado, os aspectos institucionais, culturais e geográficos apresentem interferências de natureza diversa no fluxo das relações usuário-produtor e de outras relações rotineiras no âmbito de determinado sistema. Como consequência, assim como a abordagem de Lundvall (1998) salienta que a forma específica pela qual um sistema nacional de inovação está inserido na economia internacional é a chave para o entendimento de sua dinâmica interna, um Sistema Regional de Inovação (SRI) que enfoque as especificidades regionais de uma economia é a chave para a coordenação da difusão espacial da inovação, tendo em vista as disparidades regionais nesse sentido.

O conceito de SRI vem ganhando a atenção dos formuladores de políticas públicas, particularmente desde a década de 1990. Isso ocorre pois há a necessidade de se compreender a estrutura analítica do processo de inovação que apresenta impactos espaciais, visto que se aprofundou a visão sobre a emergência de nós ou grupamentos regionalmente inter-relacionados de atividades (*nodes* ou *clusters*), em que a região é a escala mais apropriada para o desenvolvimento de inovações baseadas em economias de conhecimento (Doloreux e Parto, 2003). No entanto, o conceito de sistemas regionais de inovação não apresenta definições formalmente aceitas, mas é entendido comumente como um conjunto interagente de instituições formais, organizações e interesses públicos e privados, que funcionam através de acordos institucionais e organizacionais destinados à geração, uso e disseminação de conhecimento. Esses conjuntos de agentes e ações produzem efeitos sistêmicos e difusores que estimulam as empresas da região a desenvolverem formas específicas de capital social derivado de relações sociais, normas, valores e outras interações naquela comunidade, a fim de reforçar a capacidade inovadora e de competitividade regional.

O conceito de sistemas regionais de inovação se baseia nas teorias da Economia Regional, que levam em conta o ambiente socioeconômico-institucional em que a inovação emerge. Fundamenta-se, ainda, na teoria neoschumpeteriana que explica a inovação como um processo evolucionário social voltado para constantes mudanças estruturais, como visto. Assim, o aspecto social de inovação refere-se ao processo de aprendizado coletivo entre os vários departamentos de uma firma e ainda com os colaboradores externos de determinada região geográfica. Antes de focarmos aspectos da inovação regionalizada, é mister termos em mente os conceitos que embasam o enfoque espacial de análise econômica. A preocupação com a análise espacial da economia data da década de 1950 e a relevante obra *Aménagement du territoire et polarisation*, de Jacques Boudeville (1972), sintetiza as noções de espaço econômico discutidas por geógrafos, economistas, sociólogos, matemáticos e homens de negócios nas primeiras publicações a considerarem a "Ciência Regional" (Kon, 1995).

Assim, a partir da abordagem de Boudeville, o espaço econômico é definido como espaço matemático e geográfico. O primeiro é o lugar abstrato que representa as relações existentes entre variáveis independentes sem qualquer conotação de localização, e o segundo é representado pelo solo, clima, paisagem em que o homem vive e o lugar onde se situam as ferramentas e os atos humanos, incluindo a superfície terrestre e a bioesfera. Portanto, o espaço econômico reflete "as relações técnicas e de comportamento humano que são geograficamente localizadas. É o espaço das relações existentes entre dois conjuntos, o das atividades econômicas e o dos lugares geográficos" (Boudeville, 1972: p. 17). Logo, é eminentemente deformável, em função das relações que lá se inscrevem. Por outro lado, a noção de região é diferenciada, nessas discussões, como composta de elementos geográficos necessariamente contíguos ou de elementos espaciais que possuem fronteiras comuns. Em oposição a essa ideia, o espaço é um simples conjunto de dados econômicos localizados em lugares esparsos, reunidos em função de suas características e de suas interdependências, ou dos poderes de decisão comuns (Kon, 1995: p. 30).

Tanto o espaço quanto a região, dentro dessa linha de pensamento, podem ser observados seja do ponto de vista descritivo da homogeneidade, do ponto de vista funcional definindo a polarização, ou do ponto de vista de tomada de decisão, definindo o espaço plano ou administrativo. Assim, "o espaço homogêneo é um conjunto em que cada uma das partes constituintes apresenta características ou propriedades tão próximas quanto possíveis umas das outras". O espaço polarizado é "um espaço heterogêneo, em que as diversas partes possuem um caráter complementar e mantêm de modo primordial, com um polo dominante, mais trocas do que com todo polo de mesma ordem que domina na região vizinha". Já uma região-plano ou administrativa consiste num espaço determinado para servir como base a um planejamento econômico a ser aplicado (Boudeville, 1972: p. 30).

Uma ideia mais recente e dialética, que complementa as noções de Boudeville, é exposta por Corraggio, que designa o espaço como uma categoria de objetos físicos, em que o termo objeto não é limitado a designar "coisas", mas também relações e processos. Nesse sentido, o espaço não é uma propriedade física dos corpos, mas uma determinação constituída e inseparável de coisas físicas e processos, e a "espacialidade é a manifestação física desses objetos". Dessa forma, os objetos de diferentes naturezas não são puramente físicos, puramente orgânicos ou puramente sociais, mas existe uma articulação entre as diferentes espacialidades, visto que uma formação complexa real é permeada por determinantes de diversas ordens de realidade (Coraggio, 1980: p.10; Coraggio, 1983).

É possível observarmos que essa visão se coaduna à ideia de vários planos societais que se articulam e definem uma espacialidade própria em cada contexto regional. Sendo assim, não é possível formular sistemas teóricos responsáveis por processos localizados – que no contexto dessa análise dizem respeito ao sistema regional de inovação – sem a conceituação sobre a espacialidade do problema, pois espaço não é apenas algo que se encontra junto aos objetos, mas é sua própria condição de existência. Nesse sentido, Coraggio salienta que o espaço não constitui uma categoria de ordem social apenas, mas, com relação ao social, é seu suporte físico (Coraggio, 1980: p. 17;

Coraggio, 1983). No tipo de sistema constituído de relações econômicas, que se reveste também de natureza social, permanece um "metabolismo" de trocas e inter-relações como condição de existência de uma dada sociedade. Embora algumas correntes de estudiosos dos fenômenos econômicos utilizem como instrumento de análise a analogia com processos biológicos ou orgânicos da natureza, o metabolismo aqui definido é medido por relações sociais e sua organização responde basicamente pela lógica social, isto é, pela inter-relação entre os vários planos societais (Kon, 1995: p. 31).

Portanto, transpondo essas noções globais sobre a espacialidade para o âmbito do sistema regional de inovação, é possível inferir-se que atuam, nesse processo, as características ligadas às condições dos recursos naturais, históricos e de capital, que comporão as atividades de produção e determinarão, em parte, a demanda por inovações e sua possibilidade de implementação lado a lado com as condições físicas naturais da força de trabalho (posição relativa no espaço, dimensão e composição demográfica da população economicamente ativa, por exemplo) e do seu sistema de transformações orgânicas e biológicas (evolução, reprodução, coeficiente de mulheres na população, por exemplo). Em suma, na realidade a constituição final dessa distribuição localizada da inovação será determinada não apenas pelas relações sociais globais teoricamente encontradas nesses sistemas de relações de produção, mas também pela espacialidade específica desses fenômenos em diferentes localizações.

De um ponto de vista da análise regional, portanto, a inovação é um processo sempre localizado e incorporado por aspectos locais e não desconectado de um lugar geográfico. Dessa forma, a literatura sobre ciência regional lida tanto com o papel da proximidade, ou seja, dos benefícios advindos das vantagens locacionais e da concentração espacial, quanto com o conjunto de regras, convenções e normas através das quais ocorre a criação do processo de conhecimento e de disseminação (Kon, 1995: p. 26). Assim, um SRI se caracteriza pela cooperação entre firmas e organizações públicas e privadas na atividade de criação e difusão da inovação. Como já mencionado, essas organizações e instituições se referem a universidades, organizações de treinamento, institutos de desenvolvimento de pesquisas, agências de transferência de tecnologia, entre outras, que se apresentam como apoio à cultura inovadora regional específica, que possibilita (ou impede) as firmas e os sistemas de evoluírem no tempo.

O conceito de SRI surge na teoria econômica em um momento em que as políticas públicas estavam focalizadas na promoção de processos localizados de aprendizado, com o objetivo de assegurar vantagens competitivas de determinadas regiões. A principal justificativa para o desenvolvimento de medidas e metas específicas dentro de uma estrutura de um sistema regional de inovação é a necessidade de concentração na melhoria das capacidades e do desempenho das firmas localizadas, bem como de aperfeiçoar seu ambiente econômico, o que torna consideravelmente relevante a promoção de interação entre os diferentes agentes inovadores antes definidos. Dessa forma, as estratégias de promoção de sistemas de inovação, visando o objetivo mais amplo de desenvolvimento econômico global de uma economia, passam primeiro pela promoção de desenvolvimento regional através da condição de acessibilidade a um SRI por meio do aprimoramento de vantagens comparativas regionais ligadas a recursos locais específicos (Doloreux e Parto, 2003).

A noção do processo de inovação como um fenômeno em parte territorial baseia-se na observação de uma série de aglomerações industriais especializadas (*clusters*) ou de grupos de cadeias de pequenas e médias indústrias, regionalmente concentradas. Paralelamente a isso, as evidências empíricas mostram que parte do processo de aprendizado e da transferência do conhecimento também é bastante localizada, o que remete à percepção da territorialização de serviços intangíveis. Uma série de características do processo inovador mostra alguns elementos que tornam a inovação regionalizada, particularmente quando, como visto, a inovação ocorre em um contexto institucional, político e social, o que confirma os argumentos de que o processo se dá em um ambiente geográfico em que são convocadas capacidades das comunidades regionais que dividem uma base comum de conhecimento (Doloreus e Parto, 2003).

As relações sociais incorporadas ao processo inovador, que derivam de rotinas, valores compartilhados, normas e compreensão sobre a informação transmitida e troca de conhecimentos, depende grandemente dos ativos intangíveis disponibilizados pelo setor de serviços. Como salienta Michael Storper (1997), isso inclui a dinâmica interna do capital regional, sociocultural e político. Além disso, os fluxos informais de conhecimento entre as diferentes partes geram as externalidades territorializadas e as oportunidades da região de construir e manter competências distintas e próprias. Se a observação empírica mostra que a produção material de inovação continua regionalmente concentrada, a formação de grupamentos (*clusters*) de produção intelectual, imaterial e intangível também permanece, apesar de sua difusão globalizada ser cada vez mais intensa na atualidade. A avaliação empírica mostra ainda que essa produção tem reforçado a aglomeração regionalizada de atividades produtivas ao mesmo tempo que permite sua difusão não regionalizada (Leamer e Porter, 2001: p. 9 e 25).

Em síntese, como destacam Sundbo e Gallouj (1998), um sistema de inovação apresenta um padrão geral com duas configurações específicas: i. sistemas institucionais de inovação, em que relações de cooperação entre agentes do processo de inovação são formalizadas por contratos ou por normas tácitas reconhecidas por todos ao longo do tempo; e ii. sistemas de relação *ad hoc* ou adocráticos, ou seja, os definidos anteriormente como os processos que buscam soluções para problemas específicos apresentados por um consumidor do serviço ou a satisfação de uma necessidade particular. No segundo caso, a inovação em serviços utiliza processos interativos e, embora utilize serviços intensivos em conhecimento, essas relações podem ser encontradas em qualquer atividade fornecedora de serviços.

Eduardo Raupp Vargas e Paulo Antônio Zawislak (2006) chamam a atenção para o fato de que a análise de evidências empíricas sobre os padrões típicos de inovação verificados em serviços mostra não haver um sistema de inovação para o setor de serviços em geral, embora exista a predominância de determinados padrões de gestão estratégica da inovação, em que são reunidos elementos entendidos como forças externas e internas, sem necessariamente ocorrer a existência de um departamento ou outro dispositivo formalmente instituído para gerar inovações. Embora a abordagem sistêmica seja pertinente, sua conformação espacial é um ponto de debate, pois, na atualidade, como evidenciado por Sundbo e Gallouj (1998), os sistemas e subsistemas de inovação verificados em serviços não se restringem a uma dimensão nacional, muito menos regional apenas, podendo ser visualizados como sistemas internacionais, sendo a internacionalização intimamente ligada ao seu potencial inovador.

A construção de um sistema de inovação em torno de problemas ou oportunidades (*ad hoc*) exige, em substituição ao produto, uma abordagem microssistêmica de análise, ao invés do foco em um setor como um todo, visto que ele é direcionado para a prestação de um serviço específico, intrassetorial. Nesse sentido, essa perspectiva mostra a importância do processo de aprendizagem na construção das inovações, pois a atividade de resolução de problemas é a própria organizadora do conjunto do sistema.

Dessa forma, a abordagem mais apropriada proposta por Vargas e Zawislak (2006) para analisar a inovação em serviços sob o paradigma da economia do aprendizado está relacionada ao conceito de sistema setorial de inovação, que seria adaptado ao setor de serviços, levando em conta sua heterogeneidade, considerando o caráter relacional específico de cada serviço, em que a interação usuário-adquirente tem papel central. Por outro lado, a própria definição do produto do serviço como articuladora de cada um dos sistemas setoriais de serviços é a base para a abordagem específica.

INDICADORES DE INOVAÇÃO

A inovação se coloca no cerne dos debates sobre desenvolvimento econômico, como visto, e o estímulo a uma economia inovadora tem sido prioritário na agenda de grande parte dos governos em vários níveis de crescimento. Assim, a mensuração da inovação torna-se relevante tendo em vista seu papel no diagnóstico e no planejamento de políticas públicas, e essas são afetadas pela forma como é efetuada a avaliação dos processos inovadores e pela credibilidade quanto aos seus resultados. A constante busca da melhora na mensuração que vem sendo efetuada por instituições internacionais mostra a importância da inovação no auxílio das diretrizes de políticas públicas. Além do mais, tem havido, na atualidade, uma necessidade premente de evolução e criação de boas medidas nesse campo.

As formas de medir a inovação mais amplamente aceitas e utilizadas ainda são bastante relacionadas a um modelo linear de inovação, baseado na ciência e tecnologia voltada para as indústrias manufatureiras. Como já mencionado, a inovação nas empresas e no setor público é mais do que apenas progresso tecnológico. No entanto, durante um longo tempo, sua mensuração se baseou apenas nas informações de inovações tecnológicas e tangíveis, o que distorcia as prioridades das políticas de inovação que não focavam particularmente as inovações intangíveis da natureza dos serviços.

Apesar da inclusão de aspectos não tecnológicos da inovação, ou seja, intangíveis, em novas pesquisas propostas alguns indicadores de consenso são os mais utilizados internacionalmente tanto pelo setor privado quanto pelo público, como, por exemplo, gastos com Pesquisa e Desenvolvimento (P&D), produção de patentes, número de graduados em ciências e tecnologia, entre outros. Esse viés metodológico tem moldado a política de inovação em muitos países. Um dos primeiros debates para a modernização de indicadores de inovação foi instituído pela União Europeia no Seminário do Conselho Europeu de Lisboa, realizado em 2000, quando os países-membros se sentiram confrontados com os desafios das mudanças ocasionadas pela globalização econômica e nova economia com base no conhecimento. O Conselho Europeu de Lisboa estabeleceu um conjunto de metas aos seus países-membros, entre as quais estava a indicação para um gasto anual equivalente a 3% do PIB em P&D, devido à conclusão de que a inovação era um dos mais importantes mecanismos indutivos da produtividade e deveria ser uma meta-chave priorizada pelos governos (Haskel et al., 2009).

Os debates promovidos discutiram as definições de inovação que deveriam servir de base para a elaboração de um indicador que incluiria a contribuição de outras formas de inovação intangível, em adição à contribuição do investimento em insumos de capital físico e em mão de obra. Nas discussões ficou clara a existência de duas correntes principais de abordagem que poderiam fundamentar a formulação do índice, de modo a compatibilizar as metodologias. A primeira propunha uma definição de consenso de inovação e viria a produzir um índice com base nessa definição, visto que havia muitas propostas de conceituação, mas poucas implementações empíricas. A segunda abordagem sugeria o contrário, ou seja, calcular um índice e assumi-lo (explícita ou implicitamente) como indicador comparável para todos os países. Um exemplo dessa segunda abordagem foi a construção do European Innovation Scoreboard, que adotou indicadores para fins de comparabilidade entre países. Os indicadores que serviam à comparabilidade foram construídos a partir de uma média ponderada dos indicadores mais utilizados em vários países como, por exemplo, penetração da banda larga, gastos em P&D, apoio público à inovação, emprego em empresas de alta tecnologia e patentes e marcas registradas (Haskel et al., 2009).

Entre as mais importantes definições discutidas no Conselho Europeu de Lisboa, como base inicial para a formulação dos indicadores, consta o *Manual de Frascati* (OCDE, 2002), publicação resultante de uma reunião de especialistas internacionais em pesquisa e desenvolvimento realizada em Frascati, na Itália, em 1963, que foi a primeira versão oficial de proposição sobre práticas e padrões para pesquisa e desenvolvimento. As estatísticas sobre P&D de grande parte dos países do mundo se basearam, desde então, em seus conceitos e tipologias para a análise dos sistemas nacionais de inovação. Além disso, a aceitação de suas definições e classificações possibilitou discussões intergovernamentais sobre as melhores práticas para políticas de ciências e tecnologia.

Em consequência, as atividades de inovação tecnológica foram definidas no manual, assim como todos os passos científicos, tecnológicos, organizacionais, financeiros e comerciais, incluindo investimentos em novo conhecimento, que levam ou pretendem levar à implementação de produtos e processos tecnologicamente novos ou aperfeiçoados. P&D é apenas uma dessas atividades e pode ser realizada em diferentes fases do processo de inovação com o intuito de consistir na fonte original de ideias inventivas, mas também como meio de resolução de problemas que podem surgir em qualquer ponto do processo de implementação da inovação. A característica principal das definições do manual é o foco em atividades, embora os produtos sejam abordados implicitamente. No entanto, suas definições deixam espaço para outras atividades além das de P&D, acrescentando peso às visões que salientavam que as inovações não poderiam ser apenas definidas como as ações tradicionais de P&D (OCDE, 2002).

Outra fonte utilizada nos debates foi o *Manual de Oslo* editado pela OCDE, em 1990, também com o objetivo de orientar e padronizar conceitos, metodologias e indicadores sobre inovação tecnológica para as pesquisas de P&D de países industrializados. O manual conceitua uma inovação tecnológica no produto como a implementação e comercialização de um produto com características aperfeiçoadas de desempenho, como, por exemplo, a provisão de serviços novos ou aprimorados ao consumidor. Assim, o processo de inovação tecnológico é visto como a implementação ou adoção de produção ou de métodos de provisão dos produtos novos ou significativamente melhorados, podendo envolver mudanças em equipamentos, recursos humanos, métodos de trabalho ou uma combinação desses. A conclusão dessa definição é a existência do papel de outras formas de investimento em conhecimento no processo de inovação, que incluem o aperfeiçoamento do capital humano e do capital organizacional, apesar de incluir também o capital tangível. Esse quesito foi ampliado no manual, com referência específica a um número de classes de ativos intangíveis, que incluía *marketing*, planejamento, investimentos organizacionais, além do capital humano (OCDE, 1990).

Em 2006, foi estabelecido nos Estados Unidos, pela Secretaria do Comércio, um grupo de pesquisas que recebeu a denominação de Comitê para a Mensuração da Inovação da Economia do Século 21 (Advisory Committee on Measuring Innovation in the 21st Century Economy). O governo, empresas e outros especialistas foram responsáveis por discutir os passos para a melhora e ampliação da forma de mensurar a inovação na economia. No comitê levantou-se problemas em três áreas específicas. Indagou-se: i. como ocorre a inovação em diferentes setores da economia; ii. como se difunde pela economia; e iii. como afeta o crescimento econômico. Primeiramente foi estabelecida a definição consensual a ser adotada para a mensuração da inovação. Determinou-se como pontos inovadores as seguintes ações: o planejamento, a invenção, o desenvolvimento e/ou implementação de produtos, serviços, processos, sistemas, estruturas organizacionais novos ou alterados, bem como a criação de novos modelos empresariais com o propósito de criar novos valores para os consumidores e retorno financeiro para as firmas. Essa definição está próxima à de Schumpeter, que se concentra em produtos comercializados e é orientada para o setor privado. No entanto, é mais ampla em sua inclusão de novos produtos e serviços do que as anteriores ideias de inovação científica e tecnológica, visto que inclui ideias organizacionais (Schramm et al., 2008).

Os trabalhos do comitê se basearam nos seguintes princípios: i. os esforços para a coleta de dados sobre inovação devem ser construídos de modo que as empresas possam avaliar a efetividade de suas atividades inovadoras; ii. no desenvolvimento de formas melhoradas de quantificar a inovação no mercado deve ser considerada a mensuração dos impactos da legislação e da regulação sobre a inovação; iii. tendo em vista a natureza da inovação e, em particular, a natureza colaborativa do processo inovador, há necessidade de aceitar métricas qualitativas e subjetivas; iv. a mensuração da inovação não deve ser considerada estática e é um processo interativo que deve ser tratado menos como um "projeto" e mais como um "diálogo" (troca) em andamento. Em cada estágio do processo haverá aprendizado e melhoria; v. a mensuração da inovação deve permitir a análise por estabelecimentos, firmas, indústrias, países, mundo e, quando possível, níveis regionais; vi. um esforço conservador deve ser aplicado em relação à coleta de novos dados, através do reconhecimento das trocas (*trade offs*) entre custos e benefícios potenciais, considerando as restrições dos recursos e das regulações (Schramm et al., 2008).

Os estudos do Comitê levaram a recomendações para ações voltadas ao melhor conhecimento das formas de mensuração da inovação. Para as empresas privadas, recomenda: i. a criação, expansão e facilidade de acesso à mensuração das inovações em nível da firma e da indústria, bem como desenvolver as melhores práticas para o gerenciamento e contabilização da inovação; ii. participação em atividades de pesquisa e tornar a informação acessível para outros pesquisadores. Firmas individuais, associações de negócios e outras organizações devem ser importantes parceiros no desenvolvimento e teste dos indicadores de inovação.

Por outro lado, aos governos são recomendadas iniciativas para: i. a criação de uma infraestrutura mais forte que permita a identificação e contabilização da inovação em cada economia nacional; ii. crescente acesso a dados, a fim de facilitar pesquisa mais robusta sobre a inovação; iii. realização de *workshops* e encontros para a discussão sobre os indutores, barreiras e facilitadores da inovação; iv. participação contínua no diálogo internacional relacionado à mensuração e análise da inovação, de modo a assegurar a compatibilização internacional das análises; v. considerar o desenvolvimento de um índice nacional de inovação e apoiar financeiramente a implementação necessária dos trabalhos de modernização (Schramm et al., 2008). O indicador da Produtividade Total dos Fatores (PTF) foi outro método discutido como variável base de mensuração da inovação, através da comparação dos efeitos dos indicadores sugeridos sobre a PTF (OCDE, 2009).

Observa-se, dessa forma, uma abordagem mais dinâmica, abrangente e adequada às condições dinâmica e globalizada mais recentes da economia, que influenciaram a elaboração da mensuração de indicadores por outras instituições. O Painel Europeu de Inovação (European Innovation Scoreboard – EIS) vem sendo publicado anualmente desde 2001 para avaliar o desempenho do valor relativo dos países-membros da União Europeia.

Em 2008, o EIS revisou sua metodologia, que incluía indicadores clássicos de inovação, para acrescentar uma série de dimensões relacionadas aos aspectos intangíveis da inovação, introduzindo as novas concepções e relacionando uma série de indicadores que atendiam aos novos conceitos discutidos pelo Comitê Europeu e seguindo o Conselho Europeu de Lisboa, como apresentados no Quadro 7.3.

A partir do EIS foi criado o Painel Global de Inovação (Global Innovation Scoreboard – GIS) com a finalidade de comparar o desempenho dos países que mensuram o EIS com uma série de outro países que gastam em inovação, entre os quais alguns países em desenvolvimento: Argentina, Austrália, Brasil, Canadá, China, Hong Kong, Índia, Israel, Japão, Nova Zelândia, República da Coreia, México, Federação Russa, Singapura, África do Sul e Estados Unidos. O índice é formado a partir da disponibilidade de indicadores compatíveis reunidos em cinco dimensões da inovação: indutores de inovação, criação de conhecimento, difusão do conhecimento, aplicações e propriedade intelectual.

Quadro 7.3   Dimensões do Desempenho das Inovações
do Índice EIS

INDUTORES	
Recursos Humanos	Mede a disponibilidade de pessoas de alto nível de escolaridade e qualificação.
Finanças e Apoio	Mede a disponibilidade de financiamentos para projetos de inovação e o apoio governamental para atividades inovadoras.
ATIVIDADES DAS FIRMAS	
Investimentos da Firma	Avalia uma série de diferentes investimentos que as firmas empreendem para gerenciar a inovação.
Relacionamentos e Empreendedorismo	Captura os esforços de empreendedores e os esforços de colaboração com outras firmas inovadoras e com o setor público.
Gastos	Captura os Direitos de Propriedade Intelectual gerados como despesa no processo de inovação e nos fluxos de Tecnologia da Balança de Pagamentos.
PRODUTOS	
Inovadores	Mede o número de firmas que introduziram inovações no mercado ou em suas organizações, incluindo inovações tecnológicas e não tecnológicas (intangíveis).
Efeitos Econômicos	Captura o sucesso econômico da inovação no emprego, nas exportações e nas vendas devido a atividades inovadoras.

Fonte: EIS (2009).

Outra iniciativa atual relevante na busca de aperfeiçoamento da mensuração da inovação foi implementada pelo Reino Unido a partir de 2009, por meio de sua instituição National Endowment for Science, Technology and the Arts (Nesta), que objetiva estimular e apoiar a política de inovação nos setores privado e público.

O índice piloto é composto por três componentes: i. medição do investimento em inovação para a economia do Reino Unido e o efeito que tem sobre o crescimento econômico e da produtividade; ii. uma ferramenta para entender a inovação em nível da firma que capture a inovação "escondida" e reflita as diferentes formas de ocorrência de inovação nos vários setores;

iii. um conjunto de métricas que pode ser rastreado para fins de avaliação do ambiente favorável para estimular a inovação.

A contribuição relevante para a mensuração da inovação é representada pela conceituação das variáveis representativas do investimento em inovação constituídas por sete indicadores apresentados no Quadro 7.4.

Quadro 7.4   Variáveis de Mensuração de Investimentos em Inovação

P&D	Investimentos em pesquisa e desenvolvimento que produzem novos conhecimentos na forma de ideias ou produtos que podem ser comercializados pelas firmas.
Projeto	Investimentos em projetos de desenvolvimento de novos bens e de produtos de serviços e financeiros.
Aperfeiçoamento Organizacional	Inovação organizacional que conduza a maior eficiência e efetividade de ação das organizações, que permite a competitividade e implementação de ideias inovadoras.
Desenvolvimento do Treinamento e das Capacidades	Investimentos na força de trabalho, ou seja, investimento em capital humano, particularmente em inovação de serviços.
Desenvolvimento de *Softwares*	Recursos investidos no desenvolvimento de base de dados e de *softwares* específicos para a firma.
Pesquisa de Mercado e Publicidade	Identificação do potencial do mercado para novos produtos da firma que antecipem a futura demanda.
Outros Desenvolvimentos	Investimentos em novos conhecimentos para exploração de fontes minerais em setores específicos e investimentos em ideias a serem patenteadas, que conduzam a ativos da firma, e que possam ser exploradas comercialmente.

Fonte: Nesta (2009).

O esquema-piloto sistematizado pelo Nesta trouxe alguns aprimoramentos às formas anteriores de medição da inovação intangível, visto que envolveu diretamente a mensuração por empresas, o que permite observar como as firmas de vários setores desenvolvem as ideias que se adequam às necessidades específicas. Além disso, liga os investimentos diretamente ao crescimento da produtividade, que é uma das prioridades econômicas mais importantes do governo. Por fim, leva à produção de novas informações sobre inovação que complementam informações anteriormente existentes.

A partir das experiências anteriores e da necessidade de unificação da metodologia para fins de comparabilidade internacional, foi criado o Advisory Board, instituição composta por um grupo selecionado de especialistas internacionais dedicados ao conhecimento e à prática no âmbito da inovação, oriundos de instituições privadas, públicas e acadêmicas. A instituição elaborou, em 2007, o Índice Global de Inovação (Global Innovation Index – GII) através da coleta de elementos das economias nacionais que possibilitam atividades inovadoras. O GII é calculado pela Universidade de Cornell juntamente com a Escola de Negócios Insead e a *World Intellectual Property Organization* (Wipo), uma agência especializada da ONU GII. O índice é uma composição de dois subíndices de inovação: o Subíndice de Insumos (*input*) e o Subíndice de Produto (*output*), como apresentado no Quadro 7.5.

Quadro 7.5   Composição do Índice Global de Inovação (GII)

RELAÇÃO DE EFICIÊNCIA DA INOVAÇÃO				
Subíndice de Insumos de Inovação				
Instituições	Capital Humano e Pesquisa	Infraestrutura	Sofisticação do Mercado	Sofisticação do Negócio
Ambiente Político	Educação	TIC	Crédito	Trabalhadores do Conhecimento
Ambiente Regulatório	Educação Superior	Infraestrutura Geral	Investimento	Relações de Inovação
Ambiente Econômico	Pesquisa e Desenvolvimento	Sustentabilidade Ecológica	Comércio Exterior e Competição	Absorção de Conhecimento
Subíndice de Produtos da Inovação				
Produção de Conhecimento e Tecnologia		**Produção Criativa**		
Criação de Conhecimento		Ativos Intangíveis		
Impacto do Conhecimento		Bens e Serviços Criativos		
Difusão do Conhecimento		Criatividade *On-line*		

Fonte: Wipo (2013).

INOVAÇÃO NOS SERVIÇOS

Cada um dos pilares é subdividido em subpilares, compostos por uma média ponderada de indicadores individuais, que totalizavam 84 no GII de 2013. No GII total, a média simples dos subíndices de Insumos e de Produto e a Relação de Eficiência da Inovação consiste na razão entre esses dois subíndices, mostrando quanto de produto inovador é obtido através de insumos de inovação. A Tabela 7.1 apresenta os resultados da mensuração dos GII de 2013 para regiões mundiais geográficas e de acordo com os níveis de renda.

Tabela 7.1   Índices Globais de Inovação Para Regiões Mundiais, 2013

REGIÕES	GII	SUBÍNDICE E INSUMOS DE INOVAÇÃO						SUBÍNDICE PRODUTOS DA INOVAÇÃO			EFICIÊNCIA
		total de insumos	instituições	capital humano e capacidades	infraestrutura	sofisticação de mercado	sofisticação de regiões	total de produtos	produção de conhecimento e tecnologia	produção criativa	
Geográficas											
América do Norte	58,96	66,98	89,65	55,26	52,79	82,94	54,26	50,93	48,99	52,87	0,76
Europa	47,64	52,83	75,66	46,31	44,91	56,12	41,17	42,45	37,77	47,13	0,80
Sudeste da Ásia e Oceania	43,06	49,44	66,91	40,23	40,98	57,88	41,19	36,67	32,07	41,28	0,76
Norte da África e Ásia Ocidental	35,55	41,17	61,23	33,88	33,28	47,06	30,38	29,94	24,09	35,79	0,72
América Latina e Caribe	33,91	37,55	55,09	26,28	29,45	42,81	33,20	30,27	21,31	39,22	0,81
Ásia Central e do Sul	28,03	31,57	47,23	21,55	25,11	40,32	23,65	24,49	24,30	24,68	0,79
África Subsaariana	27,38	31,14	52,91	18,26	20,52	38,87	25,16	23,62	19,44	27,79	0,77
Níveis de Renda											
Alta	50,11	56,5	80,54	49,05	47,79	60,39	44,71	43,72	38,26	48,18	0,77
Média Alta	35,71	40,3	59,53	31,55	33,17	45,59	31,66	31,,12	25,61	36,63	0,77
Média Baixa	29,83	33,53	50,82	23,84	24,49	41,66	26,83	26,13	21,25	31,01	0,78
Baixa	26,43	29,68	49,69	18,26	19,25	38,68	25,81	23,19	19,54	26,84	0,79

Fonte: Wipo (2013).

Na avaliação mundial de 2013, o GII foi composto por 142 economias, que representavam 94,9% da população mundial e 98,7% do Produto Interno Bruto dos países. As regiões geográficas foram apresentadas em ordem decrescente de seus GII médios. É possível observar-se as situações diferenciadas de intensidade de inovação em diferentes regiões e nos distintos pilares que representam pontuações médias para cada pilar. Por exemplo, a maior dispersão entre os índices dos pilares é observada na região do Sudeste da Ásia e na Oceania nos cinco primeiros pilares dos subíndices, porém se reduzem significativamente nos três últimos. Por sua vez, ainda que o GII global médio para os países da África Subsaariana sejam inferiores, em alguns pilares apresentam resultados melhores do que a média dos países da Ásia Central e do Sul. Outro exemplo refere-se aos países do Sudeste da Ásia e à Oceania, cujos índices médios para os pilares de sofisticação de mercado e de negócios são superiores aos da Europa. Entre os pilares, os que se referem à sofisticação de negócios, produção de conhecimento e tecnologia, e produção criativa apresentam as maiores dispersões nos índices médios (Wipo, 2013).

A observação dos maiores países inovadores mostra, através da sua posição no índice GII, que, embora países individuais tenham modificado seus subíndices dentro de suas regiões, nenhum país teve desempenho que o destacasse da média do grupo em 2013, e sua posição no *ranking* permanece fortemente correlacionada aos seus níveis de renda. Os países de alta renda ultrapassam bastante os países em desenvolvimento nos resultados da inovação, como esperado, e outras economias de renda média alta ou baixa ainda não conseguiram subir de modo definitivo em sua posição no *ranking*. Os dados mostram ainda que o desempenho diversificado dá-se mesmo internamente a uma região: no norte da Europa observou-se países líderes da inovação e no sul e leste a tendência foi para pior desempenho (Wipo, 2013: p. 5).

A Tabela 7.2 apresenta os resultados da mensuração dos GII para uma seleção dos dezenove países mais desenvolvidos em inovação e mais o Brasil. A Wipo chama a atenção para o fato de que o GII para 2013 mostra que a retomada do desenvolvimento econômico mundial em países mais avançados ainda é

INOVAÇÃO NOS SERVIÇOS 325

frágil e desigual, pois se, desde 2009, os países de alta renda apresentaram indícios de recuperação, a maior parte, porém, não tomou o impulso inovador anterior necessário.

Tabela 7.2 Índices Globais de Inovação de Países Selecionados

PAÍS	GII			POSIÇÃO		EFICIÊNCIA	
						Relação	Posição
	2013	2012	2008-2009	2013	2008-2009	2013	2013
Suíça	66,6	68,2	47,3	1	7	1,0	12
Suécia	61,4	64,8	48,4	2	3	0,8	55
Reino Unido	61,2	61,2	48,2	3	4	0,7	60
Holanda	61,1	60,5	46,4	4	10	0,9	26
Estados Unidos	60,3	57,7	52,8	5	1	0,7	86
Finlândia	59,5	61,8	45,7	6	13	0,7	67
Hong Kong	59,4	58,7	45,9	7	12	0,7	109
Singapura	59,4	63,5	48,1	8	5	0,6	121
Dinamarca	58,3	59,9	46,9	9	8	0,7	78
Irlanda	57,9	58,7	43,0	10	21	0,8	57
Canadá	57,6	56,9	46,3	11	11	0,7	68
Luxemburgo	56,6	57,7	43,7	12	17	0,8	33
Islândia	56,4	55,7	43,4	13	20	0,8	30
Israel	56,0	56,0	41,7	14	23	0,8	38
Alemanha	55,8	56,2	49,9	15	2	0,8	40
Noruega	55,6	56,4	44,7	16	14	0,7	81
Nova Zelândia	54,5	56,6	39,7	17	27	0,7	90
Repúb. da Coreia	53,3	53,9	47,3	18	6	0,7	95
Austrália	53,1	51,9	42,7	19	22	0,6	116
Brasil	36,3	36,6	32,5	64	50	0,7	69

Fonte: Wipo (2009, 2012 e 2013). Elaboração nossa.

Observe-se na comparação de 2008 a 2013 que, embora os países que apresentam os índices mais elevados sejam sempre os mesmos no período, houve mudanças na posição dos principais países durante o período, com ganhos relativos (não necessaria- mente absolutos) consideráveis de posição para Suíça, Holanda,

Finlândia, Hong Kong, Irlanda, Islândia, Israel e Nova Zelândia e perda relativa para os Estados Unidos, Singapura, Alemanha e República da Coreia.

A Tabela 7.2 mostra ainda que os países inovadores, com exceção de algumas cidades da Suíça e de Singapura, ainda não são capazes de obter, de modo uniforme, altos índices de inovação em todas as dimensões dos subíndices de insumos do modelo GII. Ao contrário, muitas das capacidades de inovação se desenvolveram em ecossistemas locais de cidades específicas, em grupamentos de atividades (*clusters*) ou de regiões.

A Wipo chama a atenção para o fato de que algumas nações estão aprendendo rápido a melhorar suas capacidades de inovação, o que pode ser confirmado pelos resultados do GII de 2013, em particular para um grupo seleto de países emergentes e de renda média que elevaram sua posição no *ranking* e tiveram um desempenho melhor do que outros países em seus respectivos níveis de renda, como: Armênia, China, Costa Rica, Geórgia, Hungria, Índia, Jordânia, Quênia, Letônia, Malásia, Mali, República da Moldávia, Mongólia, Montenegro, Senegal, Tadjiquistão, Uganda e Vietnã (Wipo, 2013: p 7).

Observa-se, finalmente, que, embora o progresso desses países não seja uniforme, o resultado positivo vem de uma série de políticas públicas em múltiplas frentes, como nas instituições, na capacitação da força de trabalho, em infraestrutura, integração com mercados globais e relacionamentos com a comunidade econômica mundial.

CONSIDERAÇÕES FINAIS

Nas últimas duas décadas foi observado um desenvolvimento acelerado sem precedentes da inovação na economia mundial, que assume formas de mudança nas premissas teóricas, científicas, tecnológicas, organizacionais e sociais, entre outras. No contexto econômico, as atividades de serviços representam em média cerca de 70% da geração de valor e de empregos das economias, no entanto, a inovação nessas atividades apenas recentemente tem motivado maiores investigações, embora a intensidade dos estudos tenha se disseminado na literatura

INOVAÇÃO NOS SERVIÇOS

econômica. São encontradas nos textos especializados mais recentes novas direções teóricas para o entendimento da contribuição da inovação nos serviços para o contexto mais global das demais atividades econômicas.

Uma série de mudanças nos processos inovadores em serviços conduziram à formulação de novos modelos e paradigmas econômicos que, em uma citação à ideia de Schumpeter, destruíram antigas estruturas de pensamento e de ação em que os serviços eram considerados portadores de uma doença de custos e de baixa produtividade e relação capital/trabalho para criar novas estruturas adaptadas às mudanças da economia mundial. As recentes crises financeiras, econômicas, ambientais e sociais que se disseminaram pelos países desde os anos 2000 exigiram uma reformulação nas premissas anteriores de condução dos problemas, levando à percepção do papel cada vez mais relevante do setor de serviços para a resolução dos problemas críticos e da necessidade de constante inovação nos padrões organizacionais e estratégicos de produção e provisão dessas atividades.

8. Inovação nos Serviços Públicos

Esta seção tem como propósitos básicos apresentar os temas-chave e as questões e premissas teóricas relevantes e amplas da inovação em serviços públicos. Busca também examinar as pesquisas que relatam as ações de inovação implementadas na área pública para verificar as possibilidades de inovação próprias do setor público ou colaborativa com outros setores econômicos.

A preocupação com a modernização e inovação do setor público surgiu com as críticas que levaram a um novo modelo, o New Public Management, a partir da visão schumpeteriana que considerava o setor grande demais, além de ser altamente ineficiente e custoso (Pollitt e Bouckaert, 2004). As discussões sobre a questão eram centradas na maneira de desenvolver formas mais efetivas de gerenciamento público baseado em objetivos claros, mensuração do desempenho e incentivos econômicos que visavam ressaltar a motivação através de um espírito empresarial (Hood, 1991).

O conceito de inovação pública é diversificado na literatura, mas um resumo de seu significado, que envolve vários autores, é proposto por Jean Hartley (2012) como uma ação nova ou invenção implementada e usada, ou seja, que é posta em prática, envolvendo mudanças no processo anterior. Portanto, é diferente da noção de melhoria contínua, pois envolve melhorias não incrementais, mas radicais, que rompem com um comportamento estruturado (Osborne e Brown, 2005; Hood, 1991; Pollitt e Bouckaert, 2004).

É importante, nesse contexto, ressaltar o que pode ser derivado da literatura mais ampla sobre a inovação no setor privado, visto que existem pontos em comum na visão acerca dos dois âmbitos. Existe uma ideia disseminada de que o setor privado é "melhor" no campo da inovação do que o público, e que esse último obterá melhores resultados se adotar estratégias e práticas utilizadas no setor privado, o que é amplamente criticado por Hartley e é uma questão ainda não comprovada. Na visão neoliberal predominante no século XX, as abordagens sobre o fornecimento de serviços públicos incluíam a supremacia dos métodos do setor privado e predominava, nos países mais avançados, a visão do modelo de vantagens competitivas (Porter, 1985) como o mecanismo central através do qual seria conseguida a melhora na provisão de serviços públicos.

Nesses países, a reforma do modelo tradicional dos serviços públicos, portanto, tinha como hipótese que a introdução de competição e de regras de mercado a esses serviços conduziria tanto à maior economia de recursos quanto à maior eficiência e efetividade e, com base nas vantagens competitivas indicadas por Porter, a competição iria exigir que os agentes públicos inovassem a fim de manter uma vantagem competitiva.

Assim, o setor privado é utilizado como ponto de referência para comparação sobre a inovação no setor público e as divergências em relação a este são consideradas deficiências e necessidade de maior adoção dos métodos empresariais, o que nem sempre é verdadeiro. O fato de que a literatura sobre inovação se baseava quase que exclusivamente na área manufatureira (*design* de produtos, equipamentos eletrônicos e científicos), como observam muitos autores (Miles, 1993; Gallouj e Djellal, 2010), e que os estudos sobre a indústria de serviços são bem recentes, em particular desde a década de 1980, levou a essa visão distorcida, pois existem desenvolvimentos importantes nos serviços também nas áreas de produtos tangíveis, assim como em novos equipamentos para a saúde ou para a comunicação governamental. No entanto, existe dificuldade em extrapolar completamente conceitos derivados da inovação em produtos manufatureiros para inovações organizacionais ou de produtos intangíveis (Alänge et al., 1998). Uma característica específica dos serviços é que sua inovação apresenta um nível maior de ambiguidade e de incertezas, posto que são muito afetadas pela variabilidade das características do fornecedor e do consumidor dos serviços públicos, quando em alguns atuam de forma conjunta como coprodutores. Como a inovação frequentemente é intangível, uma mudança no serviço implica uma mudança entre os agentes, com alto nível de conhecimento tácito. Dessa forma, é importante compreender os limites e possibilidades de aprender através de teorias moldadas para o setor privado (Hartley, 2012), como será apresentado em seguida.

O AMBIENTE DA INOVAÇÃO NOS SERVIÇOS PÚBLICOS: DISTINÇÃO PÚBLICO-PRIVADO

A simples distinção entre o que é público ou privado não é completamente clara, visto que existe uma série de inter-relações e interdependências entre alguns setores, como, por exemplo, de firmas que operam sob fortes regulamentações determinadas pelo Estado, ou firmas privadas que produzem apenas para o fornecimento de serviços públicos, serviços públicos comissionados e uma série crescente de organizações híbridas e de serviços públicos oferecidos em parceria com o setor privado. Por outro lado, alguns serviços produzidos pelo setor público, para serem fornecidos à população, apresentam características semelhantes às de serviços produzidos por setores privados para serem comercializados no mercado. A dimensão pública da inovação, portanto, deve ser examinada particularmente em termos das características de cada setor diferenciado de serviços e principalmente do objetivo final e funções do produto oferecido (Hartley, 2012). Da mesma forma, não é fácil separar o conceito de inovação específica em serviços públicos do de inovação em serviços privados.

Como argumenta Bovens (1998), o esclarecimento das diferenças entre os setores público e privado passa pelo conhecimento do que o autor chama de autoridade econômica e de autoridade política, que, atuando em conjunto, criam uma série de combinações próprias. A autoridade econômica refere-se ao grau de controle que a organização tem de seus rendimentos e ativos, enquanto autoridade política é derivada da legitimidade conferida pelos cidadãos, pelo Legislativo e pelos órgãos governamentais, o que permite que a organização tome decisões e funcione diretamente em atendimento e benefício da população sem necessariamente passar pelo mercado. Ambas as dimensões devem ser consideradas em relação à inovação nas organizações de serviços públicos, porém a ênfase deve ser dada à autoridade política, particularmente no que se refere à inovação, visto que é a dimensão de fato considerada como parte dos propósitos (metas e valores) dos agentes que receberam essa incumbência, visando obter impacto no ambiente externo da sociedade, inclusive no âmbito da construção institucional que irá apoiar esses serviços. A literatura ressalta que tanto na área pública quanto na privada os indivíduos, enquanto administradores e funcionários, constituem o primeiro e principal elemento catalisador em direção à inovação – em todas as suas fases de iniciação, planejamento, desenvolvimento, implementação e difusão –, na forma pela qual suas capacidades se dirigem para novas combinações inovadoras de uso dos fatores.

Nesse sentido, Hartley (2012: p. 46) frisa que um dos elementos diferenciais da administração pública em relação à administração privada está no fato de que a primeira opera num contexto político, que nos governos democráticos apresentam uma governança de políticos que prestam contas ao eleitorado. A literatura sobre inovação na área privada, porém, fornece algumas direções para o entendimento da esfera pública, posto que em ambas, muitas vezes, a inovação é obtida através de parcerias e de um conjunto de organizações que funcionam em colaboração, seja a inovação gerada através de cadeias de fornecedores, seja por meio de grupos e de associações formais ou por intermédio de outras formas de trabalho conjunto entre membros da sociedade.

Uma das características mais relevantes na distinção entre inovação nas áreas pública e privada, dessa forma, refere-se à motivação que está por trás do processo de decisão de inovar que parte do agente responsável, posto que no setor privado a competição pelo mercado é um dos catalisadores nesse processo, enquanto na área pública a motivação está principalmente em cumprir a função de atendimento das necessidades de serviços públicos da população da forma mais eficiente possível a partir dos recursos existentes. Ao lado disso, como define Scott (2007), as organizações privadas operam sob a influência e decisão de seus dirigentes, contratantes e sócios, enquanto a organização pública, que inclui vários níveis ou esferas de governo hierarquizados, operam sob a auditoria, inspeção e supervisão de outras agências reguladoras, que repercutem em seu desempenho.

Dessa forma, a dimensão de autoridade política descrita por Hartley influencia muito mais a área pública, e alguns autores consideram como corolário que, por não operar apenas em mercados competitivos, a inovação nos serviços públicos é menor. No entanto, outros teóricos mais recentes defendem a ideia de que a competição também é o principal indutor da inovação na área pública, embora com características e mecanismos diferenciados. Esses autores consideram que a inovação é um elemento crucial de política e de administração pública em uma sociedade dinâmica em que as necessidades e aspirações da população estão em transformação. A inovação, desse modo, faz ressaltar a legitimidade do governo perante os cidadãos (Hartley, 2012).

Enquanto algumas dimensões da inovação em serviços são similares tanto para o setor privado quanto para o público – como na produção do serviço, processo produtivo, estratégia etc. –, existem alguns outros aspectos que não são discutidos na literatura sobre inovação no setor privado, mas são encontrados na literatura específica sobre inovação pública. Os cientistas políticos apontam a existência da adoção de novas políticas de ação pública, ou seja, de inovações em políticas públicas e na governança que significam novos procedimentos e instituições para a tomada de decisão, que dizem respeito a recursos e ações voltados especificamente para a esfera pública. Além disso, a literatura identifica a inovação na retórica e na implementação dos serviços, ou seja, aponta uma nova linguagem e novos conceitos utilizados para mobilizar o apoio dos agentes públicos e privados envolvidos nas ações e incorporados à forma de fornecimento do serviço (Hartley, 2012). Os aspectos da inovação que lidam com política de ação pública, governança e retórica específica não são discutidos na literatura geral sobre inovação utilizada pela esfera privada da economia. Por sua vez, a inovação nas organizações públicas devem ser consideradas em um ambiente mais amplo da política governamental e não apenas da inovação relevante para uma determinada organização.

Na literatura que trata da inovação no setor privado, na maior parte das vezes a unidade de análise é a firma e a inovação é considerada um instrumento importante para a busca do desenvolvimento da firma, bem como para as metas concorrenciais e participação no mercado. É discutida amplamente a forma de adoção da inovação, seja através de pesquisa individual, de alianças estratégicas ou de redes de organização em parceria, ou ainda gerada por cadeias de fornecimento através de práticas comuns no mercado, entre outras.

Outra linha de análise na área econômica refere-se ao nível não apenas da firma individual, mas de setores industriais (*clusters*). A discussão centrada nas vantagens das práticas de inovação para o setor privado, com foco na firma individual, pode ser útil para a compreensão da inovação em serviços públicos, posto que nessa última esfera também existem setores que podem ser denominados indústrias, como na educação e saúde.

Além disso, o foco de análise muitas vezes se refere ao ambiente organizacional em organizações que operam no mesmo campo de serviços e aos mesmos agentes operadores e organizações que influenciam seu desempenho, como contratados ou parceiros. Esse ambiente na organização pública incluirá o governo, muitas vezes em mais de um nível, auditores e inspetores e outras agências reguladoras específicas para esse âmbito, o que reforça e influencia a questão da autoridade política no fornecimento de serviços e, assim, algumas inovações só fazem sentido com uma visão mais abrangente das influências e dos efeitos sobre a sociedade e a economia global (Scott, 2007). Por outro lado, a inovação na atualidade é vista como um método crítico para a melhora do desempenho nos serviços públicos, no sentido de ressaltar e legitimar o governo perante a população.

Hartley (2012: p. 47) sintetiza ideias relevantes encontradas na literatura que discorre sobre as similaridades e diferenças nas abordagens dos setores privados e públicos para a inovação em serviços, recorrendo a um esquema analítico para examinar algumas características relevantes sobre os atores, processos e resultados da inovação nesses setores. Analisa inicialmente essas abordagens a partir de três fases ou estágios do processo de inovação resumidas por Osborne e Brown (2005) como invenção, implementação e difusão.

A fase de invenção é a etapa de ideias e criatividade, de procura e seleção de novos conceitos, que cobre um processo de inventar, encontrar ou criar ideias e reconhecer necessidades e oportunidades que teriam potencial de se transformar em inovação. A segunda fase, implementação, corresponde à transformação dessas ideias em mudanças concretas para a organização ou para o serviço a ser oferecido, ou seja, procura fazer a ideia acontecer na realidade e funcionar de forma adequada, promovendo os ajustes necessários na passagem da ideia para a ação junto aos outros processos da organização. A fase final, por sua vez, é centrada na difusão da inovação, que consiste em elemento crucial especificamente para os serviços públicos.

O Quadro 8.1 resume esse esquema analítico que, segundo Hartley, não visa criar uma delimitação clara entre as diferenças e similaridades, mas apresentar alguns aspectos do processo de inovação em serviços, que têm sido negligenciados em grande parte da literatura e podem fornecer elementos relevantes para a agenda de pesquisas públicas acerca da modernização dos serviços. Observa-se, na fase da invenção, que embora o setor público também dê ênfase aos mesmos elementos de dimensões e catalisadores da inovação que o setor privado, algumas características específicas são acrescentadas a esses elementos, como a preocupação com políticas públicas, governança, retórica, contexto institucional, necessidades e aspirações da sociedade, além de atores voltados especificamente para ações sociais.

Quadro 8.1 Abordagens Pública e Privada Sobre a Inovação em Serviços: Similaridades e Diferenças

	ÊNFASE DO SETOR PRIVADO	ÊNFASE DO SETOR PÚBLICO
Fase de Invenção		
Dimensões da Inovação	Produto, serviço, processo, posição no mercado, estratégia, modelo de negócios, inovação administrativa.	Idem ao setor privado mas também política pública, governança e inovação retórica.
Unidade de Análise Para Inovação	Firma e/ou sócios estratégicos e cadeia de fornecedores. Também setores industriais e *clusters*.	Organizações industriais, setores industriais e contexto institucional.
Ambiente Indutor da Inovação	Competição.	Necessidades e aspirações da sociedade.
Catalisadores da Inovação	Administradores e equipe, redes (*networks*), parcerias com consumidores e utilizadores.	Administradores e equipe, redes (*networks*), parcerias com cidadãos, utilizadores e representantes sociais, políticos eleitos e assessores de políticas públicas.
Fase de Implementação		
Plano Organizacional (por exemplo, estrutura burocrática, tamanho, cultura da inovação)	Adoção do tamanho (abrangência) da inovação em diferentes fases. Redução da burocracia. Cultura de suporte à inovação.	Adoção do tamanho da inovação em diferentes fases. Redução da burocracia. Cultura de suporte à inovação.
Critérios de Sucesso	Lucros. Posição e participação no mercado.	Melhora no fornecimento de serviço ao público. Valor público.
Prestação de Contas (*accountability*)	Para a firma.	Para o público.
Fase de difusão		
Motivação do Inovador Para Difundir	Difusão restrita para explorar vantagens comerciais, através de patentes etc.	Difusão externa para outras organizações com a finalidade de melhorar os serviços públicos.
Motivação do Que Adota a Inovação Para Assumi-la	Incentivo para aprender com os competidores.	Falta de incentivo de aprender com outros do mesmo campo.

Fonte: Extraído de Hartley (2012). Tradução e elaboração nossas.

Na fase da implementação, enquanto os elementos do plano organizacional podem ser os mesmos, os critérios para a avaliação do sucesso da inovação e a responsabilidade para a prestação de contas são dirigidas ao âmbito específico privado ou social de modo diferenciado. Por sua vez, a fase de difusão também apresenta elementos diferenciados no que diz respeito tanto à motivação da difusão pelo inovador quanto à motivação do que assume a adoção da inovação.

Assim, a nova visão sobre o ambiente da inovação em serviços públicos começou a dominar a administração pública e a agenda de reformas de grande parte de países mais desenvolvidos da OCDE desde a década de 1970. Essas transformações estão vinculadas ao movimento político e ideológico, com raízes também econômicas, de propostas e ações no sentido de uma reforma do Estado. Esse tema entra na agenda dos debates políticos e institucionais da comunidade internacional no rastro da crise que acometeu as principais economias capitalistas ao longo da década de 1970.

OS NOVOS CONCEITOS DE INOVAÇÃO NA ÁREA PÚBLICA E A AMPLIAÇÃO DE SERVIÇOS: AS MUDANÇAS DE PARADIGMA

Sendo as funções básicas do setor público o planejamento, a organização, implementação, regulação e controle de políticas e outras ações públicas, observa-se que a operacionalização dessas ações se realizam tipicamente através de atividades de serviços. Embora a inovação na área pública esteja ligada também à modernização tecnológica por meio de investimentos em capital fixo tangível, a maior parte dos elementos de modernização da operacionalização de suas funções se verifica por intermédio da inovação intangível nos serviços produzidos e fornecidos pelas unidades públicas.

A inovação e ampliação de serviços no setor público estão diretamente ligadas à discussão ideológica a respeito do papel do governo na produção e provisão de serviços e sobre a forma que a tomada de decisão e a operacionalização das funções governamentais deve assumir. À medida que a necessidade de inovar e aperfeiçoar o gerenciamento das atividades públicas tem levado governos a reformas em sua visão teórica e empírica da política de ação, o processo de inovação nessas atividades assume outras características com a criação de serviços diferenciados e adequados à implementação efetiva das novas propostas.

Na década de 1960, as organizações públicas passaram a sofrer impacto do novo panorama econômico mundial, motivado por tecnologias mais avançadas, como visto anteriormente, que veio moldando o caminho para a mundialização da produção e das relações competitivas. Nesse cenário, a ampliação intensificada de reformas econômicas e governamentais internas aos governos levou ao aumento da complexidade dos organismos públicos. Por sua vez, a sedimentação das reformas passou a não ser suficiente para os novos requisitos e funções que os governos passaram a assumir, originando a necessidade de um conjunto mais ágil e flexível de atividades e ações para o gerenciamento do novo cenário.

Assim, uma nova visão sobre o ambiente da inovação em serviços públicos começou a dominar a administração pública, e a agenda de reformas de grande parte de países mais desenvolvidos da OCDE desde a década de 1970 tomou forma mais estruturada nos anos de 1990, como será visto em sequência, englobando mudanças estruturais organizacionais e gerenciais.

A teoria contemporânea acerca da tomada de decisão, no que se refere à inovação na área pública, tem amplas bases no paradigma da teoria tradicional da administração pública, denominada New Public Management (NPM), que desde a década de 1970 tem sido desenvolvida por muitos países europeus e da OCDE, para suas agendas de reformas, compondo um conjunto de doutrinas administrativas similares dominantes naqueles países, que discutiam o impacto sobre a eficiência, eficácia, prestação de contas (*accountability*), coesão social, entre outros temas. Engloba grande parte das mudanças estruturais, organizacionais e administrativas ocorridas nos setores públicos daqueles países, porém, o corpo teórico da NPM não é um conjunto bem definido ou coerente de ideias, porque apenas reflete um número de mudanças ocorridas no setor público, e muitas das reformas realizadas não foram planejadas

INOVAÇÃO NOS SERVIÇOS PÚBLICOS

estrategicamente e implementadas em um momento específico do tempo (Androniceanu, 2007; Walle e Hammerschmid, 2011).

A nova visão se dirige para a importância do gerenciamento e da "engenharia de produção" no fornecimento de serviços públicos, com frequência ligada a doutrinas de racionalismo econômico (Hood, 1993; Pollit, 1993). A NPM é confundida muitas vezes com o movimento da nova administração pública (New Public Administration- NPA) dos Estados Unidos, que ocorreu nas décadas de 1960 e de 1970; embora tenham características semelhantes, o foco central dos dois movimentos é diferenciado. A preocupação principal da teoria da NPA foi alinhar a administração pública acadêmica com a agenda igualitária radical que influenciava o ambiente acadêmico na época. De modo contrário, a ênfase da NPM, que ocorreu em década posterior, apoiava-se no gerenciamento reformulado, no sentido de salientar a diferença que o gerenciamento poderia trazer para a qualidade e eficiência dos serviços públicos. Nesse caso, a atenção é focada nas funções de produção dos serviços públicos e em questões operacionais, de maneira oposta às doutrinas radicais de autogoverno de profissionais baseadas em regras jurídicas rígidas.

A formulação clássica da NPM surgiu em 1991, no artigo publicado por Chistopher Hood, "A Public Management For All Seasons?", que chamou a atenção para o desenvolvimento de uma forma de gerenciamento público diferenciado da abordagem administrativa sobre o fornecimento de serviços públicos. Os elementos-chave da nova teoria eram, resumidamente: i. a adoção de uma abordagem ao gerenciamento do fornecimento de serviços públicos conscientemente diferenciada do que vinha ocorrendo na visão administrativa e profissional até então; ii. a desagregação de instituições de serviços em suas unidades componentes e uma focalização em seus custos unitários; iii. uma preocupação com o desempenho do gerenciamento e com o controle dos resultados; iv. o crescimento da utilização de mercados e da competição como meios da alocação de recursos: e v. atenção aos exemplos das iniciativas do setor privado para o fornecimento de serviços públicos.

Como salientam Pollitt (1993) e Armenia Androniceanu (2007), a NPM tem sido definida na literatura como uma visão mística, uma ideologia ou uma variedade de abordagens e técnicas particulares de gerenciamento, muitas das quais importadas do setor privado. Nesse sentido, é mudada a ênfase da administração pública tradicional para o gerenciamento público quando o modelo de organização e fornecimento de serviços públicos baseado em princípios burocráticos de hierarquia, planejamento, centralização, controle direto e autossuficiência é substituído por um gerenciamento do serviço público focado no mercado, ou seja, na cultura empresarial. Porém, a interpretação de vários autores a respeito da nova forma de visualizar os serviços públicos não é homogênea, apresentando vários elementos sobrepostos que representam tendências das reformas ocorridas de forma empírica no gerenciamento público dos países da OCDE.

Conforme a visão de Hood (1991), o novo movimento chama a atenção para o gerenciamento profissional, ou seja, o tipo empresarial no setor público, em busca da eficiência,

> gerou um conjunto de doutrinas administrativas baseado nas ideias da especialização do gerenciamento profissional, [...] sobretudo da especialização técnica, que requer alto poder discricionário ou arbitrário para obter resultados [...], central e indispensável para um melhor desempenho organizacional, por meio do desenvolvimento de culturas apropriadas [...] e com mensuração e ajustamentos dos resultados organizacionais (Hood, 1991: p. 6) (Tradução nossa).

Hood observou a desagregação das unidades públicas de fornecimento de serviços que ocorreram por meio de formas semelhantes às contratuais e de mercado, aliadas à maior competição e provisão de serviços em parcerias público-privadas, com relacionamentos contratuais no setor público, abrindo a competição para o fornecimento de serviços. Assim, uma ênfase maior foi concedida à aplicação de estilos de prática gerencial privada e ao controle dos resultados, que apresentam padrões explícitos de mensuração do desempenho, maior parcimônia e disciplina na aplicação de recursos e na elaboração dos orçamentos, manifestando a preocupação de transparência na prestação de contas. Por outro lado, observaram-se mudanças nas relações de emprego, com desregulação do mercado de trabalho público (Hood, 1991; Dunleavy e Hood, 1994).

A interpretação de Pollitt também observou a descentralização da autoridade gerencial nos serviços públicos rompendo com burocracias monolíticas tradicionais em direção a agências públicas separadas. Mostra a introdução de mecanismos de mercado ou *quasi*-mercado para promover a competição, maior separação entre as funções de comprador e provedor de serviços, ênfase na qualidade e responsabilidade para com os consumidores, metas de desempenho para os gerentes, orçamentos fixos e eliminação de cargos supérfluos (*downsizing*) também através de desregulação do mercado de trabalho (Pollitt, 1993 e 1994).

Ewan Ferlie et al. (1996) começam sua análise enfatizando também a descentralização, maior desvinculação organizacional das unidades, novas formas de governança corporativa e movimento em direção ao tipo de gerenciamento fundamentado em conselhos de diretores (*board of directors*). Salientam a separação entre o centro estratégico de políticas e a grande periferia operacional. Para a alocação de recursos no setor público, observam o desenvolvimento e elaboração de mecanismos de *quasi*-mercados, a separação entre fundos públicos e provisão independente de fundos para os serviços. Observam a relevância da responsabilidade do provedor de serviços para com os consumidores e a preocupação com a qualidade do serviço, métodos mais transparentes de avaliar o desempenho e ainda forte preocupação com os ganhos monetários e em eficiência. Duas outras características também são enfatizadas por Sandford Borins (1994) e por Osborne e Gabler (1992): a orientação governamental para o mercado no sentido de alavancar as mudanças através do mercado e um governo antecipatório voltado para a prevenção, antes de uma eventual necessidade de cura.

Examinando os governos da Comunidade das Nações (Commonwealth of Nations), Borins (1994) avalia a crescente autonomia das agências, particularmente da Agência Central de Controles, e também a separação entre o centro estratégico de políticas e a grande periferia operacional, como Ferlie et al. já haviam feito. Chama a atenção para a receptividade, para a competição e atitude mais aberta, através da qual as atividades do setor público deveriam ser desempenhadas, apesar de atuarem de maneira oposta às do setor privado em seus objetivos.

Alerta, porém, sobre a importância da criação de sinergia entre os dois setores. Os órgãos públicos apoiam a alta qualidade dos serviços que os cidadãos e os consumidores valorizam, bem como a provisão de recursos humanos e tecnológicos adequados para a obtenção das metas dos gerenciadores. Mostram, ainda, a necessidade de mensurar o desempenho das organizações e dos indivíduos que operam no setor público valorizando essa atuação e sugerindo recompensas para o caso de atendimento das metas.

Osborne e Gaebler (1992), por sua vez, também defendem a descentralização governamental como princípio fundamental a fim de promover maior flexibilidade e formas menos rígidas de organização, um governo mais canalizador, motivado por uma missão que oriente e não apenas se deixe levar pelas regras rígidas. Observam também a competição na provisão de serviços públicos, seja intragovernos, seja com uma variedade de outros fornecedores alternativos, orientados para o atendimento dos consumidores com resultados determinados e, particularmente, um governo de cunho empresarial, voltado mais para ganhos (no sentido de resultados satisfatórios no atendimento dos consumidores) e menos para gastos burocráticos.

O Quadro 8.2 apresenta uma comparação entre formas diferenciadas de condução da produção e provisão de serviços públicos, salientando as principais diferenças de abordagem que ocorreram no caminho da modernização e inovação de sua implementação. Como mostra o quadro, as principais mudanças nas abordagens do processo de gerenciamento público se apoiam no foco e na forma de implementação dos serviços, que se adaptam aos objetivos específicos e aos instrumentos a serem utilizados. Apesar do grande potencial para a colaboração interativa visando estimular a inovação no setor público, de acordo com Jacob Torfing, pesquisadores que analisaram a implementação dos novos modelos relatam que, em alguns casos, falharam as tentativas deliberadas de facilitar a colaboração e estimular a inovação em cenários interativos. Os atores podem interagir porque necessitam trocar ou compartilhar ideias e recursos a fim de resolver problemas urgentes de políticas públicas, porém a colaboração pode ser bloqueada por grandes assimetrias de poder, pela prevalência de comportamentos oportunistas, de incerteza substancial sobre a estratégia, por infraestruturas cognitivas e discursivas conflitantes, bem como pela falta de liderança e de facilitadores (Torfing, 2010: p. 308).

Quadro 8.2   Comparação Entre Diferentes Formas
              de Gerenciamento Público

	Gerenciamento Burocrático	New Public Manegement	Gerenciamento Colaborativo Inovador
Foco	Gerenciamento de programas.	Insumos e produtos.	Resolução criativa de problemas.
Objetivo	Provisão estável de serviços.	Provisão eficiente em custos.	Rompimento de impasses políticos e melhoria de serviços públicos.
Instrumentos	Regulação normativa.	Gerenciamento por objetivos e mensuração do desempenho.	Regulação de colaboração mais ou menos autorregulada.
Empregados Públicos	Manutenção de funcionários estáveis, confiáveis e profissionais.	Destaque para a produtividade de empregados especializados.	Recrutamento e estímulo à contratação de talentos criativos que são bem relacionados.
Relações Interorganizacionais	Criação de limites organizacionais e profissionais claros e solução de conflitos sobre limites.	Estímulo à competição entre organizações públicas e privadas.	Encorajamento de união de fronteiras interdisciplinares e criação de organizações sem fronteiras.
Agentes de Apoio (*stackholders*)	Considerados objetos e clientes.	Considerados utilizadores e consumidores.	Considerados potenciais cocriadores.
Racionalidade Governamental	Destaque para a coordenação e controle.	Destaque para as formas de auditoria como meio de criar legitimidade.	Destaque para aprendizado e capacidades transformadoras.
Tratamento da Negligência	Estabelecimento de meios de controle e manutenção da negligência.	Destaque para a eficiência, eliminando a negligência.	Criar inovação através da mobilização de elementos da negligência.
Papel dos Gerenciadores Com Relação à Mudança	Assegurar a transparência e estabilidade e fazer ajustes marginais.	Assumir responsabilidades pelo desenvolvimento de estratégias organizacionais.	Facilitar e conduzir a colaboração como meio de estimular a inovação.

Fonte: Torfing (2012: p. 309). Tradução nossa.

As avaliações empíricas sobre os resultados e efeitos da aplicação de reformas no estilo da NPM na Europa não são consideráveis, apesar de mais de três décadas de existência. As poucas avaliações existentes levam em conta não apenas as inovações operacionais e gerenciais como também os efeitos mais amplos das reformas do papel do governo nesse sentido. Tendo em vista, como salientado, que a NPM não é um conjunto de ideias coerentes, mas reflete apenas um número de mudanças gerenciais empiricamente realizadas pelo setor público, a análise de seus impactos em aspectos como eficiência, efetividade, coesão social ou mesmo prestação de contas, entre outros elementos, não é em absoluto completa e clara, principalmente porque muitas reformas não foram planejadas de modo estratégico e implementadas em um ponto específico do tempo (Walle e Hammerschmid, 2011: p. 190).

No que se refere à inovação gerencial, a tentativa de implementar ideias gerenciais do setor privado no setor público trouxe algumas melhoras identificadas na produtividade, divulgação e orientação dos serviços, através da descentralização e da competição, o que contribuiu para transformar as estruturas hierárquicas monolíticas do setor, que eram ineficientes, impondo controles mais rígidos sobre as unidades que não operavam de uma forma voltada para *quasi*-mercado, o que levou maior agilidade, simplicidade e clareza às operações do setor público. Steven van de Walle e Gerard Hammerschmid observam que no interior das organizações a nova forma de pensar levou a uma diferenciação de tarefas, como regulação, assessoria pública, funções de controle, entre outras, que eram tradicionalmente realizadas em conjunto. No entanto, a prática de desagregação do setor público em agências autônomas, unidades do tipo empresariais, competição pública e organismos voltados para mercados, também resultou em determinadas pressões sobre a forma de controle e efetividade da produção e provisão do serviços público, substituindo a burocracia por um conjunto maior e multifacetado de organizações.

Algumas avaliações acerca do estilo de inovação da NPM mostram que as reformas nem sempre foram sustentáveis. Suas inovações, no entanto, não se restringiram a um conjunto de reformas gerenciais e de fornecimento dos serviços, mas também incluíam um conjunto de ideias a respeito da natureza do homem e do papel do governo no contexto social. Essas premissas tiveram suas raízes na década de 1960 no pensamento das teorias da escolha pública criadas pelos economistas da Escola de Chicago, que versavam sobre desregulação, privatização, "marketização" e Estado pequeno (Lane, 2000).

Embora essas ideias não estejam claras nas reformas da NPM, a mudança dos valores que norteavam as reformas foram criticadas por ter seu foco mais orientado aos direitos individuais do que aos coletivos, e também por causa de suas tendências aos princípios de conexão com o mercado como mecanismo de decisão. O surgimento de novos valores, como a eficiência e o individualismo, em substituição dos valores tradicionais de universalismo e equidade foram vistos como ameaçadores do estado de bem-estar social vigente no setor público da época, e as ideias de novos métodos de gerência introduzidas foram vistas como uma nova ideologia sobre o papel do Estado, do tomador de decisão pública, bem como dos cidadãos enquanto consumidores dos serviços públicos.

Os debates que surgiram na época sobre o papel do governo na provisão de serviços públicos se focaram particularmente na privatização e desregulação. A introdução do tipo de inovação NPM no setor público trouxe consigo a necessidade de se reformular os sistemas técnicos disponíveis para a provisão de serviços, como, por exemplo, os sistemas de informação. A descentralização implicou a possibilidade do setor público monitorar, controlar e avaliar o gerenciamento, ou seja, a capacidade de desenvolver novos processos de inspeção do desempenho para checar se o gerenciamento público e as unidades desenvolvidas atingem as metas estabelecidas para a produção e provisão dos serviços públicos (Walle e Hammerschmid, 2011; Walsh, 1995).

Por outro lado, o sistema tradicional de informação e controle sobre o desempenho público tornou-se insuficiente e ineficiente com os novos métodos e foi relevante o desenvolvimento da capacidade de desenvolver um sistema de informações de forma apropriada para a organização da distribuição dos serviços para o controle orçamentário e administração dos custos envolvidos e para o desenvolvimento de indicadores e formas de mensuração do desempenho. Além disso, a nova situação envolveu a capacidade de flexibilizar e agilizar a relação entre os departamentos e a rede de órgãos não departamentais através de serviços criados, e a capacidade de gerenciar programas de gastos de modo eficiente passou a depender das redes interorganizacionais de operacionalização dos serviços para a coordenação das atividades nas várias unidades de ação, assegurando a harmonia da prestação de contas (Walsh, 1995: p. 170).

Embora com a continuidade e predominância de métodos da NPM na década de 1990, foi observada a emergência de novos modos de pensamento sobre o papel do setor público, como a teoria do Valor Público e o neoweberianismo econômico aplicado ao Estado. Em seu estudo *The New Public Management and Beyond*, Per Loegreid (2008), professor da Universidade de Bergen que avaliou os resultados da aplicação da NPM e a criação de inovações e reformas nessas ações, salienta que em alguns países, principalmente europeus, a aplicação de inovações do tipo da NPM no gerenciamento das políticas e no fornecimento de serviços públicos passou a causar problemas operacionais, visto que esses modelos não conseguiam lidar com as organizações públicas autônomas com propósitos diferenciados, o que enfraqueceu o controle político, levou a problemas de fragmentação estrutural com reflexos negativos na coordenação e na capacidade de atendimento às demandas.

Por outro lado, a melhora da eficiência dos serviços não foi tão evidente e surgiu a preocupação com a qualidade dos serviços públicos e com o aumento da desigualdade social; problemas de coordenação horizontal, mais especificamente de coordenação intersetorial e interministerial por causa do desenvolvimento de agências ou de ministérios muito especializados, com fraco relacionamento global. A NPM não havia sido planejada para os obstáculos de coordenação horizontal e muitos problemas de políticas públicas atravessaram as fronteiras ministeriais, o que levou à necessidade do desenvolvimento de uma nova forma de ação, que foi denominada como Whole-of-Government Reforms (WOG) (Lægreid, 2008).

Essas reformas se originaram do conceito Novo Estado Weberiano (New-Weberian State, NWS), elaborado e introduzido por Christopher Pollitt e Geert Bouckaert, em 2004, no livro *Public Management Reform*, que se refere a um Estado que aplica princípios weberianos à sua organização, ou seja, refere-se aos sistemas administrativos tradicionais do setor público em processo de modernização, porém retém qualidades diferentes nos serviços públicos em relação à NPM.

Como destaca Vasilis Kostakis (2011), o NWS teve como base para implementação as novas premissas da Economia Política aplicadas ao setor público denominadas Commons-Based Peer Production. Essas premissas foram introduzidas por Yochai Benkler no seu artigo de 2002, "Coase's Penguin, or Linux and the Nature of the Firm", e podem ser definidas como "produção cooperativa". Essa noção, frequentemente usada para descrever a produção social, define um novo modelo de produção socioeconômica em que a energia criativa de um grande número de pessoas é coordenada em projetos amplos e importantes. No âmbito da tradicional organização hierárquica, usualmente por meio da ajuda da internet, esses projetos são concebidos sem compensação financeira para seus agentes e, dessa forma, tornam-se mais aplicáveis em serviços públicos.

Inspiradas na NWS, as reformas do WOG se voltaram para uma estratégia holística, baseada em integração, coordenação e colaboração global, oposta à departamentalização e verticalização de atividades em núcleos separados, em que os vários departamentos funcionavam sob um mesmo "guarda-chuva" (termo que passou a ser amplamente utilizado pela literatura específica). A coordenação operava tanto em sentido vertical quanto horizontal, a fim de evitar que ações políticas diferentes minassem o resultado global e, por outro lado, para que houvesse melhor uso de recursos com a criação de sinergia na oferta de serviços interligados. As mudanças nas relações de poder e de responsabilidade causaram problemas de legitimidade e conflitos entre as questões globais amplas e a orientação para as questões menores locais. Dessa forma, a inovação no setor público focalizou-se em novas formas de serviços de planejamento e de organização diferenciada, além de voltar-se para reformulações nos sistemas de informação pública, bem como para a criação de novos instrumentos institucionais que possibilitassem a resolução da questão central colocada para contrabalançar a relativa autonomia necessária das agências para a eficiência das tomadas de decisão com o controle político adequado (Lægreid, 2008).

Em suma, as reformas da WOG voltaram a fortalecer a decisão ao nível central, a coordenação inter e intrassetores públicos, os papéis de liderança pró-ativos, a cooperação pragmática entre organizações públicas, dando relevância ao gerenciamento baseado nas preferências em relação ao valor das prioridades públicas, na governança para a tomada de decisões e nas redes de operacionalização dos serviços. Os países europeus particularmente foram motivados por essas ondas de reformas internacionais, que foram filtradas e influenciadas, no entanto, pela estrutura e cultura político-administrativas existentes em cada espaço regional (Hammerschmid, Walle et al., 2013).

O GOVERNO ELETRÔNICO

No contexto dos novos conceitos de inovação na área pública, o denominado governo eletrônico (*E-government*) foi um dos principais instrumentos de ampliação de serviços nos anos mais recentes. Em particular, desde a década de 1990, esse tema tem sido objeto de discussão intensa, ao analisar o uso das Tecnologias de Informação e Comunicação (TIC) para o fortalecimento da capacidade estatal de executar suas funções e especificamente de produzir e de prover serviços públicos. As reformas voltadas para a introdução de TIC objetivam, com frequência, esforços para a melhoria dos programas sociais e de fomento econômico governamentais, bem como de relacionamento com os cidadãos e usuários de seus serviços e com as empresas no contexto da regulação do funcionamento do sistema econômico. Como mostra a economia evolucionista observada em capítulos anteriores, os sistemas de informação e comunicação na atualidade exercem um papel primordial na condução do desenvolvimento econômico, não apenas no setor privado, mas particularmente no setor público.

O governo eletrônico tornou-se um componente significativo da modernização e inovação da agenda pública nos países desenvolvidos e em desenvolvimento, e desde a primeira década de 2000 tem sido uma das metas prioritárias das reformas administrativas governamentais em quase todos os países de vários níveis de desenvolvimento. As discussões no âmbito mundial focalizam mais as causas, vantagens e possibilidades de implementar o governo eletrônico do que a própria operacionalização das ferramentas de TIC em si (OCDE, 2003a: p. 1). Instituições mundiais como o Banco Mundial, a ONU e a OCDE atualmente voltam sua atenção para estudos sobre o papel da inovação através do governo eletrônico e para as possibilidades de apoio financeiro e logístico, como objetivo relevante do desenvolvimento econômico.

A preocupação com a modernização governamental através da introdução do governo eletrônico resultou na iniciativa de se criar, em 2004, a Sociedade Para a Promoção do Governo Eletrônico (The Society for Promotion of E-Governance), mencionada como e-GovWorld, que consiste em uma plataforma renomada de discussões e de trocas de conhecimento e práticas para o desenvolvimento de mudanças e inovações nos serviços governamentais. Reúne estudos de organizações governamentais, indústria, academia e sociedade civil, além de instituições multilaterais como o Banco Mundial, UNPD, Unesco, DIT (Dublin Institute of Technology), NIC (Network Information Center), CDAC (Centre for Development of Advanced Computing) e outras organizações privadas.

O Banco Mundial organizou uma comunidade de estudiosos reunidos nos grupos de Desenvolvimento Temático de Governo Eletrônico (E-Development Thematic Group) e de Práticas de Governo Eletrônico (The E-Government Practice) do Departamento Global de TIC (The Global ICT Department), que trabalham na pesquisa sobre o desenvolvimento de TIC e de seu uso para a melhoria da produção e provisão de serviços governamentais através da eficiência, transparência e prestação de contas. Os membros desse grupo estão definindo abordagens estratégicas para a expansão do papel do Banco Mundial no apoio às iniciativas de desenvolvimento de governo eletrônico em países menos desenvolvidos.

As funções determinadas pelo Banco Mundial para os grupos incluem o fornecimento de assessoria técnica e apoio a investimentos para o planejamento e implementação de soluções e aplicações de governo eletrônico, que incluem aspectos estratégicos, regulatórios, legais e políticos, de estruturas institucionais, arquitetura empresarial e padrões de inter-operacionabilidade, compartilhamento de infraestrutura e serviços, gerenciamento da mudança e do treinamento, bem como assessoria para arranjos inovadores através de parcerias público-privadas. Oferecem também suporte para o projeto de planejamento, implementação para o estímulo à aplicação de outras abordagens inovadoras na área de suprimento móvel de serviços públicos, computação em nuvens e iniciativas de *open data* (Palladino, 2010).

O apoio dado pelo Banco Mundial aos países que estão no processo de planejamento e implementação de estratégias, programas e projetos de *e-government*, tanto em termos de desenvolvimento do conhecimento quanto de suporte financeiro, volta-se para três modalidades de relacionamento entre: i. governo e cidadão, para permitir a esse último o acesso instantâneo à informação e aos serviços governamentais através de múltiplos canais de comunicação; ii. governo e empresas, que consiste nas interações entre essas instituições por meio das transações via internet, para simplificar os processos regulatórios e reduzir a burocracia; e iii. governo e governo, integrando os vários níveis de governo para o suprimento de serviços e alocação de responsabilidades possibilitados pelo compartilhamento de bases de dados, de recursos e de capacidades (Palladino, 2010).

Em todas as modalidades e em todas as esferas de governo, os serviços governamentais oferecidos pelo governo eletrônico são consideravelmente diversificados e dependem da função de cada governo e de cada esfera específica de origem da produção e provisão dos serviços. Na prestação de contas, por exemplo, permite o fornecimento de dados sobre gastos públicos, movimentações financeiras, divulgação de orçamentos, licitações, fechamento e cancelamento de contratos; nesse sentido, contribui para a transparência das atividades governamentais e para a fiscalização do uso dos recursos públicos.

Outra aplicação da TIC se refere às requisições de algum serviço público por parte do cidadão ou reclamações sobre algum serviço que foi malfeito ou não foi cumprido, bem como a verificação de cronogramas de obras públicas, o que elimina a necessidade de um intermediário, agilizando o processo e evitando a sujeição a interesses políticos. Por outro lado, em alguns países onde a informática já se encontra disseminada, esse meio de comunicação propiciou um espaço para discussão, através de fóruns em que a população pode se manifestar, opinando, discutindo ou propondo ideias e projetos para os poderes Executivo e Legislativo, bem como sobre o uso do orçamento público. As discussões que se limitavam à esfera pública ou acadêmica, dessa forma, atinge públicos mais distantes, sem a necessidade de intermediários. Pode constituir também um espaço de ouvidoria em que a população é convidada a manifestar suas reclamações, pedir informações ou expressar sua avaliação sobre órgãos públicos, serviços e governos. Uma das aplicações mais utilizadas refere-se ao uso de *softwares* e de programas *on-line* para cadastrar dados ou executar serviços obrigatórios ou facultativos, como, por exemplo, declaração de Imposto de Renda.

No âmbito da ONU, a discussão sobre o governo eletrônico é realizada através do Departamento de Assuntos Econômicos e Sociais (United Nations Department of Economic and Social Affairs – UN/Desa), que constitui uma interface relevante entre as políticas públicas nas esferas econômica, social e ambiental globais e a ação nacional efetiva dos países envolvidos. O Desa atua de três maneiras principais interligadas: i. geração, compilação e análise de dados e informações econômicas, sociais e ambientais a que seus Estados-membros recorrem para discutir problemas comuns e opções de políticas públicas possíveis. Nesse sentido, publica anualmente seu *Compendium of Innovative e-Government Practices*, com resultado de pesquisas e análises empíricas de todas as regiões mundiais; ii. facilitar as negociações dos Estados-membros em muitas organizações intergovernamentais em atividades de ação conjuntas voltadas para mudanças emergentes globais e em andamento; e iii. aconselhamento e apoio a governos interessados nas formas e meios de implementar as estruturas de políticas públicas desenvolvidas nas conferências e encontros internacionais, em programas específicos para cada país e, através de assistência técnica, auxiliar a construção de capacidades nacionais nessa área (UN/Desa, 2012).

A OCDE mantém um programa de estudos e apoio para o desenvolvimento do uso das TICs, e particularmente da internet na administração pública, como instrumento para a consecução de melhor atendimento à população. Ela define esse programa como Governo Eletrônico. O termo surgiu com o início das transformações impulsionadas pela internet no *modus operandi* de setores econômicos privados, que configuraram o comércio eletrônico. No início da década de 1990, o conceito passou a ser utilizado pelos agentes de política pública. Definições e termos adotados individualmente pelos países vêm mudando à medida que se estabelecem as transformações prioritárias da implementação e que os resultados dinâmicos vão surgindo; a área governamental é dinâmica e as políticas e definições são relevantes no sentido de focalizar os objetivos específicos de cada região. No contexto da OCDE, o E-Government Project é definido como: "O uso de tecnologias da informação e da comunicação e particularmente a Internet, como uma ferramenta para a consecução de melhor governo" (OCDE, 2003b: p. 63).

Os países da OCDE que implementaram as inovações relatam que essa forma de governo vai muito além do mero exercício de colocar as informações e serviços *on-line*. Eles ressaltam essa possibilidade como importante instrumento de transformação das estruturas, processos e cultura governamental, no sentido de adaptá-los às novas condições dinâmicas socioeconômicas do mundo e à crescente pressão para a melhora do desempenho governamental como instituição responsável pela coordenação do atendimento das necessidades dos cidadãos. Nesse sentido, o governo eletrônico tem a função de indutor da intensificação e aumento da velocidade da mudança organizacional, visto que facilita o trabalho em equipe, flexibiliza a operacionalização do trabalho e eleva a difusão do conhecimento sobre práticas de gerenciamento.

O relato dos países envolvidos dão conta, de uma maneira geral, de que essa forma de governo ajudou na construção da confiança dos cidadãos para com o governo ao possibilitar, por um lado, o maior engajamento da população no processo de implantação de políticas públicas e, por outro lado, maior transparência na prestação de contas e na prevenção da corrupção. Já no fornecimento direto de serviços públicos, o TIC permitiu a realização de metas específicas em áreas-chave de políticas, como no caso da educacional, ampliando a educação e o treinamento à distância para regiões de pior acesso. Em uma série de outros objetivos de atendimento da população, a comunicação eletrônica agilizou a implementação e coordenação de programas na área de saúde e particularmente na área burocrática (entre outras), ao mesmo tempo que reduziu consideravelmente os gastos governamentais pela simplificação administrativa, aumentando a produtividade no atendimento ao público (OCDE, 2006: p. 2).

O funcionamento do governo eletrônico exigiu a remoção de alguns obstáculos legislativos que impediam seu funcionamento, e os países envolvidos se empenharam no estabelecimento de uma infraestrutura jurídica nova que rompesse barreiras legais e reguladoras que obstruíam a provisão de serviços através de instrumentos *on-line*. Uma série de emendas à legislação administrativa pública dos países foram introduzidas para que houvesse o reconhecimento da adoção de documentos e processos de comunicação com a população por intermédio da via digital. Dessa forma, a experiência dos países da OCDE mostrou estágios diferenciados de desenvolvimento da provisão dos serviços eletrônicos, de acordo com a possibilidade de rompimento das barreiras legais e culturais. Muitos países relatam a complexidade e a falta de clareza na regulamentação e nos requisitos para que as agências provedoras de serviços colaborassem para o rompimento das barreiras sem invadir a privacidade do consumidor dos serviços.

Particularmente, algumas estruturas de gerenciamento funcionam de modo que as unidades governamentais atuem de modo isolado tanto na prestação de serviços quanto na prestação de contas. Dessa forma, a transformação estrutural em direção à integração global e à mudança burocrática encontra resistência. Em muitos países da OCDE existem arranjos orçamentários baseados em estruturas verticais isoladas que agem de modo a tornar o governo menos eficiente, pois focam o financiamento em projetos individuais que integram a estrutura e não reconhecem as necessidades específicas de certos projetos de governo eletrônico que envolvem requisitos de financiamento de longo prazo em colaboração com outras agências. Dessa forma, a legislação sobre privacidade e segurança individual tiveram que ser estabelecidas antes que os serviços eletrônicos pudessem ser operacionalizados, para assegurar a coordenação, a implementação e monitoração da agenda governamental de modo horizontal, difuso e integrado entre os departamentos e agências públicas (OCDE, 2006).

As experiências desses países mostram que um suporte essencial para o governo eletrônico é o desenvolvimento da capacidade humana e das demais envolvidas. Não interessa apenas a qualificação na área de TIC, mas também uma nova forma de qualificação geral em conhecimentos básicos mais amplos que permitam a absorção da rápida mudança em várias especialidades da estrutura governamental. Os relatos mostram que um desafio importante desses países é ultrapassar a visão, ainda mantida pelos funcionários e administradores governamentais, de que as qualificações para o governo eletrônico pertencem à área técnica especializada em TIC e devem ser deixadas para os especialistas. No entanto, a eficiência dessa forma de governo requer o envolvimento geral dos atores públicos, incluindo os tomadores de decisão. Estes devem estar preparados para entender a forma de atuar na sociedade de informação, visto que o relacionamento com fornecedores privados – característica da moderna forma de suprimento de serviços ao público – é amplamente realizado através do uso de TIC. Por outro lado, as parcerias público-privadas trazem os benefícios da diminuição do risco financeiro e permitem a flexibilização dos arranjos entre os parceiros e da prestação de contas ao público. As experiências mostram que embora esses países tenham feito progressos nesse sentido, ainda permanecem barreiras importantes em várias formas de parcerias.

Enquanto a OCDE foca sua atenção em seus países membros, a ONU desenvolve uma forma de comparação mais ampla entre os países mundiais. Através das pesquisas da UN/Desa, a disponibilidade de uma base de dados sobre o desenvolvimento do governo eletrônico (UNDD) permite aos países, desde 2003, um acesso para informação, investigação e análise em seu contexto, bem como uma avaliação comparativa para mensurar o desenvolvimento dos governos eletrônicos mundiais, cuja fonte é a pesquisa anual *United Nations Global E-Readiness Reports and Survey.* A ONU salienta que qualquer pesquisa de avaliação de um governo eletrônico de um país tem que ser colocada no contexto da estrutura geral e do nível de desenvolvimento do país, posto que a inovação governamental reflete não só a disposição do Estado na modernização dos serviços públicos como também sua infraestrutura tecnológica e de telecomunicações e ainda seu nível de desenvolvimento dos recursos humanos, entre outros fatores. Assim, a pesquisa tem como objetivo informar e melhorar a compreensão dos agentes governamentais responsáveis pelo governo eletrônico sobre o andamento de seus compromissos e constitui um instrumento relevante para a compreensão mais ampla da posição relativa de um país com o restante das economias mundiais (Nase, 2011; UN/Desa, 2012).

Com esse objetivo é elaborado um Índice de Desenvolvimento do Governo Eletrônico (The United Nations E-Government Development Index – EGDI), uma medida para quantificar o grau de implementação dessa forma de modernização aplicada aos países-membros da ONU e composta de subíndices que indicam: i. o alcance, qualidade e meio ambiente dos serviços *on-line* prestados pelo setor público, denominado de Índice de Serviços em Linha ou ISL; ii. a infraestrutura de telecomunicações e penetração das TICS, ou IIT; e iii. o capital humano, ou ICH, que depende do nível de escolaridade dos habitantes de um país. O EGDI é a medida geométrica dos índices normalizados que medem a consecução dos objetivos em cada dimensão. Para o ISL são mensuradas as variáveis *proxy* de serviços de informação emergentes, serviços de informação melhorada, serviços transacionais e serviços integrados. As variáveis do IIT são computadores a cada cem pessoas, usuários de internet a cada cem pessoas, linhas telefônicas a cada cem pessoas, celulares móveis a cada cem pessoas e banda larga fixa a cada cem pessoas. Finalmente, para o ICH são medidas a taxa de alfabetização adulta e a taxa de matrículas combinada (nível primário, secundário e terciário de educação) (Nase, 2011; UN/Desa, 2012).

A Tabela 8.1 apresenta uma comparação dos resultados do cálculo do EGDI entre grupos de países visando verificar as disparidades no desenvolvimento do governo eletrônico relacionadas ao nível econômico desses grupos e de regiões mundiais. Observa-se, através do Índice de Disparidades, que compara o afastamento dos EGDI de cada grupo em relação à média mundial (representada pela unidade), que os países desenvolvidos apresentam uma situação consideravelmente acima dessa média (50%) e os países em desenvolvimento se aproximam dela em (-0,1%). Por sua vez, os países em desenvolvimento, que pertencem ao grupo de Sids (Small Islands Developing States)[1], diferenciam-se dos demais pois se encontram em situação menos avançada, apresentando um afastamento negativo da média em cerca de 11%. A situação dos países subdesenvolvidos, como era de se esperar, mostra-se bastante atrasada, com uma defasagem de 50% abaixo da unidade.

Tabela 8. 1 Índice de Desenvolvimento do Governo Eletrônico –EGDI, 2014[*]

ABRANGÊNCIA	EGDI	ID[**]
Mundo	0,4882	1,00
Por grupos econômicos		
Países desenvolvidos	0,7329	1,50
Países em desenvolvimento	0,4865	0,99
Países subdesenvolvidos	0,2420	0,50
Pequenos estados insulares em desenvolvimento	0,4328	0,89
Por regiões mundiais		
África	0,2780	0,57
América	0,5403	1,11
Ásia	0,4992	1,02
Europa	0,7188	1,47
Oceania	0,4240	0,87

Fonte: UN/Desa.

[*] Estimativa.
[**] ID = Índice de disparidades. Elaboração nossa.

A evolução nos resultados dos EGDI no tempo, observada nas pesquisas desde sua introdução em 2003, mostram que embora os países em desenvolvimento tenham evoluído consideravelmente na modernização governamental, via TICs, as disparidades

---

1 Pequenos estados insulares em desenvolvimento. Foram caracterizados, na Conferência Sobre Desenvolvimento Sustentável da ONU, em 1992, como um grupo distinto de países em desenvolvimento. Correspondem a países que compartilham os mesmos desafios em relação a desenvolvimento sustentável, a desastres naturais, vulnerabilidade a choques externos e excessiva dependência do comércio internacional. Na atualidade, são em número de 52, divididos em três grandes regiões: Caribe, Pacífico, África Mediterrânea, Mar da China e Oceano Índico.

ainda continuam muito significativas. Esses resultados podem ser ligados ao dinamismo da "causação circular acumulativa", noção elaborada por Gunnar Myrdal, que, em sua obra *Economic Theory and Underdeveloped Regions* (Teoria Econômica e Regiões Subdesenvolvidas), formula um modelo com foco nas relações estabelecidas entre espaços desequilibradamente desenvolvidos, que acarretariam trajetória de crescente agravamento das disparidades nos níveis de desenvolvimento.

Nesse modelo, a dinâmica de evolução entre esses espaços estabelece que os países prósperos encontram-se em processo de desenvolvimento contínuo, enquanto os países menos avançados e pobres defrontam-se com um nível médio e lento de desenvolvimento, quando não estão estagnados ou mesmo em retrocesso. O movimento circular negativo é causado, por um lado, pela maior disponibilidade ou, ao contrário, pela carência de recursos financeiros necessários para a implantação da infraestrutura física necessária, mas, por outro lado, pelas disparidades no capital humano e evolução do conhecimento entre os espaços.

A comparação entre as macrorregiões mundiais (Tabela 8.1) mostra a superioridade dos países europeus, cujo EGDI se situa cerca de 47% acima da média mundial. Nessa região, as disparidades entre os países são menores, a maior parte dos quais se situam entre os 25 maiores índices, como observado na Tabela 8.2. Com exceção da África, cujo índice é muito baixo (43% abaixo da média), as demais regiões apresentam níveis muito diferenciados de desenvolvimento do governo eletrônico devido às disparidades de desenvolvimento dos países nesses espaços. A região da América, que é considerada como um todo, apresenta um índice superior à média apenas em 11%, embora Estados Unidos e Canadá também estejam incluídos entre os 25 maiores resultados. O mesmo ocorre com as demais regiões, que englobam países muito evoluídos no âmbito do governo eletrônico, também situados entre os 25 maiores índices – como a República da Coreia, Singapura, Austrália, Nova Zelândia, Israel, Japão, Islândia –, ao lado da maior parte de países menos desenvolvidos.

Observe-se na Tabela 8.2 que os 25 maiores EGDI em 2012 se situam entre os que estão de 50% a 90% acima da média mundial, porém com diferenças pouco significativas. Observe-se que entre os índices intermediários componentes, o índice de capital humano apresenta a maior uniformidade entre os vários países, de 85% a 100%, o que mostra a relevância dessa capacidade para a condução do governo eletrônico.

Tabela 8.2 Índices de Desenvolvimento do Governo Eletrônico (EGDI). 25 maiores, 2012

	EGDI	ISL	IIT	ICH	ID
República da Coreia	0,9283	1,0000	0,8356	0,9494	1,90
Holanda	0,9125	0,9608	0,8342	0,9425	1,87
Reino Unido e Irlanda	0,8960	0,9739	0,8135	0,9007	1,84
Dinamarca	0,8889	0,8562	0,8615	0,9489	1,82
Estados Unidos	0,8687	1,0000	0,6860	0,9202	1,78
França	0,8635	0,8758	0,7902	0,9244	1,77
Suécia	0,8599	0,8431	0,8225	0,9141	1,76
Noruega	0,8593	0,8562	0,7870	0,9347	1,76
Finlândia	0,8505	0,8824	0,7225	0,9467	1,74
Singapura	0,8474	1,0000	0,6923	0,8500	1,74
Canadá	0,8430	0,8889	0,7163	0,9238	1,73
Austrália	0,8390	0,8627	0,6543	1,0000	1,72
Nova Zelândia	0,8381	0,7843	0,7318	0,9982	1,72
Liechtenstein	0,8264	0,5882	1,0000	0,8910	1,69
Suíça	0,8134	0,6732	0,8782	0,8888	1,67
Israel	0,8100	0,8497	0,6859	0,8945	1,66
Alemanha	0,8079	0,7516	0,7750	0,8971	1,65
Japão	0,8019	0,8627	0,6460	0,8969	1,64
Luxemburgo	0,8014	0,6993	0,8644	0,8404	1,64
Estônia	0,7987	0,8235	0,6642	0,9085	1,64
Áustria	0,7840	0,7451	0,6977	0,9091	1,61
Islândia	0,7835	0,5425	0,8772	0,9310	1,60
Espanha	0,7770	0,7582	0,6318	0,9409	1,59
Bélgica	0,7718	0,6471	0,7420	0,9264	1,58
Eslovênia	0,7492	0,6667	0,6509	0,9300	1,53

Fonte: UN/Desa, 2012: p. 126.

ISL Índice de Serviços em Linha.
IIT Índice de Infraestrutura de Telecomunicações.
ICH Índice de Capital Humano.
ID Índice de Disparidades. Elaboração nossa.

INOVAÇÃO NOS SERVIÇOS PÚBLICOS 359

Segundo a Desa, em 2012 a avaliação se concentrou no conceito de serviços integrados que utilizam inter-relações entre diferentes serviços públicos em um portal único que engloba serviços de funcionamento similares, através dos quais foi facilitada e melhorada a experiência da população com essa ferramenta, ao mesmo tempo que permitiu a integração de serviços auxiliares entre diferentes departamentos governamentais e o fortalecimento de acordos institucionais. Os serviços integrados em portais únicos transformam a prestação de serviços públicos do ponto de vista organizacional no sentido de aumentar a produtividade funcional dos governos, ao identificarem e melhorarem as formas e os processos de governança entre os vários departamentos, visto que conduzem a maior eficácia e eficiência, além de contribuírem para a diminuição de recursos utilizados. Um estudo da ONU mostra também que enquanto alguns países avançaram em direção a um portal nacional integrado, outros desenvolveram suas ofertas de governo eletrônico com base no conceito de portais múltiplos, com serviços funcionais ou temáticos integrados de uma maneira que a informação *on-line* se encontra separada dos serviços eletrônicos ou da participação em meios eletrônicos (UN/Desa, 2012).

O estudo da ONU diferencia os serviços integrados dos portais integrados únicos, porque a primeira forma se mostrou mais complicada para a obtenção de informações para o usuário. Em 2012, nenhum país contava com um verdadeiro portal único integrado. Apenas os Estados Unidos, a República da Coreia, Israel, Austrália, Noruega, Dinamarca, Bahrein, Qatar, Emirados Árabes Unidos e a Nova Zelândia se encontravam entre os poucos países que mais se aproximaram da montagem de um portal integrado único de serviços, que reunia, em um único espaço digital, a informação, os serviços e a participação popular. Mesmo na maior parte dos países europeus, a opção seguida é por portais separados para essas três finalidades (UN/Desa, 2012).

O Quadro 8.3 apresenta os resultados do cálculo de uma série de indicadores para a América Latina, elaborados especificamente pela Comissão Econômica para a América Latina (Cepal), que vem desenvolvendo pesquisas na área de governo eletrônico, junto ao Banco Mundial, no contexto da Divisão de

NOVA ECONOMIA POLÍTICA DOS SERVIÇOS

Desenvolvimento Produtivo e Empresarial da Cepal, e opera o Observatório para a Sociedade da Informação na América Latina e Caribe (Osilac).

Quadro 8.3   Indicadores-Chave e Ampliados
Para a Avaliação do Governo Eletrônico

Sigla	Indicadores-chave
CEG1	Porcentagem de empregados em organizações governamentais que usam computadores rotineiramente para seu trabalho.
CEG2	Porcentagem de empregados e organizações governamentais que usam internet rotineiramente para seu trabalho.
CEG3	Porcentagem de empregados e organizações governamentais que usam correio eletrônico rotineiramente para seu trabalho.
CEG4	Porcentagem de organizações governamentais com presença de internet em seu próprio local Web ou em Web de outra instituição.
CEG5	Porcentagem de organizações governamentais com redes corporativas (Lan, Wan, Intranet e Extranet).
CEG6	Porcentagem de organizações governamentais com padrões de interoperabilidade.
CEG7	Porcentagem de organizações governamentais com segundo tipo de acesso à internet (banda reduzida, banda larga e banda larga móvel).
CEG8	Porcentagem de organizações governamentais que oferecem plataformas de serviços a usuários segundo o tipo de plataforma disponível (Web, telefone fixo, fax e telefone móvel).
CEG9	Porcentagem de organizações governamentais que oferecem serviços em linha, segundo tipo de atividade.
CEG10	Porcentagem de organizações governamentais que oferecem serviços em linha, segundo tipo de serviço.
	Indicadores Ampliados
EEG11	Porcentagem de gastos em TIC em relação ao gasto total em organizações governamentais.
EEG12	Porcentagem de empregados em TIC em organizações governamentais.
EEG13	Porcentagem de empregados em organizações governamentais com habilidades em computadores.
EEG14	Porcentagem de empregados em organizações governamentais com habilidades no uso de internet.
EEG15	Porcentagem de organizações governamentais que oferecem capacitação em TIC a seus empregados.
EEG16	Porcentagem do orçamento para TIC investido em capacitação em TIC.
EEG17	Porcentagem de organizações governamentais que utilizam sistemas operativos de código de fonte aberto.

Fonte: Naser (2011). Tradução nossa.

Em colaboração com o Grupo de Trabalho sobre mensuração das TICs da Conferência em Estatística das Américas (CEA) da Cepal, a Osilac desenvolveu uma proposta para a mensuração de indicadores do governo eletrônico na região, tendo como base um trabalho realizado pela Comissão Econômica da África. Foram criados dez indicadores básicos ou chave e sete indicadores ampliados, que vêm sendo calculados para os países da região pela Cepal/Ilpes (Instituto Latinoamericano y del Caribe de Planificación Económica y Social) (Naser, 2011: p. 7).

A Tabela 8.3 e os Gráficos 8.1 e 8.2 apresentam os resultados do EGDI para uma comparação entre países selecionados da América Latina e do Caribe, além de mostrar suas situações no âmbito mundial. Observa-se que a Colômbia (0,6125) e o Chile (0,6041) apresentaram os maiores índices, situando-se em 31º e 34º lugares na comparação mundial, registrando elevação da modernização entre 2008 e 2010, com grande destaque para o primeiro país (+21%).

Entre os anos de 2010 e 2012, quase todos os países selecionados registraram aumento no EDGI, com exceção da Nicarágua e do Haiti, o que mostra o empenho para a modernização dos serviços públicos. No entanto, a comparação, no período, da posição de cada país no *ranking* internacional mostra que dos trinta países selecionados, apenas alguns países como Antígua e Barbuda, México, Brasil, Panamá, São Vicente e Granadinas, Granada e Dominica apresentaram melhora na posição mundial. Isso pode ser explicado pelas velocidade e intensidade diferenciadas de implantação e operacionalização do governo eletrônico, da infraestrutura e do capital humano necessários.

O Brasil se situava, em 2012, na 59ª posição mundial entre 190 países, com um EGDI de 0,6167, o que constitui uma situação acima da média mundial de 0,4877. De 2010 a 2012, mostrou um crescimento do índice (23%) superior à média (11%). A Secretaria de Logística e Tecnologia da Informação do Ministério de Planejamento Orçamento e Gestão (MPOG) inclui o Departamento de Governo Eletrônico encarregado do Programa do Governo Eletrônico Brasileiro criado no ano de 2000, que trata dos temas de acessibilidade eletrônica do governo e da população, banda larga, inclusão digital, compras eletrônicas, domínios, interoperabilidade e *software* livre.

Tabela 8.3 — Situação de Evolução do Governo Eletrônico em Países da América Latina e Caribe, no Contexto Mundial, 2008 e 2010

PAÍS	EGDI		POSIÇÃO MUNDIAL		MUDANÇA NA POSIÇÃO
	2010	2012	2010	2012	2010-2012
Colômbia	0,6125	0,6572	31	43	-12
Chile	0,6014	0,6769	34	39	-5
Uruguai	0,5848	0,6315	35	50	-15
Barbados	0,5714	0,6566	40	44	-4
Argentina	0,5467	0,6228	48	56	-8
Antígua e Barbuda	0,5154	0,6345	55	49	6
México	0,5150	0,6240	56	55	1
Brasil	0,5006	0,6167	61	59	2
Peru	0,4923	0,5230	63	82	-19
Bahamas	0,4871	0,5793	65	65	0
Trinidad e Tobago	0,4806	0,5731	67	67	0
Venezuela	0,4774	0,5731	70	71	-1
Costa Rica	0,4749	0,5397	71	77	-6
El Salvador	0,4700	0,5513	73	74	-1
São Cristóvão e Névis	0,4691	0,5272	75	81	-6
Panamá	0,4819	0,5733	79	66	13
República Dominicana	0,4557	0,5130	84	89	-5
Santa Lúcia	0,4471	0,5122	88	90	-2
Jamaica	0,4467	0,4552	89	108	-19
São Vicente e Granadinas	0,4355	0,5177	89	85	4
Equador	0,4322	0,4869	94	102	-8
Cuba	0,4321	0,4488	96	110	-14
Bolívia	0,4280	0,4658	98	106	-8
Granada	0,4277	0,5479	99	75	24
Paraguai	0,4243	0,4802	101	104	-3
Dominica	0,4149	0,5561	105	73	32
Guiana	0,4140	0,4549	106	109	-3
Honduras	0,4065	0,4341	107	117	-10
Guatemala	0,3937	0,4390	112	112	0
Nicarágua	0,3630	0,3621	118	130	-12
Haiti	0,2074	0,1512	169	187	-18

Fonte: UN (2012). Elaboração nossa.

Gráfico 8.1　Desenvolvimento do Governo Eletrônico em Países da América Latina e Caribe, 2010 e 2012

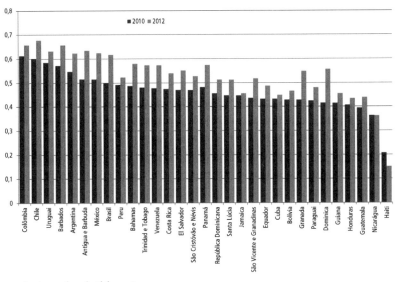

Fonte: UN (2012). Elaboração nossa.

Gráfico 8.2　Mudanças no *ranking* mundial de EGDI dos países da América Latina e Caribe, 2010 e 2012

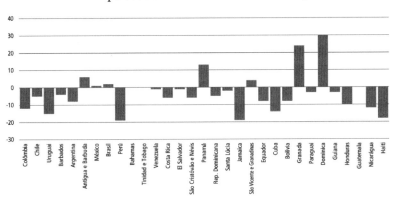

Fonte: UN (2012). Elaboração nossa.

Alguns governos estaduais e municipais desenvolvem projetos de atendimento direto à população. Os conteúdos elaborados orientam a integração entre os diversos órgãos (de governo para governo) e acesso da população aos serviços eletrônicos públicos governamentais, o que inclui a consulta pública para acompanhamento de políticas governamentais (Brasil, 2013).

Uma modalidade de inovação no fornecimento de serviços vem se disseminando de forma acelerada nos últimos anos. Ela é caracterizada pela implementação de serviços públicos móveis e foi amplamente discutida no último encontro internacional *"e-Gov World 2012 Summit"*, realizado na Índia, cujo tema das discussões foi desenvolvido em torno da aplicação de serviços públicos móveis (Mobile Applications for Public Services). Esse tipo de inovação consiste na área mais recente de aplicação do governo eletrônico através de instrumentos móveis de fornecimento de serviços, por exemplo, por meio de telefones celulares e de outras tecnologias móveis básicas. Para países em desenvolvimento, esse serviço permite o atendimento em regiões menos providas de infraestrutura governamental, onde a penetração de computadores e da internet é relativamente baixa. Por intermédio desses equipamentos são difundidas informações e efetuadas transações que cobrem uma ampla gama de serviços públicos nas áreas de agricultura, saúde, educação, financeiros, entre outros. Uma pesquisa da ONU ressalta que nas regiões em que os governos nacionais tomaram essas iniciativas, a proliferação de tecnologia móvel contribuiu com aumentos de até 1% ao ano no crescimento econômico (NEGD, 2011).

A avaliação geral realizada pela ONU em 2012 sobre o avanço do governo eletrônico concluiu que os países com tendência à modernização já se conscientizaram de que a implantação do governo eletrônico transcende a prestação de serviços para configurar-se como um instrumento de desenvolvimento socioeconômico. Nesses países, domina o enfoque de integração institucional, combinado com uma orientação ao consumidor dos serviços públicos *on-line*, em que tanto do ponto de vista do fornecimento de informações como de provisão de serviços a população é considerada um cliente ativo dos serviços públicos, com base nos conceitos oriundos de ações do setor privado aplicados para a melhora da governança. O desenvolvimento e a inovação do governo eletrônico podem converter o setor público em indutor de demandas de aplicação e infraestrutura de TIC em economias mais diversificadas. Seus efeitos são mais marcantes nos casos em que os programas governamentais constituem parte significativa do PIB do país e quando o marco institucional conduz à expansão da criação das TICS, não apenas na área pública como também criando condições institucionais para o desenvolvimento na área privada (UN/Desa, 2012: p. 12).

Dessa forma, o governo eletrônico se constitui em catalisador para impulsionar a produtividade global da economia, visto que em anos recentes a TIC vem sendo empregada em áreas como empreendedorismo, pesquisa e desenvolvimento, para promover a educação à distância, a "ciber-saúde", a "ciber--agricultura" e o comércio eletrônico, entre outros campos. O acesso a essas novas tecnologias em um contexto institucional apropriado para seu estímulo tem sido percebido como um recurso-chave do desenvolvimento econômico. No entanto, no contexto mundial recessivo recente, alguns países puderam conseguir melhores possibilidades de prosseguir com os investimentos em infraestrutura de TICS para a melhoria dos serviços, enquanto outros não apresentam condições para esse caminho, devido aos baixos níveis de infraestrutura logística e de capital, o que torna o avanço nessa área extremamente desigual.

A CONDUÇÃO DO PROCESSO DE MUDANÇA NOS SERVIÇOS PÚBLICOS

A condução dos processos de mudança envolvidos na construção de uma infraestrutura coerente que permita a implementação de inovações no setor público reflete as tendências atualizadas vigentes de mudanças organizacionais e nas formas de suprimento dos serviços públicos. Esse remanejamento, bem como a implementação dos programas apropriados de mudança, requer o entendimento sobre o ambiente de operacionalização dos serviços públicos, como visto anteriormente, além da percepção de que esses não permanecem estáveis, flutuando de acordo com novas estruturas e influências da economia e da sociedade como um todo. O contexto do setor público enfrenta com frequência ações contrárias à mudança e à sua divulgação. Dessa forma, entender a transformação organizacional nos serviços públicos requer a análise das principais características e determinantes das mudanças (Brown e Waterhouse, 2013).

DiMaggio e Powell (1983) desenvolvem uma análise sobre o isomorfismo institucional do setor público, que descreve as mudanças como orientadas para organizações similares por adotarem e replicarem estruturas, práticas e processos de uma organização ou setor a outros. Dessa maneira, o isomorfismo é uma forma em que as novas abordagens são difundidas através do contexto de uma sociedade ou até mesmo internacionalmente, em que uma organização pública adota um novo modelo e outras copiam seus elementos à medida que eles se tornam conhecimento difundido. Críticas ao modelo salientam que os programas de inovação organizacionais não devem adotar apenas uma abordagem racional de planejamento baseada em modelos de equilíbrio ou preestabelecidos, mas devem adotar uma visão estratégica, caso a caso, que permita a adequação a contextos voláteis, que são os mais frequentes na atualidade.

Nesse sentido, a mudança e a inovação no setor público podem ser geradas interna ou externamente, assim como podem ser efetuadas hierarquicamente de cima para baixo ou vice-versa dentro das organizações. A capacidade dos gerentes do processo de transformação desenvolverem programas de mudança bem-sucedidos dependerá da contingência desses elementos. Por outro lado, como evidencia o trabalho de Ashworth et al. (2007), o objetivo da mudança não necessariamente é atingir melhores resultados do desempenho organizacional, mas sim maior legitimidade política, particularmente através do cumprimento de expectativas dos demais grupos de apoio. Dessa maneira, os autores ressaltam que o uso de regimes de mudança em resposta a esses grupos fornece uma nova forma de abordar as mudanças gerenciais, e essa proposição teórica alinha as mudanças a condições burocráticas levadas pelas perspectivas dos relacionamentos e influências externas. Portanto, um único modelo não é suficiente para identificar e explicar a realidade complexa da mudança organizacional na área pública.

De uma forma geral, é observada a mudança da orientação interna tradicional do serviço em direção à orientação externa, visto que as estruturas organizacionais tradicionais do serviço público são caracterizadas pelo foco em arranjos institucionais internos, tais como mercados de trabalho internos, com carreiras e promoções estabelecidas pelos regimentos públicos globais de um país. Essas estruturas convencionais têm sido transformadas através da externalização ou terceirização dos serviços públicos, de arranjos contratuais com trabalhadores e com empresas produtoras e fornecedoras de serviços, que são externos aos regimentos públicos. A colaboração ou parceria com o setor privado para a provisão dos serviços públicos é cada vez mais utilizada, e os arranjos emergentes nesse contexto representam um movimento em direção a uma nova infraestrutura pública que resulta da transformação das abordagens anteriores orientadas para o mercado em uma situação de compartilhamento dos riscos e das recompensas, que opera com princípios de inter-relação entre parceiros. Dessa forma, os serviços são fornecidos e os projetos mais amplos são complementados sem o enfoque reduzido apenas à responsabilidade única da autoridade designada ou da especificação legal (Brown e Waterhouse, 2013).

As pressões econômicas e a busca por maior eficiência de mercado são vistas como estimuladoras da inovação e das mudanças nos serviços públicos, porém não deixam de estar associadas a outros valores que surgem das demandas vindas dos grupos de apoio (*stockholders*) por equidade social, democratização e maior inclusão social, e ainda com ênfase na qualidade do trabalho. Essas considerações são resultado da pesquisa "Public Management Reform", de Lois Recascino Wise (2002), que observou que grande parte dos estímulos para eficiência de mercado estão dando lugar a arranjos setoriais entre governo, setor privado ou setores comunitários sem fins lucrativos, embora as restrições econômicas permaneçam mais relevantes. Wise salienta que dessa forma o entendimento das mudanças e da inovação no setor público, ao lado das prescrições fiscais, devem levar em conta as considerações sociais e humanas próprias de cada ambiente.

Observa-se um consenso na atualidade sobre a colaboração público-privada como nova forma de produção e suprimento de serviços públicos, no entanto, isso requer outras capacidades e competências para sua implementação de modo que efetivamente se obtenham respostas efetivas para as novas demandas por esses serviços, reduzindo custos e fornecendo serviços que resolvam questões complexas da sociedade. Essas outras competências estão centradas na construção de relacionamentos que envolvam maior capacidade gerencial e humana para lidar com situações complexas e voláteis dos ambientes de cada sociedade do mundo em crise desde o início da década de 2000. Em suma, a literatura mostra que a condução da mudança organizacional no setor público envolve a geração de formas organizacionais em nível coletivo, a criação de papéis em nível organizacional, bem como a reconfiguração das relações de poder, particularmente com a formação de novos grupos de liderança em paralelo à criação de um novo significado para a cultura, ideologia e gerenciamento (Brown e Waterhouse, 2013).

Outra abordagem sobre o remanejamento nos serviços públicos é apresentada por Connie Gersick (1991), que estudou modelos de mudança em seis domínios: no individual, no grupo de desenvolvimento, no desenvolvimento organizacional, na história da ciência, na evolução biológica e na ciência física. Esses estudos deram a base para o modelo de Gersick denominado "paradigma de equilíbrio pontuado em todos os domínios", que contém os seguintes componentes: períodos relativamente longos de estabilidade (equilíbrio), acentuados por períodos compactos de mudança qualitativa metamórfica, ou seja, transformadora (revolução). A autora salienta que, em todos os modelos estudados nas seis áreas, a forma de difusão das mudanças pode ser implementada através de estratégias diferenciadas, resumidas nos elementos dessa difusão apresentados no Quadro 8.4.

A autora salienta que em todos os modelos estudados verifica-se o seguinte:

O relacionamento entre essas duas formas é explicado através da síntese da ordem ou estrutura persistente subjacente altamente durável. Essa estrutura básica é o que permanece constante e limita as mudanças durante os períodos de equilíbrio e é o que desmonta, reconfigura e reforça a transformação global durante os períodos revolucionários. (Gersick, 1991: p. 12)

Quadro 8.4 Formas de Difusão das Mudanças nos Serviços Públicos

ESTILO DE LIDERANÇA	MOBILIZAÇÃO DAS MUDANÇAS	RITMO DAS MUDANÇAS	VISÃO SOBRE AS MUDANÇAS	ESCOPO DAS MUDANÇAS
Transformadora	De cima para baixo; Coercitiva; Motivadora.	Lento.	Eventuais.	Unidade individual.
Transacional	De baixo para cima; Participativa.	Rápido.	Contínuas.	Abrangendo várias unidades; Organizacional global.

Fonte: Brown e Waterhouse (2013: p. 112). Tradução nossa.

Essa visão é contrastante com o paradigma tradicional de mudança gradual, que sugere que uma organização ou um sistema organizacional pode acomodar qualquer mudança em qualquer momento desde que seja uma mudança relativamente pequena e que uma série de mudanças incrementais pode, em um período de tempo, transformar fundamentalmente a estrutura rígida da organização. Em qualquer organização (pública ou privada), a estrutura básica determina as escolhas fundamentais que são feitas levando aos padrões básicos das atividades que mantêm sua existência. Essas estruturas são muito estáveis porque o trajeto das escolhas feitas pela organização (ou sistema) apresenta muitas opções e descarta outras, além de selecionar as que são mutuamente contingentes (Gersick, 1991: p. 16).

Os elementos apresentados no Quadro 8.4 dependem, para a formação de um padrão específico, dos objetivos esperados pelas mudanças, pois nem todas elas são transformadoras, ou seja, nem todas apresentam uma direção estratégica clara nem várias delas funcionam de maneira planejada para a obtenção de uma meta. Sendo a mudança um imperativo para os serviços públicos, o gerenciamento bem-sucedido dessa mudança é menos evidente devido às mútuas interferências dos elementos presentes no Quadro 8.4.

Existem algumas barreiras que bloqueiam a capacidade de condução dos programas de mudanças, particularmente no setor público. Além de implementação não adequada dos programas para a mudança, pode haver certa fadiga em relação a ela; fadiga mostrada pelos agentes empenhados nas ações, se a natureza das mudanças incrementais em andamento é muito demorada ou requer constantes e contínuas transformações por longo período e, dessa forma, os objetivos parecerem distantes. Kerry Brown e Jennifer Waterhouse (2013: p. 114) relatam várias pesquisas que mostram que os grupos de trabalhadores de serviços públicos não aceitavam o termo "mudanças contínuas" em seus programas de mudança, mas, antes, preferiam a conotação de "melhoria contínua", que traz a ideia de cumprimento gradativo dos objetivos. Por outro lado, os autores salientam que as experiências de transformação no setor público apresentam maior dificuldade que as do setor privado, devido à própria natureza dos serviços públicos, que são fornecidos sem a motivação do lucro e requerem resultados consistentes e imparciais, independentemente da ideologia dos agentes.

Brown e Waterhouse ressaltam alguns fatores comuns à condução bem-sucedida de mudanças na área pública identificados em pesquisas da Comissão do Serviço Público de Queensland, que se referem a: planejamento e identificação dos objetivos para a mudança; governança capaz de apoiar a alteração dos arranjos; liderança compromissada na condução da mudança; grupo de agentes de apoio bem informados através de comunicação para que se comprometam e participem ativamente da mudança; e força de trabalho engajada para assegurar que as novas estruturas se adéquem aos arranjos nos locais de trabalho dos funcionários. Esses elementos de aparente obviedade são de difícil manutenção pela própria característica política que envolve a provisão de serviços públicos nas várias esferas de governo, implicando ideologias e objetivos diferenciados dos agentes que os operacionalizam. No entanto, devem ser introduzidos nas agendas públicas que visam à mudança, particularmente para a identificação de objetivos, lideranças, grupos de apoio e o fluxo de comunicações entre eles.

No direcionamento da inovação na produção e provisão de serviços públicos, o uso de gerenciamento estratégico é uma das ferramentas para a mudança nessa área. O gerenciamento estratégico, segundo alguns autores, envolve o desenvolvimento do processo de planejamento estratégico e de sua extensão para uma

INOVAÇÃO NOS SERVIÇOS PÚBLICOS   371

forma de paradigma de gerenciamento em funcionamento, destinado a antecipar e manejar a mudança organizacional e a incerteza do ambiente econômico. O Quadro 8.5 resume algumas das proposições dos líderes e de outros agentes ligados aos serviços públicos, quando desenvolvem e difundem planos estratégicos no governo, cujos resultados implicam mudanças e inovação.

Quadro 8.5   Resultados Desejados do Planejamento Estratégico no Governo

1. DESEMPENHO DO GOVERNO

Desenvolver uma cultura de melhoria contínua.

Transformar o governo em termos de seu desempenho e grau de satisfação da clientela.

Melhorar a eficiência e a eficácia.

Melhorar a prestação de contas (*accountability*) do governo para o público.

Melhorar a transparência.

Melhorar a confiança no governo como uma organização.

2. DECISÕES RELEVANTES

Melhorar a tarefa de avaliação dos pontos fracos e fortes.

Converter os pontos fracos em fortes.

Eliminar ameaças.

Estar ciente dos riscos do planejamento estratégico e lidar com o risco.

3. SISTEMAS

Melhorar a capacidade de execução das políticas públicas em longo prazo.

Melhorar os elos entre a execução da política, o orçamento e o planejamento estratégico.

Melhorar o sistema de prestação de contas dos agentes públicos para com os políticos eleitos.

Fonte: Joyce (2010: p. 211). Tradução nossa.

Embora o planejamento estratégico tenha sido primeiramente aplicado ao setor privado a partir da década de 1990, a literatura especializada (OCDE, 2010) apresenta muitos estudos sobre sua introdução no contexto dos serviços públicos, com resultados favoráveis. Na atualidade persiste um clima de aceitação dessa forma de condução a ser utilizada nas reformas e modernização desses serviços através da mudança e inovação governamental. Esse conceito propõe que o governo estabeleça prioridades estratégicas e encoraje a inovação em seus serviços, que serão operacionalizados de uma forma mais descentralizada do que anteriormente. Nesse contexto, surge a ideia de que os funcionários públicos devem agir aplicando suas capacidades de pensamento e de manejo estratégico. O tema apresenta outra implicação de complexidade, pelo fato de que a prática do gerenciamento estratégico pode ser diferenciada em vários tipos que exigem conhecimento de diferentes mecanismos de operacionalização (Joyce, 2010).

Paul Joyce (2010: p. 212) resume as várias formas de condução estratégica em quatro modalidades: planejamento estratégico formal, transformação estratégica, gerenciamento de questões estratégicas específicas e gerenciamento estratégico público com base no valor. O planejamento formal não apresenta um único significado na prática e varia em seus componentes e em sua forma global de uma organização pública para outra. Nesse sentido, ele é definido como um processo usado por todas as organizações ou pela maior parte delas, ou seja, com base em uma unidade departamental ou de forma multiorganizacional ou com base em uma comunidade específica. Ele implica a elaboração de um plano global que contém um pensamento estratégico explícito, fornecendo as coordenadas para os objetos de ação expressos em termos dos resultados futuros da organização. Essas proposições incluem ideias e propostas sobre a missão do governo, visão estratégica, metas e objetivos, envolvendo certo grau de seleção e avaliação do ambiente a ser enfocado, de modo que o planejamento das ações e das metas seja considerado em termos de adaptabilidade e exequibilidade. Por sua vez, o planejamento estratégico deve envolver o planejamento e identificação das decisões orçamentárias para a implementação das ações. Joyce considera que essa forma de planejamento é incompleta e apresenta resultados não satisfatórios, porque frequentemente demonstra ter laços fracos com as decisões orçamentárias e, na maior parte dos casos, não existem processos de mensuração e relatos do desempenho para fins de monitoramento de sua implantação.

A abordagem da transformação estratégica, como outro tipo de gerenciamento estratégico, diz respeito ao pensamento e literatura sobre a liderança transformadora, de forma diferenciada da liderança transacional anteriormente descrita. Mostra a relevância da liderança na dinâmica que leva outros agentes a novas formas de pensamento e ao questionamento dos dados da situação. Dessa forma, o papel da liderança é não só trazer mudanças, mas também a mudança que transforma as organizações e as indústrias públicas que lidera. Para a persuasão de seus seguidores, o líder utiliza a comunicação estratégica e, dessa forma, a linguagem pela qual a comunicação é apresentada é crítica para a consecução das transformações. Elementos familiares ao planejamento estratégico são usados pelo líder, como a análise estratégica da situação, avaliação do ambiente interno e externo, capacidade de recursos internos para a elaboração de sua visão estratégica que leve a novos programas e serviços. As ações estratégicas selecionadas são usualmente implementadas através do treinamento e de programas de desenvolvimento em conjunto com outras organizações de serviços públicos. No entanto, a proposta básica, que ainda é vista como demasiadamente otimista e ingênua por alguns autores, é de que a estratégia de comunicação do líder transformador abra a organização a novas possibilidades e a mudanças radicais, inspirando não só o novo pensamento como também a vontade das pessoas de abandonar seus interesses voltados a seções limitadas (Joyce, 2010).

O terceiro tipo de gerenciamento estratégico, conhecido como gerenciamento de questões estratégicas específicas, desde os anos de 1980 ressaltava a necessidade de uma abordagem criativa nos serviços públicos para elaborar as mudanças, tendo como foco questões específicas representadas por pressões e oportunidades para a realização de metas estratégicas. As pressões poderiam ter suas origens na dependência dos líderes de apoio e cooperação de pessoas e de organizações do ambiente externo. Essa forma de abordagem permite a criatividade na escolha de técnicas utilizadas. A avaliação do ambiente externo e interno para as inovações, como observado anteriormente, é uma parte relevante do processo de pensamento estratégico nesse caso, que pode resultar em conflito de interesses que desviam a atenção das questões específicas, mas pode ser visto também como um insumo ou subsídio para o pensamento criativo voltado para essas questões. As mudanças então resultam dos conflitos entre um grupo de interesses que deseja manter o *status quo* e outro grupo a favor das inovações. A criatividade, nesse caso, é uma maneira de lidar com os conflitos e enfrentar as resistências. Assim, líderes utilizam técnicas de análise sobre os grupos de apoio (*stockholders*) e ações voltadas para o gerenciamento dos grupos de apoio que, ao mesmo tempo, sejam voltadas para inovações, visam também lidar com os conflitos (Joyce, 2010).

Finalmente, o outro tipo de abordagem que se refere ao gerenciamento estratégico público com base no valor é denominado teoria do valor público e estabelece uma estrutura conceitual mais simples, que destaca que para esse gerenciamento devem ser conjugados três elementos: metas desejáveis para atender às necessidade sociais, com uma visão estratégica, capacidade organizacional e apoio externo. Essa estrutura foi usada para analisar uma série de estudos de caso e também para a avaliação das principais inovações nos sistemas de serviços públicos e de situações de transformação (Joyce, 2010).

Joyce considera que os processos de planejamento e gerenciamento estratégico nos processos de inovação têm conseguido resultados favoráveis e aponta para algumas mudanças conseguidas, como (Joyce, 2010: p. 221): assegurar que os planos estratégicos sejam efetivamente implementados através de decisões orçamentárias e da utilização de mensuração do desempenho; conseguir que os gerentes individuais tenham foco nas metas estratégicas e encaminhá-los para contribuições pessoais na implementação da estratégia; assegurar que os planos estratégicos executem as prioridades dos políticos que, em caso contrário, podem negar o apoio necessário aos líderes que conduzem os serviços públicos; ligar o ciclo de planejamento ao ciclo político e ser sensível às oportunidades oferecidas pelas políticas públicas vigentes; elevar o nível de compreensão dos agentes públicos sobre as necessidades do público e as condições em que os serviços públicos são produzidos e provisionados; envolver o público na preparação dos planos estratégicos governamentais para os serviços públicos e assegurar que sejam regularmente informados do desempenho desses serviços em relação às metas estabelecidas; desenvolver as capacidades de liderança estratégica para a comunicação da visão estratégica e sua futura direção através da utilização de linguagem e

INOVAÇÃO NOS SERVIÇOS PÚBLICOS 375

vocabulário que encoraje outros agentes a elaborarem novas ações estratégicas; e adotar políticas de recursos humanos que favoreçam a estabilidade do pessoal que ocupa a liderança e as posições-chave nas organizações de serviços públicos.

O artigo "Leading Successful Innovation in Local Public Services", de James H. Svara (2010), investiga se as organizações governamentais são capazes de inovação e renovação, pesquisa tipos de inovação que ocorrem em governos locais e que características são associadas às organizações inovadoras, além de observar o papel particular dos líderes nesse contexto. Svara relata uma série de pesquisas realizadas nos Estados Unidos e na Dinamarca, que buscaram definir padrões de inovação no setor público daqueles países. Nos Estados Unidos, uma série de pesquisas entre 2003 e 2006 realizadas pela International City/County Management Association (ICMA) envolveram 492 cidades, que correspondiam a uma amostra de 15% das cidades com população acima de dez mil habitantes. As pesquisas estabeleceram padrões de inovação sobre reorganização do governo (*reinventing government*), governo eletrônico e práticas estratégicas e participativas. Uma combinação dos resultados das pesquisas chegou a um histograma que define o padrão global, em que 60% das cidades investigadas encontravam-se agrupadas no centro de uma curva de distribuição normal, cidades que adotavam pouco ou moderadamente as inovações testadas, e identificou proporções pequenas nas extremidades do histograma, cidades que adotavam amplamente mudanças ou não as adotavam em absoluto (Svara, 2010: p. 196).

Outro estudo realizado na Dinamarca, em 2006, examinou a extensão em que eram implementadas práticas do tipo de governo NPM antes definido, onde foram definidas cerca de nove dessas práticas. Os resultados mostram um histograma de formato diferenciado do anteriormente descrito, em que a maior parte dos municípios adotavam todas as práticas de inovação e cerca de 1/5 adotavam apenas algumas delas. Os fatores que contribuíram para esse padrão mais uniforme e dinâmico dos países foram o alto nível de qualificação da rede profissional dos agentes administradores e ainda a ausência de municipalidades muito pequenas após uma reforma governamental ocorrida na década de 1970, maior uniformidade na distribuição de recursos através de financiamentos do governo central, bem como a obrigatoriedade determinada por este da centralização de recursos em serviços sociais em áreas selecionadas (Svala, 2012: p. 197).

Uma pesquisa mais recente, de 2010, efetuada pela ICMA, nos Estados Unidos, para verificar as práticas de sustentabilidade adotadas, e cerca de 109 ações representadas por indicadores específicos, foram incluídas para cobrir a utilização de técnicas na proteção ambiental, preservação de recursos, desenvolvimento econômico e equidade social. O número de ações realizadas pelos governos municipais variaram muito; o histograma resultante mostra uma concentração elevada na extremidade esquerda da curva, que representa número baixo de adoção de práticas de sustentabilidade e, por outro lado, os governos que adotam essas práticas, que se apresentam em proporção relativamente reduzida, estão bem distantes dos demais. Em suma, os realizadores das pesquisas concluíram que os governos locais dos Estados Unidos ainda estão em estágio inicial de inovação, pois a maioria se encontra mais próxima do espectro da curva de menores índices de inovação do que na posição de médios ou altos índices, devido à ausência de instrumentos mandatórios por parte do governo central (Svala, 2010: p. 198).

Fatores descritos na literatura pertinente à inovação nos serviços públicos afetam a possibilidade, a probabilidade e o nível de adoção da inovação por governos locais, e foram explicados a partir da existência de características externas ou internas necessárias para a inovação. Entre as características externas destacam-se: fatores socioeconômicos, como tamanho da população, nível de saúde, renda *per capita*; fatores ambientais, como urbanização, saúde comunitária, crescimento populacional, desemprego; características institucionais; integração vertical com as políticas do governo central; políticas estatais de sustentabilidade; zona de empreendedorismo; prioridades da política comunitária; e outros representados por pressão pública, competição pública, competição entre provedores de serviços e coerção de auditores e inspetores.

Por sua vez, as características internas aos governos locais dizem respeito a: mandato gerencial; *background* dos gerenciadores, como idade, gênero e formação educacional; valores dos agentes, que podem ser tradicionais ou mais inovadores, de diferentes ideologias políticas; relacionamento com seus superiores ou pares no planejamento estratégico efetivo; liderança administrativa, que prioriza a importância de um agente de mudança organizacional, ou seja, liderança comprometida com a inovação; novos agentes gerenciadores vindos do ambiente externo; relacionamento de diretores operacionais de departamentos com o mandatário da cidade; existência de força política de sindicados, bem como contatos com eles; nível de aplicação de metodologia intensivas em informática; tamanho da organização, saúde econômica e comunicação externa; aprendizado originado de associações e de seus pares; envolvimento com empresas privadas; liderança política; e, finalmente, a presença de políticos visionários e com metas de inovação.

A literatura relata também como variam os determinantes de diferentes formas de inovação nessa área. As pesquisas "Innovation Type and Diffusion", de Richard Walker (2006) e "Explaining the Diffusion of Innovation Types Amongst High and Low Innovative Localities", de Richard Walker, Claudia Avellaneda e Frances Stoke Berry (2007) selecionam 22 itens para a mensuração de inovações em governos locais da Inglaterra, utilizando instrumental econométrico de análise fatorial e testando a confiabilidade dos resultados. Foram identificadas cinco formas mais usuais de modernização dos governos locais: inovação pelo desenvolvimento de novos produtos nos serviços; inovação em três áreas no processamento, representadas por nova tecnologia de informação e comunicação (TIC); orientação de mercado, como a provisão dos serviços através da externalização ou terceirização, e contratação através de novas formas de geração de renda; mudanças na estrutura organizacional e nas práticas de gerenciamento; e, por fim, expansão das fronteiras de parcerias.

Em continuidade, esses pesquisadores mensuraram os elementos estimuladores de inovação, examinando três categorias de variáveis. Primeiramente, o ambiente externo ao governo local foi medido por variáveis *proxy* de diversidade e disposição política, junto a mudanças percebidas no contexto social, político e econômico. Em segundo lugar, determinantes organizacionais incluíram a percepção da relevância da liderança política e gerencial e as transformações no gerenciamento vindas de fora. Por fim, os determinantes de difusão da inovação incluíram a percepção das pressões públicas externas originadas pelos fornecedores de recursos e outras pressões como da mídia, dos consumidores e de outros cidadãos, do aprendizado sobre práticas bem-sucedidas originadas de outras estruturas privadas e de associações, da competição com autoridades locais e com outros fornecedores de serviços, bem como pressões das políticas do governo central e dos auditores e inspetores.

As conclusões mostram que os padrões da adoção de inovação e de sua difusão por governos locais ingleses são contingentes e complexos, ou seja, resultam das diversas combinações das variáveis testadas, de acordo com as especificidades regionais. Porém, essas adoções se correlacionam positivamente com fatores como demanda de consumidores e características da liderança política, e negativamente como coerção de auditores e tamanho da organização; assim, verificaram que organizações menores também desenvolveram práticas inovadoras e as pressões externas de agentes oficias de regulação influenciam negativamente no desenvolvimento de novos produtos. No que se refere às inovações em TIC, essas se associaram positivamente com características de tamanho das organizações e agentes oriundos dos fatores externos do ambiente, competição e demanda, o mesmo se dando com as inovações orientadas para o mercado. As demais variáveis não se associaram a fatores relacionados à inovação e sua difusão (Walker, 2006: p. 325).

Dessa forma, é possível confirmar-se que a inovação nos serviços públicos é mais observada em países mais avançados, devido não só à disponibilidade de recursos financeiros e técnicos, mas também de recursos humanos mais qualificados e principalmente do ambiente social mais propício às mudanças. No entanto, mesmo em países mais avançados, como no caso dos Estados Unidos, as dificuldades de implantação e continuidade de práticas mais intensas de inovação no setor público ainda são consideráveis, o que é explicado pelo fato de que embora a modernização dos serviços e a sustentabilidade tenham sido discutidas há um tempo suficiente, a difusão da implementação prática pelos governos locais ainda é um desafio devido ao ambiente tradicional arraigado em locais específicos.

No entanto, em países em desenvolvimento, alguns governos locais estão iniciando um processo de intervenção através de ferramentas e metodologias inovadoras com recursos de TI ou utilizando-se de ferramentas avançadas de computação móvel para contribuir com a melhoria de serviços públicos prestados à população de baixa renda. No caso da computação móvel, uma das áreas públicas mais prioritárias a serem atendidas pelas novas técnicas, e que já tem sido testada em algumas pesquisas, diz respeito à Saúde, por causa dos impactos diretos na qualidade de vida das pessoas, particularmente em países que não conseguem alocar recursos humanos e financeiros suficientes para oferecer um serviço ágil e eficiente para os seus usuários em unidades fixas e recorrem a programas de atendimento domiciliar, com custos mais baixos. Nesse caso específico da Saúde, essas ferramentas têm como objetivo, entre outros elementos, o desenvolvimento e a validação de modelo conceitual de um sistema de informação para a atenção primária à saúde. Nesse sentido, a inovação permite a elaboração de bancos de dados evolutivos em métodos ágeis, por meio da construção de um prontuário eletrônico móvel para atenção primária de saúde, com a sincronização de bancos de dados móveis que dispõem de mecanismos de segurança e privacidade, bem como a transmissão eficiente de dados multimídia através de redes sem fio com telefones celulares. Dessa forma, é estudado o uso de técnicas de padronização para atendimento da saúde com bases históricas, que podem mostrar informações de natureza epidemiológica, por exemplo, e orientar planos de prevenção e resolução de problemas de saúde (Correia, Kon, Kon e Ferreira, 2008).

É necessário salientar que essas características influentes na condução ou no gerenciamento da inovação nos serviços públicos podem ou não estar presentes nos governo locais. Se estiverem presentes, podem atuar de forma negativa ou positiva para a mudança nesses serviços, ou seja, estimular ou desestimular a modernização da produção e provisão destes, particularmente em cenários socioeconômicos mais recentes, influenciados pelas seguidas crises financeiras e econômicas internacionais.

Em suma, no contexto da lógica de programas de mudanças na produção e provisão de serviços públicos, é suposto que existe uma resposta racional e estratégica ao ambiente em transformação em que esses serviços são oferecidos. No entanto, fatores políticos, contextuais e conjunturais frequentemente desempenham uma parte significativa na adoção de tipos específicos de agendas de mudanças e, por outro lado, a capacidade de adaptação às circunstâncias mutantes deve ser uma das características relevantes das organizações produtoras e provisoras de serviços públicos.

INDUTORES E FACILITADORES DA INOVAÇÃO EM SERVIÇOS PÚBLICOS

Um número considerável de elementos é levado em conta na formulação, implementação e manutenção da inovação nos serviços públicos. Esta seção tratará de apresentar alguns fatores principais que atuam no contexto em que será desenvolvido o sistema de inovação, seja como estimuladores ou barreiras, ou ainda como facilitadores do processo.

Em primeiro lugar, entre as barreiras à introdução da inovação salienta-se o tamanho e a complexidade do setor ou ambiente de determinada organização na qual deverá ser implantada, porque pode apresentar impactos diferenciados, de acordo com a situação vigente. Em geral, o ambiente é composto por um sistema interligado de relações entre departamentos, por agentes que operam em um conjunto muito diversificado de ocupações, e por uma infraestrutura de apoio já delineada, o que pode facilitar ou ocasionar barreiras. Nesse sentido, as organizações do setor público trazem uma "herança" ou um legado em que prevalecem práticas e processos que talvez não funcionem de modo satisfatório, impondo certa dificuldade, em grande parte das vezes, de aceitar novas ideias vindas de fora do grupo organizacional dominante. Essa resistência profissional advém do fato de que um grupo de profissionais já estabelecidos apresenta práticas, racionalidades, perspectivas e agendas de políticas públicas próprias e estruturadas no ambiente de suas comunidades (Cunningham, 2013: p. 482).

Aliada à resistência profissional, a aversão ao risco é inerente a algumas profissões ligadas à esfera pública, na tentativa de minimizar consequências imprevisíveis de novas intervenções, tendo em vista a falta de conhecimento prévio dos possíveis resultados e consequentes pressões econômicas e políticas. Por outro lado, as inovações raramente são um fenômeno isolado e, além de se difundirem em todo o sistema, com frequência dependem de outras mudanças posteriores de impactos consideráveis. A infraestrutura que permite a implementação de mudanças no sistema depende do perfil político herdado e da pressão sobre a prestação de contas (*accounting*), que levam ao receio da implementação de mudanças que possam resultar em impactos negativos (Cunningham, 2013: p. 484).

Nos sistemas burocráticos que compõem as atividades públicas, em que um grande número de agentes estão envolvidos em um mesmo processo, existe o requisito de consulta constante para efetivar qualquer modificação planejada mais ampla, bem como a necessidade de identificar suas potenciais consequências. A complexidade do sistema impede muitas vezes a capacidade de rápida percepção de um quadro nítido dos efeitos eventuais das ações e a probabilidade de resultados não são claramente percebidas. Uma questão adicional refere-se à própria natureza sistêmica da inovação, que, como visto, possibilita que a introdução de uma inovação possa expandir o problema subjacente para outra parte do sistema, com as mencionadas consequências adversas ou não previstas. Dessa forma, qualquer introdução de uma inovação requer a anuência *ex ante* dos agentes envolvidos.

Outros fatores relevantes bloqueadores da inovação se referem à escala e à intensidade da mudança, visto que muitas vezes as pressões políticas podem levar à falta de oportunidades para reflexão e avaliação das consequências de muitas inovações introduzidas e, nesse contexto, a introdução de novas ideologias políticas novas "visões de mundo" e outros elementos políticos pode retardar o passo em que os formuladores de políticas desejam introduzir as inovações necessárias. Dessa forma, embora a vontade política apresente tendências de ser vista como motivadora da inovação e da mudança, os sistemas em que estas são aplicadas podem não estar preparados, não adaptados e, portanto, resistentes à mudança. Tendo em vista os requisitos de consulta e de avaliação mencionados, esses fatores podem conduzir à criação de um círculo vicioso de incertezas (Cunningham, 2013).

Um fator relevante nesse contexto é a frequente falta de recursos para a inovação, não obstante a clara orientação política para que ela aconteça. Embora esse fator possa ser rapidamente solucionado em alguns casos, outro aspecto que gera barreiras é a ausência da capacidade de aprendizado ou de renovação do conhecimento organizacional que provoca obstáculos técnicos e operacionais nos ambientes que envolvem uma infraestrutura rígida, amplamente segmentada e burocrática. Por um lado, se o desenvolvimento de novas tecnologias ou aplicações técnicas ao contexto de serviços públicos pode servir como forte motivador ou facilitador do processo ou da mudança organizacional, por outro, a ausência de uma tecnologia que exiba certas especificações de adequação pode bloquear o desenvolvimento da procura por inovação. Assim, Cunningham chama a atenção para o fato de que a aplicação de novos usos para um equipamento existente pode levar a tecnologia aos limites de suas capacidades e age como um motivador para a inovação técnica posterior. Uma questão a ser considerada é a própria resistência da população à mudança, que não é generalizada, mas sim diverge entre grupos populacionais segundo gênero, idade, nível educacional, faixa de renda, antecedentes étnicos, entre outros.

Com relação especificamente aos motivadores e facilitadores (*stakeholders*) da inovação pública, a ideia desenvolvida por Edward Freeman, em 1984, identifica esses agentes como pessoas, grupos e organizações envolvidas no processo, que têm a competência de apoiar, legitimar e intervir para sua consecução, apresentando um papel direto ou indireto na gestão e nos resultados do planejamento. Nesse grupo estão inclusos funcionários, gestores, gerentes públicos, empresas, proprietários, fornecedores, ONGs, consumidores, credores, sindicatos e diversas outras pessoas ou empresas que estejam relacionadas com determinada ação ou projeto. De modo geral, as expectativas de todos eles refletem a satisfação de necessidades e compensação financeira e cada interveniente, ou grupo de intervenientes, representa um determinado tipo de interesse no processo. Dessa forma, os agentes talvez não maximizem obrigatoriamente o processo, mas seu envolvimento permite achar um equilíbrio de forças e minimizar riscos e impactos negativos na execução das inovações (Freeman, 2010).

Richard Walker, no estudo "Innovation Type and Diffusion" (2006), analisou os agentes de apoio das inovações em serviços públicos e sintetizou sua pesquisa em três categorias de variáveis. Em primeiro lugar, o ambiente externo às autoridades locais foi avaliado através de informações a respeito de necessidades, diversidade e disposição política em relação às mudanças resultantes no contexto social, político e econômico. Em segundo lugar, examinou determinantes organizacionais que incluíram a percepção da importância da liderança política, liderança administrativa e mudanças nas formas de gerenciamento oriundas de fora do ambiente. Finalmente, o que o autor denominou de "difusão de determinantes" incluiu a percepção da importância da pressão pública vinda de fontes externas, de outras pressões como a da mídia e de consumidores dos serviços e cidadãos, do aprendizado sobre práticas eficientes a partir de associações e redes profissionais, da competição com autoridades locais e com fornecedores dos serviços, da pressão das políticas do governo central e dos relatórios de auditores e inspetores desse mesmo governo.

O autor verificou na pesquisa que a adoção de diferentes tipos de inovação era influenciada por esses diferentes fatores, concluindo que o padrão de adoção e difusão da inovação nos serviços públicos é complexo e contingente, ou seja, depende das situações momentâneas e diversificadas em cada contexto. Inovações em produtos que requerem uma nova espécie de programa, em produtos ou serviços oferecidos a residentes, não foram explicadas por variáveis ambientais na análise Walker, mas foram associadas a fatores de difusão, tais como demanda de consumidores e de cidadãos além de outras características da organização. A coerção de auditores e o tamanho da organização estavam negativamente correlacionados a novos serviços oferecidos, ou seja, agentes externos agiam como constrangedores em organizações locais menores, bloqueando o desenvolvimento de inovações (Walker, 2006: p. 325).

A literatura sobre economia mostra, na visão de vários autores, uma série de outros fatores e características internas e externas às organizações locais que afetam a possibilidade de os governos e seus agentes de apoio (*stockholders*) adotarem inovações advindas da prática de outras organizações, ou que criem suas próprias inovações, como sintetizado por Svara e apresentado no Quadro 8.6 (Svara, 2010: p. 198).

Quadro 8.6 — Fatores Relacionados ao Nível de Adoção de Inovações no Setor Público

CARACTERÍSTICAS EXTERNAS	CARACTERÍSTICAS INTERNAS
• Fatores socioeconômicos (população, renda *per capita*, nível de saúde, de ensino, entre outros).	• Gestão administrativa.
• Meio ambiente (urbanização, crescimento populacional, taxa de desemprego, saúde populacional, complexidade).	• Perfil dos administradores (idade, gênero, educação).
• Fatores ambientais (necessidade de serviços públicos, diversidade das necessidades, mudança no contexto social, político e econômico em relação aos serviços inovados).	• Valores dos administradores (ideológicos, tradicionais, políticos e relativos à inovação).
• Características institucionais vigentes (que facilitam ou bloqueiam a inovação).	• Relacionamento com os superiores.
• Integração vertical com políticas governamentais globais.	• Planejamento estratégico efetivo.
• Políticas estatais para sustentabilidade.	• Liderança, importância de ser agente de mudança, compromisso da liderança com a inovação.
• Zoneamento para empresas.	• Nova administração vinda de fora.
• Prioridades da política comunitária.	• Relacionamento da diretoria do departamento público com os administradores da cidade.
• Outros fatores externos (pressão pública, competição pública, competição entre fornecedores de serviços, coerção de auditores e inspetores).	• Sindicatos e frequência de contatos sindicais.
	• Aplicação de TI.
	• Tamanho da organização, saúde econômica, comunicação externa.
	• Aprendizado obtido com associações e superiores.
	• Envolvimento de empresas privadas.
	• Liderança política.
	• Existência de políticos visionários e formuladores de metas.

Fonte: Extraído de Svara (2010). Tradução nossa.

Observa-se que as organizações inovadoras enfatizam o crescente encorajamento da equipe governamental para haver cada vez mais colaboração e comunicação externa. Apesar das divergências na definição quanto ao papel de cada interveniente (*stockholder*), seu apoio é necessário para se criar e sustentar coalizões e para estimular o trabalho conjunto, ações que irão assegurar a viabilidade efetiva das políticas de inovação através de planos e programas delineados. Em situações de trabalho em rede, a atenção dos agentes é relevante durante o processo de mudanças, porque o sucesso e efetivação da inovação dependem da satisfação dos interesses desses mesmos agentes, de acordo com as pressões que exercem, e ainda pela viabilidade e legitimidade política que proporcionam. No entanto, deve ser salientado que isso não implica que os interesses de todos os *stakeholders* serão satisfeitos, mas apenas os dos agentes-chave dos processos, já que a eliminação de todos os conflitos de interesse não é necessariamente conseguida. Além disso, a viabilidade política não significa que as soluções inovadoras sejam sempre racionais, mas a ausência dessa condição torna a inovação incapaz de ser implementada. Assim, os processos de mudança através de inovação nos serviços públicos que empregam de forma competente um número razoável de agentes apoiadores são mais prováveis de ser bem-sucedidos do que os que não envolvem essas condições (Bryson e Crosby, 2013, p. 118).

Observando sob outro ponto de vista, as pressões econômicas e a procura por maior eficiência são também reconhecidas como estimuladores de inovações nos serviços públicos. Lois Recascino Wise, em seu estudo "Public Management Reform" (2002), destaca outros valores que também devem ser considerados nesse contexto, como as demandas públicas por equidade social, democratização dos serviços e ênfase na qualidade de vida da população. O autor salienta que a eficiência de mercado no setor público está abrindo caminho para acordos entre setores governamentais e privados, e ainda por entidades sem fins lucrativos, embora a pressão econômica permaneça como um estimulador crítico da inovação. O foco de Wise consolida o ponto de vista de que outras considerações centradas em aspectos sociais voltados às demandas da população exercem pressão para mudanças além das questões de prescrição fiscal e outros aspectos técnicos.

Assim, muitas inovações econômicas no fornecimento dos serviços públicos podem ser buscadas como resposta a um ou a vários problemas específicos conjuntamente, por exemplo, derivados de pressões de fatores demográficos, do envelhecimento da população, da fragmentação das famílias, saúde e outros problemas sociais. Por outro lado, a inovação pode ser requisitada para a solução de problemas específicos e novos, como o surgimento de uma epidemia na área de saúde ou para problemas mais genéricos, como a disponibilidade de maior atendimento na área de ensino. Porém, inovações podem ser orientadas não apenas para resolver algum problema específico, mas também porque representará uma melhoria na situação anterior de produção e provisão dos serviços públicos, tornando-os mais rápidos ou de maior amplitude de alcance (Osborne e Brown, 2013).

Finalmente, é necessário visualizar-se o papel da política ideológica que envolve os agentes inovadores, assim como a existência ou não de uma cultura de inovação, que se apoia em mecanismos de suporte do processo dependentes das estruturas logísticas que permitam o estímulo, promoção e disseminação das inovações.

A MENSURAÇÃO DE INOVAÇÃO NOS SERVIÇOS PÚBLICOS

A crescente necessidade da produção e provisão de serviços públicos de forma eficiente, com menores gastos e através de inovações, é acompanhada pelo requisito de combinar, de modo eficaz, a limitação da disponibilidade dos recursos públicos com as principais demandas e desafios sociais para a introdução de inovações, de maneira que os serviços públicos se tornem mais produtivos através do desenvolvimento de novas formas de operacionalização. Assim, a inovação nos serviços públicos é uma tarefa complexa, como visto, e sua avaliação é dificultada pela falta de disponibilidade de dados e de outras informações sobre o desempenho das ações que possibilitem a verificação dos resultados econômicos e da comparabilidade dos efeitos na produtividade entre diferentes situações anteriores e posteriores à introdução das inovações.

Nesse sentido, a mensuração dos efeitos da inovação no serviço público tem função relevante no estímulo à inovação e no conhecimento a respeito das formas mais produtivas de realizá-la. Algumas organizações internacionais já desenvolvem metodologias com esse objetivo. O Departamento de Política Regional da Comissão Europeia (European Commission's

INOVAÇÃO NOS SERVIÇOS PÚBLICOS

Regional Policy Department) vem estudando uma série de indicadores com o objetivo de comparar as políticas públicas dos países europeus. Consideram que a mensuração da inovação no setor público é uma tarefa urgente para sua indução, que vem sendo bloqueada pela falta de dados disponíveis.

Na pesquisa *A Taxonomy of Innovation*, de Arundel e Hollanders (2011), foram identificados dezessete estudos para avaliar a inovação em serviços públicos em economias desenvolvidas, distinguindo três métodos de pesquisa específicos: i. método que examina inovações específicas; ii. pesquisas empíricas dirigidas a administradores públicos, que indagam sobre o uso de práticas e tecnologias inovadoras; e iii. pesquisas mais amplas acerca de uma série de atividades inovadoras e tipos de inovação implementadas em um período definido. Observou-se que, no decorrer do tempo, o foco das pesquisas mudaram das duas primeiras modalidades para a terceira, visto que esta se dirigia à coleta de dados de uma forma mais ampla, com maior interesse em fontes de informações externas ao setor público. Entre os tipos de pesquisas elaboradas, destacam-se: a piloto, de 2010, da organização pública Nesta (National Endowment for Science Technology and Arts), sobre organizações de saúde em governos sociais no Reino Unido (Hughes, Moore e Kataria, 2011); o projeto Mepin (Nordisk Institutt for Studier av Innovasjon, Forskning og Utdanning), implementado em países nórdicos em organizações de setores públicos (Bugge, Mortense e Bloch, 2011); e a Innobarometer (IB), pesquisa da Comissão Europeia de 2010, que incluiu 27 países da EU e foi limitada a organizações ativas em administração pública. Embora os questionários das três pesquisas usem uma definição similar de inovação no setor público e coletem dados sobre atividade de inovação e estratégias de gerenciamento, existem algumas diferenças entre elas, como, por exemplo, enquanto o questionário da Mepin é dirigido mais fortemente para firmas privadas, limitando-se a informações acerca de resultados, a IB focaliza-se bastante nos resultados das inovações, incluindo benefícios positivos e efeitos negativos dos processos de inovação organizacionais e da provisão de serviços (EU, 2013: p. 14).

Uma pesquisa que serviu de base para o aprimoramento da mensuração, a Australian Public Sector Innovation Indicators

388 NOVA ECONOMIA POLÍTICA DOS SERVIÇOS

Project (Apsii), foi implementada na Austrália em agosto de 2012, e utilizou um modelo conceitual identificando cinco tipos de inovação: inovações em processo, em produtos e serviços, em comunicação, investimentos em inovação e estratégias de inovação, como apresentadas no Quadro 8.7 (EU, 2013: p. 17). Os primeiros resultados analisados mostram a dificuldade de diferenciação dos agentes entre os cinco tipos de inovação discriminados.

Quadro 8.7   Estrutura de Variáveis Para a Mensuração da Inovação no Setor Público

INSUMOS	PROCESSO	PRODUTOS	RESULTADOS
Investimento em inovação	Difusão da inovação	Inovação (atividades e implementação)	Impactos ambientais e sociais
Recursos humanos e qualificação para inovação	Colaboradores da inovação	Tipos de inovação	Qualidade, eficiência e produtividade
Atitudes da equipe e atributos para inovação	Prática do gerenciamento da inovação	Novidade da inovação	Melhor satisfação do funcionário
Fontes de inovação	Cultura da inovação e liderança	Intensidade da inovação	Benefícios para os consumidores
Infraestrutura tecnológica para inovação	Estratégia da inovação	Produtos intangíveis	Outros efeitos intangíveis (confiança e legitimidade)
Condições ambientais			
Demanda do consumidor e capacidade de suprimento	Cultura e liderança mais ampla do setor público	Fatores políticos e legislativos	Outros indutores e barreiras para a inovação (base da pesquisa, escassez de capacitação)

Fonte: EU (2013: p. 17). Tradução nossa.

O desenvolvimento mais recente na mensuração da inovação no setor público, que mostra as atuais tendências e desafios da política de inovação pública na Europa, foi também realizado pela Comissão Europeia e apresentado como European Public Sector Innovation Scoreboar 2013 (Epsis) (León et al., 2012). A estrutura de variáveis para a mensuração da inovação no setor público é apresentada no Quadro 8.8.

Quadro 8.8 Estrutura das Variáveis Para Mensuração da Inovação no Setor Público

CAPACITADORES

Recursos Humanos

- Participação no emprego de ocupações criativas.
- Participação de empregados na administração pública com grau universitário.

Qualidade dos Serviços Públicos

- Efetividade do governo.
- Qualidade da regulação.
- Aumento da eficiência dos serviços governamentais devido ao uso de TIC.
- Disponibilidade *on-line* de serviços públicos.
- Índice de Desenvolvimento do Governo Eletrônico (EGDI).

ATIVIDADES

Capacidades

- Participação de inovadores em serviços que inovaram departamentos.
- Participação de inovadores em processos que inovaram departamentos.

Indutores e Barreiras

- Importância das barreiras internas à inovação.
- Importância das barreiras externas à inovação.
- Envolvimento gerencial ativo na inovação.
- Importância do conhecimento externo.
- Participação dos empregados envolvidos em grupos que se encontram regularmente para desenvolver inovações.

PRODUTOS

Inovadores

- Participação de organização da administração pública com inovações em serviços, em comunicação, em processos e organizacionais.
- Participação de "novos" serviços além das inovações nos serviços.
- Produtividade do setor público.
- Efeito no desempenho das empresas.
- Melhora nos serviços públicos para as empresas.
- Impacto de serviços públicos inovadores sobre as empresas.

Realização Governamental

- Realização governamental como estimulador da inovação nas empresas.
- Realização governamental de produtos de tecnologia avançada.
- Importância da realização de inovação.

Fonte: EU (2013: p. 20). Tradução nossa.

Nesse modelo conceitual, as variáveis incluídas avaliam os capacitadores, as atividades e os produtos resultantes da inovação, incluindo também o impacto da inovação do setor público sobre o desempenho das empresas. O modelo permite observar as diferenças existentes entre distintas esferas governamentais (nacionais, regionais e locais), como, por exemplo, se possuem áreas de operação mais ou menos definidas de inovações. Os resultados da pesquisa para os países mensurados pela Comissão Europeia mostram que, dependendo de que esfera do governo uma determinada organização se situa, observam-se várias abordagens à inovação das atividades. Existem também diferenças em áreas específicas em que atuam os governos, de acordo com as diversas esferas de ação. Exemplificando, os governos locais (municipalidades) apresentam muita heterogeneidade entre si, na medida em que operam em várias áreas sociais como educação, saúde, entre outras, enquanto as agências da esfera nacional do governo tendem a trabalhar com áreas mais definidas isoladamente (EU, 2013).

A pesquisa chama a atenção para o fato de que a mensuração da inovação nas empresas é facilitada pela grande disponibilidade de dados de pesquisas de P&D, de patentes e de outras, enquanto, para o setor público, quase não são disponíveis dados já preparados para esse fim, visto que não há uma tradição de mensuração da inovação nos serviços públicos de alguns países. Dessa forma, a pesquisa da Epsis é pioneira na definição metodológica para esse objetivo e tem servido de base para implantação em diversos países.

As variáveis utilizadas para a avaliação dos Capacitadores medem a dimensão da qualidade dos funcionários da administração pública usando indicadores aproximados, como mostra o Quadro 8.8, enquanto a dimensão de qualidade dos serviços públicos avalia tanto a própria qualidade de tais serviços quanto seus efeitos na sociedade mais ampla. A avaliação das Atividades traz à luz distinções entre a capacidade de inovação interna da administração pública, bem como entre os indutores e as barreiras para a inovação encontradas nas operações. Por sua vez, o grupo de Produtos mensura o desempenho em três dimensões da inovação, que capturam criação de novos produtos, seu efeito sobre as empresas e sobre a sua realização no setor público.

INOVAÇÃO NOS SERVIÇOS PÚBLICOS   391

Através da aplicação de uma análise de correlação entre as variáveis, foi observado que para a avaliação é necessário comparar e sobrepor os resultados de vários indicadores, pois um único não irá capturar completamente os aspectos amplos da inovação no setor público. Por exemplo, a efetividade do governo se correlaciona positivamente de modo muito significativo com a qualidade da regulação, com o aumento da eficiência devido ao uso de TIC, com a produtividade do setor público e com o governo eletrônico, e negativamente com as barreiras internas à inovação, o que coincide com o resultado esperado. Porém, a análise mostra a intensidade das correlações negativas e positivas, permitindo a priorização de políticas a serem adotadas. Por sua vez, a interpretação dos resultados requer análise específica para cada momento de esfera governamental, pelas várias formas de inter-relação possíveis entre as diferentes variáveis.

O impacto das inovações bem-sucedidas no setor público tendem a não se refletir em resultados financeiros imediatos, o que, paralelamente à natureza e diversidade dos serviços, torna a mensuração dessas inovações difícil, e a comparabilidade entre mudanças bem-sucedidas em diferentes esferas de governo é facilitada pelos índices antes definidos. Dessa forma, tais indicadores proporcionam aos formuladores e aos gerenciadores de políticas públicas o entendimento dos distintos indutores de inovação nas várias esferas e agências governamentais, bem como permite que as empresas entendam a repercussão dessas políticas para seu desempenho e aumento da competitividade.

CONSIDERAÇÕES FINAIS

A inovação nos serviços públicos é entendida, em geral, em um contexto de modernização ou de mudanças, além da simples noção de introdução de um novo equipamento ou novo processo técnico. No setor público, a inovação é categorizada como "boa prática" na solução de problemas, através de um processo de adoção de estímulos de "cima para baixo" do ponto de vista hierárquico. No entanto, a difusão de novas formas de mudança nesse contexto do setor público tem, na atualidade, se apresentado como solução para a melhora das práticas, independentemente da geração de estímulos de "cima para baixo" ou de "baixo para cima", e de todos os agentes envolvidos nesses processos.

Como observado, a produção e provisão de serviços públicos se inclui em um sistema complexo de relações, que comporta não apenas os agentes públicos como também um conjunto de parceiras e inter-relações com empresas com e sem fins lucrativos, com instituições de ensino e com a população de consumidores também. Dessa forma, as inovações são sugeridas, estimuladas, planejadas, facilitadas e implementadas por uma multiplicidade de atores com motivações, interesses e capacidades heterogêneas que interagem entre si em maior ou menor extensão.

Observa-se que desde os anos de 1970 ocorreram muitas reformas no setor público mundial, não apenas ideológicas mas também tecnológicas, particularmente por causa da possibilidade de implementação de inovações na área de provisão de serviços, que resultaram na crescente necessidade de integração com o setor privado, com ONGS e outras organizações sem fins lucrativos e mesmo com a população consumidora. As inter-relações passaram a exigir uma dinâmica diferenciada das anteriores, incluindo a preocupação com a introdução contínua de renovação e de inovações nos serviços públicos em atendimento à eliminação de bloqueios e a outras questões resultantes do crescimento populacional e do papel de serviços governamentais em apoio às empresas que buscam aumento da competitividade e desenvolvimento econômico.

Fica muito claro também que os consumidores de serviços públicos representam um papel consideravelmente relevante tanto para a manifestação da demanda pela melhoria dos serviços quanto pelas possibilidades de participação e aceitação das inovações. Nesse sentido, a possibilidade de disseminação de informações entre os agentes que apoiam as inovações e os consumidores é uma forma de enfrentar a assimetria da informação, que pode bloquear as demandas e consumo da população, com implicações na introdução de processos inovadores com a eficiência necessária.

9. Reestruturação Produtiva e Ocupacional

a dinâmica dos serviços

Este capítulo analisará a reestruturação produtiva das economias mundiais sob a reformulação e a intensificação das características da produção de serviços. Vimos anteriormente que as premissas teóricas com base na visão neoschumpeteriana, da NEI e da TI, encontram respaldo na observação da realidade atual, que mostra que as tecnologias da informação e das comunicações têm conduzido à industrialização dos serviços e à inovação organizacional. Nesse contexto surgem formas modificadas de produção, distribuição e consumo tanto dos serviços quanto das demais atividades, no que se refere ao relacionamento entre produtores, bem como entre produtores e consumidores. Após a mudança do paradigma fordista para o toyotismo, os modos de produção se transformaram consideravelmente. Embora ainda permaneçam economias de escala em algumas fábricas, a produção em série tende a diminuir, visto que as economias de escopo se tornaram mais relevantes e os parâmetros de competição são baseados na qualidade e na adaptação à demanda a partir de alta segmentação de mercado, ou seja, o fornecimento de serviços através da diferenciação do produto e da customização adquire muitas vezes maior peso do que os preços no atendimento do mercado. A interação entre serviços e produção manufatureira tornou-se a força impulsionadora da criação de riqueza (Illeris, 1996; Daniels e Bryson, 2007).

Nesse contexto, a inovação e a tecnologia ganham relevância na busca da melhora da produtividade e das vantagens competitivas nos serviços da mesma maneira que já impactavam as atividades manufatureiras. Padronização, ganhos de produtividade e automação fazem parte das transformações produtivas, assim como os impactos resultantes da flexibilização das instalações e do trabalho, que permitem a adaptação à crescente personalização da oferta. O mesmo uso que as atividades de transformação industrial faziam da automação, robótica ou informática passou para o setor de serviços de forma mais intensa. Nesse caso, a informática desempenha um papel central como matéria-prima dos serviços cada vez mais baseados no conhecimento e na individualização (Téboul, 2002; Daniels e Bryson, 2007).

Desde os anos de 1980 e mais intensamente na década de 1990, como visto, o processo de aceleração das mudanças tecnológicas, que permitiu a difusão da globalização mundial, tornou necessário que os países se preparassem para o dinamismo das trocas internacionais que começava a se instaurar. Dessa forma, o processo de reestruturação produtiva, ampliado primeiramente nos países desenvolvidos, difundindo-se não tão rápido para as economias em desenvolvimento, resultou das transformações tecnológicas, das condições de mercado então vigentes e das características das empresas, que tinham como objetivo restaurar a competitividade industrial. Uma das consequências diretas desse panorama foi a modernização de serviços, que possibilitou, aos produtores de todos os setores de atividade, a implementação das trocas internacionais de forma acelerada.

Os enfoques primordiais da reestruturação produtiva aqui abordados visam primeiramente apresentar os determinantes teóricos das transformações no paradigma produtivo vigente, que conduziram à proeminência dos serviços nas economias mundiais, para, em sequência, avaliar a repercussão das mudanças na representatividade e nas taxas de evolução do produto setorial, que se apresentam com dinâmicas diferenciadas entre economias de vários níveis de desenvolvimento. No que se refere ao mercado de trabalho, as transformações na infraestrutura produtiva requerem a adaptação da mão de obra às condições reformuladas de flexibilidade e qualificação exigidas pela modernização e personalização da oferta. Dessa forma, são analisadas as transformações na estruturação ocupacional resultantes do impacto das mudanças, que se apresentam com intensidades e velocidades diferenciadas de acordo com o nível de desenvolvimento econômico de cada país.

AS ATRIBUIÇÕES DOS SERVIÇOS ANTE A MUDANÇA DE PARADIGMA PRODUTIVO

A produção flexível – que gradativamente substitui os anteriores processos fordistas desde o final dos anos de 1960 – tornou-se, a partir dos anos de 1970, a força impulsora das transformações organizacionais e produtivas em âmbito nacional e internacional. Embora o novo modelo produtivo tivesse sido primeiramente aplicado nos processos manufatureiros, a repercussão sobre as atividades de serviços foram, desde o início, consideráveis, tendo em vista a necessidade da criação de um aparato logístico para possibilitar sua implementação, que se baseou bastante na modernização e criação de serviços.

O que se tem observado nos países avançados, com mais intensidade a partir dos anos de 1980, é a perda de importância do modelo fordista de industrialização, em que a especialização nas tarefas pela mão de obra e pela máquina resulta nas ideias do *time and motion study* (estudo de tempo e movimento), de Frederick Taylor, para a organização do processo produtivo. O novo paradigma que emergiu, através do exemplo da economia japonesa, baseia-se muito em um processo contínuo de inovações incrementais e secundárias, substituindo a operação de plantas totalmente automatizadas. A reestruturação desse processo tem como ponto-chave a flexibilidade para produzir vários produtos com o uso dos mesmos equipamentos reprogramáveis associada a novas formas de organização e coordenação de pessoal e de planejamento da produção.

O paradigma que nasce de tudo isso, por alguns autores chamado de "nova revolução" ou "pós-revolução industrial", como será analisado posteriormente, visa integrar o trabalhador a todos os aspectos do processo de produção, incorporando à automação e à robótica ou às inteligências artificiais, a inteligência do homem. O sistema desenvolvido desde a época da Revolução Industrial, de conceber, produzir o produto e introduzi-lo no mercado, no sentido de "empurrar a produção", vem sendo paulatinamente substituído pelo conceito de orientar a produção a partir das necessidades do cliente e, nesse sentido, tem o objetivo de "puxar a produção". Esse novo comportamento vem ocasionando transformações consideráveis nas empresas, posto que elas se reorganizam de modo a funcionarem em pequenas unidades de negócios, subdividindo o processo de produção em células muitas vezes autônomas de serviços, de manufaturas ou de minifábricas. Estas fazem a própria gestão dos negócios, desde a aquisição de materiais, estoques, processamento e expedição dos produtos, manutenção de máquinas, controle da qualidade e até mesmo contabilidade.

Trata-se de um estágio mais avançado do denominado processo *just-in-time*, que se baseia em uma produção sem estoques ou com inventário zero, produzindo apenas o necessário e no momento necessário, com o mínimo possível de recursos, eliminando as perdas. As perdas caracterizavam-se, no sistema anterior, por atividades de inspeção, esperas e filas para se utilizar uma máquina, movimentação de materiais e de peças de uma máquina a outra ou a outro setor ou departamento, por estocagem de materiais, produtos em processamento e acabados não utilizados por certo período. Assim, o conceito de só iniciar o processo seguinte quando for necessário, denominado filosofia japonesa do *kanban*, baseia-se em repor apenas o que foi consumido.

Observou-se, desde então, que certos serviços representam elementos básicos do processo industrial manufatureiro, constituindo frequentemente o fator essencial para a obtenção do sistema de produção flexível (Kon, 1994: p. 123). O novo paradigma foi concebido como a antítese do sistema rígido inerente à produção de massa fordista, ao implicar processos de produção e de mercado de trabalho, que englobam formas de automação da produção, mas que, apesar de serem flexíveis, são programáveis. As estruturas do mercado de trabalho resultantes são mais fluidas e as unidades de atividade econômica em geral são mais fragmentadas, embora com fortes interconexões "insumo-produto". A gradual eliminação da integração vertical anteriormente existente nas empresas é uma das principais características da produção flexível e parte do processo produtivo, então externalizado, compreende, na maioria das vezes, atividades de serviços que não constituem o objetivo central da produção. Nesse caso, a manutenção da produção dos serviços acoplada ao processo produtivo da firma tornaria positiva a razão custos/benefícios da empresa, ou seja, os custos incorridos na produção interna da empresa ultrapassariam os retornos internos.

Dessa forma, com a mudança dos paradigmas produtivos e organizacionais, atividades não estratégicas e auxiliares que passaram a ser externalizadas ou terceirizadas acabaram por estabelecer novos sistemas de conexão interfirma e entre firmas, que deram emergência a uma rede de pequenas e médias empresas especializadas apoiadoras de atividades de uma central produtiva (Coffey e Baily, 1993; Melchert, 2003; Daniels e Bryson, 2007).

A noção anterior do paradigma fordista, que se refere à firma como uma organização, dá lugar à ideia de organização de firmas, enquanto as economias de escala e de escopo internos começaram, a partir disso, a ser substituídas por economias de escala externas, criando economias de aglomeração. As economias de aglomeração constituem vantagens representadas por redução de custos de implantação e de operacionalização das empresas, advindas da existência, no local, de uma infraestrutura de serviços públicos e privados em forma de transportes, comunicações, atividades financeiras, comerciais, de assessoria, de manutenção e outras. Salienta-se, nesse contexto, uma gama de serviços ao produtor (*producer services*) que atendem à demanda por insumos para a produção de outros bens e serviços, que apresentam a função de realçar a eficiência operacional e o valor da produção em vários estágios do processo produtivo (como Pesquisa e Desenvolvimento, *marketing*, entre outros).

A flexibilização dos processos produtivos e dos mercados trouxe ainda a necessidade do processamento de uma série de informações relacionadas ao aumento da complexidade dos ambientes externos e internos às empresas, bem como da competitividade nacional e internacional associada à agilização e constância da renovação das informações. Assim o crescimento dos serviços auxiliares tem sido amplamente condicionado por alguns fatores como: i. aumento da inovação e da diferenciação do produto, para o qual concorrem atividades de P&D, planejamento, publicidade e serviços de distribuição da produção; ii. nova forma pela qual os produtos são produzidos, que englobam novas tarefas, funções e técnicas tanto na organização quanto no processo produtivo, de modo a aumentar a eficiência e a permitir rápidos ajustamentos às mudanças econômicas ocorrentes. Particularmente, a mudança tecnológica exigiu a assessoria de firmas especializadas nos campos da informação, engenharia industrial, processos de planejamento e de pesquisa; iii. novos ambientes financeiros e de distribuição do produto vêm se tornando cada vez mais complexos, ao envolver a necessidade de levantamento de fundos, manutenção de relacionamentos internacionais, adaptação a fusões, exploração de novos mercados e mesmo da administração de escritórios em outros territórios; iv. políticas governamentais internas e externas, voltadas à regulação e estimulação de mercados, vêm exigindo o apoio de especialistas que conheçam as formas de contemporizar o atendimento das normas de intervenção governamental com as necessidades de continuidade dentro dos novos parâmetros; e v. o crescimento das transações intrafirma e entre firmas, mencionadas, exige o aumento da capacidade e da complexidade de técnicas administrativas e gerenciais que determinem as escolhas estratégicas, os planos, e que coordenem e controlem as conexões entre todos os níveis de relacionamento (Coffey e Baily, 1993: p. 859).

Essa gama de necessidades envolve a participação de especialistas de várias áreas de serviços (advogados, economistas, engenheiros, publicitários, sociólogos e consultores, entre outros) que sirvam de apoio às tomadas de decisão em um ambiente de constantes transformações. Com a mudança do paradigma, portanto, a contribuição dos serviços ao desenvolvimento econômico pode ser reavaliada, tendo em vista a capacidade dessas atividades de agilizarem e incrementarem a circulação de mercadorias ou de outras utilidades. Nesse sentido, a mercadoria é considerada pelos analistas como qualquer produto do trabalho vendido no mercado em troca de dinheiro, seja em forma de bens ou serviços. Melhor definindo, a mercadoria pode ser avaliada tanto através de produtos úteis quanto da incorporação de valor, ou seja, leva em consideração uma medida do tempo de trabalho abstrato envolvido em sua produção. Dessa maneira, a circulação envolve fluxos de valores e de valores de uso (Coffey e Baily, 1993).

Assim a circulação de mercadorias através de comércio, de transportes, de atividades financeiras (no caso de mercadoria-dinheiro) ou de informações e comunicações tem a função de permitir a complementação do ciclo produção-distribuição-consumo da economia, que efetiva o processo dinâmico das trocas no novo processo produtivo. Porém, o incremento do dinamismo econômico impulsionado por essas atividades, a partir do novo modelo, torna patente que o mercado não é o único modo de circulação de valores e, portanto, outras formas de circulação que não passam pelo mercado também devem ser levadas em conta na avaliação, como as trocas interfirma e o fornecimento de serviços pela área pública (Gershuny, 1997; Stanback, 1979; Walker, 1985).

Quando examinado o tema sob a visão da teoria schumpeteriana, a importante ideia de Schumpeter sobre a relação existente entre inovação tecnológica e organizacional, competitividade e geração de renda ou de poder de compra é ampliada com a colaboração dos autores denominados neoschumpeterianos, como apresentado em capítulo anterior. Esses salientam a relevância da inovação como geradora de instrumentos para a ampliação da competitividade das firmas, permitindo a apropriação de vantagens absolutas de custo e qualidade, que conduzem à ampliação de seus mercados.

Em particular, a contribuição dos serviços, internamente às empresas, para a consecução das tomadas de decisão dos agentes, tendo como base a ampliação e a difusão do conhecimento facilitado pela informação, é explicada por Dosi: "Em um mundo caracterizado pela mudança tecnológica e transformação, a conduta dos agentes é representada mais adequadamente pelas rotinas, estratégias, regras dirigidas a metas e pelo processo de pesquisa" (Dosi, 1988: p. 124).

Giovanni Dosi chama a atenção para a relevância das externalidades sobre as estratégias inovadoras das empresas. As externalidades são definidas quando as possibilidades de produção, ou de consumo de uma firma ou indivíduo, são influenciadas (positiva ou negativamente) pelas escolhas de outra firma ou consumidor. A infraestrutura de ciência e tecnologia (representadas pelo conhecimento e especialização) geram externalidades que permitem a interdependência entre setores, tecnologias, definindo a capacidade de incorporação do progresso tecnológico pelas empresas e promovendo a competitividade sistêmica (Dosi, Pavitt e Soete, 1990).

Nessa linha de pensamento, seguiram-se uma série de análises a respeito do papel de outras atividades de serviços, ampliadas particularmente pelo desenvolvimento da informática, pela crescente internacionalização dos serviços e pela criação de outras funções de ocupações terciárias destinadas a facilitar a difusão de externalidades, conduzindo ao aumento da terciarização das economias. Algumas transformações que ao lado da velocidade da mudança tecnológica reforçaram a passagem para as economias de serviços, particularmente em países mais desenvolvidos, foram o aumento das grandes corporações e do tamanho dos mercados, a diferenciação do produto, o desenvolvimento de novos mercados e a intensificação (nos anos de 1960) da influência de organizações governamentais e sem fins lucrativos (Noyelle e Stanback, 1988).

A partir da intensificação da inovação tecnológica nos anos de 1960, a dinâmica de rápida mudança da demanda por serviços ocasionou certa especialização flexível, como visto, porque os produtores de bens e serviços tiveram que adotar estratégias que visavam à obtenção de permanente inovação e adaptação. Essa flexibilidade foi possível por meio da atração e do treinamento de mão de obra qualificada, do desenvolvimento de redes de cooperação entre as firmas e pela utilização crescente dos novos padrões tecnológicos. Com o mesmo estoque de capital e trabalho, as firmas puderam garantir o desenvolvimento, produção e distribuição de uma maior gama de serviços. Além disso, a flexibilidade concede aos serviços com uma vida produtiva limitada a possibilidade de tornarem-se mais utilizáveis, do ponto de vista econômico. Permite também às firmas adotarem padrões locais quando os serviços são mais dispersos, com menor controle organizacional. Nessa economia pós-industrial, as empresas estão cientes da necessidade de reduzir sua exposição a riscos (reduzindo estoques através de sistemas *just-in-time*), de controlar a qualidade, de subcontratar ou terceirizar etapas do processo produtivo e de considerar o trabalho como um ativo de capital (Kon, 1994).

Segundo Peter Daniels (1993: p. 34), as teorias neoschumpeterianas mais recentes explicam o crescimento dos serviços a partir da desindustrialização ou transição para uma economia da informação. De acordo com essas teorias, as indústrias de serviços pertencem ao estágio mais avançado de desenvolvimento de uma economia, tendo como antecedentes os estágios anteriores de: a. soberania da agricultura e da manufatura; b. substituição das ocupações dos trabalhadores manuais pelos de escritório e burocráticos; c. tendência à maior qualificação e promoção da força de trabalho como recurso-chave; e d. disponibilidade e maior acesso à informação como o principal fator de produção em vez da matéria-prima ou do trabalho.

A tecnologia da informação e das comunicações, como visto, vincula as economias de serviços e da informação e, dessa forma, a contribuição dos serviços ao desenvolvimento econômico e à economia mundial se transformou e se elevou desde a convergência dos computadores e das telecomunicações, a partir de meados da década de 1970, transformando as economias de muitas maneiras. Em primeiro lugar, o que é produzido assim como a composição (*mix*) de produtos tem sido alterado, de modo que se acelera a complementaridade biunívoca entre bens e serviços, com o desenvolvimento de novos serviços e maior diferenciação do produto ao invés de produção em massa. Em segundo lugar, o mercado tem mudado, abarcando maior internacionalização e uma crescente comercialização de serviços. Em terceiro, a localização da produção dos serviços tem se modificado, incluindo também a internacionalização. Finalmente, ocorre uma transformação dos processos produtivos como resultado desses impactos (Ochel e Wegner, 1987; Kon, 2004; Gallouj e Djellal, 2010).

Mas desde a ampliação da "economia da informação", o emprego nos serviços vem se expandindo, ainda que alguns setores testemunhem aumentos na produtividade. A "economia da informação" cresceu em uma fase recente do desenvolvimento econômico (desde a década de 1980), em que a produção de bens e serviços de informação dominavam a criação de riquezas e de empregos, e os computadores e as telecomunicações forneciam potencial tecnológico para a inovação de produtos e processos. A informação aumenta a produtividade de qualquer setor, mas gerenciamento, aquisição e interpretação da informação são trabalhos-intensivos, ainda que tecnologias de processamento de informações estejam disponíveis. Manuel Castells sugere: "Por trás da expansão do setor de serviços, diretamente em termos de emprego, e indiretamente em termos de seus efeitos sobre o produto, está o desenvolvimento da economia da informação" (Castells, 1989: p. 136). Assim, as novas tecnologias da informação abriram importantes possibilidades às empresas, visto que as redes de filiais espacialmente distribuídas puderam ser coordenadas mais efetivamente e as atividades de serviços foram reformuladas pela introdução da maquinaria eletrônica, dos sistemas de automação flexível na manufatura, que combinaram pesada mecanização com a produção em pequenos lotes. A intensificação da reestruturação produtiva nas economias mundiais teve início nessa fase.

Aplicando-se os conceitos da produtividade decrescente dos serviços, outra explicação para o crescimento do emprego nessas atividades, baseada na demanda, afirma que as melhorias na produtividade do trabalho têm se mostrado inferiores para os serviços, com relação às manufaturas. As atividades de serviços irão requerer um percentual maior da força de trabalho, ainda que a demanda seja difundida igualmente por todos os setores da economia. Por outro lado, é observado que a obtenção de aumentos na produtividade não se dá em todos os serviços e, enquanto a produtividade de alguns serviços pessoais têm permanecido mais ou menos inalterada, outros serviços têm obtido grandes aumentos de produtividade devido aos avanços tecnológicos (Baumol, 1967, 1986, 1987 e 2010). Aplicando essa ideia à incorporação dos avanços recentes da informação e das comunicações, William Baumol exemplifica esse fato mostrando que o mesmo número de músicos é necessário para tocar um quarteto de Beethoven tanto no final do século xx quanto no século xviii, e a produtividade não mudou. Porém, os avanços tecnológicos nas formas de gravação, reprodução e transmissão da música tornaram possível que um número quase ilimitado de pessoas pudesse ouvir a música e, nesses termos, a produtividade dos músicos aumentou.

No que diz respeito à extensão das transformações nos sistemas econômicos com relação à informação e às comunicações, foi também observado que mesmo que as atividades de serviços forem consideradas em uma dada estrutura urbana, as forças de demanda e oferta nesse setor respondem às necessidades de mercados não apenas nacionais, mas também internacionais. As atividades de serviços, em suas formas mais sofisticadas, como serviços industriais, de profissionais liberais, financeiros e de formas superiores de entretenimento, foram concentradas em grandes áreas metropolitanas. Porém, o avanço nas comunicações e a integração econômica nacional e internacional colocaram algumas dúvidas sobre a correlação direta entre o tamanho da cidade e a importância local relativa dos serviços.

Uma das funções das atividades de serviços nas economias nacionais, além de sua localização urbana, é o fato de que elas têm sido reconhecidas como facilitadoras ou reforçadoras do impacto sobre os polos de crescimento, ou seja, sobre as atividades que lideraram, tanto de forma quantitativa quanto qualitativa, a determinação dos padrões de expansão em âmbito nacional. A capacidade dos serviços de desempenhar função semelhante no processo de desenvolvimento depende da espécie de atividades do polo, seu tamanho, força e de sua dominância local, regional, nacional ou internacional (Kon, 2001).

Além disso, as atividades de serviços desempenham um papel importante no setor manufatureiro, porque fortalecem e prolongam o impacto dos setores líderes, enquanto facilitam a transição quando novos setores manufatureiros assumem os papéis de líderes. Essas mudanças na liderança vêm ocorrendo entre as atividades manufatureiras de economias avançadas e a repercussão é sentida através da economia global. Por outro lado, foi observado, dos anos de 1960 aos de 1980, que tais mudanças conduziram à realocação das instalações produtivas para países em desenvolvimento, onde os custos do trabalho e as restrições ambientais eram mais favoráveis às indústrias tradicionalmente poderosas, em particular quando as atividades de serviços perdiam suas posições proeminentes nas economias adiantadas, mas seus produtos ainda eram muito demandados em uma escala mundial.

Contudo, após a intensificação da globalização das economias, principalmente desde o final dos anos de 1980, essas indústrias auferiram maiores vantagens ao realocar suas atividades em economias modernas, onde são encontrados força de trabalho mais qualificada e outros serviços sofisticados complementares. Em muitos casos, firmas de serviços tornam-se multinacionais e transnacionais, e os países hospedeiros menos desenvolvidos apresentam benefícios, porque determinados serviços auxiliares às empresas fornecem elos que tornam possível a existência de muitas instalações manufatureiras mundialmente dispersas.

O papel relevante dos serviços como indutor do desenvolvimento econômico pode ser explicado através do forte impacto sistêmico, tanto micro quanto macroeconômico, nas economias de todos os países e na economia mundial, que resulta da introdução de inovação tecnológica nos processos de produção e nas organizações, através da criação de novos serviços ou da atualização e aprimoramento dos já existentes. O progresso tecnológico sistêmico é uma nova forma de parceria, cada vez mais disseminada em todo o mundo, que elimina barreiras entre indústrias e reforça a sua interdependência. As novas tecnologias disponibilizadas pelas economias mais avançadas são rapidamente introduzidas em serviços como finanças, comunicações, transporte e saúde, que transformam as atividades tradicionais anteriores em empresas de serviços intensivas em capital. Há uma parcela crescente de serviços no processo produtivo e de distribuição das atividades manufatureiras que está aumentando a dependência da indústria de atividades terciárias.

Como apontado por Johan Hauknes (1996), quando as tecnologias inovadoras, especialmente na área de informação, são aplicadas aos serviços, elas mudam sua estrutura interna e global competitiva, tanto nas indústrias de bens quanto nos serviços, e cresce a participação dos serviços em indústrias transformadoras. Assim, novas economias de escala aparecem em grandes instituições que muitas vezes têm uma estrutura produtiva doméstica ou internacional descentralizada. Por outro lado, as novas economias de escopo criadas por tais tecnologias apresentam constantemente efeitos secundários inesperados, ou seja, benefícios ou externalidades positivas. Além do mais, a crescente complexidade econômica e a ampliação constante da população mundial são mais eficazmente conduzidas pelas novas tecnologias que proporcionam uma melhor organização e difusão do consumo ou pela implementação de processos produtivos e de relações entre agentes, anteriormente impossíveis.

Na maior parte dos países em desenvolvimento, os setores de serviços podem aumentar a dependência da economia mundial e dos interesses externos das empresas, mas o impacto que exercem sobre as unidades de produção, sobre a expansão econômica e sobre a absorção de trabalhadores pode ser considerável. Além disso, o efeito seria mais forte se as economias menos avançadas pudessem desenvolver seus próprios serviços complementares necessários, e sua capacidade de realizar isso dependeria do tamanho de seus mercados domésticos, da disponibilidade de trabalho qualificado apropriado ou da capacidade de desenvolvê-los.

Embora muitos países em desenvolvimento tenham mais do que 50% de sua população economicamente ativa em atividades de serviços, o papel positivo dos serviços no processo de desenvolvimento ainda é discutido. Alguns pesquisadores acreditam que apenas se forem abertas oportunidades de emprego nos setores modernos e os salários médios se elevarem, é que novas atividades modernas de serviços serão introduzidas internamente, à medida que a renda cresça e o mercado interno seja encorajado, o que dará início à criação das inter-relações indutoras de desenvolvimento, semelhantes às usufruídas pelas economias das nações desenvolvidas.

Por outro lado, como visto anteriormente, o papel dos serviços e das atividades secundárias na economia estão se tornando cada vez mais interdependentes. O crescimento do setor de serviços e suas implicações na reestruturação das economias, como visto, apresentam diferentes impactos sobre as estruturas produtivas, de acordo com o nível de desenvolvimento econômico das economias e a capacidade de aumentar os investimentos na modernização tecnológica e na qualificação da força de trabalho, a fim de enfrentar as necessidades de novas tarefas técnicas dos processos modernos de produção e organizacionais.

Dessa forma, o desenvolvimento dos serviços deve ser entendido como um componente de um processo mais amplo de reestruturação econômica e social, que é moldado pelas demandas de produção rentável em economias de mercado. Embora a produção de bens e serviços sejam interdependentes, os serviços desempenham frequentemente um papel mais proeminente na reestruturação porque têm um impacto preponderante na criação de uma transformação mais ampla ao fornecer o conhecimento-chave especializado e devido à consequente tendência do crescimento dos serviços de criar padrões inerentemente desiguais de desenvolvimento (Marshall e Wood, 1995: p. 70; Daniels e Bryson, 2007).

Como salientado por Ian Miles, as tecnologias da informação e das comunicações vêm conduzido à industrialização dos serviços, à inovação organizacional e a novas formas de comercialização dos serviços, no que se refere ao relacionamento entre produtor e consumidor, como, por exemplo, nas atividades bancárias, de venda e turísticas via telefone.

Como já muito analisado, a internacionalização de capital, que se elevou desde o início deste século XXI com as empresas multinacionais e posteriormente transnacionais, resultou na globalização mundial das atividades econômicas desde os anos de 1980. A essa integração, a contribuição dos serviços no campo dos transportes e das comunicações facilitou as configurações das instalações de produção das empresas multinacionais. Porém, essas configurações são sustentadas através de serviços sofisticados de construção civil e de planejamento, e também por serviços financeiros internacionais. Esses últimos serviços asseguram inter-relacionamentos nos canais de produção e distribuição, desempenhando papel relevante no fluxo da economia internacional. Dessa forma, grupos sofisticados de serviços estão substituindo as atividades manufatureiras tradicionais como setores líderes de economias avançadas e possivelmente das economias em desenvolvimento.

TERCEIRIZAÇÃO E IMPACTOS NA REESTRUTURAÇÃO PRODUTIVA

Considerações Iniciais

A ideia de terceirização é conceituada como um procedimento realizado tanto por empresas privadas quanto pela administração pública, em que é repassada, para terceiros, a operacionalização de algumas atividades antes produzidas pela empresa. Nesse processo, é estabelecida uma relação de parceria com os terceiros, ficando a empresa concentrada apenas em tarefas essencialmente ligadas ao produto ou serviço em que atua. O termo "terceirização" (*outsourcing*) exprime um neologismo a partir da palavra "terceiro", visto como intermediário, interveniente, caracterizando-se como uma técnica de administração através da qual se interpõe um terceiro na relação típica de trabalho entre empregado e empregador (Cherchglia, 2000).

A terceirização constitui-se em um processo de transferência de funções ou de atividades de uma empresa de origem para uma empresa ou trabalhador (subcontratação). As funções transferidas podem ser compostas por etapas do processo produtivo ou por atividades ou serviços de apoio, como publicidade, contabilidade, limpeza, transportes, manutenção, alimentação de funcionários, vigilância, telefonia entre outros.

A ideia de subcontratação explícita no conceito não é nova em termos de organização do trabalho, possuindo raízes medievais que se expandiram em regiões da Europa, a partir do século XVI, por meio da ruralização da indústria de tecidos de lã. Naquela época, crescentes mudanças no mercado e nos preços competitivos levaram as empresas a utilizar o trabalhador rural livre de restrições e de proteção das guildas. Posteriormente, na Idade Moderna, a subcontratação – então denominada *putting--out system* – foi instaurada através de um arranjo em que o empregador-mercador estabelecia um acordo para o pagamento por peça de um volume de produção, sendo os processos de trabalho e os equipamentos responsabilidade do trabalhador ou do grupo de trabalhadores. O empregador era apenas o proprietário da matéria-prima e, muitas vezes, alugava instrumentos de trabalho a trabalhadores sem capital (Macedo, 2000). Embora as formas atuais de subcontratação não possam ser comparadas com esses exemplos, o movimento de terceirização revive antigas maneiras de organização, quando envolve a transferência de trabalho de uma empresa para oficinas artesanais ou para outros modos de trabalho externo, inclusive em empresas.

Já no século XIX, a subcontratação de grupos de trabalhadores era comum na Inglaterra como um modo de evitar as despesas da continuidade do emprego e da infraestrutura e controle interno à empresa em momentos de persistentes incertezas do mercado e de pressões competitivas, diminuindo o risco econômico. Nos anos posteriores à Segunda Guerra Mundial, surgiram novas formas de subcontratação associadas ao desenvolvimento tecnológico, que criou condições para a produção em pequena escala e para a subcontratação continuada. Hubert Schmitz (1985: p. 28) salienta que a introdução da microeletrônica em setores da indústria, que resultou em redução da escala ótima de produção, levou frequentemente à descentralização da produção na forma de subcontratação ou trabalho externo, reduzindo os custos do capital e aumentando a flexibilidade. O autor salienta as formas históricas de subcontratação que podem ressurgir com o apoio da tecnologia de informação e com os arranjos contratuais que se estendem para a burocracia, ou seja, para serviços de escritório e gerência.

Questões econômicas motivaram a proliferação do trabalho em domicílio, por meio da manutenção de redes conectadas eletronicamente com o escritório central. No entanto, nem todos os processos de trabalho se adequam a esse tipo de contratação, pois a produção automatizada, ou muito mecanizada, elimina possibilidades de subcontratação para o processo de produção direta de bens e serviços, sendo apenas aplicada a operações auxiliares.

A efetivação e disseminação desse processo, que levou às características mais atuais de terceirização, originaram-se nos Estados Unidos logo após a eclosão da Segunda Guerra Mundial, pois as indústrias bélicas tinham que se concentrar no desenvolvimento da produção de armamentos e passaram a delegar algumas atividades a empresas de serviços. Posteriormente, pequenas unidades empresariais norte-americanas e inglesas foram transplantadas para regiões de elevado desemprego, como para o sul dos Estados Unidos, sul do País de Gales e Escócia. Na Itália, desde a década de 1970, as grandes empresas passaram a reduzir o tamanho de suas plantas, descentralizando a produção e expandindo o *putting-out system* para uma rede ampla de pequenas firmas, oficinas artesanais e trabalhadores em domicílio. Nesse país, observou-se um aumento considerável no emprego em unidades pequenas de produção. No Japão, da mesma maneira, pequenas firmas fornecedoras de grandes empresas foram por estas estimuladas a aumentar a inovação tecnológica e a se conectarem com elas por meios eletrônicos, para aumentar o controle sobre a produção (Macedo, 2000).

No início do século XXI, os mesmos objetivos movem as empresas mercantis em busca da obtenção de um lucro diferencial acima das taxas correntes. A terceirização é considerada uma técnica moderna de administração baseada num processo de gestão que oferece critério de aplicação (início, meio e fim), visão temporal (curto, médio e longo prazos) e uma óptica estratégica dimensionada para alcançar objetivos determinados e reconhecidos pela organização. A necessidade de mudanças que levaram a esse processo surgiu então primeiramente nas pequenas e médias empresas mais ágeis, que visavam a rápida conquista de espaço no mercado. As grandes empresas, por sua vez, verificaram a possibilidade de continuar no mercado de forma competitiva, utilizando esses novos processos de gestão. A primeira tentativa de mudança nas grandes organizações ficou conhecida como *downsizing*, consistindo na redução dos níveis hierárquicos da firma através do enxugamento do organograma e redução do número de cargos com intenção de agilizar a tomada de decisões, o que nem sempre implicou necessariamente corte de pessoal. Dessa forma, passaram a transferir para terceiros a incumbência pela execução das atividades secundárias, dando surgimento ao *outsourcing* (terceirização), que passou a ser adotado plenamente pelas empresas.

Nesse processo, a empresa que terceiriza, ou seja, compra parte dos insumos já produzidos dentro de seu processo produtivo, é chamada "empresa-mãe ou contratante", e a empresa que executa e vende a atividade terceirizada é chamada de "empresa terceira ou contratada". Dessa forma, uma vez que o processo de terceirização ocorre sempre entre duas empresas, ou seja, entre a "empresa-mãe" e a "empresa terceira", os impactos, vantagens, desvantagens e outras repercussões podem ser analisadas do ponto de vista da "mãe" ou da "terceira" em uma relação específica entre elas. Por esse motivo, uma "empresa-mãe", em um processo de terceirização, pode ser "empresa terceira" em outro processo e vice-versa.

Por outro lado, observe-se que a operacionalização da terceirização pode se realizar através de duas formas não excludentes. Na primeira, a empresa deixa de produzir bens ou serviços utilizados em sua produção e passa a comprá-los de outra ou de outras empresas; nesse caso ocorre a desativação, parcial ou total, de setores que anteriormente funcionavam no interior da empresa. A outra maneira é a contratação de uma ou mais empresas para executar as tarefas terceirizadas de modo localizado dentro da "empresa-mãe". Na segunda modalidade as atividades terceirizadas referem-se tanto a atividades- -fim como a atividades-meio.

Com a evolução da tecnologia, passou-se a utilizar, na análise, o termo "quarteirização", como referência ao processo em que uma empresa-mãe terceiriza a produção de um componente e a empresa por ela contratada, por sua vez, também terceiriza parte de sua produção. Essa forma de denominação é criticada por alguns autores que consideram que esse procedimento se refere a outro tipo de terceirização, na qual a empresa contratada pela empresa-mãe num primeiro momento é a contratante nessa segunda relação. A denominação mais aceita de quarteirização se refere ao caso da contratação de uma firma pela empresa-mãe para gerir suas relações com o conjunto das empresas terceiras contratadas, ou seja, o termo é derivado da ideia de setor Quaternário de atividades.

De qualquer forma, os setores de serviços se ampliaram consideravelmente com a intensificação da terceirização, ao mesmo tempo que provocaram uma mudança considerável no peso do papel dos serviços na geração de valor agregado dos diferentes setores da economia, o que pode ser observado a partir do crescente processo de terceirização dentro das empresas. Essa terceirização foi possibilitada pelo aumento da velocidade das transformações tecnológicas e pelo peso crescente das funções-serviços de assistência técnica, pesquisa e desenvolvimento, propaganda etc., que se resumem na reorganização e transferência de funções de serviços, que eram antes exercidas pelos assalariados de uma empresa, para outras empresas ou para autônomos. Nesse contexto, muitas vezes o valor agregado e a população ocupada que era contabilizada em um setor produtor ou ramo agrícola ou manufatureiro passa a ser contabilizada em outro setor ou gênero de serviços. Na realidade, existe a possibilidade de ocorrer apenas a transferência de valor adicionado para o setor de serviços, não significando um crescimento na geração global desse valor na economia. No entanto, evidências recentes mostram que o processo de terceirização impulsiona o crescimento da geração de valor adicionado global da economia por meio da diminuição de custos específicos, maior especialização e aumento da produtividade (Kon, 2014).

É necessário chamar a atenção para a diferença existente entre duas modalidades de terceirização, que resultam em impactos distintos particularmente no emprego e na Balança de Pagamentos de um país, além de em outras variáveis macro e microeconômicas. Uma modalidade de terceirização é efetivada dentro das fronteiras de um país quando as fontes de suprimento de mão de obra têm origem a partir da força de trabalho nacional e de atividades que muitas vezes não requerem conhecimentos técnicos específicos. A outra modalidade está vinculada a fontes externas ao país (*outsourcing*), em que há uso estratégico de recursos externos para a execução de atividades tradicionalmente realizadas pelos recursos e equipes internos, tendo como exemplos disso o gerenciamento de redes de computadores, gerenciamento de equipamentos de impressão de documentos, gestão de segurança corporativa e outros serviços que necessitem de equipamentos, *know-how* e mão de obra especializada.

A característica básica da terceirização, portanto, está no fato de que a empresa contratante deixa de realizar alguma ou várias atividades exercidas anteriormente com seus próprios recursos (pessoal, instalações, equipamentos etc.), transferindo-as a empresa(s) contratada(s). De uma forma geral, na firma, essa ação é distribuída por todo o processo produtivo, que abrange desde a tomada de decisão para a desativação interna de parte dos serviços da empresa até a efetivação de contratos com empresas externas para o fornecimento das fases dos processos que foram substituídas. Trata-se de uma transferência de funções e de atividades da empresa de origem para as empresas subcontratadas, sendo que essas funções podem abranger etapas do processo de elaboração do produto central ou atividades de serviços de apoio, novas formas de gestão e organização, que estabelecem outros padrões de relação com fornecedores internos ao país e externos (Amato Neto, 1995).

A Terceirização Como Estratégia de Crescimento

Em todos os casos apresentados até aqui, a terceirização é uma estratégia de crescimento das empresas. As discussões na literatura acerca da decisão da firma de produzir determinados insumos em seu próprio processo de produção, ou de adquiri-los no mercado através de contratos, teve início com Coase (1937), por meio de suas contribuições à teoria da firma. Mais recentemente, o interesse pelo tema foi intensificado com os autores neoschumpeterianos, que focaram suas análises na teoria dos custos de transação ou na teoria da assimetria de informações. De acordo com a teoria dos custos de transação já apresentada, a terceirização seria desejável enquanto os custos relacionados a investimentos em ativos específicos e a contratos incompletos forem menores do que os custos internos esperados. Como sugere a ideia da racionalidade limitada, a tomada de decisão é limitada pela disponibilidade finita na quantidade de informações que as firmas são capazes de possuir, pelas limitações cognitivas dos agentes ou ainda pela disponibilidade de tempo para a decisão, o que torna menores os custos se as firmas se dedicarem apenas às áreas de sua especialização, ou seja, às suas competências centrais. A teoria da racionalidade limitada mostra também que a assimetria de informações pode provocar maiores custos à produção, o que leva as firmas à busca do fornecimento por produtores externos de partes do processo produtivo em que essas ineficiências estão presentes.

Para entendermos a adoção da terceirização nas empresas, torna-se necessário tomar conhecimento das características de organização do processo produtivo das empresas, que ocorreu intensamente na década de 1960, como uma forma especial de diversificação da produção, constituída pela integração vertical, que passou a ter um papel preponderante no crescimento da empresa. Essa integração envolveu um aumento no número de produtos intermediários produzidos pela firma para seu próprio uso. Assim, a diversificação se voltava para a substituição de insumos comprados de outras empresas por produção própria, integrando-se "para trás" (*backward effects*) ou para a distribuição e outros serviços "para a frente" (*forward effects*) na cadeia de produção-distribuição-consumo. Nessa estratégia de crescimento, alguns produtos finais podem se tornar intermediários (Kon, 1994: p. 95).

Uma única empresa teria assim a possibilidade de integrar atividades econômicas relacionadas a vários estágios sucessivos do processo total de produção, que se desenrola desde a produção da matéria-prima até a colocação do produto acabado nas mãos do consumidor final, concentrando, dessa forma, o capital. Embora as várias fases do processo de produção de uma empresa possam integrar normalmente diferentes atividades, essa integração ocorre com maior intensidade quando a empresa decide empreender certas funções, que antecedem ou sucedem sua atividade principal, e que poderiam ser desenvolvidas separadamente por outras empresas.

As razões para esse comportamento se baseiam tanto em considerações técnicas quanto econômicas. Uma questão fundamental que apoia a política de integração vertical diz respeito à eliminação de custos desnecessários de mercado ou de transações. Por exemplo, os custos de barganhar e de regatear preços entre duas empresas, assim como as despesas promocionais ou de publicidade, são eliminados. Além desses, são minimizados os custos de coletar, processar e usar informações. Por outro lado, a produção, por uma única empresa, de atividades antes empreendidas por várias firmas, elimina as margens de lucro embutidas no preço de cada produto adquirido de produtores diversos. A integração vertical permitiu também a eliminação de custos associados a despesas físicas e financeiras da estocagem de certos insumos, além de diminuir os riscos inerentes à manutenção de estoques. Estes são geralmente mantidos nas empresas, no sentido de conservar uma margem mínima de segurança quanto à disponibilidade de insumos, ou de proteção quanto a mudanças de preço das matérias-primas, de modo a se adequarem às estratégias de produção planejadas (Kon, 1995).

Entre outros motivos que conduziram as empresas à verticalização desde a década de 1960, destaca-se a necessidade de maior controle do mercado – tanto do fornecimento de insumos, quanto do consumidor – por uma mesma firma, que dessa forma elimina a concorrência quando cria várias atividades do processo total de produção de um produto. Desse modo, as empresas asseguram a disponibilidade e a quantidade necessária do insumo para produção própria. Por exemplo, observam-se casos de empresas químicas que, dessa forma, asseguram o suprimento de matérias-primas petroquímicas ao se fundir com empresas petrolíferas ou, ainda, empresas que produzem artefatos de plástico e passam a produzir a matéria-prima plástica.

No entanto, foram observadas algumas desvantagens associadas à verticalização das empresas, como, por exemplo, a ocorrência de disparidades entre as capacidades produtivas dos diversos estágios de operação, que pode resultar em escassez ou excesso de produção com relação à demanda das várias etapas do processo. Além disso, observa-se também a possibilidade de perda das vantagens da especialização, a incapacidade de um ajuste rápido nos níveis de produção como resposta a mudanças no ambiente econômico, a perda de controle sobre o gerenciamento da empresa, ou ainda ineficiências, tendo em vista a não concorrência em certas atividades.

Como salienta George Stigler (1956), a integração vertical pode ser necessária nos estágios iniciais do desenvolvimento de um mercado, mas a expansão subsequente do mercado tende a facilitar o aumento da especialização de funções e, assim, a substituição da verticalização pela terceirização dos serviços. Segundo o autor, considerando a vida inteira das indústrias, a desintegração vertical deve ser esperada. As indústrias jovens são, com frequência, estranhas ao sistema econômico estabelecido e requerem novas espécies ou qualidades de materiais e, dessa forma, operam a produção própria destes; elas devem ultrapassar problemas técnicos no uso de seus produtos e não podem esperar que outros utilizadores potenciais dos produtos se sobreponham. Precisam, ainda, persuadir os consumidores a abandonar outras mercadorias e não encontram outros comerciantes especializados para empreender essa tarefa. As indústrias jovens têm que projetar seus equipamentos especializados e frequentemente os produzem e também devem recrutar mão de obra especializada. Quando a indústria atinge um determinado tamanho, muitas dessas tarefas são suficientemente importantes para serem delegadas a especialistas. Assim, torna-se mais rentável o suprimento, por outras firmas, de equipamentos e matérias-primas, do *marketing* do produto, bem como a utilização de subprodutos e o treinamento da mão de obra qualificada (Kon, 1994: p. 96).

O que se tem observado a partir da década de 1970 nos países industrializados e, mais recentemente, nos demais países que estavam em processo de formação de um parque industrial é que a crescente complexidade dos sistemas organizacionais e dos equipamentos levou a um aumento desproporcional da necessidade de prestação de serviços auxiliares. O atendimento desses serviços por meio de departamentos internos às empresas passou a tornar-se, em muitos casos, oneroso e ineficiente, levando à necessidade de outras formas de organização, com estruturas mais enxutas ou simplificadas. Dessa maneira, a horizontalização da produção surgiu em contraponto à verticalização, no sentido de otimizar a produção, o lucro, a qualidade e a competitividade, através da simplificação do sistema organizacional da empresa, para que esta possa se concentrar em sua atividade-fim.

Dessa forma, como salientam Kurt Hoffman e Raphael Kaplinsky (1989), foi a partir dos anos de 1970 que a nova configuração da economia mundial, e especificamente dos sistemas de produção industrial, teve origem no Japão, que se tornou uma nova potência industrial. Nesse período, mudanças profundas ocorreram nas tradicionais formas de organização industrial do processo produtivo e podem ser representadas através de três elementos básicos, quais sejam: as novas formas de organização do trabalho, a revolução na base técnica motivada pelo advento das novas tecnologias de base microeletrônica e ainda o novo padrão de inter-relacionamento de firmas e/ou empresas. A indústria automobilística japonesa desenvolveu então um sistema diferente de relacionamento entre fornecedores e montadoras, baseada na subcontratação, através do qual adviriam benefícios que permitiriam a busca de minimização ou eliminação de estoques, além de menor exigência de elevado nível de capital de giro por parte das montadoras. As incertezas e a instabilidade dos mercados naquela época, que agregavam alto risco associado aos elevados investimentos em uma planta muito verticalizada, foram atenuadas quando as montadoras repassaram as tarefas de produção de vários de seus componentes e subprodutos a empresas de menor porte.

A crise econômica mundial do início do século XXI gerou a premência de intensidade da reorganização nos padrões de concorrência capitalista, que se delineava desde a década de 1970, como visto, o que acabou por impor às empresas industriais, particularmente às mais dinâmicas, a urgência da reestruturação organizacional. As firmas que baseavam seu desempenho competitivo em métodos de produção enxuta, qualidade total e processo produtivo *just-in-time*, e que nas décadas anteriores passaram a adotar estratégias de maior descentralização produtiva, nessa nova fase intensificaram a concentração na produção de seu produto central e, paralelamente, a subcontratação de outras empresas (terceiros), especializadas em atividades de serviços de apoio ou fornecedoras de outros insumos do produto final. A terceirização dos serviços passou a ser difundida também por meio da transferência a terceiros, do fornecimento de atividades burocráticas e outras, como a alimentação e serviços médicos a funcionários (que fazem parte da manutenção da mão de obra), manutenção de equipamentos, máquinas e veículos, serviços de transporte e também serviços avançados financeiros, contábeis, jurídicos e de auditoria, entre outros, mas particularmente de serviços de informação e comunicação, ampliados pelo aprimoramento da tecnologia da informação. Em muitos casos, os próprios funcionários especializados eram incentivados a constituírem empresas de prestação de serviços para a empresa em que trabalhavam.

Algumas causas e ações específicas ligadas à redução de custos e sobrevivência das empresas foram catalisadoras do processo de intensificação da terceirização. Primeiramente, o engendramento de um ambiente estratégico de sobrevivência levou as unidades produtivas à revisão de objetivos, das diretrizes e das políticas de ação tradicionais utilizadas. Foram analisados os motivos da existência da empresa para se conhecer e evidenciar sua verdadeira "missão", expressa em objetivos, diretrizes políticas e tomadas de decisão gerais e setoriais, bem como a aderência e compatibilidade do negócio, além de um conhecimento amplo do mercado e formas de comercialização.

Nesse contexto, o ambiente organizacional passou a pesar consideravelmente através da estruturação do espaço físico da empresa, que poderia ser alterado por causa da extinção e criação de novos cargos, ou seja, da mudança do quadro de pessoal. Paralelamente, renovações no ambiente econômico interno à organização visaram adaptar a estrutura de custos internos à nova sistemática; a consecução desse ajustamento passou a requerer a avaliação frequente dos custos terceirizados em relação aos custos despendidos pela atividade interna. A diminuição dos custos teve relação ampla com a diminuição dos encargos trabalhistas e previdenciários anteriormente pagos a trabalhadores que passaram a ser terceirizados.

Os custos e a disponibilidade da mão de obra também são indutores importantes da competitividade; os serviços de baixo valor, como os de *call centers*, requerem trabalhadores de baixo custo em grande número, enquanto serviços que geram alto valor adicionado dependem mais da qualidade do que da quantidade de trabalhadores, e se concentram em polos que dispõem de indivíduos altamente qualificados.

A efetivação da terceirização nas empresas passou a depender muito da possibilidade de introdução do progresso tecnológico, para atender à necessidade da transferência do conhecimento do emprego da tecnologia entre o contratado (terceirizado) e o contratante (terceirizador). Nesse sentido, a terceirização apresentou repercussões consideráveis no ambiente social através da necessidade de abertura de novos negócios e formação de novas empresas. A aplicação da terceirização trouxe consigo, em seu aspecto social ligado à demissão de trabalhadores, o comprometimento de parte de organizações, junto ao fornecedor de serviços que será contratado, em acolher parcial ou totalmente essa mão de obra dispensada.

No que se refere particularmente à operacionalização do movimento de terceirização, o processo envolveu o relacionamento da empresa que contrata serviços com a empresa que fornece os serviços, implicando a criação de unidades de produção que passaram a ser incorporadas como geradoras de valor ligadas ao setor tradicionalmente denominado de Terciário de produção, ou de serviços. O incremento da terciarização das atividades foi relacionado, dessa forma, a diferentes funções das distintas fases do processo de produção e distribuição do produto das empresas, como já mencionado, porém, nessa fase mais recente, são particularmente identificadas espécies diferenciadas de terceirização como: a. serviços ligados às atividades da empresa, como produção, distribuição, operação; b. serviços não ligados à atividade-fim da empresa, como publicidade e limpeza; c. atividades de suporte à empresa, representadas por treinamento, seleção e pesquisa; e d. substituição de mão de obra direta por mão de obra indireta ou temporária. Outra forma de operacionalização desenvolvida recentemente foi a prestação de serviços por um terceiro para uma atividade-meio da empresa origem em suas próprias instalações. Essa prestação tem sido realizada frequentemente por outras empresas constituídas ou por cooperativas de serviços ou de trabalho. A alocação da mão de obra pode ser também adquirida ou alugada em termos de horas de trabalho, por meio de trabalho temporário ou sindicalizado (Cherchglia, 2000).

Outras práticas consideradas como terceirização de funções atuam nas empresas como uma maneira de diminuir encargos. Quando suas capacidades produtivas estão saturadas, é utilizada muitas vezes a compra de serviços de parceiros especializados, para que complementem a atividade produtiva por meio de produtos com especificações técnicas determinadas. Atividades de representação também caracterizam terceirização, quando empresas contratam indivíduos ou outras empresas que as representem na venda de seus produtos. Concessões ocorrem quando uma empresa atua em nome da outra, utilizando sua marca para comercializar os produtos. No âmbito dos serviços públicos, uma maneira de organizar a terceirização é através da permissão para uma empresa privada (permissionária) explorar a atividade pública. A franquia, por sua vez, tem sido uma forma de disseminar a terceirização e consiste em uma empresa conceder a um terceiro o uso de sua marca, estabelecendo condições técnicas de produção e comercialização específicas. Observe-se, porém, que existe uma diferença considerável entre a terceirização dos serviços através da compra dos serviços de uma empresa fornecedora e o aluguel do trabalho da mão de obra para a execução de um serviço.

No ambiente político, os governos, em todas as esferas de ação (municipal, estadual e federal), passaram a considerar a terceirização como uma forma necessária e adequada de proceder a mudanças estratégicas e operacionais nos órgãos públicos. Também no ambiente jurídico-legal, as experiências de aplicação da terceirização trouxeram questionamentos e modificações nos conceitos jurídicos, trabalhistas e legais para as empresas, até a definição efetiva, na atualidade, de que as relações são empresariais e de pessoas jurídicas. Assim, a prática da terceirização tem se intensificado na área pública da economia, consistindo numa forma particular de privatização, dentro do princípio da provisão pública de serviços, quando se realiza a transferência parcial para a empresa privada da responsabilidade de produção de alguns serviços através de contratos específicos. Essa terceirização também se associa a estratégias de crescimento dos serviços visando o atendimento da demanda da sociedade (Cherchglia, 2000).

No setor público, esses procedimentos referem-se à contratação de terceiros e a serviços de transporte, vigilância, conservação e manutenção, limpeza e assemelhados, seguros, publicidade e trabalhos técnico-profissionais. As contratações são efetivadas pela administração centralizada ou descentralizada dos governos, por meio de contratos de natureza civil com a iniciativa privada, para execução de atividades de planejamento, coordenação, supervisão e controle na área pública.

Convém notar que existe uma importante distinção entre a terceirização dos serviços públicos, conforme acima descritos, e a concessão desses serviços. Na concessão ou permissão, a administração pública se retira da responsabilidade de prestar diretamente o serviço público e a transfere para o concessionário, ou seja, este recebe o título jurídico de pessoa interposta entre o poder público e a coletividade. Nesse caso, a remuneração dos serviços é feita diretamente pelo usuário ao permissionário, ao contrário da terceirização, em que o poder público paga os serviços prestados. Por outro lado, nem todos os serviços públicos podem ser objeto de concessão, mas apenas aqueles que permitam exploração comercial para a remuneração do concessionário.

Um exemplo relevante de utilização crescente de sistemas de terceirização tanto na área privada quanto na pública se refere ao setor de saúde – às voltas com o aumento dos custos acima das taxas de inflação –, que tem a necessidade de constante investimento em inovação tecnológica e necessidade de crescente especialização e eficiência no atendimento da população. Nesse setor, a terceirização ultrapassa os serviços mencionados de limpeza, vigilância, alimentação, entre outros, e é extrapolada para serviços profissionais (farmacêuticos, dentistas, psicólogos, fisioterapeutas, enfermeiros etc.), serviços técnicos (como de laboratórios), serviços de apoio terapêutico (farmácia, quimioterapia, radioterapia, hemodiálise etc.), serviços de apoio ao diagnóstico (radiologia, eletroencefalografia, ultrassom, endoscopia, tomografia etc.), bem como para gestão financeira e de serviços hospitalares (Girardi, Carvalho e Girarid Jr.).

A Internacionalização da Terceirização

Observa-se que os avanços tecnológicos e a rápida disseminação das tecnologias de informação tiveram impacto econômico considerável através das transformações no processo produtivo, nas estruturas organizacionais, bem como na forma de comunicação entre empresas, consumidores e governo. Grande parte da economia tornou-se digitalizada, o que permitiu que as atividades econômicas pudessem ser conduzidas por meio de diferentes maneiras e através de longas distâncias, e paralelamente à redução dos custos de transportes – também como resultado dos avanços tecnológicos –, abriu possibilidades de internacionalização de uma variedade de serviços que eram tradicionalmente *non-tradable* (Olsen, 2006).

A internacionalização de serviços terceirizados (*outsourcing*) emergiu no final da década de 1980 e início da de 1990, com a contratação, no exterior, de tarefas dos processos produtivos de serviços ao consumidor final, mas veio se disseminando para uma gama mais ampla de atividades, que incluíam assessoria de engenharia, desenvolvimento de *softwares* e outras tarefas que requerem capital humano altamente qualificado. A intensificação dessa prática é atribuída a uma inter-relação entre os avanços tecnológicos, pressões econômicas e competitivas para a redução de custos e aumento da produtividade, bem como a introdução de mecanismos institucionais que favoreceram a liberalização do comércio internacional. O potencial do impacto negativo sobre os salários e empregos nas economias que terceirizavam algumas atividades acirrou os debates, porém os defensores do processo de terceirização salientam a relevância dos benefícios econômicos a médio e longo prazo, com consequências no aumento de produtividade e no padrão de vida das economias que utilizavam esse recurso externo (Olsen, 2006).

Pesquisas empíricas, com dados a respeito da terceirização para verificar seus impactos sobre a produtividade, não encontraram um padrão claro sobre a forma pela qual a terceirização internacional afeta a produtividade e mostram que isso depende das características específicas de cada firma e setor. Trabalhos desenvolvidos por Berndt Görzig e Andreas Stephan (2002) e por Sourafel Girma e Holger Görg (2004) focalizam diretamente a terceirização como explicação para o aumento da produtividade, porém não fazem distinção entre terceirização dentro ou fora das fronteiras. No entanto, os resultados de testes de Görg e Aoife Hanley (2005) encontraram claro efeito da terceirização internacional em serviços quando a amostra de firmas foi testada por subsetores com impacto positivo e significante sobre o crescimento da produtividade do trabalho.

O que ficou patente é que a terceirização internacional foi um elemento central no processo de desenvolvimento da globalização e correspondeu a uma nova forma de competição que requisitou um novo conjunto de instituições regulatórias, sejam nacionais ou internacionais, que abalaram também o poder político e a hegemonia econômica mundial. Durante os primeiros períodos de alta atividade econômica, a partir de 1980, as empresas utilizavam a terceirização internacional como uma forma de aumentar seus retornos sobre os investimentos operacionais e preencher a falta de recursos operacionais que não existiam internamente no país. Na atualidade, após o período de crise internacional do início dos anos 2000, as condições são diferentes e essa forma de terceirizar é vista como um meio para a sobrevivência por muitos países. No entanto, tanto naquela época inicial como atualmente, o *outsourcing* continua a gerar discussões acerca da perda de empregos e a respeito de outras desvantagens que podem ocorrer para a geração interna de valor adicionado de um país (Olsen, 2006).

O fato de que na atualidade a produção mundial está sendo cada vez mais estruturada pela fragmentação dos processos produtivos e por meio de cadeias de valores globais, facilitadas pela evolução das tecnologias de informação e pela disseminação da liberação do comércio e do investimento internacional, facilitou a expansão da terceirização fora das fronteiras nacionais. No entanto, nesse contexto existe uma desvantagem para os países em desenvolvimento em relação aos mais avançados, visto que os primeiros não possuem a mesma infraestrutura e a gama extensa de capacitações necessárias para competir igualmente no mercado pela venda de seus serviços em toda a cadeia de valores mundiais, com exceções para raras áreas específicas de especialização e, assim, a capacidade dos países menos desenvolvidos de usufruírem de vantagens relativas e de capturarem os benefícios da terceirização fica restrita (Bamber et al., 2013).

Dessa forma, muitos países em desenvolvimento estão na atualidade implementando políticas públicas que facilitem as oportunidades para maior participação nessas cadeias de valores internacionais, através da redução de tarifas de exportação e de importação para serviços selecionados, de modo a diminuir os custos de compra e venda de seus serviços na forma de terceirização, visando adicionar valor em suas atividades produtivas locais e aumentar a competitividade interna e internacional. No entanto, as cadeias de valor internacionais são altamente dinâmicas e estabelecem demandas elevadas para a participação das firmas e vem se consolidando ao redor de um pequeno número de fortes fornecedores globais, enquanto os países em desenvolvimento participam de segmentos que geram baixo valor agregado nas cadeias. Os requisitos para que as economias menos desenvolvidas aumentem sua participação, além da capacidade de elevar seu capital humano e o nível de qualificação, estão ligados ao ambiente institucional como um todo, mas também às medidas institucionais específicas que estimulem o desenvolvimento dessas capacidades pelas empresas, e à disponibilidade de infraestrutura que facilita o fluxo da terceirização (Bamber et al., 2013: p.23).

A literatura especializada mostra resultados de pesquisas que avaliaram os fatores determinantes que afetam a competitividade e a participação de países menos desenvolvidos no contexto de cadeias produtivas internacionais da indústria de serviços. Resumidamente, destacam-se a capacidade produtiva relacionada ao capital humano, a adequação a padrões e a certificações internacionais e à existência de sistemas nacionais de inovação em operação efetiva. Também são influentes a disponibilidade de infraestrutura de telecomunicações e serviços e outras questões relacionadas à localização geográfica (Bamber et al., 2013).

A capacidade produtiva relacionada ao capital humano mostrou-se o fator mais relevante correlacionado à internacionalização da terceirização, seja do ponto de vista da carência da empresa-mãe ou da disponibilidade da empresa terceira que fornece o serviço. No que se refere particularmente à qualidade do trabalho, destacam-se várias características da força de trabalho, como nível de educação, conhecimento de idiomas, afinidade cultural e reconhecimento internacional das qualificações.

Por sua vez, a competitividade (ou sua falta) resultante da adequação a padrões e a certificações internacionais (ISOs), relaciona-se à natureza da informação envolvida nas transações de serviços internacionalizados como, por exemplo, de registros financeiros, de proteção a estoques de dados e de cadastros que são fundamentais para a participação das firmas no contexto internacional. A participação em cadeias de serviços financeiros e contábeis requer a observância dos padrões internacionais requeridos e da regulação nacional da proteção de dados. Os fornecedores terceiros devem contar com padrões de segurança da informação privada, como os prescritos pela ISO 27001, referente ao Sistema de Gerenciamento da Segurança da Informação (Information Security Management System) (Bamber et al., 2013: p. 25).

Estimulada pelos Sistemas Nacionais de Inovação dos países, a capacidade produtiva desempenha um papel importante para a indução dos avanços não só tecnológicos como também do conhecimento, associados ao aprimoramento das atividades. Os agentes principais desse processo são o setor privado, o governo e instituições educacionais. Nos países que se atualizaram nesse contexto, observam-se serviços de fornecedores terceiros que trabalham em parceria com universidades locais e com o apoio do governo, e esse tipo de coordenação entre as partes é obrigatório para o desenvolvimento de economias que procuram se mover em direção à internacionalização dos serviços.

A disponibilidade de infraestrutura de telecomunicações em um país, como visto anteriormente, desempenha um papel-chave para facilitar a entrada na indústria de serviços nas cadeias internacionais, seja como empresa terceira ou como outra forma de exportação de serviços de modo global. Nesse sentido, a prontidão dos serviços de telecomunicações é uma premissa para a disponibilidade de banda larga na internet, mais ainda do que para a própria difusão da internet, embora outras características da infraestrutura dessas atividades sejam também críticas, como a qualidade dos serviços, custos e confiabilidade. Muitas empresas requerem abundância do fornecimento desses serviços e, portanto, preferem países com múltiplos fornecedores desses serviços com grande quantidade de canais internacionais. Em muitos países observou-se que a infraestrutura pode ser aprimorada por meio da liberalização do setor de telecomunicações, que permite o estabelecimento de preços competitivos e atualização tecnológica. Finalmente, os autores observaram que a localização geográfica afeta o potencial de participação de produtores de serviços nas cadeias internacionais por vários motivos, como, por exemplo, zonas de mesmo fuso horário apresentam importantes vantagens de mercado para a terceirização internacionalizada. Assim, países da América Latina se beneficiam da maior proximidade dos Estados Unidos, da mesma forma que a África do Sul e o Egito se beneficiam da localização mais próxima da União Europeia.

EVOLUÇÃO DA ESTRUTURA PRODUTIVA:
A REPRESENTATIVIDADE DOS SERVIÇOS NO PROCESSO

O crescimento do setor de serviços e suas implicações na reestruturação das economias apresentam diferentes impactos sobre as estruturas produtivas, de acordo com o nível de desenvolvimento econômico das economias e da capacidade de aumentar os investimentos na modernização tecnológica e na qualificação da força de trabalho, a fim de enfrentar as necessidades de novas tarefas técnicas nos processos modernos de produção e organizacionais. Como salientado anteriormente, as estruturas produtivas têm se transformado rapidamente nos países desenvolvidos desde a crescente industrialização a partir da década de 1950, com o crescimento do processo de urbanização e com a intensificação da inovação tecnológica. Embora as economias mais avançadas já tenham sofrido mudanças estruturais consideráveis no produto desde a década de 1930, algumas economias menos desenvolvidas iniciaram as mesmas transformações estruturais a partir dos anos de 1950 e outras apenas recentemente começaram esse processo, como verificado a partir dos dados empíricos (Kon, 2004a).

Observando a dinâmica de evolução do processo de reestruturação produtiva das empresas, Benedito Moraes Neto analisa, em uma série de artigos, as transformações ocorridas nas estruturas produtivas das economias, a partir de várias inovações tecnológicas, desde as primeiras décadas do século XX, que moldam novos modelos e processos de produção e repercutem também na evolução do processo de trabalho. Suas análises detalhadas de vários autores como Karl Marx, Harry Braverman, Raphael Kaplinsky, Benjamin Coriat, José Ricardo Tauile, entre outros, abordam desde a reinvenção da manufatura através da introdução da maquinaria, que resulta nos modelos tayloristas e fordistas, passando pela automação com base na microeletrônica, pela flexibilização e pela tecnologia na produção em massa. Compara os processos de produção em linha de montagem do taylorismo com os processos *just-in-time* do ohomismo, mostrando como essas transformações se ligam à tecnologia e impactam o trabalho em cada fase de inovação (Moraes Neto, 1987, 1996, 1998 e 2003).

Moraes Neto mostra, ainda, como o advento da automação com base na microeletrônica sucede a linha de montagem, os processos com base nas máquinas-ferramentas universais (MFU) e a introdução das máquinas-ferramentas de controle numérico computadorizado (MFCNC). Nessa trajetória, é discutida a função e a qualificação do trabalho necessário para se efetivar as inovações, a ideia de *skill*, conceituada por Kaplinsky como um conjunto de experiências exercitadas, que incorporam a aquisição de conhecimento, além da aptidão natural e das regras implícitas da operação, e que combinam aprendizagem, abstração, aptidão e experiência (Moraes Neto, 1987: p. 23). Observa-se, nessas ideias, como a noção de que qualidades intangíveis, características de serviços, já se integram nos conceitos das transformações produtivas ocorridas na primeira metade do século XX, porém ainda não relacionadas à relevância que essas características iriam adquirir na segunda metade do mesmo século.

O autor mostra como a linha de montagem, na literatura da época, era considerada contribuidora para a desqualificação do trabalho no taylorismo e como a introdução dos processos de MFU e MFCNC em várias fases das atividades de produção passam a ser unificadas em uma só pessoa, e as atividades de operação começam a se tornar mais supérfluas em relação às de concepção, programação, supervisão e outras de conteúdo mais abstrato e intangível, o que exigiu um tipo de qualificação mais elevada do trabalhador, baseada em conhecimento (*knowledge*) (Moraes Neto, 1996: p. 70). Dessa forma, está evidente a noção de como as transformações tecnológicas repercutem em reestruturação dos processos produtivos em direção ao fortalecimento do papel dos serviços internos ao processo produtivo do setor da indústria de transformação para assumir posteriormente um perfil de provisão através de setores de serviços independentes do contexto do industrial tradicional.

Como salientava Tauile,

A tecnologia incorporada nesse tipo de equipamento viabilizava o rompimento de uma importante barreira à automação industrial em pequena escala. Mais do que isso, porém, representava também o início de uma onda de incorporação de "saber trabalhador" (no caso, manual, e bastante qualificado) por parte do capital, através de meandros que a base técnica anterior não permitia. (Tauile, 2001: p. 111)

Nessa linha de pensamento, J. Neil Marshall e Peter Wood (1995) enfatizam o crescimento da proeminência dos serviços e suas contribuições relevantes e multifacetadas para a mudança estrutural, que têm como origem: a. a importância da crescente interdependência entre a produção de bens e serviços, pelo fato de que qualquer produto material ou de serviço é criado por uma sequência complexa de trocas materiais e de serviços que envolvem fornecedores e consumidores, incluindo subcontratados e consultores; b. o valor da especialização em serviços no capitalismo dos finais do século XX, que contribui para a manipulação de matérias-primas, informação, capital e trabalho, em qualquer atividade de produção ou consumo. Interpretar o mundo tornou-se uma tarefa mais complexa, a produção de bens e serviços tornou-se mais capital-intensiva e o papel desses serviços especializados então se intensificou; c. a maneira pela qual as qualificações e especializações para atividades de serviços, que estão presentes na força de trabalho, influenciam significativamente nos padrões locacionais. A complexidade e diversidade da moderna especialização em serviços encorajam a aglomeração, ao menos das funções de alto nível; as funções mais rotineiras podem ser mais dispersadas, embora controladas de forma centralizada. Essas tendências têm dominado a evolução das regiões urbanas nos anos mais recentes e também influenciam os padrões da localização manufatureira, enquanto a especialização em serviços oferece não apenas um conhecimento técnico e material para os processos produtivos em constante transformação como também para qualificações organizacionais ou gerenciais (Kon, 1994, capítulo 9); d. a forma pela qual as mudanças técnicas criam novas oportunidades para a exploração da especialização em serviços.

Por sua vez, uma pesquisa de R. Barras (1986 e 1990) examinou, na década de 1980, dois países desenvolvidos, Estados Unidos e Inglaterra, salientando que os gastos em capital dessas economias se deslocaram da indústria da construção civil para equipamentos, especialmente para a tecnologia baseada na microeletrônica, refletindo um "ciclo de produto reverso" na produção de serviços, ou seja, a introdução do computador que conduziu inicialmente a melhorias na eficiência da

428 NOVA ECONOMIA POLÍTICA DOS SERVIÇOS

produção dos serviços. Em seguida, o computador trouxe melhorias na qualidade dos serviços já existentes e, por fim, a uma série de novos serviços, como pode ser visualizado no Quadro 9.1.

Quadro 9.1 A Visão de R. Barras Sobre o Ciclo Reverso de Produto nos Serviços

	1. MELHORIA DA EFICIÊNCIA	2. MELHORIA DA QUALIDADE	3. NOVOS SERVIÇOS
Estágios do Ciclo			
Década:	1970	1980	1990
Tecnologia de	*Mainframes.*	Sistemas *on-line*; informática.	Redes de minis e micros.
Aplicações Setoriais			
Seguros	Arquivos.	Serviços computadorizados *on-line*.	Serviços completos *on-line*.
Assessoria	Balanços computadorizados.	Gerenciamento informatizado da contabilidade.	Auditoria e contabilidade completamente automatizados.
Governo Local	Sistemas financeiros de tipo corporativo (p. ex., de habitações).	Distribuição departamental de serviços (p. ex., folha de pagamento).	Serviços de informação pública (p. ex., de videotextos).

Fonte: Barras (1986).

O autor defende a ideia de que a inovação incremental precedeu uma era de intensa reestruturação produtiva, caracterizada pela descontinuidade através de novos serviços oferecidos, particularmente com a melhoria na eficiência dos serviços existentes, que levaram à elevação da qualidade do produto, o que eventualmente conduziu à criação e oferta de novos serviços. Mostra exemplos da indústria de serviços financeiros, chamando a atenção para a forma pela qual as tecnologias de computação levavam as firmas desses serviços a melhorar a oferta existente, para depois fornecerem serviços inteiramente novos. Em sua análise, o autor mostra as perspectivas da evolução futura de novos serviços na década de 1990, que ainda não havia se iniciado, a partir da melhoria da eficiência e da qualidade que a tecnologia das décadas anteriores trouxe, e a prováveis aplicações setoriais que tinham possibilidade de ocorrer.

Em resumo, é possível apontar as mudanças significativas pelas quais passaram as economias avançadas nos anos recentes, que conduziram à intensificação da reestruturação produtiva das empresas, que inclui, entre outros aspectos: i. a internacionalização das atividades econômicas; ii. a reorganização das firmas dominantes; iii. a crescente integração da indústria manufatureira com a de serviços; iv. o uso crescente da tecnologia microeletrônica; v. a demanda crescente na indústria por uma força de trabalho mais qualificada, porém com muitas atividades rotineiras sendo eliminadas por causa da mudança tecnológica; vi. a crescente complexidade e volatilidade do consumo; e vii. uma mudança no papel da intervenção governamental (Kon, 2004a).

Essas transformações foram interpretadas como uma modificação da sociedade fordista baseada na produção e consumo de massa em grande escala, apoiada pela demanda dos gastos governamentais para o gerenciamento de suas funções e para a Previdência e Saúde (principalmente nas nações mais avançadas em que prevalecia o *welfare state*). Como visto, as formas pós-fordistas de produção emergiram desde os anos de 1970, quando a indústria passou a utilizar nova tecnologia e uma força de trabalho mais flexível para responder mais rápido às mudanças do mercado e à competição internacional, encorajadas por novas formas de governo que se retiravam de funções empresariais e restringiam suas funções produtivas.

A observação da evolução anual da geração setorial de produto em países de diferentes níveis de desenvolvimento econômico a partir de indicadores do Banco Mundial (Tabela 9.1) mostra que, embora a expansão dos serviços tenha sido historicamente observada de início nas economias industrializadas de renda alta (conforme classificação do Banco Mundial) e tenha se difundido rapidamente para os países de renda média alta, as taxas médias anuais de crescimento do valor adicionado dos serviços são relativamente menores (mas não em valores absolutos) nas economias mais avançadas do que nos países de menor nível de desenvolvimento. Isso ocorre devido ao fato de que as estruturas produtivas nesses últimos países eram relativamente menos representativas nos setores de serviços, o que significa que as taxas de crescimento partem de um patamar inicial muito baixo de comparação e o impacto das mudanças é maior.

Tabela 9.1   Estrutura Produtiva – Crescimento Anual do Produto das Economias Mundiais Segundo Níveis de Desenvolvimento e Setores (% a.a.)

	RENDA BAIXA				RENDA MÉDIA BAIXA				RENDA MÉDIA ALTA				RENDA ALTA			
Setores	P	S	Sr	T	P	S	Sr	T	P	S	Sr	T	P	S	Sr	T
1980-1989	4,3	8,7	6,1	5,7	2,7	1,0	1,7	2,0	2,7	3,2	3,1	3,0	2,3	1,9	3,0	3,0
1990-1999	2,8	2,9	2,7	2,8	2,4	4,1	3,9	3,6	2,4	4,1	3,9	3,6	1,6	1,9	3,0	2,7
2000-2010	3,5	6,6	5,9	6,0	3,4	7,0	6,1	6,0	3,4	7,0	6,1	6,0	0,8	0,8	2,2	1,8

Fonte: World Data Bank (2012).
* Classificação do Banco Mundial. Elaboração nossa.
P = Primário   S = Secundário   Sr = Serviços   T = Total

Particularmente na década mais recente de 2000 a 2010, observou-se maior intensidade de reestruturação mundial nas economias em todos os níveis de desenvolvimento, tendo em vista eventos impactantes que se iniciaram nos Estados Unidos e se disseminaram com intensidade primeiro nos demais países avançados, especificamente os ataques terroristas em 2001 e a crise financeira no segundo quinquênio da década. Esses acontecimentos apresentaram forte impacto nos setores Secundários dos países mais avançados, que tiveram evolução anual abaixo de 1%. Nas demais regiões menos avançadas segundo o nível de desenvolvimento, houve uma compensação à diminuição de exportações dos países desenvolvidos e verificou-se um crescimento anual médio considerável tanto das atividades industriais (entre 6,6% e 7%) como também das de serviços (em torno de 6%), particularmente no primeiro quinquênio da década.

Observe-se que nos países de renda média baixa e renda média alta, as taxas de crescimento dos setores industriais e de serviços nos anos de 1990 superaram as dos anos de 1980, tendo em vista que na década de 1980 a maior parte dessas economias enfrentava graves problemas de estabilização econômica e políticas contencionistas. Nesses países, grande parte do aumento do setor de serviços se deveu ao aumento de atividades informais, tendo em vista o processo de reestruturação produtiva e organizacional iniciado nas empresas e na Administração Pública, que eliminou postos de trabalho no setor formal.

As taxas diferenciadas de crescimento anual do produto repercutiram na estruturação produtiva global das economias, ou seja, nas representatividades setoriais do produto. É observada a importância superior e sempre crescente da parcela da produção de serviços na medida em que há aumento do nível de renda (Tabela 9.2).

Tabela 9.2 Estrutura Produtiva:
Distribuição Setorial do Produto
das Economias Mundiais Segundo Classe
de Renda* (%)

ECONOMIAS	RENDA BAIXA			RENDA MÉDIA BAIXA			RENDA MÉDIA ALTA			RENDA ALTA		
Setores	P	S	Sr	P	S	Sr	P	S	Sr	P	S	Sr
1970	39,0	19,6	41,3	17,5	35,5	47,0	13,0	37,5	49,5	3,2	36,6	60,3
1980	36,4	19,5	44,1	13,4	35,1	51,5	10,0	35,8	54,2	2,3	32,1	65,6
1990	34,7	20,1	45,2	13,7	34,8	51,5	10,9	35,3	53,8	2,1	30,3	67,6
1999	35,1	20,6	44,3	12,1	35,8	52,1	9,5	36,6	53,9	1,9	28,0	70,2
2000	34,4	20,7	44,9	11,7	35,9	52,4	9,2	36,6	54,2	1,9	27,9	70,3
2005	32,2	22,8	45,0	10,5	37,1	52,4	8,3	38,3	53,4	1,8	26,7	71,5
2010	29,2	23,8	47,0	9,0	38,1	52,9	7,1	39,8	53,1	1,7	24,9	73,4

Fonte: World Data Bank (2012). Elaboração nossa.

* O Banco Mundial classifica as economias segundo o PNB *per capita* de 2009 como: renda alta, de US$ 12.196 ou mais; renda média, entre US$ 996 e 12.195; e renda baixa, com US$ 995 ou menos.
P = Primário   S = Secundário   Sr = Serviços

Verifica-se inicialmente que enquanto para os países de renda baixa as atividades de serviços participavam com cerca de 41% a 47% do produto de 1970 a 2010, nas economias de renda alta geravam de 60% a mais de 73% no mesmo período.

Nos países de baixa renda, a relevância das atividades agrícolas é bastante superior e, embora nos últimos anos a representatividade do setor secundário não tenha sido muito diferenciada entre as economias das duas classes de renda baixa e alta, que apresentaram em 2010 participações respectivas de 23,8% e 24,5%, as diferenças estruturais e tecnológicas internas a esse setor são muito consideráveis, particularmente pela fraca estrutura de apoio de serviços modernos nos países menos desenvolvidos.

Nos países de renda alta, além da maior produtividade representada por serviços de maior avanço tecnológico, a integração entre os setores é mais intensa; nesse caso, se manifesta mais claramente o papel indutor de desenvolvimento econômico dos serviços de informação e das atividades das instituições de apoio que integram os sistemas concorrenciais através de serviços dirigidos à diminuição dos custos de transação e da eliminação ou engendramento de assimetrias de informação. Os dados mostram nitidamente nesses países que à medida que aumenta a representatividade do produto de serviços, a participação do setor secundário diminui.

MUDANÇAS NA CONTRIBUIÇÃO SETORIAL PARA O DESENVOLVIMENTO DO PRODUTO GLOBAL

A contribuição do setor de serviços ao crescimento do Produto Interno Bruto dos países pode ser observada através dos indicadores apresentados na Tabela 9.3, calculados pelo Banco Mundial. O termo "contribuição" combina as informações sobre taxas de crescimento e participação percentual dos componentes do PIB. Essa forma de apresentação, muitas vezes discriminada como "pontos percentuais do PIB", mostra em que proporção o PIB do setor teria mudado se os outros setores componentes do PIB tivessem permanecido sem alterações. Empiricamente as contribuições são obtidas através da consideração da mudança anual em um componente, por exemplo, no setor de serviços, como percentual do PIB total do ano anterior.

Os indicadores da contribuição setorial ao crescimento do produto das economias mundiais, visualizados na Tabela 9.3, mostram que embora as atividades do setor secundário ainda representem o maior potencial de contribuição, a dos serviços também evoluiu em quase todo o período e nas economias de todos os níveis, com exceção dos países de renda média em 1990, que apresentaram situações macroeconômicas desestabilizadoras, e nos países de renda alta em 2010, como reflexo da crise financeira mundial.

Tabela 9.3   Contribuição Setorial ao Crescimento do PIB das Economias Mundiais, Segundo Classes de Renda* (%)

	RENDA BAIXA			RENDA MÉDIA			RENDA ALTA		
	Primário	Secundário	Serviços	Primário	Secundário	Serviços	Primário	Secundário	Serviços
1975	-1,3	-4,1	0	4,4	2,2	6,6	-0,1	-3,8	2,7
1980	1,1	0,5	3	3,9	3,4	6,5	-2,4	-0,8	2,4
1990	4,5	0,3	3	4,1	2,5	2,8	2,1	3,2	3,2
2000	1,5	4,1	4,9	2,2	6,4	6,7	3,8	3,7	4,2
2010	4,5	7	6,6	3,8	9,9	6,9	-0,1	5,1	2,7

Fonte: World Data Bank (2012b). Elaboração nossa.

*   O Banco Mundial classifica as economias segundo o PNB per capita de 2009 como: renda alta de US$ 12.196 ou mais, renda média entre US$ 996 e 12.195 e renda baixa com US$ 995 ou menos.

Mas as transformações não foram apenas no montante de produto gerado. Em anos mais recentes, particularmente após a década de 1980, a economia mundial caracterizou-se por mudanças substanciais também na natureza das atividades manufatureiras, e as demandas por produtos estão sendo atendidas por uma economia integrada mundialmente. O papel que os serviços podem estar desempenhando no processo de desenvolvimento das economias menos desenvolvidas é uma questão que será mais explorada na sequência, especificamente para verificar em que extensão as atividades de serviços diferenciadas entre gêneros de produtos de maior ou menor dinamismo podem influenciar a expansão do setor moderno ou bloqueá-la, e qual é o potencial do setor terciário com respeito à criação de oportunidades de emprego, como constatam nas premissas teóricas discutidas.

Pesquisas anteriores (Kon, 1999a, 2001 e 2004) constataram que a comparação entre o crescimento do produto gerado e a distribuição da força de trabalho mostra que a reestruturação da força de trabalho entre os setores econômicos nas economias em todos os níveis de desenvolvimento seguiu a mesma tendência da distribuição do produto gerado, ou seja, resultou no crescimento da parcela do setor terciário e no decréscimo da parcela do setor secundário, mais intensamente nos países mais desenvolvidos. Dessa forma, a seção seguinte analisa as características e as diferenças da estruturação ocupacional dos gêneros de serviços.

IMPACTOS DA REESTRUTURAÇÃO PRODUTIVA SOBRE A DISTRIBUIÇÃO OCUPACIONAL

Como salientado, o crescimento do setor de serviços e suas consequências na reestruturação das economias apresentam diferentes impactos sobre as estruturas produtivas, de acordo com o nível de desenvolvimento econômico das economias e da capacidade de aumentar os investimentos na modernização tecnológica e na qualificação da força de trabalho, a fim de enfrentar as necessidades de novas tarefas técnicas dos processos modernos de produção e organizacionais. (Kon, 1999a).

Algumas pesquisas mostram a reestruturação produtiva e o crescimento da proeminência do setor de serviços como fundamentadas na divisão espacial de trabalho que afeta o número e as características dos empregos encontrados em diferentes locais (Marshall e Wood, 1995: p. 59; Bryson e Rusten, 2005; Markusen e Gadwa, 2010). Essa divisão de trabalho se refere ao padrão de especialização na produção desenvolvido através do tempo para assegurar o uso eficiente do investimento em capital. Distintos países e regiões de um país são especializados em produtos e setores particulares, que apoiam as formas locais dominantes de relação capital/trabalho, qualificação da mão de obra e padrões sociais e comunitários (Kon, 1995: capítulo 1; Kon, 2004).

Durante as décadas de 1950 e de 1960, a crescente dominância das grandes firmas manufatureiras nos países desenvolvidos moldou os padrões da especialização industrial regional e a divisão internacional do trabalho. Na busca de metas de lucro, essas firmas distribuíram recursos em escala inter-regional ou internacional, procurando novas oportunidades de explorar o trabalho em diferentes locais. Puderam transferir não apenas a produção para locais onde o trabalho era mais barato, mas também separaram vários tipos de trabalho administrativo e burocrático (inclusive funções de controle e pesquisa) dos trabalhos manuais da produção. O pano de fundo dessa tendência foi a possibilidade de especialização flexível, que se desenvolveu para enfrentar a persistente crise econômica que sucedeu o longo *boom* da economia mundial do período posterior à Segunda Guerra.

Durante esse período o gerenciamento tendia a utilizar o progresso técnico para organizar o processo de trabalho de uma maneira fortemente hierarquizada e para substituir o trabalho humano, tanto quanto possível, pela maquinaria, segundo o paradigma da produção de massa e bens padronizados instituído pelo fordismo, o que foi muito bem explicado por autores como Antonio Gramsci, Michel Aglietta, Alain Lipietz e Luscher. Sob esse sistema caracterizou-se o crescimento das cidades e a diferenciação entre as áreas de trabalho, lazer e as atividades domésticas. As empresas foram organizadas de uma forma muito hierarquizada com uma massa de trabalhadores não qualificados na parte inferior da hierarquia. O progresso técnico estava ligado aos processos sistemáticos de desqualificação de grandes categorias de ocupação, como já mostrado na seção anterior (Braverman, 1974; Moraes Neto, 1986, 1987, 1996 e 1998).

Porém, já nos finais da década de 1960, o fordismo apresentou uma série de dificuldades, e muitas firmas tiveram que entender que a produtividade estava crescendo de modo consideravelmente mais lento do que os custos salariais, não apenas nas grandes empresas manufatureiras como em toda a estrutura hierárquica empresarial. Enquanto isso, novas tecnologias da informação abriram importantes possibilidades. As redes de filiais espacialmente distribuídas podiam ser mais bem coordenadas e as atividades de serviços podiam ser reformuladas pela introdução da maquinaria eletrônica, dos sistemas de automação flexível na manufatura, que combinaram pesada mecanização com a produção em pequenos lotes.

Dessa forma, durante os anos de 1970 e particularmente na década seguinte, uma nova espécie de reestruturação e de divisão internacional do trabalho se desenvolveu devido às mudanças tecnológicas baseadas nas formas flexíveis de organização do trabalho e dos processos produtivos, que necessitavam de uma mão de obra mais qualificada, tendo em vista que o trabalho mais barato e menos qualificado não mais mostrava vantagens comparativas. Nesse sentido, o movimento de internacionalização do capital, no caminho de investimentos na produção, começou a procurar economias que oferecessem serviços especializados mais sofisticados e mão de obra qualificada compatível. Como resultado, a maior parte dos países desenvolvidos e em desenvolvimento passou por transformações consideráveis na estrutura produtiva de suas economias, de acordo com a capacidade de oferecer aos novos investimentos a infraestrutura básica para o apoio das transformações.

Tauile chamava a atenção para a reestruturação ocupacional que estava ocorrendo:

Quanto ao perfil de qualificações profissionais necessárias ao funcionamento da fábrica, a introdução da MFCN revela um movimento aparentemente contraditório. De um lado percebe-se que as novas atribuições de seus operadores, passíveis de se tornarem rotina e, consequentemente, de serem controladas como as de qualquer operador de máquinas de produção, a ponto de poderem até atender a mais de uma MFCN simultaneamente, caracterizam um movimento que parece homogeneizar a força de trabalho. Por outro lado, essa homogeneização só pode ser considerada em termos da simplificação das atividades do trabalhador na fábrica, e não exatamente em termos de sua formação técnica, pois, por sua vez, o emprego destas máquinas requer uma nova cultura profissional que se manifesta, ao longo de todo o processo, na fábrica e nos escritórios. (Tauile, 1984: p. 866)

O emprego nas indústrias manufatureiras passou a declinar com relação aos serviços, em grande parte devido a certas formas de reorganização da produção que afetam os níveis de emprego: a intensificação do trabalho, a racionalização da produção e do investimento, a mudança técnica e a reestruturação foram estendidas também aos serviços de consumo privado e ao setor de serviços públicos, adicionalmente aos serviços voltados ao produtor (Massey e Meegan, 1982; Massey, 1984; Marshall e Wood, 1995: p. 60; Tauile, 1984).

REESTRUTURAÇÃO PRODUTIVA E OCUPACIONAL

No contexto dessas transformações, a criação de empregos sempre foi um dos problemas mais urgentes enfrentados pelas economias mundiais, particularmente em nações mais atrasadas. Nestas, apenas cerca de 25% da população continua a ter acesso ao setor moderno. Em tais circunstâncias, as oportunidades de ampliar o emprego podem surgir mais facilmente dos setores mais tradicionais. Fuchs já observava, em 1968, que a mudança mais dramática para os serviços era no emprego e não no produto, um fenômeno que se tornou bem evidente no final da década de 1970.

No entanto, ao observar a distribuição da força de trabalho desde os anos de 1970 (Tabela 9.4), percebe-se que a reestruturação dessa entre os setores econômicos nas economias de todos os níveis de desenvolvimento seguiu a mesma tendência da distribuição do produto gerado, ou seja, resultou no crescimento da parcela do setor terciário e no decréscimo da parcela do setor secundário mais intensamente nos países mais desenvolvidos (Kon, 2001).

Tabela 9.4   Distribuição Setorial da Força de Trabalho Segundo Grupos de Países   (%)

ECONOMIAS	BAIXA RENDA			RENDA MÉDIA BAIXA			RENDA MÉDIA ALTA			ALTA RENDA		
Setores	P	s	sr	P	s	sr	P	s	sr	P	s	sr
1970	77	9	14	54	16	30	38	23	39	12	37	51
1980	73	13	14	41	26	33	31	28	41	7	35	58
1990	69	15	16	36	27	37	21	27	52	5	31	64
2001	45	13	43	32	21	46	22	25	53	4	25	71
2008	34	18	48	11	21	68	14	24	63	2	21	78

Fonte: Banco Internacional para Reconstrução e Desenvolvimento (International Bank for Reconstruction and Development), Banco Mundial (1976); World Bank (1996, 2002 e 2012c). Elaboração nossa.

Nesse sentido, se os países de baixa renda são mais especializados no setor primário (Tabelas 9.4 e 9.5), a representatividade das atividades de serviços cresce à medida que aumentam os processos de industrialização. É também verificado que o percentual de trabalhadores em categorias ocupacionais mais qualificadas de funções profissionais, técnicas e gerenciais é

438 NOVA ECONOMIA POLÍTICA DOS SERVIÇOS

também mais elevado nos países com rendas *per capita* superiores, embora a reformulação nas estruturas organizacionais (*downsizing* e terciarização) desde a década de 1980, com o intuito de enfrentar os custos crescentes, tenham diminuído as taxas de crescimento dessas categorias de ocupação. Por outro lado, os dados também mostram uma maior percentagem de outras categorias ocupacionais de serviços à medida que há crescimento da renda até 2008.

Tabela 9.5   Estrutura Ocupacional dos Países Por Nível de Desenvolvimento[1]   (%)

CATEGORIAS	PERÍODO[3]	RB[2]	RMB[2]	RMA[2]	RA[2]
Profissionais e Técnicas	1970	2,1	4,8	5,9	12,1
	1990	5,1	15,1	6,6	15,1
	2001	10,2	12,6	13,6	29,0
	2008	11,2	14,0	14,5	22,3
Gerenciais	1970	1,5	5,0	8,5	21,8
	1990	3,3	6,7	9,9	24,1
	2001	17,7	20,0	18,1	26,6
	2008	11,8	5,4	10,9	11,2
Comércio e Serviços[4]	1970	9,9	15,3	20,4	21,6
	1990	17,9	18,8	23,7	24,9
	2001	12,8	21,9	29,8	24,7
	2008	20,7	45,2	35,9	34,6
Agrícolas e Rurais	1970	73,6	56,8	37,2	7,0
	1990	53,7	40,8	30,1	5,0
	2001	44,5	11,8	18,6	3,0
	2008	34,0	11,0	14,0	2,0
Indústria e Transportes[5]	1970	12,4	16,2	25,7	32,6
	1990	19,0	25,4	28,4	29,7
	2001	14,7	33,7	19,9	16,7
	2008	18,0	21,0	24,0	21,0

Fonte dos dados brutos: ILO (1990, 1994 e 2012). Elaboração nossa.
(1) Composição média de países selecionados.
(2) RB = renda baixa; RMB = renda média baixa;
     RMA = renda média alta; RA = renda alta.
(3) 1970 = Década 1970-1980; 1990 = 1990-1993; 2001 = 2000-2002; ano de 2008;
(4) Inclui trabalhadores não classificáveis por ocupação;
(5) Não foi possível separar as informações de transportes.

As estimativas para a média das representatividades até o final do período analisado, o ano de 2008, mostram uma reestruturação considerável entre as categorias de ocupação. Considerando-se o total de ocupações de serviços, a representatividade nos países de renda média baixa (RMB), de renda média alta (RMA) e de renda alta (RM), que era entre 30% e 50% em 1970, em 2008 já supera 60% dos trabalhadores e é crescente com o nível de renda, equivalendo respectivamente a 68%, 63% e 78%. Nos países de renda baixa (RB) as ocupações de serviços na economia, de uma participação de 14% nos anos de 1970, representam cerca de 48% em média no final do período analisado, dada a concentração mais acentuada em atividades rurais.

Embora muitos países em desenvolvimento tenham mais do que 50% de sua população economicamente ativa nos serviços, o papel positivo desse setor no processo de desenvolvimento ainda é discutido. Alguns pesquisadores acreditam que apenas se forem abertas oportunidades de emprego nos setores modernos e os salários médios se elevarem, à medida que a renda cresce e o mercado interno é encorajado, novas atividades modernas de serviços serão introduzidas internamente, o que dará início à criação das inter-relações usufruídas pelas economias das nações desenvolvidas (Kon, 1999a).

Por outro lado, como já visto, os papéis dos serviços e das atividades secundárias na economia estão se tornando cada vez mais interdependentes, o que quer dizer que o relacionamento tradicional entre as manufaturas e os serviços, em que as primeiras demandam insumos e os segundos os fornecem, não mais se mantêm para uma parte importante dos dois setores. Em certas indústrias manufatureiras, a divisão entre a produção e os serviços é difícil de ser estabelecida. Por exemplo, na manufatura, que utiliza equipamentos de processamento de dados, os insumos de serviços (*software*) são necessários para tornar operacional o processo produtivo e também têm uma grande influência sobre o sucesso do produto no mercado. Marshall (1988: p. 4) nos mostra outro exemplo, na produção de jornais, onde o componente de serviços de propaganda tornou-se a maior fonte de renda e o produto tem que competir com outros meios de divulgação (mídia), tais como televisão e rádio. A competição surge entre as firmas de produção e de serviços à medida que a diversificação e o consumo permitem a penetração em mercados tradicionalmente pertencentes às demais áreas. Além disso, algumas atividades mais sofisticadas de serviços, tais como transportes, serviços de distribuição de bens e financeiros, estão se tornando crescentemente capital-intensivas, como as indústrias produtoras de bens.

A pesquisa da OCDE mostra as fortes ligações entre indústria manufatureira e serviços onde a natureza da divisão de trabalho das primeiras tem mudado e se baseia mais em ocupações de serviços, bem como na compra de insumos de outras empresas. O estudo mostra que isso se deve ao uso da tecnologia de serviços na produção, requerida pela terceirização internacional de bens manufaturados e ainda a uma série de outros fatores sociais, como as transformações nas habilidades e capacidades da população OCDE (2013: p. 242). A Figura 9.1 mostra a participação de ocupações de serviços nas indústrias manufatureiras como porcentagem do emprego total em países da OCDE, onde se observa que, apesar das diferenças entre os países selecionados, em 2002 essa representatividade se situava entre menos de 25% e 48% do total das ocupações nas manufaturas. Em todas as regiões observou-se um aumento para uma situação entre 25% e 53% em 2012.

Figura 9.1   Ocupações de Serviços nas Indústrias Manufatureiras Como Porcentagem do Emprego Total em Países da OCDE, 2002 e 2012.

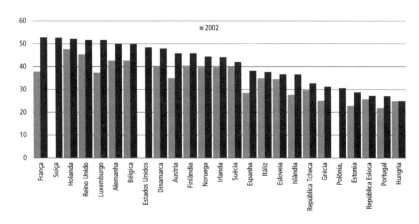

Fonte: OCDE (2013). Elaboração nossa.

A comparação entre diversos países mostra que o crescimento do setor de serviços e suas implicações sobre a reestruturação das economias, como já mencionado, apresentam diferentes impactos nas estruturas produtivas, de acordo com o nível de desenvolvimento econômico das economias e da capacidade de aumentar os investimentos na modernização tecnológica e na qualificação da força de trabalho, a fim de enfrentar as necessidades de novas tarefas técnicas dos processos modernos de produção e organizacionais.

As estruturas produtivas têm se transformado rapidamente nos países desenvolvidos desde a crescente industrialização a partir da década de 1930 com o crescimento do processo de urbanização e com a intensificação da inovação tecnológica. Algumas economias menos desenvolvidas iniciaram as mesmas transformações estruturais a partir dos anos de 1950 e outras apenas recentemente começaram esse processo, como se verificou a partir dos dados empíricos.

Nesse sentido, algumas pesquisas mostram a reestruturação do setor de serviços como fundamentada na divisão espacial de trabalho que afeta o número e as características dos empregos encontrados em diferentes locais (Marshall e Wood, 1995: p. 59; Kon, 1999a; ILO, 2012; OCDE, 2013). Essa divisão de trabalho se refere ao padrão de especialização na produção desenvolvido através do tempo para assegurar o uso eficiente do investimento em capital. Distintos países e regiões de um país são especializados em produtos e setores particulares, que apoiam as formas locais dominantes de relação capital/trabalho, qualificação da mão de obra e padrões sociais e comunitários.

Quando são examinadas para diferentes países selecionados as diferenças na representatividade das categorias ocupacionais, entre os períodos da década de 1970 e de 1990, é observado, para todos os países de diferentes níveis de renda, um decréscimo nas ocupações da agricultura e rurais e um aumento nas outras categorias. Além disso, o aumento nas ocupações de serviços é ainda superior ao das categorias de ocupação industriais e de transportes; em países de alta renda, a representatividade dessas categorias tem decrescido, mostrando os resultados da reestruturação industrial e da terceirização de serviços, bem como a mudança na classificação de certos serviços anteriormente considerados ocupações manufatureiras, antes das mudanças tecnológicas e organizacionais.

Dessa forma, o desenvolvimento das ocupações e de setores de serviços deve ser entendido como um componente de um processo mais amplo de reestruturação econômica e social, que é moldado pelas demandas de produção rentável em economias de mercado. Embora a produção de bens e serviços seja mutuamente interdependente, os serviços desempenham com frequência um papel mais proeminente nessa reestruturação porque têm um papel líder na criação de uma transformação mais ampla, ao fornecer o conhecimento-chave especializado e a consequente tendência do crescimento dos serviços de criar padrões inerentemente desiguais de desenvolvimento (Marshall e Wood, 1995: p. 70).

Porém, se as mudanças ocorrem mais rapidamente nos países mais avançados, observa-se também uma dinâmica similar de reestruturação em outros países de renda média e baixa, no sentido do crescimento de ocupações de serviços, embora com velocidade e intensidade menores. Para cada nível de desenvolvimento econômico de um país é encontrado um padrão de estruturação ocupacional e de reestruturação, durante um período de tempo, relacionado à industrialização e à modernização tecnológica. Os dados estatísticos para os países selecionados mostram ainda que, de uma maneira geral, os padrões de reestruturação ocupacional verificados nas fases iniciais de desenvolvimento estão relacionados ao crescimento tanto do setor secundário quanto de serviços, na medida em que há decréscimo das ocupações rurais. Porém, nos níveis mais elevados, o aumento é observado apenas nas ocupações de serviços, enquanto as manufatureiras também decrescem relativamente (Kon, 2014).

Resultados de uma pesquisa de Kon (2014) denotam um avanço tanto no caminho ao desenvolvimento quanto na evolução tecnológica dos países de renda média baixa, pois as ocupações de profissionais liberais e técnicas também elevam a representatividade, e nesses países a alta na participação de trabalhadores em ocupações industriais revela menor intensidade de tecnologias capital-intensivas do que em países de renda alta. No entanto, observa-se que no ano de 2008 a repercusão mundial, tanto do ato terrorista aos Estados Unidos em

2001 quanto da crise financeira internacional que se delineou, repercutiu no sentido de uma continuidade de elevação relativa mais intensa de ocupações de serviços menos qualificados em detrimento à de profissionais, técnicos e gerenciais.

Nos países de renda média alta, nas décadas de 1980 e de 1990, o aumento da representatividade de ocupações terciárias verifica-se tanto em ocupações ligadas à modernização, representadas por profissionais liberais e técnicos, quanto nas de serviços de menor produtividade, o que ocorreu tendo em vista a diminuição considerável nas ocupações industriais, que se deve em parte ao progresso tecnológico, mas também pelo processo de terceirização, que se intensificou na primeira década do milênio. A terciarização envolve a destruição de postos de trabalho em empresas particularmente industriais que se dirigirem tanto para outras funções e ocupações em outras firmas de setores domésticos como para outros setores internacionais, tanto com destino para países desenvolvidos quanto para os em desenvolvimento. O efeito da terceirização é considerável nas estruturas ocupacionais das firmas porque envolve tanto fluxos de emprego quanto de trabalhadores, e essas mudanças têm impacto significativo no bem-estar dos empregados, pois a reestruturação implica também mudanças no ambiente de trabalho que afetam diretamente a situação do trabalhador no que se refere a remunerações, proteção legal, entre outras (Kon, 2014).

Existe uma literatura internacional crescente que se refere à análise da forma pela qual a terceirização afeta a estrutura funcional e ocupacional da firma, com repercussão na divisão do trabalho doméstico e internacional[1]. A reestruturação ocupacional através da terceirização acarreta, por um lado, destruição de postos de trabalho e separação do trabalhador do processo produtivo anterior, mas, por outro lado, cria trabalho e maior contratação de trabalhadores em funções relacionadas ao produto específico das firmas. Resulta, portanto, em realocação do trabalho e mobilidade intra e entrefirmas, bem como em mudanças no conteúdo do trabalho, ou seja, da participação relativa entre ocupações mais e menos qualificadas, nas parcelas de ocupação interativas, não rotineiras e de trabalhadores

---

1 Cf. Bockerman e Maliranta (2013); Criscuolo e Garicano (2010); Kemeny e Rigby (2012); Runjuan e Trefler (2008).

do "conhecimento". Como mostra a pesquisa de Böckerman e Maliranta (2013: p. 36), essa reestruturação afeta a situação de bem-estar do trabalhador tanto no sentido positivo quanto no negativo, nas dimensões de satisfação no trabalho, incerteza, promoção, proteção social, voz e intensidade do trabalho, independentemente das diferenças em remuneração.

Em alguns países observa-se, em 2008, uma queda considerável da participação de trabalhadores em atividades gerenciais como resultado do processo de *downsizing* (achatamento) promovido em alguns países pelas firmas, iniciado já na década de 1980, mas intensificado na década posterior, principalmente no período de crise e estagnação econômicas, com diminuição de investimentos produtivos, que afetou bastante a geração de postos de trabalho nessas ocupações. Por sua vez, o "achatamento" de camadas da hierarquia ocupacional tem por objetivo a eliminação da burocracia interna, através da racionalização e redução de custos nas etapas do processo de produção. A redução da força de trabalho em vários níveis hierárquicos, não apenas em funções gerenciais e administrativas, pode ser temporária ou permanente na busca de maior eficiência e competitividade (Maertz et al., 2009).

O aumento considerável de ocupações de serviços e diminuição de ocupações industriais constatada nos países de renda alta, como pode ser verificado na pesquisa de Kon (2014), apresenta uma conotação diferenciada nos países de menor renda. Em grande parte desses países, a reestruturação produtiva se evidenciou através da eliminação de níveis hierárquicos nas áreas administrativas e ênfase mais intensa em ocupações muito sofisticadas exercidas por profissionais liberais e técnicos especializados, tendo em vista que os movimentos de terceirização e *downsizing* se verificaram mais intensamente nessas regiões. Por outro lado, a diminuição de trabalhadores em ocupações de comércio e serviços não significou perda da relevância ou de desenvolvimento dessas funções, mas, ao contrário, estimulou a introdução de tecnologias informatizadas que resultam em dinamização desses serviços. Além do mais, grande parte de ocupações anteriormente atribuídas às atividades agrícolas e industriais foram substituídas desde os anos de 1990 por ocupações de serviços informatizados.

Especificamente nos Estados Unidos, os dados de 2002 mostram o impacto mais intenso dos ataques terroristas de 2001 sobre a indústria, o que aumentou a parcela relativa de ocupações de serviços no país como resultado da queda considerável no fluxo do comércio exterior, o que foi revertido nos anos posteriores, apesar do advento da crise de 2007. No entanto, observa-se que esses efeitos também se fizeram sentir em países europeus e no Japão, visto que o aumento relativo de ocupações de serviços foi observado em funções de comércio e em serviços menos qualificados.

Em suma, como já evidenciado em algumas pesquisas (OCDE, 2013; Kon, 2003), o crescimento do PIB e o desenvolvimento social das economias, de um modo geral, tem sido tanto indutor da reestruturação produtiva e ocupacional que acompanhou o crescimento e modernização dos setores produtores de serviços quanto induzido por esses fatores. No entanto, a redistribuição do emprego entre setores pode ter efeitos ambíguos sobre o crescimento se for visualizada apenas sob o ponto de vista de migração de trabalhadores entre os setores, sem levar em conta as externalidades positivas resultantes particularmente do aumento da parcela de serviços incluída nos processos produtivos de todas as atividades econômicas. A reestruturação em atividades de serviços, portanto, afeta e impulsiona o produto e a produtividade de todos os setores através da provisão de insumos intermediários modernizados, aumento da especialização e, ao mesmo tempo, da customização, ampliando e segmentando mercados e o relacionamento nacional e internacional entre firmas e setores econômicos.

CONSIDERAÇÕES FINAIS

Observou-se o papel fundamental das atividades de serviços no decorrer da intensificação da reestruturação produtiva das economias sob o impacto do processo de globalização e da rapidez do crescimento tecnológico, que se fizeram sentir com maior velocidade particularmente no final dos anos de 1990 e início de 2000. É necessário chamar a atenção para um debate que se aprofundou após as crises internacionais do período e especialmente após a crise financeira de 2007, visto que a ascensão dos serviços no período verificou-se ao mesmo tempo ou em conjunção com o que alguns analistas denominaram "desindustrialização", pois o setor de serviços vem ganhando maior participação como gerador de empregos e de valor adicionado nas economias.

A tendência de parte considerável das atuais análises é concluir que o setor de serviços vem tomando o lugar da indústria manufatureira no contexto da reestruturação produtiva das economias devido à perda de dinamismo desse último setor. Esse argumento se provou não justificado nas pesquisas empíricas, particularmente nos países mais avançados e em desenvolvimento posto que, pelo contrário, a evolução dos serviços estimulou e facilitou a produtividade, a competitividade e o dinamismo dos demais setores. Através de estudos de casos encontrados na literatura internacional, fica patente o papel relevante das atividades de serviços no contexto da reestruturação produtiva, porém, reforçando o papel dos polos de desenvolvimento industrial, promovendo a extensão dos mercados internos e internacionais da economia ao permitir a flexibilização das cadeias produtivas e a alteração de processos produtivos que incorporam conhecimento e outros ativos intangíveis.

10. O Comércio Internacional de Serviços

a dinâmica da evolução nos períodos de crise internacional

A partir do desenvolvimento tecnológico nos sistemas de transporte (desde o século XVI) tem sido possível às nações a intensificação de suas inter-relações econômicas, ampliando o acesso a insumos e a mercados, com resultados na internacionalização econômica. A internacionalização, que desde então tinha o caráter de troca comercial de mercadorias, intensificou-se na segunda metade do século XIX, passando da esfera da circulação de mercadorias para a da produção, com o desenvolvimento da indústria na Europa e o processo extremamente rápido de concentração da produção. Transformou-se, nessas circunstâncias, na internacionalização do capital financeiro, como resultado do acúmulo de capital nos bancos, que passam a atuar não só como intermediários, mas como monopolistas do capital-dinheiro, de meios de produção e de matéria-prima em vários países, unindo-se às empresas no processo produtivo (Kon, 1994).

A concentração dos excedentes de capital, que são exportados, resultou em um novo estágio de desenvolvimento industrial, já neste século XXI, através dos investimentos diretos das grandes empresas no exterior para a produção de matérias-primas e produtos manufaturados, para a ampliação de mercados, redução de custos dos fatores produtivos e, de um modo geral, maior retorno do capital investido. Particularmente a partir da Segunda Guerra Mundial, uma parte dos países, até então menos desenvolvidos, foi também conduzida a um processo de industrialização e a uma nova divisão internacional do trabalho, que conservou, porém, uma desigualdade estrutural já consolidada anteriormente, resultante do monopólio do novo conhecimento científico e técnico. Esses países receberam o conhecimento tecnológico já pronto, sem possuírem o controle da técnica e convertiam-se apenas em base de fabricação mundial, sobretudo por oferecerem a vantagem de uma mão de obra barata.

Dessa maneira, com a continuidade dos avanços tecnológicos nas áreas de transporte e comunicação do pós-guerra, o próprio aparato produtivo das empresas é deslocado para o exterior, inicialmente com a internacionalização da produção de produtos acabados. Depois, a partir do final dos anos de 1960 (particularmente com o avanço da microeletrônica e da tecnologia da informação), em alguns setores o processo de produção é internacionalizado, com o desenvolvimento de cada parte do processo em uma diferente região mundial. O fenômeno da globalização, intensificado no mercado mundial na década de 1990, é, portanto, um processo histórico de internacionalização do capital, que se difundiu com maior velocidade especialmente a partir das três últimas décadas graças ao avanço tecnológico.

Nesse contexto, desde a década de 1980 configurou-se uma nova etapa mais avançada e veloz de transformações tecnológicas e de acumulação financeira, intensificando a internacionalização da vida econômica, social, cultural e política. Observou-se então que as atividades econômicas passaram progressivamente a se desenvolver de forma independente dos recursos de um território nacional, sejam recursos naturais ou "construídos pelo homem". Essa desterritorialização tem como causas o padrão do progresso técnico, a preferência dos consumidores, a organização corporativa e/ou políticas públicas de governos nacionais, o que favorece a maior mobilidade dos fatores produtivos sem perda de eficiência, competitividade e rentabilidade (Lerda, 1996).

Como salienta Milton Santos, no artigo "O Retorno do Território", a noção de território, na atualidade, transcende a ideia apenas geográfica de espaços contíguos vizinhos que caracterizam uma região e avançam para a noção de rede formada por pontos distantes uns dos outros, ligados por todas as formas e processos sociais; o espaço econômico, nesse sentido, é organizado hierarquicamente como resultado da tendência à racionalização das atividades e se faz sob um comando que tende a ser concentrado em cidades mundiais (cujas características serão analisadas a seguir com maior detalhe), onde a Tecnologia da Informação desempenha um papel relevante. Esse comando passa então a ser feito pelas empresas através de suas bases em territórios globais diversos.

Na atualidade, o papel desempenhado pelos setores de serviços no desenvolvimento econômico é fundamental em qualquer nível do processo de desenvolvimento dos países. No que se refere ao comércio exterior de serviços, são encontrados nas análises alguns conceitos tradicionais arraigados sobre o caráter não comercializável internacionalmente dessas atividades (Baumol, 1987; Daniels e Bryson, 2007; Kon, 2001; Kon, 2004; Reinhardt, 2011). Mesmo em análises mais recentes ainda existem trabalhos que adotam as premissas tradicionais ao enfatizarem a falta de cooperação para a formação de poupança nacional causada pela característica dos serviços como produtos *non tradable* e, dessa forma, não gerarem absorção de poupança externa: "dado que os serviços são não comercializáveis internacionalmente, a absorção de poupança externa pode ocorrer na forma de bens manufaturados e de bens primários" (Pessoa, 2012).

Por outro lado, essa característica dos serviços do conceito tradicional é também considerada como influência para a elevação da inflação, que dificulta o desenvolvimento da indústria nas economias, visto que a poupança interna seria investida em importação de manufaturados: "A tragédia para a indústria é a assimetria entre os serviços e os bens manufaturados. Esses últimos são transacionados internacionalmente, ao contrário dos serviços" (Pessoa, 2012). A ideia presente nessas análises é de que em países em desenvolvimento, com altas taxas de consumo e baixas taxas de poupança, a demanda é mais concentrada em serviços do que em bens. Nessa situação, nem sempre verdadeira, e que é mais encontrada em sociedades em que o padrão de consumo é muito concentrado em serviços e se aproxima do nível da classe média, a não possibilidade de importação de serviços aumenta seus preços internos antes da elevação da oferta. O mesmo não ocorre com os bens primários ou manufatureiros, que podem atender sua demanda interna pela importação.

Outra vertente de análise do tema, relacionada ao comércio exterior de serviços, procura mostrar que o crescimento dos serviços não substituirá a produção industrial: "Pensar que os serviços podem substituir a indústria de transformação é uma ilusão" (*O Estado*, 2012). A ideia da relevância das atividades de serviços também como indutoras no contexto do desenvolvimento econômico não deve ser interpretada em termos comparativos ou substitutivos entre essas atividades e as demais como em um jogo de perdas e ganhos, mas sim como elementos conjuntamente influentes no processo. As atividades de serviços são cogeradoras de produtividade e de valor adicionado em todos os setores produtivos.

No que se refere à internacionalização dos serviços, embora seja patente a baixa participação do comércio exterior de serviços em relação à dos demais setores, na quase totalidade de países e em todos os níveis de desenvolvimento, a participação dos serviços nesse comércio pode ser visualizada como relevante no contexto global da internacionalização econômica. Na atualidade, a comercialização externa de serviços requer a reformulação da ideia que salienta a condição de não comercialização internacional (*non-tradable*) de toda a ampla gama dessas atividades. O crescimento dos serviços comercializáveis externamente (*tradable*) é fato constatado, mensurado e que requer uma análise mais detalhada de sua distribuição e evolução no comércio mundial.

As transações internacionais de serviços, no entanto, muitas vezes continuam a ser impedidas ou dificultadas por barreiras políticas e econômicas. Os países em desenvolvimento, ou mesmo os desenvolvidos, teriam muito a se beneficiar com a liberalização da comercialização externa dessas atividades. Como salientam Aaditya Mattoo, Robert M. Stern e Gianni

O COMÉRCIO INTERNACIONAL DE SERVIÇOS

Zanini (2008: p. 3): "O crescente dinamismo dos setores de serviços abertos (*open services*[1]) pode fazer a diferença entre o crescimento rápido e lento".

A partir do reconhecimento da relevância das atividades de serviços no comércio internacional e da necessidade de maior liberalização, essas atividades foram incluídas na arquitetura dos tratados de comércio multilateral conforme formatado pelo Acordo Geral de Comércio Exterior em Serviços (General Agreement on Trade in Services – Gats), elaborado pela Organização Mundial do Comércio (OMC). As classificações do Gats referem-se a quatro modalidades de comercialização internacional de serviços (WTO, 1995):

a. *Transfronteiriça*: provisão de serviços do território de um país-membro ao território de qualquer outro país-membro;
b. *Consumo realizado no exterior*: no território de um país--membro aos consumidores de serviços de qualquer outro país-membro;
c. *Presença comercial*: pelo prestador de serviços de um país--membro, por intermédio da presença comercial, no território de qualquer outro país-membro; e,
d. *Presença temporária de pessoas físicas*: pelo prestador de serviços de um país-membro, por intermédio da presença temporária de pessoas naturais de um país-membro no território de qualquer outro país-membro.

Este capítulo adotará uma abordagem empírica geoeconômica para a análise da representatividade e da evolução dos setores de serviços no contexto do comércio exterior. O estudo dos aspectos espaciais, periódicos e políticos das economias e dos recursos – conhecido como geoeconomia, como um ramo da economia política desenvolvida por Edward Luttwake Lorot Pascal – tornou-se uma ferramenta relevante para compreender a relação entre política e economia em escala internacional, bem como para explicar os impactos da globalização e da crise internacional sobre as economias diferenciadas. Nesse

---

1 "Open services" (serviços abertos) é um termo utilizado para designar serviços *on-line*, geralmente via a aplicação de um *software* avaliável pela internet através de uma interface com um sistema operacional específico.

contexto, a abordagem geoeconômica da representatividade dos serviços no comércio internacional pode contribuir para explicar algumas das mudanças estruturais no perfil da distribuição internacional do comércio mundial e do desenvolvimento econômico.

A produção econômica mundial é consideravelmente afetada por fatores geográficos; a localização geográfica dos recursos financeiros e materiais, recursos de conhecimento e produção, junto à proximidade ou afastamento dos principais mercados, conduzem as estratégias econômicas e táticas dos países no cenário mundial. A geoeconomia é frequentemente associada à geopolítica, no que se refere aos princípios básicos da teoria das relações internacionais, que define o papel e as formas históricas específicas que influenciam as diferentes situações ou barreiras internacionais dos processos regionais, continentais ou globais (Zhiznin, 2008).

Como destaca Paul Krugman (1993 e 1997), bem como Fujita e outros (2001), as abordagens geoeconômicas e geopolíticas incluem um número considerável de ferramentas teóricas, empíricas e instrumentos para detectar diferentes aspectos espaciais, situações temporais e políticas das economias e dos recursos produtivos. Entre esses, há temas como relações centro-periferia, processos cumulativos, fontes de localização industrial, transportes, redes, *spillovers* tecnológicos, ligações e causação circular e outros fenômenos que podem explicar as relações geoeconômicas internacionais entre as economias mundiais. No que diz respeito ao comércio internacional, outros aspectos relevantes devem ser investigados, como a especialização internacional, agrupamentos industriais, relações entre comércio externo e geografia interna, evolução e diferenças tarifárias, bem como os distintos instrumentos do comércio legal dos países, entre outros. Além disso, a inevitável globalização acompanhada de livre comércio traz conflitos entre economia e geopolítica devido às limitações das realidades políticas de diversos países.

Este capítulo, no entanto, não abrange todas as possibilidades acima referidas de análise e se dedica a examinar aspectos empíricos do perfil da distribuição dos fluxos de comércio internacional de serviços de um ponto de vista geoeconômico, a fim de fornecer uma base de referência para posteriores análises econômicas e políticas, em uma comparação geográfica, que possibilitem uma melhor compreensão das mudanças causadas nessa distribuição pela globalização, bem como pelas crises internacionais recentes, de 2001 e 2009, no panorama mundial de comércio. A abordagem geoeconômica aqui proposta significa o exame do perfil espacial da estruturação e evolução dos fluxos do comércio internacional entre os grupos mundiais de economias.

O DESENVOLVIMENTO DA INTERNACIONALIZAÇÃO DE SERVIÇOS: IMPACTOS DO PROCESSO DE GLOBALIZAÇÃO

Na segunda metade do século XX, a concentração crescente de excedentes de capital, que são então exportados, levou a um novo estágio de desenvolvimento industrial através de investimentos diretos vindos de grandes empresas estrangeiras para a produção de matérias-primas e produtos fabricados. Esse movimento se dá em função da busca por mercados maiores, por fatores de produção menos onerosos e por maior retorno sobre o capital investido. O desenvolvimento relevante da produção econômica mundial, que continuou a aumentar até o período mais recente, anterior à crise financeira internacional de 2008, foi acompanhado pela considerável expansão dos fluxos de comércio internacional de mercadorias e também de serviços.

As transformações na estrutura produtiva que então ocorreram não se deram apenas no montante de produto gerado ou nos processos tecnológicos. Em anos mais recentes, particularmente após a década de 1980, a economia mundial se caracterizou por mudanças substanciais na natureza da produção, como visto em capítulo anterior, e as demandas por bens e serviços começaram a ser atendidas por uma economia mundial. Junto ao aumento da integração vertical das empresas multinacionais ocorreu a expansão das zonas de processamento, o que levou a mudanças significativas nos padrões do comércio. Com base nas indústrias manufatureiras, uma das características dessa evolução, representada pelo aumento do comércio de insumos intermediários, expandiu-se posteriormente para outros setores, assim como para a indústria de serviços. Os insumos intermediários são intensamente trocados no espaço de cadeias internacionais de produção e importados no processamento das zonas geoeconômicas para fins de produção e posterior exportação.

A partir daí, a internacionalização de capital, que vinha se elevando lentamente, passou a se desenvolver com mais intensidade nas empresas multinacionais e depois nas transnacionais, o que resultou na globalização mundial das atividades econômicas. Para esse processo de maior integração, a contribuição dos serviços foi fundamental no campo dos transportes e das comunicações, facilitando a configuração das instalações de produção das empresas multinacionais. Além do mais, essa configuração é sustentada por meio de serviços sofisticados de construção civil e de planejamento, além da participação de serviços financeiros internacionais. Esses serviços asseguram inter-relacionamentos nos canais de produção e distribuição, desempenhando papel relevante no fluxo da economia internacional. Dessa forma, grupos sofisticados de serviços estão substituindo as atividades manufatureiras tradicionais, tornando-se setores líderes de economias avançadas e possivelmente das economias em desenvolvimento (Kon, 2004a).

Muitas empresas transnacionais de serviços, tanto em países desenvolvidos como em nações em desenvolvimento, decidem seus investimentos externos diretos de acordo com as possibilidades de melhor resposta às demandas. O estudo *The Transnationalization of Service Industries*, encomendado pela ONU e coordenado por Karl Sauvant (1993), investigou empiricamente os determinantes desses investimentos diretos no exterior. As conclusões do estudo revelaram que quando as empresas das indústrias de serviços investem no exterior, suas motivações são semelhantes aos investidores das indústrias manufatureiras, ou seja, procuram operar em grandes mercados povoados por culturas não muito diferentes das suas, com um montante mínimo de restrições governamentais, fornecendo para firmas que já são seus clientes em seu próprio país. As firmas das indústrias oligopolísticas tendem a ser particularmente ativas, pois as barreiras à entrada limitam o alcance da livre entrada de firmas marginalmente lucrativas. Mas ainda que as empresas de serviços sejam atreladas a uma determinada localização, a tecnologia passou a mudar esse atributo em muitos casos recentes.

Assim, as exportações de serviços, bem como as importações, são uma parte importante do processo de internacionalização à medida que os mercados globais se tornam mais relevantes para as relações econômicas. Muitas cidades, tanto de países desenvolvidos como em desenvolvimento, foram confrontadas nos anos de 1970 com disparidades no crescimento e em colapsos periódicos nos mercados de terra, trabalho e moradias, bem como em outras tendências econômicas. Nesse contexto, à medida que o processo de internacionalização passou a exigir certas transformações na infraestrutura econômica, principalmente através de atividades de serviços, essas regiões puderam observar uma recuperação com relação ao decréscimo do desenvolvimento econômico e um aumento das oportunidades de emprego, embora os trabalhos para a mão de obra não qualificada tenham progressivamente diminuído e a demanda por profissionais qualificados tenha aumentado bastante.

A internacionalização da economia mundial na década de 1980 reforçou a posição de muitas cidades desenvolvidas na hierarquia financeira global, como no caso da região metropolitana de Nova York, que é um bom exemplo dos efeitos da internacionalização dos serviços (Warf, 1991). O ressurgimento dramático da centralidade mundial dessa cidade nos anos de 1980 se deve grandemente à orientação internacional do crescimento da região, devido à internacionalização da economia de serviços, embora seja errôneo atribuir a recuperação da região inteiramente ao setor de serviços, visto que Nova York ainda concentra empregos manufatureiros em alta intensidade, mas foram os serviços financeiros e auxiliares às empresas, em particular os mais internacionalizados, que foram primeiramente responsáveis pela recuperação da região. Outras cidades mundialmente dinâmicas da Europa e da Ásia passaram por processos semelhantes a partir dos anos de 1970.

No que se refere especificamente aos serviços financeiros, sua desregulamentação e o aparecimento de meios avançados de comunicação intensificaram a internacionalização das empresas. A globalização da economia mundial tem definido um novo papel para as cidades que são centros de negócios financeiros internacionais e para as ligadas através da tecnologia de telecomunicações. No início, as atividades bancárias internacionais foram desenvolvidas como complemento ao comércio internacional, uma vez que é imperativo para as instituições financeiras estarem presentes e fisicamente próximas de seus clientes e da maioria dos mercados relevantes, a fim de efetivarem os negócios, que são intensificados por conexões diretas confiáveis. O comércio e as atividades bancárias internacionais apenas recentemente foram considerados de forma separada como componentes de uma rede mundial, ao invés de componentes de uma única unidade de pessoa jurídica. Hoje em dia, os mercados financeiros operam diária e diuturnamente, apoiados por transferências eletrônicas de informações e fundos em todo o mundo. Apoiado pela base financeira, outras atividades de serviços têm se desenvolvido mundialmente para atender a demanda por consultoria de negócios, atividades governamentais ou serviços de consumo familiar.

Além da importação de serviços financeiros e de telecomunicações, uma série de empresas prestadoras de serviços de outras nacionalidades vem investindo nos mercados nacionais, de modo mais intenso no segundo quinquênio dos anos de 1990, principalmente por meio de franquias. Trata-se, em especial, de serviços de limpeza doméstica, oficinas mecânicas, cabeleireiros, lavanderias, locação de veículos, redes de *fast-food*, serviços hospitalares e auxiliares em domicílio, entre outros. A globalização desses serviços tem provocado, em médio prazo, redução de preços do setor nos mercados de países menos desenvolvidos, tendo em vista que, de uma forma geral, esses serviços utilizam padrão de qualidade e de eficiência (estabelecidos pela matriz) superiores às similares nacionais, resultantes da tecnologia usada ou de insumos importados para sua operacionalização, com ganhos em escala e muitas vezes com processos automatizados. A importação desses serviços apresenta reflexos consideráveis no comércio internacional e no Balanço de Pagamento dos países.

Ao longo desse processo de internacionalização produtiva, bens representados por itens materiais constituem, particularmente, a grande maioria de produtos da pauta de exportação dos países, enquanto os serviços vêm sendo tradicionalmente considerados nas análises sobre Comércio Exterior como não comercializáveis internacionalmente (*non-tradable*), devido à sua natureza não material (conforme a teoria tradicional) e também tendo em vista sua baixa representatividade nas pautas de exportação. No entanto, com as mudanças tecnológicas e a intensificação do processo de globalização produtiva e comercial, o fluxo internacional de serviços se intensificou, em especial nas áreas de transporte e comunicações, mas também em áreas de serviços de consultoria. Paralelamente, a eficácia da distribuição internacional das mercadorias, bem como da difusão do conhecimento e da informação, assume papel significativo no sistema econômico globalizado. Em consequência, também se elevam a intensidade e a velocidade da comercialização internacional de serviços, que na atualidade são reconhecidos como mundialmente comercializáveis (*tradable*) (Kon, 1996).

Dessa forma, observa-se a gradativa transformação no conceito tradicional com a intensificação da mudança tecnológica nas áreas de transporte, comunicações e particularmente com o advento da Economia da Informação, facilitada pela difusão da microeletrônica. As transformações produtivas e a intensificação da internacionalização econômica tiveram como resultados indiretos a crescente integração dos serviços com os processos produtivos das mercadorias; estes passaram a se revelar cada vez mais intensivos em serviços.

O mercado internacional para serviços se ampliou consideravelmente, visto que a incerteza econômica por parte das firmas e dos países se elevou após as crises internacionais, assim se tornaram cada vez mais necessários ajustes no comportamento das empresas e do governo, visando à contenção de custos e à competição nos mercados mais dinâmicos. A atualização da informação e do conhecimento sobre processos organizacionais e produtivos passou a ser uma busca constante, e o fluxo internacional desses insumos resultam da ampliação da concorrência globalizada. Como salienta Manuel Castells (1999: p. 419):

O novo espaço industrial é organizado em torno de fluxos da informação que, ao mesmo tempo, reúnem e separam – dependendo dos ciclos das empresas – seus componentes territoriais. [...] a nova lógica espacial se expande criando uma multiplicidade de redes industriais globais, cujas intersecções e exclusões mudam o próprio conceito de localização industrial de fábricas para fluxos industriais.

Especialmente com o início do período da denominada Economia da Informação, a partir dos anos de 1990, as mudanças tecnológicas ligadas a essa nova fase econômica mundial, impulsionadas pela difusão da microeletrônica, tiveram como resultado direto uma integração cada vez maior entre serviços e bens nos processos produtivos. Estes se tornaram gradualmente mais intensivos em serviços em todos os setores e reforçaram a internacionalização de produtos não tangíveis. Dessa forma, concomitantemente à distribuição eficaz internacional de mercadorias, a disseminação de serviços ligados ao conhecimento e à informação tem um papel significativo no sistema econômico global.

Além disso, na década de 1990, no percurso para o desenvolvimento tecnológico e para a intensificação da globalização das economias, foram gradativamente forjados novos sistemas de produção, de distribuição e de acesso ao consumo das economias, bem como novas formas de concorrência entre as empresas que prevaleceram em diferentes áreas geoeconômicas. Inicialmente, observa-se uma integração financeira internacional, com maiores volumes e velocidade de circulação dos recursos disponíveis. Do ponto de vista empresarial, a globalização implica o desenvolvimento de semelhanças na estrutura da demanda e uma estrutura da oferta homogênea entre os diferentes países. Porém, não só o produto diferenciado, mas também e acima de tudo a tecnologia dos processos produtivos impulsiona a concorrência entre as empresas. A competitividade tecnológica passou a implicar também elevação dos custos de pesquisa para desenvolver produtos existentes e criar novos produtos e serviços, bem como uma maneira mais sofisticada de satisfazer a demanda e prestação de serviços técnicos. Além disso, as empresas passaram por uma reestruturação geográfica, com o objetivo de competir em nível mundial, em busca de vantagens comparativas de cada país (Svetlicic, 1993).

Algumas pesquisas mundiais (UN, 2002) mostram que, em tais condições, muitas vezes a oferta de produtos está interligada no mundo todo, com a crescente cooperação entre as empresas que chegam a um acordo sobre distribuição dos mercados e troca de *know-how* tecnológico, partilha dos riscos e de custos financeiros. O aumento do número de fusões em todo o mundo confirma a elevação da atividade das empresas transnacionais que atuam dessa forma e mostram um padrão de concentração espacial a fim de servir aos grandes blocos econômicos regionais criados.

Por outro lado, com a globalização acelerada, a política econômica de cada país torna-se consideravelmente condicionada por fatores externos, em uma tentativa de alcançar os objetivos de competitividade internacional e de participação ativa no processo de inter-relação mundial. Em cada economia local, o ritmo de internacionalização das atividades é influenciado em grande medida, na atualidade, por políticas públicas internas que buscam a compatibilidade com as exigências de aumento do fluxo de trocas comerciais entre os países. Nesse contexto, os reflexos do progresso tecnológico acelerado das últimas décadas e do processo de globalização econômica foram marcantes sobre a natureza do trabalho e da sua distribuição nacional e internacional, bem como particularmente sobre as condições de internacionalização de serviços.

Como visto, as mudanças na estrutura de produção não dizem respeito apenas à quantidade de produtos gerados ou de processos tecnológicos criados. Nos últimos anos, a economia mundial foi marcada por mudanças substanciais na natureza da produção, e a formação de infraestrutura econômica mundial sistêmica buscou adaptar-se à demanda diferenciada por novos bens e serviços. Desde então, o aumento da internacionalização do capital passou de uma etapa de multinacionalização da produção de firmas específicas para a emergência de um produto transnacional elaborado através de uma multiplicidade de empresas transnacionais, ou seja, levou ao crescimento gradual da mundialização da produção econômica com a distribuição de etapas do processo produtivo de um produto por vários países (Maurer e Degain, 2010).

Nesse contexto, a fronteira entre bens e serviços nem sempre é aparente e a magnitude setorial dos fluxos de comércio às vezes pode ser enganosa. O comércio internacional relacionado aos serviços tradicionais como transportes, por exemplo, estão ganhando importância no preço final da mercadoria, e pesquisas mostram que a taxa de seguros, relacionada aos custos de transporte, muitas vezes é maior do que a devida a tarifas. Dependendo do tamanho da fragmentação do processo produtivo, os bens intermediários podem atravessar fronteiras várias vezes. Como destacado por Lamy (2010), estatísticas tradicionais do comércio internacional podem, portanto, superestimar o grau de concorrência por importações que se origina de parceiros comerciais.

As empresas multinacionais e transnacionais podem movimentar os produtos através das fronteiras sem mudança da propriedade, e a escolha de comercializar é muitas vezes ligada a aspectos tributários de cada país. A crescente globalização dos negócios e a fragmentação cada vez maior dos diferentes estágios do processo de produção das empresas entre os países, associadas à integração vertical das multinacionais e intensificadas nos anos de 1980, têm aumentado a importância do comércio intrafirma também no domínio dos serviços desde a década de 1990. Como ressaltado por Wistrom (2010), esses fluxos de comércio intrafirma são, para os Estados Unidos, estimados na atualidade entre 45% e 48% no que se refere às importações e entre 31% e 32% no que diz respeito às exportações para o período de 1992 a 2004.

Por outro lado, se as multinacionais, na atualidade, podem realocar partes de seus processos de produção em países que apresentem uma relativa vantagem comparativa, a magnitude desse aumento não é representada apenas por transações entre fronteiras dos países produtivos, mas na atividade das filiais estrangeiras instaladas em locais de maior acessibilidade dos seus clientes. Por exemplo, as multinacionais japonesas mudaram sua base de produção para a região do Leste Asiático que, por sua vez, exporta produtos finais para outros países. No caso de multinacionais dos Estados Unidos, o comércio intrafirma registrou fluxos com suas filiais em que detinham a propriedade majoritária e que atingiram quase 38% do seu comércio total em 2006. Por outro lado, há alguma complexidade no caso de propriedades corporativas, que muitas vezes torna difícil a identificação do comércio intrafirma na prática e, além disso, a definição nacional sobre leis corporativas das empresas envolvidas difere de país para país (Maurer e Degain, 2010).

Se, como visto anteriormente, a contribuição de serviços como transportes e comunicações, adicionados nesse processo de integração produtiva, foi o que facilitou o estabelecimento de novas instalações de produção em empresas multinacionais e transnacionais nos diversos países, essas novas configurações das empresas são também apoiadas por serviços sofisticados de construção civil e planejamento organizacional, além dos serviços financeiros internacionais. Esses serviços asseguram o estabelecimento de relações em todos os canais de produção e distribuição, desempenhando um papel relevante nos fluxos econômicos internacionais. Portanto, os grupos sofisticados de serviços estão se aproximando das atividades manufatureiras tradicionais na liderança industrial em economias bem desenvolvidas e, possivelmente, o mesmo ocorrerá nos países em desenvolvimento.

Castells (2007) observa que o novo espaço industrial é organizado em torno dos fluxos de informação que, simultaneamente, reúnem e separam as parcerias regionais, dependendo das fases dos ciclos de negócios dos vários países. A nova lógica espacial da globalização se expande, criando uma multiplicidade de redes industriais globais de bens e de serviços, em que suas interseções e exclusões mudam o próprio conceito de localização industrial, antes focado em plantas industriais, para o conceito de fluxos industriais e de serviços, não necessariamente ligados espacialmente a uma só planta.

Outro fenômeno verificado com o processo de globalização diz respeito aos padrões do comércio internacional que têm mudado favoravelmente em direção à comercialização entre países desenvolvidos e em desenvolvimento. Nesse processo de comércio global em transformação, alguns preços de bens primários caíram ou se elevaram de acordo com a demanda internacional globalizada, seja em momentos de crise ou de desenvolvimento. Como consequência, o papel dos países em desenvolvimento no comércio global também está mudando devido à sua especialização nessas mercadorias. Amplia-se, na atualidade, o debate sobre a possibilidade do declínio relativo dos preços das *commodities* ser permanente ou transitório, pois os países em desenvolvimento, que dependem dessas exportações, já sofreram pesadas perdas econômicas e isoo poderá continuar retardando o seu crescimento econômico. Em resposta a essas mudanças em seus termos de comércio, muitos países em desenvolvimento estão procurando aumentar a parcela de bens manufaturados e também de serviços comerciais em suas exportações, incluindo as exportações para os países desenvolvidos (OCDE, 2008; World Bank, 2008).

Mas a globalização também gerou uma preocupação significativa em âmbito internacional, devido ao aumento das desigualdades econômicas entre países e a degradação ambiental. Um estudo da OCDE (Nielson e Taglioni, 2008) salienta o fato de que os países em desenvolvimento têm uma clara vantagem comparativa em serviços intensivos em trabalho (serviços de assessoria à construção civil, processamento de dados, entre outros), em algumas áreas, incluídos aqueles que absorvem trabalhadores de mais alta qualificação. Por outro lado, os avanços tecnológicos nas indústrias de telecomunicação e informática têm permitido que países em desenvolvimento dotados de uma força de trabalho com níveis crescentes de trabalhadores qualificados e competitivos produzam e exportem mundialmente serviços de computação e outros relacionados, como é o caso da Índia nos últimos vinte anos.

No entanto, coexistem muitas dificuldades estruturais e conjunturais que consistem em barreiras ao comércio internacional de serviços para os países menos desenvolvidos no que se refere às inter-relações entre a globalização e essas economias emergentes. Entre essas barreiras temos os elos linguísticos, culturais e históricos regionais, importantes no comércio de serviços. Países desenvolvidos, com laços históricos e coloniais com certos países em desenvolvimento, poderiam representar uma fonte de capital e de credibilidade para os exportadores desses últimos. Por outro lado, a propriedade intelectual, mais concentrada em economias avançadas, é uma parte importante da competição; para muitos serviços, uma marca de prestígio fundamental para as vantagens competitivas. Além disso, barreiras ligadas a fronteiras, ao ambiente de regulação e outros impedimentos afetam os custos e as tecnologias disponíveis para regiões em desenvolvimento.

Outras dificuldades surgem do fato de que, atualmente, com a economia globalizada, alguns países são pressionados a priorizar desafios internos como a necessidade de acelerar taxas de crescimento da produção para o mercado interno de algumas atividades como energia, finanças, alimentos e outros relacionados à inflação em detrimento da criação de outros estímulos diretos ao comércio exterior. Antes da crise financeira internacional de 2008, melhorias na tecnologia da informação e em comunicação, bem como a inexistência de barreiras ou barreiras fracas ao comércio e investimento internacional observados, haviam começado a incentivar o desenvolvimento de cadeias de fornecimento, transferência de tecnologia e oportunidades de geração de emprego em mercados emergentes. No entanto, resultados mais rápidos e efetivos foram vistos em países já desenvolvidos, devido à infraestrutura material e financeira já existente (OCDE, 2008). A situação se mostra diferente após a crise financeira internacional, como será analisado posteriormente.

Em resumo, os rápidos avanços tecnológicos que ocorreram nas últimas décadas do século XX nas áreas de computação, transporte e telecomunicações, incluindo o desenvolvimento da internet e de *e-commerce*, levaram as empresas à busca de suprimentos disponíveis em espaços mais distantes, para servirem como insumos que lhes permitiria também atender aos mercados mais amplos. A tendência em direção à globalização foi reforçada por políticas de liberalização associadas à desregulação de atividades econômicas, que promoveu o crescimento de investimentos diretos internacionais em comércio exterior de bens e serviços. Já no final do século XX, os serviços foram estimados como os beneficiários mais significativos nos fluxos de investimento internacional, respondendo por mais da metade dos fluxos do mundo. No que diz respeito à balança comercial, em 1999 os serviços representavam cerca de 1/5 do comércio mundial. No entanto, em 2007, enquanto o setor de serviços havia gerado aproximadamente dois terços do valor adicionado total do mundo, sua participação no total do comércio internacional manteve-se abaixo de 19% (ONU, 2007).

Assim, a importância dos serviços no processo de internacionalização do comércio é principalmente devido ao fato de que o compartilhamento da produção internacional por meio de cadeias de suprimento é um fenômeno da globalização tanto em indústrias de bens quanto de serviços. Essa dinâmica levou ao aumento dos fluxos de comércio de produtos intermediários e à necessidade de unir a cadeia de produção global para garantir a diversificação de produtos e o aumento de sua customização. Em paralelo a tais necessidades, o conteúdo de serviços no contexto da produção de bens manufaturados também está aumentando. Na atualidade, nos países industrializados avançados, os serviços (P&D, transportes e seguros) bem como os direitos de propriedade intelectual adquiriram uma participação muito maior no conteúdo nacional de um produto manufaturado do que a própria fabricação do produto propriamente dita (Maurer e Degain, 2010). Além disso, a distinção entre os fornecedores de serviços e fornecedores de bens intermediários na cadeia produtiva é cada vez menos nítida. Como salientado por Hildegunn Kyvik Nordas (2007), os serviços fornecem a argamassa que mantém as cadeias internacionais de suprimento juntas.

Outro fator que tem um impacto relevante sobre o sistema multilateral de comércio internacional em geral, e sobre o comércio de serviços em particular, são os Acordos Comerciais Regionais (ACR), que são frequentemente analisados a partir de perspectivas jurídicas e econômicas, mas também através do ponto de vista da economia política. Esses acordos são considerados os instrumentos mais eficazes entre as relações de políticas comerciais convencionais, devido tanto às motivações que lhes dão origem como aos efeitos que eles exercem sobre as partes excluídas da comercialização. Os analistas observam que nenhum conjunto de dados objetivos consegue captar todas as considerações subjetivas que afetam as decisões dos países de entrarem em negociações ou ainda a sua conduta no contexto dessas negociações. No entanto, a análise que leva a tais decisões é realizada com o pleno reconhecimento do fato de que as negociações econômicas internacionais são empreendidas de modo multifacetado para cada condição e momento específico (VanGrasstek, 2011).

Do ponto de vista da dinâmica da economia política dos ACR, as provisões dos serviços podem ser observadas em dois níveis, identificados como liderança econômica na economia política internacional (*statecraft*) e política doméstica de comércio internacional na economia política nacional. Sobre esse aspecto Craig VanGrasstek (2011: p. 10) salienta que "A economia política internacional molda nosso entendimento sobre as questões estratégicas e a economia política doméstica nos ajuda a entender as questões em um nível tático." A economia política internacional (*statecraft*) é um conjunto de práticas nas relações internacionais pelas quais os países empregam sua riqueza a fim de promover seu poder ou vice-versa, utilizando-se de diferentes instrumentos como barreiras comerciais, sanções, política de investimentos, assistência estrangeira e/ou política de taxas de câmbio. Por outro lado, a política doméstica também molda as decisões dos países estratégicos para negociar acordos comerciais regionais. Indo além, são ainda mais importantes na determinação, no nível tático, de tipos de compromissos que os países procuram ou concedem nesses acordos (VanGrasstek, 2011: p. 11-12).

Os dados da economia política dos serviços dispostos em vários estudos de caso de ACRs examinados por VanGrasstek (2011: p. 16) confirmam a hipótese de que enquanto os países mais dependentes do comércio internacional são atraídos para os ACRs com países que representam a maior parcela desse comércio, os países maiores, que são menos dependentes do comércio internacional, podem ser mais atraídos para os ACRs com os países menores. Por outro lado, os países mais ricos, em que os serviços representam uma parcela maior da economia, são relativamente mais suscetíveis de incluírem essas atividades no âmbito dos seus acordos de comércio exterior do que os países menos desenvolvidos, onde os serviços são menos proeminentes. O autor também conclui que as negociações entre os parceiros de tamanho assimétrico são mais prováveis e que os parceiros de maior dimensão irão extrair mais concessões do que os menores.

Em suma, os dados empíricos de distribuição dos fluxos de comércio internacional entre as regiões geoeconômicas selecionadas, que serão aqui analisados em sequência, mostram uma situação que resultou da capacidade de diferentes países para reagir a esses impactos das características da globalização, do planejamento internacional de ACRs e também de suas possibilidades económicas estruturais, que são formadas a partir de sua liderança económica e política interna, mas que sempre mudam, principalmente em períodos de crise internacional.

CLASSIFICAÇÃO E MENSURAÇÃO DE TRANSAÇÕES INTERNACIONAIS DO SETOR DE SERVIÇOS

Como visto, os rápidos avanços tecnológicos, nas últimas décadas do século XX, em transporte, computação e telecomunicação, incluindo o desenvolvimento da internet e do comércio eletrônico, levaram as empresas a se abastecerem de recursos encontrados em locais mais distantes, para servirem como insumos que as permitissem trabalhar também para mercados mais amplos. Essa tendência em direção à globalização foi reforçada por políticas liberalizantes associadas à remoção de obstáculos de regulamentação da atividade econômica, o que estimulou o crescimento de investimentos diretos internacionais no comércio exterior de bens e serviços. O movimento de pessoas enquanto fornecedores individuais de serviços ou empregados também se acelerou diante de maiores facilidades oferecidas por empresas multinacionais e de comunicação. Em 1999, os serviços foram estimados como os maiores receptores de fluxos de investimento internacional, equivalendo a mais da metade dos fluxos mundiais. Em termos de Balanço de Pagamentos, compreendiam cerca de 1/5 do comércio mundial (ONU, 2002).

Os negociadores do comércio internacional requerem estatísticas confiáveis como guia para os compromissos específicos de negociação para cada tipo diferenciado de serviço e que permitam a avaliação do acesso a oportunidades de mercados, facilitando as decisões sobre estratégias e prioridades de decisão, apoiando as incursões nos ambientes de competitividade e permitindo visualizar as possibilidades oferecidas pela liberalização do comércio internacional. A necessidade de diminuir as restrições dos compiladores de estatísticas internacionais sobre serviços para a obtenção de comparabilidade entre os países exigiu a busca de padrões comuns para a classificação e mensuração dessas atividades.

O COMÉRCIO INTERNACIONAL DE SERVIÇOS

Como vimos, a literatura econômica ainda não encontrou consenso na definição efetiva da natureza das atividades de serviços, tendo em vista as características que os diferenciavam dos bens, mas que na atualidade estão deixando de constituírem especificidades dos serviços, como a invisibilidade, transitoriedade, não durabilidade, simultaneidade entre oferta e consumo, entre outras. A crescente participação de serviços no comércio mundial levou à necessidade da formulação de classificações adicionais que se adequassem às novas características das produções "intangíveis".

Como foi explicitado por Jacques Nusbaumer (1987: p. 33), tradicionalmente o comércio internacional implica uma troca de propriedade entre o fornecedor residente em uma nação e o comprador ou consumidor residente em outra. Os economistas têm assumido usualmente que os bens são objetos normais de troca entre diferentes países, porém os serviços detêm características peculiares. Visto que os serviços estão participando com uma parcela maior no comércio internacional – no sentido de lidar com as trocas de serviços ou com as transações internacionais de serviços –, a definição de comércio internacional e a forma de mensurá-lo tem sido adaptada à realidade das trocas de produtos invisíveis ou imateriais e à transferência de conhecimento entre unidades econômicas e países. Tais transferências de conhecimento são intangíveis em caráter, mas podem ser efetuadas em longas distâncias, com a presença simultânea do que transfere e do transferido, dependendo do modo de transmissão utilizado.

A ONU, em um estudo (UN, 1994), distinguiu três grupos de transações internacionais de serviços: i. serviços relacionados a investimentos diretos; ii. serviços relacionados exclusivamente ao comércio; e iii. serviços relacionados a investimento direto e comércio. A classificação foi testada através de uma pesquisa direta do Departamento de Comércio Norte-Americano junto a dezessete grupos de empresas de serviços, que verificou que em sete deles predomina a internacionalização através de investimento direto nos serviços de contabilidade, arrendamento de equipamentos, bancos, contabilidade, agências de emprego, serviços jurídicos e hotelaria. Em oito outros grupos, as duas modalidades de transação, de comércio e investimento direto, ocorrem simultaneamente, como em comunicações, serviços de computação, engenharia, educacionais, franquias, serviços de saúde, seguros e filmes. Por outro lado, transações apenas de comércio foram verificadas apenas nos grupos de transportes aéreo e marítimo.

Oficialmente os dados dos Balanços de Pagamentos dos países, para efeito de comparabilidade, classificam em Conta Corrente dois grandes grupos: a. serviços de fatores, relacionados à remuneração dos fatores de produção, como renda de investimentos de propriedade e remuneração do trabalho; e b. serviços de não fatores, que agregam embarques, transportes, viagens, serviços oficiais e outros. As estatísticas sobre comércio internacional são extraídas dos Balanços e não conceituam detalhadamente os itens do comércio de serviços, classificando-os como "não mercadorias", nas transações referentes a: i. serviços de embarque, como fretes, seguros e serviços distributivos; ii. serviços de transporte de passageiros, portuários e outros; iii. viagens, rendas de investimento direto e outros investimentos; iv. serviços oficiais, outros serviços de renda privada, como renda do trabalho, da propriedade, publicidade, corretagem, comunicações, *leasing*, administração, comercialização, processamento e reparos, seguros não relacionados a mercadorias, serviços técnicos e profissionais e subscrição de periódicos.

Todas essas discussões serviram de base para a elaboração do *Manual on Statistics of International Trade in Services* (ONU, 2002), que veio atender à demanda crescente de governos, empresas e analistas para a formatação de estatísticas desse tipo de comércio, mantendo a comparabilidade internacional. O objetivo do *Manual* foi estabelecer uma estrutura conceitual coerente que permitisse aos países a elaboração de suas estatísticas através de uma operacionalização implementada gradualmente no tempo, embora reconhecendo as restrições de cada país para seguir os padrões estabelecidos.

Para elaborar o *Manual*, seis grandes organizações mundiais se reuniram nas cidades de Genebra, Luxemburgo, Nova York, Paris e Washington. As organizações são as seguinte: ONU, Comissão Europeia (European Comission), FMI (International Monetary Fund), OECD (Organisation for Economic Co-operation and Development), Organização Mundial do Comércio

(World Trade Organization) e United Nations Conference on Trade and Development. O trabalho adotou padrões existentes de classificação para a compilação dos novos padrões, particularmente a quinta edição do *Manual de Balança de Pagamentos* (Balance of Payments Manual – BPM5) do FMI e o *Sistema de Contas Nacionais* (System of National Accounts – SNA) da ONU de 1993, e sistemas de classificação estatística da OCDE.

Para o desenvolvimento das regras comuns do *Manual*, foi seguido o *Tratado Geral do Comércio Exterior de Serviços* (General Agreement on Trade in Services – Gats) do Gatt (General Agreement on Tariffs and Trade), discutido nos encontros internacionais da Rodada Uruguai de 1986, em Punta del Este, e de 1994, quando foi elaborado o *Ato Final da Rodada Uruguai de 1986-1994 de Negociação do Comércio Externo* (Final Act of the 1986-1994 Uruguay Round of Trade Negotiation) (WTO, 2004). A partir desse documento, o *Manual* descreve quatro modos através dos quais os serviços podem ser comercializados internacionalmente, analisando a relevância da proximidade física entre produtores e consumidores:

MODO 1 – serviços em que produtores e consumidores não precisam se locomover, como *softwares* em disquetes, ou outros serviços embutidos em bens (*cross-border supply*). A entrega dos serviços pode ser efetuada por telefone, fax, internet – ou outras formas intermediadas por computadores –, televisão, pelo envio dos correios ou de outros meios, por documentos em disquetes, fitas etc. Os fretes dos serviços de transporte, que apoiam a comercialização internacional de bens, também são exemplos de fornecimento desses serviços. Outros exemplos são cursos por correspondência e telediagnósticos;

MODO 2 – serviços em que os consumidores de um país se movem para o mercado produtor do outro, como o turismo (*comsumption abroad*). Outros exemplos são tratamento médico de pessoas não residentes, cursos frequentados no exterior ou ainda reparação de equipamentos de transporte (navios, aviões) no exterior;

MODO 3 – serviços em que os produtores se dirigem para os mercados consumidores, como os fornecidos por investimento direto e os movimentos temporários de mão de obra (*commercial presence*). Essa presença no exterior de uma empresa é necessária para assegurar um contato mais próximo no território do consumidor em vários estágios de produção. São exemplos disso os serviços médicos, bancários, cursos e outros fornecidos por uma subsidiária de empresa não nacional;

MODO 4 – ocorre quando um indivíduo se move para o território de um consumidor para fornecer um serviço, por conta própria ou do empregador (*presence of natural persons*). Essa modalidade se aplica ao comércio exterior no sentido da denominada BMP5, ou seja, serviços de auditoria financeira feitos por firma externa, fornecimento de serviço de entretenimento e emprego não temporário (significando um insumo de mão de obra no processo produtivo), bem como emprego temporário, como transferência de gerentes vindos de unidades do exterior.

Antes da publicação do *Manual*, as definições das estatísticas convencionais que diziam respeito ao comércio internacional de serviços eram as descritas no BPM5, que define o comércio internacional de serviços entre residentes e não residentes de uma economia, o que corresponde ao conceito determinado no SNA de 1993, nas contas de "Resto do Mundo". O *Manual* respeita, em grande parte dos casos, as conceituações do SNA de 1993 para o uso do termo serviços, que é definido como se segue:

Serviços não são entidades separadas sobre as quais podem ser estabelecidos direitos de propriedade. Não podem ser comercializados separadamente de sua produção. Os serviços são produtos heterogêneos produzidos sob encomenda e consistem tipicamente em mudanças nas condições das unidades consumidoras, realizadas pelas atividades dos produtores pela demanda de consumidores. No momento em que sua produção é completada, devem ser fornecidos aos consumidores. (ONU, 2002: p. 7)

No entanto, a classificação SNA de 1993 explicita que existe um grupo de indústrias, geralmente classificadas como indústrias de serviços, que produzem produtos com muitas características de bens, isto é, que dizem respeito à provisão, armazenamento, comunicação e disseminação da informação, informes e entretenimento no sentido mais amplo, podendo ser

O COMÉRCIO INTERNACIONAL DE SERVIÇOS

comercializados como bens comuns, por exemplo, produção de informação geral ou especializada, notícias, relatórios de consultoria, programas de computadores, cinema, música etc. Os produtos dessas indústrias, sobre os quais podem ser estabelecidos direitos de propriedade, são com frequência armazenados em objetos físicos, como papéis, fitas, disquetes, CDs etc.

Nas discussões da Rodada Uruguai do Gatt, no encontro internacional realizado em 1986, em Punta del Este, foi acertada a denominação de Serviços Comerciais (usada também neste capítulo em algumas tabelas), que agrega não só serviços de "não fatores", mas também outros bens, serviços e rendas privadas (como do trabalho e da propriedade) (WTO, 2004). As informações sobre exportações (créditos) e importações (débitos) dos denominados Serviços Comerciais são originadas das estatísticas sobre transações em serviços internacionais incluídas no Balanço de Pagamento dos países, em conformidade com os conceitos, definições e classificações do Manual de Balança de Pagamentos do Fundo Monetário Internacional. A categoria de Serviços Comerciais nessas informações, portanto, é definida como compreendendo os serviços (excluídos de serviços governamentais) nas informações encontradas nos Balanços de Pagamento dos países. Esses Serviços Comerciais são subdivididos em Transportes, Viagens e Outros serviços comerciais.

Os Transportes cobrem todas as modalidades de serviços desse setor, como marítimo, aéreo e outros, que são executados por residentes de uma economia para os residentes de outra, e envolvem passageiros, movimento de bens (fretes), aluguéis de empresas transportadoras (fretamento de navio, aviões etc.) e outros serviços auxiliares. O item Viagens inclui bens e serviços adquiridos por viajantes pessoais, para fins de saúde, educação e outros, e por viajantes a negócios. De modo diferente de outros serviços, a categoria Viagens não se refere a um tipo específico de serviços, porém a uma forma de consumo dos viajantes em bens e serviços. Os bens e serviços mais comuns são estadia, alimentação, bebidas, entretenimento e transportes (na economia visitada), presentes e suvenires.

Outros serviços comerciais correspondem aos seguintes componentes, definidos no Manual de Balanço de Pagamentos da WTO: i. serviços de comunicação (telecomunicações, postais e de mensageiros); ii. serviços de construção; iii. serviços de seguro; iv. serviços financeiros; v. serviços de computação e informática (incluindo serviços de agência); vi. taxas de *royalties* e licenças relacionadas a serviços de comércio exterior e receitas pelo uso de ativos intangíveis não financeiros e direitos de propriedade, tais como patentes, *copyrights*, marcas registradas, processos industriais e franquias; vii. outros serviços às empresas, compreendendo os relacionados ao comércio exterior, *leasing* operacional (aluguéis) e negócios diversos, serviços de relação pública, de propaganda, pesquisa de mercado e de opinião pública, serviços de pesquisa e desenvolvimento, de arquitetura, engenharia e outros serviços técnicos, de agricultura, mineração e processamento via internet; e viii. serviços pessoais, culturais, de lazer, incluindo audiovisuais.

Esses critérios conceituais são utilizados neste capítulo para a avaliação empírica do comércio internacional de serviços, nas seções seguintes, em uma abordagem geoeconômica.

A PARTICIPAÇÃO DOS SERVIÇOS NO COMÉRCIO MUNDIAL

O Período de Intensificação do Crescimento: 1970 a 1995

Dados da Organização Mundial do Comércio (WTO, 2003) revelam as condições dos serviços como responsáveis por uma parcela crescente do comércio internacional, em particular desde a década de 1970. Os serviços desempenham um papel importante nas relações econômicas entre as nações, além do papel considerável nas economias nacionais em todos os níveis de desenvolvimento, com maior intensidade nas mais avançadas. Em uma série de países, nesse período os serviços passaram a ser mais relevantes para o crescimento do emprego do que sugerem as estatísticas, visto que muitos serviços tradicionais, que incluem a distribuição, educação e outros serviços sociais, são intensivos em trabalho. Em muitos setores de serviços ainda é mais difícil a substituição de trabalho por capital do que nas atividades manufatureiras.

O COMÉRCIO INTERNACIONAL DE SERVIÇOS

Tabela 10.1   Exportações e Importações de Bens e Serviços, 1970, 1980 e 1993 (Bilhões de US$)

ECONOMIAS		DESENVOLVIDAS				EM DESENVOLVIMENTO			
Regiões	Ano	Bens		Serviços		Bens		Serviços	
		E	I	E	I	E	I	E	I
Mundo	1970	221	214	88	84	55	54	14	26
	1980	1255	1327	555	520	555	443	120	209
	1993	2544	2449	1561	1562	976	1006	279	364
América	1970	59	54	27	26	16	16	5	9
	1980	292	309	131	104	105	110	35	64
	1993	601	726	323	294	141	161	56	92
Ásia	1970	20	17	5	6	23	23	5	10
	1980	133	134	35	47	343	240	64	101
	1993	366	230	211	217	748	753	191	221
Europa	1970	133	134	54	46	2	3	1	1
	1980	778	841	379	348	10	15	5	7
	1993	1501	1419	1003	1009	17	15	5	5
África	1970	3	4	1	2	13	11	2	6
	1980	26	18	4	8	96	76	15	37
	1993	24	18	4	9	67	75	26	44
Oceania	1970	6	5	1	3	0,2	0,4	0,1	0,1
	1980	27	25	6	13	1	2	0,4	1
	1993	53	51	19	32	354	2	1	2

Fonte: UN (1995).

A Tabela 10.1 ilustra o aumento dos valores do comércio internacional no mercado global para bens e serviços desde a década de 1970 até o início da de 1990, e a posição das principais economias do mundo nesse campo. As informações coletadas pelas Nações Unidas foram classificadas em grupos de países, como segue:

a. Países desenvolvidos: América, inclui Canadá e Estados Unidos; Ásia, inclui Israel e Japão; Europa, inclui Áustria, Bélgica, Dinamarca, Finlândia, França, Alemanha, Grécia, Islândia, Irlanda, Itália, Holanda, Noruega, Portugal, Espanha, Suécia, Suíça e Reino Unido; África do Sul; e Oceania, inclui Austrália e Nova Zelândia.

474   NOVA ECONOMIA POLÍTICA DOS SERVIÇOS

b. Países em Desenvolvimento: América, inclui México e todos os países da América do Sul e Central; África, inclui todos os países exceto África do Sul; Ásia, inclui todos os países exceto Israel e Japão; Europa, inclui Malta, a antiga Iugoslávia, Albânia, Bulgária, a antiga Tchecoslováquia, Hungria, Polônia e Romênia; Oceania inclui Fiji, Kiribati, Papua Nova Guiné, Samoa, Ilhas Solomon, Tonga e Vanuatu.

Ainda que os dados sobre importações e exportações de bens e serviços não possam revelar todas as características antes conceituadas do comércio de serviços e não possam ser ajustados ao tamanho da população, renda *per capita* e progresso tecnológico, é possível efetuar-se análises relevantes a partir das informações disponíveis. Em primeiro lugar, a tabela reflete o grau de interdependência das principais economias que realizam o comércio internacional, que aumentou rapidamente de 1970 a 1993, tanto para bens quanto para serviços; e, no caso dos serviços, a tendência de crescimento foi muito marcante particularmente nas regiões desenvolvidas, mas também evidenciado nos países em desenvolvimento.

Em segundo lugar, observa-se que a disparidade entre o grau de interdependência das principais economias e as economias de menor nível de desenvolvimento é grande e crescente. Na economia internacional, as atividades de serviços estão fortemente incluídas no contexto de crescimento da dependência ou interdependência econômica global. Embora os países em desenvolvimento mostrem um maior nível de dependência dos mais avançados, as economias modernas também revelam um grau de dependência de suprimentos e de mercados externos, como mostrado na tabela pelo montante de importações. Essa dependência ou interdependência é representada por todas as formas de intercâmbio econômico que ocorrem através da compra e venda de bens e serviços entre fronteiras e através da produção direta de indivíduos ou empresas de uma nação no território de outra nação. Vários fatores afetam a significância dessa (inter)dependência para os vários países, dependendo do tamanho de seus mercados, de sua população (consumidores), sua renda *per capita*, e do nível de progresso tecnológico de cada economia.

Mas com relação à interdependência dos serviços, não é possível sua mensuração apenas por meio dos dados de comércio internacional, porque os serviços são uma parte integrante do processo de produção de bens, no que se refere à integração econômica, como já mencionado. Portanto, as mudanças através do tempo no conteúdo dos serviços nos bens, ou seja, o fato de que os bens estão se tornando "intensivos em serviços", também deveria ser levado em conta na avaliação da contribuição dos serviços na interdependência global, informações essas ainda não disponíveis nas estatísticas gerais.

Dados da World Trade Organization mostram que, entre 1980 e 1995, enquanto o comércio internacional de mercadorias aumentou anualmente cerca de 6%, nos serviços o aumento foi de 8%. Como resultado, nesse período a participação no comércio mundial se elevou de 16% a 18%. Internamente aos países, a produção de serviços foi acelerada, muito como consequência da intensificação do processo de globalização, e, já em 1996, a participação dos serviços no valor adicionado total nos países de baixa renda era em torno de 37%, de 53% em países de renda média e nos de alta renda a representatividade superava 70%. Essas cifras foram significativamente superiores às das décadas anteriores, que se situavam entre 5% e 10% abaixo nos três grupos (WTO, 2004).

Dessa forma, as economias mundiais maiores e mais avançadas, que incluem Estados Unidos, Japão e a maior parte dos países da União Europeia, estão entre os mais importantes fornecedores e importadores de serviços, revelando uma posição superior nesse comércio em relação ao de mercadorias. Uma série de países menos avançados vem desenvolvendo indústrias de serviços, capitalizando vantagens comparativas, como, por exemplo, na área de turismo, ou atendendo à crescente demanda de países regionalmente próximos, com serviços de infraestrutura ou financeiros.

Porém, como é possível observar-se a partir da Tabela 10.2, já em 1993 a parcela dos serviços em relação à participação dos bens no comércio internacional, tanto com relação às exportações quanto às importações, situou-se acima de 30% em países desenvolvidos e de 26% nos ditos emergentes, mostrando uma tendência de crescimento, como é possível ser constatado a partir das significativas taxas anuais de crescimento desde 1980.

Tabela 10.2 — Comércio Exterior Mundial de Serviços, Segundo Regiões, 1993

ECONOMIAS	SERVIÇOS COMO % DE BENS	DISTRIBUIÇÃO DO COMÉRCIO EXTERIOR DE SERVIÇOS				TAXAS ANUAIS DE CRESCIMENTO DOS SERVIÇOS (1980-1993)			
		Seguros	Transp.	Viagens	Outros	Seguros	Transp.	Viagens	Outros
EXPORTAÇÕES									
Desenvolvidas	30,3	3,0	4,1	81,9	11,0	3,8	5,2	8,7	9,6
América	30,9	5,0	19,9	39,4	35,7	3,9	8,9	12,8	17,4
Ásia	16,5	20,4	20,9	10,4	48,3	4,0	3,0	7,1	8,1
Europa Central	24,7	6,8	17,5	56,3	19,4	3,5	5,9	9,0	10,6
África do Sul	15,0	11,9	32,8	46,6	8,7	1,7	0,0	6,3	-0,5
Oceania	31,5	7,6	29,7	41,8	20,8	3,8	5,7	12,5	10,3
Em Desenvolvimento	26,2	10,8	16,2	36,7	36,2	8,4	4,5	8,6	9,5
América Latina	34,4	7,0	16,4	45,6	31,0	4,3	3,0	6,9	7,2
Brasil	12,7	29,8	17,2	25,7	27,3	4,8	10,6	17,7	3,7
África	39,3	6,2	29,6	34,2	29,9	-3,0	4,2	6,5	8,5
Ásia	22,2	12,8	13,2	33,9	40,1	13,2	5,6	11,2	11,1
Europa Oriental	32,5	4,5	82,1	9,8	3,6	4,8	2,9	-0,8	-6,2
Oceania	34,3	4,9	19,7	35,4	39,9	13,7	6,4	5,9	20,5
IMPORTAÇÕES									
Desenvolvidas	31,8	13,2	17,0	31,9	37,9	4,6	5,2	8,8	10,3
América	20,4	10,5	17,6	39,8	32,1	4,9	7,4	10,7	15,5
Ásia	46,9	10,5	24,5	29,6	35,4	6,7	4,2	14,3	10,8
Europa Central	35,1	14,3	14,8	30,0	40,9	4,4	4,9	7,5	9,4
África do Sul	30,5	25,9	21,1	38,8	14,2	0,8	1,6	7,2	-1,3
Oceania	35,2	20,5	25,0	30,3	24,2	2,3	5,8	5,9	8,9
Em Desenvolvimento	27,2	28,7	13,63	24,4	33,3	3,9	4,7	6,5	6,3
América Latina	30,3	23,0	18,7	35,9	22,3	3,9	11,5	4,0	4,2
Brasil	40,0	15,8	26,4	21,1	36,7	6,6	0,5	13,2	7,3
África	35,6	45,5	16,4	25,3	12,8	-1,1	0,7	1,8	0,8
Ásia	25,9	30,2	12,0	22,7	35,1	5,6	9,0	9,3	9,4
Europa Oriental	33,8	20,3	18,0	8,4	53,3	2,7	2,9	9,7	1,1
Oceania	62,0	25,0	4,3	10,8	60,0	2,1	-2,0	10,3	17,2

Fonte: UN (1995).

É interessante notar que embora exista uma tendência esperada de os países em desenvolvimento importarem um montante maior de serviços do que de exportarem, para a maior parte das economias avançadas, com exceção das da

América do Norte, a parcela de importações de serviços também é superior à das exportações, confirmando a interdependência dos mercados globais.

A composição do comércio internacional de serviços entre países desenvolvidos e em desenvolvimento, bem como entre os países dentro de cada grupo e região, revela a especialização de cada economia. Por exemplo, os países europeus são muito mais especializados em turismo do que as outras nações, como é observado a partir da parcela relacionada a Viagens na distribuição das exportações. Essa espécie de serviços apresenta a segunda maior taxa anual de crescimento no comércio internacional em todos os países. A maior participação é encontrada nos serviços denominados de "Outros", que incluem principalmente assistência técnica e consultoria para novos processos produtivos, informação, telecomunicação e outros serviços de informática, ou seja, refletindo a acima mencionada transferência de conhecimento. Essas atividades representam uma parcela importante de serviços de exportação especialmente nos países desenvolvidos americanos e asiáticos, onde os produtores e distribuidores desses setores têm à sua disposição um montante maior de meios modernos de informação e conhecimento. Esses serviços são também consideráveis em outros países em desenvolvimento, com exceção dos localizados na Europa, devido à situação econômica e política pela qual passam os países europeus menos desenvolvidos nesse período.

O padrão de especialização da pauta de exportações de serviços é muito diferenciado entre países desenvolvidos e a América Latina. As informações para os países de maior dinamismo mundial agregados no denominado grupo G-7 – que até 1997 era composto pelo Canadá, França, Itália, Alemanha, Estados Unidos da América, Japão e Reino Unido e, em 1998, foi incluída a Rússia – mostram, de 1970 a 1995, queda na participação de exportações e importações de serviços comerciais tradicionais (embarques e outros transportes), e uma elevação no item Viagens. Por sua vez, os serviços denominados "Outros" apresentam elevação surpreendente de 34% em 1970 para 47,2% em 1995 nas exportações, com a mesma direção nas importações, embora com menor intensidade (Horta et al., 1998: p. 20).

O mesmo comportamento foi verificado na América Latina (com exceção do Brasil), porém com menor intensidade, de 1980 a 1995, quando a relação entre exportações de serviços comerciais e de mercadorias se elevou de 20,9% para 24,3%, em 1994, porém caindo para 20,2% em 1995. No que diz respeito às importações, o comportamento da relação é o mesmo verificado para o G-7 e para a América Latina, sendo esse coeficiente maior para o Brasil do que para o primeiro grupo (Horta et al., 1998: p. 15).

*Da Primeira Crise Internacional
do Milênio à Retomada dos Fluxos:
O Período 2000-2007*

Na segunda metade dos anos de 1990, os fluxos mundiais sofreram diminuição no contexto da dinâmica das economias, porém as taxas de crescimento não foram desprezíveis e nova tendência de crescimento se verificou no ano de 2001, particularmente no item Transportes, que superou as Viagens, em particular Transportes de carga. A economia mundial havia emergido da desaceleração verificada no início dos anos de 1990 e da crise financeira ocorrida em 1997-1998, apresentando, em 1999, uma aceleração na taxa de crescimento do produto global.

Os fluxos mundiais de Serviços Comerciais tiveram, no primeiro quinquênio da década de 1990, taxas de crescimento anuais consideravelmente superiores às do período posterior da década em todas as categorias de serviços (Tabela 10.3). Esse crescimento dos serviços ocorreu particularmente no item denominado Outros, que são os auxiliares às empresas, cujo crescimento anual de 16% foi inusitado e não se repetiu até o final da década. O crescimento do consumo em Viagens nesse primeiro período também foi significativo, pois a conjuntura internacional favorecia o turismo e os negócios.

No entanto, o início de um novo processo de recessão era perceptível desde o final dos anos 2000 e começo de 2001 nos países industrializados, e os acontecimentos catastróficos dos ataques terroristas aos Estados Unidos em 11 de setembro de 2001 tornaram a situação aguda. Nos três primeiros trimestres

O COMÉRCIO INTERNACIONAL DE SERVIÇOS

de 2001, a desaceleração da economia norte-americana já mostrava seus efeitos nocivos no desempenho de outros países, não apenas nos menos desenvolvidos, mas também nos mais avançados. Naquele período, as discussões sobre a política econômica mundial giravam em torno da maneira como se faria uma "aterrissagem suave" nos Estados Unidos, de modo a evitar maior recessão.

Tabela 10.3   Variação dos Fluxos Mundiais Totais de Serviços Comerciais, 1990- 2002

VARIAÇÃO MÉDIA (% A.A)	TOTAL	TRANSPORTES	VIAGENS	OUTROS
1990-1995	9,3	6	9	11
1995-2000	4,4	3	3	6
2000	6,1	7	4	7
2001	0,1	-1	-2	2
2002	6,4	4	4	9
Valor em 2002 (US$ Bilhões)	1.570	350	480	740
Participação (%)	100	22,4	30,6	47,0

Fonte: WTO (2003). Elaboração nossa.

Certamente, os efeitos econômicos mais diretos dos atentados se relacionaram à destruição e interrupção de algumas atividades nos Estados Unidos, durante alguns dias, como o fechamento de escritórios, restaurantes, estabelecimentos comerciais na zona afetada, suspensão de atividades financeiras, de seguros e imobiliários, bem como do transporte aéreo. Essas perdas diretas, estimadas pelo Banco Mundial em 1,5% da produção trimestral do país, difundiram-se para outras atividades, por meios diretos e indiretos, e também no consumo privado. Dessa forma, o choque do 11 de Setembro reforçou as tendências que já eram observadas nos indicadores econômicos tanto daquele país quanto em âmbito mundial, e postergou a recuperação da economia norte-americana em um ou dois trimestres. Como consequência, a retomada do crescimento do comércio mundial também foi retardada.

Os Estados Unidos, país antes exportador de crescimento e importador de bens intermediários, capital e consumo, tornou-se exportador do processo de retração e da dificuldade de sobrevivência de empresas de graus diversos de aporte de capital, difundidos inicialmente com maior rapidez através das organizações multinacionais e transnacionais. Uma gradual transformação no relacionamento básico entre as instituições e os agentes sociais e econômicos foi observada entre governos, entre empresas, entre governos e empresas, entre governo e cidadãos ou entre empresas e consumidores, particularmente retraindo a internacionalização de serviços (Kon, 2004a).

A forma diversa como esses acontecimentos afetaram, do ponto de vista econômico, os distintos países, setores e organizações, ficou evidente, seja diretamente por meio da diminuição de exportações de bens manufaturados aos Estados Unidos e a outros países, seja pela repercussão nos preços de matérias-primas, ou ainda pela diminuição dos gastos no comércio exterior em serviços ligados ao transporte aéreo e ao turismo. O crescimento do comércio mundial sofreu uma desaceleração de 13% em 2001 e, até fevereiro de 2002, já havia decrescido 2%. Os preços das *commodities*, exceto petróleo, declinaram em cerca de 7% em 2001, desestimulando o aumento da produção. Por outro lado, os fluxos do mercado de capitais decresceram de um patamar de US$ 240 bilhões em 2000 para US$ 160 bilhões no final de 2001 (World Bank, 2002).

Na Tabela 10.3, são observados os reflexos dessa conjuntura sobre os fluxos de Serviços Comerciais internacionais que registraram crescimento quase nulo (0,1%) e taxas negativas nas categorias de Transportes e Viagens. Além das medidas das instituições financeiras públicas, uma das questões mais relevantes da mudança de atitudes das organizações privadas após o 11 de Setembro se relaciona à atitude diante dos planos de investimento. No que se refere às organizações produtivas, particularmente às multinacionais ou transnacionais, a necessidade de conviver com a nova realidade aumentou a incerteza com relação à política de inversões internas e dos Investimentos Diretos no Exterior (IDE). Colocou em xeque também a continuidade da ampliação da abertura internacional dos relacionamentos econômicos, por questões de segurança, mudança da demanda mundial ou ainda por causa da maior dificuldade de fluxo livre de insumos e de capital financeiro.

Em alguns países, aceleraram-se medidas para a substituição de importações, lado a lado com a busca por parceiros comerciais pertencentes ao mesmo bloco econômico regional.

De um modo geral, os países reagiram à repercussão dos acontecimentos de acordo com a composição de sua estrutura produtiva, seja essa mais especializada em indústrias e serviços dinâmicos, oligopolizados e atuantes em sistemas transnacionais de produção ou comércio, seja mais tradicional e voltada para o mercado interno. De qualquer maneira, em todas as situações, o rápido fluxo interno e internacional de indivíduos, bens e serviços foi reduzido e controlado, paralelamente ao esforço de acompanhar e congelar o dinheiro usado por organizações terroristas por meio de mudanças nas regras bancárias.

Especificamente na América Latina, a repercussão comercial se refletiu muito mais no México, na América Central e no Caribe, que constituem economias estreitamente vinculadas à conjuntura dos Estados Unidos, em especial pela especialização em exportações das indústrias maquiladoras, como as de alta tecnologia da Costa Rica e do México, mais sensíveis ao ciclo econômico. As atividades turísticas, hoteleiras e de transporte aéreo reduziram-se sensivelmente no Caribe, com o cancelamento de reservas e voos, alta dos custos resultante das medidas de segurança e dos seguros. Por outro lado, o desenvolvimento econômico foi afetado não apenas pelo menor dinamismo da economia norte-americana – o mercado mais importante para esses países –, mas também pela deterioração dos preços de exportação de seus produtos básicos, como insumos primários para indústria, minerais e energia. No entanto, em dezembro de 2001, os efeitos mais imediatos dos acontecimentos haviam se atenuado, tendo em vista as medidas contracíclicas adotadas tanto por países avançados quanto pela América Latina, e as perspectivas de recuperação começaram a se mostrar paralelamente ao recebimento de investimentos diretos vindos do exterior (Ides), no início de 2002 (Cepal, 2002).

Nos países industrializados, as medidas anticíclicas de diminuição das taxas de juros do Banco Central Europeu e de outras autoridades monetárias, associadas à baixa inflação e políticas estruturais específicas, começaram a criar, também no final de 2001, um ambiente menos crítico para as organizações econômicas, o que propiciou o reinício da busca de melhoria na produtividade através do aprimoramento tecnológico, com vista à retomada do desenvolvimento assim que a fase negativa do ciclo começasse a reverter. Começou a se delinear mundialmente uma evolução favorável no contexto geopolítico, tendo em vista a execução coordenada das políticas econômicas anticíclicas das economias industrializadas, o que facilitou a queda da taxa de juros internacionais. Os mercados financeiros recuperaram o nível de preços anteriores à crise e o preço das matérias-primas atingiu seu ponto mínimo.

Do lado das empresas, as campanhas de promoção comercial dos países industrializados da América do Norte e Europa, aliadas à melhoria do ambiente internacional, elevou as perspectivas de retomada de planos. Como consequência, os fluxos internacionais de serviços, em 2002, apresentaram elevação considerável (6,4%), particularmente no item Outros serviços (9%), que representa cerca de 47% do volume total de fluxo de serviços.

No período 2000-2007, os serviços desempenharam um papel cada vez mais relevante nas inter-relações econômicas entre as nações, além de relevância considerável na economia local dos países de diferentes estágios de desenvolvimento, mas principalmente em economias mais avançadas, e a produção atual de serviços é uma atividade econômica central no contexto da maioria dos países. Dados do Banco Mundial para 2007 mostravam que a proporção de serviços sobre o valor adicionado global de países de baixa renda era em torno de 48%, de 59% para países de renda média e mais de 72% para os países de alta renda. Essas porcentagens são significativamente superiores às da década anterior, que se situavam em patamares inferiores em todos os três grupos, ou seja, respectivamente 37%, 53% e 70%. Nesse período, o valor do comércio exterior de Serviços Comerciais continuou a aumentar em um ritmo mais rápido (18%) do que o comércio de bens (15%) devido principalmente à expansão da oferta internacional de muitos serviços e ao aumento dos preços de transportes, como resultado do processo de intensificação de globalização (WTO, 2008).

A partir da ideia tradicional de que os serviços são considerados menos comercializáveis em nível internacional do que os produtos manufatureiros ou primários, os argumentos a favor dessa noção destacam o fato de que muitas das operações de serviços exigem a presença concomitante do produtor e do consumidor ou que, em áreas onde a distância seria normalmente irrelevante, os mercados costumam ser protegidos por controle governamental estrito e regulação. Porém, a realidade mostra que isso não é completamente verdadeiro no período mais recente para um número crescente de serviços, visto que as mudanças técnicas e procedimentos reguladores reformulados têm melhorado suas condições de fornecimento em diversos países e segmentos. Novas tecnologias de transmissão de informações destruíram antigos conceitos de distância e muitos governos tentaram quebrar antigos monopólios, a fim de promover a eficiência e motivar novos investimentos de capital e em especialização dos agentes. Por exemplo, muitos serviços bancários, educacionais e de saúde puderam ser oferecidos via internet (WTO, 2004).

A Crise Internacional Mais Recente

A crise econômica e financeira, que se formava desde o final de 2007 e abalou a economia mundial nos últimos meses de 2008, produziu uma recessão global em 2009 que resultou no maior declínio do comércio mundial em mais de setenta anos. A taxa de crescimento do comércio desacelerou de 6,4% em 2007 para 2,1% em 2008, e houve uma contração de 12,2% em 2009, sem precedentes na história recente. A evolução histórica do valor de mercadorias e serviços no comércio exterior, tanto em países desenvolvidos como nas economias em desenvolvimento, aumentou gradativa e constantemente desde os anos de 1970 a 2008, como ilustra a Figura 10.1.

A crise financeira de 2008, que se traduziu em uma crise econômica global, impactou fortemente a distribuição dos fluxos de comércio regional e mundial e, no quarto trimestre daquele ano, esses fluxos começaram a se deteriorar, embora de forma desigual entre as regiões. A Europa registrou o mais elevado declínio anual das suas exportações de mercadorias (-16%), enquanto nas regiões da América do Norte e da Ásia as taxas foram respectivamente de 7% e 5%. Estimativas de

2009 apontavam uma elasticidade do comércio internacional de serviços em relação ao PIB de valor até 5,0 em nível mundial, enquanto a média mundial de longo prazo dos valores anuais entre 1960 e 2008 apresentava uma elasticidade de 1,6. No entanto, para produtos manufaturados esse valor foi ligeiramente superior, ou seja, responderam mais às mudanças no PIB do que os não tangíveis (Maurer e Degain, 2010).

Figura 10.1 Valor do Comércio Internacional de Mercadorias e Serviços Segundo Países Desenvolvidos e em Desenvolvimento, 1970-2011

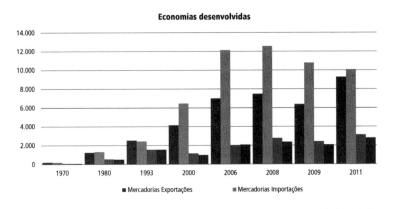

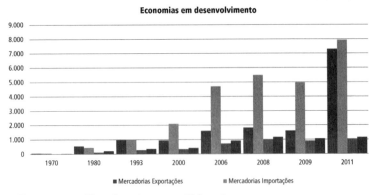

Fonte: UN, 1995; Unctad, 2008; UN, 2012. Elaboração nossa.

A queda do fluxo de comércio de mercadorias em 2009 nos países desenvolvidos mostrou, ainda, reflexos nos últimos dados

O COMÉRCIO INTERNACIONAL DE SERVIÇOS

de importações de 2011 publicados pelo WTO no Relatório de 2012, visto que os níveis desse fluxo ainda não haviam atingido os patamares de 2008. No entanto, a exportação de mercadorias e o fluxo de serviços já apresentavam elevação. Nos países em desenvolvimento, embora em 2011 o comércio de mercadorias tenha mostrado considerável recuperação e elevação de taxas a níveis superiores à série histórica, no que se refere aos serviços não houve alterações em relação ao ano de 2009.

A Figura 10.1 mostra primeiramente que a desproporção considerável de volume de comércio exterior mundial entre países desenvolvidos e em desenvolvimento permanece contínua de 1970 em diante, ainda que o crescimento também tenha se intensificado nos dois níveis. Mesmo que os dados sobre importações e exportações de bens e serviços não possam revelar algumas das características qualitativas acima mencionadas do comércio de serviços, nem possam ser ajustadas ao volume da população, da renda *per capita* e do progresso tecnológico, é possível realizar análises relevantes baseadas na informação disponível.

Em primeiro lugar, os dados refletem o grau constantemente crescente do volume dos fluxos comerciais de 1970 a 2008, e a diminuição desse volume em 2009, tanto para os países desenvolvidos como para as economias em desenvolvimento de bens e serviços, porém principalmente de mercadorias. Com relação aos serviços, a tendência de crescimento foi bastante acentuada, em especial nas regiões desenvolvidas, mas também nos países em desenvolvimento.

Em segundo lugar, ainda é significativa a diferença no volume de comércio de mercadorias em comparação com o comércio de serviços. Além do mais, é possível observar-se a continuidade da proporção significativamente mais elevada da representatividade da comercialização de manufaturados, tanto para as exportações quanto para as importações em todos os países, com predomínio da importação de manufaturados. Por sua vez, observa-se que, nos países mais avançados, desde 2006, a exportação de serviços supera a importação, o contrário ocorrendo nas regiões em desenvolvimento. Ainda que os países em desenvolvimento apresentem maior nível de dependência em relação aos mais avançados, as economias desses últimos também revelam um considerável grau de dependência dos mercados externos e da importação de suprimentos, como mostrado na tabela pelo volume predominante de importações. Além dos aspectos antes mencionados, vários outros fatores afetam a significância dessas inter-relações de diferentes países, como o tamanho do seu mercado interno e de sua população (consumidores), renda *per capita* e nível de progresso tecnológico.

Em suma, a literatura econômica mostra que, durante o período analisado, o crescente fluxo de comércio internacional foi superior ao da produção. Há várias razões para explicar essa predominância do comércio exterior em relação aos resultados do PIB, como: cadeias globais de produção e especialização vertical, declínio dos custos e tarifas de transportes, bem como a melhoria de serviços de infraestrutura. Por outro lado, o comércio de produtos intermediários só é levado em conta no PIB através do valor adicionado produzido em cada etapa do processo de produção, mas nas estatísticas do comércio de mercadorias, os bens intermediários são computados em seu valor total, cada vez que cruzam a fronteira (WTO, 2010; Unctad, 2010; Maurer e Degain, 2010).

A DISTRIBUIÇÃO E EVOLUÇÃO GEOECONÔMICA DOS SERVIÇOS NO COMÉRCIO MUNDIAL

O padrão de especialização da pauta de exportações e de importações de serviços é muito diferenciado do ponto de vista geoeconômico. Como mencionado anteriormente, a composição do comércio internacional de serviços entre países revela a especialização econômica de cada um. É dependente ainda das inter-relações mais intensas com países vizinhos, definindo blocos comerciais relevantes que atuam por meio de acordos de comércio, ou mesmo entre regiões distantes, através de multinacionais. Dessa forma, a evolução da negociação dos Serviços Comerciais entre os países de cada grupo regional apresenta diferentes taxas de crescimento originárias da diversidade de estruturas econômicas e tecnológicas, assim como da natureza de sua liderança econômica (*statecraft*), das políticas públicas internas (*policies*) e das políticas (*politics*), que definem a especialização de cada

O COMÉRCIO INTERNACIONAL DE SERVIÇOS

país e a capacidade para lidar com o comércio internacional. Por exemplo, os países europeus são muito mais especializados em turismo do que outras nações, e lá esse tipo de serviço apresenta a segunda mais elevada taxa de crescimento anual, considerando o comércio internacional de todos os países.

Assim, as maiores e mais avançadas economias mundiais, incluindo os Estados Unidos, o Japão e os países da União Europeia, são alguns dos mais importantes fornecedores e importadores de serviços, ocupando uma posição mais elevada nesse tipo de comércio em comparação com o comércio exterior de bens. Esses países respondem por uma parcela maior da economia e são mais propensos a incluir serviços no âmbito dos seus acordos de comércio exterior. Em vários países menos avançados, além dos serviços serem menos proeminentes, suas indústrias de serviços continuam a ser desenvolvidas através do aproveitamento das vantagens comparativas em certos domínios específicos, como turismo, ou atendendo à crescente demanda dos países vizinhos para outros serviços de infraestrutura não tangível ou financeira.

Com relação à distribuição geoeconômica do setor de comércio entre mercadorias e serviços (Tabela 10.4), na maior parte dos países as médias das exportações de serviços mantiveram uma participação de 9% a 30% do volume global de suas exportações em todo o período 2002-2009. No entanto, exceções são encontradas na Grécia (acima de 42%) e Egito (quase 55%), onde os serviços de turismo eram dominantes. Em valores absolutos (em dólares dos Estados Unidos), alguns outros países exportaram um volume não desprezível, correspondente a aproximadamente 1/3 do valor de todas as transações, como é o caso dos Estados Unidos, Áustria, Espanha e Reino Unido, entre os países desenvolvidos, além de Índia (wto, 2003; 2010a).

Em 2008, o crescimento do comércio mundial de mercadorias atingiu o pico antes do colapso da instituição financeira Lehman Brothers nos Estados Unidos, que marcou o início da recessão econômica. Em 2009, o comércio mundial de mercadorias caiu 23% em termos nominais em relação a 2008, o maior declínio em mais de cinquenta anos. Em 2009, as exportações tiveram um grande revés com redução de 12%, enquanto o PIB mundial também diminuiu, porém a uma taxa muito mais baixa (2,4%). A queda no comércio exterior foi em razão da combinação de vários fatores, como a fraca demanda, os preços das *commodities* em queda, impacto nas cadeias globais de suprimento, impacto simultâneo da crise econômica entre os países e regiões, acesso limitado ao crédito em geral e no financiamento do comércio exterior em particular. No período 2002-2008, o comércio de mercadorias superou consistentemente o crescimento do PIB mundial, atingindo o pico em 2004, em parte devido à forte elevação dos preços das *commodities* e da demanda mundial (WTO, 2010b).

Tabela 10.4   Distribuição Regional Entre Mercadorias e Serviços do Fluxo de Comércio Exterior, Segundo Regiões Selecionadas, 2002, 2007, 2009, 2011 (%)

| | DISTRIBUIÇÃO REGIONAL SETORIAL | | | | | | | |
| REGIÕES SELECIONADAS | MERCADORIAS | | | | SERVIÇOS | | | |
	2002	2007	2009	2011	2002	2007	2009	2011
EXPORTAÇÕES								
Economias Selecionadas	80,1	80,9	78,5	80,9	19,9	19,1	21,5	19,1
América do Norte	74,0	75,3	70,9	77,3	24,6	24,7	29,1	22,7
América Latina	92,9	89,9	90,4	89,1	8,8	9,7	9,6	10,9
Europa Ocidental	75,8	77,7	74,6	77,5	24,1	22,4	25,4	22,5
África	71,3	67,3	68,9	82,4	31,5	30,8	31,1	17,6
Ásia	84,7	84,2	83,7	84,9	14,7	14,7	16,3	15,1
Europa Oriental	85,7	81,4	84,5	89,1	14,9	14,6	15,5	10,9
IMPORTAÇÕES								
Economias Selecionadas	80,2	85,7	79,5	82,9	19,8	14,3	20,5	17,1
América do Norte	84,8	85,2	81,1	85,6	15,1	14,8	18,9	14,4
América Latina	84,9	85,4	83,3	79,5	14,4	13,3	16,7	20,5
Europa Ocidental	76,5	79,4	76.2	80,8	22,0	20,3	23,8	19,2
África	84,7	81,2	80,0	82,6	20,7	17,2	19,2	17,4
Ásia	80,8	87,5	82,2	84,5	19,0	17,4	17,8	15,5
Europa Oriental	82,6	84,6	81,6	80,0	18,7	15,7	18,4	20,0

Fonte: WTO (2003, 2010 e 2012). Elaboração nossa.

No que se refere à estrutura interna de comércio das regiões, os dados mostram que a exportação de mercadorias da América Latina representou cerca de 90% do volume do comércio total da região, isto é, os serviços contribuíram com menos de 10%, a menor participação mundial. Também foram muito significativas as exportações de mercadorias da Ásia e da Europa Oriental, em torno de 84% do seu comércio internacional. É necessário salientar que esses resultados se originam muitas vezes das Zonas de Processamento de Exportação (zpe) de alguns países, um importante fator de desenvolvimento composto principalmente por atividades de manufatura.

Por exemplo, os números de Comércio Exterior da China indicam que, em 2009, quase metade de suas exportações de mercadorias saiu de uma zpe, e 1/3 de suas importações foi contratada em tais zonas. A China distingue as empresas domésticas de empresas de capital estrangeiro nessas zonas. Por exemplo, em 2008-2009, 2/3 do comércio das zpe chinesas foram realmente realizados por empresas de capital estrangeiro; o processamento de exportações da China nessas zonas corresponde a quase metade do valor total de suas exportações. Mas economias menores também se beneficiam de tais zonas, o que explica a participação da África no comércio mundial total, como resultado do aumento das vendas das zpes quenianas, que chegaram a se elevar nove vezes desde que a primeira zona foi criada, em 1995 (wto, 2010b).

No entanto, são esperadas futuras mudanças nesse perfil geoeconômico da distribuição internacional, devido primeiramente aos reflexos da chamada crise do *subprime*, que afetou os sistemas financeiros dos Estados Unidos e da Europa desde agosto de 2007. Por outro lado, também por causa da permanência da crise após 2009, quando a China vinha expandindo bastante sua produção e comércio internacional, começou a compensar a redução do comércio de outros países.

A média mundial de participação dos serviços de 20% em relação ao total das exportações não se modificou consideravelmente no período de 2002 a 2011. No entanto, observando a participação da exportação de serviços em economias selecionadas (Tabela 10.5), são verificadas as diferentes representatividades inter e intramacrorregionais. Essa situação resultou

Tabela 10.5 Distribuição de Bens e Serviços Comerciais no Total das Exportações em Economias Selecionadas 2002, 2009 e 2011

| REGIÕES E PAÍSES | PARTICIPAÇÕES (%) | | | | | |
| | BENS | | | SERVIÇOS COMERCIAIS | | |
	2002	2009	2011	2002	2009	2011
Mundo	80,1	78,9	80,5	19,9	21,1	19,5
América do Norte	75,5	74,6	81,7	24,5	25,4	22,3
Canadá	87,9	84,6	85,8	12,1	15,4	16,6
Estados Unidos	71,5	69,0	71,8	28,5	31,0	39,3
América do Sul e Central	86,4	82,1	91,5	13,6	17,9	8,5
Argentina	90,1	83,7	85,7	9,9	16,3	14,3
Bolívia	–	90,7	90,9	–	9,3	9,1
Brasil	*87,2*	*85,4*	*87,4*	*12,8*	*14,6*	*12,6*
Chile	83,6	86,5	87,1	16,4	13,5	12,9
Colômbia	87,4	88,9	91,9	12,6	11,1	8,1
México	92,8	93,7	95,9	7,2	6,3	4,1
Venezuela	96,1	97,0	97,9	3,9	3,0	2,1
Europa	77,1	74,8	77,5	22,9	25,2	22,5
Alemanha	86,1	83,2	85,3	13,9	16,8	14,7
Áustria	67,9	72,4	74,5	32,1	27,6	25,5
Bélgica	82,7	82,4	84,6	17,3	17,6	15,4
Dinamarca	68,6	62,9	63,5	31,4	37,1	36,5
Espanha	66,9	34,1	68,8	33,1	35,9	31,2
Finlândia	88,0	71,5	74,5	12,0	28,5	25,5
França	78,1	77,3	78,1	21,9	22,7	21,9
Grécia	32,9	34,8	45,7	67,1	65,2	54,3
Irlanda	75,3	54,2	53,8	24,7	45,8	46,2
Itália	81,0	80,0	83,3	19,0	20,0	16,7
Noruega	75,9	76,1	79,1	24,1	23,9	20,9
Países Baixos	79,6	84,6	83,1	20,4	15,4	16,9
Portugal	73,5	65,8	69,4	26,5	34,2	30,6
Reino Unido	69,4	60,2	63,3	30,6	39,8	36,7
Suécia	78,4	68,3	71,1	21,6	31,7	28,9
Suíça	78,6	71,5	71,3	21,4	28,5	28,7
Turquia	72,7	75,7	78,0	27,3	24,3	22,0
União Europeia*	77,4	75,0	77,5	22,6	25,0	22,5

O COMÉRCIO INTERNACIONAL DE SERVIÇOS

REGIÕES E PAÍSES	PARTICIPAÇÕES (%)					
	BENS			SERVIÇOS COMERCIAIS		
	2002	2009	2011	2002	2009	2011
CEI**	84,2	86,7	86,7	15,8	13,3	13,3
Hungria	81,8	82,2	83,6	18,2	17,8	16,4
Polônia	81,7	82,4	83,5	18,3	17,6	16,5
República Tcheca	84,5	84,8	87,6	15,5	15,2	12,4
Federação Russa	89,3	88,0	90,8	10,7	12,0	10,2
Ucrânia	80,3	74,9	78,2	19,7	25,1	27,9
África	**62,1**	**83,1**	**82,4**	**37,9**	**16,9**	**17,6**
África do Sul	87,6	84,3	87,4	12,4	15,7	12,6
Egito	44,3	52,0	62,0	55,7	48,0	38,0
Marrocos	65,8	53,5	61,1	34,2	46,5	38,9
Nigéria	94,0	96,7	98,3	6,0	3,3	1,7
Tunísia	72,5	73,4	78,3	27,5	26,6	21,7
Ásia	**84,7**	**83,5**	**84,9**	**15,3**	**16,5**	**15,1**
Austrália	79,5	78,9	84,1	20,5	21,1	15,9
China	89,2	90,3	91,3	10,8	9,7	8,8
Singapura	82,4	75,4	76,1	17,6	24,6	23,9
Filipinas	91,9	79,2	76,2	8,1	20,8	23,8
Hong Kong, China	81,6	79,2	79,0	18,4	20,8	21,0
Índia	68,3	65,0	69,0	31,7	35,0	31,0
Indonésia	91,6	90,0	91,0	8,4	10,0	9,0
Japão	85,9	82,2	85,3	14,1	17,8	14,7
Malásia	86,4	84,9	86,6	13,6	15,1	13,4
Nova Zelândia	73,5	77,0	79,2	26,5	23,0	20,8
República da Coreia	85,7	86,4	85,5	14,3	13,6	14,5
Tailândia	81,4	83,6	84,8	18,6	16,4	15,2
Taipé, China	86,0	86,9	87,0	14,0	13,1	13,0

Fonte: WTO (2003 e 2010). Elaboração nossa.

* 15 países em 2002 e 27 em 2009.
** Comunidade de Estados Independentes.

da capacidade de diferentes países de reagirem aos impactos das características da globalização, ao planejamento internacional de acordos comerciais regionais (ACRs), de acordo com as possibilidades de suas estruturas econômicas. Os ACRs são formados a partir de liderança econômica (*statecraft*) e de política interna dos países, que sempre mudam, principalmente em períodos de crise internacional. A situação também se deve ao fato de que nas negociações entre parceiros de tamanho assimétrico, é provável que os parceiros de maior dimensão extraiam mais concessões dos menores.

Para a maior parte dos países de vários níveis de desenvolvimento, a exportação de serviços no período se situou entre 15% e 20% do global, com as exceções da Grécia e Egito. Alguns países registraram participações um pouco menores, porém também superiores à média mundial em 2002, como Marrocos, Índia, Espanha, Áustria, Dinamarca, Reino Unido, Estados Unidos, Tunísia e Nova Zelândia.

Com as transformações estruturais e na hierarquia mencionada, algumas participações se elevaram consideravelmente e outras regrediram. Dessa forma, em 2011, os países que registravam representatividade superior à média mundial foram Irlanda, Estados Unidos, Marrocos, Reino Unido, Espanha, Suécia, Suíça e Ucrânia. Como visto, a exportação de serviços é representativa tanto em alguns países desenvolvidos quanto nos menos avançados, diferindo de acordo com a categoria de serviços em que se especializam, sejam voltados para produtos de alta tecnologia fornecidos a empresas, seja para serviços de lazer, como Turismo. Por outro lado, a menor representatividade é visualizada na China, Argentina, Indonésia, Filipinas, México e Nigéria.

Nos países das Américas do Sul e Central é patente as diferenças resultantes das diversas estruturas produtivas e dos níveis de desenvolvimento econômico. A participação brasileira neste contexto é preponderante e crescente nas exportações, chegando a quase 30% em 2011. Entre os países que se destacam em um segundo nível na hierarquia, a Argentina contribuiu com quase 11% em 2011, enquanto Chile e Cuba, com cerca de 9,5%. No ano de crise de 2009, as exportações relativas do Brasil, Argentina e Chile se elevaram, embora em termos absolutos houvesse queda de 9% para os dois primeiros e de 21% para o Chile. A representatividade dos demais países nas exportações da região se distribuiu entre 1,5% e 5,5%. Essa taxa superior foi apresentada pelo Panamá como resultado dos serviços de transporte, portuários e de cabotagem, rota de passagem do comércio exterior de alguns países vizinhos.

No que diz respeito às importações (Tabela 10.6), é importante ressaltar que grande parte delas é de insumos comprados por empresas; observa-se que os países mais avançados dependem menos dessas compras externas para sustentar o dinamismo da economia. A distribuição setorial como um todo entre mercadorias industriais e agrícolas, de um lado, e serviços, de outro, mostra que, nessas economias selecionadas, as mercadorias eram responsáveis por cerca de 80% das importações do comércio em 2002 e 2007, mas perderam participação relativa em 2009, resultando em aumento relativo do comércio de serviços, especialmente no fluxo de importações, em todas as regiões. Essa mudança estrutural do Comércio Exterior entre a distribuição de bens e serviços permaneceu em 2011, refletindo não apenas a recuperação dos serviços, mas também o crescimento da relevância dessas atividades no contexto econômico da atualidade.

Destaca-se que não existe relação direta entre a representatividade da importação de serviços de uma economia e o nível de desenvolvimento do país, porém há uma relação com o ambiente econômico conjuntural de maior ou menor dinamismo em cada período e a capacidade de cada economia de ultrapassar as dificuldades internas advindas.

A composição média das importações das grandes regiões mundiais não difere significativamente da apresentada para as exportações, situando-se entre 14% e 26%. Na maior parte das regiões, a participação dos serviços comerciais no total das importações é inferior do que no total das exportações. No entanto, da mesma forma que no caso das exportações entre os países de cada macrorregião, existem diversidades de comportamento. Os países que em sua pauta de importações participavam com o maior volume de serviços em 2002 eram a Irlanda, Áustria, Dinamarca, Noruega e Indonésia. Em 2011, a representatividade das importações da Irlanda se elevou significativamente em virtude das dificuldades financeiras consideráveis resultantes da crise de 2008, que originou a diminuição considerável da produção de serviços internamente. No mesmo período, apenas a Dinamarca e a Noruega mantiveram sua participação acima da média e os demais mencionados tiveram redução na representatividade, situando-se no intervalo da média geral. Por outro lado, os importadores de serviços relativamente menores foram o México, a Turquia e Hong Kong, que diminuíram ainda mais suas importações relativas em 2011. Em 2011, apenas a Argentina e a Indonésia registraram elevação da participação, porém permaneceram em níveis muito inferiores à média, enquanto os demais mostraram quedas relativas significativas.

Tabela 10.6   Distribuição de Bens e Serviços Comerciais no Total das Importações em Economias Selecionadas 2002, 2009 e 2011   (%)

REGIÕES E PAÍSES	BENS			SERVIÇOS COMERCIAIS		
	2002	2009	2011	2002	2009	2011
Mundo	80,2	80,1	79,2	19,8	19,9	20,8
América do Norte	84,9	83,5	85,6	15,1	16,5	14,4
Canadá	84,4	81,0	82,2	15,6	19,0	17,8
Estados Unidos	85,0	82,9	85,2	15,0	17,1	14,8
América do Sul e Central	84,1	92,0	79,5	15,9	20,0	20,5
Argentina	65,7	80,0	82,2	34,3	22,6	17,8
Bolívia	–	81,6	28,6	–	18,4	71,4
Brasil	*77,6*	*77,4*	*76,5*	*22,4*	*24,8*	*23,5*
Chile	77,6	81,6	84,3	22,4	18,1	15,7
Colômbia	78,9	75,2	85,9	21,1	17,1	14,1
México	90,8	81,9	93,5	9,2	8,0	6,5
Venezuela	80,4	82,9	80,0	19,6	18,5	20,0
Europa	77,3	81,5	80,3	22,7	21,7	19,7
Alemanha	76,8	78,3	81,3	23,2	21,2	18,7
Áustria	67,1	78,8	82,0	32,9	20,5	18,0
Bélgica	81,9	79,5	84,4	18,1	17,4	15,6
Dinamarca	66,7	82,6	63,6	33,3	38,1	36,4
Espanha	80,9	61,9	80,1	19,1	23,1	19,9
Finlândia	79,1	76,9	76,4	20,9	27,2	23,6
França	81,3	72,8	83,3	18,7	18,4	16,7
Grécia	75,2	81,6	82,4	24,8	24,6	17,6
Irlanda	55,8	75,4	37,0	44,2	62,3	63,0
Itália	79,4	83,1	83,0	10,6	21,7	17,0
Noruega	68,4	37,7	66,9	31,6	35,2	33,1
Países Baixos	76,9	78,3	83,5	23,1	16,0	16,5
Portugal	85,7	64,8	83,3	14,3	16,8	16,7
Reino Unido	76,6	86,1	79,0	23,4	25,0	21,0
Suécia	73,8	72,3	75,9	26,2	27,7	24,1
Suíça	86,3	81,4	81,6	13,7	18,6	18,4
Turquia	88,4	90,0	92,3	11,6	10,0	7,7

O COMÉRCIO INTERNACIONAL DE SERVIÇOS   495

REGIÕES E PAÍSES	BENS			SERVIÇOS COMERCIAIS		
	2002	2009	2011	2002	2009	2011
União Europeia*	76,8	78,1	80,3	23,2	21,9	19,7
CEI**	81,8	78,6	80,0	18,2	21,4	20,0
Hungria	83,9	83,1	85,8	16,1	16,9	14,2
Polônia	85,1	86,1	87,0	14,9	13,9	13,0
República Tcheca	86,5	84,8	88,9	13,5	15,2	11,1
Federação Russa	74,0	76,4	78,6	26,0	23,6	21,4
Ucrânia	85,1	80,8	85,6	14,9	19,2	14,4
África	75,6	78,0	82,6	24,4	22,0	17,4
África do Sul	87,2	83,6	86,5	16,3	16,4	13,5
Egito	77,9	81,4	81,9	22,1	22,1	15,9
Marrocos	86,1	90,0	86,3	13,9	13,9	13,7
Nigéria	100,0	78,0	71,4	–	22,0	28,6
Tunísia	82,2	87,2	88,9	–	12,8	11,1
Ásia e Oceania	80,8	82,2	84,5	19,2	17,8	15,5
Austrália	80,1	80,0	80,3	19,9	20,0	19,7
China	85,9	86,4	88,0	14,1	13,6	12,0
Singapura	84,2	75,1	76,3	15,8	24,9	23,75
Filipinas	87,7	84,6	84,2	19,2	12,3	15,8
Hong Kong, China	89,5	88,8	90,1	10,5	11,2	9,9
Índia	72,3	75,8	78,9	27,2	24,2	21,1
Indonésia	69,1	76,9	84,7	30,9	23,1	15,3
Japão	73,9	79,0	83,7	26,1	21,0	16,3
Malásia	82,2	82,1	83,6	17,8	17,9	16,4
Nova Zelândia	75,2	76,8	77,1	24,8	23,2	22,9
República da Coreia	80,8	81,2	84,2	14,1	19,2	15,8
Tailândia	77,5	78,0	81,7	22,5	22,0	18,3
Taipé, China	81,2	85,7	87,3	18,8	14,3	12,7

Fonte: WTO (2003 e 2010). Elaboração nossa.

* 15 países em 2002 e 27 em 2009.
** Comunidade de Estados Independentes.

A Tabela 10.7 mostra a distribuição regional do fluxo do comércio internacional global de uma série de economias selecionadas[2], que representam uma amostra muito significativa do

2   As regiões selecionadas da Tabela 10.7 seguem a classificação de uma pesquisa da ONU, em que as regiões foram categorizadas em dois grupos de países: a. Países desenvolvidos: América do Norte, composta pelo Canadá e Estados Unidos; Ásia, incluindo Israel e Japão; Europa Ocidental, incluindo Áustria, Bélgica, Dinamarca, Finlândia, França, Alemanha, Grécia, Islândia, Irlanda, Itália, Holanda, Noruega, Portugal, Espanha, Suécia, Suíça e Reino Unido; África do Sul; Oceania, composta por Austrália e Nova Zelândia; b. Países em desenvolvimento: América Latina, incluindo México e toda a América Central e do Sul;▸

desempenho global. No ano de 2002, as exportações globais equivaliam a 77% do fluxo mundial, observando-se um crescimento relevante da representatividade em 2007, chegando a quase 100%, com decréscimo não muito considerável após a crise financeira mundial do ano de 2009 (87,1%) e a retomada em 2011 (99,8%). O relatório do WTO (2010) mostra que, em 2009, a exportação mundial de Serviços Comerciais declinaram 12% como resultado da crise global e, no segundo quadrimestre daquele ano, a queda chegou a quase 20% em média no ano. Essas exportações mundiais começaram a se recuperar rapidamente na segunda metade do ano, porém a partir de um patamar muito baixo.

Tabela 10.7   Distribuição Regional do Fluxo de Comércio Exterior de Serviços, Segundo Regiões Selecionadas 2002, 2007, 2009, 2011   (%)

	EXPORTAÇÕES				IMPORTAÇÕES			
	2002	2007	2009	2011	2002	2007	2009	2011
Economias selecionadas*	77,0	99,5	87,1	99,8	91,0	86,1	98,7	99,7
América do Norte	15,9	15,0	12,2	17,4	21,0	16,3	17,7	17,0
América Latina	1,2	3,2	3,5	4,4	3,8	3,7	3,0	4,2
Europa Ocidental	32,6	46,6	36,6	40	38,6	36,7	39,9	40,5
África	0,4	0,4	1,1	3	0,9	1,2	1,6	3,3
Ásia	25,7	32,3	28,3	30,9	23,4	23,8	31,2	31,5
Europa Oriental	1,2	2,0	5,4	4,1	3,2	4,5	5,3	3,2

Fonte: WTO (2003, 2008 e 2010a).
* O total registra a participação das economias selecionadas no total do fluxo mundial. Elaboração nossa.

Com relação às importações, a participação das economias selecionadas no global do comércio é ainda mais intensa, mostrando a relevância de compras externas de serviços pelas economias como insumos para a produção interna. No entanto, a dinâmica de evolução das compras de serviços pelas economias é diferenciada da do fluxo de venda de serviços, visto

▷ Ásia, incluindo todos os países, com exceção de Israel e Japão; Europa Oriental, composta por Malta, antiga Iugoslávia, Albânia, Bulgária, a antiga Tchecoslováquia, Hungria, Polônia e Romênia; Oceania, incluindo Fiji, Kiribati, Papua, Nova Guiné, Samoa, Ilhas Solomon, Tonga e Vanuatu (Unctad, 2008).

O COMÉRCIO INTERNACIONAL DE SERVIÇOS 497

que a representatividade diminui em 2007, embora não muito consideravelmente, e aumenta no ano de 2009. Dessa forma, no decorrer da crise, as importações mais elevadas de insumos na forma de produtos de serviços estavam relacionadas à busca de soluções para ultrapassar as dificuldades do crescimento da economia, de modo diferenciado, através de categorias específicas de serviços burocráticos e financeiros, como será analisado posteriormente.

Os dados registram que a distribuição geoeconômica desse fluxo de comércio – ou seja, a participação relativa de cada macrorregião selecionada no contexto mundial – concentra-se com intensidade bastante superior no grupo de economias da Europa Ocidental, que apresentaram um pico de participação em 2007, respectivamente de quase 47% e 37% para as exportações e importações, com o mesmo movimento de queda na crise e retomada em 2011. A Ásia aparece como o segundo grupo representativo, mostrando, em 2011, participações de 31% e 32% respectivamente. A WTO (2010b) salienta que essas duas regiões apresentam os maiores fluxos comerciais, internamente a cada grupo, entre os países incluídos. Em 2009, apesar da queda de 14% em suas exportações, o comércio exterior entre os países da Europa Ocidental era responsável por 72% do fluxo mundial da região europeia, e mais de metade (52%) das exportações tinham como destino países da Ásia e da América do Norte; cerca de 48% permaneciam na região. A participação da América do Norte no comércio internacional diminuiu relativamente (não em termos absolutos) em todo o período, de 15% em 2002 para 12% do total das exportações mundiais em 2009, e de 21% para quase 18% nas importações. A recuperação já manifestada em 2011 é mais intensa para as vendas de serviços que alcançam mais de 17% do global, enquanto para as compras o percentual nesse último período ainda não havia recuperado o nível de 2009.

Quanto às importações (Tabela 10.7), é importante salientar que uma grande parte do total é composta de suprimentos de insumos intermediários adquiridos por empresas para serem processados e, subsequentemente, reexportados como produtos acabados, sendo que os países mais avançados mostram menor dependência das importações para sustentar uma economia dinâmica. No entanto, a distribuição das importações em grandes regiões do mundo não difere significativamente da mostrada pelas exportações. A parcela de importação de Serviços Comerciais sobre as importações totais se verifica em proporção inferior à das exportações na América do Norte e na Europa Oriental, ainda que tenham aumentado relativamente no ano de 2009. Observa-se que o comércio internacional da União Europeia representava mais do que ¼ do comércio mundial no período, porém a parcela de mercado dos países dessa região ou estagnou ou decresceu (no caso da América do Norte) nos anos mais recentes, enquanto outras regiões (Europa Oriental e África) aumentaram sua representatividade.

Dados da OMC sobre as taxas de crescimento anuais, desde a segunda metade da década de 1990, mostram que os anos de 1995 a 1997 foram marcados por um crescimento muito intenso no comércio mundial de serviços, tanto nos países desenvolvidos da América do Norte, Europa e Ásia como nos países emergentes da América Latina. Porém, as crises financeiras asiática e russa tiveram impacto negativo considerável sobre o comércio exterior de serviços em 1998 (-14,1%), mas não afetaram outras regiões do mundo, exceto a África. Depois, a partir de 2001, um grande número de países desenvolvidos (exceto os da Europa Ocidental), bem como da América Latina, sofreram impactos da desaceleração da economia mundial, mostrando taxas de crescimento negativas ou baixas para essas operações internacionais (WTO, 2003 e 2008).

Como visualizado na Tabela 10.8, que ilustra as taxas anuais de crescimento do valor do comércio exterior dos Serviços Comerciais de 1995 a 2011, segundo grandes regiões mundiais, os anos de 1995 a 1997 foram de alto crescimento nesse comércio, tanto para países desenvolvidos da América do Norte, Europa e Ásia como também para os países emergentes da América Latina. As crises financeiras asiática e russa repercutiram de forma consideravelmente negativa no Comércio Exterior de serviços em 1998 (-14,1%), porém não em outras regiões mundiais, com exceção da África. A partir de 2001, grande parte de países desenvolvidos (exceto da Europa Ocidental), e também da América Latina, sofreram impactos da desaceleração econômica mundial, apresentando taxas negativas ou baixas de crescimento nessas transações internacionais.

O COMÉRCIO INTERNACIONAL DE SERVIÇOS 499

Tabela 10.8 Taxa de Crescimento Anual no Valor do Comércio Exterior em Serviços Comerciais, Segundo Regiões Mundiais: 1995-2011 (% a.a)

	MUNDO	AMÉRICA DO NORTE	AMÉRICA LATINA	EUROPA OCIDENTAL	ÁFRICA	ÁSIA
EXPORTAÇÕES						
1995	14,6	9,5	7,1	14,3	14,3	18,5
1996	7,2	9,5	4,3	4,9	9,1	9,2
1997	4,1	7,6	7,5	2,2	1,9	5,0
1998	1,0	3,0	6,6	7,2	-3,1	-14,1
1999	3,8	8,5	2,0	2,5	9,2	4,8
2000	6,1	7,5	10,9	2,1	0,2	12,1
2001	0,2	-3,0	-2,4	2,3	0,5	-0,8
2002	6,8	2,6	-2,7	9,2	4,3	7,4
2003	13,5	8,9	4,4	18,2	15,8	6,9
2004*	19,6	13,4	16,1	19,3	20,4	26,3
2005	11,0	10,0	18,0	21,0	23,0	12,0
2006	12,0	9,0	14,0	11,0	11,0	16,0
2007	20,0	14,0	18,0	21,0	23,0	21,0
2008	13,0	9,0	16,0	12,0	16,0	9,0
2009	-12,0	-9,0	-8,0	-14,00	-9,0	-12,0
2010	10,0	9,0	15,0	4,0	12,0	23,0
2011	11,0	9,0	13,0	11,0	–	11,0
IMPORTAÇÕES						
1995	14,8	6,2	4,2	15,4	11,8	21,0
1996	5,9	7,8	3,2	4,3	3,0	7,3
1997	3,2	8,8	14,0	0,7	6,0	1,9
1998	1,9	7,3	4,0	9,2	1,4	-10,6
1999	3,8	9,6	-3,8	3,6	-2,5	4,9
2000	6,1	12,4	10,8	1,6	4,6	8,2
2001	0,6	-1,4	0,7	2,7	1,6	-2,4
2002	5,2	1,0	-8,8	8,7	2,2	3,4
2003	13,7	8,5	4,1	18,7	16,3	8,5
2004*	18,7	15,0	14,7	16,9	19,4	24,2
2005	11,0	9,0	21,0	9,0	21,0	12,0
2006	11,0	9,0	15,0	10,0	–	14,0
2007**	19,0	9,0	21,0	19,0	30,0	18,0
2008	14,0	8,0	21,0	12,0	27,0	15,0
2009	-12,0	-10,0	-8,0	-13,0	-16,0	-9,0
2010	10,0	8,0	23,0	3,0	11,0	21,0
2011	11,0	8,0	18,0	9,0	12,0	14,0

Fonte: WTO, *International Trade Statistics*, 2003 e WTO, *International Trade Statistics*, 2012.

* A partir de 2004, há duas mudanças na composição geográfica: 1. o grupo América Latina é substituído por América do Sul e Central, de modo que o México, antes excluído do relatório, passa a fazer parte do grupo América do Norte, que inclui também Bermuda; 2. o grupo Europa Ocidental torna-se Europa, cujo subgrupo União Europeia reúne 15 países.

** A partir de 2007, o subgrupo União Europeia passa a contar com 25 países.

As Américas foram as regiões que receberam os maiores impactos negativos dos acontecimentos de 11 de setembro de 2001, particularmente com relação às exportações. A América Latina registrou taxas negativas nas importações desses fluxos em 2002 e 2003, como decorrência de problemas conjunturais macroeconômicos de países representativos como a Argentina e Brasil. No entanto, no ano de 2003, a recuperação das regiões da Europa Ocidental (em torno de 9%) e Ásia foi significativa, tanto para exportações quanto importações, elevando a média de crescimento do valor do comércio internacional de serviços para mais de 5%.

A recuperação após esse período se verificou em todas as regiões mundiais a partir de 2004, as taxas elevadas tanto para as vendas como para as compras de serviços no exterior, com maior intensidade na Ásia, mas também na África – particularmente devido à África do Sul. As altas taxas continuaram até 2008, pois no ano seguinte já refletiam a repercussão negativa da crise financeira internacional sobre o crescimento do comércio exterior, que na média mundial resultou em queda de 12% nas exportações e importações, ultrapassada nos dois anos seguintes, pois, em 2011, os fluxos de exportação e importação mundiais registraram crescimento de 11%.

Ao observar-se de forma mais detalhada o impacto em cada grupo macrorregional, é constatado que, pelo lado das exportações, o comércio de serviços retraiu-se em todas as regiões em 2009. As exportações totais da Europa, que correspondem a quase metade das exportações mundiais, diminuíram 14%, enquanto internamente à região do CEI[3] (Europa Oriental), que havia registrado crescimento mais rápido em 2008, a exportação de serviços comerciais caíram 17%. Com menos intensidade, diminuiu a exportação de serviços da Ásia, América do Norte, África e América Latina, sendo essa última a região menos afetada, com um declínio de 8%. A CEI foi o grupo que apresentou o maior crescimento relativo da exportação de serviços em todo o período de crise em

---

3   Comunidade dos Estados Independentes (Commonwealth of Independent States), com onze Estados-membros, antigas repúblicas soviéticas: Armênia, Azerbaijão, Bielorússia, Geórgia, Cazaquistão, Quirguistão, Moldávia, Rússia, Tajiquistão, Ucrânia e Uzbequistão.

O COMÉRCIO INTERNACIONAL DE SERVIÇOS 501

2009, como contrapartida à queda de participação das regiões mais desenvolvidas. A Organização Mundial do Comércio salienta que todas as regiões mostravam sinais de recuperação no segundo semestre de 2009, e os países africanos foram os mais dinâmicos, registrando um crescimento de 1% nas exportações (WTO, 2010b).

O fluxo de crescimento das exportações no período 2005-2011 mostram que os países desenvolvidos das regiões da América do Norte e da Europa Ocidental apresentaram taxas de crescimento inferiores à média mundial, enquanto os países da América do Sul e Central, da Ásia e da Comunidade dos Estados Independentes (os denominados países em transição econômica), esses últimos com maior intensidade, mostraram taxas mais elevadas que a média mundial, respectivamente em 22%, 33% e 67%. O crescimento mais considerável das economias da CEI se explica mais em virtude do baixo patamar inicial de Comércio Exterior, em termos absolutos, para a mensuração do crescimento, do que devido a valores monetários absolutos desse comércio. Observa-se que, no ano da crise de 2009, a Europa Ocidental e Oriental, bem como a CEI, apresentaram crescimento das exportações superior à média, tendo em vista a diminuição considerável dessa média dos fluxos, como resultado da diminuição considerável do comércio das Américas do Norte, do Sul e Central, bem inferiores à média.

O fluxo de importações tiveram um desempenho muito semelhante, mostrando um crescimento mundial médio anual no período 2005-2011 de 9%, e os desempenhos positivos mais significativos se verificaram nas Américas do Sul e Central (67% acima da média mundial), onde o aumento das importações foi muito relevante em 2008 (21%) devido principalmente à considerável desvalorização do dólar, que estimulou a modernização das empresas através de importações de Serviços Comerciais, mas também nas regiões menos desenvolvidas da África, na CEI e na Ásia. Por outro lado, os índices negativos no período de 2005-2011 foram vistos na América do Norte (33% abaixo da média), Europa (22%) e Europa Oriental (33%).

Observe-se que as regiões menos desenvolvidas tiveram que recorrer à ajuda financeira dos Acordos de Comércio Regionais

(ACRS) para suprir a falta de condições produtivas e estruturais, com a intenção de ter a possibilidade de realizar o comércio internacional e para ultrapassar as barreiras aí impostas (Wolf, 2004). Além disso, embora o fluxo comercial em alguns países dessas macrorregiões apresentassem uma diferença negativa, principalmente nas importações que se situaram 82% abaixo da média mundial no primeiro período analisado, eles mostram disparidades positivas e muito elevadas no período de crise. Isso significa que a crescente taxa de aumento do comércio internacional na região continuou, mesmo após o declínio em outras regiões mais desenvolvidas no período de crise. É necessário salientar-se que a América do Norte apresentou, para as exportações e importações, índices abaixo da média mundial, em termos relativos, da taxa de crescimento anual, mas não em quantidade de volume ou em valor financeiro, tendo em vista os níveis mais elevados de desenvolvimento econômico como patamar para o início dos cálculos.

A OMC salientou que a recuperação modesta nas taxas de crescimento já em 2010, principalmente na China, reverteu alguns dos efeitos do colapso do comércio internacional. No entanto, os dados para 2011 apontavam para nova diminuição das taxas do comércio de serviços, devido ao agravamento da situação econômica mundial liderada por países da Europa e Estados Unidos. Isso se verificou desde o final de 2009, quando uma crise da dívida soberana ameaçou investidores de alguns países europeus, o que se intensificou desde o início de 2010. Essa crise é analiticamente separada da crise financeira de 2008, embora as duas estejam ligadas em seus efeitos. Receitas tributárias insuficientes, gastos excessivos, ou ambos, criaram a crise da dívida soberana, que se refere a déficits orçamentários em vários Estados, em especial do Mediterrâneo, incluindo a Grécia, Itália, Espanha e Portugal, mas também na Irlanda e em outros países onde os déficits governamentais e as dívidas soberanas aumentaram drasticamente.

O COMÉRCIO INTERNACIONAL DE SERVIÇOS

CRESCIMENTO E DISTRIBUIÇÃO
DO COMÉRCIO EXTERIOR, SEGUNDO
AS CATEGORIAS DE SERVIÇOS COMERCIAIS

Aspectos Metodológicos

As modalidades significativamente diferenciadas de Serviços Comerciais foram agrupadas em três categorias específicas pela OMC a fim de facilitar a mensuração dos fluxos, tendo em vista a natureza comum de algumas das características incluídas nos respectivos grupos de Transportes, Viagens e Outros (WTO, 2004). Foram incluídos na categoria de Transportes os serviços de transporte aéreo, terrestre, marítimo e os serviços auxiliares a todas as modalidades de transporte, como os serviços de operacionalização de cargas, armazenamento e depósito, agências de fretamento e outros auxiliares voltados a informações sobre tarifas e serviços burocráticos na área, inspeção, embarque e desembarque e outros.

Os serviços que compõem a categoria Viagens, ao contrário das outras categorias, não são considerados um tipo específico de serviços em si, mas sim estatisticamente mensurados através da comercialização de bens e serviços adquiridos por viajantes (pessoais e comerciais), mais comumente representados por passagens, alojamento, alimentação, entretenimento, transportes na economia visitada, presentes e suvenires.

Os denominados Outros Serviços Comerciais agregam os serviços de comunicação, construção, seguros, financeiros, de computação e informática, *royalties* e tarifas de licença – que cobrem pagamentos e receitas pelo uso de ativos intangíveis não financeiros e direitos de propriedade (como patentes, direitos autorais ou *copyrights*, marcas registradas, processos industriais e franquias) –, outros serviços empresariais relacionados ao comércio internacional, como de aluguéis (*leasing*), serviços técnicos e profissionais de contabilidade, administração, consultoria, relações públicas, publicidade, pesquisa de mercado, serviços de pesquisa e planejamento, arquitetura, engenharia e técnicos diversos. Finalmente, também se incluem nessa categoria os serviços pessoais, culturais, recreativos e audiovisuais.

É preciso salientar que as transações em comércio exterior de serviços tomam uma grande variedade de formas, o que dificulta a

504 NOVA ECONOMIA POLÍTICA DOS SERVIÇOS

mensuração dos fluxos, como observa a OIT (2011). Existem diferentes meios de fornecer serviços ao exterior, seja através daqueles entregues no lugar de consumo por exportação ou por meio da aquisição do consumo pelo consumidor que atravessa a fronteira. Além do mais, os fornecedores podem ser firmas ou indivíduos, e determinados serviços não podem ser fornecidos pessoalmente, embora a produção e consumo possam ser simultâneos.

A Evolução dos Fluxos Mundiais das Categorias de Serviços

A dinâmica da evolução anual dos fluxos de Comércio Exterior dos Serviços Comerciais, segundo as categorias de serviços, é visualizada nas Figuras 10.2 e 10.3 e na Tabela 10.9, desde a década de 1990, a partir das quais são verificadas as diferenças consideráveis tanto entre as categorias quanto no decorrer do tempo, não apenas como decorrência da ampliação da globalização das relações pessoais e comerciais, mas também à medida da ampliação da modernização de comercialização internacional de uma série de atividades, bem como da criação de novos serviços internacionalmente comercializáveis. Observa-se, primeiro, que na década de 1990 foram registradas taxas anuais médias de evolução dos fluxos consideravelmente diferenciadas na primeira e na segunda metade da década. No período 1990-1995, para o total do comércio, verificaram-se taxas de 8,6% e 7,7%, respectivamente para as exportações e importações, enquanto de 1995-2000 o crescimento foi inferior, de 4,7 e 4,3%.

Isso ocorreu tendo em vista as crises internacionais que atingiram, em particular, os ativos financeiros do México, em 1994-1995, e os dos países do sudeste asiático, Japão e Rússia, em meados de 1997 e 1998, afetando a produção, impactando o câmbio e o Comércio Exterior não apenas desses países, mas da economia mundial, com ênfase nas economias em desenvolvimento da América Latina (WTO, 2000).

O crescimento no consumo de Viagens durante o mesmo período também foi significativo, já que o cenário internacional favoreceu o turismo e os negócios. Na segunda metade da década de 1990, os fluxos mundiais foram afetados pela diminuição na dinâmica das economias, mas as taxas de crescimento não foram insignificantes, e uma nova tendência de crescimento foi observada no ano de 2001, especialmente para Transportes, que superou a categoria de Viagens, em particular no que se refere a transporte de cargas.

Figura 10.2   Crescimento Anual dos Fluxos Internacionais de Serviços Comerciais por Categorias, 1990-2011

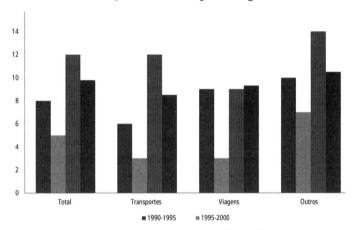

Fonte: WTO (2003); WTO, *International Trade Statistics* (2012). Elaboração nossa.

Figura 10.3   Crescimento Anual do Comércio Internacional de Serviços Comerciais, Segundo as Categorias e Direção dos Fluxos 2000, 2005 e 2011

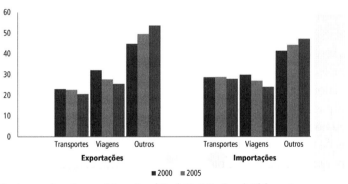

Fonte: WTO (2003); WTO, *International Trade Statistics* (2012). Elaboração nossa.

Já na década de 1990 foram observadas as taxas superiores de evolução do fluxo da categoria de Outros Serviços Comerciais, que inclui, em sua maior parte, insumos para a modernização utilizados por empresas e serviços de assessoria e consultoria, cujo comércio externo diminuiu menos que as demais categorias nos períodos da crise. O serviço de Transportes apresentava as menores taxas de crescimento, particularmente ligadas à menor comercialização mundial de mercadorias.

Essas crises começaram a ser debeladas em 1999 e o quinquênio seguinte, de 2000-2005, registrou a reação das economias, impactando a venda internacional de serviços, que na média global se elevaram anualmente acima de 11% para as exportações e de 10% para as importações, enquanto a categoria de Outros Serviços evoluiu em 13,6% e quase 12% respectivamente em sua comercialização externa. Embora a situação da economia mundial, com a desaceleração observada no início de 1990 e com a crise financeira de 1997-1998, tenha apresentado, em 1999, aceleração da taxa de crescimento do produto mundial, no entanto, o início de um novo processo de recessão foi percebido desde o final de 2000 e início de 2001 nos países industrializados.

Nesse contexto, os ataques terroristas catastróficos aos Estados Unidos em setembro de 2001 produziram um agravamento agudo da situação. Nos primeiros meses de 2001, a desaceleração da economia norte-americana já mostrava seus efeitos nocivos sobre o desempenho de outros países, não só nos menos desenvolvidos, mas também nos mais avançados. Durante esse período, as discussões sobre a política pública econômica mundial focalizaram formas de obter uma "aterrissagem suave" nos Estados Unidos, a fim de evitar uma grande recessão.

No quinquênio inicial da primeira década do novo milênio, o crescimento do comércio dos serviços da categoria de Transportes, de 11% para o fluxo de vendas e 10,8% para compras, se igualou à média global, superando os das Viagens, em torno de 8% para exportações e importações. Esse crescimento se verificou não obstante a repercussão considerável dos acontecimentos de 11 de setembro de 2001, que impactaram negativa e mais intensamente o transporte aéreo e o turismo dele dependente. No entanto, a maior evolução anual foi registrada na modalidade de Outros Serviços, quase 14% nas exportações e 12% nas importações, em virtude do significativo avanço das tecnologias ligadas à Informação e Comunicações, que adquiriram

O COMÉRCIO INTERNACIONAL DE SERVIÇOS 507

relevância inusitada no contexto da tomada de decisão das empresas, caracterizando uma nova compreensão a respeito da dinâmica de desenvolvimento das economias (WTO, 2002).

Tabela 10.9   Evolução do Fluxo Mundial de Serviços Comerciais, 1990-2011

VARIAÇÃO MÉDIA (% A.A.)	EXPORTAÇÕES				IMPORTAÇÕES			
	Total	Transportes	Viagens	Outros	Total	Transportes	Viagens	Outros
1990-1995	8,6	6,4	9	9,8	7,7	6,8	7,1	8,9
1995-2000	4,7	2,5	3,4	7,2	4,3	2,7	3,3	6,2
2000-2005	11,2	11	7,9	13,6	10,4	10,8	8,1	11,8
2005-2011	9,8	8,5	9,3	10,5	8,7	8,4	5,9	10,5
2007	20,4	20,5	15,1	23,1	19,3	18,7	15,5	21,9
2008	12,7	16,1	9,9	12,5	14,3	16,7	8,4	15,9
2009	-11,9	-23	-9,1	-8,3	-11,3	-21,4	-9,1	-6,2
2011	10	9	12	11	9	16,7	6,5	6,3
Valor em 2011 (US$ Bilhões)	4.170	860	1.065	2.240	3.955	1.100	950	1.860
Participação (%)	100	20,6	25,6	53,7	100	27,9	24	47,1

Fonte: WTO Statistics database. Elaboração nossa.

O crescimento considerável do fluxo de Serviços Comerciais na última metade da década de 2000 atingiu taxas inusitadas até 2007, com médias globais acima de 20% para as vendas e de 19% para as compras. Naquele ano, a exportação de serviços de Transportes (20,5%) se situaram acima da média global e os Outros chegaram ao pico da evolução das vendas (23%) e das compras (quase 22%).

No final de 2008, foram sentidos os primeiros efeitos da crise financeira internacional originada pelas perdas causadas pelo crescente *default* dos empréstimos das hipotecas de alto risco do mercado *subprime* norte-americano. Devido à situação estrutural de intensificação no fluxo de capitais entre países, a crise acabou por se tornar mundial, pondo em dúvida os benefícios da globalização financeira, pois desregulou os mercados financeiros de uma forma intensa. Por outro lado, medidas fiscais e monetárias foram levadas a efeito em países de vários níveis de desenvolvimento na tentativa de evitar a depressão (Paula e Ferrari, 2011).

As políticas macroeconômicas implementadas no final de 2008, em quase todo o mundo, devido à contenção financeira, tiveram impactos negativos sobre a produção e o emprego. Com exceção da China e da Índia, o produto caiu em quase todo o mundo. Nos Estados Unidos e na Alemanha a queda foi significativa, porém seguiu-se uma recuperação já no final de 2009, que não foi tão intensa, visto que estava baseada na mesma política macroeconômica que havia contraído o produto. Políticas fiscais expansionistas em muitos países (com a notável exceção alemã), políticas monetárias de sustentação de liquidez, políticas microeconômicas de incentivo a setores específicos, mas de grande impacto, como a indústria automobilística e a de construção civil, todas contribuíram para reviver a demanda agregada e mitigar o impacto das tendências naturais de empresas e consumidores de se retrair em face do desemprego, das incertezas do futuro, do excessivo endividamento de alguns setores (Carvalho, 2011).

Em suma, a perda ou ganho de *market share* das diferentes categorias de serviços das economias mundiais depende, também, por um lado, da maior ou menor especialização produtiva aliada à participação desses produtos na pauta de cada economia, no que se refere à possibilidade de concorrência na exportação ou da necessidade de importação desses produtos para seu processo de desenvolvimento. Por outro lado, resulta ainda da intensidade tecnológica inerente à estrutura produtiva, que irá determinar a intensidade de fluxos maiores de produtos tradicionais ou intensivos em capital e em conhecimentos.

A Evolução Regional dos Fluxos
Segundo as Categorias de Serviços Comerciais

Esta seção examina a evolução diferenciada dos fluxos de comércio exterior dos Serviços Comerciais segundo as categorias de serviços, a partir de uma visão geoeconômica com base em macrorregiões mundiais, para o período da primeira década do século XXI. Como já mencionado, o desenvolvimento econômico no início da década de 2000 foi afetado não só pela diminuição do dinamismo da economia norte-americana, mas também pela deterioração dos preços de exportação de seus produtos básicos, como materiais para a indústria primária, minerais e energia. No entanto, em dezembro de 2001, os efeitos mais imediatos desses eventos tinham sido moderados, tendo em vista as medidas anticíclicas tomadas pelos países mais avançados e países da América Latina, e as perspectivas de recuperação começaram a se mostrar, paralelamente à chegada de investimentos estrangeiros diretos (IED) no início de 2002 (Cepal, 2002).

Como regra, os países reagiram aos acontecimentos do início de 2001 também de acordo com a composição de sua estrutura de produção – sejam eles mais especializados em serviços dinâmicos e industriais, representados por oligopólios transnacionais que operam no comércio em sistemas de produção, sejam eles mais tradicionais, focados no mercado interno. Como já mencionado, em 2001 ocorreu o primeiro declínio nas exportações dessas atividades desde 1983, e afetou todas as categorias de serviços em todas as regiões mundiais. As estatísticas mostram que as receitas advindas de Viagens e de Transportes decresceram 3% e 2% respectivamente. As exportações de Outros Serviços Comerciais, que apresentam a maior das categorias de serviços, estagnaram em 2001. Observou-se uma contração nas importações de Outros Serviços em razão dos pagamentos de seguros terem sido feitos e registrados com uma redução no prêmio pago a seguradores estrangeiros logo após o acontecimento de 11 de setembro (WTO, 2002).

Entre as macrorregiões, o impacto da diminuição do comércio exterior de serviços teve repercussões diferenciadas nas várias modalidades de serviços comercializados. A maior parte apresentou declínio nos fluxos de venda e de compra, porém a desaceleração mais considerável nas taxas de crescimento entre 2000 e 2001 foi observada nas exportações de serviços da América Latina, do Oriente Médio e da Ásia, bem como nas importações de Viagens e Transportes da América do Norte. As importações de Outros Serviços Comerciais da América Latina ainda se elevaram em 2%, apesar da significativa queda ocorrida na segunda metade do ano. Por sua vez, tanto as exportações quanto as importações desses serviços na Ásia decresceram novamente, apenas decorridos três anos após a severa contração ocorrida na anterior crise financeira asiática, situando-se em um patamar inferior ao de 1997. Para esse declínio contribuiu o baixo crescimento econômico global e do comércio exterior da Ásia, particularmente do Japão e da Austrália, associado às mudanças da taxa de câmbio. No entanto, China, Hong Kong e Índia registraram maiores exportações de serviços comerciais do que no ano de 2000. No caso da Índia, porém, o crescimento mais significativo foi observado na categoria de Outros Serviços, para vendas e compras do exterior (WTO, 2002).

Na Europa Ocidental, as modalidades do comércio exterior de serviços também se estagnaram em 2001, após uma ligeira alta no ano precedente. A OMC salientou que a mensuração da desaceleração do ano de 2001 em termos de euros foi consideravelmente mais pronunciada, tendo em vista que a apreciação do dólar diante do euro foi muito menor em 2001 do que em 2000. Nessa região, foi observada uma diferença considerável no desempenho do comércio exterior dos três maiores comerciantes, ou seja, Reino Unido, Alemanha e França, que reportaram uma queda nas vendas e compras exteriores, enquanto Itália e Espanha experimentaram um aumento marcante. O país que mais mostrou dinamismo no comércio exterior de serviços foi a Irlanda, concentrado na categoria de Outros Serviços Comerciais.

As denominadas economias em transição da Europa continuaram a expandir fortemente seu comércio exterior em serviços, beneficiando-se do forte crescimento econômico do período naquela região, tendo as compras e vendas se expandido a quase 10% em 2001. Tal expansão foi verificada em todos os serviços, mas, em nível regional, as maiores exportações médias foram verificadas na Polônia, Hungria e República Eslovaca, ao passo que a Federação Russa, Ucrânia e Hungria observaram elevação nas importações.

Em suma, qualquer que fosse o perfil do país, o rápido fluxo interno e internacional de pessoas, bens e serviços, logo após 11 de setembro de 2001, foi reduzido e controlado, juntamente ao esforço para controlar e congelar o dinheiro usado pelas organizações terroristas, através de mudanças na regulamentação bancária. Especificamente na América Latina, o turismo, hotelaria e atividades de transporte aéreo foram significativamente reduzidos, com cancelamento de reservas e voos, e com o aumento dos custos de medidas de segurança e dos seguros. Porém, a repercussão comercial foi mais profundamente sentida no México, na América Central e no Caribe. Essas regiões têm uma ligação estreita com o cenário econômico dos Estados Unidos, principalmente devido à capacidade de exportação de indústrias maquiladoras mexicanas, e ainda devido a instalações de alta tecnologia (ligadas à informática) na Costa Rica e no México, mais sensíveis ao ciclo econômico.

Como se observa na Figura 10.4, que registra o período anterior à crise financeira mundial de 2008, mostrando as taxas de evolução anuais dos fluxos para os períodos de 2000 a 2007, os países do grupo de economias em transição (CEI) tiveram uma elevação dos fluxos de comércio exterior consideravelmente superior aos demais e, embora participassem com apenas 2,5% do comércio mundial, essa participação aumentou 75%, e as taxas de crescimento anuais das diversas modalidades de serviços foram consideráveis, ou seja, respectivamente de 16%, 20% e 28% para as categorias de Transporte, Viagens e Outros Serviços.

Figura 10.4   Crescimento Anual Regional do Comércio Internacional de Serviços Por Categorias 2000, 2004 e 2007.

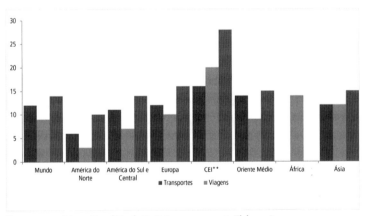

Fontes: WTO, *International Trade Statistics*, 2001 e 2008. Elaboração nossa.

Isso se verificou principalmente devido aos fluxos comerciais da Rússia e da Ucrânia, e ainda das importações do Cazaquistão, que se tornou, no período, o segundo maior importador de Serviços Comerciais depois da Rússia (WTO, 2008: p. 6). As taxas são realmente surpreendentes em termos relativos, tendo em vista que a mensuração partiu de um patamar inicial muito baixo, embora a participação mundial de fluxos de serviços vendidos para o exterior fosse relativamente pequena, como será examinado a seguir quando analisarmos a distribuição mundial dos fluxos de cada modalidade entre os países

Por outro lado, os aumentos substanciais dos ganhos relacionados às exportações de combustíveis sustentaram as vendas e compras externas da África e do Oriente Médio e, nessa última região, o crescimento anual de 2000-2007 também foi considerável para todas as modalidades de Transporte, Viagens e Outros Serviços, estimulado pelo fluxo de exportações de petróleo e também pelo Turismo. Durante o período de 2000-2007, as exportações se elevaram cerca de 2,7% mais rapidamente do que o PIB real, inclusive durante 2001, quando esse comércio declinou marginalmente devido à crise. No entanto, em 2007, as exportações diminuíram em virtude da queda na demanda de economias em desenvolvimento, causada por flutuações nas taxas de câmbio e pela elevação de preço das *commodities*, como alimentos, petróleo e gás. Ainda em 2007, pela primeira vez em cinco anos, o comércio exterior de serviços no Oriente Médio teve um crescimento superior (18%) ao do crescimento das mercadorias (15%). Isso se verificou pela expansão no fornecimento internacional de serviços financeiros e de informática, serviços profissionais e técnicos, bem como pela elevação no preço dos transportes (Prasad, 2009: p. 13).

Entre as várias modalidades, as exportações de serviços de Transportes alcançaram, em 2007, um aumento de 19%, apesar dos preços dos combustíveis e da incapacidade de algumas das principais rotas marítimas atenderem à demanda (devido à estratégica geopolítica antiterrorista), que teve efeitos relevantes sobre os custos de transporte. Em 2007, a União Europeia, os Estados Unidos e o Japão permaneceram os principais exportadores e importadores de serviços de transporte, enquanto a China se tornou o quinto maior exportador mundial. O setor de transportes chinês registrou um crescimento impressionante desde 2000 e as exportações se elevaram em 36% na média anual, atingindo 49% em 2007 (WTO, 2008). Os serviços da categoria relacionados a Viagens consistiram em

O COMÉRCIO INTERNACIONAL DE SERVIÇOS

componentes importantes na diversificação das exportações para muitos países em desenvolvimento e, em 2007, as receitas de Viagens para esses países atingiram cerca de 33% das exportações totais de Serviços Comerciais. Por outro lado, os países menos desenvolvidos começaram a se tornar um destino cada vez mais atraente para os turistas internacionais e o turismo tem crescido a uma média anual de mais de 13% desde 2000. As viagens internacionais como um todo continuaram a aumentar em 2007, apesar do aumento de custos e de menores rendimentos disponíveis em muitas economias desenvolvidas; as receitas de viagens internacionais registraram um aumento de 14%. Os maiores exportadores que lideram o setor de Viagens continuam a ser a União Europeia e os Estados Unidos, respondendo por 57% do total das exportações, mas o crescimento mais rápido das exportações e importações foi verificado na Rússia e na Austrália (WTO, 2008).

Especificamente no continente africano, os fluxos de venda de serviços voltados para atender às exportações de petróleo concentraram-se, particularmente, na África do Sul, que participou, no período, com 30% dos fluxos africanos. A Nigéria, por sua vez, teve participação de 16% e a Costa do Marfim 10%, enquanto as compras do exterior tornaram-se menos concentradas nesses três países, ou seja, apresentando índices de 10,4%, 6,1% e 6% respectivamente. Embora os serviços não sejam muito representativos na África, tanto em termos absolutos quanto em relativos, com produção mais concentrada em produtos primários e em alguns produtos industriais, as taxas do período mostram a segunda maior evolução entre as regiões relativamente à média mundial, tendo em vista o forte comércio interno entre os países africanos e o baixo patamar inicial de comparação para a mensuração do crescimento dos fluxos.

Na Ásia, a China também mostrou um crescimento surpreendente das exportações e importações no período 2000-2007, ainda que o comércio tenha sido enfraquecido em seus mercados específicos no decorrer do tempo. Como resultado, a participação da Ásia nas exportações mundiais aumentou. Cerca de 2/3 do aumento de representatividade em 2007 foi atribuído à China (WTO, 2008). A exportação de serviços, nesse contexto, emergiu como fonte importante de trocas com o exterior e geração de emprego para muitos países em desenvolvimento da Ásia, como parte da explosão global do comércio exterior de serviços que ocorreu na época. Ao contrário da percepção geral, o mais importante exportador de serviços da Ásia em desenvolvimento não foi a Índia, mas sim a China. No período de 2000-2007, as exportações chinesas de Outros Serviços tiveram um crescimento de cerca de 22% ao ano. Apesar disso, a China apresentou déficit líquido na comercialização de serviços, ao contrário da Índia, que obteve um superávit (Chandrasekhar e Ghosh, 2009).

Em termos relativos, no período de 2000 a 2007, o crescimento anual dos fluxos de comércio exterior de serviços das Américas do Sul, Central e do Norte foram menores que a elevação da média mundial para as três categorias de serviços (Figura 10.5). Na América do Sul e Central, os resultados ainda refletiam as dificuldades com a dívida externa de países desses continentes desde a década de 1980, apesar de o desempenho das exportações e importações da América do Sul na década de 1990 terem se expandido muito mais intensamente que a média mundial. No período analisado, a diminuição da intensidade dos fluxos do comércio exterior foi observado tendo em vista que os fluxos líquidos de entrada de capital nessas regiões – que apoiavam os investimentos e as importações e, consequentemente, a atividade econômica – diminuíram consideravelmente desde 2001 e de novo no ano seguinte, quando a importação e a exportação de serviços comerciais da América Latina decresceu mais de 10% e cerca de 5%, respectivamente, impactando o comércio exterior como um todo e, mais especificamente, o de serviços (WTO, 2003).

Assim, no ano de 2007, em que se iniciou a intensificação das questões que levaram à crise financeira mundial, o valor do comércio internacional de serviços comerciais havia aumentado a uma taxa superior (18%) à de bens (15%), pela primeira vez em cinco anos. Isso se verificou pela expansão internacional da oferta de muitos novos serviços e pelo aumento dos preços na categoria dos Transportes. O impacto da crise nos setores bancário e financeiro e as consequentes medidas de protecionismo das empresas norte-americanas, ao limitar a compra externa de serviços, tiveram resultado negativo importante nas exportações em 2009, como observado na Figura 10.5, em quase todas as regiões analisadas que mostraram taxas de decréscimo consideráveis.

O serviço de Transportes foi o que sofreu o maior impacto negativo no comércio internacional no período investigado na Figura 10.5, devido particularmente à forte retração das transações de mercadorias a serem transportadas. Porém, a recuperação mostrada já no ano de 2011 também foi mais intensa nessa categoria de serviços em relação às demais em quase todos os países, com exceção da Europa e da Ásia, em que as Viagens e Outros Serviços Comerciais também apresentaram reação consistente.

Figura 10.5   Crescimento Anual do Comércio Internacional de Serviços Por Categorias e Regiões Mundiais 2008, 2009 e 2011

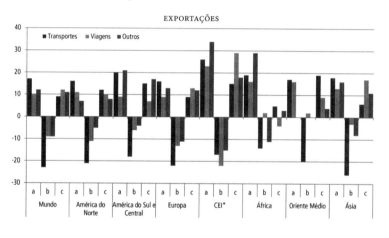

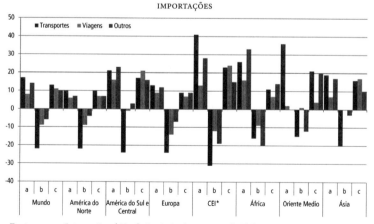

Fontes: WTO, *International Trade Statistics* (2010 e 2012). Elaboração nossa.
a = 2008; b = 2009; c = 2011

A Distribuição dos Fluxos
Entre Categorias nas Macrorregiões

Tendo em vista as taxas diferenciadas entre categorias e de regiões, no que se refere à evolução nos fluxos de comércio internacional de serviços, esta seção investiga se tais comportamentos resultaram em mudanças no perfil geoeconômico da distribuição dessas trocas, ou seja, transformações na hierarquia regional de representatividade das macrorregiões no contexto desse comércio. Da mesma forma em que são verificadas diversidades consideráveis em termos de evolução dos fluxos de comércio internacional dos Serviços Comerciais entre os países, as mudanças na distribuição mundial desse comércio, em cada grupo de serviços e região, também assumem direções diversas, de acordo com a especialização de cada economia e as condições macroeconômicas e institucionais de cada espaço no período analisado.

Como regra, os países reagiram aos acontecimentos do início de 2001 e aos eventos terroristas de setembro também de acordo com a composição de sua estrutura de produção – sejam mais especializados em serviços dinâmicos e industriais, representados por oligopólios transnacionais que operam no comércio em sistemas de produção, sejam mais tradicionais, focada no mercado interno. Como já mencionado, em 2001 ocorreu um declínio nas exportações das atividades que estavam em expansão desde 1983, o que afetou todas as categorias de serviços em todas as regiões mundiais. A recuperação do comércio internacional global em 2002 foi distribuída amplamente entre todas as regiões mundiais, que registraram uma melhora em seus fluxos em relação ao ano anterior. A distribuição das vendas e compras no exterior das várias categorias de Serviços Comerciais em cada macrorregião separadamente é visualizada na Tabela 10.8.

No que se refere especificamente às exportações, as macrorregiões mundiais mais avançadas da América do Norte, Europa Ocidental e Ásia englobavam, em 2002, em torno de metade de seu comércio exterior de serviços na categoria de Outros Serviços, enquanto a América Latina e a África registravam, nessa mesma categoria, pouco mais de ¼ dos fluxos. Nessas últimas regiões, as maiores representatividades no período eram visualizadas nas exportações de serviços de Viagem de quase 55% em países latino-americanos e 48% em africanos. A América do Norte englobava cerca de 30% de suas vendas nessa categoria.

Já quanto ao fluxo de Transportes, as vendas da América do Norte, Europa Ocidental e Ásia apresentam os reflexos mais intensos da redução do comércio como resultado dos acontecimentos de 11 de setembro de 2001, ano em que suas exportações globais declinaram em 6% e, em 2002, suas exportações também declinaram, respectivamente acima de 17%, quase 22% e 25,8%, representando uma parcela inferior de seu comércio de serviços em relação ao ano de 2000, quando englobavam 18,7%, 23% e 27%. Observa-se, na América Latina, uma dinâmica diferente, visto que a participação das exportações de Transportes se elevou de 16,8% em 2000 para 18% em 2002.

O outro evento negativo mundial, representado pela já citada crise financeira e econômica mundial iniciada nos Estados Unidos em 2007-2008, também repercutiu fortemente nos resultados da composição do fluxo de exportações em cada região em 2011, de maneira diferenciada para cada categoria de serviços. Para as atividades que englobam Outros Serviços, a representatividade das vendas externas se elevou em quase todas as regiões, com exceção da África, cuja parcela de vendas desses produtos em sua economia é menos significativa do que a do Oriente Médio. Novamente a América do Norte, Europa e Ásia registravam a maior concentração de vendas de seu comércio nessas atividades, respectivamente de quase 60% para as duas primeiras economias e metade para a Ásia e, nesses montantes, as maiores contribuições foram de *royalties* e de taxas de licença, e ainda de outros serviços empresariais. O crescimento mais significativo na parcela de venda desses serviços se verificou na América Latina, embora não em termos absolutos.

Com relação às atividades englobadas em Viagens, os resultados das exportações de 2011 mostram decréscimo na participação em quase todas as economias macrorregionais. Na América Latina, essa diminuição foi relativamente mais considerável, compensando a elevação da parcela de Outros Serviços. Por sua vez, na categoria de Transportes confirma-se a perda de participação nas economias mais avançadas anteriormente citadas e elevação na América Latina e África.

518   NOVA ECONOMIA POLÍTICA DOS SERVIÇOS

No contexto global, em todas as macrorregiões mundiais, os Transportes correspondem à categoria de Serviços Comerciais que apresenta a menor participação em exportações em sua estrutura de Comércio Exterior. Com exceção do Japão, a participação das importações é superior à das exportações. Isso significa que os países se utilizam com maior intensidade de empresas transportadoras externas que acompanham os bens importados. Nessa modalidade de serviços, observa-se que, no ano de 2011, as regiões mais desenvolvidas da América do Norte, Europa e Ásia mostraram perda de representatividade nas exportações em relação ao seu comércio mundial, como consequência da crise financeira internacional. No que se refere à compra de serviços, apenas a América do Norte se retraiu. De modo contrário, na América Latina e na África a participação aumentou no contexto de seus fluxos totais de comércio de serviços (Tabela 10.10).

Tabela 10.10   Comércio Exterior: Participação das Categorias dos Serviços Comerciais no Total Desses Serviços em Cada Região Selecionada em 2002 e 2011 (%)

	TRANSPORTES				VIAGENS				OUTROS			
	EXPORTAÇÃO		IMPORTAÇÃO		EXPORTAÇÃO		IMPORTAÇÃO		EXPORTAÇÃO		IMPORTAÇÃO	
	2002	2001	2002	2001	2002	2001	2002	2001	2002	2001	2002	2001
América do Norte	17,2	13,8	27,3	23,2	31,1	26,6	29,4	24,6	51,7	59,5	43,3	52,5
América Latina	18,0	22,3	28,8	31,9	54,6	36,2	28,6	25,8	27,3	41,5	42,6	42,3
Europa Ocidental	21,8	20,6	22,5	22,9	28,7	22,2	30,0	24,0	49,5	57,2	47,5	53,2
União Europeia	21,2	20,9	21,8	22,5	28,1	21,2	29,7	23,3	50,7	57,9	48,5	54,2
África	26,2	28,2	37,7	40,0	47,9	47,1	20,9	17,4	25,8	24,7	41,3	42,6
Oriente Médio	–	24,6	–	40,7	–	44,7	–	31,9	–	30,7	–	27,4
Ásia	25,8	22,0	31,5	34,3	28,3	26,7	26,9	22,8	45,9	51,3	45,4	42,9

Fontes: WTO Report, 2003; International Trade Statistics, 2012. Elaboração nossa.
   *   15 países em 2002 e 27 países a partir de 2009.

Por outro lado, entre a modalidade de Outros Serviços, se as exportações representam entre 40% e 50% do total de cada

O COMÉRCIO INTERNACIONAL DE SERVIÇOS

região, com exceção do Oriente Médio, os fluxos nas regiões menos desenvolvidas da América Latina e da África em 2002 compunham apenas em torno de 26% e 27%. Contudo, o crescimento acelerado nos países da América Latina no período seguinte elevou a representatividade das exportações dessa categoria em 4,15% em relação a 2001. A maior representatividade na composição geral da categoria se deve principalmente aos serviços de consultoria de natureza essencialmente técnica e de consultoria para novos processos de produção, informação, telecomunicações e serviços de computação, refletindo a transferência já mencionada de conhecimento (*know-how*). Essas atividades representam uma parte relevante dos serviços de exportação, principalmente nos países desenvolvidos americanos e asiáticos, onde produtores e distribuidores dessas indústrias têm disponível um maior montante de meios modernos de informação e de outros meios de aquisição do conhecimento.

Os únicos itens de serviços em que as regiões menos avançadas da América Latina e África ultrapassavam a representatividade das demais em exportações correspondem à categoria de Viagens, respectivamente com 55% e 48% em 2002, ou seja, recebem proporcionalmente um número superior de gastos de turistas em seus países, que, no entanto, diminuíram muito na primeira macrorregião em 2011 para pouco acima de 36%, também como decorrência da crise financeira de regiões mais desenvolvidas, em particular da Europa Ocidental. Pelo mesmo motivo, as Viagens ao exterior, que correspondem a gastos de importação ou compras de turistas no exterior, retraíram-se em todas as macrorregiões.

Quando se analisa as importações, as compras de serviços do exterior se concentram mais intensamente na categoria de Outros Serviços; em torno de 45% a mais de 50% em 2002, em quase todas as regiões, com exceção da região do Oriente Médio, cujos dados não estavam disponíveis para o período. Nessa categoria observou-se aumento da representatividade de importações em 2011 em quase todas as macrorregiões, porém, na América Latina, ocorreu uma diminuição não significativa nessa concentração em decorrência dos impactos da crise financeira internacional sobre a economia dos países dessa região.

A concentração de importações na categoria de Transportes se situou nas macrorregiões da América do Norte e da Europa Ocidental, respectivamente em mais de 27% e 23% em 2002 – apesar de não evoluir no total europeu –, decrescendo na primeira região para 23% em 2011, tendo em vista que as duas regiões foram bastante afetadas economicamente com a crise financeira de 2007-2008. Dessa forma, tanto os transportes de carga quanto de passageiros foram alvos de menores compras externas. A América Latina, África e Ásia, embora apresentassem níveis consideravelmente diferenciados de desenvolvimento em 2002, aumentaram relativamente suas compras no final do período analisado de 2011. Nesse mesmo período, as informações para o Oriente Médio registram compras externas de transporte relativamente consideráveis, que concentram quase 41% de suas importações globais de serviços.

COMÉRCIO INTERNACIONAL DE SERVIÇOS E DESENVOLVIMENTO ECONÔMICO

Como salientado pelo Banco Mundial (World Bank, 2009), a relação entre Comércio Exterior e Desenvolvimento Econômico é considerada o melhor instrumento disponível para a comparação da integração entre os países ou regiões na economia mundial. No entanto, a utilização dessa *proxy* para efeito de comparabilidade mundial é dificultada pela participação de diferentes setores nos vários países. Por exemplo, os países desenvolvidos parecem ser menos integrados porque uma parte maior do seu produto consiste de serviços e um grande montante deles, por natureza, não é comercializável no exterior.

O indicador mais utilizado internacionalmente se refere à soma (ou à média) das exportações e importações do país dividido pelo Produto Interno Bruto. Não existe qualquer relacionamento de causa e efeito entre essa razão e a saúde econômica de um país, porém os indicadores mundiais baseados nessa relação são, com frequência, denominados "razão de abertura de comércio exterior". O termo "abertura", por sua vez, pode levar a interpretações errôneas, pois, de fato, um indicador baixo para um país não implica necessariamente obstáculos

O COMÉRCIO INTERNACIONAL DE SERVIÇOS

tarifários ou não tarifários ao comércio exterior, mas pode estar relacionado ao tamanho do país ou à distância entre sua localização e a de potenciais parceiros de comércio. O comércio internacional tende a ser mais importante para países menores (em termos de tamanho da população) e rodeados por países vizinhos com regime de comércio aberto, do que para países maiores, ou países autossuficientes, ou aqueles que se situam geograficamente isolados, e são assim penalizados por altos custos de transporte. Outros fatores podem explicar as diferenças nos resultados desses indicadores, como a história, cultura política interna de comércio exterior, a estrutura produtiva da economia – particularmente o peso de serviços não comercializáveis (*non-tradable*) no PIB –, bem como reexportações, e a presença de firmas multinacionais, que apresentam forte comércio intrafirmas (WTO, 2012).

Os resultados dos cálculos do Banco Mundial para o ano de 2007 mostram que as economias mais desenvolvidas possuem melhores possibilidades de produção e exportação de atividades de serviços, enquanto a maior parte das de menor desenvolvimento apresentam maior necessidade de importação desses produtos, visto que não são dotadas de condições estruturais para desenvolver essas atividades internamente. A Figura 10.6 mostra os resultados para 2007, 2009 e 2011 da relação de Comércio Internacional de Serviços Comerciais/Desenvolvimento, tendo como indicador a razão entre o fluxo monetário desse comércio e o PIB das macrorregiões selecionadas, ajustado pela paridade de poder aquisitivo. No estudo apresentado pela Figura 10.6, os índices que analisam especificamente o comércio exterior dos setores de serviços foram calculados a partir de dados da OMC e do Banco Mundial (PIB), e estão situados no intervalo 0 > 1. Os resultados permitem analisar as diferentes condições entre as regiões, em que a relação mais baixa (mais alta) representa uma situação pior (melhor) de serviços de comércio internacional, o que reflete as condições de desenvolvimento dos países.

Tem sido historicamente visto que os países mais desenvolvidos têm melhores possibilidades de produção e exportação de atividades de serviços, e os menos desenvolvidos, a necessidade de importar esses serviços modernos, já que não

Figura 10.6   Relação Comércio Internacional de Serviços/Desenvolvimento*, Segundo Regiões Mundiais, em 2007, 2009 e 2011

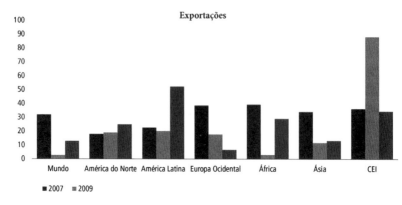

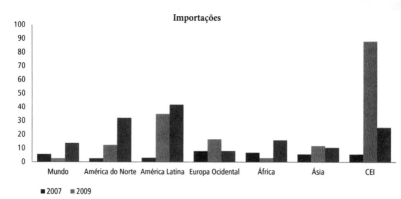

Fontes: WTO *International Trade Statistics*, 2010 e 2013; World Bank, 2010 e 2012. Elaboração nossa.

* Indicador de desenvolvimento = PIB.

têm as condições estruturais para desenvolver essas atividades dentro da região. Entretanto, no período de crise de 2009, os resultados mostram um desempenho comercial diferente, o que nem sempre guarda relação com o nível de desenvolvimento anterior. Como é visualizado na figura, os menores índices no caso das exportações são dados pela África, que tem uma dispersão negativa 99% abaixo da média mundial. Contudo, a América do Norte e a Europa Ocidental também mostraram uma queda significativa no indicador, como resultados dos problemas macroeconômicos que acabaram por resultar na crise financeira mundial de 2008. A Ásia e a Europa Oriental (CEI) apresentaram uma relação bastante superior (respectivamente 127% e 90%) à media global, confirmando seu desempenho anterior.

Tais resultados mostram as regiões que foram mais rápidas e severamente atingidas pela crise, com reflexos na venda de seus serviços para o exterior, porém revelam também o grau de recuperação já em 2011, particularmente na América Latina, que depende bastante da exportação de seus serviços para a promoção da geração de valor agregado. Se por um lado as regiões da América do Norte e da África conseguiram recuperar o grau de integração de suas exportações no comércio mundial, a Europa Ocidental, por sua vez, diminuiu ainda mais sua condição, mostrando a dificuldade de retomada do crescimento após a crise, e a Ásia permaneceu estagnada segundo o indicador. Observe-se que os países da Europa Oriental tiveram vantagens relativas na comparação mundial dessa relação apenas no ano de 2009, voltando para a situação relativa anterior em 2011, comportamento semelhante apresentado pelos países da Ásia.

No que se refere às importações, os resultados tiveram um significado diferente, dependendo do grau de dependência externa dos países de cada macrorregião, o que em alguns países não tem relação direta com o valor adicionado gerado que determina o nível de desenvolvimento. A América do Norte, que anteriormente à crise mostrava a relação mais baixa de dependência de importação de serviços quando comparada à média mundial, tendo em vista melhores condições de produzir internamente os serviços modernos, no período posterior apresentou crescimento gradativo do índice. A América Latina apresentou um crescimento gradativo similar e mais representativo do indicador, porém com diferente interpretação para esses resultados, pois a magnitude de seu PIB é menor e também o valor de suas importações, o que salienta maior dificuldade de produção de serviços dinâmicos no interior de seus países e maior dependência relativa de compras externas dessas atividades. Por sua vez, a Europa Ocidental e a Ásia não mostraram significativa mudança das posições relativas em todo o período, revelando baixo grau de dependência externa de serviços para a geração de valor adicionado, porém com certo grau de aumento da dependência no ano de 2009. Como ocorreu no caso da exportação de serviços, os países da Europa Oriental apresentaram um crescimento relativo (não absoluto) considerável do indicador relacionado às importações no ano de crise, e voltou em direção a níveis anteriores em 2011.

Em suma, os resultados da razão Comércio Externo de Serviços/PIB de cada macrorregião mostram que a exportação de serviços internacionais nem sempre está associada a níveis mais elevados de desenvolvimento, e que nem todos os países em desenvolvimento estão ainda em condições de ser exportadores em larga escala. Isso pode ser particularmente verdade para os setores de serviços onde o desempenho das exportações parece ser construído sobre uma base forte da demanda interna por serviços como telecomunicações, distribuição e audiovisual. A OMC considera que a razão reflete a natureza do comércio de serviços em uma economia internacional integrada, que possui inter-relações e sinergias cada vez mais fortes entre os diferentes setores de serviços e uma tendência para formar fusões e alianças entre países e setores.

CONSIDERAÇÕES FINAIS

Embora o estudo não seja totalmente abrangente com relação às especificidades dos países e está sujeito a muitas limitações, foram observadas algumas descobertas fundamentais. Um dos resultados mostra que há claras evidências de que um número limitado de regiões em desenvolvimento aumentou as exportações do setor de serviços no período e persistem divergências significativas na distribuição mundial dessas atividades de comércio internacional, pois a evolução delas, em períodos de bonança internacional, não eliminou as desvantagens de países em desenvolvimento. Porém, em certo grau favoreceu o crescimento relativo dos fluxos em alguns países em desenvolvimento em períodos de crise. Mesmo assim, um número crescente de empresas desses países tem se tornado exportadoras bem-sucedidas de uma variedade de serviços tanto para as regiões desenvolvidas como para as em desenvolvimento.

O COMÉRCIO INTERNACIONAL DE SERVIÇOS

Alguns fatores externos podem ser resumidos como elementos-chave para explicar a variação no desempenho do comércio de serviços entre grupos nas duas décadas passadas e, particularmente, para expor as desvantagens dos países menos desenvolvidos. Um desses fatores é o grau de acesso a mercados externos, que pode ser bloqueado por barreiras tarifárias ou não tarifárias, pelo nível de proteção dos países mais avançados. Outro fator relevante se refere aos fluxos de entrada de capital, visto que alguns dados mostram que a tendência a mecanismos governamentais de apoio ao desenvolvimento em países em desenvolvimento tem propiciado menor representatividade de disponibilidade de capital do que a entrada de fluxos externos de capital privado. Finalmente, a menor diversificação e tamanho da estrutura econômica torna algumas economias mais vulneráveis a mudanças no ambiente internacional, ou seja, ficam limitadas, têm dificuldade em evoluir em sua representatividade relativa no comércio mundial e em enfrentar problemas de variações cambiais, além de outras questões que afetam a demanda externa para seus serviços (WTO, 2012).

Paralelamente aos fatores elencados acima, os elementos internos das economias que apresentam impacto considerável no comércio exterior dos serviços se referem, em resumo, a políticas públicas internas de estímulo, que determinam o grau de abertura da economia ao mercado externo e o compromisso com os regimes comerciais, regras e disciplinas estipulados pela OMC e pelos acordos internacionais. Por outro lado, a natureza da estrutura produtiva dos países voltados para a maior produção de produtos que geram menor valor adicionado e concentram suas exportações mostram maior dependência de importação de serviços mais especializados não produzidos no país. As políticas macroeconômicas, que levam à estabilidade ou instabilidade econômica, exercem influências consideráveis sobre o comércio exterior, paralelamente a outros fatores internos como a disponibilidade de infraestrutura logística para o escoamento do fluxo de vendas e compras desse comércio, bem como a capacitação da força de trabalho.

Os fatores externos e internos acima podem explicar as diversas tendências no desempenho das exportações dos países. Como salientado pela OCDE e pelas análises da OMC, outros eventos conjunturais colaboraram fortemente na evolução de tais desempenhos, como os diferentes graus de investimento direto estrangeiro (por exemplo, dominado pela China). Além disso, restrições afetaram a presença comercial, como as relativas ao licenciamento, parcerias conjuntas de risco e movimento permanente de pessoas. Outras restrições ainda se referem à ascensão e empréstimos de fundos, ao fornecimento de outros negócios (seguros e valores imobiliários), à possibilidade de expansão de lojas e à circulação temporária de pessoas.

Na realidade, a diminuição da desigualdade mundial entre regiões nos fluxos de comércio internacional de serviços exige um compromisso com a abertura externa e políticas internas que promovam o crescimento permanente da economia e do comércio externo. Assim, nos países em desenvolvimento, isso significa a implementação de políticas governamentais que gerem estabilidade macroeconômica, mercado de trabalho flexível, boa governança e políticas ambientais eficazes. Com certeza, os custos de ajustamento podem desempenhar papel significativo na formação da economia política das reformas comerciais. Os benefícios da abertura não serão uniformemente compartilhados entre as economias, pois alguns países vão ganhar e outros perder e, além disso, os resultados podem levar tempos diferentes para surgirem.

Vale a pena salientar que a chamada crise do *subprime*, que afetou os sistemas financeiros dos Estados Unidos e da Europa desde agosto de 2007 e cujas consequências passaram a ser difundidas para outras regiões, ainda não foi inteiramente ultrapassada, e oferece um grande potencial para mudar o perfil de distribuição geoeconômica do comércio internacional. Ela foi considerada a pior crise econômica e financeira desde os anos de 1930, e a recuperação global permanece frágil, apesar de a maioria dos países terem estimulado políticas macroeconômicas voltadas à consolidação fiscal.

Está se tornando claro que nem todos os países podem contar com as exportações para impulsionar o crescimento e o emprego. Foi observado que, em comparação com o declínio no início dos anos de 1970 e de 1980, a magnitude da contração do comércio de 2009 foi elevada devido à propagação e extensão das cadeias de abastecimento globais nos anos de intervenção

O COMÉRCIO INTERNACIONAL DE SERVIÇOS

na década posterior, o que permitiu aos serviços atravessarem, com frequência, as fronteiras nacionais várias vezes durante o processo de produção. A propagação das cadeias de fornecimento internacionais e da tecnologia da informação permitiu que os produtores de uma região respondessem quase instantaneamente às condições de mercado em outra parte do mundo. Em geral, isso contribui para o bem-estar global e nacional, incentivando o uso mais eficiente de recursos escassos, mas, no caso do colapso do comércio internacional, pode ter agido como um mecanismo de transmissão. No entanto, como ressaltado por alguns analistas, a queda do comércio de 2009 foi reforçada pela sua natureza sincronizada, ou seja, exportações e importações de todos os países caíram ao mesmo tempo, não deixando nenhuma região intocada. É intuitivamente claro que a queda no comércio mundial teria sido menor se a contração em algumas regiões houvesse sido equilibrada pela expansão em outros, mas esse não foi o caso no período de crise de 2009 (wto, 2010c).

O crescimento do comércio e a saída da crise começaram a se manifestar no segundo semestre de 2009 em muitos países, depois de queda recorde no início do ano. No entanto, a recuperação até o primeiro trimestre de 2010 não foi suficiente para atingir níveis pré-crise. É uma percepção comum de que a recuperação do comércio externo só será efetivamente impulsionada através de uma nova abordagem dos problemas da negociação, que poderá regular os fluxos de comércio em um novo cenário mundial econômico após a crise financeira. O relatório de 2013 da omc mostra que as discussões a respeito das negociações no comércio de serviços no Conselho tiveram continuidade entre os representantes dos países, com temas como acesso a mercados, preferências dadas aos serviços e prestadores de serviços de países menos desenvolvidos, regulação doméstica e regras do Gats. Além disso, foi organizado o primeiro debate dedicado à crise financeira e comércio de serviços financeiros, bem como ao impacto da evolução tecnológica sobre a regulamentação dos serviços bancários e outros serviços financeiros.

De qualquer maneira, a condição de "internacionalmente comercializável" (*tradable*) de alguns setores de serviços, bem como a tendência ao aumento da representatividade no comércio exterior global, é patente na dinâmica produtiva mundial atual. Além do mais, gera um valor adicionado não desprezível para os países exportadores e efeitos multiplicadores do desenvolvimento econômico relevantes em todas as regiões. É necessário destacar ainda que, independentemente de sua condição *tradable*, o papel dos serviços como indutor do desenvolvimento econômico dos países tem se afirmado também em momentos de crise.

Recentes resultados da pesquisa "Índice Preliminar Composto de Compra da Zona do Euro" (PMI, na sigla em inglês), que é considerado um indicador de crescimento e mede a atividade do setor de serviços na zona do Euro, mostram que, desde agosto de 2011, o indicador vinha atingindo um patamar abaixo de 50, que separa crescimento de contração, entretanto, em janeiro de 2012, registrou crescimento, situando-se acima desse patamar. Como salienta o economista-chefe do grupo dessa pesquisa, Chris Williamson (ESP, 2012), esse comportamento leva à previsão de que pode não haver uma recessão na zona do Euro no período, mas apenas um breve período de declínio, e o setor de serviços tem se configurado como o motivador da produção econômica da região.

Por fim, deve ser de novo enfatizado que, em períodos de crise internacional, os riscos comumente existentes no comércio internacional são bastante intensificados, podendo alterar o perfil de distribuição mundial desses fluxos e também o padrão de distribuição, evolução e modernização anterior. Entre os riscos econômicos exacerbados nesse período de crise recente foram observados o crescimento da insolvência de compradores ou o atraso no pagamento no prazo determinado de seis meses. Paralelamente, as flutuações cambiais e as incertezas quanto à soberania econômica dos países endogeneizaram os riscos externos das economias. Por outro lado, uma série de riscos políticos pesaram na tomada de decisão das empresas quanto aos estímulos às exportações, como riscos: de cancelamento ou não renovação de licenças de exportação ou importação; de conflitos armados; de expropriação ou confisco das companhias importadoras; de imposição de banimento de algum bem após o embarque; de imposição de controle de transferência de valores pelo país importador devido a crises de liquidez; e, como já visto, riscos relacionados à soberania política.

Na segunda década do século XXI, o Comércio Internacional continua sendo fonte de crescimento e emprego para a maior parte das economias e passa por significativas mudanças. Essas são principalmente lideradas pelos Estados Unidos e pela China, que ajustam suas políticas internas e externas comerciais à nova ordem do sistema econômico internacional, que apresenta múltiplos focos de influência. As medidas para a resolução dos problemas detonados pela recente crise econômica mundial se traduzem através da proliferação de acordos bilaterais regionais, bem como pela ampliação de políticas retritivas e protecionistas.

A Organização Mundial do Comércio vem encontrando limitações técnicas que, acopladas às novas condições políticas, apresentam dificuldades para lidar com as novas formas de organização da produção, particularmente tendo em vista a maior integração dos países às cadeias produtivas mundializadas. O processo decisório da OMC se tornou mais complexo devido ao número elevado de novos países componentes, que em sua criação em 1995 contava com 76 economias e em 2013 com 158 membros; ao lado disso, poucas mudanças ocorreram em seus procedimentos para conseguir resolver as novas situações advindas da operacionalização de cadeias de fornecimento global ou de manipulação das taxas de câmbio. Acordos de Livre-Comércio estão sendo criados entre América do Norte, Europa e Ásia e esses afetam os países em desenvolvimento, com risco de serem excluídos dos benefícios advindos.

Deve ser salientado ainda que, no que se refere à análise da interdependência entre as mercadorias e os serviços no comércio mundial, a mensuração não foi possibilitada somente com base nos dados do comércio internacional porque os serviços são parte integrante do processo de produção de bens, no que diz respeito à integração econômica e setorial, como já mencionado, e os dados de mercadorias não mostram a participação das atividades de serviços interiormente aos processos de produção de mercadorias. Portanto, as alterações ao longo do tempo no conteúdo de serviços inserido na produção de bens, ou seja, o fato de que as mercadorias estão evoluindo para serem intensivas em serviços, também devem ser levadas em conta na avaliação da contribuição dos serviços para a interdependência global no comércio internacional.

11. Desenvolvimento Econômico e o Papel dos Serviços

A ideia mostrada anteriormente de que apenas bens materiais contribuem para o desenvolvimento econômico continua incorporada em uma série de autores que observam as atividades de serviços, enquanto bens imateriais, apenas como complementares às demais atividades, e eles tendem a avaliá-las como "resíduo" na determinação do desenvolvimento do produto gerado em uma economia. Apenas recentemente a contribuição das atividades e ocupações de serviços para a dinâmica do processo de desenvolvimento tem sido explorada nas análises econômicas, embora a literatura internacional já apresente discussões relevantes a respeito desde os anos de 1960. Dessa forma esta seção tem por objetivo examinar a literatura internacional relacionada à Economia Política do Desenvolvimento, visando resgatar alguns conceitos que revelam novas abordagens com relação às atribuições das atividades de serviços no processo de desenvolvimento econômico recente dos países. As políticas públicas de países menos desenvolvidos empenhados em impulsionar o crescimento recebem subsídios importantes a partir do novo entendimento acerca do papel dessas atividades na dinâmica econômica.

A análise aqui empreendida se inicia pela verificação das novas atribuições dos serviços no processo de desenvolvimento das economias ante a mudança de paradigma produtivo que se delineou a partir dos anos de 1970 como manifestação de uma situação mundial que já se verificava no final de 1960. Em seguida, são examinadas as discussões sobre a emergência de uma nova forma de sociedade baseada nessas condições diferenciadas, conceituada como pós-industrial, que trazia consigo a necessidade de reformular antigos conceitos e novas formas de mensuração das causas do desenvolvimento. O papel das atividades de serviços como induzidas ou indutoras do desenvolvimento econômico, o papel dos serviços no processo do desenvolvimento regional e finalmente a relação entre os serviços e a formação do capital social que induz o desenvolvimento econômico são pontos discutidos nas seções seguintes.

ABORDAGENS TEÓRICAS TRADICIONAIS

Existem três conjuntos de explicações clássicas para analisar o crescimento das atividades de serviços (Baily e Maillat, 1991). A primeira explicação se concentra na análise das razões das mudanças nas parcelas relativas e absolutas do emprego no setor terciário, descrevendo o fenômeno da terciarização como um processo que conduz à sociedade de serviços. Essa explicação é baseada na teoria dos estágios de evolução, de acordo com a qual a demanda por serviços ultrapassa o crescimento da renda familiar disponível. Ressalta também que há diferenças consideráveis entre a produtividade dos serviços e das manufaturas, e que o setor terciário é um escoadouro para o excedente de mão de obra do setor de produção de bens.

A segunda forma de analisar o fenômeno destaca que a terciarização é um resultado do declínio relativo e absoluto do emprego no setor secundário (desindustrialização) subsequente ao desenvolvimento de novas tecnologias mais produtivas. O declínio é também observado como efeito do consumo decrescente de bens industriais. Assim, a desindustrialização é uma consequência do fato de que, com as recentes inovações tecnológicas, o emprego decresce, a produtividade aumenta e os investimentos visam mais à maquinaria do que à criação de empregos manuais. Nesse caso, o setor terciário reabsorve a mão de obra dispensada e a realocação de capital para o setor de serviços é efetuada com maiores retornos e rentabilidade (Kon, 1992 e 1995). O terceiro conjunto de explicações aponta que a queda do emprego no setor secundário é devida ao crescimento do emprego no setor público, o que é uma consequência do aumento da demanda por serviços coletivos.

Os economistas, seguindo a ideia dos geógrafos, reconhecem que os serviços são um fenômeno urbano. Alguns estudos se referem a um forte relacionamento entre a proliferação dos serviços e a ampla urbanização (McKee, 1988; Bryson e Daniels, 2007; Gallouj e Djellal, 2010). Porém, as atividades terciárias têm sido geralmente consideradas ocupações que desempenham um papel subordinado na expansão urbana, e o setor secundário tem sido reconhecido como o principal motivador do crescimento urbano desde o início deste século. A partir da década de 1930, o setor manufatureiro nos países mais desenvolvidos tem sido visto como a base econômica da área urbana. A teoria da base econômica sugere que os fundamentos para qualquer economia local é a sua base de exportação, ou seja, as aglomerações urbanas retêm sua viabilidade como economias locais na medida em que são capazes de fornecer produtos para áreas externas (Hoyt, 1960). Um desenvolvimento desse argumento enfatiza os fortes inter-relacionamentos "para trás" das indústrias manufatureiras dentro de seu território geográfico, sendo mais provável obterem economias de escala do que os serviços. Por outro lado, a maior parte dos serviços apresenta, aparentemente, baixos níveis de crescimento da produtividade, o que reforça o ponto de vista de que os serviços são menos produtivos do que as manufaturas.

A aceleração no desenvolvimento e na diversificação das indústrias de serviços na segunda metade do século xx é colocada contra a visão anterior de que os serviços eram obscurecidos pelo impacto visível das manufaturas sobre as cidades e regiões. Assim, os serviços foram considerados atividades que desempenham um papel subordinado, que se torna visível apenas enquanto o setor manufatureiro o for. Se este setor decresce, e a base de exportação recua, as atividades de serviços sofreriam efeitos multiplicadores reversos. O desenvolvimento desigual entre algumas regiões é considerado uma consequência da reorganização de certas firmas industriais em face da demanda declinante para sua produção e da pressão competitiva, que encorajam a obtenção de melhorias na produtividade do trabalho. A automação e a mudança tecnológica tornam o processo produtivo mais capital-intensivo e reduzem a demanda para trabalhadores na área da produção, enquanto, com o declínio geral do emprego no setor secundário, uma parcela crescente de trabalhadores gerenciais, técnicos e de apoio reflete o aumento da terciarização da produção e a mudança na divisão de trabalho em grandes empresas (Kon, 1995).

A literatura econômica tradicional, que analisa o papel dos serviços no processo de desenvolvimento de um país, trabalha ainda em três outras abordagens teóricas básicas sobre o tema a partir de premissas diferenciadas das anteriores, explicando sua atuação a partir do efeito-renda, da defasagem de produtividade e dos serviços intermediários (Kon, 2003). A primeira abordagem, da teoria do efeito-renda, defende a hipótese clássica de que os serviços são bens superiores, no sentido de que a demanda por eles tem elasticidade-renda positiva e superior à elasticidade-renda da demanda por bens primários ou secundários. Nesse contexto, o crescimento da renda real resultaria numa proporção crescente do peso dos serviços no consumo final, ou seja, como salientava Colin Clark (1940), as atividades terciárias, devido à forte elasticidade da demanda por seus produtos, são suscetíveis de se desenvolverem mais rapidamente do que as outras por razões técnicas ou a partir de uma mudança das preferências.

Tais suposições se baseiam numa transposição, para os serviços, da Lei de Engel, que aceita uma oposição entre bens primários e secundários, visto que essa divisão de categorias revela uma separação em termos de funções-serviços atendidas. Os bens primários respondem pela função-alimentação no consumo final, enquanto os secundários se relacionam a muitas outras funções-serviços, como vestuário, moradia, entre outras. A transposição para os serviços consiste em que, no caso da oposição entre bens e serviços, algumas das funções-serviços podem ser atendidas tanto por bens quanto por serviços, como é o caso das funções de transporte, tarefas domésticas e lazer.

Além disso, observa-se situações de complementaridade, como em exemplos de difusão de bens duráveis de consumo na rede de comercialização e de assistência técnica, o que equivale a uma crítica sobre a tendência à substituição de bens por serviços em face da existência de uma correlação entre renda real e consumo conspícuo. A crítica à consideração dos serviços como bens superiores se iniciou com os trabalhos empíricos de Victor Fuchs (1968), que verificou, nos Estados Unidos, entre 1929 e 1963, que a elasticidade-renda dos serviços era pouco superior à elasticidade-renda dos demais produtos.

Ainda no âmbito da teoria do efeito-renda, a classificação de serviços tenta recuperar o papel dos serviços também a partir da denominada Lei de Engel. O autor argumenta que a forte correlação entre renda *per capita* e serviços proposta por Allan Fisher (1939) é circunscrita à categoria de "novos serviços" (não no sentido temporal), exemplificados pelas atividades de educação e entretenimento, apresentando um caráter de consumo de massa que esses serviços revelam como resultado de um aumento da renda *per capita* e do tempo de lazer, o que acarreta mudanças nos pesos de sua distribuição pela população. Os serviços complementares definidos por Fuchs constituem os aplicados ao comércio, transporte e financeiros, relacionados à industrialização, que é acompanhada pelo crescimento dos mercados, pelo grau de urbanização e pela diversificação na divisão social do trabalho. Em contraposição, os serviços antigos se referem às atividades que se desenvolveram em fases anteriores à industrialização e cujo peso e contribuição à economia têm declinado, como os serviços domésticos (substituídos por bens ou por novos serviços).

A partir dessa óptica, o resultado final da atuação dos serviços sobre a geração de empregos ou sobre o desenvolvimento econômico seria efeito de três fatores específicos como segue: processo de industrialização (que reduz os serviços antigos), criação de serviços complementares (que se expandem com o crescimento industrial acelerado e posteriormente crescem a taxas decrescentes) e a renda *per capita* (que aumenta a demanda por novos serviços).

As teorias da defasagem de produtividade se inserem no contexto da análise da oferta. São encontradas na literatura desde os anos de 1950, envolvendo a ideia de que o crescimento da produtividade dos serviços seria inferior ao da produção manufatureira ou à da média das economias (Kuznets, 1983). Por sua vez, o crescimento do emprego no setor de serviços é explicado pela baixa produtividade. Simon Kuznets compara empiricamente a participação dos serviços no produto e no emprego em diversos países selecionados, em uma série histórica de longo prazo que se inicia no século passado. No que se refere ao produto, não encontrou qualquer padrão de comportamento relacionado, porém encontrou com relação ao emprego, tendo em vista que a produtividade do trabalho no setor não apresenta uma tendência secular ascendente (Kuznetz, 1983). Fuchs (1969), por sua vez, deixa claro que o crescimento relativamente mais rápido do emprego no setor de serviços se dá em razão da defasagem de produtividade.

O clássico artigo "Macroeconomics of Unbalanced Growth" de William J. Baumol, de 1967, discute a defasagem de produtividade dos serviços, enfatizando que algumas características inerentes a eles levam a diferenças na produtividade e tendem a se perpetuar. O autor afirma que existem forças inerentes à estrutura tecnológica de uma série de serviços – como do governo, educação, artes de performance, restaurantes e atividades de lazer –, e essas forças atuam inevitavelmente no sentido de aumento progressivo e acumulativo de custos reais incorridos no seu fornecimento. Como consequência, os esforços para compensar esses aumentos de custo podem ser temporariamente bem-sucedidos, porém, a longo prazo, são apenas paliativos que não têm qualquer efeito significativo sobre as tendências subjacentes.

Embora as sociedades se dirijam para o crescimento do setor de serviços, alguns economistas questionam a elevação do seu consumo, enfatizando que as estatísticas mostram o declínio das compras de serviços pelos consumidores das famílias como proporção dos gastos totais nas últimas duas ou três décadas, particularmente em países em desenvolvimento (Gershuny, 1990). Explicam esse fenômeno como decorrência do processo sociotécnico, o *cost disease* (doença de custos), ou seja, tendo em vista o crescimento da produtividade do trabalho no setor manufatureiro, seus salários tendem a crescer como recompensa pelo valor agregado excedente gerado; por outro lado, existe um processo de barganha coletiva por igualação de salários, que atinge o setor de serviços pelo argumento da equidade. No entanto, a produtividade desse último setor não se eleva com a mesma velocidade e, dessa forma, o montante do valor gerado pelo setor manufatureiro e o financiamento da elevação dos salários é repassado aos preços dos serviços.

Portanto, esse processo leva ao encarecimento proporcional dos serviços e à diminuição da demanda por produtos do setor, que são substituídos pelo "autosserviço", quando existir essa possibilidade. Embora esse processo de crescimento relativo dos custos dos serviços não seja inevitável, parece existir uma forte tendência de crescimento dos preços dos serviços de consumo familiar. Essa visão é considerada pessimista pelos pesquisadores que observam as vantagens relativas e os benefícios das economias de serviços como, por exemplo, a maior resistência às mudanças cíclicas da economia, que podem ocasionar fases críticas de desenvolvimento, visto que, de um modo global, os serviços não demandam tantos investimentos em ativos fixos ou em estoques que podem deprimir os preços e causar perdas durante recessões econômicas.

Algumas pesquisas internacionais sobre os Estados Unidos, Japão e França, nas décadas de 1970 a 1990, confirmam a hipótese da "doença de custos" nessas economias desenvolvidas. Os indicadores do crescimento da produtividade dos setores de serviços situaram-se em níveis consideravelmente inferiores aos demais setores, particularmente tendo em vista a alta intensidade da relação Trabalho/Capital, bem como o superior crescimento dos preços nos serviços (Baumol, Blackman e Wolf, 1985 e 1991; Petit, 1995).

Para o Brasil, pesquisa realizada por Hidete P. Melo et al. (1998) mostra que não se confirma a hipótese de evidência da doença de custos para o caso brasileiro. O estudo desenvolve indicadores de produtividade aparente para o ano de 1990, verificando que o valor agregado por trabalhador, gerado pelo setor de serviços, é apenas superior ao do setor Agropecuário. A pesquisa revela que as atividades agregadas na categoria de Comércio e de Outros Serviços nas Contas Nacionais apresentam o menor índice de produtividade aparente, em contraste com subsetores como Instituições Financeiras e Comunicações, que apresentam indicadores ainda superiores à indústria. Aprofundando ainda a análise nos subsetores incluídos em Outros Serviços, verifica-se que essa baixa produtividade está relacionada mais intensamente a serviços de higiene pessoal, de confecção e conservação do vestuário, domésticos remunerados, domiciliares diversos, diversão e promoção artística e outros pessoais não identificados. Kon (2001) estimou as taxas anuais de crescimento da *proxy* de produtividade representada pela relação valor adicionado/trabalhador para uma série histórica desde os anos de 1950 e verifica que, com exceção da década de 1970 (período do maior dinamismo da economia), essas taxas são consideravelmente inferiores às dos demais setores, e são negativas nas décadas de 1980 e de 1990 (períodos de intensa estagnação econômica).

Para Jonathan I. Gershuny e Ian Miles (1983), a defasagem de produtividade é um fato ao qual podem ser relacionadas três formas de explicação: a. baixa intensidade de capital ou baixos níveis de qualificação da força de trabalho (que é relativamente barata), características das condições imediatas de produção; b. existência de baixa concentração econômica do setor e proporção acima da média de firmas pequenas e de trabalhadores por conta própria, o que consiste em formas mais flexíveis de organização da produção; c. natureza particular do produto do serviço e dos seus componentes em termos de relações humanas ou suas características em termos de processamento da informação. Como veremos mais adiante, esses argumentos tradicionais são refutados por teóricos posteriores.

A terceira abordagem, que enfoca o papel dos serviços intermediários como relevantes ao processo de desenvolvimento, no que se refere à geração de produto e de emprego, apresenta interpretações distintas. Para determinados autores, o crescimento dos indicadores desses serviços intermediários representa apenas a transferência de atividades antes realizadas dentro da própria firma para firmas especializadas (terceirização e terciarização) e, dessa forma, o efeito líquido sobre o produto e emprego totais, bem como sobre a estrutura da demanda, não é significativo. Essa transferência pode significar apenas a mudança relativa da participação do setor de

DESENVOLVIMENTO ECONÔMICO E O PAPEL DOS SERVIÇOS

serviços no global da produção. Para outros autores, a substituição de trabalho por capital, as estratégias de diferenciação do produto e de segmentação de mercado – visando à concorrência, ao desenvolvimento dos mercados financeiros e à regulação estatal – aumentam a importância das funções-serviços de planejamento, pesquisa e desenvolvimento, de *marketing*, controle administrativo, assessoria jurídica e outros (Noyelle e Stanback, 1984 e 1988). Sob condições modernas de produção, haveria, nesse caso, um deslocamento das economias de escala e da administração da unidade, ou do estabelecimento onde estavam concentradas, para o âmbito da firma como um todo. Esses autores chamam a atenção para a distinção entre o efeito associado ao tamanho da firma e o efeito sobre seu crescimento: o tamanho da firma exige funções ligadas à administração, controle e comunicações, busca, seleção, avaliação e treinamento de empregados, negociação de contratos e *marketing*, enquanto o crescimento da firma está ligado a funções de desenvolvimento do produto, pesquisa, planejamento estratégico e desenvolvimento de novas fontes de fundos, externas ou internas.

A CONTRIBUIÇÃO DOS SERVIÇOS NAS TEORIAS DO PÓS-INDUSTRIALISMO

É discutido, na literatura econômica (Kon, 1992; Bryson e Daniels, 2007; Gallouj e Djellal, 2010), o papel das atividades secundárias enquanto indutoras do desenvolvimento, para as quais se dirigiriam inicialmente o capital e a mão de obra oriundos do meio rural; a dinâmica de transformações na estrutura produtiva assim iniciada se difundiria depois no setor terciário da economia. Esse fenômeno foi amplamente comprovado nos países mais avançados, mas alguns teóricos defendem a ideia de que em economias em desenvolvimento o imigrante rural dirige-se primeiro ao setor terciário, para atividades que não exigem alta capacitação, no sentido de adquirir o preparo adequado para assumir atividades que requisitem maior habilitação, deslocando-se depois para o setor secundário. Por outro lado, é amplamente reconhecido que existe um limite para a velocidade de ampliação dos investimentos nas atividades secundárias e para a consequente absorção de mão de obra nesse setor, particularmente em países menos avançados, em virtude do próprio tamanho do mercado interno e externo para o consumo de produtos manufaturados, bem como da rigidez dos coeficientes técnicos das funções de produção, além da capacidade de poupança interna necessária para essa evolução.

Assim, se as atividades terciárias se desenvolvem atendendo a funções intermediárias complementares dos demais setores, em situações diversas se ampliam em decorrência de ali se alocarem o capital e a mão de obra excedentes, que não encontram oportunidades em outros setores; nesse caso, tais atividades buscam seu próprio mercado. Para isso concorre a diversidade da natureza dos serviços oferecidos, que se situam em uma gama que se estende do processo de produção mais moderno e capital-intensivo, ao processo mais tradicional, cujo único fator de produção empregado é o trabalho de baixa qualificação.

Dessa forma, na atualidade, a ênfase dada ao estudo do desenvolvimento das economias se dirige amplamente para a análise da "Economia de Serviços", ou para a "Indústria de Serviços", sendo examinadas paralelamente às transformações ocorridas na denominada "Economia Industrial", ou seja, no contexto "Pós-Industrial" ou "Superindustrial", tendo em vista que em grande parte das economias em fase de desenvolvimento e nas economias avançadas cerca de 50% dos custos de produção referem-se a insumos de serviços, e mais de 60% do produto gerado e dos empregos envolvidos estão relacionados ao setor de serviços (Giarini, 1987). Assim, o termo "Economia de Serviços" abre o caminho para a percepção sobre o relevante papel dessas atividades na geração de renda e de riqueza das economias na modernidade. Esse novo papel trouxe consigo a necessidade de reformulação de antigos conceitos e um melhor entendimento acerca da complexidade do setor e da natureza dos relacionamentos com os demais setores econômicos e dos agentes que contribuem para a produção e consumo dos serviços, relacionamentos esses que assumem uma diferente conotação quando comparados aos da economia visualizada como fortemente calcada no desenvolvimento industrial.

DESENVOLVIMENTO ECONÔMICO E O PAPEL DOS SERVIÇOS 541

A realocação setorial dos fatores de produção em direção às atividades terciárias, nas fases iniciais, e secundárias do processo de desenvolvimento faz-se por meio da concentração em um espaço econômico delimitado, no sentido de propiciar economias externas tanto a outras empresas quanto à coletividade. Essa concentração favorece a modernização econômica ao diluir os gastos e os riscos quando as atividades reúnem um fundo comum, bem como ao disseminar o crescimento para o restante da economia através de canais específicos. Nesse sentido, o termo "economia pós-industrial" é amplamente utilizado para denotar uma economia de serviços que decorre do desenvolvimento de uma economia manufatureira.

Tal mudança, que nos Estados Unidos foi denominada certas vezes "macdonaldização da América", nem sempre é vista como desejável por estudiosos que ainda consideram a indústria como o "motor do crescimento". Esses autores defendem a ideia de que os empregos no setor de serviços não geram o mesmo grau de desenvolvimento econômico que as manufaturas, já que são menos produtivos e implicam menores rendimentos. Tais afirmações são baseadas em pesquisas empíricas que mostram que naquele país, desde a década de 1960, os empregos em serviços no setor privado pagam cerca de 90% da média dos empregos nas manufaturas. Por outro lado, revelam que o setor manufatureiro é responsável por cerca de 96% dos gastos em pesquisa e desenvolvimento da economia, que resulta na fonte de crescimento da produtividade, fator-chave do desenvolvimento econômico. Além do mais, em 1988, cada emprego no setor manufatureiro criava três outros empregos na economia norte-americana, ao contrário dos empregos no setor de serviços, que não apresentavam esse efeito multiplicador (McKee, 1988).

A capacidade de geração de produto e de emprego revelada pelas atividades de serviços em economias avançadas ou em fase de desenvolvimento atinge níveis consideráveis, colocando em questão o papel representado por eles no contexto da moderna economia, que tende a se caracterizar mais como uma Economia de Serviços, correspondendo à fase pós-industrial de evolução socioeconômica. O caminho para a evolução das atividades de serviços em direção à pós-industrialização está relacionado, por um lado, a fatores intrínsecos ao desenvolvimento dessas atividades, particularmente no que se refere à demanda por serviços da economia, e que teriam como resposta o reinvestimento, no próprio setor, do excedente operacional gerado. Por outro lado, ao comportamento de fatores exógenos, como: i. volume e velocidade de liberação da mão de obra das atividades rurais da região e de outras regiões, que se dirigem às áreas urbanas; ii. nível de habilitação da mão de obra rural que se dirige à zona urbana; iii. a evolução quantitativa e qualitativa das atividades do setor secundário, que requerem a ampliação e a modernização de serviços complementares; iv. capacidade do setor secundário do país de absorver a mão de obra rural liberada; v. geração de um excedente operacional de outros setores econômicos, que deve ser realocado para as atividades de serviços; e vi. existência de uma infraestrutura econômica concentrada em uma região, que oferece economias externas para a localização de novas atividades econômicas (Kon, 2001). Esses fatores exógenos encontram respaldo na capacidade do setor terciário de uma economia de absorver a mão de obra oriunda de outros setores, tanto a não qualificada quanto a de maior qualificação, e na possibilidade de o setor expandir as atividades informais em períodos de menor atividade econômica ou de recessão.

Considerando o papel do setor de serviços no decorrer do desenvolvimento econômico de uma sociedade, nas fases iniciais do processo, fica clara a ideia da associação da urbanização acelerada ao crescimento das atividades de serviços — que denota o início das mudanças na estrutura produtiva —, características da transição de um sistema econômico de baixa produtividade *per capita* para outro de produtividade mais elevada. O deslocamento da população rural para os centros mais avançados é, ao mesmo tempo, causa e efeito da realocação do excedente de capital acumulado nas atividades agropecuárias para outras atividades mais rentáveis, outro fator característico do desenvolvimento.

As mudanças significativas pelas quais passaram as economias avançadas na década de 1970 incluíram, entre outros aspectos: i. elevação da internacionalização das atividades econômicas; ii. reorganização das firmas dominantes; iii. crescente integração da indústria manufatureira à de serviços; iv. uso crescente da tecnologia microeletrônica; v. demanda crescente na indústria por uma força de trabalho mais qualificada, porém com muitos trabalhos rotineiros sendo eliminados pela mudança tecnológica; vi. crescente complexidade e volatilidade do consumo; e vii. mudança no papel da intervenção governamental.

Essas transformações foram interpretadas como uma modificação da sociedade fordista baseada na produção e consumo de massa em grande escala, apoiada pela demanda dos gastos governamentais para o gerenciamento de suas funções e para a Previdência e Saúde (principalmente nas nações mais avançadas em que prevalecia o *welfare state*). Como visto, as formas pós-fordistas de produção emergiram desde os anos de 1970, quando a indústria passou a utilizar nova tecnologia e uma força de trabalho mais flexível para responder com maior rapidez às mudanças do mercado e à competição internacional, encorajadas por novas formas de governo que se retiravam de funções empresariais e restringiam funções produtivas (Marshall; Wood, 1995).

As ideias teóricas iniciais a respeito de uma sociedade pós-industrial, como resultado do desenvolvimento econômico, surgiram concomitantemente às primeiras tentativas de mudança do paradigma de processo produtivo do taylorismo para processos mais flexíveis. Estes acarretaram uma intensificação do progresso tecnológico e de mudanças organizacionais, com reflexos consideráveis na divisão, organização e qualificação do trabalho, do produto e do consumo. Nesse processo, o papel assumido pelos serviços ganharia peso considerável na alavancagem do desenvolvimento.

A visualização das transformações, que ocorreriam nas sociedades através da ênfase em atividades de serviços, começou a ser delineada através de uma abordagem sociológica por Alain Touraine (1969). Porém, na década de 1970, novas interpretações sobre o desenvolvimento do setor de serviços e sobre a sociedade pós-industrial centralizaram a literatura econômica mundial a respeito do desenvolvimento, enfocando mudanças de conceito e a necessidade de renovação das classificações dessas atividades. Nesse período destacaram-se, como expoentes, Katouzian (1970), Ajit S. Bhalla (1970), Bell (1973), Jonathan Gershuny (1977), T.P. Hill (1977) e Harley Browning em parceria com Joachim Singelmann (1978), entre outros citados em capítulo anterior.

Convém observar, como salientam Manuel Castells e Yuko Aoyama (1994), que as primeiras ideias sobre a sociedade pós-industrial foram concebidas quando ainda não havia sido inventado o microprocessador (1971), o computador pessoal (1974) e o método de recombinação do DNA (1973). Dessa forma, os efeitos mais intensos do progresso tecnológico ainda estavam por vir. As principais premissas da teoria do pós-industrialismo, na época, estipulavam que: i. a geração de conhecimentos é a fonte da produtividade e do crescimento, e se estende por todos os domínios da atividade econômica, através do processo de informação; ii. a ênfase da atividade econômica mudaria da produção de bens para o fornecimento de serviços. A eliminação do emprego agrícola seria seguida pelo declínio irreversível dos trabalhos manufatureiros, em benefício das ocupações em serviços, que constituiriam a maior proporção do emprego. À medida que os países avançassem economicamente, o emprego e a produção seriam cada vez mais focados nos serviços, sendo os demais setores complementares; e iii. a nova economia aumentaria a relevância das ocupações com alto conteúdo de informação e conhecimento. As ocupações administrativas, de profissionais liberais e técnicas, cresceriam mais rapidamente do que outras categorias ocupacionais e constituiriam o núcleo da nova estrutura social.

Uma visão crítica inovadora sobre a sociedade pós-industrial é desenvolvida por Gershuny (1977), considerado um dos analistas que iniciaram os estudos a respeito da relevância dos serviços para o desenvolvimento econômico global. Gershuny mostrou que a definição dos serviços pode se referir à natureza do produto ou às características do trabalho e, dessa forma, apresenta significados distintos. Com relação à natureza do produto, o conceito desse autor aceita a ideia anteriormente descrita de que um bem é definido como material e mantém sua existência após sua produção ou consumo, enquanto um serviço é imaterial e se esgota no momento de sua aquisição ou consumo. Uma necessidade pode ser satisfeita através de um bem ou de um serviço, como, no exemplo do autor, a lavagem de uma camisa por uma máquina de lavar ou pelos serviços de uma lavadeira ou lavanderia. Por outro lado, o trabalho em serviços pode ser definido como emprego em uma indústria cujo produto final é um produto não material.

Gershuny critica a visão simplificada de que a economia de serviços se baseia no modelo simples em que as novas "necessidades pós-industriais" abstratas e sofisticadas requerem um aumento da provisão de serviços e conduzem ao crescimento do emprego terciário e cada vez mais à era pós-industrial. Ele ressalta que, desde a década de 1950, existem evidências de que essas necessidades, antes satisfeitas pelos serviços, vêm sendo substituídas por bens. Em segundo lugar, o crescimento do emprego nos serviços não necessariamente significa que o consumo de bens industriais tenha decrescido relativamente. Por outro lado, é possível dizer que o nível de consumo de serviços não explica de forma adequada o nível de empregos terciários. Segundo o autor, o crescimento dos serviços pode ser considerado simplesmente uma manifestação das alterações na divisão do trabalho à medida do progresso tecnológico e da criação de indústrias de serviços (de distribuição, bancários e financeiros) e das ocupações de serviços (administradores, tecnólogos e outros profissionais), cujas atividades melhoram a eficiência do sistema produtivo. Já nos anos de 1970, destacava Gershuny, novas relações de trabalho tenderiam a se estabelecer na sociedade pós-industrial: i. a produção final ocorreria, com maior frequência, em casa, enquanto o trabalho fora de casa seria dedicado à produção intermediária de bens; e ii. o emprego fora de casa estaria, cada vez mais, relacionado ao planejamento e programação da produção.

No entanto, a tese de que a economia de serviços se desenvolveria automaticamente na medida em que houvesse o desenvolvimento da sociedade não parece ao autor fadada a acontecer e, se desejável, esse caminho deverá ser deliberadamente promovido, pois a solução para as necessidades das sociedades podem ser cumpridas por meio de várias alternativas técnicas ou sociais, que implicam diferentes substituições de capital por trabalho. O discurso de Gershuny, que salientava ainda a contribuição de algumas ocupações de serviços à produtividade de outras atividades, não foi capaz de mudar o pensamento convencional da época. No entanto, o mesmo autor destaca que, embora as sociedades se dirijam para o crescimento do setor de serviços, alguns economistas questionam a relevância da elevação do consumo de serviços, enfatizando que as estatísticas mostram o declínio da compra de serviços pelos consumidores das famílias como proporção dos gastos totais nas últimas duas ou três décadas, particularmente em países em desenvolvimento (Gershuny, 1990).

Esse fenômeno foi primeiramente teorizado por William Baumol (1967), que tentava explicar a rigidez do progresso técnico nas atividades de serviços e atribuía a tendência observada nas economias desenvolvidas de aumento constante nos preços dos serviços como decorrência do que é denominado processo sociotécnico da doença de custos, definida na seção anterior.

O setor de serviços foi definido como setor "pós-industrial" por Daniel Bell (1973), e a sociedade pós-industrial foi um termo utilizado para se referir à sociedade em que o setor de serviços é dominante. Isso pretendia significar que as indústrias de serviços não haviam se desenvolvido antes que a industrialização ou o desenvolvimento manufatureiro ocorresse. Bell baseou seus argumentos referindo-se ao desenvolvimento econômico e a mudanças no emprego setorial, mais do que ao Produto Interno Bruto setorial, para analisar o processo de desenvolvimento das economias da Europa Ocidental, no século xx, que partiram de sociedades agrárias chegando até sociedades baseadas na manufatura, quando os serviços se tornaram importantes apenas posteriormente. Dorothy Riddle (1986) afirma que essa terminologia não é adequada, pois, em certos países (Canadá e Estados Unidos), o trabalho se moveu concomitantemente para a manufatura e para os serviços e, em outros (Japão, Singapura e África Ocidental, por exemplo), o trabalho se encaminhou para os serviços antes de ir para a manufatura. Além disso, a terminologia de Bell implica que os serviços não são indústrias, e que a vitalidade e o crescimento do setor são dependentes, em um sentido causal, do dinamismo do setor manufatureiro. Isso não se mostra verdadeiro para todos os países e há muitos exemplos de que as indústrias de serviços desempenharam um papel muito importante em certas sociedades antes do desenvolvimento industrial (Inglaterra, Holanda e Portugal, por exemplo). Mais do que esse fato, o desenvolvimento manufatureiro maciço apenas foi possível em consequência das transformações ocorridas em certas indústrias de serviços, como no mercado de capitais, transportes e comunicações. Como enfatizado por Riddle, foram de primeira importância as mudanças criadas pela utilização de produtos da manufatura, mais do que pelo próprio processo manufatureiro em si.

Uma pesquisa que leva em conta uma nova classificação das atividades econômicas (Baily e Maillat, 1991) encontrou resultados interessantes no que se refere à reestruturação regional das atividades e à direção dos países para economias pós-industriais. A análise se baseou em dados agregados de emprego em estabelecimentos individuais de uma firma em quatro funções: manufatura, circulação, distribuição e regulação. Foi testado para quatro estudos de casos que envolveram, em escalas nacionais e regiões metropolitanas, os quatro elementos básicos citados para os sistemas produtivos modernos do Canadá, Dinamarca, França e Suíça. O estudo analisou e identificou os papéis desempenhados pelas regiões metropolitanas desses países, e os comparou com o desempenho das regiões periféricas, a fim de entender a especialização regional que resultou da reestruturação espacial dos sistemas produtivos nacionais. Diferentes padrões ilustram as mudanças nos sistemas produtivos desses países e suas especializações.

Segundo esses autores, em algumas regiões mundiais, no período analisado de 1971-1985, a parcela de emprego na manufatura caiu, mas ainda representava uma grande parte do emprego total (de 35% a 45%). As atividades de circulação aumentaram em todos os países, em diferentes graus, de acordo com as mudanças específicas nos sistemas produtivos de cada um deles e em sua especialização (mais de 20% do emprego total). Na área particular de circulação, os fluxos de informação se difundiram e refletiram uma mudança para sistemas econômicos designados a responder aos requisitos de crescente informação e comunicação das trocas nos processos produtivos. Em particular, a mão de obra não treinada para ocupações de informação foi substituída em todas as atividades por trabalhadores treinados, como resultado de uma demanda crescente por atividades relacionadas à organização, coordenação, supervisão e acesso a tecnologias e mercados.

A pesquisa mostra que, no que se refere a atividades de distribuição (de 29% a 35% do emprego total), foi observada uma taxa de crescimento mais rápida na Dinamarca e na França e mais lenta no Canadá e na Suíça. As diferenças foram explicadas pelo fato de que a distribuição individual (de comércio varejista, serviços de reparação e pessoais) já era responsável por um percentual elevado de empregos nesses últimos países. O padrão do papel da distribuição reflete opções escolhidas com relação à saúde e educação, ou seja, serviços públicos que exibem uma necessidade de crescimento dos investimentos em capital humano.

As atividades de regulação confirmam a tendência, naquele período, em direção à crescente intervenção no sistema econômico, que na atualidade mudou consideravelmente. Essas funções eram representadas por mais de 9% do emprego total na França, Canadá e Dinamarca no início dos anos de 1980, 4,4% na Suíça e apenas a Dinamarca mostrou uma taxa de crescimento significante (4,2%) na década de 1970.

Os resultados da pesquisa mostraram situações típicas de países desenvolvidos e deveria ser testada em economias em desenvolvimento. Em resumo, foram descritos três tipos de modelos para a composição dos sistemas produtivos regionais e nacionais, como resultado da reestruturação produtiva: i. o modelo industrial, em que a manufatura participa com mais de 50% do emprego total; ii. o modelo da sociedade de consumo, em que o emprego nas atividades de distribuição atinge 50%; e iii. o modelo da sociedade de informação, em que a circulação representa mais de 40% do emprego total. Os autores concluem que não podemos afirmar que os sistemas produtivos estão evoluindo em direção a um sistema pós-industrial porque, embora os papéis da circulação, distribuição e regulação tenham aumentado consideravelmente, o papel da manufatura ainda permanece importante em antigas regiões industriais. Dessa forma, a mudança não é em uma sociedade de serviços tradicionalmente definida, mas, ao invés, em direção de uma sociedade pós-manufatureira nessas regiões, enquanto as regiões metropolitanas e turísticas evoluem para uma sociedade de informação e consumo.

Na literatura mundial, a noção de pós-industrialismo desenvolvida no período trazia a mensagem sociológica e política de que o capitalismo havia sido substituído pela sociedade pós-industrial (McKee, 1988; Bryson e Daniels, 2007; Gallouj e Djellal, 2010). Essa proposição não distingue entre as implicações sobre as forças de produção (industrialização) e as relações de produção (capitalismo) nem entre as relações de classe e a divisão de trabalho. Críticos dessa visão salientavam que a nova sociedade continuava baseada no capitalismo, embora a participação da produção imaterial ganhasse peso relativo. Richard Walker (1985) mostra que as mudanças na divisão do trabalho na sociedade pós-industrial podem ser compreendidas a partir da teoria do desenvolvimento capitalista. Assim, os produtos, as atividades e os tipos de trabalho podem se transformar no tempo, mas a proposta da teoria do capitalismo permanece válida, pois essas mudanças se destinam à maior geração e acumulação do valor excedente produzido, ou, na linguagem marxista, de "mais-valia".

ATIVIDADES TERCIÁRIAS
COMO INDUZIDAS OU INDUTORAS
DO DESENVOLVIMENTO ECONÔMICO

Como visto, na atualidade ampliou-se a percepção a respeito do relevante papel das atividades de serviços na geração de renda e riqueza nas economias. A reformulação de antigos conceitos e do papel das atividades sobre a dinâmica do desenvolvimento econômico apontam para a forte integração e múltipla responsabilidade dos vários setores da economia, para a indução ao processo de crescimento. Esses relacionamentos e mútuas articulações assumem uma diferente conotação acerca do estímulo das várias atividades econômicas nesse processo, quando comparados aos relacionamentos setoriais da economia a partir da visão que considera apenas o estímulo da indústria como preponderante para alavancar o desenvolvimento.

O processo de concentração e centralização de capital, intensificado desde a década de 1960, exigiu uma reestruturação na administração e no controle das empresas, implicando a necessidade da criação de uma rede de empresas de serviços auxiliares que fundamentassem novas formas de organização. Além disso, a internacionalização do capital por meio da multinacionalização das empresas aumentou a demanda por serviços externos a elas (atividades financeiras, de contabilidade, de informação, de assessoria jurídica etc.), tanto nos países de origem quanto nos países hospedeiros. Ainda mais com o desenvolvimento de alta tecnologia, seguido da criação de empresas multidivisionais e com a crescente complexidade dos sistemas organizacionais nas grandes empresas, estas têm recorrido à terceirização dos serviços, como vimos, o que leva ao crescimento da terciarização da economia.

O crescimento do setor de serviços em direção à indução do desenvolvimento econômico revela uma circunstância de mudança estrutural análoga à que ocorreu na fase de reorganização na passagem da economia rural para a industrial. No entanto, alguns autores chamam a atenção para o fato de que, em algumas sociedades, as mudanças consideráveis em direção à terciarização ocorrem com mais ênfase no emprego e não no produto. A aceleração no desenvolvimento e na diversificação das indústrias de serviços na segunda metade desse século é colocada contra a visão anterior de que os serviços eram obscurecidos pelo impacto visível das manufaturas sobre as cidades e regiões. Assim, os serviços foram considerados como desempenhando um papel subordinado, que se torna visível apenas enquanto o setor manufatureiro o for. Se este setor decresce, e a base de exportação recua, as atividades de serviços sofrem efeitos multiplicadores reversos.

Durante algumas décadas, a análise do setor de serviços como complementar teve alguma validade histórica em cidades de países avançados, mas é uma simplificação do papel que as atividades de serviços estão desempenhando na atualidade nesses países e principalmente nos menos desenvolvidos. Baily e Maillat (1991) ressaltam que é uma interpretação errônea considerar que os serviços crescem apenas às expensas das atividades manufatureiras, e que o desenvolvimento das atividades de serviços seja visualizado como um novo estágio do crescimento econômico. No primeiro caso, o desenvolvimento da circulação, distribuição e regulação das atividades reflete a necessidade das firmas dedicarem montantes crescentes de recursos aos serviços a fim de aumentar sua produtividade e sua capacidade de inovação. No segundo caso, o desenvolvimento das atividades de serviços reflete apenas uma evolução constante dos sistemas produtivos, e a terciarização não é um fenômeno separado, ainda que seja relacionada à desindustrialização.

Por sua vez, a teoria dos estágios de desenvolvimento econômico, que destaca o papel indutor exercido pelo setor terciário, faz parte de um grupo de teorias classificadas como aquelas que têm fundamento em fatores de produção. A teoria de estágios ressalta que o progresso tecnológico teve impacto crescente no processo de desenvolvimento que envolve uma mudança de ênfase na formação de capital fixo nas plantas das manufaturas e na infraestrutura para a formação de capital fixo em empresas de serviços. Outra teoria baseada nos fatores de produção traz o princípio das vantagens comparativas, que explica os padrões de comércio exterior de bens e mostra como as diferenças entre os países, no que se refere a capital fixo e infraestrutura, bem como a recursos humanos através da qualificação e educação, são responsáveis pelas variações nos padrões do comércio exterior de serviços (Daniels, 1993; Gallouj e Djellal, 2010).

Duas outras causas da expansão do setor de serviços, baseadas nos fatores de demanda, são encontradas na literatura. Uma é o nível de urbanização e a segunda é o comércio internacional ou o crescimento voltado para a exportação, como citado anteriormente. Nesse sentido, a crescente interdependência entre as nações no contexto da economia global, que se desenvolveu crescentemente nas décadas de 1960 e de 1970, incluiu os países de baixa renda. Em anos recentes, fatores institucionais, como a mudança nos produtos e nas estratégias de mercado, bem como as políticas públicas, mostraram-se fatores relevantes que afetaram o crescimento dos serviços em um nível nacional e internacional (Riddle, 1986).

O papel relevante dos serviços como indutor do desenvolvimento econômico pode ser explicado pelas repercussões sistêmicas micro e macroeconômicas contundentes em toda a economia de um país e mundial, resultantes da introdução da inovação tecnológica nos processos produtivos e organizacionais através de novos serviços criados ou da modernização de processos anteriores. O avanço tecnológico sistêmico é uma nova forma de parceria cada vez mais difundida pelo mundo, derrubando barreiras entre indústrias e reforçando a interdependência entre setores. As novas tecnologias colocadas à disposição pelas economias mais avançadas são introduzidas rapidamente em serviços financeiros, de comunicação, transportes e saúde, transformando atividades antes tradicionais em indústrias de serviços intensivas em capital. O conteúdo de serviços na indústria manufatureira e a dependência dessa indústria em relação às atividades terciárias são crescentes (Kon, 2003; Bryson e Daniels, 2007).

Como salienta Johan Hauknes (1996), as tecnologias inovadoras, em particular na área da informação, aplicadas aos serviços, mudam a estrutura da competição interna e global, tanto nas indústrias de bens quanto nas de serviços, e a parcela de serviços nas indústrias manufatureiras é crescente. Através disso surgem novas economias de escala nas maiores instituições, frequentemente com uma estrutura doméstica ou internacionalmente descentralizada. Por outro lado, novas economias de escopo criadas por essas tecnologias apresentam constantemente efeitos de segunda ordem não esperados em forma de benefícios ou externalidades positivas. Por fim, a crescente complexidade econômica e o aumento constante da população mundial podem ser tratados de modo mais eficiente com novas tecnologias, que permitem a melhor organização e difusão do consumo ou ainda a operacionalização, anteriormente não possibilitada, de processos e relacionamentos entre agentes produtivos.

O PAPEL DOS SERVIÇOS NO PROCESSO DE DESENVOLVIMENTO REGIONAL

Como salientam alguns autores (McKee, 1988; Sassen, 2007), uma das funções das atividades de serviços nas economias nacionais, além de sua localização urbana, é o fato de que elas têm sido reconhecidas como facilitadoras ou reforçadoras do impacto sobre os polos de crescimento, ou seja, sobre as atividades que lideraram tanto de forma quantitativa quanto qualitativa a determinação dos padrões de expansão em nível nacional. A capacidade dos serviços de desempenhar função semelhante no processo de desenvolvimento depende da espécie de atividade dos polos, de seu tamanho, força e de sua dominância local, regional, nacional ou internacional. Além disso, as atividades de serviços desempenham um papel importante no setor manufatureiro porque fortalecem e prolongam o impacto dos setores líderes, enquanto facilitam a transição quando novos setores manufatureiros assumem o papel de líderes. As mudanças na liderança vêm ocorrendo entre as atividades manufatureiras de economias avançadas e a repercussão é sentida através da economia global mundial.

Foi observado, desde os anos de 1980, que tais mudanças conduziam à realocação das instalações produtivas para países em desenvolvimento, onde os custos do trabalho e as restrições ambientais eram mais favoráveis às indústrias tradicionalmente poderosas, em particular quando essas atividades perdiam suas posições proeminentes nas economias adiantadas, mas seus produtos ainda eram bastante demandados em uma escala mundial. Porém, após a intensificação da globalização das economias, principalmente desde o fim dos anos de 1980, essas indústrias apresentaram maiores vantagens de realocar suas atividades em economias modernas, onde são encontrados força de trabalho mais qualificada e outros serviços complementares sofisticados. Em muitos casos, firmas de serviços tornam-se multinacionais e transnacionais, e os países hospedeiros menos desenvolvidos apresentam benefícios porque um número de serviços auxiliares às empresas fornecem elos que tornam possível a existência de muitas instalações manufatureiras. No âmbito doméstico das economias, as mudanças locacionais refletem o crescente dualismo da força de trabalho, visto que os investimentos nas manufaturas se moveram seja para áreas onde são disponíveis os escassos trabalhadores mais qualificados, administrativos e burocratas (*white-collar*), ou para áreas de baixos salários e alto desemprego, onde pode ser recrutada uma força de trabalho semiqualificada para desempenhar especialmente atividades rotineiras da produção em plantas das filiais (Kon, 2004a).

A complexidade e diversidade da moderna especialização em serviços encoraja a aglomeração, ao menos das funções de alto nível; as funções mais rotineiras podem ser mais dispersas, embora controladas de forma centralizada. Tais tendências têm dominado a evolução das regiões urbanas nos anos mais recentes e também influenciam os padrões da localização manufatureira enquanto a especialização em serviços oferece não apenas um conhecimento técnico e material para os processos produtivos em constante transformação como também para qualificações organizacionais ou gerenciais (Kon, 1996 e 2004; Sassen, 2007).

Ao lado desses aspectos, o recrudescimento da internacionalização dos serviços teve consequências consideráveis nas decisões locacionais das empresas e nos padrões da distribuição territorial das atividades. Por meio da exportação do capital, particularmente a partir da Segunda Guerra Mundial, uma série de países, até então menos desenvolvidos, foram também conduzidos a um processo de industrialização e a uma nova divisão internacional do trabalho; esta conservou, porém, uma desigualdade estrutural já consolidada anteriormente, resultante do monopólio do novo conhecimento científico e técnico. Esses países receberam conhecimento tecnológico já pronto, sem possuírem, de início, o controle da técnica, e convertiam-se apenas em base de fabricação mundial, sobretudo por oferecerem a vantagem de uma mão de obra barata (Kon, 2012).

Dessa maneira, com a continuidade dos avanços tecnológicos nas áreas de transporte e comunicação do pós-guerra, o próprio aparato produtivo das empresas é deslocado para o exterior, inicialmente com a internacionalização da produção de produtos acabados. Depois, a partir do final dos anos de 1960 (em especial com o avanço da microeletrônica e da tecnologia da informação), em alguns setores o processo de produção é internacionalizado, com o desenvolvimento de cada parte do processo em uma diferente região mundial. Os fenômenos da globalização e transnacionalização atualmente observados no mercado mundial são, portanto, um processo histórico de internacionalização do capital, que se difundiu com maior velocidade a partir das três últimas décadas graças ao avanço tecnológico. Nesse contexto, desde a década de 1980 configurou-se uma etapa mais avançada e veloz de transformações tecnológicas e de acumulação financeira, intensificando a internacionalização da vida econômica, social cultural e política. Observou-se então que as atividades econômicas passaram progressivamente a se desenvolver de forma independente dos recursos de um território nacional, sejam recursos naturais ou "construídos pelo homem". Essa desterritorialização tem como causas o padrão do progresso técnico, a preferência dos consumidores, a organização corporativa e/ou políticas públicas de governos nacionais, o que favorece a maior mobilidade dos fatores produtivos sem perda de eficiência, competitividade e rentabilidade (Gallouj e Djellal, 2010).

Como vimos antes, a noção de território, na atualidade, que atende à ideia apenas geográfica de espaços contíguos vizinhos que caracterizam uma região, dá lugar à noção de rede, formada por pontos distantes uns dos outros, ligados por todas as formas e processos sociais; o espaço econômico, nesse sentido, é organizado hierarquicamente, como resultado da tendência à racionalização das atividades e se faz sob um comando que tende a ser concentrado em cidades mundiais (cujas características serão analisadas posteriormente com maior detalhe), onde a Tecnologia da Informação desempenha um papel relevante. Esse comando passa então a ser feito pelas empresas através de suas bases em territórios globais diversos (Santos, 1994; Sassen, 2007).

Os debates atuais acerca da regionalização dos serviços enfocam o papel das cidades mundiais ou cidades globais como centro dos serviços ao produtor, que determinam a regionalização local, nacional e mundial do desenvolvimento. Saskia Sassen (2007: p. 187) ressalta o fato de que os serviços ao produtor possuem a capacidade de se tornarem indutores de desenvolvimento no ambiente complexo dessas cidades, o que é evidenciado por observações empíricas extraídas de quarenta cidades globais na atualidade, que mostram uma variabilidade de características da capacidade desses serviços condutores da função produção econômica nas cidades globais.

O componente crítico da função econômica das cidades mundiais é a disponibilidade de um aglomerado de serviços especializados às empresas que buscam estabelecer sua sede central nelas, tendo em vista a redução de custos. Os serviços são demandados por empresas de todos os setores de atividade de uma economia que busca a redução de custos por meio das economias de aglomeração. A globalização traz consigo um aumento rápido e considerável da demanda por conhecimento profissional complexo e com diversidade de modo a atender suas funções. Quanto mais relacionadas ao mercado internacional forem essas firmas e empresas, maior será a necessidade de desenvolver, nesses polos, uma diversidade de serviços especializados. Outra característica relevante é o fato de que essas empresas em geral terceirizam a produção dos serviços especializados ao invés de produzi-los, o que dirige suas opções locacionais a esses centros. Tendo em vista tal dinâmica, as cidades mundiais procuram a manutenção e a modernização das economias de aglomeração para que se capacitem ao atendimento de suas funções globais e à absorção dos riscos que surgem com as operações globais (Sassen, 2007).

Sassen sintetiza em vários itens os determinantes do modelo de cidade global, em que os serviços aos produtores exercem um papel direto ou indireto. Salienta primeiramente que a dispersão geográfica das atividades econômicas, que caracteriza o processo de globalização, exige a integração simultânea dessas atividades geograficamente dispersas em uma sede central que possibilite sua operacionalização. Além disso, as funções centrais não rotineiras das grandes empresas mundializadas se tornam tão complexas que elas buscam contratar suas funções centrais de firmas altamente especializadas nas áreas de consultoria, atividades financeiras, de relações públicas, publicidade e outras, que exigem fácil e rápida acessibilidade geográfica. Assim, a mistura de firmas, talentos, especialização e experiência global em uma ampla gama de campos especializados torna esse tipo de ambiente urbano o centro do sistema de informações.

Como decorrência, a centralização, nos polos mais dinâmicos, das funções mais complexas e não padronizadas das sedes das empresas agropecuárias e industriais que produzem em grande escala permite a liberdade de escolha da localização das unidades que possuem as funções produtivas rotineiras em espaços que proporcionem menores custos em outros fatores produtivos, como preço da terra, do trabalho e de produtos demandados pela mão de obra. As cidades globais fornecem a possibilidade de centralizar também as transações e redes de relacionamento que formam os sistemas urbanos transnacionais, que envolvem parceiros e cadeias produtivas geograficamente dispersos e pesquisa constante, o que facilita também a regulação governamental e a institucionalização de mecanismos de estímulo e controle das atividades econômicas das empresas internacionalizadas.

Uma consequência da dinâmica de centralização, que pode ter conotação positiva ou negativa nos efeitos regionalizados globais das economias nacionais, é o crescimento do número de profissionais bastante especializados e de serviços especializados altamente lucrativos, resultando em crescimento do processo de desigualdade espacial socioeconômica. Finalmente, tendo em vista a atração que esses polos econômicos exercem sobre a população menos favorecida, é observado, sobretudo em países menos desenvolvidos, o crescimento da informalidade de uma série de atividades econômicas, que resultam em baixas taxas de produtividade e lucratividade. A população menos favorecida se desloca aos polos econômicos pela possibilidade de que a informalização de sua produção seja uma maneira de sobrevivência. Dessa forma, as economias de aglomeração podem se transformar em deseconomias de aglomeração, como resultado da excessiva centralização de algumas cidades globais em economias em desenvolvimento (Sassen, 2007).

Assim, a exportação e importação de serviços, à medida que são uma parte importante do processo de internacionalização e mundialização das atividades, são também preponderantes no processo de configuração espacial do desenvolvimento econômico, através dos efeitos regionais sobre a concentração de centros produtivos especializados sem serviços específicos, tanto entre as nações quanto internamente a um país. A internacionalização da economia mundial na década de 1980 reforçou a posição regional de muitas cidades desenvolvidas na hierarquia financeira global.

O caso da região metropolitana de Nova York, citada no capítulo anterior, é um bom exemplo dos efeitos da internacionalização dos serviços (Warf, 1991). Essa cidade, desde meados dos anos de 1970, demonstrou sintomas de decadência urbana, como resultado de deseconomias de aglomeração: queda da renda *per capita*, declínio das receitas de impostos, alto desemprego, piorado por um abandono em massa de firmas manufatureiras, êxodo das sedes das grandes corporações, colapso dos mercados de imóveis e a consternação da comunidade de negócios. No entanto, nos anos de 1980, Nova York experimentou um ressurgimento dramático e se tornou uma das partes economicamente mais saudáveis dos Estados Unidos, e os indicadores econômicos acima mencionados mostraram-se de novo em uma situação consideravelmente boa. As razões para a mudança residem na orientação internacional do crescimento da região como parte do eixo tripartite que domina a geografia global das finanças, junto a Londres e Tóquio. Muito dessa tendência foi devido à internacionalização da economia de serviços, embora seja errôneo atribuir a recuperação da região inteiramente a esse fator. A cidade de Nova York ainda tem mais empregos manufatureiros do que outras cidades industriais dos Estados Unidos, mas foram os serviços financeiros e auxiliares às empresas, particularmente os mais internacionalizados, os primeiros responsáveis pela recuperação da região. Outras cidades mundialmente dinâmicas da Europa e da Ásia passaram por processos semelhantes desde os anos de 1970.

Os serviços financeiros eletrônicos tornam possível a dispersão das indústrias de serviços financeiros, embora essas atividades estejam sujeitas tanto a forças centrífugas quanto centrípetas. O impacto sobre o desenvolvimento espacial a partir disso se deve ao fato de que alguns aspectos da indústria de serviços financeiros se beneficiam da centralização de suas atividades, devido a economias de escala na coleta e processamento de informações. No entanto, outros aspectos se beneficiam da descentralização, como, por exemplo, quando a informação onerosa sobre clientes locais, pequenas firmas e condições específicas de mercados locais apontam para a necessidade de contato frontal direto e de operações descentralizadas, ou quando as diferenças nacionais e internacionais nos fusos horários impõem outras deseconomias de centralização. Em apoio à centralização financeira, atividades de serviços se estabelecem localmente com a função do atendimento de assessoria a empresas ou à demanda de serviços de consumo familiar. A concentração desses serviços tem provocado, em médio prazo, redução de preços do setor nos mercados em que atuam.

Outro aspecto a ser considerado no processo de transformações econômicas espaciais refere-se à descentralização produtiva das atividades do setor secundário, que foi um fenômeno internacional nas décadas de 1960 e de 1970. A recessão mundial que se seguiu diminuiu as oportunidades de investimento e desviou enormes somas de recursos de capital do setor manufatureiro para os serviços financeiros. A descentralização geral da produção é atribuível à concentração de serviços em empresas (muitos desses anteriormente terceirizados) que se elevou de modo considerável com os fundos disponíveis. Mas alguns autores salientam que o decréscimo das indústrias manufatureiras urbanas em alguns países desenvolvidos naquele período foi causado, em um grau substancial, pela combinação de escassez de terras disponíveis e insatisfação da mão de obra industrial, o que resultou em uma elevação mais rápida dos custos salariais em relação ao crescimento da produtividade. O fato é considerado uma das maiores razões para a subsequente descentralização da produção, visto que ela foi atingida especialmente através da subcontratação de pequenas firmas para etapas específicas do processo de produção sem a intervenção de sindicatos, ou então por meio do estabelecimento de plantas de produção em filiais regionalmente e internacionalmente desconcentradas (Kon, 2004a).

Em muitos países, essa descentralização se caracterizou pela separação espacial entre os escritórios administrativos centrais e as plantas produtivas ramificadas, com uma reorganização interna de funções que promoveu uma divisão espacial de trabalho. Muitas vezes, a nova estrutura industrial foi composta por firmas pequenas e médias. Dessa forma, verifica-se uma reorganização espacial de atividades e de áreas de influência econômica, tanto mundialmente quanto internamente aos países, como decorrência das transformações na internacionalização dos serviços. As mudanças se referem à natureza do comércio internacional dessas atividades, bem como à intensificação e velocidade desse comércio (Kon, 2012).

Além da expansão internacional das atividades de serviços devido principalmente às inovações no campo da telemática ou das tecnologias de telecomunicação, desde a década de 1960 tem-se notado o crescimento considerável dos investimentos estrangeiros diretos por empresas de serviços dos países avançados, que desempenham um papel significativo para o equilíbrio da Balança de Pagamentos. Desde esse período até os anos de 1980, por exemplo, os fluxos de investimento direto no exterior na área de serviços originados dos Estados Unidos, Inglaterra, Alemanha e Japão triplicaram (Nusbaumer, 1987; Kon, 2004).

Por outro lado, é possível a constatação de que o investimento direto em serviços é complementar ao comércio internacional em serviços. Em certos setores, como o bancário e de seguros, por exemplo, a comunicação internacional através da telemática permite interligações mais estreitas entre as ramificações e as subsidiárias das empresas que operam em diferentes mercados; também se intensificam entre as empresas financeiras e seguradoras, que operam em âmbito mundial, e as empresas multinacionais do setor de produção de bens. As instituições financeiras e de seguros necessitam expandir suas atividades em novos domínios e regiões, estabelecendo uma presença em mercados distantes, e cada subsidiária age como um ponto de contato numa rede global de fluxos de informação e de conexão de negócios. Além dos aspectos acima discutidos acerca das relações entre o processo de reestruturação econômica e o aumento das atividades de serviços, algumas pesquisas recentes examinam os efeitos regionais da internacionalização dos serviços. Como salientado anteriormente, desde os anos de 1960 foi observado um aumento nas redes definidas pelas corporações transnacionais para articular a internacionalização da produção e dos serviços, que deram proeminência às "cidades mundiais". Nesse contexto foi observada uma reestruturação da hierarquia urbana mundial (Kon, 2004; Gallouj e Djellal, 2010).

O estudo desenvolvido pelo Instituto de Pesquisa Nomura (Nomura Research Institute) (Rimmer, 1991), na década de 1980, apresentou resultados relevantes para a consolidação dos conceitos relacionados às características dos impactos regionais da internacionalização dos serviços, fortemente prevalecentes na atualidade. A pesquisa analisou a forma e a força de integração dos centros urbanos no sistema capitalista mundial, focalizando as denominadas "cidades mundiais", e estudou 345 cidades em relação a vinte atributos que refletiam serviços pessoais, transações de mercadorias e comerciais, fluxos de informação e financeiros internacionais; 178 cidades (incluindo Xangai, Fukuoka, Daca, Veneza e Bordeaux) foram eliminadas da pesquisa, pois não atingiram o patamar mínimo de requisitos para serem reconhecidas como "cidades internacionais".

Das cidades remanescentes, foram classificados três níveis de cidades internacionais: i. oito delas foram classificadas em uma terceira ordem de importância devido às transações comerciais (por exemplo, Akron, Bagdá, Birmingham, Nagoia e Stuttgart); ii. 57 foram classificadas como de segunda ordem de importância, pois refletiam, além das transações comerciais, uma vantagem adicional em relação a serviços pessoais (Mumbai, Osaka, Roterdã e Taipé, por exemplo); e iii, no grupo de primeira ordem, situaram-se Nova York, Londres, Paris, Singapura, Sidney, Melbourne e Tóquio. Esse tipo de "superclasse" de cidades se consolidava naquele período impulsionado pelas redes eletrônicas globais que permitiam que a informação fosse centralizada. Vinte e cinco outras cidades também puderam ser classificadas na primeira ordem de relevância, de acordo com sua força de atratividade, no que se refere a fluxos de informação e transações financeiras.

Os três níveis de cidades internacionais se concentravam mais intensamente na América do Norte, Europa Ocidental e, em menor extensão, na Ásia Oriental. A presença desse fenômeno foi mais escassa na África Central, na América do Sul e em outras partes da Ásia. Embora na atualidade a dinâmica da globalização tenha transformado também a posição hierárquica das cidades do mundo, incluindo como "cidades mundiais" algumas novas regiões e elevando a ordem de importância de outras, a pesquisa confirmou pela primeira vez a caracterização do peso dos serviços na distribuição regional e no desenvolvimento mundial a partir da tecnologia da informação e da infraestrutura de transportes.

Do ponto de vista interno das regiões de uma nação, também há evidências consideráveis que sugerem transformações espaciais significativas decorrentes da disponibilidade de uma infraestrutura de serviços mais completa. O sistema de lugares-centrais indicado por Christaller em 1937 (Ablas, 1982), que descrevia uma hierarquia de tamanhos urbanos de acordo com certas funções fornecidas pela cidade, era derivado de um contexto regional encontrado historicamente nos mercados da Alemanha meridional. O desenvolvimento de indústrias manufatureiras destacou a concentração de atividades em lugares-centrais desde o início do século. No entanto, as versões modernizadas desse modelo refletem processos e padrões em uma escala global, em que a concentração de serviços nas empresas em grandes aglomerações urbanas é considerada contribuinte de um novo sistema de amplitude mundial de lugares-centrais (Jaeger e Durrenberger, 1991). No nível mais elevado desse sistema estão situadas as "cidades mundiais" de Nova York, Londres e Tóquio. Quando se observa o sistema regional brasileiro, constata-se uma série de regiões metropolitanas que apresentam serviços de infraestrutura que atuam em diferentes graus como forças aglomerativas, porém com relevância significativa apenas dentro do contexto nacional (Kon, 1995) (Recife, Salvador, Belo Horizonte, Fortaleza e Porto Alegre). Apenas as metrópoles de São Paulo (em maior grau) e Rio de Janeiro revelam características de "cidades internacionais", enquanto fornecedoras mais intensivas de serviços que interligam empresas em uma amplitude mundial.

Mas a nova hierarquia de tamanho urbano não coincide necessariamente com as mesmas funções relevantes para todas as cidades. Carlo Jaeger exemplifica isso com o caso da Suíça, em que Zurique se situa no topo da hierarquia devido à indústria de serviços financeiros; Basel se destaca por sua forte indústria química orientada para exportações e Berna pelo fato de ser a capital e concentrar a maior parte da burocracia nacional. Dessa forma, uma cidade pode ser um lugar-central em uma dimensão e periférica em outra. A mesma característica é encontrada em outras nações do mundo.

No centro dessas transformações está a crescente importância dos serviços em geral e de sua dinâmica espacial em particular, bem como o desenvolvimento mais veloz dos serviços na atualidade, com relação ao setor secundário. No entanto, são observadas diferentes espécies de transformação nos diversos países. Em certos países, como a Inglaterra, por exemplo, foi encontrado um forte relacionamento entre industrialização e

DESENVOLVIMENTO ECONÔMICO E O PAPEL DOS SERVIÇOS

urbanização após o período da Segunda Guerra Mundial. O primeiro impacto foi um período simultâneo de industrialização e urbanização, seguido pelo declínio das atividades industriais nos anos de 1960, associado a um processo de desconcentração da população e de atividades de serviços, porém com a concentração de uma infraestrutura de serviços mais sofisticados devido ao desenvolvimento das "cidade mundiais" específicas.

Por outro lado, em outros países, como, por exemplo, a Itália, não houve um relacionamento óbvio entre a industrialização e a urbanização. Em uma parte do país, o processo de concentração populacional decresceu quando a industrialização se consolidou, porém, em outras áreas, um processo relativamente lento de concentração populacional continuou ocorrendo junto ao desenvolvimento industrial sustentado e não foi reforçada qualquer hierarquia espacial em escala nacional. Nesse caso, o processo de desconcentração de serviços complementares também se consolidou, porém os polos de desenvolvimento regional desenvolveram uma forte concentração de redes de serviços modernos.

A descentralização das atividades do setor secundário foi um fenômeno internacional nas décadas de 1960 e de 1970, e a recessão mundial que se seguiu diminuiu as oportunidades de investimento, além de desviar enormes somas de recursos de capital do setor manufatureiro para os serviços financeiros. A descentralização geral da produção é atribuível à concentração de serviços às empresas, que se elevou consideravelmente com os fundos disponíveis. Mas alguns autores salientam que o decréscimo das indústrias manufatureiras urbanas em alguns países desenvolvidos naquele período foi causado em um grau substancial pela combinação de escassez de terras disponíveis e insatisfação da mão de obra industrial, o que resultou em uma elevação mais rápida dos custos salariais em relação ao crescimento da produtividade. O fato é considerado uma das maiores razões para a subsequente descentralização da produção, visto que essa descentralização foi atingida especialmente através da subcontratação de pequenas firmas para etapas específicas do processo de produção sem a intervenção de sindicatos ou então através do estabelecimento de plantas de produção em filiais regional e internacionalmente desconcentradas.

Em muitos países, a descentralização se caracterizou pela separação espacial entre os escritórios administrativos centrais e as plantas produtivas ramificadas, com uma reorganização interna de funções que promoveu uma divisão espacial de trabalho. Muitas vezes, essa nova estrutura industrial foi composta por firmas pequenas e médias. São distinguidos, na literatura, três modelos de firmas pequenas (Jaeger e Durrenberger, 1991): i. a "artesanal tradicional", representada por um artesão habilitado fornecido pelo mercado local; ii. o "subcontratante dependente", uma firma pequena que vende principalmente para uma única grande firma; e iii. uma "firma pequena no distrito industrial". O mercado dessas firmas pode ser nacional ou internacional, a produção é verticalmente desintegrada em unidades muito competitivas e não se apresenta uma dominação por uma única firma grande. Os subcontratantes, na maior parte das vezes, são independentes, pois fornecem para várias firmas ao mesmo tempo. A maquinaria é bastante sofisticada e em parte requer trabalhadores altamente qualificados, porém existem também algumas tarefas simples a serem desempenhadas. Nessas firmas pequenas, o *marketing*, a pesquisa e as atividades de desenvolvimento são comprados de firmas externas, localizadas nas cidades em que os contatos com as firmas locais são garantidos e os benefícios das economias de aglomeração são ressaltados. Assim, é observada uma centralização dos serviços às empresas em áreas que apresentam uma estrutura produtiva verticalmente desintegrada.

Dessa forma, verifica-se uma dinâmica de reorganização espacial de atividades e de áreas de influência econômica, tanto mundialmente quanto internamente aos países, como decorrência das transformações na internacionalização dos serviços. As mudanças se referem à natureza do comércio internacional dessas atividades, bem como à intensificação e velocidade desse comércio. Resumindo as ideias desta seção, verifica-se que a economia mundial se apresenta constantemente em transição. O conceito de transição implica mudança gradual e evolucionária de uma condição estrutural a outra, resultante de fatores não apenas econômicos mas também políticos e sociais. Nesse sentido, a atual situação de globalização econômica evoluiu desde as trocas internacionais de produtos do século XVI, que

DESENVOLVIMENTO ECONÔMICO E O PAPEL DOS SERVIÇOS   565

caracterizou a internacionalização comercial, passando posteriormente pela internacionalização financeira e pela internacionalização da produção, através de empresas multinacionais, chegando até a produção internacional conjunta de um produto, ou seja, do desmembramento do processo produtivo para a produção e montagem do produto em diferentes regiões do mundo.

O mercado internacional para serviços se ampliou consideravelmente, visto que a incerteza econômica por parte das firmas e dos países se elevou, e se tornam cada vez mais necessários ajustes no seu comportamento visando a contenção de custos e a competição nos mercados mais dinâmicos. A atualização da informação e do conhecimento sobre processos organizacionais e produtivos é uma busca constante, e os fluxos internacionais dos insumos resultam da ampliação da concorrência globalizada. A nova divisão internacional do trabalho, que vem se delineando a partir dessa dinâmica, configura-se grandemente pela especialização crescente em setores terciários, quaternários e quinários, que apresentam tecnologias mais sofisticadas em países cuja dotação de uma força de trabalho mais qualificada é uma vantagem comparativa, visto que a qualificação na atualidade é um condicionante imprescindível para a ampliação desses serviços.

DESENVOLVIMENTO ECONÔMICO, CAPITAL SOCIAL E SERVIÇOS

Uma discussão recente, que envolve a busca dos estímulos ao desenvolvimento econômico, refere-se à importância do capital social como base para o ambiente favorável a esse processo. As análises mais recentes concluem que as condições descritas nos modelos neoclássicos de desenvolvimento (alocação eficiente dos recursos), keynesianos e kaleckianos (relevância da demanda efetiva)[1] ou schumpeterianos (dinamismo da oferta, da introdução da inovação tecnológica ou da organização

---

1   Entre estes destacam-se os modelos de Roy F. Harrod (incorporando as expectativas empresariais na função investimento), Evsey Dommar (relevância das taxas constantes de crescimento dos investimentos) e Nicolas Kaldor (papel ▶

interna das firmas para o aumento da competitividade e geração de expansão comercial), não são suficientes para explicar a continuidade do processo e do ritmo de crescimento dos países.

A partir da observação das condições de desenvolvimento de países mais avançados, observou-se uma série de condicionantes inerentes aos ambientes socioeconômicos na atualidade, que dizem respeito à disponibilidade do denominado capital social para a concretização dos objetivos de crescimento. O capital social vem sendo discutido recentemente por analistas e nas agências de fomento em sua agenda de debates, com o objetivo de fornecer subsídios às políticas públicas de desenvolvimento dos países menos avançados.

Embora o conceito de capital não seja novo e tenha se originado nas áreas das ciências sociais e da antropologia[2], as relações sociais, tipos de intercâmbio social e comportamento solidário vêm sendo incorporados nas análises de economistas, que observam, nesses elementos, um papel preponderante para a consecução de estímulos econômicos ao desenvolvimento, valendo-se de um paradigma interdisciplinar. As definições e nuances do conceito e da aplicação do capital social passam por um amplo contexto de interpretações. Pierre Bourdieu (1985) define o capital social como um conjunto de recursos reais ou potenciais à disposição dos integrantes de uma rede durável de inter-relações mais ou menos institucionalizadas. James Coleman (1990) o interpreta como parte dos recursos socioestruturais que constituem um ativo de capital para o indivíduo e facilitam certas ações comuns dos que constituem essa estrutura. Por outro lado, Robert Putnam (1993 e 2002) salienta os aspectos das organizações sociais, entre as quais as normas coletivas, as redes e o espírito de confiança, que contribuem para facilitar a cooperação no sentido de proporcionar ações de benefício mútuo. Para o autor, o capital social incrementa os resultados do investimento em capital físico e humano.

As principais instituições internacionais de fomento têm considerado, em suas decisões de auxílio, os reflexos de

> das taxas de lucros elevadas e da distribuição de renda que gerem maior propensão global para poupar, como estimulantes do crescimento).

2　Em estudos de Émile Durkheim, Karl Marx e dos antropólogos Raymond Firth, Marcel Mauss e George Foster (Cepal, 2002).

investimento no capital social dos países em desenvolvimento. Dessa forma, estudos de Woolcock e Dasgupta (1998) ressaltam a importância de estimular o investimento em nível micro e macro, na capacidade organizativa através de instituições, relações, atitudes e valores que determinam a interação interpessoal e facilitam o desenvolvimento econômico e a democracia. Em suas análises, o Banco distingue capital natural do país (recursos naturais), capital construído gerado pelo ser humano (infraestrutura, bens de capital, capital financeiro, comercial etc.), capital humano (graus de nutrição, saúde, educação da população) e capital social (instituições, relações e normas das inter-relações sociais da sociedade).

O Banco Interamericano de Desenvolvimento (BID) (Kligsberg, 2000) mostra a relevância do capital social, que gera normas e redes facilitadoras da ação coletiva e contribui para o benefício comum. O BID propõe, ainda, o estímulo à análise e discussão dos desafios do desenvolvimento de cada país através da formação de redes de centros de pesquisa acadêmica e outros para gerar e difundir o conhecimento por intermédio de meios de comunicação em massa, além de promover uma integração de programas sistemáticos de ensino favorecedores do capital social.

Por sua vez, o Programa das Nações Unidas para o Desenvolvimento – PNUD (Lechner, 2000) promove a ampliação de programas que estimulem relações informais de confiança e cooperação (entre famílias e colegas), a associatividade formal em organizações de diversos tipos e uma rede institucional normativa para fomentar as relações. No entanto, o PNUD chama a atenção para a dificuldade de mensuração adequada dessas inter-relações.

A nova visão sobre a relevância do capital social, introduzida nas análises econômicas da atualidade, enfatiza a aplicabilidade desses conceitos através da intervenção estatal ou privada como subsídios ao desenvolvimento. A proposição é de que potencializando os elementos concretos e abstratos do capital social, é possível incrementar a participação dos agentes econômicos e sociais para a resolução de obstáculos que implicam bloqueios ou retardamento da dinâmica do desenvolvimento (Miranda e Monzó, 2003). Os efeitos desse capital constituem externalidades que podem ser incluídas entre as economias externas auferidas entre agentes econômicos e, da mesma forma que a maior disponibilidade pode trazer vantagens a regiões e países, a carência pode ampliar as assimetrias de conhecimento, informação ou outras, que acarretam disparidades de desenvolvimento. Dessa forma, o capital social pode ser utilizado pelo indivíduo ou pelo grupo, de forma estratégica, para a acumulação de novos recursos produtivos ou de outros tipos de capital (físico e financeiro), seja com reflexos positivos na eliminação das disparidades, seja de modo negativo, marginalizando ou excluindo os menos dotados.

A relação direta entre o aumento do capital social e as ocupações e atividades de serviços é visualizada tendo em vista a materialização da ideia abstrata de cooperação, reciprocidade e confiança, através de serviços de assessoria de várias ordens. Esses serviços, a serem disponibilizados tanto pela esfera pública quanto privada, referem-se a uma rede de instituições de pesquisa, planejamento, informação, educação, treinamento, comercialização, entre outros, que proporcionam o manejo administrativo e de recursos, condições ambientais favoráveis, conhecimento sobre aspectos legais, coordenação entre etapas de trabalho de vários agentes, favorecimento de apoio à produção, distribuição e consumo de forma associativa. Os serviços de apoio ao fortalecimento do capital social incluem o apoio técnico à produção, aos vínculos entre os agentes produtores e consumidores, entre dirigentes e funcionários, à organização e planejamento das redes de assessoria. Particularmente, pequenas e microempresas bem como trabalhadores autônomos se beneficiam dos serviços destinados ao aumento do capital social, embora as externalidades resultantes sejam apropriadas também pelas médias e grandes empresas que já dispõem de uma rede organizada de apoio. A articulação econômica eficiente entre agentes internos e externos de uma sociedade também constitui um reflexo da disponibilidade do capital social (Bryson e Daniels, 2007; Gallouj e Djellal, 2010).

O conceito de capital social vem sendo utilizado nos programas de superação da pobreza propostos pela intervenção governamental em sociedades em desenvolvimento. As políticas sociais definidas pelos governos de países menos desenvolvidos incluem o fornecimento de serviços que proporcionam condições de ampliação dos elementos constitutivos do capital social como reciprocidade entre agentes, intercâmbio e solidariedade, controle social da distribuição de recursos, apoio familiar e extrafamiliar. No combate à pobreza, o chamado capital social comunitário complementaria, de diversas formas, os serviços públicos, atuando também em redes sociais que não passam pelo mercado, ao articular os serviços públicos com os receptores diretos dos benefícios sociais, aumentando a participação mediante sua incorporação ativa ao processo econômico. Por outro lado, tornaria mais eficazes os programas de fomento às microproduções urbanas e rurais (de empresas e autônomos).

As experiências, realizadas em alguns países, de fortalecimento do capital social por serviços públicos, revelam que os resultados mais eficazes acontecem através da atuação no entorno local e regional diretamente para os que usufruem da construção e gestão da infraestrutura social, quando é assegurado que os benefícios dos programas cheguem efetivamente aos destinatários (Miranda e Monzó, 2003). Como salientam essas autoras, para a utilização do capital social como uma ferramenta para pensar e superar a pobreza, faz-se necessária a politização da análise do contexto do capital social, a partir de uma abordagem em que atuam tanto os agentes estatais quanto os usuários dos serviços públicos. A funcionalidade e a instrumentalização do capital social para os programas de desenvolvimento deve passar pela articulação com os elementos políticos da sociedade, no sentido de superação dos conflitos e interesses individuais. Essa politização implica o esforço do direcionamento das medidas de fomento ao capital social para que contribuam para uma maior integração social e não para a exclusão e alheamento do indivíduo das correntes econômicas atuantes, que tendem a perpetuar os vínculos frágeis de alguns agentes com instituições normativas.

As políticas públicas, nesse sentido, atuam em uma interface ou área de intercâmbio entre os agentes institucionais, organizacionais ou cívicos e a comunidade. Tal interface se dá entre quatro sistemas complexos: o da administração estatal, o do mercado, o dos partidos políticos e o das comunidades populacionais. Os intercâmbios de informação, serviços e bens ocorrem tanto nos ambientes mais favorecidos quanto nos menos favorecidos e excluídos. Essa visão propõe uma abordagem inovadora da intervenção do Estado, de modo a propiciar um espaço de negociação em que cada ator desenvolva um potencial para melhor se situar na interface através das redes de apoio, capacidades de autogestão, contatos institucionais, sistemas de cooperação e práticas pessoais e partidárias (Kon, 2004a).

O que se tem observado em países menos desenvolvidos é que a atuação das políticas públicas na interface tem gerado uma dinâmica divergente entre os atores do sistema comunitário e estatal, o que vem gerando implicações negativas, como falta de sinergia, tecnocracia burocrática ineficiente, impossibilidade de competitividade no mercado, clientelismo partidário e exclusão.

Discussões recentes enfatizam a relevância do capital social dos países para a consecução do desenvolvimento econômico e, nesse sentido, a materialização desse capital através de serviços públicos e privados representa um determinante básico para as condições de competitividade na atualidade. Por outro lado, essas condições são um pré-requisito para o desenvolvimento e não apenas um resultado ou produto final. Assim sua provisão adequada torna-se um elemento crucial da dinâmica do processo de desenvolvimento das economias. Nesse sentido, os serviços governamentais desempenham um papel fundamental em países menos avançados, seja através do fornecimento de bens públicos ou da complementação da provisão privada de serviços de mercado, a fim de fornecer infraestrutura e serviços educacionais e de saúde que preparam a economia para o caminho da modernização econômica. O conceito de "capital social" incorporado em uma série de serviços a serem oferecidos por agentes estatais ou privados deve ser incorporado às análises governamentais sobre o direcionamento das políticas públicas.

CONSIDERAÇÕES FINAIS

Observou-se a importância do entendimento das novas atribuições dos serviços no processo de desenvolvimento das economias a partir das mudanças do paradigma produtivo que se delineou a partir dos anos de 1970 com o advento do processo de globalização. Essa dinâmica resultou na emergência de uma nova forma de sociedade pós-industrial baseada em condições diferenciadas, que trouxe consigo a consciência da necessidade de reformulação de antigos conceitos e novas formas de mensuração das causas do desenvolvimento. Nesse contexto, o papel das atividades de serviços como induzidas pelas atividades industriais e outras no processo do desenvolvimento econômico das empresas e da economia tomou nova conotação e assumiu também a característica de indutor da dinâmica do desenvolvimento das outras atividades. Por outro lado, observa-se a relevância das atividades de serviços na moldagem do envolvimento regional das economias, seja possibilitando a centralização da dinâmica de globalização em polos mais avançados, seja aumentando o nível de desigualdades regionais de desenvolvimento nacional. Finalmente fica patente a forte relação entre o desenvolvimento de serviços especializados e rotineiros para a formação do capital social que induz ao desenvolvimento econômico de um país.

12. Panorama das Atividades de Serviços no Brasil

O CENÁRIO ECONÔMICO DO BRASIL NO PERÍODO ANALISADO

O cenário macro e microeconômico brasileiro, como em outros países, molda o desempenho, a intensidade e a velocidade, bem como o grau de desenvolvimento das atividades dos setores de serviços do país examinadas neste capítulo. Desde o final da década de 1990, a economia brasileira teve avanços importantes e retrocessos consideráveis. Os avanços se referem particularmente ao controle da inflação, à expansão das exportações e à atração de capitais externos. Ocorreram, no período, várias crises internacionais que repercutiram em vários mercados de bens, serviços e financeiros, como no México (1994-1995), em países do sudeste asiático (1997), na Rússia (1998), nos Estados Unidos (2001) e a crise financeira de 2007, que chegou ao Brasil em setembro de 2008, provocando a saída de capitais de curto prazo do país (Kon, 1999b).

Após a instituição do Plano Real em 1994, que logrou a estabilização da inflação, a política monetária nessas últimas décadas centrou-se na manutenção das baixas taxas de inflação através de monitoramento das taxas de juros e do câmbio.

A partir de 1999, implantou-se no Brasil a política de metas de inflação, em que o Conselho Monetário Nacional (CMN) fixa, com antecipação, um nível de inflação considerado factível, admitindo uma dada margem de variação em que é mantida essa meta. Uma das principais medidas para tal propósito é a fixação da taxa básica de juros (Selic), pelo Conselho de Política Monetária (Copom), que estabelece um piso para os juros cobrados nas diversas áreas do mercado financeiro a cada 45 dias. Desde 2006 a meta de inflação determinada pelo CMN é de 4,5% por ano, com um intervalo de tolerância de 2%, para cima ou para baixo (Kon, 2014).

Essa maneira de monitoramento da taxa de juros para conter a inflação visa a evitar uma expansão excessiva de demanda, que pressionaria os preços para cima, e a desestimular as compras a crédito. O mecanismo acaba por gerar reflexos indesejáveis ao dificultar o financiamento de investimentos, ao mesmo tempo que torna mais atraente as aplicações financeiras, resultando na diminuição da produção não só de mercadorias, mas particularmente de produtos intangíveis.

Observaram-se mudanças relevantes na relação econômica do Brasil com o exterior, tanto no que se refere às Transações Correntes como à Conta Financeira do Balanço de Pagamentos, desde a primeira metade dos anos de 1990, quando o acordo internacional, o "Plano Brady", promoveu a reestruturação da dívida externa de vários países, entre eles o Brasil, com redução parcial dos débitos e dos juros, e alongamento de prazos de pagamento. No período, houve um aumento na disponibilidade de divisas, através da intensificação do influxo de capitais estrangeiros privados, principalmente sob a forma de investimentos em carteira, o que favoreceu o recurso à "âncora cambial", no Plano Real (Kon, 1999b; Versiani, 2011).

Com relação ao câmbio, até os anos de 1990 a taxa era fixa com minidesvalorizações periódicas que acompanhavam a evolução da inflação. Nos anos que seguiram ao Plano Real, a manutenção dessa taxa envolvia um grau de sobrevalorização, e as crises financeiras internacionais, que provocaram a saída de capitais do país, começaram a pressionar a taxa de câmbio, havendo aumento da taxa de juros (para atrair capitais externos), com efeitos negativos sobre o investimento e a atividade econômica. Para resolver a situação, em janeiro de 1999, o Banco Central anunciou que a taxa de câmbio passava a ser determinada pelo mercado, o que resultou, nos meses seguintes, em uma desvalorização substancial do dólar comercial, de mais de 50%. No período 2000-2004 a cotação média do dólar subiu influenciada por uma alta especulativa com a mudança de governo em 2002. A partir de 2005, porém, prevaleceu uma tendência à valorização do real em decorrência do grande influxo de dólares. A valorização do real, portanto, favoreceu as importações, porém prejudicou as exportações.

A crise financeira internacional de 2007-2008 teve reflexos mais contundentes no Brasil em 2009, quando a economia decresceu 0,2%, contudo, já em 2010 houve recuperação considerável a partir dos impactos positivos de desonerações fiscais do governo, lançadas na crise para estimular alguns ramos da economia, como o automotivo, a construção e o de eletrodomésticos da linha branca. No entanto, o câmbio continuou a causar impacto negativo com o real valorizado, que diminuiu a competitividade externa e segurou a produção de produtos exportados. Por outro lado, uma política monetária mais restritiva foi instituída, diminuindo a confiança do empresariado. A desaceleração econômica persistiu nos anos seguintes e, associado à dificuldade de exportar e à concorrência com importados mais baratos, o crescimento do Brasil tem sido aquém das expectativas, em um cenário de baixa produtividade total dos fatores e do trabalho, infraestrutura econômica precária, alto endividamento e inadimplência das famílias que haviam sido estimuladas ao alto consumo por crédito fácil (Kon, 2014).

O cenário econômico de 2014 começou num ambiente de desequilíbrios macroeconômicos, com a inflação crescente, déficit em conta-corrente em alta, apesar do baixo crescimento do PIB. Os fatores positivos externos se reverteram, com redução dos termos de troca e desaceleração do comércio internacional, também devido à instabilidade externa. A expansão produtiva baseada no aumento do crédito permaneceu limitada pela retração do crédito privado, dependência do crédito público e pelo elevado comprometimento de renda com serviço de dívidas. Ao mesmo tempo, houve aumento do custo do trabalho sem contrapartida no aumento da produtividade, enquanto observou-se o esgotamento dos estímulos fiscais de curto prazo e de seus efeitos.

No setor público, verificou-se uma piora das contas públicas, com o aumento dos gastos, apesar da continuidade do aumento da arrecadação e da elevada carga tributária. Persistem carências limitantes na infraestrutura do país voltada para a inserção nas cadeias globais de produção, representadas pelo lento desenvolvimento da educação e da inovação, associados ao fraco nível de crescimento da produtividade e aos baixos níveis de poupança e investimento (Cavalcanti, 2013).

Nesse ambiente, permanece um descompasso entre as instituições existentes e a efetivação, com relação às necessidades da modernização da economia. Especificamente na área do trabalho, permanecem os problemas de desigualdade e alta informalidade, em um mercado essencialmente regulado por legislação trabalhista feita em outro contexto econômico, dos anos 1940 e, portanto, desatualizada para a resolução dessas questões.

No contexto desse cenário, o capítulo analisa o perfil e o desempenho dos setores de serviços no Brasil, investigando alguns temas relevantes para o entendimento da realidade da economia política dos serviços no país. Dessa forma, é analisada a dinâmica da estruturação produtiva e ocupacional dos serviços, o processo de inovação dessas atividades, a questão específica das potencialidades e desafios da economia criativa e a recente evolução do comércio internacional de serviços nos períodos de crise internacional.

ESTRUTURAÇÃO PRODUTIVA E OCUPACIONAL: A DINÂMICA DOS SERVIÇOS NO BRASIL

*Mudanças Setoriais no Produto Gerado
e na Distribuição do Trabalho*

As transformações estruturais na distribuição do produto setorial brasileiro, que se iniciaram com mais intensidade no país a partir da década de 1950, acompanhando a retomada de crescimento mundial do pós-guerra, foram induzidas pelo crescimento mais intenso do setor secundário. Nas décadas de

1960 e de 1970, o PIB brasileiro se elevou respectivamente em 6,2% e 8,5%, correspondendo ao período de maior crescimento da economia brasileira na série analisada. Nesse contexto, as indústrias aumentaram sua participação no produto gerado pela economia de 24% em 1950 para quase 41% em 1980, em detrimento da produção do setor terciário, que reduziu sua participação de quase 52% para 49% no período, e da produção do primário, que gradativamente vem perdendo representatividade até a atualidade (Gráfico 12.1).

Os anos de 1980 registraram problemas econômicos consideráveis que delinearam o ritmo de produção global no início da década, promovido pela diminuição da demanda interna em consequência de políticas salariais sucessivas, que reduziram de modo significativo o poder de compra da população, e por outras políticas de ajustes postas em prática. O período de desindustrialização da economia do país se iniciou em meados de 1980 e resultou em taxas médias de crescimento de 1,6% inferiores na década. Dessa forma, a partir dos anos de 1990, a produção de serviços vem aumentando consideravelmente a participação no PIB global, enquanto a indústria perdeu representatividade de 41% para 33% no período e permaneceu quase no patamar de representatividade entre 25% e 29% nas décadas seguintes até 2013, acompanhando o crescimento não significativo do PIB, de 2,6% na década de 1990 e de 3,6% de 2001 a 2010.

Gráfico 12.1   Distribuição Percentual do PIB e da População Ocupada Segundo os Setores. Brasil, 1950-2013

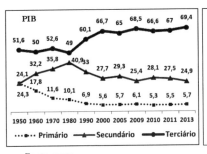
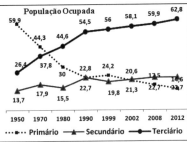

Fonte: IBGE.

A perda de representatividade relativa da indústria no PIB ocorrida nos anos de 1980 até meados dos anos de 1990 foi provocada pelas incertezas relacionadas às altas taxas de inflação e à rápida e profunda abertura comercial, entre outros fatores. Dessa forma, o crescimento da participação dos serviços a partir dos anos de 1990 teve dois fatores determinantes principais. De um lado o baixo dinamismo da indústria, que consiste em setor de produtividade mais alta, resultou em transferência de produção para setores de serviços, que, apesar de nem sempre registrarem alta relação capital/trabalho, resultaram na elevação do valor adicionado pela população que emigrou da indústria para os serviços. De outro lado, verificou-se o início da ampliação do setor de serviços mais sofisticados e de maior produtividade, como internet, informação e telecomunicações, TV a cabo, seguros, consultoria, intermediação financeira, transportes (aéreo, por exemplo), restaurantes, viagens, entre outros, pois boa parte da população passou a destinar uma maior parcela de seus rendimentos a esses serviços (Fiesp, 2013).

Como salienta pesquisa da Fiesp de 2013, o processo de desindustrialização das economias, representado pela diminuição da participação relativa no PIB e aumento dos serviços, é natural no processo de desenvolvimento das economias em uma fase em que a renda *per capita* dos países atinge um determinado nível elevado. Esse processo ocorre conjuntamente ao fato de que o progresso tecnológico atinge um nível em que passa a determinar que o motor do crescimento não seja apenas a indústria, mas também o setor de serviços intensivo em conhecimento, que passa a ditar o ritmo do crescimento econômico. Por sua vez, quando a manufatura se reduz em relação ao PIB bem antes de o país atingir o patamar elevado de renda *per capita*, como é o caso do Brasil, a desindustrialização é qualificada como precoce ou prematura e ocorre antes da expansão do setor de serviços intensivo em conhecimento se tornar capaz de absorver, com produtividade crescente, a mão de obra desempregada pela indústria, ao mesmo tempo que a renda *per capita* não aumenta significativamente. Nesse contexto, parcela significativa da força de trabalho desempregada acaba sendo alocada para setores de baixa produtividade e de baixos salários e/ou para subempregos.

Desde os anos de 1990, o Brasil convive com baixo crescimento da economia, apresentando um crescimento médio do PIB de 2,6% a.a. As décadas seguintes foram marcadas não só pela redução do ritmo de crescimento do produto, como também pela diminuição do nível de investimento que acompanhou a queda de importância relativa da indústria de transformação no PIB. Nesse período, o crescimento desse indicador chegou a taxas negativas em dois anos: em 1990 (-4,3%), com os denominados Planos Collor I e II, e em 2009 (-0,64%), na época da crise financeira mundial (Kon, 1999b).

No período de desindustrialização recente, após 2004, se formou, entre os especialistas, o consenso de que o câmbio sobrevalorizado e o elevado "custo Brasil" são as causas principais desse processo. Esse custo é composto pela elevada e complexa carga tributária incidente nas manufaturas, pelas elevadas taxas de juros para capital de giro, pela defasagem e deficiência da infraestrutura logística, pelo alto custo da energia elétrica e das principais matérias-primas, além de elevada burocracia, entre outros fatores. Entre 2004 e 2012, a representatividade da indústria no PIB declinou 30,8%, e no período mais recente, em 2012, a participação da indústria de transformação brasileira no PIB retrocedeu ao nível alcançado em 1955, antes do Plano de Metas do governo Juscelino Kubitschek (Fiesp, 2013).

Ao avaliar-se a distribuição da população ocupada nos setores da economia brasileira, observa-se uma dinâmica completamente diferenciada da distribuição do produto gerado em todo o período analisado (Gráfico 12.1). Os condicionantes da concentração dos trabalhadores estão mais ligados, nos períodos de recessão ou estagnação, à capacidade de ampliação dos serviços que representem uma válvula de escape para parte da população liberada de outros setores, que, embora muitas vezes permanecendo subempregada, continuou contribuindo para a geração de produto. Nos períodos de maior crescimento, a população ocupada nos serviços pode se elevar, tendo em vista a criação de novos serviços, ou mesmo diminuir, se a demanda de outros setores for maior. Dessa forma, como se observa na figura, nem sempre a elevação da concentração de trabalhadores nos serviços está ligada ao processo de desenvolvimento da economia. De qualquer forma, a reestruturação produtiva setorial apresenta impactos na estrutura ocupacional dos serviços, como será observado em sequência.

O Perfil da Distribuição Ocupacional nos Setores de Serviços: Aspectos Metodológicos

Esta seção visa analisar a evolução e as características das estruturas ocupacionais das atividades de serviços no país e as alterações estruturais no período. São estudados os impactos das alterações sobre a estrutura dos mercados formal e informal de trabalho, tendo em vista a composição da escolaridade dos trabalhadores, os reflexos sobre a distribuição do trabalho entre os gêneros e os níveis de rendimentos médios equivalentes.

Os padrões tecnológicos de produção vigentes nos diferentes setores de serviços, e mesmo internamente a um mesmo setor, repercutem em suas estruturas ocupacionais, de forma a refletir não apenas a dotação de recursos materiais e humanos, como também a existência de economias de aglomeração ou externas, e a forma pela qual as inovações tecnológicas são absorvidas pela força de trabalho nos diversos espaços (Kon, 2012a). Dessa forma, a ideia subjacente desenvolvida na análise foi de investigar a composição e a evolução da estrutura ocupacional dessas atividades, enfatizando a condição de qualificação do trabalhador, como enfoque particular de análise. Determinadas funções ou ocupações apresentam características distintas de dotação de capital físico e qualificação da mão de obra, quer estejam inseridas em setores capitalistas mais avançados, quer estejam nos setores menos adiantados, ditos "tradicionais", apesar de terem como atribuições papéis ou funções semelhantes nos gêneros produtivos a que pertencem. Nesse sentido, podem ser observadas produtividades e respectivas remunerações também diferenciadas para as mesmas ocupações de serviços localizadas em distintos setores de atividades.

Portanto, no decorrer da análise empírica foram aqui utilizadas tabulações especiais das Pesquisas Nacionais por Amostras de Domicílios (PNAD) do IBGE, a partir de uma Tipologia de Ocupações desenvolvida anteriormente por mim em 1990 e atualizada para incorporar as alterações realizadas pelo IBGE nos códigos das PNADs a partir de 2002 (Kon, 2012). Essa tipologia caracteriza a tipicidade da distribuição brasileira no setor de serviços, ou seja, sua qualidade ou caráter típico. Ela foi criada para os fins específicos da análise proposta, através das categorias ocupacionais que foram classificadas tendo como base principal o nível de qualificação dos ocupados, visando relacionar essa variável com características de formalidade ou informalidade, gênero, escolaridade (anos de estudo) e rendimentos médios resultantes.

O setor de serviços se caracteriza por grande heterogeneidade na natureza das funções e objetivos de suas atividades, e também no que diz respeito a aspectos como porte das unidades produtivas, densidade de capital, relação capital/trabalho, bem como no nível tecnológico empregado em diferentes atividades dentro de um mesmo gênero de serviços. A gama dos segmentos que fazem parte do setor se estende desde serviços informais exercidos na rua, sem localização própria, passando por serviços domésticos, até os serviços mais sofisticados, como o de transmissão de dados pela internet ou serviços de assessoria e planejamento de organizações.

A economia brasileira foi marcada, na última década, por uma modernização e dinamismo no setor de serviços, que passaram a intensificar, em muitos segmentos, os níveis diferenciados de desenvolvimento, taxas de crescimento superiores às do conjunto da economia em alguns setores, de modo concomitante à permanência de atividades de baixa produtividade e baixa remuneração, associadas a baixa ou nenhuma qualificação. Essas últimas atividades representam muitas vezes, na atualidade, a maior geração do PIB em muitas regiões e maior intensidade da participação da mão de obra empregada. Dessa forma, a relevância dos serviços na formação de oportunidades de trabalho e absorção da força de trabalho é constatada em várias pesquisas, que salientam muitas vezes a ocorrência de taxas superiores de evolução de ocupados nessas atividades em relação às taxas de geração de produto. Tal diversidade decorre da mencionada heterogeneidade de níveis tecnológicos representados pela relação capital/trabalho diferenciada nas várias atividades.

Dessa forma, a heterogeneidade de padrões estruturais da divisão ocupacional do setor de serviços no Brasil leva à insuficiência de análises consolidadas para o global do setor terciário. Nesse sentido, a partir das Tabulações Especiais da Pnad, foi também criada, neste estudo, uma classificação de grupos de setores que apresentam padrões de distribuição ocupacional análogos, que permitam avaliar com melhor critério a relação desses grupos com o desenvolvimento econômico do país.

Pesquisa específica, que utilizou a Análise Fatorial que englobou subsetores de atividades internamente ao setor de serviços, detectou três padrões de estruturas de ocupações (EO), segundo a concentração por nível de qualificação dos trabalhadores, que determinam tipos de distribuição ocupacional com características semelhantes de desenvolvimento como é visualizado no Quadro 12.1.

Quadro 12.1   Padrões de Estruturação Ocupacional Brasileira

PADRÃO DE ESTRUTURA OCUPACIONAL	NÍVEL DE QUALIFICAÇÃO	CONCENTRAÇÃO DE TRABALHO QUALIFICADO	CONCENTRAÇÃO DE TRABALHO NÃO QUALIFICADO	CONCENTRAÇÃO DE TRABALHO POR CONTA PRÓPRIA
EO–I	Inferior	Baixa	Mais elevada	Mais elevada
EO-II	Mediano	Média	Média	Média
EO-III	Superior	Mais elevada	Não definida	Não definida

Fonte: Kon (2012).

Deve ser observado que a padronização das diversas distribuições ocupacionais em apenas três grupos, para efeito de análise, apenas leva em conta uma uniformização média das características, significando que, em um mesmo tipo de EO, os padrões visam determinar que os subsetores de atividades sejam caracterizados, em média, pelos critérios definidos, uma vez que é constatado, muitas vezes, como já mencionado, que em um mesmo subsetor coexistem unidades produtivas ou empresas que detêm níveis tecnológicos muito díspares, retratados em suas relações capital/trabalho. É o caso do subsetor de serviços às empresas, que incluem desde empresas de serviços mais sofisticados de pesquisa e planejamento até empresas de serviços de limpeza.

A Heterogeneidade da Estrutura Ocupacional Brasileira na Área de Serviços

O exame mais detalhado da estruturação ocupacional brasileira nos setores de serviços tem como base os resultados registrados na Tabela 12.1, que apresenta a distribuição segundo gêneros de serviços para os três anos selecionados de 2002, 2008 e 2012, permitindo observar as diferenças consideráveis na composição das categorias ocupacionais de acordo com o nível de qualificação, bem como a evolução também diferenciada nas concentrações de trabalhadores nas categorias ocupacionais no período, segundo o nível de qualificação.

Constata-se inicialmente que dos setores de serviços pesquisados a maior representatividade de trabalhadores em relação ao contexto da economia total é registrada pelas atividades de Comércio e Reparação, de Educação, Saúde e Serviços Sociais e de Outros Serviços às Empresas, que em 2002 reuniam respectivamente 17,2%, 8,9% e 6,6 dos ocupados, aumentando sua concentração para 17,8%, 9,6% e 8,8% em 2012. Os demais subsetores incorporavam entre 4% e 5% de trabalhadores em 2012, também aumentando a participação no período posterior. No entanto, a primeira constatação mais geral é de que o setor de serviços no período analisado de 2002 a 2012, apesar de ter aumentado a concentração de trabalhadores em todos os seus segmentos no contexto da divisão de trabalho brasileira, essa elevação não foi significativa a ponto de caracterizar uma evolução representativa de modernização efetiva da economia, ou seja, uma reestruturação produtiva característica de mudanças tecnológicas e outras contundentes, voltadas para o desenvolvimento econômico mais intensificado.

Observando-se a distribuição de ocupados como Conta Própria, é notada, em 2002, a elevada representatividade em atividades como Comércio e Reparação (38%), Alojamento e Alimentação (41%), Transportes e Comunicações (32%) e Serviços Coletivos Sociais e Pessoais (42%). Nesses três primeiros setores, a concentração, em 2012, havia diminuído consideravelmente, enquanto no último aumentou para mais de 45%. Nos setores de Educação, Saúde e Serviços Sociais e Serviços às Empresas, que agregavam respectivamente 7,7% e 16,5% em

Tabela 12.1   Distribuição Ocupacional das Atividades de Serviços Segundo os Setores Por Nível de Qualificação – Brasil, 2002, 2008 e 2012 (%)

	ANO	COMÉRCIO E REPARAÇÃO	ALOJAMENTO E ALIMENTAÇÃO	TRANSPORTE E COMUNICAÇÃO*	ADMINISTRAÇÃO PÚBLICA**	EDUCAÇÃO, SAÚDE E SERVIÇOS SOCIAIS	SERVIÇOS COLETIVOS, SOCIAIS E PESSOAIS	SERVIÇOS ÀS EMPRESAS
TOTAL DE SERVIÇOS		100,0	100,0	100,0	100,0	100,0	100,0	100,0
Empresas	2002	62,4	59,2	67,8	78,7[1]	92,3	58,5	83,5
	2008	69,1	66,5	72,4	80,4[1]	93,2	57,8	84,4
	2012	71,2	69,4	70,5	78,8[1]	93,0	54,4	85,4
Dirigentes	2002	11,7	9,8	5,5	1,8	5,0	6,0	13,7
	2008	12,4	10,9	5,4	2,2	4,9	7,0	12,7
	2012	11,3	11,4	4,2	2,0	3,8	6,8	7,1
Produção	2002	15,0	34,9	37,2	18,4	57,4	14,8	8,4
	2008	16,8	41,6	38,0	16,1	59,8	15,9	9,6
	2012	13,9	45,9	47,8	15,2	61,2	14,4	13,4
Qualificados	2002	1,1	0,3	2,9	6,2	49,9	9,8	4,3
	2008	1,3	0,4	2,3	6,6	52,2	9,6	4,6
	2012	1,2	0,6	1,4	5,9	56,7	10,2	5,6
Semiqualificados	2002	11,7	2,1	28,0	10,8	1,4	3,6	3,5
	2008	13,0	2,7	29,5	8,0	1,7	4,7	3,8
	2012	10,7	3,0	40,2	7,3	1,2	3,3	7,1
Não qualificados	2002	2,3	32,5	6,3	1,4	6,1	1,4	0,7
	2008	2,5	38,5	6,1	1,4	5,9	1,6	1,2
	2012	6,4	42,4	6,3	2,0	3,4	0,9	0,7
Administração	2002	35,6	14,5	25,1	79,6	30,0	37,7	61,4
	2008	40,0	14,1	29,0	81,4	28,5	34,9	62,1
	2012	46,0	12,1	18,5	82,5	28,0	33,2	64,9
Qualificados	2002	0,4	0,1	1,0	17,7	1,0	2,6	5,3
	2008	0,5	0,1	1,1	17,6	1,6	1,9	7,1
	2012	0,5	0,1	0,7	19,5	2,1	3,2	8,1
Semiqualificados	2002	31,1	9,8	20,2	49,7	19,1	22,7	37,6
	2008	35,7	9,7	23,3	52,2	18,4	23,3	39,5
	2012	41,0	7,9	15,7	49,4	19,5	23,6	44,2
Não qualificados	2002	4,2	4,6	3,9	12,2	9,9	12,5	18,5
	2008	3,8	4,3	4,6	11,6	8,5	9,6	15,5
	2012	4,5	4,1	2,2	13,5	6,4	6,5	12,7
Conta Própria	2002	37,6	40,8	32,2	21,3[2]	7,7	41,5	16,5
	2008	30,9	33,5	27,6	19,7[2]	6,8	42,2	15,6
	2012	28,8	30,5	29,2	21,2[2]	7,0	45,4	14,5
Participação na Economia	2002	17,2	3,7	4,7	4,9	8,9	4,0	6,6
	2008	17,4	3,9	5,0	4,9	9,2	4,4	7,7
	2012	17,8	4,8	5,6	5,5	9,6	4,0	8,8

Fontes: IBGE-PNADS (2002, 2008 e 2012). Elaboração nossa.

*   Inclui armazenagem.

**   Na Adminisração Pública, as informações referem-se aos postos de trabalho da administração governamental (municipal, estadual e federal) que não são empresas: (1) Estatutários; (2) Outros.

2002, a participação diminuiu no final do período analisado para 7% e 14,5%.

Nas empresas, a maior concentração de qualificados é apresentada nos subsetores de Educação, Saúde e Serviços Sociais, que incluem mais de 55% desses trabalhadores, considerando os dirigentes e os que têm funções na produção direta de serviços e na área administrativa. Por outro lado, as atividades de Alojamento e Alimentação reúnem o maior contingente de trabalhadores não qualificados, quase 47% em 2012, e o maior aumento relativo desses no período analisado.

Como mencionado, essa primeira constatação sobre a heterogeneidade do perfil da estruturação ocupacional levou à necessidade de identificar alguns setores que apresentavam semelhanças nessa distribuição, que foram agregados para definir alguns padrões típicos, de modo a facilitar o entendimento das contribuições setoriais diversificadas que acarretam impactos sobre a absorção de mão de obra no contexto específico das condições da força de trabalho brasileira, tanto por parte da oferta quando da demanda do mercado de trabalho. Paralelamente, o perfil dessa distribuição tem reflexos na capacidade, intensidade e velocidade do desenvolvimento econômico do país, ao lado dos demais fatores conjunturais macro e microeconômicos interferentes.

O Perfil dos Trabalhadores de Serviços Segundo as Variáveis Selecionadas

A aplicação da análise Fatorial para as informações da estrutura ocupacional dos subsetores de serviços permitiu a identificação de três padrões específicos de Estruturação Ocupacional (EO) nos setores de serviços: a. EO I, composto pelas atividades de Comércio e Reparação, Alojamento e Alimentação, Serviços às Famílias e Transportes, Armazenagem e Comunicações; b. EO II, composta por Serviços às Empresas, Administração Pública, Serviços Imobiliários e Correios; e c. EO III, engloba as atividades de Informática e Conexas, Financeiras, subsetores de Educação, Saúde e Serviços Sociais e atividades de Telecomunicação.

Nesse sentido, a análise segue observando o perfil de concentração dos trabalhadores e a evolução no período nos subsetores de serviços, de acordo com a categoria ocupacional e o nível de qualificação dentro de empresas, bem como o trabalho em atividades por conta própria, detalhando as características das diversidades segundo gênero, condição de vínculo empregatício, rendimentos médios e escolaridade. A Tabela 12.2 apresenta a distribuição ocupacional dos trabalhadores no total das empresas, segundo as características dos padrões ocupacionais (EO) e a Tabela 12.3 registra as características dos trabalhadores por conta própria, segundo as variáveis selecionadas para o período.

Padrão EO 1

O padrão de estruturação ocupacional designada EO 1, composto pelas atividades de Comércio e Reparação (CR), Alojamento e Alimentação (AA), Serviços às Famílias (SF) e Transportes, Armazenagem e Comunicações (TAC), correspondia a 41% dos trabalhadores de serviços brasileiros em 2002 e aumentou a participação para 60,2% em 2012. Esses subsetores apresentam o padrão mais tradicional de organização, em que o nível médio de qualificação é determinado nas empresas por baixa concentração em trabalho mais qualificado e elevada em trabalho não qualificado, e ainda parcela considerável de trabalhadores por conta própria (Tabela 12.1)

Nas empresas, os trabalhadores sem vínculo empregatício eram muito representativos em 2002 e participavam com 45% (CR), 49% (AA), 68% (SF) e 33% (TAC), porém, em 2012 a concentração diminuiu respectivamente para cerca de 32%, 41%, 33% e 21%, o que, no entanto, não deixa de ser elevada (Tabela 12.2). Considerando o mercado informal de trabalho compreendendo os trabalhadores sem carteira nas empresas e os que trabalham por conta própria (Tabela 12.3), nesse padrão de estruturação a informalidade atinge níveis preocupantes, compreendendo, em 2012, nos quatro subsetores considerados, 61,2%, 71,4%, 67,2% e 50,3% do total de ocupados. Os rendimentos médios mensais diminuíram no período analisado e se situavam, em 2012, entre 2 e 2,5 salários mínimos (SM) para

PANORAMA DAS ATIVIDADES DE SERVIÇOS NO BRASIL

Tabela 12.2 Perfil Ocupacional dos Trabalhadores dos Setores de Serviços em Empresas, Segundo Grupos (EO). Brasil, 2002 e 2012

GRUPOS OCUPACIONAIS		GÊNERO (%)			VÍNCULO EMPREGATÍCIO (%)			RENDIMENTOS MÉDIOS (SALÁRIO MÍNIMO)			ÁREAS DE ESTUDO		
			2002	2012		2002	2012		2002	2012		2002	2012
EOI	Comércio e Reparação	H	65,8	59,7	C/C	55,0	67,6	C/C	2,8	1,9	C/C	8,7	10,0
		M	34,2	40,3	S/C	45,0	32,4	S/C	3,9	2,9	S/C	7,6	9,0
	Alojamento e Alimentação	H	50,9	43,3	C/C	51,0	59,1	C/C	2,2	1,6	C/C	7,4	8,8
		M	49,1	56,7	S/C	49,0	40,9	S/C	2,8	2,3	S/C	7,2	8,4
	Serviços às Famílias	H	18,0	43,2	C/C	29,7	50,4	C/C	2,1	2,2	C/C	6,5	9,9
		M	82,0	56,8	S/C	67,5	32,5	S/C	1,3	2,1	S/C	5,7	9,7
	Transporte e Comunicação	H	89,9	88,2	C/C	67,2	38,9	C/C	3,6	2,5	C/C	7,7	9,1
		M	10,1	11,8	S/C	32,8	21,1	S/C	3,7	2,9	S/C	6,9	8,1
EOII	Administração Pública*	H	64,7	58,7	ESTATUT	78,8	78,8	ESTATUT	5,7	4,2	ESTATUT	10,1	11,3
		M	35,3	41,3	OUTROS	21,2	21,2	OUTROS	3,2	2,5	OUTROS	9,2	10,4
	Serviços às Empresas	H	62,2	56,2	C/C	66,5	79,7	C/C	3,3	2,5	C/C	9,0	10,6
		M	37,8	43,8	S/C	33,5	20,3	S/C	6,0	4,9	S/C	10,6	11,6
	Imobiliários e Aluguéis	H	72,7	69,6	C/C	72,1	75,7	C/C	2,5	2,0	C/C	7,1	9,0
		M	27,3	30,4	S/C	27,9	24,3	S/C	5,5	4,9	S/C	9,5	10,6
	Correios	H	75,9	69,2	C/C	84,7	85,1	C/C	3,5	2,9	C/C	10,5	11,6
		M	24,1	30,8	S/C	15,3	14,9	S/C	2,6	1,8	S/C	9,7	10,2
EOIII	Ativ. Informáticas e Conexas	H	71,2	77,0	C/C	68,5	74,7	C/C	6,9	4,3	C/C	2,2	13,0
		M	28,8	23,0	S/C	31,5	25,3	S/C	8,4	3,8	S/C	11,9	11,9
	Atividades Financeiras	H	52,5	46,6	C/C	81,5	87,7	C/C	8,3	4,7	C/C	12,5	13,2
		M	47,5	53,4	S/C	18,5	12,3	S/C	15,7	5,6	S/C	10,8	12,0
	Educação, Saúde e Serviços Sociais	H	21,9	22,8	C/C	76,3	80,2	C/C	3,7	2,9	C/C	11,1	12,6
		M	78,1	77,2	S/C	23,7	19,8	S/C	4,1	2,8	S/C	11,0	12,3
	Telecomunicações	H	61,6	58,3	C/C	81,4	89,2	C/C	8,7	2,4	C/C	11,6	11,5
		M	38,4	41,7	S/C	18,6	10,8	S/C	10,3	2,9	S/C	10,6	10,6

Fonte de dados brutos: IBGE-Pnads (2002, 2008 e 2012). Elaboração nossa.

* Na Administração Pública, as informações referem-se aos postos de trabalho da administração governamental (municipal, estadual e federal), tanto contratados como estatutários, CLT ou autônomos.

Tabela 12.3 Perfil Ocupacional dos Trabalhadores dos Setores de Serviços Como Conta Própria, Segundo Grupos (EO). Brasil, 2002 e 2012

GRUPOS OCUPACIONAIS	ANOS	EO I				EO II			EO III			
		Com. e Repar.	Aloj. e Alim.	Serv. à Família	Transp. e Comun.	Serv. à Empresa	Imobil.	Correios	Inform. e conexas	Ativ. Financ.	Educ. Saúde Soc.	Telecom.
ANOS DE ESTUDO	2002	6,2	5,9	6,7	6,1	12,2	9,2	7,6	12,0	11,8	11,4	4,6
	2012	7,8	7,0	7,1	7,3	13,2	11,3	9,7	12,0	12,1	12,9	11,0
RENDIMENTO MÉDIO	2002	2,2	1,6	1,3	3,9	8,0	6,1	3,2	7,4	5,9	4,6	1,0
	2012	1,9	1,4	1,0	2,8	6,0	4,8	2,1	3,6	4,7	4,1	4,6
GÊNERO	2002	58,3	51,6	35,4	68,3	71,5	75,4	93,0	82,8	69,7	27,0	15,8
		41,7	48,4	64,6	31,7	28,5	24,6	7,0	17,2	30,3	73,0	84,2
	2012	55,4	44,9	71,0	96,7	66,8	75,3	91,3	85,7	66,9	25,9	77,0
		44,6	55,1	29,0	3,3	33,2	24,7	8,7	14,3	33,1	74,1	23,0

Fonte de dados brutos: IBGE-Pnads (2002, 2008 e 2012). Elaboração nossa.

os formais, inferiores aos dos trabalhadores sem carteira nas empresas, que auferiam de 2,3 a 2,9 SM.

A escolaridade média, no entanto, aumentou, embora não significativamente no período, situando-se, no último ano, entre 9 e 10 anos para os trabalhadores com registro, de 8 a 9 para os sem carteira e de 7 a 8 anos para os por conta própria. As disparidades entre gêneros não é uniforme entre os setores, sendo consideravelmente superior nos TAC, em que as mulheres representavam apenas cerca de 11,8% nas empresas (e 4% como conta própria) em 2012 e nos subsetores de CR (40%), porém nas atividades de AA apresentavam maior participação (57%).

Padrão EO II

Esse tipo de estruturação, observado nos subsetores de Serviços às Empresas (SE), Administração Pública (AP), Serviços Imobiliários (SI) e Correios (Cor) englobava cerca de 15,9% dos trabalhadores de serviços em 2002 e elevou sua representatividade para ¼ desses ocupados em 2012. Em síntese, essa forma de estruturação é caracterizada por um nível médio tanto de qualificação quanto de trabalho qualificado, trabalho não qualificado e por conta própria (Tabela 12.2).

Salienta-se inicialmente que, dos trabalhadores da Administração Pública, cerca de 79% são contratados como estatutários, em todo o período, e os demais, com outros tipos de contratos. Os trabalhadores registrados em carteira nas empresas aumentaram sua representatividade no período e, em 2012, correspondiam, nos vários subsetores, a 80% (SE), 76% (SI) e 85% (Cor). No entanto, a informalidade, considerando-se os sem registro nas empresas e os que trabalham por conta própria, se situava em 2012 acima de 30%.

As informações mostram que os rendimentos médios nesses subsetores diminuíram no período, tanto para os trabalhadores formais quanto informais, no entanto é verificado que os trabalhadores sem registro nas empresas e os ocupados por conta própria das atividades de SE e SI recebem remunerações superiores aos formais. Em 2012 os rendimentos desses últimos se situavam entre 2 e 2,5 SM, enquanto os informais auferiam quase 5 SM nas empresas e, respectivamente, 6 e 5 SM entre os

PANORAMA DAS ATIVIDADES DE SERVIÇOS NO BRASIL 589

fora de empresas. Em todos os subsetores, a escolaridade se elevou no período, situando-se entre nove e onze anos de estudos em média no último ano analisado. A participação das mulheres nas empresas ficou em torno de 30 a 40%, ainda longe da situação de equalização de gênero.

Padrão EO III

Como visto, os subsetores que apresentam dinâmica e perfis similares nesse padrão de estruturação compreendem atividades de Informática e Conexas (AI), Financeiras (AF), subsetores de Educação, Saúde e Serviços Sociais (ESS) e Atividades de Telecomunicação (AT). Em conjunto representavam 23,5% da população ocupada nos setores de serviços em 2012. Nesse grupo, os níveis de qualificação médios são superiores e apresentam concentração mais elevada de trabalhadores qualificados do que em outros subsetores, no entanto, a concentração em funções não qualificadas e aquelas realizadas por conta própria diverge muito entre setores, não sendo constatado um padrão definido. Trata-se dos subsetores de serviços considerados básicos para o estímulo ao processo de inovação e ao desenvolvimento socioeconômico, que alavancam a geração de valor adicionado. Observa-se nas atividades de ESS uma considerável maioria de mulheres, acima de 77% dos ocupados, assim como em AF (acima de 53%), o oposto ocorrendo em AI e AT, respectivamente com 77% e 58% de homens.

Nesses setores a situação de trabalho sem vínculo empregatício nas empresas é menor e diminuiu no período, correspondendo a cerca de 10% a 25% dos ocupados em 2012, assim como a informalidade total, considerando os que atuam como trabalhadores por conta própria. Embora o nível médio de escolaridade tenha se elevado no período em todas as atividades, situando-se em 2012 entre dez a quase catorze anos de estudo, os rendimentos médios, no entanto, diminuíram desde 2002, quando revelavam ganhos entre sete e dez SM para as atividades de AI, AF e AT na condição de vínculo empregatício, registrando entre seis e dez SM para os informais nas empresas, que mostram maiores remuneração em relação aos anteriores.

Entre os trabalhadores por conta própria desses subsetores, os rendimentos médios se mostram no nível dos ocupados com registro nas empresas. Por sua vez, os serviços de ESS apresentam as menores remunerações médias, e, em 2002, os sem carteira revelavam também remunerações ligeiramente superiores aos demais das empresas, em torno de quatro SM, diminuindo para próximo de três SM no fim do período. Nessas últimas atividades os ocupados por conta própria auferem, em média, maiores remunerações que os das empresas, tendo em vista o volume considerável de qualificados da saúde que trabalham como autônomos.

Considerações Finais

Uma visão mais detalhada das variáveis selecionadas mostra que, nos vários níveis de qualificação, entre os trabalhadores qualificados das empresas, representados por indivíduos com nível técnico e universitário de educação, as remunerações e a escolaridade são consideravelmente superiores às médias em todos os padrões de EO, porém relativamente mais elevadas no EO III, como é esperado. Da mesma forma, o vínculo empregatício registrado é considerável, porém em torno de 10% a 20% trabalham na informalidade, com variações entre os subsetores.

Entre os semiqualificados, que constituem a categoria de maior participação em relação ao total de ocupados em serviços, as médias de remuneração durante o período se situavam, em 2002, entre um SM e mais de três SM, em quase todos os setores, porém são superiores na Administração Pública (quatro SM). Contudo, essas remunerações não são equivalentes aos níveis de escolaridade apresentados, entre oito SM e treze SM em 2012, e, apesar do aumento da escolaridade no período, as remunerações diminuíram em todas as situações de vínculo nas empresas.

Os trabalhadores de serviços que se ocupam em funções de não qualificados nas empresas recebiam, em 2012, rendimentos médios semelhantes em todos os todos tipos de EO, entre um e 1,6 SM, e ligeiramente inferiores para os informais das empresas, que são inferiores aos ganhos do início do período analisado. No entanto, a análise da escolaridade revela que os níveis se situam entre quatro e doze SM, o que atesta condições de subemprego, ou seja, ocupados que trabalham em funções que não correspondem às possibilidades de seu nível de qualificação.

Finalmente, observa-se que todas as mudanças nas variáveis e nos tipos de estruturação ocupacional verificadas no período analisado não consistem em mudanças estruturais consideráveis que caracterizam um processo dinâmico correspondente ao desenvolvimento econômico, mas revelam uma diminuição dos rendimentos médios dos ocupados em serviços como um todo.

A INOVAÇÃO NOS SETORES DE SERVIÇOS NO BRASIL

O Brasil no Contexto Mundial

A análise da inovação em serviços no Brasil é recente na pesquisa e na literatura visto que, nesses setores, o processo foi tradicionalmente considerado como decorrente das inovações engendradas na indústria, que dessa forma tem prioridade nas pesquisas encontradas. A intensificação dos estudos nesse sentido vem adquirindo relevância, sobretudo quando é questionada a capacidade do setor de serviços de contribuir para longos períodos de desenvolvimento econômico sustentável que permitam a inserção e consolidação brasileira entre as economias dinâmicas do mundo. Tornou-se mais evidente no país a visão de que a compreensão do efetivo papel do setor de serviços nesse processo passa pela análise da inovação em serviços, o que implica a compreensão teórica desse fenômeno e a possibilidade de prescrever políticas adequadas para seu desenvolvimento.

Recentemente tem sido observado que a inovação brasileira nos serviços guarda estreita relação com a dinâmica de crescimento da economia nacional. O Brasil possui grandes diferenciais positivos em face do cenário mundial, representados pela riqueza da biodiversidade, potencial de inovação em insumos, conteúdo criativo inerente à cultura brasileira, potencial esse que necessita de apoio pela competência científico-tecnológica nas instituições de pesquisa e nas empresas, que ainda estão iniciando suas primeiras experiências modernizantes. No entanto, o panorama da evolução desse tema no país está associado ao contexto político e social, posto que existem vários pontos a superar na construção de condições favoráveis de capital humano, financeiro e outros, para que as perspectivas potenciais de desenvolvimento se efetivem.

Alguns indicadores de instituições internacionais estão mais avançados na investigação da questão na área de serviços, permitindo a avaliação da situação do Brasil no contexto mundial e os pontos favoráveis e desfavoráveis que o país apresenta para intensificar o processo inovador na área de ativos intangíveis. Através dos resultados do Índice Global de Inovação (IGI) de 2013, organizado pela Organização Mundial da Propriedade Intelectual (Ompi) e elaborado pelo Instituto Francês de Administração (Insead) e pela Universidade de Cornell, observa-se o panorama mundial pela pesquisa que classificou, em 2013, a dinâmica inovadora de 142 países.

Nesse contexto, o Brasil se classifica no 64º lugar no cenário mundial de inovação e em oitavo na América Latina. A Costa Rica lidera o grupo dos latino-americanos e ocupa a 38ª posição global, seguida do Chile, que é o segundo mais inovador na região e o 46º no mundo. Também entre as posições de destaque está a Colômbia, no sexto lugar na América Latina e sexagésimo na classificação geral (Insead, 2013). As pesquisas anuais mostram uma oscilação da posição brasileira no cenário mundial da inovação do quinquagésimo lugar em 2009 para o 58º lugar em 2012, e o IGI de 2013 mostrou um declínio do Brasil em sua posição relativa internacional dos dois anos anteriores, com queda de dezessete posições no *ranking* em 2011 e 2012, respectivamente.

Deve ser observado que embora o *ranking* da inovação seja derivado da aplicação de um modelo matemático, o resultado não permite distinguir as inovações de grande alcance das inovações menores, denominadas incrementais, o que não possibilita uma correlação entre a dimensão econômica de um país e sua propensão a inovar. De qualquer maneira, a posição do Brasil em 64º na capacidade de inovar está em desacordo com sua posição na listagem das dez economias mais importantes no plano mundial, que é publicada em análises econômicas.

Uma pesquisa da Comissão Europeia (EU, 2014) permite comparar o Brasil no *ranking* mundial junto aos principais parceiros econômicos da União Europeia, que inclui os Brics (Brasil, Rússia, Índia, China e África do Sul) e outros (Gráficos 12.2 e 12.3). O desempenho médio é medido utilizando-se um indicador composto, que é construído com base em dados de doze indicadores classificados a partir do desempenho mais baixo possível (0) até o maior desempenho possível (1).

Gráfico 12.2   Índice de Desempenho Global de Inovação em Economias Mundiais Selecionadas, 2010-2013

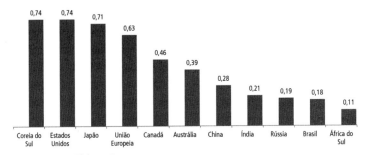

Fonte: EU, 2014. Elaboração nossa.

Gráfico 12.3   Taxas de Crescimento Médio Anual da Inovação em Economias Selecionadas, 2006-2013 (%)

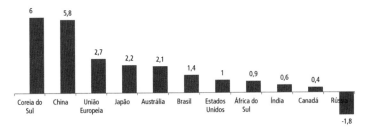

Fonte: EU, 2014. Elaboração nossa.

Entre os países mais avançados, no período de 2010 a 2013, a Coreia do Sul apresentava o maior índice e também a maior taxa de crescimento médio anual. Entre os Brics, o índice do Brasil se situou acima apenas da África do Sul, porém a taxa de crescimento anual (1,4%) no período superou os demais, com exceção da China, que conseguiu obter uma taxa mais elevada do que a da União Europeia. A taxa do Brasil, que superou até mesmo o crescimento dos Estados Unidos, mostrou tal desempenho tendo em vista o baixo patamar no início da comparação, enquanto os Estados Unidos já possuem um patamar elevado para a inovação, o que, em termos absolutos, significa um comportamento muito mais dinâmico.

A Inovação Brasileira em Serviços

A pesquisa do Insead apresenta os indicadores desagregados de inovação em serviços que compõem o IGI para o Brasil (Tabela 12.4), a partir dos quais se observa os *scores* dos índices que, em 2012, se situavam em valores entre 0 e 108, e as respectivas posições na classificação entre 142 países pesquisados, que englobam 99,4% do PIB mundial. A classificação global do país, que no ano se situava no 64º lugar no global, corresponde a um índice de 36,3, considerado baixo em relação a outros países, como já observado, e a maior parte dos resultados dos vários indicadores são inferiores aos *scores* médios.

No entanto, a amplitude desses resultados foi muito diversificada e considerável entre as várias modalidades de inovação em serviços. O resultado foi ruim nos índices que avaliam instituições (95º), no que se refere a ambientes políticos e regulatórios, porém particularmente ruim em ambientes de negócios empresariais (140º). No que se refere à inovação em capital humano (75º), o indicador de educação superior, base da criação e manutenção da inovação, registra os índices mais baixos entre os indicadores, classificando-se em níveis muito abaixo da metade inferior do *ranking* (116º). Embora o resultado para a exportação e competição tenha sido favorável no que se refere à sofisticação do mercado, a dotação de crédito para inovação e os investimentos encontram-se em patamares muito baixos, embora a classificação do nível de investimentos no Brasil (40º) mostre a dificuldade da maior parte dos países nesse ano. Também os resultados para as atividades criativas (72º) não mostram aspectos favoráveis, particularmente na criação de bens e serviços criativos (108º).

Tabela 12.4 Índices de Inovações em Serviços do Brasil, 2012

ÍNDICE GLOBAL DE INOVAÇÃO	SCORE (0-108)	CLASSIFICAÇÃO (142 países)
Global	36,3	64
Instituições	53,8	95
Ambiente Político	56,9	67
Ambiente Regulatório	67,9	64
Ambiente de Negócios	36,6	140
Capital Humano e Pesquisas	30,3	75
Educação	51,0	78
Educação Superior	12,7	116
Pesquisa e Desenvolvimento	27,2	33
Infraestrutura	37,2	51
Tecnologias de Informática e Comunicação	48,3	44
Infraestrutura Geral	27,9	80
Sustentabilidade Ecológica	35,3	80
Sofisticação do Mercado	44,9	76
Crédito	26,2	107
Investimento	33,1	40
Comércio Exterior e Competição	75,3	81
Sofisticação dos Negócios	42,0	38
Trabalhadores em Conhecimento	48,1	53
Elos de Inovação	31,8	47
Absorção de Conhecimento	34,2	42
Conhecimento e Tecnologia	26,5	67
Criação de Conhecimento	14,6	59
Impacto do Conhecimento	35,6	63
Difusão do Conhecimento	23,2	86
Criatividade	37,2	72
Ativos Intangíveis	47,1	59
Bens e Serviços Criativos	22,6	108
Criatividade On-line	31,9	51

Fonte: Insead (2013). Elaboração nossa.

Embora com desempenho ainda não muito significativo em relação à média dos países em desenvolvimento, o número absoluto de empresas em atividades de inovação em serviços vem aumentando no Brasil, porém o envolvimento dessas com as atividades inovadoras, que correspondia a quase 57% dessas empresas, decresceu consideravelmente desde 2009 para 37% (Tabela 12.5) em razão do ambiente macroeconômico desfavorável ao investimento e à competição externa do período.

Das empresas que inovaram em serviços, cerca de 74% realizaram investimentos em produto, 86% em processos e 59% tanto em produto quanto em processos em 2011, observando-se que essa representatividade aumentou em relação ao período anterior analisado para as duas últimas modalidades e diminuiu para a primeira. Verifica-se que a maior parte das inovações são dirigidas à própria empresa, já que as inovações em produto e em processo, respectivamente 75% e mais de 91%, eram dirigidas para a empresa e apenas 23% e 13% eram voltadas para o mercado.

Tabela 12.5 Total de Empresas de Serviços Que Implementaram Inovações, Brasil, 2003-2005 e 2009-2011

SETORES	PERÍODO	EMPRESAS								
			QUE IMPLEMENTARAM INOVAÇÕES (%)							
		Total (número)	Total	De produto			De processo			Produto e processo
				Total	Novo empresa	Novo para mercado	Total	Novo empresa	Novo para mercado	
Serviços	2003-2005	4.246	56,9	78,0	82,1	22,9	73,3	91,3	13,0	51,3
	2009-2011	11.564	36,8	73,6	75,0	32,5	85,5	87,0	17,1	59,1
Edição e gravação de música	2003-2005	–	–	–	–	–	–	–	–	–
	2009-2011	1.912	36,1	70,0	96,3	4,5	91,2	99,7	1,3	61,2
Telecomunicações	2003-2005	393	45,8	87,8	89,2	15,8	81,7	88,4	14,3	69,4
	2009-2011	1.030	32,6	86,0	82,7	20,1	73,5	97,2	10,5	59,5
Serviços de tecnologia da informação	2003-2005	1.423	36,3	86,6	85,0	18,6	76,4	93,9	11,9	63,0
	2009-2011	5.227	45,2	82,7	58,8	49,9	84,5	86,7	14,9	67,2
Consultoria em *software*	2003-2005	1.082	77,9	86,1	74,4	31,5	68,8	91,2	12,1	54,9
	2009-2011	4.969	32,5	61,7	76,3	37,8	87,4	76,9	30,9	49,1
Tratamento de dados, hospedagem	2003-2005	–	–	–	–	–	–	–	–	–
	2009-2011	1.182	38,1	84,0	69,3	31,2	86,4	98,5	1,8	70,4
Serviços de arquitetura, engenharia e outros	2003-2005	–	–	–	–	–	–	–	–	–
	2009-2011	3.720	29,6	50,8	81,6	37,5	87,8	68,8	40,2	38,7
Pesquisa e desenvolvimento	2003-2005	42	97,6	95,1	84,6	84,6	87,8	75,0	80,6	82,9
	2009-2011	25	96,0	85,3	45,0	80,0	83,3	55,0	60,0	70,8

Fontes: IBGE/Pintec (2006) e Pintec (2012). Elaboração nossa.

O setor de serviços que mais se dedicou à inovação foi o de Pesquisa e Desenvolvimento (95%), embora o número de empresas no mercado não seja muito representativo e tenha diminuído em 2011. As atividades de serviços de consultoria em *software* aumentaram consideravelmente o número de empresas entre 2005 e 2011, porém o nível de inovação teve queda significativa, pois, no primeiro período, 78% das empresas eram inovadoras e no último, apenas perto de 33% inovaram.

O estudo das taxas de inovação nas empresas brasileiras, de acordo com a origem do capital, mostra que as empresas de serviços compostas por capital estrangeiro apresentam maior grau de inovação e, consequentemente, de produtividade do que as congêneres de capital nacional, em quase todos os setores, com exceção das telecomunicações, o mesmo se verificando na relação capital/trabalho. Por outro lado, a regionalização das empresas mais produtivas e de maior concentração de capital externo está no Sudeste do país e, particularmente, no estado de São Paulo (Kon, 2006).

Conforme a pesquisa "Serviços na Paep 2001" realizada por Roberto Bernardes, Vagner Bessa e André Kalup (2005), estudos para o estado de São Paulo mostram que a região é o centro produtor dos serviços mais avançados e integrantes dos elos mais dinâmicos da cadeia produtiva dos setores ligados à tecnologia da informação, tanto no próprio setor de serviços quanto na indústria. Os autores mostram que as taxas de inovação na economia paulista apresentavam ainda, no período da pesquisa por eles implementada (dados de 2001), uma trajetória caracterizada por economias imitadoras e periféricas, em que a mudança inovadora se associa à absorção e aperfeiçoamento de inovações geradas fora do país e/ou de aquisição de tecnologia incorporada em bens de capital. Para a economia paulista, grande parte das empresas do setor de serviços que são inovadoras centra seus procedimentos renovadores em estudos sobre clientes (82,8% das empresas), estudos sobre concorrentes (51,3%) e no uso de *software* de gestão integrada (61%).

Outra pesquisa implementada por Luis Cláudio Kubota (2006: p. 49) para a região econômica mais dinâmica brasileira representada pelo estado de São Paulo, para empresas de vinte ou mais pessoas ocupadas, revela que a maior parte dos setores de atividade de serviços não apresentava grau elevado de inovação, e os setores mais inovadores, seja internamente ou voltados para o mercado, eram, no período, de transporte aéreo (35% das empresas), informática e conexas (36%), pesquisa e desenvolvimento (24%) e correios e telecomunicações (20%). Nesse contexto, o grau mais elevado de inovação nessas atividades que atinge o mercado é mais elevado nos setores de informática (30%), pesquisa e desenvolvimento (22%), e outros serviços relacionados aos setores de silvicultura e florestal (12%). A pesquisa mostra ainda os setores em que se encontra a maior representatividade de empresas inovadoras, que se concentram nas atividades de informática (68% das empresas), serviços técnicos prestados às empresas (58%), P&D (45%) e outros serviços (54%).

Nos setores de serviços, assim como no de indústrias, pode-se afirmar que a inovação de processo foi a mais afetada pela retração da atividade inovadora brasileira a partir de meados de 2011, associada diretamente à questão macroeconômica, em particular no que se refere à estabilidade do nível de investimentos e às perspectivas de desaceleração no mercado interno, que se refletem no processo decisório da firma, retraindo sua dinâmica de inovações. A inovação em serviços ocupa também um papel importante no desenvolvimento do setor industrial, visando a atender seja a exigência da demanda por serviços mais sofisticados ligados ao produto, seja as pressões para a diminuição de custos ou ainda como estratégia para ocupar maior participação no mercado.

Um fator importante para a inovação nos setores industriais é a difusão de novas tecnologias, de informação e comunicação, que provocam mudanças na infraestrutura das atividades internas ligadas ao uso e difusão da informação, que são insumos relacionados aos serviços intensivos em conhecimento. Esses serviços facilitam a operacionalização através de investimentos tecnológicos em redes (financeiros, audiovisuais e outros), que tornaria possível a dinamização da produção em escala industrial massificada. Esse tipo de massificação também é utilizado em vários segmentos dos setores de serviços. Dessa forma, as atividades industriais passam a ser mais dependentes de insumos intangíveis, de serviços especializados e de mão de obra qualificada para o aumento da competitividade (Bernardes, Bessa e Kalup, 2005: p. 119; Kon, 2007). As modalidades de inovação ligadas à prática produtiva frequentemente requerem mudanças na dinâmica de trabalho na firma, envolvendo esforços de treinamento e requalificação da força de

PANORAMA DAS ATIVIDADES DE SERVIÇOS NO BRASIL 599

trabalho, visando ao desenvolvimento de novas capacitações e habilidades produtivas.

A inovação de processo na firma industrial, representada pelas atividades de serviços, pode ser produzida pela própria empresa, pela terceirização de serviços ou pela compra de insumos de outros setores de serviços, porém, de qualquer maneira, apresentam a função de alavancar a produção e distribuição do produto, bem como a competitividade no mercado interno e externo. Nesse sentido, a escassez de mão de obra com qualificação adequada para assumir os serviços mais sofisticados, associada muitas vezes ao limitado interesse empresarial em investir na qualificação de seu contingente profissional em períodos de baixo crescimento, explica em parte a estagnação observada nos indicadores de inovação em processo no Brasil desde 2010.

As informações da Agência Brasileira de Desenvolvimento Industrial (ABDI, 2013), referentes ao pessoal ocupado em atividades de inovação no primeiro trimestre de 2013, mostram que o percentual de empresas que tinham doutores exclusivamente ocupados em P&D no primeiro trimestre de 2013 foi de 22,2%, as empresas que possuíam mestres ocupados exclusivamente em P&D alcançaram 40,7%, as com pós-graduados foram 68,9% e as com graduados ocupados exclusivamente em P&D foram 86,5%. No entanto, os dados mostram uma queda no percentual de empresas que empregam profissionais qualificados com exceção dos doutores, que apresentam relativa estabilidade. Apesar disso, esses percentuais variaram pouco em toda a série histórica iniciada em 2010, comprovando que ainda há muito espaço para evolução da qualificação na indústria brasileira.

No entanto, a inovação de processo apresentou uma tendência de recuperação no primeiro trimestre de 2013, após dois trimestres em que os indicadores observaram seus valores mais baixos na série histórica. A representatividade da inovação nos processos de serviços dos setores industriais, em empresas com mais de 500 pessoas ocupadas, tem permanecido em um mesmo patamar de 2010 a 2013, em torno de 37% (ABDI, 2013).

Tanto no setor de serviços quanto no industrial brasileiro, portanto, a trajetória dos indicadores de inovação desde 2011 mostra um patamar inicial mais elevado, no primeiro trimestre de 2011, como reflexo de um período de maior aquecimento da atividade econômica, e apresenta um patamar mais baixo, no período posterior, explicado pelos efeitos negativos da desaceleração da economia brasileira e da incerteza no cenário internacional com relação aos indicadores de inovação na indústria.

Considerações Finais

Salienta-se, por fim, que o cenário econômico brasileiro desacelerou entre o início de 2011 e final de 2012, o que levou ao desaquecimento no comportamento inovador das empresas brasileiras, visto que a dinâmica da atividade inovadora no Brasil, como já mencionado, está muito ligada à trajetória macroeconômica, principalmente em virtude de seus reflexos sobre as decisões internas às firmas, que se amoldam ao considerável componente de incerteza atrelado a custos elevados de P&D e de estruturação produtiva e ocupacional. Por sua vez, como observado pela óptica microeconômica da inovação, em períodos de crise ou instabilidade pode-se configurar uma janela de oportunidade para as empresas, que visam mudanças na estrutura de concorrência, a partir da consciência de que as empresas que souberem se aproveitar melhor de tal situação sairiam fortalecidas, e o esforço inovador então configuraria uma importante estratégia para a obtenção de possíveis ganhos comerciais e concorrenciais.

Testes econométricos realizados na citada pesquisa de Kubota (2006: p. 64) para verificar os determinantes da inovação das firmas mostram que a existência de serviços de informática desenvolvidos internamente por elas leva a um grau mais elevado de inovação do que nas firmas que terceirizam esses serviços. Os resultados mostram também que a inovação em serviços é um processo interativo e incremental, que depende da relação da empresa com outros agentes, como clientes e outras empresas de serviços profissionais, envolvendo aprendizado organizacional, inovação em redes, conhecimento tácito e aprendizado interativo. As empresas que encontram maior capacidade de desenvolver esses elementos apresentam maior dinamismo no processo inovador.

Conforme a pesquisa realizada por Bernardes, Bessa e Kalup (2005), para a economia paulista o maior dinamismo nas inovações acontece porque as grandes empresas vêm internalizando as competências essenciais para a sua competitividade, e só compram no mercado externo soluções não encontradas localmente. Salientam ainda que nos setores de serviços de informática, telecomunicações e técnicos às empresas, o comportamento inovador é sofisticado e, em alguns casos, com desempenho consideravelmente competitivo.

Finalmente, apesar de o Brasil não se destacar em relação a outros países da América Latina, tendo em vista a qualidade do seu sistema educacional, em várias instituições acadêmicas e empresas são encontrados núcleos de conhecimento, que são fonte de inovação nos processos produtivos que desenvolvem modelos adaptados às características brasileiras em áreas de especialização. Esses fatores caracterizam o potencial inovador e próprio nas atividades de serviços do país.

A ECONOMIA CRIATIVA NO BRASIL: POTENCIALIDADE E DESAFIOS

> [a] gama maravilhosa de culturas que já surgiram
> sobre a terra testemunha o fabuloso potencial
> da inventividade do homem. Se algo sabemos do
> processo de criatividade cultural é exatamente que as
> possibilidades do homem são insondáveis
>
> (Furtado, 1978, p. 73).

A sociedade brasileira é reconhecida pela sua diversidade cultural e potencial criativo, no entanto, sua indústria criativa figura nas pesquisas internacionais como estratégia de planejamento ainda em formação. A preocupação com o aproveitamento da potencialidade da Economia Criativa no Brasil é muito recente e oficialmente tem sido estimulado pelas políticas públicas a partir da criação da Secretaria da Economia Criativa (SEC) em 2011, como agência do Ministério da Cultura, tendo como missão:

conduzir a formulação, a implementação e o monitoramento de políticas públicas para o desenvolvimento local e regional, priorizando o apoio e o fomento aos profissionais e aos micro e pequenos empreendimentos criativos brasileiros. O objetivo é contribuir para que a cultura se torne um eixo estratégico nas políticas públicas de desenvolvimento do Estado brasileiro. (Brasil, 2012: p. 39)

O primeiro Plano de Gestão da Economia Criativa da SEC foi lançado para o período de 2001 a 2014 e, em fevereiro de 2012, foi instituído o Observatório Brasileiro da Economia Criativa (Obec), como instância responsável pela produção e difusão de pesquisas, dados e informações sobre a economia criativa brasileira, e ainda pelo estímulo ao debate. O Plano da SEC visa à implementação de políticas públicas transversais dirigidas a setores do poder público, da iniciativa privada e da sociedade civil, tendo como ponto de partida a construção de marcos conceituais e de princípios norteadores para fundamentar a institucionalização de uma política nacional voltada para o estímulo da indústria criativa no país.

As crises em diversos âmbitos vividas pelo Brasil, sejam sociais, econômicas, ambientais ou culturais, exprimem a necessidade de rever e reformular o modelo de desenvolvimento até então aplicado. A saída para problemas estruturais e conjunturais da economia brasileira constitui um desafio para a inventividade que conduza à geração de um excedente econômico e impulsione a retomada do desenvolvimento. Como já salientava Celso Furtado: "O desenvolvimento é sempre tributário de uma atividade criadora" (Furtado, 1981: p. 47).

Esta seção apresenta uma análise do perfil da Indústria Criativa no Brasil, mostrando seu potencial de desenvolvimento e as possibilidades de aproveitamento da geração de renda e emprego voltados para o impulso à retomada de crescimento no país. São apresentados inicialmente conceitos e características da Indústria Criativa, para em sequência analisar o perfil e as potencialidades de desenvolvimento dessa indústria no Brasil. A análise empírica investiga a contribuição da cadeia criativa à geração de Valor Adicionado e de Trabalho, e dá uma visão do seu potencial no Comércio Exterior. As considerações finais examinam os desafios para a implementação de políticas públicas específicas.

Aspectos Metodológicos da Mensuração das Atividades Criativas

O primeiro Plano de Gestão da Economia Criativa da SEC estabelece algumas categorias culturais e setores selecionados pelo Ministério da Cultura como objetos iniciais de estímulo das políticas públicas, como apresentados no Quadro 12.2.

Quadro 12.2 Categorias Culturais e Setores Selecionados da Economia Criativa no Brasil

CATEGORIAS CULTURAIS	SETORES
Patrimônio	a. Patrimônio Material b. Patrimônio Imaterial c. Arquivos d. Museus
Expressões Culturais	e. Artesanato f. Culturas Populares g. Culturas Indígenas h. Culturas Afro-Brasileiras i. Artes Visuais j. Artes Digitais
Artes de Espetáculo	k. Dança l. Música m. Circo n. Teatro
Audiovisual, Livro, Leitura e Literatura	o. Cinema e Vídeo p. Publicações e Mídias Impressas
Criações Culturais e Funcionais	q. Moda r. *Design* s. Arquitetura

Fonte: Brasil (2012: p. 30).

No entanto, as indústrias criativas não se resumem a esses setores culturais selecionados, mas incluem também setores de *Software*, Computação e Telecomunicação, Pesquisa e Desenvolvimento e Biotecnologia como relevantes para a criação de renda e emprego a partir de elementos intangíveis intrínsecos a suas atividades.

A mensuração dessa indústria no Brasil é incipiente e escassa, visto que a produção de dados estatísticos mais específicos ainda está na fase de discussões conceituais e os poucos estudos existentes não definiram uma metodologia que compatibilizasse as visões diversificadas. Ainda não existe uma Conta Satélite específica nos levantamentos do IBGE (Instituto Brasileiro de Geografia e Estatística) para mensurar as atividades e produtos dos setores criativos.

No Brasil, diante do reconhecimento por alguns especialistas de que a cultura também gera um montante não desprezível de renda, emprego e receita de exportações, uma das primeiras estimativas de mensuração da indústria criativa brasileira foi efetuada em 2004, quando o Ministério da Cultura (MinC) solicitou um mapeamento nacional para identificar o tamanho do setor cultural do país. A pesquisa coletou informações de mais de 320 mil negócios culturais, concluindo que as indústrias culturais eram responsáveis por 1,6 milhão de empregos, 5,7% do total de negócios e 4% da mão de obra do país no período 2003-2005. Porém, a pesquisa se ressentiu da falta de indicadores nacionais sobre a oferta, a demanda e o acesso aos produtos e serviços culturais, o que foi uma limitação para a formulação de políticas culturais (Unctad, 2014).

No entanto, ainda não foi definida no país uma diretriz dos órgãos públicos relacionada à uniformização da classificação e enquadramento dessas atividades econômicas e da força de trabalho criativas. Algumas instituições empresariais, como a Federação da Indústria do Rio de Janeiro (Firjan), ou governamentais específicas, como a Fundação de Desenvolvimento Administrativo (Fundap), fizeram estudos empíricos específicos baseados em dados da Relação Anual de Informações Sociais (Rais) – portanto, apenas das empresas formais – sobre a quantidade de empreendimentos considerados criativos de acordo com a Classificação Nacional de Atividades Econômicas (Cnae 2.0) do IBGE e informações da United Nations Conference on Trade and Development (Unctad/ONU, 2012).

Os estudos mais recentes da Firjan focaram uma pesquisa empírica mais ampla cujos resultados foram publicados primeiramente em 2008, e vêm sendo atualizados para definir a cadeia da Indústria Criativa brasileira, visando a estimar sua relevância econômica. Essa cadeia foi definida por três esferas, a saber: i. o Núcleo, composto por doze setores líderes, cujo principal

PANORAMA DAS ATIVIDADES DE SERVIÇOS NO BRASIL 605

insumo é a criatividade; ii. as Atividades Relacionadas, envolvendo segmentos de provisão direta de bens e serviços ao núcleo, em grande parte formado por indústrias e empresas de serviços fornecedoras de materiais e elementos fundamentais para o seu funcionamento; e iii. as Atividades de Apoio, que englobam ofertantes de bens e serviços de forma mais indireta.

Dessa maneira, as análises empíricas desenvolvidas para este texto, tendo como base o IBGE, foram elaboradas a partir das informações das Pesquisas Anuais de Serviços (PAS), através da seleção de dados empíricos disponíveis, de modo a representarem as atividades específicas da indústria criativa, de acordo com os conceitos definidos pelas instituições anteriormente mencionadas, na medida da possibilidade de desagregação das informações, a partir da Cnae 2.0, como apresentado no Quadro 12.3.

Quadro 12.3   Categorias e Setores Selecionados
da Indústria Criativa no Brasil

CATEGORIAS	SETORES – CNAE 2.0	
Atividades	90	Atividades artísticas, criativas e de espetáculo.
Culturais, Recreativas	90	Artes cênicas, espetáculos e atividades complementares
e Esportivas		e criação artística.
	93	Gestão de instalações de esportes, atividades esportivas não especificadas anteriormente.
	96	Outras atividades culturais e esportivas.
Telecomunicações	60	Atividades de rádio e de televisão.
	61	Telecomunicações.
Tecnologia da Informação	62	Atividades dos serviços de tecnologia da informação.
Serviços Audiovisuais	59	Atividades cinematográficas, produção de vídeos e de programas de televisão.
	74.20	Atividades fotográficas e similares 74.20-0.
Edição e Edição Integrada à Impressão	58	Edição e edição integrada à impressão.
Agências de Notícias e Outros Serviços de Informação	63	Atividades de prestação de serviços de informação.
Arquitetura e *Design*	71.1	Serviços de arquitetura ou de engenharia.
	74.10	*Design* e decoração de interiores.
Publicidade	73.1	Agências de publicidade.

Fonte dos dados brutos: IBGE/PAS (2010). Elaboração nossa.

É necessário salientar que as unidades pesquisadas na PAS atendem aos requisitos de estarem em situação ativa no Cadastro Central de Empresas – Cempre, do IBGE, que cobre as entidades com registro no Cadastro Nacional da Pessoa Jurídica (CNPJ). Dessa forma, a disponibilidade de dados se refere apenas ao mercado formal da economia, e deve ser destacado que as estimativas e análises apresentadas não representam a real dimensão, a potencialidade e a relevância da indústria criativa brasileira, tendo em vista que deve ser levado em conta ainda, como mencionado, que o alto grau de informalidade dessas atividades ainda não foi devidamente estudado e mensurado e, dessa forma, grande parte da produção e circulação doméstica de bens e serviços criativos nacionais ainda não é incorporada de forma explícita nos relatórios estatísticos. Complementam as análises desse estudo informações adicionais pesquisadas nas fontes disponíveis da Firjan e da Fundap.

A Contribuição da Indústria Criativa à Geração de Valor Adicionado

A contribuição do núcleo (setores líderes) da cadeia da indústria criativa à geração de valor adicionado em uma série de países mais bem situados correspondia, em 2011, a percentuais entre 1% a 6%. O Reino Unido é o país que há mais tempo promove o estudo e a implementação de políticas públicas que contemplam especificamente esses setores da economia que, em 2014, mostravam uma participação superior a 6% na contribuição ao PIB, embora em termos monetários absolutos os Estados Unidos gerem um valor 3,5 vezes superior.

Nesse contexto, os dados dão ao Brasil (2,7%) uma boa situação na comparação com a indústria criativa mundial, visto que as informações agregadas pela Unctad (2011) e convertidas em Reais pela Firjan (2011) mostram que o PIB gerado pelas empresas do núcleo criativo brasileiro (R$ 110 bilhões), embora baixo em relação ao volume do PIB gerado, não é desprezível e já supera o de países como Itália, Espanha e Holanda. No Brasil, embora os dados mostrem um alinhamento a essa tendência internacional – em 2011 esse núcleo era formado por 243 mil empresas –, ainda não é explorado na devida medida o potencial de desenvolvimento desses setores.

De acordo com o Sistema de Informações e Indicadores Culturais (IBGE/MinC, 2006), o setor criativo brasileiro respondia, em 2003, por 5,7% dos empregos formais, 6,2% do número de empresas, 6% do valor adicionado geral e 4,4% das despesas médias das famílias. As empresas criativas eram responsáveis por 5% dos postos de trabalho da indústria no país, com um salário médio de 5,6 mínimos (para 4,6 de toda a indústria). No que se refere aos serviços, os dados são ainda mais significativos: 9% do total de empregos e 5,9 mínimos de salário médio (para 3,2 de todos os serviços).

Uma das considerações relevantes a respeito do núcleo da economia criativa como ponto central de análise é a sua condição de ser o centro que impulsiona o avanço da geração de valor de uma cadeia. A observação dos dados de toda a Cadeia da Indústria Criativa brasileira, que inclui as atividades relacionadas e de apoio, mostra uma movimentação de mais de dois milhões de empresas. As estimativas da Firjan (2008) com base na massa salarial gerada por essas empresas mostram que o valor do PIB de toda a Cadeia chega a R$ 735 bilhões, o que em 2010 equivalia a 18,2% do PIB brasileiro, equivalente a R$ 667 bilhões, ressaltando que essa comparação não incorpora a informalidade presente na economia brasileira. Como visualizado no Gráfico 12.4, o efeito multiplicador da geração de produto pelas atividades do núcleo é muito considerável e aí reside o potencial de estímulo dessas atividades à geração de emprego, à renda e ao desenvolvimento econômico mais amplo da economia.

Gráfico 12.4   Participação da Cadeia Criativa no PIB, Brasil, 2006 (%)

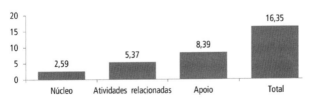

Fonte: Firjan (2008). Elaboração nossa.

608 NOVA ECONOMIA POLÍTICA DOS SERVIÇOS

A observação regional mostra que nos estados mais avançados do Brasil, São Paulo e Rio de Janeiro, a representatividade do núcleo no PIB criativo supera 3,5%. No entanto, as pesquisas mostram que, apesar da abrangência da cadeia produtiva, a economia criativa no Brasil não figura entre as vinte maiores do mundo, lideradas por China, Estados Unidos e Alemanha, e está aquém do que poderia ser (Unctad, 2010).

O crescimento anual do setor criativo nos anos de 2006 a 2010 não foi baixo (6,13% ao ano), sendo maior que o crescimento médio anual do PIB (4,3%), evidenciando a necessidade de melhor exploração de suas possibilidades, posto que existe uma tendência desse setor a ganhar maior relevância econômica na geração do PIB (Firjan, 2012: p. 30).

A mensuração das taxas de crescimento real do valor adicionado (VA) gerado por indústrias criativas, elaboradas nesse estudo a partir das informações das Pesquisas Anuais de Serviços para os principais grupos dessas atividades, como definidos anteriormente no Quadro 12.3, mostram dinâmicas diferenciadas entre essas categorias de 2008 a 2010, como visualizado no Gráfico 12.5. Observe-se que os graus de dinamismo do crescimento dessas atividades não são regulares no período, visto que, em 2008, as mais dinâmicas, que estão relacionadas à Edição e a Atividades Afins (19,2%), e a Agências de Notícia e Outros Tipos de Informação (29,2%) registraram taxas muito superiores em relação às demais. Em 2008 já se faziam sentir os primeiros reflexos da crise econômica financeira mundial, que chegou com mais intensidade no país a partir de setembro daquele ano (Gráfico 12.5).

A crise financeira – que eclodiu com a quebra do banco Lehman Brothers e que se transformou numa crise financeira sistêmica mundial no último trimestre de 2008 e numa crise econômica global ao longo de 2009 – teve reflexos diferenciados na indústria criativa brasileira. Como revela o Gráfico 12.5, algumas das atividades dessa indústria em 2009 se ressentiram da situação mundial e diminuíram as taxas de crescimento do VA, como as Atividades Culturais, Recreativas e Esportivas (1,4%) e as atividades relacionadas à Edição (-2,5%), enquanto os demais grupos aumentaram o crescimento, alguns muito consideravelmente como Telecomunicações (de 2,9% para 7,1%), de Tecnologia da Informação (de 1,3% para 13,4%) e de

Agências de Notícia e Outros Tipos de Informação (de 29,2% para 38,5%).

Gráfico 12.5 Evolução Anual Real do Valor Adicionado Bruto de Indústrias Criativas Brasileiras Selecionadas. 2008, 2009 e 2010 (%)

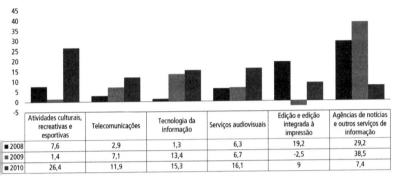

	Atividades culturais, recreativas e esportivas	Telecomunicações	Tecnologia da informação	Serviços audiovisuais	Edição e edição integrada à impressão	Agências de notícias e outros serviços de informação
2008	7,6	2,9	1,3	6,3	19,2	29,2
2009	1,4	7,1	13,4	6,7	-2,5	38,5
2010	26,4	11,9	15,3	16,1	9	7,4

Fonte: Dados brutos do IBGE/PAS (2010). Elaboração nossa.

O comportamento dinâmico dessas últimas atividades contrasta de modo significativo com o comportamento geral de crescimento do PIB da economia brasileira e mundial em 2009, que mostraram taxas negativas de 0,3% e de 2,3% respectivamente, enquanto as economias emergentes cresciam 2,5%. Em 2010, a recuperação já se manifestava com o retorno do crescimento da economia mundial (4%) e do Brasil (7,5%) (Fundap, 2012).

A reação brasileira, cujas altas taxas refletem a recuperação a partir do baixo patamar básico do PIB de 2009, também se refletiu consideravelmente no crescimento da geração de VA das indústrias criativas, com maior intensidade para o grupo de Atividades Culturais Recreativas e Esportivas (26,4%), o que revela o potencial criativo dessas modalidades, que constituem um conjunto que apresenta menor relação capital-trabalho, altamente característico da economia brasileira. No entanto, setores que registram maior relação capital-trabalho, como Telecomunicações, Tecnologia da Informação e Serviços Audiovisuais também registraram taxas de crescimento consideráveis, impulsionados pelo aumento da utilização da capacidade instalada e pelo forte aumento (28,5%) da formação bruta de capital fixo no primeiro semestre de 2010, bem como pela retomada das operações do crédito às pessoas físicas, o que impulsionou o crescimento das indústrias criativas.

INDÚSTRIA CRIATIVA E TRABALHO

O primeiro estudo da Firjan sobre as indústrias criativas para 2006 mostrou que os doze setores do núcleo por eles pesquisados, juntamente às atividades relacionadas e às de apoio da cadeia criativa, foram responsáveis por 21,8% (7,6 milhões de pessoas) do total de empregos formais do país (35 milhões), contribuindo para 16,2% do PIB nacional. Em relação ao número de trabalhadores nas atividades do núcleo da indústria criativa, o total no Brasil saltou de 599 mil para 771 mil entre 2006 e 2010. O número de empregados "criativos" cresceu, em média, 8,5% ao ano nesse período, que acumulou 29% nos quatro anos; esse ritmo mostrou-se mais acelerado que o mercado de trabalho brasileiro em geral (5,8% a.a. ou 25% no período). Dessa forma, os empregados no núcleo criativo representavam, em 2010, 1,75% do total dos trabalhadores brasileiros, ante 1,70% em 2006.

A Indústria de Transformação, fornecedora de insumos e bens finais ao núcleo criativo, empregou 67% dos trabalhadores das Atividades Relacionadas. Por sua vez, as atividades do núcleo correspondiam a 32,5% dos estabelecimentos de um universo de 2,8 milhões. Esses dados permitem identificar a representatividade significativa da cadeia produtiva na economia brasileira, no que se refere à capacidade de absorção de trabalhadores e outros profissionais.

A distribuição dos trabalhadores nas atividades do núcleo a partir das informações da PAS e da PNAD para o período posterior de 2007 a 2010 (Tabela 12.6) mostra que de mais de 887 mil trabalhadores formais em 2007, que representavam 1% do total da população ocupada e 2,9% dos trabalhadores formais, o número de trabalhadores evoluiu para mais de 1.062 mil, correspondendo a 1,96% e 3,1%, respectivamente, da população ocupada no país e da população ocupada com carteira de trabalho. As estimativas para 2010 revelam que, considerando toda a cadeia criativa, as pessoas que exerciam ocupações formais correspondiam a 8,54% dos empregos formais no Brasil.

Tabela 12.6 Distribuição dos Trabalhadores e das Empresas em Atividades do Núcleo da Indústria Criativa, Segundo Categorias no Brasil, 2007, 2009 e 2010

CATEGORIAS	TRABALHADORES (%) 2007	2009	2010	EMPRESAS (%) 2007	2009	2010	TRAB/EMPRESAS (%) 2007	2009	2010
Ativ. culturais, recreativas e esportivas	9,8	11,5	11,9	20,1	23,2	23,2	5	5	5
Telecomunicações	13,6	14,9	15,0	3,7	3,4	3,4	37	46	44
Tecnologia da informação	39,1	37,6	36,7	52,1	48,7	48,7	8	8	7
Serviços audiovisuais	11,4	11,5	11,1	9,7	10,3	10,3	12	12	11
Edição e edição integrada à impressão	12,8	12,0	11,7	11,8	11,3	11,3	11	12	10
Agências de notícias e serv. informação	0,5	0,8	0,9	1,0	1,9	1,9	5	5	5
Arquitetura e engenharia	8,7	10,0	11,0	1,0	0,9	0,9	89	108	116
Publicidade	4,1	1,7	1,7	0,7	0,3	1,3	57	56	58
TOTAL	100,0	100,0	100,0	100,0	100,0	100,0	–	–	–
Total Valores Absolutos	887.534	963.033	1.062.153	88.658	94.648	108.187			
IC/POT* (%)	1,0	1,6	2,0						
IC/POCC** (%)	2,9	2,8	3,1						

Fonte: Dados brutos do IBGE/PAS (2007, 2009 e 2010) e IBGE/PNAD (2007, 2009 e 2011). Elaboração nossa.
* IC: Indústria criativa; POT: População ocupada total.
** POCC: População ocupada, com carteira assinada.

Os setores mais representativos do núcleo são de atividades de Tecnologia da Informação (mais de 1/3 dos trabalhadores), Telecomunicações (em torno de 15%) e relacionados à Edição, cujas taxas de evolução anual no período, no entanto, não foram as maiores (Gráfico 12.6). Em 2007, as Atividades Culturais, Recreativas e Esportivas, bem como as Agências de Notícia e Serviços de Informação, tiveram um crescimento surpreendente, acima de 20%, como também as de Telecomunicações (13%). Porém, as ligadas à Edição apresentaram queda no número de ocupados.

Gráfico 12.6 Variação do Pessoal Ocupado Total nas Atividades Criativas no Brasil, 2008, 2009 e 2010 (% a.a)

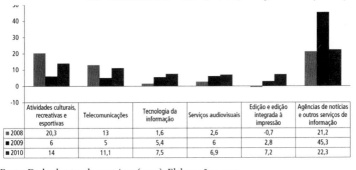

Fonte: Dados brutos do IBGE/PAS (2010). Elaboração nossa.

É interessante observar que no ano de crise de 2009, que apresentou queda na atividade produtiva brasileira, a evolução dos ocupados formais no núcleo criativo continuou apresentando taxas positivas e, em particular, os setores ligados a agências de notícia, aumentaram consideravelmente o número de trabalhadores, em razão da necessidade de informações globais na conjuntura contundente. O início da recuperação econômica do país em 2010 teve impacto positivo e considerável na absorção de trabalhadores formais nesses setores.

O número de empresas formais de 2007 a 2010 aumentou apenas nos setores de Atividades Culturais, Recreativas e Esportivas e ligadas a notícias. Para a maior parte dos setores, a relação de trabalhadores por empresas diminuiu ou permaneceu estagnada, com exceção dos setores que são mais intensivos em mão de obra, como de serviços de Arquitetura e Engenharia – que apresenta uma relação consideravelmente superior às demais – e de Publicidade.

A característica das atividades criativas no Brasil se prende à representatividade muito elevada de trabalhadores em atividades informais, como aqueles que trabalham por conta própria ou em empresas sem carteira de trabalho assinada. No que se refere ao trabalho informal, a Fundap fez estimativas a partir das informações da Pesquisa Nacional por Amostra de Domicílio (PNAD), observando que, no Brasil, o número de empregos formais e informais nas atividades criativas, entre 2006 e 2009, passou de 87,2 milhões para 91,6 milhões, uma variação de 5%, e corresponde, em 2009, a cerca de 3,5% do total do trabalho formal e informal do país, 4,7% na região Sudeste e 5,2% no estado de São Paulo.

O Gráfico 12.7 apresenta o número de trabalhadores formais e informais do núcleo da indústria criativa, estimados a partir das informações setoriais da PAS e da PNAD respectivamente. O gráfico mostra, em primeiro lugar, que a representatividade de trabalhadores informais está próxima à dos formais e acima apenas no ano de 2008, quando a economia ainda se expandia antes de setembro e momento em que os trabalhadores formais e informais do núcleo chegavam a aproximadamente 2,1 milhões. Em 2009, a totalidade desses ocupados no núcleo diminuiu para quase 1,9 milhão, mas elevou-se no ano de recuperação posterior, quando os ocupados formais aumentaram relativamente mais.

Gráfico 12.7　Trabalhadores Formais e Informais do Núcleo da Indústria Criativa, Brasil, 2007-2010

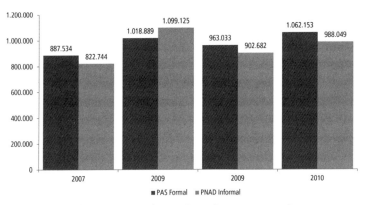

Fontes: IBGE/PAS (2007, 2009 e 2010) e IBGE/PNAD (2007, 2009 e 2010)

Outras estimativas do Ipea (2013) e de Caiado (2011) utilizando metodologias diferenciadas a partir de informações da Rais e da PNAD para a cadeia da economia criativa somaram em 2009 respectivamente 2,6 milhões e 3,2 milhões de trabalhadores formais e informais, a partir de um recorte setorial. As atividades desenvolvidas de modo informal não incluem uma gestão estratégica voltada para resultados, apresentando níveis de qualificação inferiores de grande parte dos trabalhadores, impedindo melhores resultados em termos de valor adicionado gerado e de salários médios.

O Ipea mostra que quando é comparado o mercado formal com o mercado total é observado que os salários no mercado formal tendem a ser maiores, como ocorre no restante da economia. Por outro lado, no mercado de trabalho total os trabalhadores da economia criativa tendem a ganhar mais que a média global, tanto que a participação da economia criativa na massa salarial é superior à participação no emprego.

A participação dos salários dos trabalhadores formais dos setores do núcleo criativo corresponde a cerca de 40% nas atividades ligadas à Tecnologia da Informação, Edição e Notícias, contudo apenas na primeira categoria essa representatividade aumentou de 2007 a 2010. Nas Atividades Culturais, Recreativas e Audiovisuais os salários representam cerca de 1/3 do VA gerado, enquanto se observa que nas Telecomunicações, setor de trabalho-intensivo, esses ganhos participam com apenas 11% (Gráfico 12.8). No entanto, nessas últimas atividades criativas a evolução dos salários médios mensais foi superior às demais no período, embora as taxas tenham decrescido de mais de 8% em 2007 para 6% em 2010. Das demais atividades, apenas o grupo das culturais apresentou taxas menores, em torno de 1,5%, enquanto as outras modalidades tiveram um aumento salarial de 4% a 5% (Gráfico 12.9).

Gráfico 12.8 Participação dos Salários no Valor Adicionado Gerado Pelo Núcleo das Atividades das Indústrias Criativas, Brasil, 2007-2010 (%)

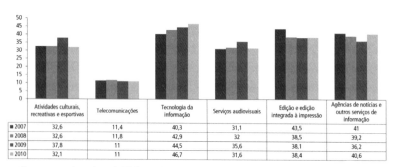

	Atividades culturais, recreativas e esportivas	Telecomunicações	Tecnologia da informação	Serviços audiovisuais	Edição e edição integrada à impressão	Agências de notícias e outros serviços de informação
2007	32,6	11,4	40,3	31,1	43,5	41
2008	32,6	11,8	42,9	32	38,5	39,2
2009	37,8	11	44,5	35,6	38,1	36,2
2010	32,1	11	46,7	31,6	38,4	40,6

Fontes: IBGE/PAS (2010). Elaboração nossa.

A observação da renda média dos trabalhadores brasileiros do núcleo formal da indústria criativa mostra que essa remuneração passou de R$ 1.663 em 2006 para R$ 2.296 em 2010, o equivalente a um crescimento real de 13% no período, valor 45% superior à remuneração média (R$ 1.588) dos empregados formais. Para efeito de comparação, a renda média do trabalhador brasileiro cresceu 11% nesse período.

Nesse contexto brasileiro, o Rio de Janeiro revelou-se como o estado que melhor remunera os profissionais do núcleo criativo, visto que o salário médio no estado passou de R$ 2.127 em

2006 para R$ 3.014 em 2010, crescimento real de 16%, enquanto a renda média do trabalhador do estado no total da economia formal cresceu menos, ou seja, 13% nos últimos quatro anos, situando-se em R$ 1.837 em 2010 (Firjan, 2011).

Gráfico 12.9   Evolução do Salário Médio Mensal nas Atividades das Indústrias Criativas, Brasil, 2007-2010 (Em Salários Mínimos)

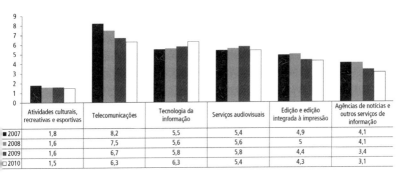

Fontes: IBGE/PAS (2010). Elaboração nossa.

A atualização da pesquisa para 2011 mostra que enquanto o rendimento mensal médio do trabalhador brasileiro era de R$ 1.733, o dos setores criativos chegou a R$ 4.693, quase três vezes superior ao patamar nacional. Como mostra o Gráfico 12.10, o segmento de Pesquisa e Desenvolvimento é o que apresenta o maior salário médio (R$ 8.885), com dispersão 89% superior à remuneração média do núcleo criativo, refletindo a alta capacitação técnica desses profissionais. Entre eles, os geólogos e geofísicos possuem os maiores ganhos, com remuneração média de R$ 11.385, quase sete vezes maior que a média nacional.

O segmento de Arquitetura e Engenharia é o que tem a maior representatividade, concentrando mais de um quarto desse universo, e constituem atividades também de remuneração média (R$ 7.518) consideravelmente superior (60%) à média do núcleo da indústria criativa. Logo em sequência vêm os segmentos de *Software* e Computação, bem como de Publicidade e *Design* (estes últimos empregam mais de 100 mil trabalhadores), com remuneração correspondente à média do núcleo.

Juntos, esses três grupos concentram a metade dos trabalhadores criativos brasileiros e demandam profissionais com elevado grau de formação, contribuindo para geração de produtos de maior valor agregado.

Gráfico 12.10   Remuneração Média e Índices de Dispersão no Núcleo Criativo Segundo Categorias, Brasil, 2011.

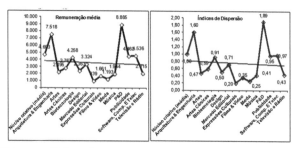

Fonte: Firjan, 2012. Elaboração nossa.

Índice de Dispersão = R_i/RMN. R= Remuneração média de cada categoria; RMN= Remuneração média do núcleo criativo.

Observe-se que as modalidades Expressões Culturais e Moda apresentam as menores remunerações médias, cerca de 75% a 80% abaixo da média, e o último grupo corresponde a quase 30% dos estabelecimentos (620 mil) da cadeia da indústria criativa no país, atrás apenas do segmento de Arquitetura e Engenharia. Os serviços relacionados à Moda registravam, em 2006, remunerações 80% acima da média, e a queda considerável na média foi devido ao aumento significativo de atividades e de trabalhadores no segmento; verificou-se uma expansão de empresas menores que produzem artigos mais populares em regiões mais afastadas dos polos econômicos. Os resultados revelam a dinâmica favorável da economia criativa e as potencialidades de aumento da contribuição dos segmentos criativos à geração de trabalho, bem como a incorporação de outros setores criativos à cadeia criativa. Por outro lado, o número de empregos gerados pela cadeia de Moda é considerável, chegando a 1,2 milhão de pessoas, mobilizando desde *designers* de moda até vendedores que levam o produto final ao grande público, o que mostra o potencial de geração de empregos e valor agregado que tais atividades possuem se melhor estimuladas.

A análise, considerando o total da cadeia criativa da economia brasileira, mostra que estavam incluídos nessas atividades mais de 11 milhões de trabalhadores. Juntos correspondiam a 24% dos trabalhadores formais do país. A composição segundo macrossetores revela que mais de 47% dos trabalhadores dessas atividades se concentravam na indústria de Transformação e outras indústrias, enquanto os demais trabalhadores se distribuíam pelo Comércio e Serviços, que agrupavam respectivamente 27,6% e 25,2% de ocupados em 2010 (Firjan, 2011). A análise por unidade da federação confirma a concentração consideravelmente superior de trabalhadores da cadeia criativa no estado de São Paulo, onde a representatividade do trabalho criativo na indústria corresponde a 27,5% do total do Brasil, enquanto no comércio é de 29,8% e nos serviços de 37% (Gráfico 12.11), que representam quase quatro vezes a média brasileira, em todos esses macrossetores.

Gráfico 12.11 Participação de Trabalhadores da Cadeia de Economia Criativa Segundo Setor Econômico por Unidade da Federação, 2010 (%)

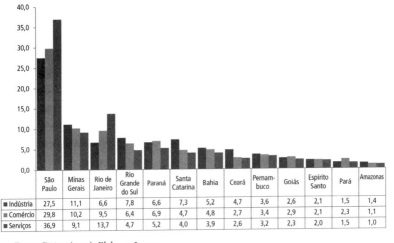

Fonte: Firjan (2011). Elaboração nossa.

O estado de Minas Gerais registra a segunda maior concentração dos ocupados nesses segmentos, respectivamente com 11%, 10% e 9%. A concentração de trabalhadores brasileiros na Indústria da cadeia também é relativamente importante no Rio Grande do Sul (7,8%), Santa Catarina (7%), Paraná (6,6%) e Rio de Janeiro (6,6%). No último estado, a parcela do trabalho nos serviços da cadeia (13,7%) é ainda maior do que nas demais regiões, e no Comércio criativo chega a quase 10%.

Verifica-se, dessa forma, que os profissionais que têm como ferramenta de trabalho a criatividade estão distribuídos por todos os setores econômicos, até mesmo nos mais tradicionais, cujo potencial ainda não está explorado. O Gráfico mostra que nas regiões do Nordeste e do Norte, que abrangem uma representatividade populacional considerável no contexto brasileiro e tão significativa quanto no Sudeste, a vocação para atividades criativas do núcleo, representadas por atividades culturais e recreativas, pode ser amplamente estimulada com potencial efeito multiplicador nos demais segmentos dos macrossetores. Note-se que, para cada emprego gerado no núcleo, é estimado um efeito multiplicador para os outros segmentos econômicos da cadeia produtiva, ou seja, para cada emprego gerado no núcleo, há quatro empregos em atividades relacionadas ao setor.

No entanto, o efeito pode ser ainda maior caso se considere o setor informal, que não entra no cômputo dessas estatísticas. No Nordeste brasileiro, o estado com maior representatividade do núcleo criativo no mercado de trabalho formal é o Ceará, refletindo a força do segmento de Moda, responsável por 13,1% do núcleo criativo estadual, percentual mais de duas vezes superior ao patamar nacional (5,4%). Os setores ligados à cultura também se destacam consideravelmente no Ceará, bem como em outros dois estados nordestinos, Pernambuco e Bahia.

O Comércio Exterior da Indústria Criativa Brasileira

Na atualidade, a indústria criativa tem se mostrado um dos âmbitos de crescimento mais dinâmicos da economia mundial, bem como altamente transformador no que se refere à geração

PANORAMA DAS ATIVIDADES DE SERVIÇOS NO BRASIL   619

de renda, criação de emprego e ganhos em exportações. O crescimento do mercado global de bens e serviços oriundos dessas atividades se manifesta também no comércio exterior dos países e, como mostra a Unctad (2008), o valor das exportações anuais desse segmento saltou de US$ 227 bilhões para US$ 424 bilhões entre os anos de 1996 e 2005, registrando um crescimento médio anual de 8,7% de participação no comércio global.

Estatísticas posteriores da Unctad (2014) mostram claramente como essas atividades se tornaram bastante impulsionadoras do desenvolvimento do comércio exterior mundial, totalizando, em 2011, US$ 624 bilhões em exportações, resultado que mostrou uma duplicação do crescimento desde 2002, não obstante os períodos da crise financeira mundial após 2008. No total das exportações de indústrias criativas, quase 77% eram representados por bens criativos em 2002 e 69% em 2008. Enquanto o comércio internacional caiu 12% em 2008, exportações de bens e serviços criativos subiram 14% e dobraram o volume em seis anos.

A Unctad chama a atenção para o fato de que nesse período as exportações de bens criativos significaram um alívio importante para a balança comercial de muitos países em desenvolvimento, e representaram 43% das vendas totais da indústria criativa, das quais a América Latina respondeu por um volume de vendas de US$ 9 milhões no período.

Por sua vez, o comércio de bens criativos Sul-Sul registrou taxa de crescimento de 20% no período 2002-2008, atingindo US$ 60 bilhões. Já a venda de serviços criativos entre as nações do Sul registrou salto de US$ 7,8 bilhões em 2002 para US$ 21 bilhões em 2008. Embora sua representatividade tenha decrescido no período da crise, ainda permaneceu considerável.

Essas exportações referem-se a produtos tangíveis, como de artes plásticas, vídeos e outros meios de som e imagem, livros e outros bens impressos, entre outros que, no entanto, contêm uma participação considerável de valor adicionado por serviços intangíveis que não podem ser mensurados separadamente. Embora ainda representando apenas cerca de 7,5% do total de exportações mundiais, as taxas anuais de crescimento das indústrias criativas no mundo de 2000 a 2008 foram muito consideráveis (14,4%) e apresentaram maior intensidade no grupo de serviços criativos (17%). Se a taxa média de crescimento dessas exportações no período foi de 8,8%, o crescimento foi ainda maior nos países em desenvolvimento, chegando em média a 12,1% (Kon, 2014a).

Verifica-se, porém, no período da crise financeira mundial de 2007-2011, que apesar de taxas de crescimento menos intensas, ainda eram positivas e particularmente muito consideráveis para algumas modalidades em alguns países em desenvolvimento. Esse comportamento mostra o potencial de resiliência desses serviços nos momentos de crise, bem como a capacidade de continuarem a sustentar a geração de renda em períodos críticos da economia.

No Brasil, as exportações de bens e serviços criativos registraram vendas de US$ 7.533 milhões em 2008, segundo a Unctad, das quais 16,2% (US$ 1.222 milhão) se relacionavam a bens e 83,8% (US$ 6.331 milhões) foram de serviços intangíveis. Embora tais vendas correspondam a apenas 3,7% do valor global dessas atividades (US$ 592 bilhões) exportado pelo resto do mundo, existe grande espaço e potencialidade de ampliação de suas exportações criativas (Brasil, 2013). No contexto mundial, as exportações de bens criativos são mais representativas, ao contrário do Brasil, e registravam, naquele ano de 2008, 68,6% do total.

No período da análise do comércio exterior aqui desenvolvida, a economia brasileira se encontrava em um processo de estabilização após a implantação do Plano Real. O país preocupava-se com a gestão macroeconômica após o Plano Real até 1998, que era centrada no controle do processo inflacionário mediante a âncora cambial, com o regime de câmbio flutuando, com as bandas cambiais desde 1999, em um contexto de crises internacionais em diferentes países.

Após a balança comercial brasileira apresentar déficits comerciais no período de 1995 a 2000, o país voltou a gerar superávits comerciais a partir do ano 2001, que registraram crescimento contínuo até atingir seu valor mais alto, e recorde histórico, em 2006. Isso se verificou tendo em vista que, a partir dos anos 2000, observou-se um cenário caracterizado por uma tendência de apreciação da taxa de câmbio real, em que alguns autores consideravam esse processo de apreciação como derivado de uma condição da estrutura produtiva especializada na exportação de bens intensivos em recursos naturais (*commodities*), que contam com vantagens comparativas no comércio internacional. Por outro lado, nos anos de 2000 a economia passou por um período de liquidez elevada, com entrada significativa de fluxos de capital no país, em um contexto de elevado diferencial da taxa de juros interna e externa e melhoria nas avaliações de risco sobre a economia brasileira, situação que teve impactos sobre a evolução da taxa de câmbio (Munhoz e Veríssimo, 2013).

No contexto global do comércio exterior brasileiro, a partir de 2006, o câmbio flutuante, sem uma política de controle, passou a prejudicar o desenvolvimento das exportações e estimular importações. Com a maior valorização do Real de 2006 a 2011, os saldos comerciais, que vinham apresentando forte crescimento nos últimos anos, tornaram ainda mais difíceis as condições de exportação especialmente para os manufaturados, o que se confirma até 2011.

Nesse cenário do comércio exterior global do Brasil, os produtos criativos começaram a desenvolver um mercado específico para exportações, uma vez que importações desses bens e serviços já ocorriam antes. As estatísticas da Unctad permitem uma avaliação desse desenvolvimento desde o ano de 2002.

Tabela 12.7   Valor das Exportações e Importações de Serviços Criativos do Brasil, 2003, 2007 e 2011 (US$ Milhões)

MODALIDADES	EXPORTAÇÕES			IMPORTAÇÕES		
	2003	2007	2012	2003	2007	2012
Publicidade, Pesquisa, Mercado, Sondagens, Opinião	102	194	701	62	174	921
Serviços de Arquitetura, Engenharia e Outros Técnicos	1.509	4.216	8.945	1.036	2.409	4.704
Pesquisa e Desenvolvimento	...	176	577	...	17	42
Serviços Pessoais, Culturais e Recreativos	54	73	43	337	651	1.034
Serviços Audiovisuais e Outros Relacionados	29	17	13	250	456	965
Outros Pessoais, Culturais e Recreativos	25	57	30	86	195	69
Total	1.719	4.733	10.309	1.771	3.902	7.725

Fonte: Unctadstat (2014). Elaboração nossa.

NOVA ECONOMIA POLÍTICA DOS SERVIÇOS

A Tabela 12.7 apresenta o volume monetário de exportações e importações brasileiras de serviços criativos para o período de 2003 a 2012, observando-se inicialmente que o volume de vendas para o exterior é superior ao de compras externas em todo o período, e o superávit nessa balança se deve, em particular, à modalidade de serviços de arquitetura, engenharia e outros técnicos intangíveis relacionados, cuja representatividade no comércio exterior se situa em torno de 88% do total. Como já observado, a balança de serviços para o global do país tem sido constantemente deficitária a partir de 2006; dessa forma, as atividades criativas seguem um movimento próprio de comércio exterior em que a produção interna é mais representativa e menos dependente do exterior, embora o crescimento tenha sido limitado pelo fraco incentivo ao progresso tecnológico.

O crescimento do comércio de serviços criativos é quase sempre positivo no período de 2002 a 2011, tanto para vendas quanto para compras do exterior, em todas as modalidades, destacando as exportações de serviços ligados à informática e *royalties*, com taxas médias anuais respectivamente de 27,6% e mais de 25% (Tabela 12.8). No entanto, foi relativamente muito considerável (acima de 20%) no período o aumento das vendas de outros serviços às empresas, de publicidade, de arquitetura e de engenharia.

Tabela 12.8   Taxas de Crescimento Médio Anual das Exportações e Importações de Serviços Criativos, Brasil (% a.a.)

MODALIDADES	EXPORTAÇÕES		IMPORTAÇÕES	
	2002/ 2011	2007/2011	2002/2011	2007/2011
Computação e Informática	27,6	9,1	16,4	14,8
Royalties	25,2	11,3	13,4	8,5
Outros Serviços às Empresas	20,5	13,3	24,8	24,4
Publicidade, Pesquisa de Mercado, Sondagens de Opinião	22,3	26,7	32,1	42,2
Pesquisa e Desenvolvimento	...	23,9	...	28,6
Serviços de Arquitetura, Engenharia e Outros Técnicos	20,3	11,8	20,5	16,5
Serviços Pessoais, Culturais e Recreativos	5,1	-3,9	18,0	15,8
Outros Pessoais, Culturais e Recreativos	9,1	-4,3	8,6	-15,8
Serviços de Informação	12,1	-0,2	8,0	9,7

Fonte: Unctadstat (2014). Elaboração nossa.

As informações mostram que apesar dos reflexos da crise financeira internacional de 2008, que resultou na queda de exportações em algumas modalidades de serviços criativos pessoais, culturais e recreativos e em outras ligadas à informação, que resultaram em queda nas taxas no período de 2007 a 2011, as demais categorias de serviços criativos exportados continuaram com crescimento significativo das vendas.

Por sua vez, as compras desses serviços do exterior também registraram aumento a taxas muito consideráveis, particularmente nas modalidades de publicidade, pesquisa de mercado, sondagens de opinião, que chegaram a taxas anuais acima de 32% em todo o período. As importações desses serviços no período da crise continuaram elevadas por causa da demanda interna, com exceção do ano de 2009, em que o total de exportações brasileiras teve um decréscimo de 26%.

Como mencionado antes, o comércio exterior de bens manufaturados do Brasil mostra menor relevância do que o de serviços. No entanto, a análise dos resultados a partir de informações da Unctadstat permite verificar que modalidades de bens criativos encontram mercado internacional, bem como mostra se há uma dinâmica de crescimento das exportações que possa ser explorada. A partir da Tabela 12.9 observa-se, inicialmente, que a balança de bens criativos é deficitária e o volume monetário das importações supera em quase seis vezes o das vendas desses bens para o exterior nos anos de 2008 e de 2012.

A participação mais relevante do comércio entre as modalidades de bens após 2008 é registrada para as mídias gravadas e novas mídias, que juntas representam 66% das exportações (us$ 205 milhões) e 36% para as compras (us$ 669 milhões) em 2012. Pelo lado das importações, também se destacam as publicações (26%) e os brinquedos (22%). As demais modalidades da pauta, embora com participação menos relevante, mostram os nichos potenciais de mercado cuja produção poderia ser estimulada para alavancar exportações, ou substituir algumas importações atendendo internamente à demanda.

Tabela 12.9 Valor das Exportações e Importações de Bens Criativos do Brasil (us$ milhões)

MODALIDADES	EXPORTAÇÕES			IMPORTAÇÕES		
	2003	2008	2012	2003	2008	2012
Brinquedos	18	18	13	33	30	411
Novas Mídias	1	49	111	5	252	375
Mídias Gravadas	1	46	94	2	237	294
Videogames	1	4	0	2	15	81
Instrumentos Musicais	4	6	2	14	72	127
Partituras Musicais	0*	0*	0*	0*	0*	0*
Publicações	36	48	35	179	499	479
Artes Plásticas	10	27	55	9	43	84
Total	71	198	310	244	1.148	1.851

Fonte: Unctadstat (2014).

* = inferior a us$ 1 milhão, mas não nulo. Elaboração nossa.

Por sua vez, a dinâmica desse comércio exterior vem se intensificando, embora as exportações de algumas categorias de bens, como brinquedos, publicações e instrumentos musicais, tenham perdido terreno no período; esses dois últimos apresentaram resultados negativos nas vendas de 2003 a 2007, porém, no período posterior, já mostraram taxas de crescimento positivas (Tabela 12.10). A venda de videogames, que registraram crescimento em todo o período analisado, mostraram queda significativa nas taxas de crescimento após 2008, o que faz supor que existe mercado que potencialmente pode ser recuperado.

Por outro lado, as vendas para o exterior de mídias novas e gravadas no período assumiram um ritmo muito acelerado, particularmente nas últimas, cujo resultado superior a 100% ao ano mostra a recuperação de mercado de um período anterior com taxas negativas. Observe-se particularmente que as partituras musicais, embora apresentem valores de venda pouco significativos no contexto geral, revelam uma tendência de crescimento muito acentuado a partir de 2008.

Tabela 12.10 Taxas de Crescimento Médio Anual das Exportações e Importações de Bens Criativos, Brasil (% a.a.)

MODALIDADES	EXPORTAÇÕES		IMPORTAÇÕES	
	2003/ 2012	2008/2012	2003/ 2012	2008/2012
Brinquedos	-4,13	-7	30,43	12,74
Novas Mídias	85,7	90,2	20,7	15,4
Mídias Gravadas	122,5	103,7	22,6	10,38
Videogames	2,53	-37,6	59,4	60,5
Instrumentos Musicais	-9,34	29,5	-22,4	19,7
Partituras Musicais	24,1	55,9	-3,93	53,9
Publicações	-3,5	10,6	-4,7	2,18
Artes Plásticas	22,3	26,1	20,25	23,4

Fonte: Unctadstat (2014). Elaboração nossa.

No que se refere às importações, as taxas de decréscimo registradas nas compras de instrumentos musicais para o período todo mostram a mesma tendência que as exportações, pois de 2003 a 2008 houve queda nos fluxos como resultado da política cambial existente e configurou-se a emergência de indústrias mais competitivas do que a brasileira no mercado internacional. Entretanto, no período de 2008 a 2012 houve considerável evolução das taxas de importação, e a relevância dos fluxos de bens criativos está no potencial do efeito multiplicador para a indústria criativa, visto que esses constituem elos da cadeia produtiva de música e de outras atividades culturais, além de historicamente a balança comercial desses produtos apresentarem déficits consideráveis (quase 24% em 2011 e 11,6% em 2011) (Delgado, 2010: p. 30). As mesmas causas e tendências foram constatadas nas importações de partituras musicais e de publicações, e particularmente após 2008 o crescimento significativo das partituras esteve atrelado ao avanço de empreendimentos culturais no país como resultado de alterações e flexibilização da Lei Rouanet.

Muito significativas foram as taxas de crescimento das importações de videogames e de brinquedos no período, em razão de dificuldade de desenvolvimento interno da produção desses produtos quando comparados à concorrência internacional, tendo em vista que internamente ainda é limitado o apoio ao crescimento do progresso tecnológico em um contexto internacional de intensa transformação da base técnica.

Em suma, a análise dos fluxos de comércio exterior da indústria criativa brasileira revela que a exploração desse comércio como colaborador do processo de desenvolvimento econômico do país ainda se encontra em fase inicial, porém com potencialidade de expansão de seus produtos para nichos do mercado internacional. Nesse sentido, políticas públicas específicas têm a função de estímulo através de apoio financeiro, regulação e criação de outras instituições que flexibilizem os fluxos de comércio das atividades da cadeia criativa, de modo a facilitar o impacto multiplicador na economia.

Considerações Finais:
Desafios Para as Políticas Públicas

A recente emergência da conscientização do potencial econômico e do papel da indústria criativa como impulsionador da geração de renda, de empregos e de valor agregado tem se difundido entre especialistas dos setores público e privado como estratégia de crescimento e diversificação de mercado. A preocupação com o desenvolvimento de uma economia criativa mais dinâmica no país é bem recente e as políticas públicas voltadas para o estímulo dessas atividades no Brasil datam de 2011, com a criação da SEC, e ainda se encontram em planejamento e formulação de metas institucionais. O conceito de indústrias criativas ainda é incipiente nas discussões a respeito de políticas públicas e de agentes públicos nas três esferas governamentais do país, porém a contribuição da economia criativa ao processo de desenvolvimento é patente nas experiências de outros países e os desafios da dinamização desses segmentos se colocam para os formuladores das políticas de apoio.

É necessário considerar-se, em primeiro lugar, que as regiões brasileiras são dotadas de uma coleção de recursos que assumem qualidades específicas em cada espaço e, dessa forma, sua utilização pelas políticas públicas voltadas para o desenvolvimento do potencial de indústrias criativas deve ser planejada e implementada para as condições locais diferenciadas. Os recursos naturais, humanos, físicos, de ativos culturais e de capital de cada espaço moldarão o processo de desenvolvimento dessas atividades se usados para criar valor econômico material ou intangível, valor social (benefícios da coesão e da estabilidade social), valor ambiental (derivados de recursos naturais e de ecossistemas) e valor cultural (benefícios intrínsecos da arte e cultura) (Kon, 2014a).

Os processos que geram os valores a partir da cadeia produtiva criativa são apoiados e facilitados por uma série de instituições criadas por setores públicos e privados da sociedade e da economia. O papel do governo na promoção do apoio à economia criativa e de regulação dessas atividades é crescente e preponderante na atualidade como forma de estimular a continuidade das mudanças voltadas ao desenvolvimento ou à busca de soluções para a retomada do crescimento da renda e do emprego nos momentos de superação de crise internacional. As medidas de políticas públicas culturais ou voltadas para a criatividade, seja em forma de subsídios, financiamento à produção e à pesquisa, seja em outras formas de apoio oficial, trazem as atividades criativas para o campo da responsabilidade governamental como parte de suas funções como gestor e direcionador da economia global. A intervenção governamental na área criativa pode resultar na definição das mudanças nas formas em que a economia tradicionalmente funciona, tendo em vista os benefícios que podem ser auferidos, seja por indivíduos, seja por empresas.

As indústrias criativas dependem de insumos tanto dos setores formais quanto dos informais da economia, e torna-se importante avaliar como as iniciativas públicas destinadas a promover essas atividades nos ambientes formais e informais podem moldar a forma de evolução da cadeia criativa. Por um lado, as atividades formais requerem regulação governamental para que operem regularmente, porém uma característica significativa da economia criativa, particularmente nos países em desenvolvimento, é sua dependência considerável de sistemas, processos e instituições produtivas informais. Nesses países grande parte dos trabalhadores conceituados como representantes da economia criativa, que se encontram em condições de informalidade no mercado de trabalho, não são detectados nas estimativas oficiais e na regulação governamental, ao mesmo tempo que não têm acesso a medidas de estímulo e apoio oficiais.

Não apenas indivíduos, mas também empresas criativas trabalham de forma não oficializada nas diversas regiões brasileiras, e a participação de instituições cívicas, comerciais e governamentais, que são centrais para as atividades criativas em economias avançadas, como, por exemplo, serviços públicos de radiodifusão, museus, escolas de arte, estúdios cinematográficos, é pequena em espaços menos desenvolvidos, quando não ausente. Assim, a informalidade molda a economia política das indústrias criativas, particularmente à medida que a capacidade governamental de mensurar, subsidiar e regular é limitada nessas regiões. As microempresas, associações, clubes e outras atividades coletivas que ocupam grande parte das instituições culturais como agentes criativos tendem a ser menores e menos visíveis nessas economias. Os agentes básicos são menos capazes de interagir com o ambiente internacional ou de aparecer nas estatísticas compiladas por organizações internacionais, ficando, dessa maneira, menos protegidos no contexto de sobrevivência econômica. Desse modo, existem assimetrias sistemáticas e persistentes entre as regiões, em relação à capacidade de competitividade doméstica e internacional, posto que produtos criativos tangíveis e intangíveis apresentam potencialidade de ser comercializados no contexto mundial.

Dessa forma, o primeiro desafio dessas políticas no país é a obtenção de dados confiáveis e mais desagregados sobre essas atividades, pois as estatísticas nacionais agregadas sobre fluxos culturais de insumos e produtos não fornecem as informações necessárias para as especificidades regionais. Tendo em vista que as características das atividades criativas informais são muito diferenciadas de acordo com a cultura específica de cada microrregião, há necessidade de mapear as indústrias criativas locais. Uma política pública pragmática requer ainda um melhor conhecimento dos agentes que apoiam (*stakeholders*) a cadeia criativa, como se relacionam o setor criativo aos outros setores econômicos e, assim, a iniciativa de política deve ser específica e não genérica.

Com isso, o estímulo governamental à criatividade não é um objetivo opcional, mas uma questão de estratégia na atualidade. Trata-se de orientar e estimular as ferramentas que dão oportunidade de criação econômica ou geração de valor adicionado nos vários níveis de profissão com diferentes habilidades e experiências, convertidas em pontos fortes, que tornam o cérebro humano orgânico e criativo. Nesse sentido, políticas de desenvolvimento não significam somente o investimento em obras de infraestrutura (tais como saneamento, estradas ou casas), mas passam também pela compreensão dos impactos das intervenções para o estímulo do potencial dos indivíduos e das comunidades atingidas pelos benefícios dos projetos culturais, sociais e ambientais que fazem parte da cadeia criativa.

Alguns aspectos críticos a serem resolvidos pelas políticas públicas, para a promoção do desenvolvimento do potencial da economia criativa, constituem os desafios a ser enfrentados no país para esses estímulos: acesso a financiamento; formação de uma rede de instituições, de agentes e de intermediários para a operacionalização das atividades criativas; resolução dos problemas de distâncias, que bloqueiam as atividades em espaços remotos; compreensão das demandas populares de cultura e outros aspectos; possibilidade de acesso a conexões e fluxos do mercado internacional; mapeamento dos ativos criativos de capital e humanos locais; assegurar direitos de propriedade intelectual e *copyright*; e, em especial, propiciar a qualificação e capacidades técnicas, empresariais e outras para a administração das atividades criativas.

A ação nesse sentido deve ser inicialmente voltada para o efetivo conhecimento da realidade e das potencialidades dessa cadeia no país e, portanto, uma das primeiras ações públicas se refere ao levantamento de dados e de outras informações da Economia Criativa, de modo a propiciar um retrato mais específico e confiável para o diagnóstico da situação e das potencialidades brasileiras, bem como da adoção de medidas específicas de apoio. Com essa base faz-se premente a articulação e estímulo ao fomento de empreendimentos criativos, que inclui prioritariamente a educação para competências criativas, além da criação de uma infraestrutura física e regulatória que possibilite a criação, produção, distribuição, consumo e exportação de bens e serviços criativos. Sem dúvida, aspecto determinante será a criação e adequação de marcos legais para os setores criativos que permitam o aproveitamento das potencialidades regionais em espaços mais afastados dos polos econômicos do país, possibilitando maior convergência regional.

Em suma, muitas regiões do mundo estão reconhecendo a oportunidade de promover um crescimento mais intenso da cadeia criativa como apoio ao desenvolvimento global da economia. No entanto, a cadeia criativa no Brasil ainda está emergindo como força econômica e não existe experiência suficiente para a elaboração de modelos globais de ação pública. Cabe a cada jurisdição governamental desenvolver as medidas de promoção para sua própria realidade local, porém de forma integrada com outras esferas e áreas governamentais afins.

O COMÉRCIO INTERNACIONAL DE SERVIÇOS: A DINÂMICA DA EVOLUÇÃO NOS PERÍODOS DE CRISE INTERNACIONAL

O relevante desenvolvimento da produção econômica internacional no final da década de 1990, que teve continuidade no início dos anos 2000, foi acompanhado pela expansão considerável dos fluxos de comércio internacional, como visto em capítulo anterior. No período, além de enfrentar questões relacionadas à busca da estabilização macroeconômica, o Brasil, assim como grande parte dos países da América Latina, mobilizou-se para participar mais ativamente da competição nesse mercado mundial, seja elevando seus esforços para exportação, seja para a importação de insumos necessários à modernização e ampliação da capacidade produtiva.

No contexto produtivo mundial do período, os setores produtivos de serviços tiveram como papel fundamental a indução do aumento da produtividade das empresas e do desenvolvimento econômico pelos seus impactos sistêmicos marcantes, tanto em nível micro quanto macroeconômico, resultantes da introdução da inovação em serviços nos processos produtivos e na organização, com a criação de novas modalidades de serviços ou ampliação das possibilidades de comercialização internacional dessas atividades.

A capacidade da economia brasileira de elevar os movimentos de suas vendas e compras internacionais de serviços específicos resultou, portanto, na possibilidade de aumentar sua competitividade interna e internacional. Por outro lado, a ampliação dos seus fluxos internacionais, como em outros contextos mundiais, recebeu impactos consideráveis de fatores geográficos relacionados à sua localização territorial em relação aos principais mercados, dos recursos financeiros e materiais, da concentração de conhecimento e de capacidade dos agentes produtivos, que conduzem as estratégias e táticas econômicas no cenário mundial.

Esta seção examina alguns aspectos do perfil do Comércio Exterior de serviços no Brasil, bem como sua participação e a possibilidade de evolução no comércio internacional de serviços, em que são evidentes algumas desvantagens geográficas e econômicas, particularmente diante de conjunturas econômicas de crises internacionais que se sucederam no período.

A Representatividade dos Serviços Brasileiros nos Fluxos de Comércio Exterior

O comércio exterior de serviços do Brasil registra um valor não muito representativo no comércio mundial total, porém essa participação tem aumentado gradativamente, tanto para vendas ao exterior quanto para compras. Em 1980, as exportações de serviços brasileiros contabilizavam US$ 1.737 milhões, registrando, até 2013, um aumento anual médio de 10,3%, chegando a US$ 39.118 milhões. O Gráfico 12.12 mostra a tendência de elevação dessa participação das vendas no contexto mundial, que registrava 0,4% em 1980, atingindo um pico de 0,8% em 2013, crescimento não muito significativo, porém constante. No ano de 1980, essas exportações eram muito incipientes e compreendiam apenas vendas de serviços de empresas brasileiras de engenharia, de consultoria básica e de detalhamento, voltadas para a implementação de grandes obras nos setores de mineração, energia, transportes, barragens e infraestrutura em geral.

O valor das importações brasileiras de serviços, em termos monetários em todo o período analisado, supera o das vendas para o exterior, embora de 1980 a 1990 a tendência tenha sido declinante, porém retomando uma elevação constante da representatividade nos anos seguintes. O valor dessas compras no ano inicial aqui analisado, de US$ 4.871 milhões, correspondia a 1,1% do total mundial, chegando a 1,9% em 2013, equivalentes a US$ 86.675 milhões (Unctadstat, 2014).

Observe-se que, entre 1980 e 1995, o comércio internacional de serviços mostrou uma elevação da participação de 16% para 18%, visto que a produção de serviços foi acelerada pelos países como consequência da intensificação do processo de globalização no período. No ano de 2011, o crescimento do comércio mundial sofreu uma desaceleração de 13% em 2001 e até fevereiro de 2002 já havia decrescido 2%, em virtude do ataque terrorista aos Estados Unidos, com a diminuição de exportações desse país e de outros países, seja pela repercussão nos preços, seja pela diminuição dos gastos no comércio exterior em serviços ligados ao transporte aéreo e ao turismo (World Bank, 2008).

Gráfico 12.12   Participação das Exportações e Importações Brasileiras de Serviços no Total do Comércio Exterior Mundial de Serviços, 1980-2013.

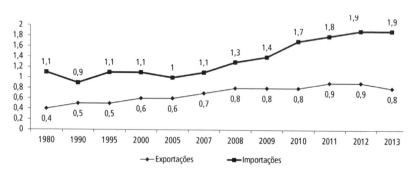

Fonte: Unctadstat (2014). Elaboração nossa.

A partir de 1988, políticas de liberalização comercial começaram a ser implementadas no país, visando à flexibilização das restrições comerciais à importação, o que determinou o desempenho crescente dessas compras durante a primeira fase do processo de abertura comercial, com impactos sobre o desempenho macroeconômico verificado no período. Em 1988, depois de um período prolongado em que o país ficou fechado às compras do exterior, o que ampliou a crise da balança de pagamentos, foi iniciado o processo de abertura com medidas específicas, como a redução de alíquotas de importação e a adoção de medidas tópicas restringindo algumas barreiras não tarifárias. No entanto, a tendência ao aumento das importações se estruturou apenas a partir dos primeiros anos da década de 1990, com a continuidade de eliminação de restrições não tarifárias e com a criação de um cronograma de redução das alíquotas de importação.

Entre 1993 e 1995, o valor das importações cresceu consideravelmente, em torno de 100%, porém, com o lançamento do Plano Real, quando a economia passou por uma fase de controle de preços internos, bem como do processo de estabilização da inflação, a continuidade da liberalização apresentou fases de crescimento e de recuos e, no ano 2000, a participação dos serviços nas compras externas regrediu para pouco acima de 24%. Mas, desde a reforma tarifária de 1988, com a redução do grau de intervencionismo governamental que havia imposto restrições às importações desde o início da década de 1980, ficou marcada a nova orientação do comércio exterior do país.

O aumento das importações, tanto de mercadorias quanto de serviços, foi acentuado também pelo crescimento econômico verificado, pela valorização nominal e real da taxa de câmbio, pelo maior acesso a financiamentos externos e pela manutenção da queda das alíquotas de importação (Azevedo e Portugal, 1998).

No contexto produtivo da economia brasileira, as exportações de serviços contribuíam no ano de 2000 com 1,5% no PIB, registrando elevação gradual dessa representatividade até atingir 1,9% em 2006 e, no ano inicial da crise financeira internacional de 2008, ainda participava com 1,75% na geração do produto, diminuindo gradativamente para 1,4% em 2010, como resultado da crise que mostrou maiores impactos no país em 2009, mas recuperando-se nos dois anos seguintes até chegar a 1,69% em 2012. Embora perdendo representatividade no período de crise financeira internacional, as vendas de serviços para o exterior continuaram positivas, segundo uma combinação de dois fatores: modalidades específicas de serviços vendidos e países de destino, como será analisado posteriormente. Com respeito às importações, a representatividade foi sempre crescente, contribuindo com 2,6% do PIB em 2000, até registrar 3,45% em 2012 (BCB, 2008; Brasil, 2013) .

Na Balança de Pagamentos do Brasil, o comércio de mercadorias (Balança Comercial) – que inclui produtos primários e manufaturados – é preponderante e, embora os serviços tenham elevado gradativamente sua representatividade tanto para exportações quanto para importações (Gráfico 12.13), a defasagem na participação desses fluxos permanece considerável, favorecendo os bens. Porém, o que se verifica é que nos anos de 1990 a 1993 o déficit da Balança de Pagamentos global era significativamente menor, posto que o Brasil não estava tão envolvido com o comércio internacional no período e o déficit avançou a partir de então, à medida que o país foi se inserindo no comércio mundial. No entanto, é possível observar que o aumento do déficit de serviços verificado no período seguinte também foi acompanhado por um déficit na Balança de bens, o que pode ser explicado pela política de valorização cambial praticada quando da implantação do Plano Real.

Entre 1980 e 2013, a participação das exportações de serviços brasileiros no comércio exterior do Brasil passou de 7,9% (US$ 1.737 milhões) para 13,9% (US$ 39.118 milhões), contudo, em 2009, apesar de a economia brasileira ter apresentado crescimento negativo do PIB, a participação relativa das vendas dos serviços ao exterior se elevou para 15,3% do total, tendo em vista que a taxa de crescimento das vendas de mercadorias foi inferior à dos serviços (Unctad, 2014).

Nesse contexto, as importações de serviços se mostraram mais representativas do que as exportações de intangíveis, quando comparadas às mercadorias, equivalendo a 17,5% do total da balança em 1980 (US$ 4.871 milhões), registrando representatividade superior a 23% desde 1990 e atingindo 26,6% (US$ 86.674 milhões) em 2013. Observe-se que em 2009, ano em que o Brasil sofria impactos consideráveis da crise financeira mundial, a participação dos serviços no total das compras internacionais atingiu o patamar mais elevado e chegou a 26,8%. Naquele ano,

Gráfico 12.13   Composição das Exportações e Importações do Brasil, Por Mercadorias e Serviços, 1980-2013

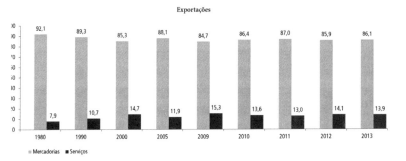

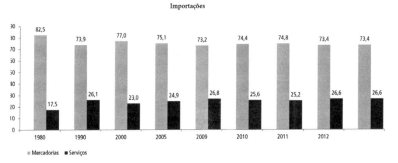

Fonte: Unctadstat (2014). Elaboração nossa.

a compra de bens de capital e de outras mercadorias vindas do exterior diminuiu consideravelmente, de modo paralelo à queda da produção brasileira, porém a compra de serviços também mostrou taxas de crescimento dos serviços superiores às de mercadorias. Dessa forma, desde a década de 1990 o crescimento das importações de mercadorias foi superior às importações de bens, ainda refletindo a abertura comercial, enquanto, no que se refere especificamente aos serviços, de 1980 a 2013, as vendas para o exterior foram sempre inferiores às compras.

No global, as exportações brasileiras registraram um valor de US$ 282 bilhões em 2013, com decréscimo de 3% em relação ao ano anterior. Nesse período, as exportações de bens registraram US$ 243 bilhões, permanecendo no mesmo patamar do ano anterior, enquanto as de serviços declinaram em 2% (Unctadstat, 2014).

A Balança de Serviços Brasileira

Enquanto a Balança Comercial brasileira apresentou saldos positivos no período analisado, a Balança de Serviços tem se mostrado deficitária, ou seja, o país apresenta uma competitividade externa maior em bens do que em serviços, o que pode ser explicado pelo fato de que o comércio de serviços envolve "produtos" intangíveis intensivos em tecnologia, conhecimento e capital, que apresentam menores possibilidades de desenvolvimento interno, de modo competitivo no âmbito internacional, do que nos países mais avançados. Essa é uma situação encontrada nos países em desenvolvimento que apresentam uma tendência a importar um montante consideravelmente maior de serviços do que a exportarem. No caso do Brasil, a participação das exportações dos serviços em relação à dos bens foi de cerca de 12,7% em média (Gráfico 12.13) no período, consideravelmente inferior à média dos países em desenvolvimento da América, no entanto aproximando-se mais da média da América do Sul, que foi de 18,8%. Por outro lado, no que se refere às importações de serviços, a participação média do país em relação às mercadorias importadas se situou em 40%, acima das demais economias em desenvolvimento da América e da América do Sul (36%). Portanto, observa-se a continuidade de resultados negativos ou deficitários no equilíbrio da Conta Corrente da Balança de Serviços brasileira.

A partir de 1999, o comportamento da balança de serviços sofreu alterações em relação ao período 1994-1998, em que vigorava a estratégia de política econômica do regime de câmbio administrado. Em janeiro de 1999, o governo adotou o regime de flutuação cambial para corrigir os impactos significativos da política macroeconômica adotada anteriormente, baseando o novo regime em três pilares: i. taxa de câmbio flutuante com livre mobilidade de capitais para ajustar as contas externas; ii. taxa de juro real elevada, visando cumprir as metas de inflação; e iii. superávit primário crescente nas contas públicas para conter o endividamento governamental (Prates, Cunha e Lelis, 2011).

A partir de 2001, enquanto os impactos sobre o saldo da balança de bens se tornou positivo e crescente, como resultado da desvalorização da taxa de câmbio em 1999 (que

PANORAMA DAS ATIVIDADES DE SERVIÇOS NO BRASIL 637

posteriormente se reverteu, derrubando o saldo comercial) e também como resultado do crescimento das economias mundiais, a balança de serviços continuou negativa em todos os anos posteriores. Também apresentou resultados anuais deficitários nas Transações Correntes, porque os superávits comerciais não foram suficientes para financiar o déficit da rubrica "Serviços e Rendas" causado, sobretudo, pelas remessas de lucros e dividendos ocorridos desde as crises asiática, russa e brasileira no período anterior, que constituiu uma fase de baixa do primeiro ciclo de liquidez internacional da globalização financeira que atingiu seu auge em 2006 (Prates, Cunha e Lelis, 2011).

Como apresentado em capítulo anterior, a crise financeira internacional, originada no mercado *subprime* norte-americano em julho de 2007, começou a contaminar os países emergentes no primeiro semestre de 2008 e o Brasil desde setembro daquele ano. Os efeitos negativos sobre a Balança de Serviços foram acrescidos aos da situação anterior de várias formas que atingiram os mercados de câmbio e o Balanço de Pagamento como um todo, entre os quais: redução da demanda externa dos países, aumento das remessas de lucro pelas filiais de empresas multinacionais e bancos estrangeiros, retração de investimentos associado à diminuição do crédito externo, particularmente direcionados ao comércio exterior.

No ano de 2009, como decorrência da crise mundial, o Brasil ganhou interesse de investidores mundiais, em especial pela alta taxa de juros para remuneração dos títulos públicos e perspectivas de oportunidades de negócios devido às obras de infraestrutura ligadas ao pré-sal e à preparação da Copa do Mundo e Olimpíadas, o que repercutiu no Balanço de Pagamentos com recorde em investimentos diretos estrangeiros. No entanto, a entrada de grande volume de divisas estrangeiras ocasionou uma grande pressão sobre a taxa de câmbio, o que veio a aumentar o déficit da conta de serviços. Dessa forma, o resultado líquido negativo da Balança de Serviços aumentou gradativamente de US$ 13,2 bilhões em 2007 até US$ 47,5 bilhões em 2013 (Brasil, 2014).

Apesar da continuidade dos déficits nessa balança, a recuperação de novos mercados, já em 2011, resultou na recuperação da exportação de serviços, quando as vendas no segmento cresceram 24,3%. Apesar da diminuição da participação dos Estados

Unidos nas compras de serviços brasileiros, de 50,8% em 2008 para 42,1% em 2010, os países da América Latina (incluindo o Mercosul) aumentaram suas compras de 3,3% para 6,6% no período, tendência que teve continuidade no período posterior.

Nesse contexto, é relevante o papel das micro e pequenas empresas na entrada para o comércio internacional por meio da exportação de serviços, que, em 2010, representaram 76,1% do total dos exportadores de serviços, sendo responsáveis por 10,6% das receitas que correspondiam, no ano, a US$ 3 bilhões em receitas de vendas ao exterior, valor superior ao das vendas de mercadorias de microempresas ao exterior, que receberam US$ 2 bilhões.

Observando-se o desempenho do comércio exterior de serviços através do ponto de vista do crescimento anual nos períodos de análise, é possível observarmos os reflexos das condições macroeconômicas já apresentadas. Como mostra o Gráfico 12.14, as taxas anuais de crescimento das importações de serviços se elevaram consideravelmente na década de 1990, superando o crescimento das exportações de intangíveis.

Gráfico 12.14 Taxas Anuais de Crescimento dos Fluxos de Comércio Exterior de Serviços, Brasil, 1981-2013

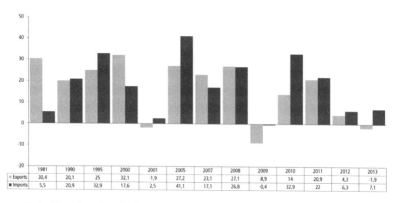

Fonte: Unctadstat (2014). Elaboração nossa.

No decorrer do período analisado, observam-se particularmente os impactos negativos relevantes no comércio exterior de serviços em três períodos específicos. Em 2001, com a crise causada pelos ataques terroristas aos Estados Unidos, como analisado no capítulo 10, as exportações decresceram 1,9%, enquanto as importações, embora continuassem a crescer, registraram taxa moderada de 2,5%, particularmente devido à retração da produção brasileira, que limitou também as importações de insumos. No período de crise financeira mundial, que repercutiu negativamente no Brasil a partir de setembro de 2008, as taxas de crescimento das vendas e compras naquele ano não chegaram a ser muito afetadas, tendo em vista os fluxos relevantes de entrada e saída de serviços nos meses anteriores. Contudo, os reflexos no ano de 2009 foram consideráveis especialmente para as vendas de intangíveis, que decresceram 8,9%. Os impactos nas compras do exterior, porém, levaram a uma taxa negativa, embora não muito significativa. A recuperação da economia já se fez sentir em 2010 com crescimento muito considerável dos fluxos de compra e venda de serviços. No entanto, a partir de 2012 a elevação do comércio exterior foi mais modesta e, particularmente em 2013, o fluxo de exportações foi negativo.

Os principais mercados para as exportações brasileiras de serviços em 2012 foram Estados Unidos (48,2%), União Europeia (25,9%), América Latina exceto Mercosul (4,7%), Mercosul (2%) e outros países (19,3%). Na União Europeia, os três principais compradores dos serviços brasileiros foram os Países Baixos (5,1%), Reino Unido (4,5%) e Alemanha (4,3%). Em 2012, quase a metade das importações de serviços teve origem na União Europeia (47,6%), vindos principalmente dos Países Baixos (23,1%), do Reino Unido (6,6%) e da Noruega (4,5%). Os Estados Unidos foram origem de 31,4% das importações, as compras do Mercosul não registraram participação muito significativa (3,7%), enquanto o resto da América Latina vendeu 1,5% dos serviços comprados pelo Brasil, e os demais países mundiais foram responsáveis por 15,6% dessas vendas (Brasil, 2014).

As Diferentes Modalidades do Comércio
Exterior de Serviços no País

As empresas brasileiras de serviços procuram ganhar competitividade através de investimentos em processos que permitam ganho de escala. Particularmente pretendem iniciar suas vendas internacionais nos países da América Latina, e os tipos de atividade mais demandados pelas economias vizinhas são serviços de engenharia, de arquitetura e consultoria empresarial, tecnologia da informação e gestão, bem como em outras modalidades de serviços às empresas.

Das diferentes modalidades de serviços exportados pelo Brasil, destacam-se as de serviços às empresas, que agregavam, já no ano 2000, mais de 48% das exportações de serviços, e apresentavam ganhos constantes de representatividade, chegando a mais de 53% em 2012 (Tabela 12.11). As vendas desses serviços atingiram US$ 21.276 milhões em 2012, valor não desprezível. Essas atividades dizem respeito a serviços de *marketing* e outros relacionados ao comércio exterior, serviços operacionais de *leasing* (locação), bem como outros serviços comerciais, técnicos e profissionais (legais, consultoria, publicidade, contabilidade, Pesquisa e Desenvolvimento).

Entre as demais modalidades de exportação apenas são significativas as sob a rubrica de Viagens, que representavam mais de 19% no ano de 2000, porém perderam gradativamente importância no período da crise de 2009, chegando a quase 17% em 2012, e Transportes, que no período participava com cerca de 15% do total.

Tabela 12.11   Exportação de Serviços Segundo Modalidades. Brasil, 2000 e 2010-2012

MODALIDADES	EXPORTAÇÕES (milhões de dólares)				EXPORTAÇÕES TOTAIS DE SERVIÇOS (%)				CLASSIFI-CAÇÃO*
	2000	2010	2011	2012	2000	2010	2011	2012	2012
Transportes	1.409	4.931	5.819	5.422	14,8	15,5	15,2	13,6	13
Viagens	1.810	5.919	6.555	6.645	19,1	18,6	17,2	16,7	20
Comunicações	36	435	320	381	0,4	1,4	0,8	1,0	25
Informática e serviços de informação	34	210	236	596	0,4	0,7	0,6	1,5	20
Seguros	312	416	505	541	3,3	1,3	1,3	1,4	9
Serviços financeiros	125	397	591	511	1,3	1,2	1,5	1,3	5
Royalties e serviços de licenças	376	2.073	2.662	2.684	4,0	6,5	7,0	6,7	5
Outros serviços às empresas	4.568	15.777	19.675	21.276	48,1	49,6	51,5	53,4	6
Serv. pessoais, culturais, recreativos	–	–	–	–	–	–	–	–	–

Fonte: UN (2014). Elaboração nossa.
* Entre os 25 maiores exportadores da América do Sul

PANORAMA DAS ATIVIDADES DE SERVIÇOS NO BRASIL   641

A trajetória declinante das receitas de viagens internacionais resulta do ambiente de maior renda disponível e apreciação nominal da taxa de câmbio até o período de agravamento da crise financeira internacional no último trimestre de 2008 e, após a crise, com a recuperação em 2010. As demais modalidades de venda ao exterior não apresentam participação significativa, porém as atividades de serviços financeiros, *royalties* e licenças estão bem colocadas na classificação dos maiores exportadores de serviços da América do Sul, o que faz pressupor potencialidade de desenvolvimento dessas vendas para os países vizinhos.

Como mostra a Tabela 12.12, as importações de serviços de Informática e de Informação, insumos essenciais para a inovação e para mudanças positivas na dinâmica produtiva, ocupam o primeiro lugar nas compras de serviços dos maiores exportadores da América do Sul, registrando compras em torno de US$ 4,5 bilhões em 2012, mostrando que o empresariado brasileiro está empenhado na modernização de seus processos produtivos e organizacionais através de sua plataforma tecnológica, visando maior competitividade interna ao país e no mercado externo.

Tabela 12.12   Importação de Serviços Segundo as Modalidades. Brasil, 2000 e 2010-2012

MODALIDADES	IMPORTAÇÕES (milhões de dólares)				IMPORTAÇÕES TOTAIS DE SERVIÇOS (%)				CLASSIFI-CAÇÃO*
	2000	2010	2011	2012	2000	2010	2011	2012	2012
Transportes	4.305	11.339	14.153	14.191	25,8	18,1	18,6	17,5	10
Viagens	3.894	16.422	21.264	22.233	23,4	26,2	27,9	27,5	4
Comunicações	–	–	–	–	–	–	–	–	–
Informática e serviços de informação	1.145	3.505	4.036	4.447	6,9	5,6	5,3	5,5	1
Seguros	317	1.529	1.717	1.535	1,9	2,4	2,3	1,9	8
Serviços financeiros	670	1.679	1.804	1.975	4,0	2,7	2,4	2,4	4
Royalties e serviços de licenças	1.415	2.850	3.301	3.666	8,5	4,6	4,3	4,5	6
Outros serviços às empresas	3.434	20.874	25.347	28.346	20,6	33,3	33,3	35	3

Fonte: UN (2014). Elaboração nossa.
* Entre os 25 maiores esportadores da América do Sul

No entanto, a pauta de importações de serviços brasileira não se apoia majoritariamente apenas em serviços tecnológicos, como chamam a atenção algumas análises, visto que o consumo de serviços relacionados ao grau de intensidade tecnológica é bem menor se comparado aos Transportes e Viagens, e a elevação nas importações de viagens de brasileiros ao exterior tiveram impacto nas despesas com fretes e passagens, aumentando as despesas líquidas com Transportes, Outros Serviços às Empresas e Serviços Pessoais, Culturais e Recreativos. A maior participação em 2000 era registrada pela modalidade de Viagens, que já computava, naquele ano, mais de 23% do total das compras, porém, em 2012, quando aumentou a representatividade para quase 28%, sua participação era inferior às compras de *Royalties* e Licenças e dos Serviços Pessoais, Culturais e Recreativos, que, de quase 21% no ano 2000, elevaram a participação nas importações para 35% em 2012.

Como se observa, a Balança de Serviços brasileira tem sido historicamente deficitária e grande parte desse déficit pode ser atribuído a três contas: viagens internacionais, aluguel de equipamentos e transportes. No que diz respeito às viagens, o déficit na conta nos anos mais recentes resulta do aumento do número de turistas brasileiros no exterior, tendo em vista a maior facilidade de crédito para essa categoria de gastos associada à alta de preços de viagens internas no país. Essa modalidade de serviços compreende receitas e gastos com cartões de crédito, turismo, negócios, fins educacionais, culturais e esportivos, funcionários do governo e viagens por motivos de saúde (Brasil, 2013).

Por sua vez, os resultados negativos da conta de transportes podem ser relacionados ao desempenho considerável do país como exportador de *commodities* agrícolas e minerais. O déficit brasileiro nas contas de serviços tem sido parcialmente compensado pelo superávit elevado em serviços empresariais, profissionais e técnicos, que em 2012 registraram mais de US$ 20 bilhões em exportações, destacando-se, nessa modalidade, os serviços de arquitetura, engenharia e outros serviços técnicos de manutenção e instalação de escritórios, aluguel de imóveis, além de honorários de profissionais liberais, passe de atletas, publicidade, participação em feiras e exposições e serviços médicos (Brasil, 2013).

CONSIDERAÇÕES FINAIS

A análise das informações mostra que o comércio internacional de serviços no Brasil tem evoluído e, embora lentamente, o aumento da participação no contexto mundial tem sido crescente. Deve ser observado que o comércio de serviços no país possui peculiaridades e características, assim como formas de tributação que o diferencia do comércio de mercadorias. Apesar de historicamente deficitária, verifica-se na balança de serviços brasileira que as contas que mais contribuem para esse resultado negativo não estão ligadas ao baixo desempenho tecnológico do país, mas sim às condições de oferta de infraestrutura da economia.

O país apresenta vantagens comparativas em algumas modalidades de serviços como Engenharia, Serviços Médicos, Profissionais Técnicos e alguns ramos da Tecnologia da Informação, porém sua participação no comércio mundial ainda é pequena se comparada a outras economias emergentes como a China (na área de transportes e serviços empresariais) e a Índia (nos setores de computação e informação). No entanto, em comparação com esses países é possível visualizarmos o potencial de desenvolvimento das exportações nesse comércio, o que justifica políticas públicas de apoio mais direcionadas às especificidades dos serviços e à diversificação tanto da pauta de exportações de serviços quanto dos países de destino, que na atualidade são poucos e estão muito concentrados.

Conclusões

O setor de serviços no Brasil apresenta muitas dissimilaridades de desempenho e na relação capital/trabalho, tendo em vista a composição heterogênea de serviços tradicionais e modernos e da qualificação específica da força de trabalho, que no país configura a maior representatividade de setores tradicionais, nos quais a mão de obra empregada tem o menor nível de qualificação.

É necessário salientarmos, primeiramente, que a organização deste capítulo sobre as especificidades do setor de serviços brasileiro exigiu uma seleção rigorosa dos temas a serem tratados, dada a heterogeneidade de questões que são formuladas. Em virtude dessa complexidade e da extensão necessária para a análise mais detalhada, temas também relevantes não foram aqui tratados, como a espacialização dos serviços brasileiros, as diferenças nas empresas de acordo com as origens do capital, o papel dos serviços no desenvolvimento sustentável da economia, a questão institucional no processo de desenvolvimento do setor, o crescimento das franquias de serviços, entre outros. (Kon, 2012 e 2014a).

Pela investigação dos temas aqui tratados, observa-se que, como país em desenvolvimento, o Brasil ainda não apresenta um setor de serviços maduro, caracterizado por alta participação de setores intensivos em tecnologia e capital e em mão de obra qualificada. A multiplicidade de serviços menos avançados tecnologicamente está associada a uma estrutura produtiva nacional que demanda serviços heterogêneos, que se estendem dos serviços mais básicos até os serviços profissionais mais avançados e sofisticados da área de biogenética. Mesmo com o avanço tecnológico de algumas atividades de serviços, permanecem diferenças em relação às economias avançadas, uma vez que os serviços intensivos em conhecimento ainda ocupam parcelas reduzidas nas estruturas produtiva e ocupacional da economia brasileira.

Também compõem as estruturas produtiva e ocupacional dos serviços nacionais o trabalho informal, embora não se possa defini-lo de maneira estrita. Parte desse trabalho informal contribui com o desenvolvimento socioeconômico nacional, pois algumas ocupações informais nos serviços são fundamentais para o crescimento econômico e para a produtividade do conjunto da economia brasileira.

Observa-se, no Brasil, que as atividades terciárias consideradas propulsoras da modernização e da globalização, como Comunicações, Transportes e Serviços Auxiliares às Empresas, não apresentam dinâmica de evolução mais intensa que seria compatível com um desenvolvimento continuado. Ao lado disso, paralelamente ao processo de reestruturação produtiva, a qualificação da população ocupada não sofreu grandes alterações, o que indica um ponto de estrangulamento relevante para a introdução da inovação tecnológica mais sofisticada. Isso se reflete no fato observado de que as transformações estruturais na representatividade do produto gerado pelos serviços são mais lentas do que as verificadas na estrutura ocupacional. Tal constatação confirma que o processo de terciarização se mostrou mais intenso com relação ao mercado de trabalho, com a criação de um grande número de atividades tecnologicamente menos avançadas, com menor relação capital/trabalho e, consequentemente, a geração de produto não acompanhou o crescimento relativo dos ocupados.

Com respeito à segmentação entre as categorias ocupacionais, é possível percebermos, para o total do país, uma nítida diferenciação entre gêneros, pois a representatividade masculina é consideravelmente superior na maior parte dos grupos

CONCLUSÕES

de ocupações nas empresas, situando-se mais frequentemente em cerca de 65% até mais de 80%. Resumindo as observações sobre a segmentação, os indicadores revelam que embora algumas alterações significativas tenham ocorrido em setores específicos no período analisado, com relação à segmentação do trabalho de acordo com gêneros no setor de serviços no Brasil não se constata, de um modo global, transformações estruturais relevantes que possam significar qualquer mudança no perfil dessa distribuição de trabalhadores, embora a participação feminina tenha se elevado discretamente no período, seja como tendência histórica mundial, seja como decorrência dos problemas conjunturais pelos quais o país vem passando, que, no entanto, por afetarem os dois gêneros, diminuíram os possíveis impactos que histórica e mundialmente vêm ocorrendo sobre as mudanças na segmentação.

A análise da informalidade da força de trabalho no período identifica uma subutilização considerável da mão de obra, tendo em vista a incapacidade das pessoas de encontrarem a ocupação desejada ou remuneração compatível com suas aspirações, o que é associado a baixo nível de renda, insuficiente para as necessidades básicas da família e baixa produtividade da força de trabalho. Os trabalhadores de menor produtividade detêm uma parte das ocupações nas empresas e também fora de empresas, enquanto outra parte engloba pequenos produtores autônomos de serviços de nível superior de renda e alta produtividade, configurando muitas vezes profissionais liberais, bem como assalariados de empresas de mais renda e produtividade. Assim a heterogeneidade de situações também se dá internamente ao setor informal brasileiro, predominando, no entanto, atividades de menor produtividade.

Por fim, as pesquisas registram a convivência entre atividades de altos e baixos índices de produtividade, bem como de setores que apresentam, em sua composição, empresas de alta relação capital/trabalho ao lado de empresas em que tal relação é baixa. Desse modo, a visão tradicional que analisa o setor de serviços brasileiro apenas em sua totalidade, sem destacar a heterogeneidade do perfil das atividades, não retrata de forma adequada os padrões diferenciados de estruturação produtiva e ocupacional encontrados no país.

Bibliografia

ABDI (Agência Brasileira de Desenvolvimento Industrial). *Sondagem de Inovação 2013*. Brasília: ABDI, 2013.

ABLAS, Luis Augusto de Queiroz. *A Teoria do Lugar Central: Bases Teóricas e Evidências Empíricas*. São Paulo: IPE/USP, 1982.

ABREU, Alice R. de Paiva; SORJ, Bila. Trabalho a Domicílio nas Sociedades Contemporâneas: Uma Revisão da Literatura Recente. In: ABREU, Alice R. de Paiva (org.). *O Trabalho Invisível*. Rio de Janeiro: Rio Fundo, 1993.

AKEHURST, Gary; GADREY, Jean (eds.). *The Economics of Services*. London: Frank Cass and Co., 1987.

AKERLOF, George A. The Market for "Lemons": Quality Uncertainty and the Market Mechanism. *The Quarterly Journal of Economics*, v. 84, n. 3, aug. 1970.

ALÄNGE, S.; JACOBSSON, S.; JARNEHAMMAR, A. Some Aspects of an Analytical Framework For Studying the Diffusion of Organizational Innovations. *Technology Analysis and Strategic Management*, v. 10, n. 1, 1998.

ALCHIAN, Armen. Information, Pricing and Resource Unemployment. *Economic Inquiry*, n. 109, jun. 1969.

_____. Some Economics of Property Rights. *Il Politico*, n. 30, 1965.

ALLEE, Verna. Value Network Analysis and Value Conversion of Tangible and Intangible Assets. *Journal of Intellectual Capital. Publisher*, v. 9, n. 1, 2008.

ALMEIDA, Anna Luiza Ozorio de. *Industrial Subcontracting of Low-Skill Service Workers in Brazil*. Tese de doutorado, Food Research Institute, Stanford University, Palo Alto, 1976.

ALMEIDA, Wanderley J. M.; SILVA, Maria da Conceição. Dinâmica do Setor de Serviços no Brasil, Emprego e Produto. *Relatório de Pesquisas Ipea/Inpes*, Rio de Janeiro, n. 18, 1973.

AMATO NETO, João. Reestruturação Industrial, Terceirização e Redes de Subcontratação. *Revista de Administração de Empresas*, São Paulo, v. 35, n. 2, mar.-abr. 1995.

650   NOVA ECONOMIA POLÍTICA DOS SERVIÇOS

ANDRONICEANU, Armenia. *New Public Management, a Key Paradigm for Reforming Public Management in Romanian Administration*. Bucharest: Academy of Economic Studies, 2007.

ARROW, Kenneth Joseph. The Economics of Information. *Collected Papers of Kenneth J. Arrow*. Harvard: The Economics of Information, 1984. V. 4

____. *The Limits of Organization*. New York: Norton, 1974.

____. Uncertainty and the Welfare Economics of Medical Care. *American Economic Review*, v. 53, n. 5, dec. 1963.

ARUNDEL, A.; HOLLANDERS, H. *A Taxonomy of Innovation: How do Public Sector Agencies Innovate?* Brussels: European Commission, 2011.

ASHWORTH, John; GEYS, Benny; HEYNDELS, Bruno; WILLE, Fanny. Political Competition and Local Government Performance: Evidence from Flemish Municipalities. *Public Finance and Management*, v. 9, n. 1, 2007.

AZEVEDO, Alexandre Cabral de. *A Adoção de Inovações Pelos Consumidores: O Caso do Comércio Eletrônico Via Internet*. Dissertação de Mestrado, Curitiba, Universidade Federal do Paraná, 2000.

AZEVEDO, André F.Z.; PORTUGAL, Marcelo S. Abertura Comercial Brasileira e Instabilidade da Demanda de Importações. *Revista Nova Economia*, v. 8, n. 1, 1998.

BAILY, Antoine S.; MAILLAT, Denis. Service Activities and Regional Metropolitan Development: A Comparative Study. In: DANIEL, P.W. (ed.). *Services and Metropolitan Development*. New York/London: Routledge, 1991.

____. *Le Secteur tertiaire en question: activités de service, développement économique et spatial*. Genève: Editions Régionales Européenes, 1986.

BAIN, Joseph Staten. *Barriers to New Competition*. New York: John Wiley & Sons, 1968.

____. *Barriers to New Competition*. Cambridge: Harvard University Press, 1956.

BAMBER, Penny; FERNANDEZ-STARK, Karina; GEREFFI, Gary; GUINN, Andrew. Connecting Local Producers in Developing Countries to Regional and Global Value Chains. OCDE, *Trade Policy Paper*, n. 160, 2013.

BANNON, Michael J. The Tertiary Sector and National Development: The Case of Ireland. BOURNE, L.S.; SINCLAIR, R.; FERRER, M.; D'ENTREMONT, A. (eds.). *The Changing Geography of Urban Systems, Perspectives on the Developped and Developping World*. Pamplona: University of Navarra, 1987.

BARAN, Paul. *A Economia Política do Desenvolvimento*. São Paulo: Abril Cultural, 1984.

BARCET, André. Innovation in Services: A New Paradigm and Innovation Model. In: GALLOUJ, Faiz; DJELLAL, Faridah. *The Handbook of Innovation and Services*. Cheltenham: Edward Elgar, 2010.

BARCET, André; BONAMY, Joël. Qualité et qualification des services. In: BANDT, Jacques de; GADREY, Jean (orgs.). *Relations de service, marché de services*. Paris: CNRS, 1994.

BARRAS, R. Interactive Innovation in Financial and Business Services: The Vanguard of Service Revolution. *Research Policy*, v. 19, 1990.

____. New Technologies and the New Services. *Futures*, n. 18, 1986.

BAUMOL, William J. Foreword. In: GALLOUJ, Faiz; DJELLAL, Faridah. *The Handbook of Innovation and Services*. Cheltenham: Edward Elgar, 2010.

____. *Productivity and American Leadership*. Cambridge: MIT Press, 1991.

____. *Productivity and American Leadership: The Long View*. Cambridge: MIT Press, 1989.

____. Productivity Policy and the Service Sector. *Discussion Paper 1*. Washington: Fishman-Davidson Center for the Study of the Service Sector, 1987.

____. Information Technology and Service Sector: A Feedback Process? In: FAULHABER, Gerald R.; NOAM, Eli M.; TASLEY, Roberta (ed.). *Services in Transition: The Impact of Information Technology on the Service Sector*. Cambridge: Ballinger, 1986.

____. Macroeconomics of Unbalanced Growth. *American Economic Review*, n. 57, jun. 1967.

BIBLIOGRAFIA

BAUMOL, William J.; BLACKMAN, Sue Anne Batey; WOLFF, Edward N. Unbalanced Growth Revisited: Asymptotic Stagnancy and New Evidence. *American Economic Review*, v. 75, n. 4, 1986.

BAUMOL, William J.; PANZAR, John C.; WILLIG, Robert D. *Contestable Markets and the Theory of Industry Structure*. New York: Harcourt Brace Jovanovich, 1982.

BCB (Banco Central do Brasil – Bacen). *Investimentos Estrangeiros Diretos: Distribuição Por Atividade Econômica de Aplicação de Recursos*. Brasília, 2008.

BECKER, Gary S. The Intellectual Portrait Series: A Conversation With Gary S. Becker. Indianapolis: Liberty Fund, 2003.

____. Investment in Human Being. *Journal of Political Economy*, oct. 1962.

BECKER, Michael; BOTTCHER, Martin; KLINGER, Stephan. Systemising Service Classifications. *International RESER Conference Proceedings*, Hamburg, 2011.

BELL, Daniel. *The Coming of Post-Industrial Society: A Venture in Social Forecasting*. New York: Basic Books, 1973.

____. Notes on the Post-Industrial Society (I). *Public Interest*, n. 6, winter 1967.

BENKLER, Yochai. A Economia Política do Commons. In: SILVEIRA, Sérgio Amadeu et al. (orgs.). *A Comunicação Digital e a Construção dos Commons: Redes Virais, Espectro Aberto e as Novas Possibilidades de Regulação*. São Paulo: Perseu Abramo, 2007.

____. *The Wealth of Networks: How Social Production Transforms Markets and Freedom*. New Haven/London: Yale University Press, 2006.

____. Coase's Penguin, or Linux and the Nature of the Firm. *The Yale Law Journal*, New Haven, v. 112, 2002.

BERNARDES, Roberto; BESSA, Vagner; ANDRÉ, Kalup. Serviços na PAEP, 2001: Reconfigurando a Agenda de Pesquisas Estatísticas de Inovação. *São Paulo em Perspectiva*, São Paulo, v. 19, n. 2, 2005.

BHALLA, A.S. The Role of Services in Employment Expansion. *International Labour Review*, n. 101, 1970.

BLIND, Knut; EVANGELISTA, Rinaldo; HOWELLS, Jeremy. Knowledge Regimes and Intellectual Property in Services: A Conceptual Model and Empirical Testing. In: GALLOUJ, Faiz; DJELLAL, Faridah. *The Handbook of Innovation and Services*. Cheltenham: Edward Elgar, 2010.

BLYTHE, M. The Work of Art in the Age of Digital Reproduction: The Significance of the Creative Industries. *JADE*, v. 20, n. 2, 2001.

BOCKERMAN, Petri; MALIRANTA, Mika. *Outsourcing, Occupational Restructuring, and Employee Well-Being: Is There a Silver Lining? Texto para Discussão n. 7399*. Bonn: Institute for the Study of Labor (IZA), 2013.

BOHN, Roger; SHORT, James. *How Much Information? Program Launch Concepts, Counts, Estimates, Initial Numbers*. University of California San Diego, 2008.

BORINS, Sandford. Lessons From New Public Management in Commonwealth Nations. *International Public Management Journal*, v. 1, n. 1, 1994.

BOUDEVILLE, Jacques R. *Aménagement du territoire et polarisation*. Paris: M. Th. Génin, 1972.

BOURDIEU, Pierre. The Forms of Capital. In: RICHARDSON, John G. *Handbook of the Theory and Research for the Sociology of Education*. New York: Greenwood, 1985.

BOVENS, Mark. *The Quest for Responsibility: Accountability and Citizenship in Complex Organisations*. Cambridge: Cambridge University Press, 1998.

BOWEN, Harry P.; MOESEN, Wim; SLEUWAEGEN, Leo. *Composit Index of Creative Economy, With Application to Regional Best Practice*. North Carolina: Vlerick Leuven Gent Management School, 2006.

BOZEMAN, Barry. *All Organizations Are Public: Bridging Public and Private Organizational Theories*. San Francisco: Jossey Bass, 1987.

BRANCO, Cláudia Ferraz Castelo; MATSUZAKI, Luciano (orgs.). *Olhares da Rede*. São Paulo: Momento Editorial, 2009.

652 NOVA ECONOMIA POLÍTICA DOS SERVIÇOS

BRANCO, Cláudia Ferraz Castelo. Benkler: As Redes e a Nova "Mão Invisível". In: BRANCO, Cláudia Ferraz Castelo; MATSUZAKI, Luciano (orgs.). *Olhares da Rede.* São Paulo: Momento Editorial, 2009.

BRASIL. *Plano da Secretaria de Economia Criativa: Políticas, Diretrizes e Ações, 2011 a 2014.* Brasília: Ministério da Cultura, 2012.

BRASIL/MDICE-Ministério do Desenvolvimento, Indústria e Comércio Exterior. *Serviços: Panorama do Comércio Internacional.* Brasília: Secretaria de Comércio e Serviços, 2013.

BRASIL/BC. *Balanço de Pagamentos.* Brasília: Banco Central do Brasil, 2014.

BRASIL, Portal do Governo Eletrônico, MPOG, 2013. Disponível em: <http://www.governoeletronico.gov.br>. Acesso em: 26 jan. 2015.

BRAVERMAN, Harry. *Labor and Monopoly Capital: The Degradation of Work in the Twentieth Century.* New York: Monthly Review Press, 1974.

BROWN, Kerry; WATERHOUSE, Jennifer. Managing the Change Process: The State of Art. In: OSBORNE, Stephen P.; BROWN, Louise (eds.). *Handbook of Innovation in Public Services.* Cheltenham/Northampton: Edward Elgar, 2013.

BROWNING, Harley L.; SINGELMANN, Joachim. The Transformation of the U.S. Labor Force: The Interaction of Industry and Occupation. *Politics and Society,* v. 8, n. 3-4, 1978.

BRUSCHINI, Cristina. Desigualdades de Gênero no Mercado de Trabalho Brasileiro: O Trabalho da Mulher nos Anos Oitenta. In: FERNANDES, Reynaldo (org.). *O Trabalho no Brasil no Limiar do Século XXI.* São Paulo: LTr, 1995.

BRYSON, Alex; WHITE, Michael. *Moving in and Out of Self-Employment.* London: Policy Studies Institute, 1997.

BRYSON, John M.; CROSBY, Barbara C. Managing Stakeholders in the Change and Innovation Process. In: OSBORNE, Stephen P.; BROWN, Louise (eds.). *Handbook of Innovation in Public Services.* Cheltenham/Northampton: Edward Elgar, 2013.

BRYSON, John R.; RUSTEN, Grete. Spatial Division of Expertise: Knowledge Intensive Business Services Firmas and Regional Development in Norway. *The Services Industries Journal,* v. 25, n. 8, 2005.

BUGGE, M.; MORTENSEN, P.S.; BLOCH, C. Measuring Public Innovation in Nordic Countries: Report on the Nordic Pilot Studies, Analyses of Methodology and Results. MEPIN, NIFU, Oslo, 2011.

CACCIAMALI, Maria Cristina. *Globalização e Processo de Informalidade. Texto para Discussão n. 01.* São Paulo: IPE/USP, 2000.

_____. Setor Informal Urbano e Formas de Participação na Produção. *Série Ensaios Econômicos* IPE/USP, São Paulo, n. 26, 1983.

CAIADO, Aurílio S. da Costa. *Economia Criativa.* São Paulo: Fundap, 2011.

CAMILLO, Vladimir Sipriano. Variação da População Ocupada no Setor de Serviços Brasileiro: Uma Abordagem por Ramos de Atividade. Tese de Doutorado, São Paulo, PUC-SP, 2003.

CAMPANÁRIO, Milton de Abreu. *Tecnologia, Inovação e Sociedade.* Colombia: Colciencias, 2002.

CARLTON, Dennis W.; PERLOFF, Jeffrey M. *Modern Industrial Organization.* New York: Harper Collins, 1994.

CARVALHO, David Ferreira. Padrões de Concorrência e Estrutura de Mercados no Capitalismo: Uma Abordagem Neoschumpeteriana. *Papers do NAEA,* Belém, v. 142, 2000.

CARVALHO, Fernando J. Cardim. A Crise Econômica Internacional em 2010: Uma Avaliação a Meio do Caminho. *Revista de Economia Política,* São Paulo, v. 31, n. 2, apr.-jun. 2011.

CASSEL, Gustav. *The Theory of Social Economy.* New York: Kelley, 1977.

CASTELLS, Manuel. Communication, Power and Counter-Power in the Network Society. *International Journal of Communication,* n. 1, 2007.

_____. *A Sociedade em Rede.* São Paulo: Paz e Terra, 1999.

BIBLIOGRAFIA 653

CASTELLS, Manuel; AOYAMA, Yuko. Paths Towards the Informational Society: Employment Structure in G-7 Countries, 1920-90. *International Labour Review*, v. 133, n. 1, 1994.

____. *The Informational City: Information Technology, Economic Restructuring and the Urban-Regional Process*. Oxford/New York: Blackwell, 1989.

CAVALCANTI, Marco A.F.H. Evolução Recente e Desafios da Economia Brasileira. XIII Workshop de Economia da FEA-RP, Ribeirão Preto, 2013.

CBC. *Valuing Culture: Measuring and Understanding Canada's Creative Economy, The Conference Board of Canada Report*, Ottawa, jul. 2008.

CEC (National Creativity Network). *America's Creative Economy*. Oklahoma City: CEC, 2013.

Cepal. Capital Social: Sus Potencialidades y Limitaciones Para la Puesta en Marcha de Políticas y Programas Sociales. *Capital Social, cap. IV*. Santiago de Chile, 2002.

CFC (Conselho Federal de Contabilidade). *Princípios Fundamentais e Normas Brasileiras de Contabilidade*. CFC: Brasília, 2008.

CHAMBERLIN, Edward. *The Theory of Monopolistic Competition*. Cambridge: Harvard Univesity Press, 1933.

CHAND, Vikram K. Reforming Public Services in India: Drawing Lessons from Success. *World Bank Report n. 35041-IN*, New Delhi, 2006.

CHANDRASEKHAR, C.P.; GHOSH, Jayati. Service Exports in Developing Asia. *MacroScan*, Índia, 2009.

CHERCHGLIA, Mariângela Leal. *Terceirização do Trabalho nos Serviços de Saúde: Alguns Aspectos Conceituais, Legais e Pragmáticos*. São Paulo: FSP/USP, 2000.

CHRISTALLER, Walter. *Die zentralen Orte in Süddeutschland*. Jena: Gustav Fischer, 1933.

CHULLY, Juan Bautista Nunura. *Ajustamento e Informalidade no Mercado de Trabalho Peruano: 1950-1989*. Tese de doutorado, São Paulo: FEA-USP, 1992.

CLARK, Colin. *The Conditions of Economic Progress*. London: Macmillan and Co, 1940.

CNSLC. *Creative Economy Literature Review, Creative Nova Scotia Leadership Council*. Halifax: [s.n.],2012.

COASE, Ronald. The Nature of the Firm. In: PUTTERMAN, Louis; KROSZNER, Randal S. *The Economic Nature of the Firm*. Cambridge/New York: Cambridge, 1996.

____. The Problem of Social Cost. *Journal of Law and Economics*, v. 3, oct. 1960.

____. The Nature of Firm. *Economica*, v. 4, n. 16, nov. 1937.

COFFEY, William J.; BAILY, Antoine S. Producer Services and Systems of Flexible Production. *Urban Studies*, v. 29, n. 6, aug. 1993.

COLEMAN, James. *Foundations of Social Theory*. Cambridge: Belknap Press of Harvard University Press, 1990.

COLLIER, D.; MEYER, S. A Service Positioning Matrix. *International Journal of Operations and Production Management*, v. 18, n. 12, 1998.

COMANOR, William S. Research and Technical Change in the Pharmaceutical Industry. *Review of Economics and Statistics*, may 1965.

____. Research and Competitive Product Differentiation in the Pharmaceutical Industry in the United States, *Economica*, nov. 1964.

COMMONS, John Rogers. *Legal Foundations of Capitalism*. New Brunswick: Transaction Pub, 1924.

COOMBS, Rob; MILES, Ian. Innovation, Measurement and Services: The New Problematique. In: METCALFE, J. Stanley.; MILES, Ian (eds.). *Innovation Systems in the Service Economy: Measurement and Case Study Analysis*. London: Kluwer Academic, 2000.

CORAGGIO, José Luis. On Social Spaceness and the Concept of Region. In: MOULAERT, Frank; SALINAS, Patricia Wilson (eds.). *Regional Analysis and the New International Division of Labour*. Boston: Kluwer-Nijhoff, 1983.

____. On Social Spaceness and the Concept of Region. First World Regional Science Congress, Cambridge, jun. 1980.

CORAZZA, R.; FRACALANZA, P. Caminhos do Pensamento Neoschumpeteriano. *Nova Economia*, v. 14, n. 2, 2004.

CORIAT, Benjamin; WEINSTEIN, Olivier. *Les Nouvelles théories de l'entreprise*. Paris: Librairie Générale Française, 1995.

CORREIA, Carlos Miguel de Oliveira. *Creative Indexes: Economic Space Matters?* Dissertação de Mestrado, Departamento de Economia, Universidade Federal do Porto, Porto, 2012.

CORREIA, Rafael; KON, Fabio; KON, Rubens. Borboleta: A Mobile Telehealth System for Primary Homecare. Proceedings of the 23rd ACM Symposium on Applied Computing, Fortaleza, 2008.

CRISCUOLO, Chiara; GARICANO, Luis. Offshoring and Wage Inequality: Using Occupational Licensing as a Shifter of Offshoring Costs. *The American Economic Review*, n. 100, 2010.

CUNNINGHAM, Paul. NHS Direct: A UK Health Sector Innovation Study. In: OSBORNE, Stephen P.; BROWN, Louise (eds.). *Handbook of Innovation in Public Services*. Cheltenham/Northampton: Edward Elgar, 2013.

CYERT, Richard; MARCH, James. Organizational Factors in the Theory of Oligopoly. *Quarterly Journal of Economics*, v. 40, 1956.

DANIELS, P.W.; BRYSON, J.R. The Nature of Services. In: DANIELS, P.W.; BRYSON, J.R. (eds.). *The Handbook of Services*. Cheltenham: Edward Elgar, 2007.

DANIELS, Peter W. *Service Industries in the World Economy*. Oxford: Backwell, 1993.

_____. *Services and Metropolitan Development*. London: Routledge, 1991.

DASGUPTA, Partha; SERAGELDIN, Ismail. *Social Capital: a Multiperspective Approach*. Washington: Banco Mundial, 1998.

DCMS (UK Department of Culture, Media and Sport). *Mapping the Creative Industries: A Toolkit, Creative and Cultural Economy series/2*, London, 1998.

DELGADO, Sven Schafers. *Caracterização da Indústria de Instrumentos Musicais no Estado de São Paulo: Aspectos Sócio-Econômicos de Manufatura e Inovação*. São Carlos: UFSCar, 2010.

DEMSETZ, Harold. Toward a Theory of Property Rights. *The American Economic Review*, v. 57, n. 2, 1967.

DIMAGGIO, P. J.; POWELL, W. W. The Iron Cage Revisited: Institutional Isomorphism and Collective Rationality in Organizational Fields. *American Sociological Review*, v. 48, 1983.

DJELLAL, Faridah; GALLOUJ, Faiz. Patterns of Innovation Organisation in Service Firms: Portal Survey Results and Theoretical Models. *Science and Public Policy*, v. 28, n. 1, 2001.

DOLOREUX, David; PARTO, Saeed. *Regional Innovation Systems: A Critical Review*. Maastricht: Institute for New Technologies/United Nations University, 2003.

DOMINGUES, Edson Paulo; RUIZ, Ricardo Machado Freitas; MORO, Sueli; LEMOS, Mauro Borges. Organização Territorial dos Serviços no Brasil: Polarização com Frágil Dispersão. In: NEGRI, João Alberto; KUBOTA, Luis Cláudio (orgs.). *Estrutura e Dinâmica do Setor de Serviços no Brasil*. Brasília: Ipea, 2006.

DOSI, Giovanni; PAVITT, Keith; SOETE, Luc L. *The Economics of Technical Change and International Trade*. New York: New York University Press, 1990.

DOSI, Giovanni. Innovation and Corporate Growth in the Evolution of the Drug Industry. *International Journal of Industrial Organization*, n. 19, 2001.

_____. Institutions and Markets in a Dynamic World. *The Manchester Scholl*, v. LVI, n. 2, jun. 1988.

_____. Technological Paradigms and Technological Trajectories: As Suggested Interpretation of the Determinants and Directions of Technical Change. *Research Policy*, v. 11, n. 3, 1982.

DREJER, Ina. Identifying Innovation in Surveys of Services: A Schumpeterian Perspective. *Research Policy*, v. 33, n. 3, 2004.

BIBLIOGRAFIA

_____. A Schumpeterian Perspective on Service Innovation. DRUID *Working Papers* 2-9, DRUID Copenhagen Business School, 2002.

DUNLEAVY, Patrick; HOOD, Christopher C. From Old Public Administration to New Public Management. *Public Money and Management*, 14, 2, 1994.

ECALLE, François. *L'Économie des services*. Paris: PUF, 1989.

EDVARSSON, Bo; GUSTAFSSN, Anders; KRISTENSSON, Per; WITELL, Lars. Customer Integration in Service Innovation. In: GALLOUJ, Faiz; DJELLAL, Faridah. *The Handbook of Innovation and Services*. Cheltenham: Edward Elgar, 2010.

EGGERSTON, Thráinn. *Economic Behavior and Institutions*. Cambridge: Cambridge University Press, 1990.

EIS (European Innovation Scoreboard). *Comparative Analysis of Innovation Performance*. London: PRO-INNO Europe, 2009.

EU (European Comission). *Innovation Union Scoreboard, 2014*. Belgium: European Comission, 2014.

_____. *European Public Sector Innovation Scoreboard, 2013: A Pilot Exercise*. Belgium: European Union, 2013.

FERGUSON, C. E. *Microeconomia*. Rio de Janeiro: Forense Universitária, 1980.

FERLIE, Ewan; ASHBURNER, Lynn; FITZGERALD, Louise; PETTIGREW, Andrew. *The New Public Management in Action*. Oxford: Oxford University Press, 1996.

FIRJAN. *Indústria Criativa: Mapeamento da Indústria Criativa no Brasil*. Rio de Janeiro: Firjan, 2012.

_____. *A Cadeia da Indústria Criativa no Brasil*. Rio de Janeiro: Decon/ Firjan, 2008.

_____. *A Cadeia da Indústria Criativa no Brasil: Edição 2011, Nota Técnica*. Rio de Janeiro: Firjan, 2011.

FIESP. *Por Que Industrializar o Brasil?* São Paulo: Decomtec/Fiesp, 2013.

FISHER, Allan G.B. Production, Primary, Secondary and Terciary. *Economic Record*, n. 15, jun. 1939.

_____. *The Clash of Progress and Security*. London: Macmillan, 1935.

FISHER, Ron; GAPP, Rod. *Classifying Goods and Service*. Universidade Monash, Melbourne, 2008.

FLORENCE, Philip Sargant. *Economics and Sociology of Industry*. London: Franklin Watts Pub, 1964.

FLORIDA, Richard. *The Rise of the Creative Class: Revisited*. 2. ed. New York: Basic Books, 2012

_____. *The Flight of the Creative Class*. New York: Harper Collins, 2011.

_____. *The Rise of the Creative Class*. New York: Basic Books, 2002.

FLORIDA, Richard et al. *Creativity and Prosperity: The Global Creativity Index*. Toronto: The Martin Prosperity Institute, 2011.

FLORIDA, Richard; TINAGLI, Irene. Europe in the Creative Age. *Carnegie Mellon*, feb. 2004.

FOCI (Forum of Criative Industries). *Creative Industries and Creative Economy as a Space for Research and Project Activities? Reative Industries Agency, 2012*. Moscow: Annual Report, 2012.

_____. *Creative Industries in the Modern City. Encouraging Enterprise and Creativity in St. Petersburg, Helsinki, Manchester*. St. Petersburg: Foci, 2002.

FOOT, Nelson. N.; HATT, Paul. K. Social Mobility and Economic Advancement. *American Economic Review*, v. 43, 1953.

FOURASTIÉ, Jean. *Le Grand espoir du xxe siècle*. Paris: PUF, 1949.

FREEMAN, Christopher; SOETE, Luc. *A Economia da Inovação Industrial*. São Paulo: Unicamp, 2006.

FREEMAN, Christopher. The National System of Innovation in Historical Perspective. *Cambridge Journal of Economics*, n. 19, 1995.

_____. *La Teoría Económica de la Innovación Industrial*. Madrid: Alianza, 1975.

_____. *The Economics of Industrial Innovation*. Harmondsworth: Penguin, 1974.

656 NOVA ECONOMIA POLÍTICA DOS SERVIÇOS

FREEMAN, R. Edward. *Strategic Management: A Stakeholder Approach*. Cambridge: Cambridge University Press, 2010.

FUCHS, Victor R. *The Service Economy*. New York: National Bureau of Economic Research, 1968.

_____. The Growing Importance of the Services Industries. *Journal of Business*, v. XXXVIII, 1965.

FUJITA, M.; KRUGMAN, Paul; VENABLES, Anthony J. *The Spatial Economy: Cities, Regions, and International Trade*. Cambridge: MIT Press, 2001.

FUNDAP. *Economia Criativa*. São Paulo: Fundap, 2012.

FURTADO, Celso. *Pequena Introdução ao Desenvolvimento: Um Enfoque Interdisciplinar*. 2. ed. São Paulo: Nacional, 1981.

_____. *Criatividade e Dependência na Civilização Industrial*. Rio de Janeiro: Paz e Terra, 1978.

GADREY. Jean; GALLOUJ, Faiz; WEINSTEIN, Olivier. New Modes of Innovation: How Services Benefit Industry. *International Journal of Service Industry Management*, v. 6, n. 3, 1 ago. 1995.

GALLOUJ, Faiz; DJELLAL, Faridah. *The Handbook of Innovation in Services*. Cheltenham: Edward Elgar, 2010.

GALLOUJ, Faiz; SAVONA, Maria. Towards a Theory of Innovation in Services: A State of the Art. In: GALLOUJ, Faiz; DJELLAL, Faridah. *The Handbook of Innovation in Services*. Cheltenham: Edward Elgar, 2010.

GALLOUJ Faiz. Innovation in Services and the Attendant Myths. *Journal of Socio--Economics*, v. 31, 2002.

_____. Beyond Technological Innovation: Trajectories and Varieties of Services Innovation. In: BODEN, Mark; MILES, Ian (eds.). *Services, Innovation and the Knowledge Economy*. London: Continuum, 2000.

GALLOUJ, Faiz; WEINSTEIN, Olivier. Innovation in Services, *Research Policy*, v. 26, 1997.

GERSHUNY, Jonathan I. The Changing Nature of Work. *Paper Presented at the British Association Conference*, Leeds, sep. 1997.

_____. The New Service Economy: The Transformation of Employment in Industrial Societies. Boulder: Westview Press, 1990.

GERSHUNY, Jonathan I.; MILES, Ian D. *The New Service Economy: The Transformation of Employment in Industrial Societies*. London: Frances Pinter, 1983.

_____. Post-Industrial Society: The Mith of the Service Economy. *Futures*, v. 9, n. 2, apr. 1977.

GERSICK, Connie. J. G. Revolutionary Change Theories: A Multi-Level Exploration of Punctuated Equilibrium Paradigm. *Academy of Management Review*, v. 16, n. 1, 1991.

GIARINI, Orio. *The Emerging Service Economy: Services World Forum*. Oxford: Pergamon, 1987.

GIERSCH, Herbert (ed.). *Services in World Economic Growth*. Boulder: Westview, 1989.

GIRARDI, Sábado Nicolau; CARVALHO, Cristina Leite; GIRARDI JR., João Batista. *Formas Institucionais da Terceirização de Serviços em Hospitais da Região Sudeste do Brasil: Um Estudo Exploratório*. Minas Gerais: Organização Panamericana de Saúde PWR-Brasil, 2001.

GIRMA, S.; GORG, H. Outsourcing, Foreign Ownership, and Productivity: Evidence from UK Establishment-level Data. *Review of International Economics*, v. 12, n. 15, 2004.

GORG, H.; HANLEY, J.A. International Outsourcing and Productivity: Evidence from the Irish Electronics Industry. *The North American Journal of Economics and Finance*, v. 16, n. 2, 2005.

GORZIG, B.; STEPHAN, A. *Outsourcing and Firm-Level Performance. Discussion Paper 30*, German Institute for Economic Research, 2002.

BIBLIOGRAFIA   657

GOTTMANN, Jean. *Megalopolis: The Urbanized Northeastern Seaboard of the United States*. New York: Twentieth Century Fund., 1961.

GREENWALD, Bruce C.; STIGLITZ, Joseph E., Externalities in Economies With Imperfect Information and Incomplete Markets. *The Quarterly Journal of Economics*, v. 101, n. 2, 1986.

GREFFE, Xavier. *Creative Industries, Booklet* n. 3, UN/World Intelectual Property Orbanization (Wipo), Geneva, 2006.

HAMMERSCHMID, Gerard; WALLE, Steven van de et al. *Public Administration Reform in Europe: Views and Experiences From Senior Executives in 10 Countries*. Rotterdam: EU/COCOPS Report, 2013.

HARTLEY, Jean. Public and Private Features of Innovation. In: OSBORNE, Stephen P.; BROWN, Louise. *Handbook of Innovation in Public Services*. Cheltenham/ Northampton: Edward Elgar, 2013.

HASKEL, Jonathan et al. Innovation, Knowledge Spending and Productivity Growth in the UK. *Interim Report for NESTA Innovation Index Project. Index Report*, nov. 2009.

HAUKNES, Johan. *Innovation in the Service Economy*. Norway: STEP Goups, 1996.

HAYEK, Friedrich A. von. *The Fatal Conceit: The Errors of Socialism*. London: Routledge, 1988.

_____. The Use of Knowledge in Society. *American Economic Review*, v. 35, n. 4, 1945.

HEPWORTH, Mark E. *Geography of Information Economy*. London: Belhaven Press, 1989.

HILBERT, Martin. How to Measure "How Much Information"? Theoretical, Methodological, and Statistical Challenges for the Social Sciences. *International Journal of Communication*, n. 6, 2012.

HILBERT, Martin; LÓPEZ, Priscila. The World's Technological Capacity to Store, Communicate, and Compute Information. *Science Express*, v. 332, n. 60, 2011.

HILL, T.P. On Goods and Services. *Review of Income and Wealth*, v. 23, n. 4, dec. 1977.

HOFFMAN, Kurt; KAPLINSKY, Raphael. *Driving Force: The Global Restructuring of Technology, Labour and Investment in the Automobile and Components Industries*. Boulder: Westview Press, 1989.

HOOD, Chistopher. A Public Management For All Seasons? *Public Administration*, v. 69, n. 1, mar. 1991.

HORTA, Maria Helena; SOUZA, Carlos Frederico; WADDINGTON, Sérgio da Cruz. *Desempenho do Setor de Serviços Brasileiro no Mercado Internacional. Texto Para Discussão n. 600*. Rio de Janeiro: Ipea, 1998.

HOWELLS, Jeremy. Services and Innovation in Services Innovation: New Theoretical Directions. In: GALLOUJ, Faiz; DJELLAL, Faridah. *The Handbook of Innovation and Services*. Cheltenham: Edward Elgar, 2010.

HOWKINS, John. *Creative Ecologies: Where Thinking is a Proper Job (Creative Economy + Innovation Culture)*. St. Lucia: University of Queensland Press, 2010.

_____. *The Creative Economy: How People Make Money from Ideas*. London: Penguin Books, 2001. (Revised, 2007).

HOYT, Homer et al. *The Techniques of Urban Economic Analysis*. Ralph William Pfouts (ed.). New Jersey: West Trenton, 1960.

HUDSON, Pat. From Manor to Mill: The West Riding in Transition. In: BERG, Maxine; HUDSON, Pat; SONENSCHER, Michael (orgs.). *Manufacture in Town and in Country Before the Factory*. Cambridge: Cambridge University Press, 1983.

HUGHES, Alastair, MOORE, Kyla; KATARIAL, Nimesh. *Innovation in Public Sector Organisations: A Pilot Survey For Measuring Innovation Across the Public Sector*. UK NESTA, 2011.

HUI, Desmond. *A Study on Creativity Index*. Hong Kong: Centre for Cultural Policy Research/Hong Kong University, 2005.

IBGE/PINTEC. *Pesquisa Industrial de Inovação Tecnológica*. Rio de Janeiro: IBGE, 2006 e 2012.

658   NOVA ECONOMIA POLÍTICA DOS SERVIÇOS

IBGE/PNAD. *Pesquisa Nacional por Amostra de Domicílios*, Rio de Janeiro: IBGE, 2007, 2009 e 2011.

IBGE/PAS. *Pesquisa Anual de Serviços*. Rio de Janeiro: IBGE, 2007, 2009, 2010.

IBGE/MinC. *Sistema de Informações e Indicadores Culturais*. Rio de Janeiro: MinC, 2006.

ILLERIS, Knud. *How We Learn: Learning and Non-learning in School and Beyond*. London: Routledge, 2007.

ILLERIS, Sven. *The Service Economy: A Geographical Approach*. Chichester: Wiley, 1996.

ILO (International Labour Organization). *Yearbook of Labour Statistics*. Geneva: ILO Bureau of Statistics, 2012.

_____. *Yearbook of Labour Statistics*. Geneva: ILO Bureau of Statistics, 1997.

_____. *Yearbook of Labour Statistics*. Geneva: ILO Bureau of Statistics, 1994.

_____. *Yearbook of Labour Statistics*. *Retrospective Edition on Population Censuses, 1945-1989*. Geneva: ILO Bureau of Statistics, 1990.

INMAN, Robert P. (ed.). *Managing the Service Economy: Prospects and Problems*. New York: Cambridge University Press, 1985.

INSEAD. *The Global Innovation Index, 2013. The Local Dynamics of Innovation*. Geneva: Cornell University/Insead/Wipo, 2013.

IPEA. *Panorama da Economia Criativa no Brasil: Texto Para Discussão n. 1.880*. Brasília, 2013.

IRDB (International Bank for Reconstruction and Development). *World Data*. New York, 1976.

IVOLGA, Anna; EROKHIN, Vasily. Current State and Pos-Crisis Development of EU-CIS Trade: Perspective Tools to Ensure Sustainability. *Visegrad Journal on Bioeconomy and Sustainable Development*, v. 2, n. 1, 2013.

JAEGER, Carlo; DURRENBERGER, Gregor. Services and Counterurbanization: The Case of Central Europe. In: DANIELS, Peter W. (ed.). *Services and Metropolitan Development*. London: Routledge, 1991.

JOYCE, Paul. Strategic Management and Change in the Public Services. In: GALLOUJ, Faiz; DJELLAL, Faridah. *The Handbook of Innovation and Services*. Cheltenham: Edward Elgar, 2010.

KAISER, Robert; PRANGE, Heido. Missing the Lisbon Target? Multi-Level Innovation and EU Policy Coordination. *Journal of Public Policy*, v. 25, n. 2, 2005.

KATOUZIAN, M.A. The Development of the Service Sector: A New Approach. *Oxford Economic Papers*, n. 22, 1970.

KEMENY, Thomas; RIGBY, David. Trading Away What Kind of Jobs? Globalization, Trade and Tasks in the US Economy. *Review of World Economics*, v. 148, n. 1, 2012.

KERN, Philip; RUNGE, Jan. *KEA Briefing: Towards a European Creativity Index*. Brussels: KEA, 2009.

KEYNES, John Maynard. *A Teoria Geral do Emprego, do Juro e da Moeda*. São Paulo: Abril Cultural, 1983.

KHUN, Thomas. *A Estrutura das Revoluções Científicas*. São Paulo: Perspectiva, 1997.

KLIGSBERG, Bernardo. El Rol del Capital Social y de la Cultura en el Processo de Desarrollo. *Capital Social y Cultura: Claves Estratégicas Para el Desarrollo*. Washington: BID, 2000.

KLINE, Stephen J.; ROSENBERG, Nathan. An Overview of Innovation. In: LANDAU, Ralph; ROSENBERG, Nathan (eds.). *The Positive Sun Strategy: Harnessing Technology for Economic Growth*. Washington: National Academy Press, 1986.

KON, Anita. Inovação em Serviços e Sustentabilidade: Premissas de Inter-relação Como Perspectiva Para o Desenvolvimento. *Relatório de Pesquisa* CNPq, São Paulo, 2014.

_____. Diagnóstico de la Economía Brasileña. *Informe Trimestral de Situación: Economía y Sociedad en Latinoamérica*. Madrid: Cesla/Universidad Autónoma de Madrid, 2014a.

_____. A Economia Política dos Serviços: Transformações nas Características e nas Funções. *Relatório de Projeto de Pesquisa – CNPq*. São Paulo: PUC/SP, 2012.

____. Estrutura e Dinâmica da Economia de Serviços: Transformações Sistêmicas e Desafios ao Desenvolvimento no Brasil. *Relatório de Pesquisa* CNPQ, Brasília, 2012a.

____. Serviços de Conhecimento: Uma Agenda Para a Indução do Desenvolvimento Econômico. In: ANDREASSI, Tales; BERNARDES, Roberto (orgs.). *Inovação em Serviços Intensivos em Conhecimento*. São Paulo: Saraiva, 2007.

____. Características Econômicas das Indústrias de Serviços no Brasil: Uma Comparação Entre Empresas de Capital Estrangeiro e de Capital Nacional. In: NEGRI, João Alberto; KUBOTA, Luis Cláudio (orgs.). *Estrutura e Dinâmica do Setor de Serviços no Brasil*. Brasília: Ipea, 2006.

____. *Economia de Serviços: Teoria e Evolução no Brasil*. Rio de Janeiro: Elsevier/Campus, 2004a.

____. *Diversidades nas Condições de Informalidade do Trabalho Brasileiro*. Texto Para Discussão. PUC-SP, 2004b.

____. Atividades Terciárias: Induzidas ou Indutoras do Desenvolvimento Econômico? In: FERRAZ, João Carlos; CROCCO, Marco; ELIAS, Luiz Antônio. *Liberalização Econômica e Desenvolvimento*. São Paulo: Futura, 2003.

____. Os Serviços no Brasil, Relatório de Pesquisas CEPE-PUC/SP, 2001.

____. Perfil dos Trabalhadores Por Conta Própria no Brasil, Relatório de Pesquisas, NPP-EAESP/FGV, 2000.

____. *Transformações Recentes na Estrutura Ocupacional Brasileira: Impactos Sobre o Gênero, Relatório n. 19/1999*. São Paulo: NPP-Eaesp/FGV, 1999.

____. A Experiência Brasileira de Planejamento Público Federal. In: KON, Anita (org.). *Planejamento no Brasil II*. São Paulo: Perspectiva, 1999.

____. Tecnologia e Trabalho no Cenário da Globalização. In: DOWBOR, Ladislau; IANNI, Octávio; RESENDE, Paulo-Edgar Almeida (orgs.). *Desafios da Globalização*. São Paulo: Vozes, 1997.

____. Service Industries and Economic Development, Research Report, University of Illinois at Urbana-Champaign, dec. 1996a.

____. Subsídios Teóricos ao Planejamento Público Econômico, Relatório Técnico de Pesquisa, NPP-EAESP/FGV, 1996b.

____. *A Estruturação Ocupacional Brasileira: Uma Abordagem Regional*. Brasília: Sesi, 1995.

____. *Economia Industrial*. São Paulo: Nobel, 1994.

____. *A Produção Terciária*. São Paulo: Nobel, 1992.

____. *O Problema Ocupacional: Implicações Regionais e Urbanas*. São Paulo: Perspectiva, 1979.

KON, Fabio. Ciência Aberta, Dados Abertos e Códigos Abertos. *Computação Brasil*, n. 22, jul. 2013.

KON, Fabio; LAGO, Nelson; MEIRELLES; Paulo; SABINO, Vanessa. *Software Livre e Propriedade Intelectual: Aspectos Jurídicos, Licenças e Modelos de Negócio*. São Paulo: JAI/SBC, 2012.

KOSTAKIS, Vasilis. Commons-Based Peer Production and the Neo-Weberian State: Synergies and Interdependencies. *Halduskultuur: Administrative Culture*, v. 12, n. 2, 2011.

KRUGMAN, Paul. *Development, Geography, and Economic Theory*. London: MIT Press Books, 1997.

____. *Geography and Trade*. Leuve/Belgium: MIT Press Books, 1993.

KUBOTA, Luis Claudio. A Inovação Tecnológica das Firmas de Serviços no Brasil. In: DE NEGRI, João Alberto; KUBOTA, L.C. *Estrutura e Dinâmica do Setor de Serviços no Brasil*. Brasília: IPEA, 2006.

KUPFER, David. Uma Abordagem Neoschumpeteriana da Competitividade Industrial. *Ensaios FEE*, v. 17, n. 1, 1996.

KUZNETS, Simon. *Crescimento Econômico Moderno: Ritmo, Estrutura e Difusão*. São Paulo: Abril Cultural, 1983.

660 NOVA ECONOMIA POLÍTICA DOS SERVIÇOS

LABINI, Paulo Sylos. *Oligopólio e Progresso Técnico*. São Paulo: Abril Cultural, 1984.

LACERDA, Antonio Correa. O Plano Real: Entre a Estabilização Duradoura e a Vulnerabilidade Externa. In: KON, Anita (org.). *Planejamento no Brasil II*. São Paulo: Perspectiva, 1999.

LALLEMENT, M. Raízes Alemãs da Sociologia Econômica. *Tempo Social: Revista de Sociologia da USP*, v. 18, n. 1, jun. 2006.

LAMY, Pascal. *Employment Policies For Social Justice and a Fair Globalization*. Geneve: ILO, 2010.

LANDRA R.; AMARA, N.; LAMARI, M. Does Social Capital Determine Innovation? To What Extent? *Technological Forecasting and Social Change*, v. 69, n. 7, sept. 2002.

LANE, Jan-Erik. *New Public Management: An Introduction*. London: Routledge, 2000.

LEAMER, Edward E.; STORPER, Michael. The Economic Geography in the Internet Age. *NBR Working Papers*, n. 8450, Cambridge, 2001.

LECHNER, Norbert. Desafios de un Desarrollo Humano: Individualización y Capital Social. *Instituiciones y Desarrollo*, n. 7, Instituto Internacional de Gobernabilidad, Santiago de Chile, 2000.

LEE, Roger. *Economic Geography*. London: Methuen and Co., 1974.

LEÓN, Lorena R.; SIMMONDS, Paul; ROMAN, Laura. Trends and Challenges in Public Sector Innovation in Europe. *Thematic Report to European Commission*, Belgium, dec. 2012.

LERDA, Juan Carlos. Globalización y Pérdida de Autonomía de las Autoridades Fiscales, Bancarias y Monetarias. *Revista de la Cepal*, n. 58, abr. 1996.

LIST, Georg Friedrich. *Sistema Nacional de Economia Política*. São Paulo: Abril Cultural, 1983.

LOEGREID, Per. *The New Public Management and Beyond: Towards a Whole-of-Government or a Neo-Weberian Model?* Bergen: University of Bergen, 2008.

LUNDVALL, Bengt-Åke. Why Study National Systems and National Styles of Innovation? *Techology Analysis & Strategic Management*, v. 10, n. 4, 1998.

_____ (ed.). *National Innovation Systems: Towards a Theory of Innovation and Interactive Learning*. London: Pinter, 1992.

MACEDO, Concessa Vaz. A Descentralização da Produção e a Terceirização do Trabalho: Tendências Gerais e Evidências da Companhia Aços Especiais Itabira – Acesita S.A. *Modernização Tecnológica e Mudanças na Organização e Gestão da Mão de Obra na Siderurgia*. Belo Horizonte: Cedeplar, 2000.

MAERTZ JR., Carl P.; WILEY, Jack W.; LEROUGE, Cynthia; CAMPION, Michael A. Downsizing Effects on Survivors: Layoffs, Offshoring, and Outsourcing. *Industrial Relations*, n. 49, 2009.

MALERBA, Franco. Sectoral Systems and Innovation and Technology Policy. *Revista Brasileira de Inovação*, v. 2, n. 3, 2003.

_____. Technological Regimes and Sectoral Systems in Innovation. In: GORDON, I.; SOLOW, R. (eds.). *The Source of Technological Change*. Cambridge: MIT Press, 2002.

MALERBA, Franco et al. Industry Studies of Innovation Using CIS Data: Computer and Office Machinery. *The Eurostat Conference on Innovation Measurement and Policies*, may, 1996.

MALTHUS, Thomas Robert. *Princípios de Economia Política e Considerações Sobre Sua Aplicação Prática*. São Paulo: Abril Cultural, 1983.

MARKUSEN, Ann; GADWA, Ann. Spatial Divisions of Labor: How Key Worker Profiles Vary for the Same Industry in Different Regions. In: MCCANN, Phil; HEWINGS, Geoff; GIARATTANI, Frank. *Handbook of Economic Geography and Industry Studies*. Cheltenham/Northampton: Edward Elgar, 2010.

MARSHALL, Alfred. *Princípios de Economia*. São Paulo: Abril Cultural, 1982.

MARSHALL, J. Neil; WOOD, Peter A. *Services and Space: Key Aspects of Urban and Regional Development*. Essex: Longman Group Limited, 1995.

BIBLIOGRAFIA 661

MARSHALL, J. Neill, *Services and Uneven Development*. New York: Oxford University Press, 1988.

MARX, Karl. *O Capital*. São Paulo: Abril Cultural, 1983.

____. *El Capital, Crítica de Economía Política*. México: Ediciones Fuente Cultural, 1945.

MASSEY, Doreen B. *Spatial Division of Labor*. London: Macmillan, 1984.

MASSEY, Doreen B.; MEEGAN, Richard A. *The Anatomy of Job Loss*. London/New York: Methuem, 1982.

MATTOO, Aaditya; STERN, Robert M.; ZANINI, Gianni. *A Handbook of International Trade in Services*. Oxford: Oxford University Press, 2008.

MATTHEWS, Robin C.O. The Economics of Institutions and the Sources of Growth. *The Economic Journal*, v. 96, 1986.

MAURER, Andreas; DEGAIN, Christophe. Globalization and Trade Flows: What You See Is Not What You Get! WTO, *Staff Working Paper ERSD-2010-12*, Geneve, 2010. Manuscript date: 22 June 2010.

MCKEE, David L. *Growth, Development and the Service Economy in the Third World*. New York: Praeger, 1988.

MCLAUGHLIN, Kathleen; OSBORNE, Stephen P.; FERLIE, Ewan (eds.) *The New Public Management*. London: Routledge, 2002.

MEIRELLES, Dimária Silva; KLEMENT, Claudia F. F. Strategic Positioning Taxonomy: A Service Integration Proposal. POMS 21st Annual Conference, Vancouver, Canada, 2010.

MELCHERT, Ricardo Ruiz. *Micro e Pequenas Empresas Formais: Uma Análise da Contribuição à Economia Paulista nos Anos 90*. Dissertação de Mestrado, São Paulo, PUC/SP, 2003.

MELO, Hidete P.; ROCHA, F.; FERRAZ, G.; DI SABBATO, A.; DWECK, R. *O Setor de Serviços no Brasil: Uma Visão Global – 1985/95, Texto Para Discussão n. 549*. Rio de Janeiro: Ipea, 1998.

METCALFE, John Stanley; MILES, Ian D. *Innovation Systems in the Service Economy: Measurement and Case Study Analysis*. Boston: Kluwer, 2000.

____. The Economic Foundations of Technology Policy: Equilibrium and Evolutionary Perspectives. In: STONEMAN, Paul (ed.). *Handbook of the Economics of Innovation and Technological Change*. Oxford/Cambridge: Blackwell Publishers, 1995.

MILES, Ian D. *Innovation Systems in the Serviced Economy*. Oxford: Oxford University Press, 2005.

____. Services in the New Industrial Economy. *Futures*, jul.-aug., 1993.

MILL, John Stuart. *Princípios de Economia Política*. São Paulo: Abril Cultural, 1983.

MINCER, Harold. Investiment in Human Being. *Journal of Political Economy*, v. 70, n. 5, 1962.

MIRANDA, Francisca; MONZÓ, Evelyn. Capital Social, Estrategias Individuales y Colectivas: El Impacto de Programas Públicos en Tres Comunidades Campesinas de Chile. *Cepal, Serie Políticas Sociales*, n. 67, 2003.

MITCHELL, William J.; INOUYE, Alan S.; BLUMENTHAL, Marjory S. (eds.). *Beyond Productivity: Information, Technology, Innovation, and Creativity*. Washington: National Academy Press, 2003.

MITRA, Anusree; LYNCH JR., John G. Toward a Reconciliation of Market Power and Information Theories of Advertising Effects on Price Elasticity. *Journal of Consumer Research*, v. 21, n. 4, 1995.

MORAES NETO, Benedito Rodrigues de. *Século XX e Trabalho Industrial: Taylorismo/ Fordismo, Ohnoísmo e Automação em Debate*. São Paulo: Xamã, 2003.

____. Fordismo e Ohnoísmo: Trabalho e Tecnologia na Produção em Massa. *Estudos Econômicos*. São Paulo, v. 28, n. 2, 1998.

____. Elementos Para Uma História Econômica da Rigidez e da Flexibilidade na Produção em Massa. *Estudos Econômicos*. São Paulo, v. 27, n. 2, 1997.

_____. A Evolução dos Processos de Trabalho e a Natureza da Moderna Automação. *Estudos de Sociologia*, v. 1, n. 1, 1996.

_____. A Organização do Trabalho Sob o Capitalismo e a Redoma de Vidro. *Revista de Administração de Empresas*, v. 27, n. 4, 1987.

MORAES, Fabio Cassio. *Impactos Econômicos da Tecnologia da Informação*. Dissertação de Mestrado, São Paulo, PUC-SP, 1996.

MOURÃO, Paulo Reis. El Institucionalismo Americano: Orígenes y Presente. *Revista de Economía Institucional*, v. 9, 2007.

MUNHOZ, Vanessa da Costa Val; VERÍSSIMO, Michele Polline. Fluxos de Capitais *Versus* Exportações de Commodities: Efeitos Sobre a Taxa de Câmbio Real Brasileira no Período 2000-2013. *Anais do 41º Encontro Nacional de Economia*. Foz do Iguaçu: Anpec, 2013.

MYRDAL, Gunnar. *Aspectos Políticos da Teoria Econômica*. São Paulo: Abril Cultural, 1984.

_____. *Economic Theory and Underdeveloped Regions*. London: Harper & Row, 1957.

NAPOLEONI, Claudio. *O Pensamento Econômico do Século XX*. Lisboa: Presença, 1977.

NASER, Alejandra. *Indicadores Sobre Gobierno Electrónico*. Santiago: Ilpes/Cepal, 2011.

NEGD (National e-Governance Division). *Draft Consultation Paper on Mobile Governance Policy Framework*. New Delhi: Government of India, 2011.

NELSON, Philip. Information and Consumer Behavior. *Journal of Political Economy*, v. 78, n. 2, 1970.

NELSON, Richard R. *An Evolutionary Theory of Economic Change*. Cambridge: Harvard University Press, 2006.

NELSON, R.R.; WINTER, S.G. Evolutionary Theorizing in Economics. *The Journal of Economic Perspectives*, v. 16, n. 2, spring 2002.

NELSON, Richard R. (ed.). *National Innovation Systems: A Comparative Analysis*. New York/Oxford: Oxford University Press, 1993.

NESTA, The Innovation Index. Measuring the UK's Investment in Innovation and Its Effects. NESTA *Index Report*, nov. 2009.

NIELSON, Júlia; TAGLIONI, Daria. *Services Trade Liberalization: Identifying Opportunities and Gains*, PECD, Trade Policy Papers, Paris, 2008.

NORDAS, Hildegunn Kyvik. *The OECD Services Trade Restrictiveness Index (STRI)*. Paris: OECD, 2007.

NORMANN, Richard. *Service Management: Strategy and Leadership in Service Business*. Chichester: John Wiley & Sons, 1991.

NORTH, Douglass C. *Instituiciones, Cambio Institucional y Desempeño Económico*. México: Fondo de Cultura Económica, 2001.

_____. *Institutions, Institutional Change and Economic Performance*. New York: Cambridge University Press, 1990.

NOYELLE, Thierry J.; STANBACK, Thomas M. The Post-War Growth of Services in Develope Economies. *Report to United Nations Commission on Trade and Development*, Geneva, 1988.

NOYELLE, Thierry J. The International Services Economy. Paper Presented at *Localities in An International Economy Workshop*. Cardiff: University of Wales, Institute of Science and Technology, 1986.

_____. *The Economic Transformation of American Cities*. New Jersey: Rowman and Allanheld, 1984.

NUSBAUMER, Jacques. *The Service Economy: Lever to Growth*. Boston: Kluwer Academic, 1984.

O ESTADO. A Substituição da Indústria Pelos Serviços É Ilusória. *O Estado de S. Paulo*, 3 jan. 2012.

OCHEL, W.; WEGNER, M. *Services Economy in Europe: Opportunities to Growth*. London: Pinter, 1987.

BIBLIOGRAFIA 663

OECD (Organisation for Economic Co-operation and Development). OECD Science, Technology and Industry Scoreboard 2013. *OECD Publishing*, 2013. Disponível em: <http://dx.doi.org>. Acesso em: 24 set. 2015.

____. *National Innovation Systems*. Paris: OECD, 2009.

____. *Statistics/OECD Data*. Paris, 2008.

____. *Implementing E-Government in OCDE Countries: Experiences and Challenge*. Paris: OECD, 2006.

____. *The E-Government Imperative*. Paris: OECD Report, 2003a.

____. The Case For E-Government: Excerpts Grom the OECD Report: The E-Government Imperative. *OECD Journal on Budgetin*, v. 3, n. 1, 2003b.

____. *Frascati Manual: The Measurement of Scientific and Technological Activities*. Paris: OECD, 2002.

____. *National Innovation Systems*. Paris: OECD, 1997.

____. *Oslo Manual: Guidelines for Collecting and Interpreting Innovation Data*. Paris: OECD, 1990.

____. The Contribution of Services to Employment. *Employment Outlook*, sep. 1984.

OIT (Organização Internacional do Trabalho). *Brasil, Uma Estratégia Inovadora Alavancada Pela Renda*. Genebra: OIT, 2011.

____. 15ª Conferência de Estatísticas do Trabalho, Genebra, 1993.

____. *Employment, Income and Equality: A Strategy For Increasing Employment in Kenya*. Geneva: OIT, 1972.

OLSEN, Karsten Bjerring. *Productivity Impacts of Offshoring and Outsourcing: A Review*. Paris: OECD, DSTI/DOC, 2006.

ONU (Organização das Nações Unidas). *Situação e Perspectivas da Economia Mundial 2007*. New York, 2007.

____. *Manual on Statistics of International Trade in Services, Statistical Papers*. Series M, n. 86, Geneva: Department of Economic and Social Affairs, 2002.

____. *A System of National Accounts*. Série F, n. 2, revisão 3, New York, 1968 e 1993.

OSBORNE, David; GAEBLER, Ted. *Reinventing Government: How the Entrepreneurial Spirits Transforming the Public Sector*. Reading: Addison-Wesley, 1992.

OSBORNE, Stephen P.; BROWN, Louise. *Handbook of Innovation in Public Services*. Cheltenham/Northampton: Edward Elgar, 2013.

OSBORNE, Stephen P.; BROWN, Louise. Innovation, Public Policy and Public Services Delivery: The Word That Would Be King? *Public Administration*, v. 89, n. 4, 2011.

OSBORNE, Stephen; BROWN, Kerry. *Managing Change and Innovation in Public Service Organizations*. London: Routledge, 2005.

PALLADINO, Anna. *E-Government Research Guide: A World Bank and International Monetary Fund (IMF) Library Network*. Washington: InfoDev/World Bank, 2010.

PAMPLONA, João Batista. *Erguendo-se Pelos Próprios Cabelos: Auto-Emprego e Reestruturação Produtiva no Brasil*. Tese de doutorado, São Paulo, PUC-SP, 2000.

PATEL, P.; PAVITT, K. The Nature and Economic Importance of National Innovation Systems. *STI Review*, n. 14. Paris: OECD, 1994.

PAULA, Luiz Fernando; FERRARI FILHO, Fernando. Desdobramentos da Crise Financeira Internacional. *Revista de Economia Política*, v. 31, n. 2, abr.-jun. 2011.

PAULO, João Antonio de; CERQUEIRA, Hugo da Gama; ALBUQUERQUE, Eduardo da Motta. *Finance and Industrial Evolution: Introductory Notes on a Key Relationship for the Capitalist Accumulation*. Textos para Discussão Cedeplar-U-FMG, 2002.

PAVITT, Keith. Sectoral Patterns of Technical Change: Towards a Taxonomy and a Theory. *Research Policy*, n. 13, 1984.

PEREZ, Carlota. Revoluciones Tecnológicas Paradigmas Tecnoeconómicos. *Tecnología y Construcción*, v. 21, n. 1, abr. 2005.

____. *Revoluciones Tecnológicas y Capital Financiero*. México: Siglo XXI, 2002.

PERROUX, Francois. Note on the Concept of Growth Poles. In: MCKEE, David L.; DEAN, Robert D.; LEAHY, William H. (eds.). *Regional Economics: Theory and Practice*. New York: Free Press, 1970.

PESSOA, Samuel. A Baixa Poupança Doméstica e os Problemas da Indústria, *O Estado de S. Paulo*, 1 jan. 2012.

PETIT, P. *Productivity and Distribution: Sectoral Patterns of Economic Growth in Nine OECD's Countries in the 80's*. Paris: CNRS/CEPREMAP/OECD, 1995.

_____. Emploi, productivité et technologies de l'information: Le cas de services. Communicatión au Séminaire de l'IRIS, Université de Paris XI Dauphine, sur Compétence et Compétitivité, apr. 1990.

PINCH, Steven P. The Restructuring Thesis and the Study of Public Services. *Environment and Planning*, n. 21, 1989.

PIRES, Elson L.S. *Metamorfose e Regulação: O Mercado de Trabalho no Brasil dos Anos 80*. Tese de doutorado, São Paulo, FFLCH/USP, 1995.

PMSEIC (Prime Minister's Science, Engineering and Innovation Council). *The Role of Creativity in the Innovation Economy*. Sidney: [S.n.], 2005.

POLLITT, Christopher; BOUCKAERT, Geert. *Public Management Reforms*. Oxford: Oxford University Press, 2004.

POLLITT, Christopher. The Citizen's Charter: a Preliminary Analysis. *Public Money and Management*, apr.-jun. 1994.

_____. *Managerialism and the Public Services*, Oxford: Blackwell, 1993.

PORAT, Marc Uri; RUBIN, Michael Rogers. *The Information Economy: Definition and Measurement*. Washington: Department of Commerce, 1977.

PORTER, Michael E. [1985]. *Competitive Advantage: Creating and Sustaining Superior Performance*. New York: Simon and Schuster, 2013.

POSSAS, M.; FAGUNDES, J.; PONDÉ, J. *Regulação da Concorrência nos Setores de Infraestrutura no Brasil: Elementos Introdutórios Para um Quadro Conceitual*. Relatório de Pesquisa/IPEA, 1997.

POSTLEWAITE, A.; SCHMEIDLER. D. Differencial Information and Strategic Behavior in Economic Environment: A General Equilibrium Approach. In: GROVES, Theodore; RADNER, Roy; REITER, Stanlet (eds.). *Information, Incentives and Economic Mechanisms: Essays in Honor of Leonid Hurwicz*. Minneapolis: University of Minnesota Press, 1987.

PRASAD, Aathira. Trade & The New Economic Geography of The Middle East. Economic Note n. 4. DIFC (Dubai International Financial Center), 2009.

PRATES, Daniela Magalhães; CUNHA, André Moreira Cunha; LELIS, Marcos Tadeu Caputi. O Brasil e a Crise Financeira Global: Avaliando os Canais de Transmissão nas Contas Externas. *Revista Economia Contemporânea*, v. 15, n. 1, jan.-abr. 2011.

PREISSL, Brigitte. European Service Sectors. In: BODEN, Mark; MILES, Ian (eds.). *In Services and the Knowledge Based Economy*. London: Continuum, 2000.

PRÜGL, Elisabeth. Bias in Labour Law: A Critique From the Standpoint of Home-based Workers. In: BORIS, Eileen; PRUGL, Elisabeth. *Homeworkers in Global Perspective: Invisible no More*. New York: Routledge, 1996.

PUTNAM, Robert D. *Comunidade e Democracia: A Experiência da Itália Moderna*. Rio de Janeiro: FGV, 2002.

_____. The Prosperous Community: Social Capital and Public Life. *American Prospects*, n. 13, 1993.

QUESNAY, François. *Análise do Quadro Econômico*. São Paulo: Abril Cultural, 1983.

QUINN, James Brian. *Intelligent Enterprise: A Knowledge and Service Based Paradigm*. New York: The Free Press, 1992.

REINHARDT, Uwe E. The Debate on Free Trade Continues. *New York Times*, New York, 4 mar. 2011. Economix.

RÉVILLION, J. P. *Reflexões Sobre o Sistema de Inovação do Setor Processador de Lácteos no Brasil*. Rio Grande do Sul: [S.n.], 2004.

BIBLIOGRAFIA 665

RIBEIRO, Franciso Carlos. *Hayek e a Teoria da Informação: Uma Análise Epistemológica*. São Paulo: Annablume, 2002.

RICARDO, David. *Princípios de Economia Política e Tributação*. São Paulo: Abril Cultural, 1983.

RIDDLE, Dorothy I. *Service-Led Growth: The Role of the Service Sector in World Development*. New York: Praeger Publishers, 1986.

RIMMER, Peter J. The Global Intelligence Corps and World Cities: Engineering Consultancies on the Move. In: DANIELS, P.W. (ed.). *Service and Metropolitan Development*. London: Routledge, 1991.

ROBINSON, Joan. *The Economis of Imperfect Competition*. London: Macmillan, 1933.

ROBINSON, Ken. *Out of Minds: Learning to Be Creative*. Chinchester: Capstone, 2011.

ROWLEY, J. An Analysis of the E-Service Literature: Towards a Research Agenda. *Internet Research*, n. 16, 2006.

RUNJUAN, Liu; TREFLER, Daniel. *Much Ado About Nothing: American Jobs and the Rise of Service Outsourcing to China and India. Working Paper n. 14061*. Cambridge: National Bureau of Economic Research, 2008.

SABINO,Vanessa; KON, Fabio. Licenças de Software Livre: História e Características. *Relatório Técnico RT-MAC-IME-USP*, 2009.

SAES, Maria Sylvia M. Organizações e Instituições. In: ZYLBERSZTAJN, Decio; NEVES, Marcos Fava (orgs.). *Economia e Gestão dos Negócios Agroalimentares*. São Paulo: Pioneira, 2000.

SALEGNA, Gary J.; FAZEL, Farzaneh. An Integrative Approach for Classifying Services. *The Journal of Global Business Management*, v. 9, n. 1, feb. 2013.

SANTOS, Milton. O Retorno do Território. In: SANTOS, Milton et al. *Território, Globalização e Fragmentação*. São Paulo: Hucitec/Anpur, 1994.

SARMENTO, Christiana Lauar. *Terceirização e Custos de Transação: As Perspectivas do Prestador de Serviços de TI – Um Estudo de Caso*. Dissertação de Mestrado, Belo Horizonte, FEAMG, 2006.

SASSEN, Saskia. Whither Global Cities: The Analytics and the Debates. In: BRYSON, J.R.; Daniels, P.W. *The Handbook of Service Industries*. Cheltenham: Edward Elgar, 2007.

SAUVANT, Karl P. *The Transnationalization of Service Industries*. New York: United Nation, Transnational Corporations and Management Division, 1993.

SAY, Jean Baptiste. *Tratado de Economia Política*. São Paulo: Abril Cultural, 1983.

SAYER, Andrew; WALKER, Richard. *The New Social Economy: Reworking the Division of Labour*. London: Oxford, 1992.

SCHERER, Frederic M. Technology Flows Matrix Estimation Revisited. *Economic Systems Research*, sept. 2003.

_____. Firm Size, Market Structure, Opportunity, and the Output of Patented Inventions. *American Economic Review*, dec. 1965.

SCHMENNER, Roger W. How Can Service Businesses Survive and Prosper. *Sloan Management Review*, v. 27, n. 3, 1986.

SCHMITZ, Hubert. *Technology and Employment Practices in Developing Countries*. London: Croom Helm, 1985.

SCHRAMM, Carl et al. *Innovation Measurement: Tracking the State Innovation in the American Economy*. Washington: [S.n.], 2008.

SCHUMPETER, Joseph Alois. *A Teoria do Desenvolvimento Econômico*. São Paulo: Abril Cultural, 1982.

_____. *The Theory of Economic Development*. Oxford: Oxford University Press, 1978.

_____. *The Theory of Economic Development: An Inquiry Into Profits, Capital, Credit, Interest, and the Business Cycle*. New York: Oxford University Press, 1961.

_____. *Capitalism, Socialism, and Democracy*. London: George Allen e Unwin, 1942.

_____. *Business Cycle: Historical and Statistical Analysis of the Capitalist Process*. New York: McGraw-Hill, 1939.

_____. *The Theory of Economic Development*. New Brunswick: Transaction, 1934.

666 NOVA ECONOMIA POLÍTICA DOS SERVIÇOS

SCOTT, W. Richard. *Institutions and Organizations*. 3 ed. London: Sage Publications, 2007.

SHANNON, Claude; WEAVER, Warren. *The Mathematical Theory of Communication*. Urbana: The University of Illinois Press, 1949.

SHANNON, Claude E. A "Mathematical Theory of Communication". *The Bell System Technical Journal*, v. 27, jul.-oct. 1948.

SHEPHERD, William G. *The Economics of Industrial Organization*. New Jersey: Prentice Hall, 1990.

SHORT, James E.; BOHN, Roger E.; BARUY, Chaitanya. *How Much Information? 2010, Report on Enterprise Server Information*. San Diego: UC San Diego, 2011.

SHOSTACK G. L. Service Positioning Through Structural Change. *Journal of Marketing*, v. 51, n. 1, 1987.

SILVA, Alessandre Messa; DE NEGRI, João Alberto; KUBOTA, Luis Cláudio. Estrutura e Dinâmica do Setor de Serviços no Brasil. In: NEGRI, João Alberto; KUBOTA, Luis Cláudio (orgs.). *Estrutura e Dinâmica do Setor de Serviços no Brasil*. Brasília: Ipea, 2006.

SILVA, Carlos Vilela Porto. *Patentes, Apropriação e Concorrência em uma Abordagem Evolucionária*. Dissertação de Mestrado, Rio de Janeiro, UFRJ, 2010.

SILVA E MEIRELLES, Dimária. Estratégias Competitivas e Potencial de Barreiras de Entrada em Serviços. *Administração: Ensino e Pesquisa*, v. 11, n. 1, 2010.

_____. O Conceito de Serviço. *Revista de Economia Política*, v. 26, n. 1, 2006.

_____. *O Setor de Serviços e os Serviços de Infraestrutura Econômica*. Tese de Doutorado, Rio de Janeiro, UFRJ, 2003.

SILVESTRO, Rhian. Positioning Services Along the Volume-Variety Diagonal. *International Journal of Operations & Production Management*, v. 19, n. 4, 1999.

SILVESTRO, R.; FITZGERALD, L.; JOHNSTON, R; VOSS, C. Toward a Classification of Service Processes. *International Journal of Service Industry Management*, v. 3, n. 3, 1992.

SIMON, Herbert Alexander. The Architecture of Complexity. *Proceedings of the American Philosophical Society*, v. 106, n. 6, dec. 1962.

_____. Theories of Decision-Making in Economics and Behavioral Science. *The American Economic Review*, v. 49, n. 3, jun. 1959.

_____. *Models of Man: Social and Rational-Mathematical Essays on Rational Human Behavior in a Social Setting*. New York: John Wiley & Sons, 1957.

_____. Spurious Correlation: A Causal Interpretation. *Journal of the American Statistical Association*, v. 49, 1954.

_____. Causal Ordering and Identifiability. *Cowles Commission Monograph n. 14*. New York: John Wiley & Sons, 1953.

_____. On the Definition of the Causal Relation. *Journal of Philosophy*. v. 49, 1952.

SINGELMAN, Joachim. *From Agricultural to Services: The Transformation of Industrial Employment*. Beverly Hills: Sage, 1978.

SINGER, Hans W. The British Government and the Brandt Report. *The IDS Bulletin*, v. 12, n. 2, 1981.

SMITH, Adam. *A Riqueza das Nações*. São Paulo: Abril Cultural, 1983.

_____. *An Inquiry Into the Nature and Causes of Wealth of Nations*. Chicago/London: The University of Chicago/William Benton, 1952.

SOUZA, Nali de Jesus. *Desenvolvimento Econômico*. São Paulo: Atlas, 1999.

SOUZA, P.R. *A Determinação da Taxa de Salários em Economias Atrasadas*. Tese de doutorado, Campinas, IFCH/Unicamp, 1980.

SOUZA, P.R.; TOKMAN, V. E. El Sector Informal Urbano. *El Empleo en América Latina*. México: Siglo XXI, 1976.

SPENCE, Michael. Job Market Signaling. *The Quarterly Journal of Economics*, v. 87, n. 3, aug., 1973.

STABELL, C.B.; FJELDSTAD, Ø.D. Configuring Value for Competitive Advantage: On Chains, Shops, and Networks. *Strategic Management Journal*, n. 19, 1998.

BIBLIOGRAFIA

STANBACK, Thomas. *Understanding the Service Economy*. Baltimore: John Hopkins University Press, 1979.

STIGLER, George Joseph.Competition. *The New Palgrave: A Dictionary of Economics*, v. 1. London: Macmillan Pub, 1987.

____. The Theory of Economic Regulation. *The Bell Journal of Economics and Management Science*, v. 2, n. 1, spring 1971.

____. Price and Non-Price Competition. *Journal of Political Economy*, v. 76, 1968.

____. A Theory of Oligopoly. *The Journal of Political Economy*, v. 72, n. 1, fev. 1964.

____. Information in the Labor Market. *Journal of Political Economy*, v. 70, n. 5, 1962.

____. The Economics of Information. *The Journal of Political Economy*, v. 69, n. 3, 1961.

____. The Economics of Scale. *Journal of Law and Economics*, v. 1, The University of Chicago Press, oct. 1958.

____. Perfect Competition, Historically Contemplated. *The Journal of Political Economy*, v. 65, n. 1, feb. 1957.

____. *Trend in Employment in Services Industries National Bureau of Economic Research*. New York: Princenton University Press, 1956.

STIGLITZ, Joseph Eugene. *A Globalização e Seus Malefícios*. São Paulo: Futura, 2002.

____. Information and the Change in the Paradigm in Economics. *Prize Lecture*, New York, Columbia University, dec. 2001.

____. Credit Markets and the Control of Capital. *Journal of Money, Credit, and Banking*, v. 17, n. 2, may 1985.

STOCKINGS, George W.; WATKINS, Miron W. *Monopoly and Free Enterprese*. New York: Twentieth Century Fund., 1951.

STORPER, Michael. *The Regional World*. New York: The Guilford, 1997.

SUNDBO, Jon; GALLOUJ, Faiz. Innovation as a Loosely Coupled System in Services. In: METCALFE, J.S.; MILES, Ian (eds.). *Innovation Systems in the Service Kluwer, Economy*. Boston/London: Kluwer Academic, 2000.

____. Innovation in Services. *SI4S Synthesis Papers*, n. S2, 1998.

____. Innovation as a Loosely Coupled System in Services. *SI4S Topical Paper*, Oslo, n. 4, 1998

SUNDBO, Jon. The Toilsome Path of Service Innovation: The Effects of the Law of Low Human Multi-Task Capability. In: GALLOUJ, Faiz; DJELLAL, Faridah. *The Handbook of Innovation and Services*. Cheltenham: Edward Elgar, 2010.

____. Modulization of Service Production and a Thesis of Convergence Between Service and Manufacturing Organizations. *Scandinavian Journal of Managment*, v. 10, 1994.

SVARA, James H. Leading Successful Innovation in Local Public Services. In: GALLOUJ, Faiz; DJELLAL, Faridah. *The Handbook of Innovation in Services*. Cheltenham: Edward Elgar, 2010.

SVETLICIC, Marjan. *Development and International Cooperation*. Ljubljana: Faculty of Social Sciences, 1993.

SYLOS LABINI, Paolo. *Oligopoly and Technical Progress*. Cambridge: Harvard University Press, 1969.

SZTAIN, Rachel. *Teoria Jurídica da Empresa: Atividade Empresária e Mercados*. São Paulo: Atlas, 2004.

TAIVONEN, Marja. Different Types of Innovation Processes in Services, and Their Organizational Implications. In: GALLOUJ, Faiz; DJELLAL, Faridah. *The Handbook of Innovation and Services*. Cheltenham: Edward Elgar, 2010.

TATE, Jane. *Every Pair Tells a Story*. Leeds: National Group on Homeworking, 1996.

TAUILE, José Ricardo. *Para (Re)construir o Brasil Contemporâneo*. Rio de Janeiro: Contraponto, 2001.

____. Microeletrônica e Automação: Implicações Para o Trabalho e a Organização da Produção no Brasil. *Planejamento Econômico*, v. 3, n. 14, 1984.

668 NOVA ECONOMIA POLÍTICA DOS SERVIÇOS

TÉBOUL, James. *A Era dos Serviços: Uma Nova Abordagem de Gerenciamento*. Rio de Janeiro: Quality Mark, 2002.

THÉRET, Bruno. As Instituições Entre as Estruturas e as Ações. *Revista Lua Nova*, n. 58, 2003.

THOMPHSON, James D. *Organizations in Action*. New York: McGraw Hill, 1967.

THROSBY, David, *Economics and Culture*. Cambridge/New York: Cambridge University Press, 2001.

THUROW, Lester. *Toward a High-Wage, High-Productivity Service Sector*. Washington: Economic Policy Institute, 1989.

TIGRE, Paulo Bastos. Paradigmas Tecnológicos e Teorias Econômicas da Firma. *Revista Brasileira de Inovação*, v. 4, n. 1, 2005.

TIROLE, Jean; LAFFONT, Jean-Jacques. Adverse Selection and Regulation in Procurement. *Review of Economic Studies*, v. 57, n. 4, oct. 1990.

TORFING, Jacob B.G.; PETERS, J. Pierre; SØRENSEN, E. *Interactive Governance: Advancing the Paradigm*. Oxford: Oxford University Press, 2012.

TORFING, Jacob B.G. Collaborative Innovation in the Public Sector. In: GALLOUJ, Faiz; DJELLAL, Faridah. *The Handbook of Innovation in Services*. Cheltenham: Edward Elgar, 2010.

TOURAINE, Alain. *La Société post-industrielle*. Paris: Denoël, 1969.

UN (United Nations). *Unctad Handbook of Statistics, 2013*. Geneva, 2014.

_____. *Estudio de las Naciones Unidas sobre el gobierno electrónico 2012*. New York: United Nations, 2012.

_____. *Creative Economy Report, 2010*. New York: Unctad, 2010.

_____. International Standard Industrial Classification of All Economic Activities, Revision 4. *Statistical Papers*, series M, n. 4/rev.4, New York, 2008.

_____. *Handbook of International Trade and Development Statistics*. New York: United Nations, 1995.

_____. *Handbook of International Trade and Development Statistics*. New York: United Nations, 1994.

_____. *The Transationalization of Services Industries*. New York: United Nations, 1993.

UN/DESA (United Nations Department of Economic and Social Affairs) *The United Nations E-Government Survey, 2012: E-Government for the People*. New York: UN/Desa, 2012.

_____. *Compendium of Innovative E-Government Practices*. New York: United Nations, 2009.

UNCTAD (United Nations Conference on Trade and Development). *Widening Local Development Pathways: Creative Economy Report 2013*. Geneva, 2014.

_____. *United Nations Conference on Trade and Development 2012*. New York: ONU, 2012.

_____. *Creative Economy Report: A Feasible Development Option*. Geneva: Creative Economy Report, 2011.

_____. *Trade and Development Report, 2010*. New York: United Nation, 2010.

_____. Creative Economy Report 2010. ONU/Unctad, 2010a.

_____. *Trade and Development Report*. Geneva: Unctad/TDR/UN, 2010b.

_____. *Report 2008*. New York: United Nations, 2008.

_____. *Creative Economy Report, 2008: The Challenge of Assessing the Creative Economy Towards Informed Policy-Making*. New York: United Nation, 2008a.

_____. *Creative Industries and Development: Eleventh Session of the United Nations Conference on Trade and Development (Unctad)*. New York, jun. 2004.

UNCTADstat. *United Nations Conference on Trade and Development*. Geneva, 2014. Disponível em: <http://unctadstat.unctad.org/ReportFolders/reportFolders. aspx>. Acesso em: 2 mar. 2015.

UNITED STATES Department of Labor. *Standard Industrial Classification (SIC)*. Washington: Bureau of Labor Statistics, 1984.

BIBLIOGRAFIA   669

UTTERBACK, James M.; ABERNATHY, Williams J.M. A Dynamic Model of Process and Product Innovation. *Omega*, v. 3, n. 6, 1975.

VANGRASSTEK, Craig. The Challenges of Trade Policy Making: Analysis, Communication and Representation. *Policy Issues in International Trade and Commodities, series n. 36*. Geneva: United Nation, 2008.

VARGAS, Eduardo Raupp; ZAWISLAK, Paulo Antônio. Inovação em Serviços no Paradigma da Economia do Aprendizado: A Pertinência de uma Dimensão Espacial na Abordagem dos Sistemas de Inovação. *Revista de Administração Contemporânea*, v. 10, n. 1, jan.-mar. 2006.

VEBLEN, Thorstein. Veblen on Marx, Race, Science and Economics. *The Place of Science in Modern Civilization and Other Essays*. New York: Capricorn, 1969.
_____. *The Theory of Business Enterprise*. Clifton/New Jersey: Augustus M. Kelly, 1965.

VERSIANI, Flávio Rabelo. *A Economia Brasileira nas Últimas Décadas: Avanços e Problemas*. Brasília: Universidade de Brasília, 2011.

VISCUSI, W. Kip; VERNON, John M.; HARRINGTON JR., Joseph E. *Economics of Regulation and Antitrust*. Cambridge: MIT Press, 1995.

VOSS, Richard F. Random Fractal Forgeries. In: EARNSHAW, Rae A. (ed.). *Fundamental Algorithms for Computer Graphics*. New York: Springer, 1985.

WALDSTEIN, Louise. *Service Sector Wages, Productivity and Job Creation in the Us and Other Countries*. Washington: Economic Policy Institute, 1989.

WALKER, Richard A. Is There a Service Economy? The Changing Capitalist Division of Labor. *Science and Society*, v. XLIX, n. 1, spring 1985.

WALKER, Richard M.; AVELLANEDA, Claudia; BERRY, Frances Stokes. *Explaining the Diffusion of Innovation Types Amongst High and Low Innovative Localities: A Test of the Berry And Berry*. Tucson: University of Arizona, 2007.

WALKER, Richard M. Innovation Type and Diffusion: An Empirical Analysis of Local Government. *Public Administration*, 84, 2006.

WALLE, Steven van de; HAMMERSCHMID, Gerhard. The Impact of the New Public Management: Challenges for Coordination and Cohesion in European Public Sectors. *Halduskultuur: Administrative Culture* v. 12, n. 2, 2011.

WALRAS, Léon. *Compêndio dos Elementos de Economia Política Pura*. São Paulo: Abril Cultural, 1983.

WALSH, Kieron. *Public Services and Market Mechanisms: Competition, Contracting and the New Public Management*. Basingstoke: Macmillan, 1995.

WARF, Barney. The Internationalization of New York Services. In: DANIELS, P.W. (ed.). *Services and Metropolitan Development*. London: Routledge, 1991.

WEAVER, Warren. *The Mathematics of Communication*. New York: Scientific American, 1949.

WIENER, Norbert. *Cybernetics or Control and Communications in the Animal and the Machine*. Cambridge: MIT Press, 1948.

WILLIAMSON, Oliver E. Transaction Cost Economics. In: SCHMANLENSEE, R.; WILLIG, R. (eds.). *Handbook of Industrial Organization, v. 1*. Amsterdam: Elsevier Science, 1989.
_____. The Institutions of Governace. *American Economic Review*, v. 88, n. 2, 1998.
_____. *The Economics of Institutions and Capitalism*. New York: The Free Press, 1985.
_____. Transforming Merger Policy: The Pound of New Perspectives. *American Economic Review*, v. 76, n. 2, 1986.

WINTER, Sidney, G. Understanding Dynamic Capabilities. *Strategic Management Journal*, v. 24, n. 10, sep. 2003.

WIPO (World Intellectual Property Organization). *World Intellectual Property Indicator*. Geneva: Wipo, 2009.
_____. *World Intellectual Property Indicator*. Geneva: Wipo, 2012.
_____. *The Global Innovation Index, 2013: The Local Dynamics of Innovation*. Geneva/Ithaca/Fontainebleau: Cornell University/INSEAD/Wipo, 2013.

670 NOVA ECONOMIA POLÍTICA DOS SERVIÇOS

WISE, Lois Recascino. Public Management Reform: Competing Drivers of Change. *Public Administration Review*, v. 62, n. 5, sept-oct. 2002.

WISTROM, Bettina. *Trade by Product and Industry: An Estimated Example With Actual Data*. Paris: OECD, 2010.

WOLF, Martin. Why Globalization Works. New Haven: Yale University Press, 2004.

WOOLCLOCK, Michael. Social Capital and Economic Development: Toward a Theoretical Synthesis and Policy Framework. *Theory and Society*, n. 27, 1998.

WORLD BANK. *The World Bank Annual Report, 2012*. Wahington, 2012.

_____. *Selected World Development Indicators, 2000/2001*. Geneva, 2012a.

_____. *World Bank Data*. Geneva, 2012b.

_____. *World Development Report, 2012*. Geneva, 2012c.

_____. *The World Bank Annual Report, 2009*. Washington, 2009.

_____. *World Development Report, 2007*. Geneva, 2008.

_____. *Selected World Development Indicators, 2000/2001*. Geneva, 2002

_____. *World Development Report 2001*. New York: Oxford University Press, 2001.

_____. *The World Bank Annual Report, 2000*. Washington, 2000.

_____. *World Development Report-1999*. Geneva, 2000.

_____. *World Development Report 1996*. New York: Oxford University Press, 1996.

WTO (World Trade Organization). *Statistics Database*. Geneva. Disponível em: <http://stat.wto.org/>. Acesso em: 2 mar. 2015.

_____. *International Trade Statistics, 2013*. Geneva, 2013.

_____. *World Trade Organization Report*. Washington, 2003, 2010a e 2012.

_____. *International Trade Statistics, 2010*. Geneva, 2010a.

_____. *International Trade Statistics*. Geneva, 2010b.

_____. *Annual Report, 2010*. Geneva, 2010c.

_____. *World Trade Developments*. Geneva, 2008.

_____. *Final Act of the 1986-1994 Uruguay Round of Trade Negotiation*. Marrakesh, 2004.

_____. *World Trade Organization Report*. Washington, 2002.

_____. *World Trade Organization Report*, Geneva, 1995.

ZEITHAML, Valarie A.; PARASURAMAN, A.; BERRY, L.L.. Delivering Quality Services. New York: The Free Press, 1998.

ZEITHAML, Valarie. A.; BITNER, Mary Jo. *Services Marketing*. New York: McGraw Hill, 1996.

ZHIZNIN, Stanislav Z. *Geo-Economic Aspects of Gas Transmission From Russia*. Disponível em: <http://en.ng;ru/energy/2008-03-11/geoeconomic.html>. Acesso em: 29 ago. 2008.

ZOLLO, Maurizio; WINTER, Sidney G. Deliberate Learning and the Evolution of Dynamic Capabilities. *Organization Science*, v. 13, n. 3, 2002.

ZWEIFEL, Peter. *Services in Switzerland*. Berlin: Springer, 1993.

ZYSMAN, John. How Institutions Create Historically Rooted Trajectories of Growth. *Industrial and Corporate Change*, v. 3, n. 1, 1994.

COLEÇÃO ESTUDOS
últimos lançamentos

278. *Conversas sobre a Formação do Ator*, Jacques Lassalle e Jean-Loup Rivière
279. *Encenação Contemporânea*, Patrice Pavis
280. *O Idioma Pedra de João Cabral*, Solange Rebuzzi
281. *Monstrutivismo: Reta e Curva das Vanguardas*, Lucio Agra
282. *Manoel de Oliveira: Uma Presença*, Renata Soares Junqueira (org.)
283. *As Redes dos Oprimidos*, Tristan Castro-Pozo
284. *O Mosteiro de Shaolin: História, Religião e as Artes Marciais Chinesas*, Meir Shahar
285. *Cartas a uma Jovem Psicanalista*, Heitor O´Dwyer de Macedo
286. *Gilberto Gil: A Poética e a Política do Corpo*, Cássia Lopes
287. *O Desafio das Desigualdades: América Latina / Ásia: Uma Comparação*, Pierre Salama
288. *Notas Republicanas*, Alberto Venancio Filho
289. *Mística e Razão: Dialética no Pensamento Judaico*, Alexandre Leone
290. *O Espaço da Tragédia: Na Cenografia Brasileira Contemporânea*, Gilson Motta
291. *A Cena Contaminada*, José Tonezzi
292. *O Homem e a Terra*, Eric Dardel
293. *A Simulação da Morte*, Lúcio Vaz
294. *A Gênese da Vertigem*, Antonio Araújo
295. *História do Urbanismo Europeu*, Donatella Calabi
296. *Trabalhar com Grotowski Sobre as Ações Físicas*, Thomas Richards
297. *A Fragmentação da Personagem*, Maria Lúcia Levy Candeias
298. *Judeus Heterodoxos: Messianismo, Romantismo, Utopia*, Michael Löwy
299. *Alquimistas do Palco*, Mirella Schino
300. *Palavras Praticadas: O Percurso Artístico de Jerzy Grotowski, 1959-1974*, Tatiana Motta Lima
301. *Persona Performática: Alteridade e Experiência na Obra de Renato Cohen*, Ana Goldenstein Carvalhaes
302. *Qual o Espaço do Lugar: Geografia, Epistemologia, Fenomenologia*, Eduardo Marandola Jr., Werther Holzer, Lívia de Oliveira (orgs.)
303. *Como Parar de Atuar*, Harold Guskin
304. *Metalinguagem e Teatro: A Obra de Jorge Andrade*, Catarina Sant'Anna
305. *Apelos*, Jacques Copeau
306. *Ensaios de um Percurso: Estudos e Pesquisas de Teatro*, Esther Priszkulnik
307. *Função Estética da Luz*, Roberto Gill Camargo

308. *Interior da História*, Marina Waisman
309. *O Cinema Errante*, Luiz Nazario
310. *A Orquestra do Reich*, Misha Aster
311. *A Poética de Sem Lugar: Por uma Teatralidade na Dança*, Gisela Dória
312. *Eros na Grécia Antiga*, Claude Calame
313. *Estética da Contradição*, João Ricardo C. Moderno
314. *Teorias do Espaço Literário*, Luis Alberto Brandão
315. *Haroldo de Campos: Transcriação*, Marcelo Tápia e Thelma Médici Nóbrega (orgs.)
316. *Entre o Ator e o Performer*, Matteo Bonfitto
317. *Holocausto: Vivência e retransmissão*, Sofia Débora Levy
318. *Missão Italiana: HIstórias de uma Geração de Diretores Italianos no Brasil*, Alessandra Vannucci
319. *Além dos Limites*, Josette Féral
320. *Ritmo e Dinâmica no Espetáculo Teatral*, Jacyan Castilho
321. *A Voz Articulada Pelo Coração*, Meran Vargens
322. *Beckett e a Implosão da Cena: Poética Teatral e Estratégias de Encenação*, Luiz Marfuz
323. *Teorias da Recepção*, Claudio Cajaiba
324. *Revolução Holandesa, A Origens e Projeção Oceânica*, Roberto Chacon de Albuquerque
325. *Psicanálise e Teoria Literária: O Tempo Lógico e as Rodas da Escritura e da Leitura*, Philippe Willemart
326. *Os Ensinamentos da Loucura: A Clínica de Dostoiévski*, Heitor O´Dwyer de Macedo
327. *A Mais Alemã das Artes*, Pamela Potter
328. *A Pessoa Humana e Singularidade em Edith Stein*, Francesco Allieri
329. *A Dança do Agit-Prop*, Eugenia Casini Ropa
330. *Luxo & Design*, Giovanni Cutolo
331. *Arte e Política no Brasil*, André Egg, Artur Freitas e Rosane Kaminski (orgs.)
332. *Teatro Hip-Hop*, Roberta Estrela D'Alva
333. *O Soldado Nu: Raízes da Dança Butō*, Éden Peretta
334. *Ética, Responsabilidade e Juízo em Hannah Arendt*, Bethania Assy
335. *Alegoria em Jogo: A Encenação Como Prática Pedagógica*, Joaquim Gama
336. *Jorge Andrade: Um Dramaturgo no Espaço Tempo*, Carlos Antônio Rahal
337. *Nova Economia Política dos Serviços*, Anita Kon

Este livro foi impresso na cidade de São Paulo,
nas oficinas da Graphium Gráfica e Editora, em fevereiro de 2016,
para a Editora Perspectiva.